JÖRG FISCHER

# DAS NPD VERBOT



ESPRESSO VERLAG

Umschlaggestaltung Blank / Holtfreter
unter Verwendung eines Fotos
von Karl-Bernd Karwasz
Gesetzt aus der Berthold Garamond
Agentur Marina Siegemund, Berlin
Druck Preses Nams Corp.,
Jana Seta Printing Group, Riga
Printed in Latvia
ISBN 3-88520-800-8
www.espresso-verlag.de

# Inhalt

# Einleitung

In einer bisher eher ungewohnten Intensität wird seit August 2000 über Rechtsextremismus und neonazistische Gewalt in der bundesrepublikanischen Öffentlichkeit diskutiert. Ausschlaggebend war vordergründig der bis zum heutigen Tage immer noch ungeklärte Handgranatenanschlag auf eine Gruppe zumeist jüdischgläubiger EinwanderInnen aus der ehemaligen Sowjet-Union an einer Düsseldorfer S-Bahnstation. Gleichzeitig hatten verschiedene Arbeitgeber-Funktionäre in Sorge um das Ansehen der deutschen Wirtschaft im Ausland auf die imageschädigende Wirkung rechtsextremistischer und rassistischer Gewalt hingewiesen.

Grundsätzlich bleibt festzustellen, dass die aktuelle Diskussion, auch wenn sie einen anderen Eindruck zu erwecken sucht, nicht nur oberflächlich, sondern teilweise sogar kontraproduktiv ist. Besonders wenn man die Überlegungen mancher Politiker – gleich welcher »staatstragenden Couleur« – zur Bekämpfung der rechtsextremen Gewalt hört, kann man sich des Eindrucks nicht erwehren, dass es sich hier nicht nur um rein kosmetische Verschleierungsversuche handelt, sondern dass man froh ist, endlich ein Deckmäntelchen gefunden zu haben, unter dem man ganz ungeniert den Abbau demokratischer Rechte und die weitere Aufrüstung in Richtung Polizei- und Überwachungsstaat betreiben kann. Der Ruf nach dem »starken Staat«, der endlich »durchgreift und aufräumt«, ist unüberhörbar geworden.

In der (ver)öffentlichten Diskussion und von offizieller Seite wird gerade so getan, als ob Rechtsextremismus und rassistische Gewalt im August letzten Jahres vom Himmel gefallen wären. Der idealtypische rechtsextremistische Gewalttäter ist jung, männlich, haar- und erwerbslos, lebt am besten im Osten und ist entweder Mitglied oder zumindest Anhänger der neofaschistischen NPD. Die falsche Analyse führt zu falschen Lösungsansätzen: Ein Verbot der NPD, so die frohe Botschaft der urplötzlich zu »Antifaschisten« mutierten Abschiebepolitiker und Standortfetischisten, ist die Lösung. Mit fast schon blindem Aktionismus wird jahre- und jahrzehntelange Untätigkeit überspielt und soll von der realen Rechtsentwicklung in der Gesellschaft und der jahrzehntelangen Duldung und Unterstützung neonazistischer Bestrebungen auch von staatlicher Seite abgelenkt werden.

In diesem Zusammenhang stellen sich eine Reihe von Fragen, die in diesem Buch beantwortet werden sollen. Angesichts der aktuellen Diskussion um ein Verbot der NPD sind das alleine schon zwei Fragen. Zum einen, ob die NPD verboten werden soll, und wenn ja, welche Erwartungen man in ein solches Verbot hat und vor allem aus welcher Motivation heraus gehandelt wird. Prägnant zusammengefasst lautet die Frage: Soll die NPD verboten werden, um einen Beitrag zur effektiven Bekämpfung von Neofaschismus und Rassismus zu leisten, oder ist die NPD schlicht und ergreifend nur das Bauernopfer, das der Imagewerbung des Wirtschaftsstandortes Deutschland dargebracht wird.

Bereits am 17. August 2000 schrieb Michel Friedman in der »Allgemeinen Jüdischen Wochenzeitung«: »Deutschland im Jahre 2000 muss feststellen, dass wir längst wieder die Anfänge überhört und übersehen haben. Viele tun überrascht über die rechtsextreme Gewalt und ihre Ausbreitung in der Bevölkerung. Mich überrascht diese Überraschung vor allen Dingen bei Politikern, Polizei und Justiz. Wo haben die Herren und Damen Innenminister, Ministerpräsidenten, Abgeordneten in den letzten zehn Jahren gelebt? Litten sie unter Schwerhörigkeit und Kurzsichtigkeit, hörten und sahen sie nicht, was offenkundig und deutlich vernehmbar war?«

Wie ernst es den Politikern tatsächlich mit der Bekämpfung des Rechtsextremismus ist, wurde erneut am 16. Februar 2001 deutlich. Die Bundestagsabgeordnete Dr. Evelyn Kenzler brachte namens der PDS-Fraktion einen Antrag auf Änderung des Grundgesetzes (Drucksache 14/5127) ins Parlament ein. Nach dem Willen der PDS sollte in Artikel 26, der die Friedensbereitschaft der Bundesrepublik verbindlich deklariert und friedensstörende Handlungen verbietet, auch »nationalsozialistisches Gedankengut wiederzubeleben« als verfassungswidrig gebrandmarkt und unter Strafe gestellt werden.

Eigentlich hätte man erwarten dürfen, dass dieser Antrag einstimmig angenommen wird, präsentiert sich Deutschland mindestens vor der Weltöffentlichkeit seit besagtem August des Jahres 2000 doch als »einig Antifa-Land«. Bundeskanzler Schröder verkündete medienwirksam einen nebulösen »Aufstand der Anständigen« und forderte zum »Gesicht zeigen« auf. Doch der »Aufstand der Anständigen« fand im Bundestag ein rasches Ende. Zwar war den Antragstellern bewusst, dass eine solche Gesetzesänderung alleine kein Heilmittel gegen Rechtsextremismus ist, sie sahen aber eine wichtige Signalwirkung in der Aufnahme eines klaren antifaschistischen Bekenntnisses in das Grundgesetz. Eine solche Festlegung ging aber dem Parlament offenbar zu weit. Der PDS-Antrag fand bei den anderen Fraktionen keine Unterstützung und die Drucksache wurde in die entsprechenden Ausschüsse verwiesen. Während die CDU/CSU den Antrag grundsätzlich ablehnte, verschanzten sich die anderen Fraktionen hinter juristischen Argumenten, ohne irgendwelche konstruktiven Verbesserungsvorschläge zu unterbreiten.

Hier wurde ein Phänomen deutlich, welches in diesem Zusammenhang immer massiver auftritt: Die Ent-Politisierung einerseits und die Wiederauferstehung der Totalitarismustheorie unseligen Angedenkens andererseits. Neonazismus und rassistische Gewalt werden verharmlosend als »rechte Orientierung« dargestellt und zugleich soziologisch und pädagogisch als Ausdruck angeblicher Perspektivlosigkeit und Langeweile der Täter erklärt, die so kurzerhand zu »Opfern der Umstände« gemacht werden, denen man mit Verständnis und Toleranz begegnen müsse. Die Konsequenz: Neonazismus und rechte Gewalt werden pädagogisch – bestenfalls juristisch –, nicht aber politisch bekämpft. Zu den jahrelang praktizierten Auswirkungen dieser verhängnisvollen Sichtweise zählte insbesondere das »Konzept der akzeptierenden Sozialarbeit« mit neonazistischen Jugendlichen, die für ihre menschenverachtende Ideologie de facto mit der Überlassung von Jugendzentren und der Betreuung durch besonders verständnisvolle und zumeist völlig überforderte Sozialarbeiter regelrecht belohnt wurden.

Alle diese Aspekte und noch einige mehr müssen bei der Diskussion über eine wirksame Bekämpfung neofaschistischer Bestrebungen berücksichtigt werden; sie werden in diesem Buch deshalb auch angeschnitten. Gleichzeitig steht hier eine aktuelle Darstellung von Geschichte, Ideologie, Struktur und Gefährlichkeit zweier der größten neofaschistischen Organisationen, der NPD und der DVU, im Mittelpunkt.

Patentrezepte können freilich nicht geliefert werden. Vielmehr soll dieses Buch einen Beitrag leisten, die Diskussion zu versachlichen und zu re-politisieren.

*Jörg Fischer*
*Köln, Juli 2001*

# Die NPD

## Geschichtlicher Abriss

Glaubt man den offiziellen Verlautbarungen, könnte man tatsächlich meinen, die NPD sei bis vor zwei, drei Jahren nichts anderes als eine »Altherrenriege« bzw. ein Traditionsverein alternder Nazis gewesen, die auf ihre alsbaldige Abberufung zur »großen Armee« nach Walhalla wartete. Erst in den letzten Jahren, insbesondere seitdem der Bundeswehrhauptmann der Reserve und Diplom-Politologe Udo Voigt den Parteivorsitz übernommen hat, ist die NPD dieser Sichtweise zufolge zu einer neonazistischen Partei mit einer aggressiv-kämpferischen Haltung geworden, die die Voraussetzungen für ein Parteiverbot durch das Bundesverfassungsgericht erfülle.

In Wahrheit zeigt ein Blick auf die Geschichte und Entwicklung der NPD seit ihrer Gründung 1964, dass mit dieser Darstellung lediglich mehr schlecht als recht das jahrzehntelange Dulden und Tolerieren der NPD gerechtfertigt werden soll.

Nach den Erfahrungen der faschistischen Gewaltherrschaft, dem vom Hitlerfaschismus entfesselten Eroberungs- und Vernichtungskrieg und den einzigartigen und in der Menschheitsgeschichte unvergleichlichen Massenmorden in den deutschen KZs an Jüdinnen und Juden, Sinti und Roma, Behinderten, Kommunisten, Sozialdemokraten, Homosexuellen und vielen anderen, nach dem Erleben der Massengräuel der SS und der deutschen Wehrmacht insbesondere in Osteuropa, dem Terror von SA und Gestapo in Deutschland, kam es nach der siegreichen Niederwerfung des deutschen Faschismus und der Befreiung am 8. Mai 1945 zu den von der Anti-Hitler-Koalition erlassenen alliierten Kontrollratsbeschlüssen von 1948, die nochmals die eindeutigen Inhalte des Potsdamer Abkommens aus dem Jahr 1945 wiederholten – u.a. die Entmilitarisierung Deutschlands und das Verbot der nationalsozialistischen Wiederbetätigung, also die Fortsetzung der NSDAP und/oder einer ihrer Untergliederungen.

Dessen ungeachtet standen aber bereits nach ganz kurzer Zeit im westlichen Teil Deutschlands die Zeichen auf Kontinuität und Restauration. Das Aufkündigen der Anti-Hitler-Koalition durch die Westalliierten, ein immer militanter werdender Antikommunismus und das Bestreben der im Westen relativ ungeschoren gebliebenen Finanziers und Helfer des NS-Reiches, die Folgen der Kriegsniederlage zu revidieren, führte dazu, dass die Bestimmungen des Potsdamer Abkommens und der entsprechenden Ausführungsbestimmungen in der Bundesrepublik Deutschland keine Umsetzung erfuhren – obwohl sich das Grundgesetz ausdrücklich auf das Potsdamer Abkommen bezog und seine Verbindlichkeit bestätigte.

Zahlreiche Amts- und Würdenträger des NS-Reiches konnten alsbald an ihre alte Karriere anknüpfen und diese in der Bundesrepublik fortsetzen – ob beim Aufbau des Bundesnachrichtendienstes, der Bundeswehr, im Justiz- und Polizeiapparat, im Schulwesen oder an anderen Stellen: Die Kontinuität wurde gewährleistet.

So überrascht es auch nicht, dass alte Nazis schon sehr bald daran gingen, sich wieder zu organisieren. »Traditionsverbände« ehemaliger Angehöriger der Waffen-SS und der Wehrmacht entstanden genauso wie Jugendorganisationen nach HJ-Vorbild (etwa die erst vor einigen Jahren verbotene »Wiking-Jugend«) und studentische Gruppen. So genannte »Vertriebenenorganisationen« führen bis in die Gegenwart hinein einen besonders hartnäckigen Kampf gegen die Nachkriegsgrenzen in Europa.

Parteipolitisch begann die Neuorganisierung zunächst schwerpunktmäßig im protestantisch-preußischen Norden Westdeutschlands. Da sich schon damals das Phänomen bemerkbar machte, dass sich im rechtsextremen Lager viele als neue »Führer« berufen fühlen, und es auch Unterschiede im taktischen Vorgehen gab, kam es bereits früh zu der bis heute anhaltenden Zersplitterung im neonazistischen Parteienspektrum – aber auch zu Versuchen der Zusammenarbeit. Bereits ab 1946 traten die

»Deutsche Rechtspartei« (DRP) und die »Deutsche Konservative Partei« (DKP) gemeinsam als DRP-DKP auf. Bei der ersten Bundestagswahl 1949 konnte diese mit rund fünfhunderttausend Stimmen in das neue Parlament in Bonn einziehen – zu ihren Abgeordneten zählte der spätere DRP- und NPD-Vorsitzende Adolf von Thadden. Im Oktober 1949 wurde dann die wesentlich aggressiver auftretende »Sozialistische Reichspartei« (SRP) gegründet. Bis zu ihrem Verbot 1952 konnte die immer offener nazistische SRP zwei spektakuläre Wahlerfolge verbuchen: 1951 erreichte sie bei der Bremer Bürgerschaftswahl 7,7 Prozent und bei der niedersächsischen Landtagswahl elf Prozent. Im Januar 1950 schlossen sich schließlich die außerhalb der SRP beheimateten rechtsradikalen Parteien unter dem Namen »Deutsche Reichspartei« (DRP) zusammen. In Süddeutschland trat in Konkurrenz zur DRP die »Deutsche Gemeinschaft« (DG) unter Leitung von August Haußleiter auf, die mit massiver Unterstützung von »Vertriebenenverbänden« 1950 in Bayern und im damaligen Württemberg-Baden insgesamt zweiundzwanzig Landtagsmandate erzielte.

Immer wieder schaffte es insbesondere die DRP in den fünfziger Jahren, in einzelne Landesparlamente einzuziehen, gleichwohl übte vor allem in der Adenauer-Ära die CDU/CSU mit ihrem reaktionär-konservativen Kurs eine hohe Integrationskraft auf das rechtsextreme Wählerpotential aus.

Die DG kooperierte zusammen mit Nationalneutralisten aus der »Deutschen Freiheitspartei« (DFP) mit dem FDP-Bundestagsabgeordneten Hermann Schwann und seiner »Vereinigung Deutsche Nationalversammlung« (VDNV) und gründete im Mai 1965 die »Aktionsgemeinschaft Unabhängiger Deutscher« (AUD) – diese ging 1980 dann in der damals neu gegründeten Partei »Die Grünen« auf. Während die AUD bei der Bundestagswahl 1965 mit 0,2 Prozent klar scheiterte, schien ein anderes Sammlungsprojekt der neonazistischen und rechtsextremen Kräfte Erfolg versprechender zu sein.

Seit 1961 war Adolf von Thadden Vorsitzender der DRP, er strebte eine enge Zusammenarbeit mit der »Vertriebenen«-Partei

»Bund der Heimatvertriebenen und Entrechteten« (BHE) und der rechtskonservativen »Deutschen Partei« (DP) des Bremer Betonfabrikanten Friedrich Thielen an. Die DP war zuletzt 1961 von der CDU/CSU durch die Überlassung von drei sicheren Bundestagswahlkreisen vor dem Untergang und in eine weitere Legislaturperiode des Bonner Parlaments gerettet worden.

Am 28. November 1964 war es dann soweit: Im Döhrener Maschpark in Hannover fand die öffentliche Gründungsversammlung der »Nationaldemokratischen Partei Deutschlands« (NPD) statt, an der etwa siebenhundert Personen aus den verschiedensten rechtsextremen Parteien und Gruppierungen teilnahmen. Zwar hielten sich diverse Kleinstgruppen und der millionenschwere Münchner Verleger Gerhard Frey fern, trotzdem war eine Einigung der bedeutendsten rechtsextremen Gruppen gelungen. Von Beginn an war die NPD sowohl in ihrer Mitgliedschaft als auch in ihrer Führung durchsetzt mit ehemaligen Angehörigen und Funktionären der NSDAP, der Waffen-SS und der SRP. Die personelle und ideologische Kontinuität und Fortsetzung der NSDAP und ihrer Ideologie war damit sichergestellt. Um nicht zu starke Angriffsflächen zu bieten, wählte man den Bremer Friedrich Thielen zum ersten Bundesvorsitzenden, während Adolf von Thadden zunächst einer von drei stellvertretenden Vorsitzenden wurde. Inhaltliche Schwerpunkte waren ein militanter Antikommunismus sowie der Wunsch, die Folgen des von Hitlerdeutschland verursachten und verlorenen Zweiten Weltkrieges zu revidieren, die Verbrechen des deutschen Faschismus zu verharmlosen oder zu leugnen und einen repressiven, autoritären Staat zu errichten. Freiheits- und Bürgerrechte sollten massivst eingeschränkt bzw. abgeschafft und die Gewerkschaften wenn nicht gleich zerschlagen, so doch zumindest in ihrer Handlungsfähigkeit erheblich behindert werden.

Bei der Bundestagswahl 1965 erreichte die NPD dann für sie eher enttäuschende zwei Prozent der Stimmen, das Ergebnis genügte allerdings, um darauf aufzubauen. Zugleich schwand jedoch zeitweise die Integrationskraft der CDU/CSU und die beginnende ökonomische Krise begünstigte den kometenhaften

Aufstieg der NPD in den Jahren 1966 bis 1968. Darüberhinaus war die NPD mit ihren »Law and Order«-Parolen der ideale Rammbock gegen die studentisch geprägte APO.

Der Erfolgskurs der NPD begann im Herbst 1966: Bei den Landtagswahlen in Hessen erreichte sie 7,9 Prozent (acht Mandate) und in Bayern 7,4 Prozent (fünfzehn Mandate). Ihren Höhepunkt erreichte diese Entwicklung 1968: In Baden-Württemberg erzielte die NPD 9,8 Prozent (zwölf Mandate) und war nunmehr in sieben Landesparlamenten mit insgesamt einundsechzig Mandaten vertreten; gleichzeitig hatte die Partei mehr als sechshundert Mandate in kommunalen und regionalen Parlamenten. Unter der Losung »Sicherheit durch Recht und Ordnung« kämpfte die NPD 1969 schließlich um den Einzug in den Bundestag.

Nach innerparteilichen Machtkämpfen hatte sich 1967 Adolf von Thadden als Vorsitzender durchgesetzt. Im Rahmen einer so genannten »Deutschlandfahrt« führte die NPD in nahezu allen größeren Städten Kundgebungen mit ihrem neuen Führer durch. Gleichzeitig war die Mitgliederzahl bis Ende 1969 auf rund achtundzwanzigtausend angestiegen und mit den »Jungen Nationaldemokraten« (JN) und dem »Nationaldemokratischen Hochschulbund« (NHB) gab es eigene Nebenorganisationen. Mit den »Deutschen Nachrichten« war eine eigene Wochenzeitung vorhanden und die vom NPD-Präsidiumsmitglied verlegte »Deutsche Wochenzeitung« (DWZ) konnte als der NPD äußerst nahe stehend bezeichnet werden.

Nicht nur die Führung und die Mitgliedschaft der NPD rechneten fest mit einem Einzug der Partei in den Bundestag – auch so mancher Stratege aus den Reihen der Union bezog eine mögliche NPD-Bundestagsfraktion in Rechenspiele zur Verhinderung einer SPD/FDP-Koalition mit ein. Zwar erreichte die NPD mit 1,4 Millionen Wählerstimmen die bis dahin höchste Stimmenzahl für eine offen neonazistische Partei in der Bundesrepublik, mit einem Stimmenanteil von 4,3 Prozent scheiterte sie jedoch an der Fünf-Prozent-Hürde. Den Einzug der NPD, die sich im Wahlkampf u.a. eines paramilitärischen »Ordnerdienstes« bediente, in den Bundestag verhinderte in erster Linie eine in der Geschichte der Bundesrepublik beispiellose Gegenbewegung von Antifaschisten, Gewerkschaftern, Kommunisten, Sozialdemokraten und anderen engagierten Demokraten bis tief hinein in kirchliche Kreise. Allein in Nürnberg sorgten mehr als zwanzigtausend Demonstranten dafür, dass in der »Stadt der Reichsparteitage« die Abschlusskundgebung für den Bundestagswahlkampf der NPD nicht stattfinden konnte – bereits Stunden vor dem geplanten Beginn der Veranstaltung wurde der vorgesehene Kundgebungsort, der in der Innenstadt gelegene Egidienberg, besetzt. In anderen Städten sah es nicht anders aus: Überall stießen die Neonazis auf den entschlossenen und couragierten Widerstand zehntausender Demokraten.

Bereits unmittelbar nach der verlorenen Bundestagswahl geriet die Partei in eine tiefe Krise. Die in die Opposition gewählte CDU/CSU rückte deutlich nach rechts und grub der NPD wortwörtlich das Wasser ab. Zudem war der innere Zwang zur Geschlossenheit, um den Wahlsieg nicht zu gefährden, nach der Niederlage nicht mehr gegeben. Die bisher nur mühsam verdeckten inneren Widersprüche brachen mit voller Wucht auf: Persönliche Eifersüchteleien, »Führungsansprüche«, taktische und programmatische Differenzen wurden jetzt zum Teil erbittert ausgetragen. Viele sahen nicht ein, warum die bisher aus taktischen Gründen verschleierte pro-nazistische Ausrichtung der Partei nicht offener zur Schau getragen wurde. So kam es bereits bald zu Abspaltungen aktionistischer Gruppen, die Mitte der siebziger Jahre zu Gründungen teils militantterroristischer Gruppen wie der »Deutschen Aktionsgruppen« (DA) des Manfred Roeder, der »Aktionsfront Nationaler Sozialisten« (ANS) Michael Kühnens oder der »Volkssozialistischen Bewegung Deutschlands/Partei der Arbeit« (VSBD/PdA) Friedhelm Busses führten. Der wegen Rädelsführerschaft in Zusammenhang mit Brandanschlägen der DA auf Flüchtlingsunterkünfte in den achtziger Jahren zu dreizehn Jahren Haft verurteilte Roeder war übrigens 1998 Bundestagskandidat der NPD und ist – wie Busse, der zuletzt bis zu ihrem Verbot auch Vorsitzender

der »Freiheitlichen deutschen Arbeiterpartei« (FAP) war und dessen VSBD/PdA 1982 nach bewaffneten Banküberfällen seiner Mitglieder ebenfalls verboten wurde – Redner auf verschiedenen Veranstaltungen der NPD und anderer neonazistischer Gruppen.

Daneben verselbstständigte sich der nationalreaktionäre und rechtskonservative Teil der NPD und wanderte entweder zu den Unionsparteien ab oder schloss sich der 1971 von Gerhard Frey gegründeten »Deutschen Volksunion e.V.« (DVU) an. Gerhard Frey hatte sich sowohl in den Bundestagswahlkampf 1969 als auch in die internen Auseinandersetzungen in der NPD mittels seiner Zeitungen eingemischt und so einen nicht unbedeutenden Anteil am Niedergang der NPD gehabt – was ihm zum Teil bis heute innerhalb der Partei äußerst übel genommen wird.

Von 1970 bis 1971 wurde die NPD aus allen Landesparlamenten wieder hinausgewählt, verlor den übergroßen Teil ihrer kommunalen Mandate und musste in ihrer Mitgliederentwicklung einen regelrechten »freien Fall« hinnehmen. 1972 verzichtete die NPD dann zugunsten der CDU auf eine Teilnahme an der baden-württembergischen Landtagswahl und fiel bei der Bundestagswahl 1972 auf 0,6 Prozent der Stimmen zurück. Bereits 1971 war von Thadden von seinem Amt als Parteivorsitzender zurückgetreten und der Tuttlinger Rechtsanwalt Martin Mußgnug hatte sich in einer Kampfabstimmung gegen Siegfried Pöhlmann durchgesetzt, der sich daraufhin mit einer »Aktion Neue Rechte« (ANR) von der NPD abspaltete. Diese Abspaltung spielte allerdings, wenn man einmal von der genüsslich-breiten Berichterstattung in den diversen Frey-Zeitungen absieht, keine nennenswerte Rolle und war bereits nach wenigen Jahren wieder in der Versenkung verschwunden.

Der Zerfall der NPD setzte sich im Lauf der siebziger Jahre unverdrossen fort. Der Versuch, mit einer »Aktion Widerstand« den Kampf gegen die Ostpolitik der sozialliberalen Regierung zu organisieren und so neue Schubkraft für die Partei zu gewinnen, schlug völlig fehl. Auch finanziell wurde der Boden immer dünner. Die Wahlkampfkostenerstattungen und Mitgliedsbeiträge wurden immer geringer oder versickerten, auch das Spendenaufkommen ging kontinuierlich zurück. Dennoch blieb die NPD auch in den siebziger Jahren der bedeutendste Durchlauferhitzer für Neonazis und in ihrem direkten Umfeld begannen sich entsprechende Gruppierungen zu organisieren. Auf informeller Ebene war die NPD auch schon in dieser Zeit der wichtigste Knotenpunkt in einem braunen Geflecht – die Kontakte von Mitgliedern und Funktionsträgern reichten bis in die paramilitärische »Wehrsportgruppe Hoffmann« (WSG), die Anfang der achtziger Jahre nach mehreren Morddelikten ebenfalls verboten wurde. Aufsehen erregende Erfolge konnte die NPD in dieser Zeit lediglich durch spektakuläre Aufmärsche anlässlich des »Tages der deutschen Einheit« am 17. Juni in Frankfurt/Main erzielen, bei denen Ende der siebziger Jahre jeweils etwa viertausend Neonazis aus dem In- und Ausland teilnahmen.

1979 versuchte die Parteiführung mit einer »Bürgerinitiative Ausländerstopp« (BIA) eine Wende in ihrer organisatorischen und wahlpolitischen Entwicklung herbeizuführen. Rassistische Agitation wurde verstärkt in den Vordergrund gestellt, während die Law-and-Order-Parolen und »Verzicht ist Verrat«-Kampagnen gegen die Ostpolitik etwas in den Hintergrund traten. Dennoch fiel die Partei bei der Bundestagswahl 1980 – der bayerische Ministerpräsident und CSU-Vorsitzende Franz-Josef Strauß war Kanzlerkandidat der Unionsparteien – auf ihr bis dato niedrigstes Wahlergebnis: Mit rund achtundsechzigtausend Stimmen bekam sie nur noch 0,2 Prozent der Stimmen. In der Mitgliederentwicklung erreichte die Partei 1982 ihren ersten Tiefpunkt mit nur noch fünftausendneunhundert Mitgliedern. Allerdings wäre auch für das Jahr 1982 die Bezeichnung der NPD als »Verein alter Herren, von dem keine Gefahr ausgeht« eine glatte Verharmlosung dieser neonazistischen Partei und ihres nicht zu unterschätzenden Gefahrenpotenzials. In diesem Zusammenhang sei an die Amoktat des NPD-Sympathisanten Helmut Oxner als ein Beispiel erinnert. Oxner, der engen Kontakt zur NPD pflegte, ohne ihr formal als Mitglied anzugehören, hatte 1982 in der Nürnberger Innenstadt eine hauptsächlich von farbigen GIs besuchte Diskothek überfallen und mehrere Menschen erschossen. Bei einem anschließenden Schusswechsel mit der Polizei erschoss sich der Neonazi selber.

1982 wurden auf dem Bundesparteitag der NPD die »Germersheimer Leitlinien« verabschiedet. Dies war der erneute Versuch der Parteiführung, die neonazistische und rassistische Ausrichtung der Partei in werbewirksamere Worte zu kleiden – mit pseudo-antikapitalistischen Phrasen (»Konzept der Arbeitnehmermitbeteiligung«), vermeintlicher »Friedenspolitik« (»Die Kriegsgefahr liegt in der Aufrechterhaltung der deutschen Teilung«) und einer mit »Umwelt- und Lebensschutz« umschriebenen Blut- und Boden-Ideologie. Maßgebliche Motoren dieser rhetorischen Schönheitskorrekturen waren hauptsächlich die »Jungen Nationaldemokraten« (JN) unter ihren Bundesvorsitzenden Gösta Thomas, Rainer Vogel und Hermann Lehmann sowie die NPD-Präsidiumsmitglieder Karl-Heinz Vorsatz und Walter Seetzen.

Ende diesen Jahres kam es in der Bundesrepublik zu einer einschneidenden Änderung. Nach dreizehn Jahren endete die sozialliberale Koalition und der CDU-Vorsitzende Helmut Kohl wurde auf dem Weg des konstruktiven Misstrauensvotums mit den Stimmen von CDU/CSU und FDP neuer Bundeskanzler. Die Auswirkungen auf den deutschen Rechtsextremismus beschreibt Richard Stöss so: »Zuvor – während ihrer 13-jährigen Oppositionszeit – hatte die Union alle möglichen Anstrengungen unternommen, um die bundesdeutsche Rechte gegen die ›sozialistische‹ Politik der sozialliberalen Koalition und den vermeintlichen Ausverkauf Deutschlands zu mobilisieren. Indem sie sich damals als Dach für eine breite, umfassende konservativ-nationalistische Sammlungsbewegung, als politische Heimat aller Rechten, präsentierte, konnte sie zwar der NPD das Wasser abgraben, erweckte jedoch Hoffnungen auf eine konsequent neokonservative Politik, ermunterte ultrarechte und rechtsextreme Kräfte ... und machte deren Positionen hoffähig, schürte revanchistische und ausländerfeindliche Ressentiments und bagatellisierte den organisierten Rechtsextremismus.«[1]

An die Regierung gelangt, wurde man freilich die Geister, die man selber gerufen hatte, nicht mehr los. Genügend rechtsaußen Stehenden ging der konservative Roll-Back der Regierung Kohl nicht weit genug. Trotz der Kritik rechtsextremer Kreise an der Regierung Kohl betrieb diese von Anfang an einen deutlichen Rechtsruck in der Gesellschaft. Eine »geistig-moralische« Wende wurde ebenso verkündet wie die Rehabilitation von Traditionen, historischen Werten und den altbekannten deutschen Sekundär-Tugenden und schließlich die Wiederherstellung des nationalen Selbstbewusstseins der Deutschen. In diesem politischen Klima begann die Konsolidierung der NPD – was freilich in der Öffentlichkeit fast unbemerkt blieb und von offizieller Seite bis heute heruntergespielt oder dreist geleugnet wird.

Bei der vorgezogenen Bundestagswahl 1983 konnte die NPD trotz einer intensiven Werbekampagne der Frey-Zeitungen (z.B. der »Deutschen National-Zeitung«) zu Gunsten von CDU/CSU und FDP erstmals seit 1969 wieder einen wenn auch nur bescheidenen Zuwachs an Wählerstimmen verbuchen – sie erhielt rund einundneunzigtausend Stimmen (0,2 Prozent). Auch konnte erstmals seit 1969 wieder eine positive Mitgliederentwicklung verzeichnet werden, bis Ende des Jahres betrug die Mitgliederzahl knapp sechstausend. Einen für die weitere Entwicklung der nächsten Jahre entscheidenden Erfolg verbuchte die NPD dann bei der Europawahl im Juni 1984. Bundesweit stieg die Zahl ihrer Wähler auf fast zweihunderttausend an und mit einem Stimmenanteil von 0,8 Prozent kam die Partei erstmals seit 1972 wieder in den Genuss der staatlichen Wahlkampfkostenerstattung. Mit 1,8 Millionen Mark konnte sie ihre Schulden bezahlen, den Parteiapparat ausbauen, die Propagandatätigkeit steigern und mit einer systematischen Kader-Schulung beginnen. Mittels bundesweit gegründeter »Freundeskreise Ein Herz für Deutschland« sollten darüber hinaus neue Mitglieder rekrutiert werden.

1986 begann, für viele Beobachter überraschend, eine erneute Annäherung zwischen NPD und dem Münchner Verleger und Multimillionär Gerhard Frey. In der Vergangenheit hatte es immer wieder Versuche einer Zusammenarbeit zwischen der NPD und Gerhard Frey gegeben, zuletzt war diese 1975 jedoch kläglich gescheitert. In der Folgezeit hatte sich Frey in seinen Zeitungen auf eine Unterstützung der CDU/CSU konzentriert, die 1983 in einem Wahlaufruf zu Gunsten der FDP gipfelte. Eingefädelt wurde die erneuerte Annäherung zwischen NPD und Frey hauptsächlich durch NPD-Generalsekretär Walter Seetzen und den Frey-Mitarbeiter Bernd Dröse, der selber langjähriger NPD- und JN-Angehöriger war und unter wechselnden Pseudonymen Artikel in den Frey-Wochenzeitungen und einschlägige Bücher verfasste.

Hintergrund dieser neuen Kooperation der damals bedeutendsten neofaschistischen Gruppierungen war das Auftauchen einer neuen Konkurrenz im rechtsextremen Spektrum. 1983 hatten sich zwei CSU-Bundestagsabgeordnete von ihrer Partei getrennt und zusammen mit dem ehemaligen Hauptabteilungsleiter und Fernsehmoderator beim Bayerischen Fernsehen, dem bekennenden Waffen-SS-Mann Franz Schönhuber, eine neue rechtsextreme Partei gegründet – »Die Republikaner« (REP). Nach zahlreichen innerparteilichen Auseinandersetzungen war Schönhuber schließlich als Sieger aus den Machtkämpfen hervorgegangen und hatte das ehemalige NPD-Mitglied und gleichzeitig Redakteur der Frey-Zeitungen, Harald Neubauer, zum Generalsekretär der REP gemacht. Dadurch sah die NPD ihren »Wiederaufstieg« gefährdet und Frey befürchtete eine geschäftsschädigende Konkurrenz für seinen Versandhandel. Bei der bayerischen Ladtagswahl 1986 musste die NPD dann trotz erster zaghafter Wahlaufrufe zu ihren Gunsten in den Frey-Wochenzeitungen einen Stimmenrückgang von 0,6 Prozent auf 0,5 Prozent hinnehmen, während die REP auf drei Prozent kamen.

Innerhalb der NPD war die Zusammenarbeit mit Frey umstritten, insbesondere seit die NPD-Präsidiumsmitglieder mit Unterstützung von NPD-Chef Mußgnug als Gründungsmitglieder an der Gründung der DVU als Partei im März 1987 in München teilgenommen hatten. Entsprechend den Gepflogenheiten einer Führerpartei hatte das Parteipräsidium im Wesentlichen an der Basis vorbei das Bündnis mit Frey einschließlich der dazugehörigen Parteigründung eingefädelt. In diesem Zusammenhang muss darauf hingewiesen werden, dass auch der heutige NPD-Vorsitzende Udo Voigt bereits damals dem Präsidium angehörte und an dieser »Bündnispolitik« maßgeblichen Anteil hatte, was ihm heute eher unangenehm sein dürfte.

Das Bündnis mit Frey zahlte sich nur gering für die NPD aus. Bei der Bundestagswahl 1987 konnte die Partei aber immerhin mit rund 227.000 Stimmen die höchste Stimmenzahl seit 1969 für sich verzeichnen und mit einem Stimmenanteil von 0,6 Prozent rund 1,4 Millionen Mark Wahlkampfkostenerstattung einnehmen. Im Rahmen dieses Bündnisses zog auf der DVU-Liste im September des gleichen Jahres auch ein NPD-Funktionär in die Stadtverordnetenversammlung von Bremerhaven ein. 1988 konnte die NPD dann erstmals seit 1974 bei Landtagswahlen wieder die Ein-Prozent-Marke überwinden: im März in Baden-Württemberg mit 2,1 Prozent, im Mai in Schleswig-Holstein mit 1,2 Prozent.

Die innerparteilichen Auseinandersetzungen um das Bündnis mit Frey erreichten trotzdem in diesem Jahr ihren Höhepunkt. Offizieller Anlass war die Europawahl 1989 und die Frage, ob die NPD selbstständig antreten oder die DVU unterstützen sollte. Auch an diesem Beispiel wird die innerparteiliche Machtstruktur der NPD deutlich. In dem 1999 herausgekommenen Jubelbuch »Alles Große steht im Sturm« anlässlich des fünfunddreißigjährigen Bestehens der Partei beschreibt der Herausgeber des Buches und Mitglied des Parteivorstandes, Holger Apfel, diese Episode der Parteigeschichte wie folgt: »Angesichts eines längerfristig drohenden Bündnisses mit der Deutschen Volksunion wurde auf dem Bundesparteitag in Höchstadt an der Aisch der Antrag gestellt, dass die NPD zur Europawahl antreten sollte – und erst nachdem Mußgnug vehement gegen diesen Antrag in die Bütt gestiegen war und mit Vertröstungen auf Zeit gespielt hatte, wurde der Antrag abgelehnt. Doch schon am 14. Januar 1988 unterzeichnete Mußgnug ohne Mandat des Parteivorstandes eine vertragliche Vereinbarung mit der DVU, die den Wahlverzicht der NPD zur Europawahl zugunsten der DVU-Liste D zum Lohn ›aussichtsreicher Listenplätze‹ (...) und einer einmaligen Zahlung von einer Million DM (...) besiegelte.«[2] In den nächsten Monaten kam es zu einem erbitterten innerparteilichen Machtkampf, in dessen Folge das Parteipräsidium nicht weniger als drei Landesvorsitzende und zahlreiche andere Funktionsträger ihrer Ämter enthob und mit Ausschlussverfahren überzog.

Die Neigung der NPD, nicht nur die verbrecherische Geschichte des deutschen Faschismus umzulügen, sondern auch ihre eigene, wird dadurch deutlich, dass Apfel in dem genannten Jubiläumsbuch zwar von einem »gnadenlosen Feldzug des Parteipräsidiums« berichtet, aber die Zugehörigkeit des heutigen NPD-Vorsitzenden Voigt zu eben diesem Präsidium und sein Mitwirken an diesem »gnadenlosen Feldzug« unter den gnädigen Mantel des Schweigens hüllt. Am 26. Juni 1988 wurde auf einem Sonderparteitag im mittelfränkischen Feucht übrigens mit einer knappen Mehrheit von 182 zu 133 Stimmen das Bündnis mit Frey bestätigt.

Das Jahr 1989 begann für die NPD zunächst vielversprechend. Bei den Kommunalwahlen in Hessen konnte die Partei mit 6,7 Prozent in Frankfurt einen bundesweit beachteten Wahlerfolg verzeichnen. Bei der Europawahl am 18. Juni des gleichen Jahres ging jedoch der Wettlauf der konkurrierenden rechtsextremistischen Parteien zugunsten der REP aus, die bereits im Januar bei den Wahlen zum Berliner Abgeordnetenhaus mit 7,5 Prozent einen spektakulären Erfolg hatten verbuchen können. Trotz eines Wahlkampfetats von geschätzten zwanzig Millionen Mark und der – allerdings durch die internen Auseinandersetzungen geschwächten – Unterstützung der NPD scheiterte die DVU bei der Europawahl mit rund vierhundertfünfzigtausend Stimmen (1,6 Prozent) klar an der Fünf-Prozent-Hürde, während die REP knapp zwei Millionen Wähler auf sich vereinigen konnten und mit 7,1 Prozent der Stimmen in das Europaparlament einzogen. Nach der Europawahl ließ Frey die NPD wie eine heiße Kartoffel fallen. Ab 1990 begannen Mitglieder- und Wählerzahlen der NPD dramatisch abzusinken.

Der noch immer amtierende NPD-Vorsitzende Mußgnug, der zwischenzeitlich auf das Amt eines »Ehrenvorsitzenden« abgeschobene Walter Seetzen und der ehemalige Polizeibeamte und stellvertretende Parteivorsitzende Jürgen Schützingen fingen noch im Laufe des Jahres an, die Möglichkeiten für die Schaffung einer neuen rechtsextremistischen Sammlungsbewegung auszuloten. Ihr Hauptgesprächspartner war hierbei Harald Neubauer, der nach einem misslungenen Putschversuch gegen seinen politischen Ziehvater und REP-Vorsitzenden Schönhuber zwar die Partei verlassen hatte, noch immer aber Europaabgeordneter war. Dramatisch sinkende Mitgliederzahlen, die Niederlage bei der Bundestagswahl 1990 und den damit verbundenen finanziellen Kollaps vor Augen, starteten die genannten NPD-Führer erneut ohne jegliche Rücksprache mit dem Vorstand oder gar den Mitgliedern Gespräche über die Gründung einer neuen Partei  und die Überführung der Reste der NPD in dieselbige.

Bei der Bundestagswahl 1990 ging der NPD-Anteil um die Hälfte auf 0,3 Prozent zurück. Nach fast zwanzigjähriger Amtszeit erklärte Martin Mußgnug seinen Rücktritt als Parteivorsitzender und hinterließ eine verunsicherte, völlig überschuldete Partei. Zum kommissarischen Parteivorsitzenden wurde Walter Bachmann ernannt. Bachmann war gegen Ende des Zweiten Weltkriegs Untersturmführer und Kompaniechef in der 7. SS-Freiwilligen-Division »Prinz Eugen«. Nach dem Untergang des Faschismus betätigte sich Bachmann zunächst bei der DRP und gehörte 1964 zu den Gründungsmitgliedern der NPD. Von 1966 bis 1970 gehörte er als stellvertretender Fraktionsvorsitzender dem bayerischen Landtag an, fungierte bis Mitte der Neunziger als bayerischer Landesvorsitzender und ist heute Ehrenvorsitzender der Partei.

1991 fand in Herzogenaurach (Landkreis Erlangen-Höchstadt) ein Bundesparteitag statt, der die existenzbedrohende Krise der Partei überwinden sollte. Der frühere JN-Bundesvorsitzende und langjährige stellvertretende Parteivorsitzende Günter Deckert war nach zehnjähriger »Nicht-Mitgliedschaft« wieder der NPD beigetreten und wurde mit etwa achtzig Prozent der Delegiertenstimmen zum neuen Bundesvorsitzenden gewählt. Der notorische Holocaust-Leugner und frühere Oberstudienrat Deckert konnte die NPD aber nicht aus der Krise führen – ganz im Gegenteil. Sein cholerisches Verhalten, finanzielle Ungereimtheiten und sein schier unstillbarer Machtanspruch trieben immer mehr Mitglieder aus der Partei. Die Krise spitzte sich in der Folgezeit immer stärker zu. 1992 fiel die Partei in Baden-Württemberg auf 0,9 Prozent zurück und verfehlte damit die Grenze für die staatliche Wahlkampfkostenerstattung, womit sich der Schuldenberg weiter vergrößerte. Außerhalb der NPD entstanden insbesondere in den neuen Bundesländern neue neonazistische Strukturen mit aktionistisch-militanten und zumeist jugendlichen Anhängern, während die Partei immer mehr Mitglieder verlor und die parteieigene Monatszeitung »Deutsche Stimme« trotz verringerten Umfangs und stark gesunkener Auflage zeitweise nur noch unregelmäßig erscheinen konnte.

Im Herbst 1995 wurde Deckert wegen zahlreicher Delikte nach einer Verurteilung unter anderem wegen Volksverhetzung, Aufstachelung zum Rassenhass und Verunglimpfung des Andenkens Verstorbener in Haft genommen. Das hinderte diesen freilich nicht daran, aus der Haft heraus weiter politisch tätig zu sein und z.B. die geschichtsrevisionistische Hetzschrift »Deckert-Stimme« herauszugeben. Am 30. September 1995 wurde er vom Parteipräsidium unter anderem wegen finanzieller Unregelmäßigkeiten seines Amtes enthoben. Der Bundesparteitag wählte am 23./24. März 1996 mit Udo Voigt den bis heute amtierenden Parteivorsitzenden. Zu diesem Zeitpunkt zählte die Partei bundesweit allenfalls noch etwa zweitausendachthundert Mitglieder.

Mit Voigt übernahm ein erfahrener und langgedienter Funktionär die Führung der ältesten noch heute existierenden neonazistischen Partei der Bundesrepublik.

## Die aktuelle Entwicklung der NPD unter Udo Voigt

Unter der Führung von Udo Voigt nahm die NPD eine neue Entwicklung. Hatte sich die Partei früher aus taktischen Gründen zumindest nach außen hin verbal von gewaltbereiten Neonazis distanziert, so wurden jetzt militante Neonazis und teils hochrangige Funktionäre verbotener NS-Gruppen nicht nur Mitglieder, sondern auch Funktionäre auf höchster Ebene bei NPD und JN. Gleichzeitig war es der NPD im Gegensatz zu den anderen beiden rechtsextremen Parteien DVU und REP gelungen, durch das strategische »Drei-Säulen-Konzept« sich auf die besonderen Bedingungen insbesondere in den neuen Bundesländern einzustellen. In diesem Zusammenhang muss auch das dazu gehörende Konzept der »National befreiten Zonen« genannt werden. Tatsache ist, dass es der Partei unter Voigt gelungen ist, ihre Mitgliederzahl bis Ende 2000 auf sechseinhalbtausend mehr als zu verdoppeln.[3] Die Mitgliedschaft wurde insbesondere durch die systematische Einbindung gewalttätiger und krimineller Personen aktivistischer und deutlich aggressiver. Ganz offen trägt die NPD seitdem bei ihren Aufmärschen ihre pronazistische und gewalttätige Ausrichtung zur Schau.

Einen Niederschlag in den Wahlergebnisse hat dieser erneute »Frühling« bis jetzt noch nicht im erhofften Ausmaß. Lediglich bei den sächsischen Landtagswahlen Ende 1999 konnte die NPD mit 1,2 Prozent der Stimmen ein zählbares Ergebnis für sich verbuchen – wobei aber besonders darauf hingewiesen werden muss, dass sie bei den Erst- und Jungwählern auf rund zehn Prozent der Stimmen kam und somit durchaus auch wahlpolitisch eine Perspektive hat. In den alten Bundesländern schwanken die Wahlergebnisse weiterhin zwischen 0,1 und einem Prozent der Stimmen.

Das medienöffentliche Darstellen der NPD als neonazistische Partei mit gewaltbereiten und kriminellen Mitgliedern hat dazu geführt, dass ihr Auftreten als »normale, demokratische Partei« und die Selbstdarstellung vieler ihrer Mitglieder sozusagen als »nette Nazis von Nebenan« in ihren regionalen Zentren z. B. in Hessen nicht mehr die volle Wirkung zeigte. Bei den hessischen Kommunalwahlen im März 2001 verlor sie in ihren Hochburgen Ehringhausen, Wölfersheim und Gelnhausen bis zu Zweidrittel ihrer Wähler – in diesen Orten war sie bis 2001 mit bis zu dreiundzwanzig Prozent in den Kommunalparlamenten verankert gewesen.

Bevor die strategischen Konzepte und ihre praktische Umsetzung beschrieben werden, soll zunächst der derzeitige Bundesvorsitzende Udo Voigt kurz dargestellt werden. Voigt wurde 1952 geboren und war schon als Schüler, seit 1968, aktiv in der rechtsextremen NPD bzw. ihrem Umfeld, zunächst im niederrheinischen Viersen. Laut der offiziellen Biografie von Voigt[4] wurde dieser schon als Sechzehnjähriger bei seinen Aktivitäten von seinem Vater unterstützt, der 1969 selber Mitglied der NPD wurde. Nach einer Lehre als Metall-Flugzeugbauer trat Voigt 1972 in die Bundeswehr ein und verpflichtete sich gleich für zwölf Jahre. Er absolvierte die Offizierslaufbahn und verbrachte einige Jahre an Schulen und Ausbildungsplätzen in den USA und Griechenland. Die Bundeswehr verließ der spätere NPD-Chef als Bundeswehrhauptmann. Danach studierte Voigt an der Ludwig-Maximilian-Universität in München politische Wissenschaften und verließ diese 1987 als Diplom-Politologe (Dipl.sc.pol.Univ.).

Unmittelbar nach dem Ende seiner Bundeswehr-Karriere stürzte sich Voigt nach offizieller Lesart wieder in die Parteiarbeit und wurde Leiter der neugegründeten Kaderschmiede »Nationaldemokratisches Bildungszentrum« (NBZ) im oberitalienischen Iseo. Dort hatte die Partei von einer Gönnerin 1985 ein passendes Anwesen geerbt. Die Lehrgänge wurden von jeweils etwa zehn Personen besucht, die von drei Referenten ausgebildet wurden. Insgesamt sollen in den sieben Jahren ihres Bestehens etwa zweihundertfünfzig Personen die Schulungsstätte durchlaufen haben. Als ehemaliger Bundeswehroffizier und Diplom-Politologe war Voigt sicherlich als Leiter und maßgeblicher Referent der Kaderschmiede nicht ungeeignet. Voigt schuf hauptverantwortlich mit dem NBZ das erste systematische Ausbildungswesen der Neonazi-Partei zur Förderung und Ausbildung vornehmlich jüngerer Führungskräfte in der NPD. Neben der Vermittlung von Ideologie ging es hierbei auch um die Weitergabe praktischer Kenntnisse und Fähigkeiten wie z.B. Rhetorik, Pressearbeit und Versammlungsrecht.

Seit Ende der achtziger Jahre ist Voigt an maßgeblichen Stellen in der Partei tätig – als Präsidiumsmitglied, Leiter der Schulungsstätte, bayerischer Landesvorsitzender und seit 1996 als Bundesvorsitzender – und er wird voraussichtlich als letzter Vorsitzender der NPD vor ihrem überfälligen Verbot in die Geschichte eingehen.

Der Versuch der NPD, sich mit einer tränenreichen Kampagne »Argumente statt Verbote – Nein zum NPD-Verbot« als Opfer und Märtyrer darzustellen, schlug völlig fehl und führte vielmehr zu erheblichen internen Spannungen. Die erste Reaktion der Führungsspitze im August 2000 auf die Verbotsforderungen – das zeitweilige Absagen aller Demonstrationen – löste zum Teil harsche Kritik aus den Reihen der »freien Kameradschaften« und einer so genannten »revolutionären Plattform« besonders militanter NPD-Mitglieder aus. Diese Auseinandersetzungen finden in einer besonderen Heftigkeit im Landesverband Schleswig-Holstein statt, über die der rechtsextreme Internet-Informationsdienst »NIT« in einer Meldung wie folgt berichtet: »Die Turbulenzen im NPD-Landesverband Schleswig-Holstein halten an. Seit mehr als einem halben Jahr kommt es zu Flügelkämpfen zwischen traditionellen nationaldemokratischen Mitgliedern einerseits und Anhängern des Nationalsozialismus aus dem Spektrum der so genannten ›Freien Nationalisten‹ andererseits. Deren gezielter Masseneintritt in die Partei führte im Februar (2001, Anm. d. Verf.) dazu, dass sich der NS-Flügel bei den Vorstandswahlen durchsetzte und mit Peter B... einen einschlägig vorbestraften Gewalttäter zum Landesvorsitzenden wählte.«[5]

Einen weiteren Höhepunkt erfuhren die internen Auseinandersetzungen offenbar auf einem fast schon unter konspirativen

Umständen durchgeführten Bundesparteitag am 3. und 4. März 2001 in Lichtenhaag (Niederbayern). Laut Pressemitteilung der NPD ließ die NPD-Führung die Delegierten mit »überwältigender Mehrheit« sich hinter den Beschluss des Parteivorstandes stellen, Horst Mahler die Verteidigung der NPD vor dem Bundesverfassungsgericht in Karlsruhe zu übertragen.[6] Laut NPD-Pressemeldung stellte Voigt hierzu fest: »Den reaktionären Kräften innerhalb und außerhalb der Partei wurde auf dem Parteitag eine klare Abfuhr erteilt ...«[7]

Die Bennennung von Mahler als Verteidiger der NPD in Karlsruhe war und ist innerhalb der Partei heftigst umstritten. Die Parteispitze erhoffte sich wohl, durch die Übertragung des Mandats an den »bekannten Juristen« Horst Mahler einen entsprechenden PR-Erfolg landen zu können. Zwischenzeitlich dürfte aber auch dem Letzten klar geworden sein, dass Mahler aufgrund seiner an Abstrusität nicht mehr zu überbietenden antisemitischen Hetztiraden nur weitere Belege für die nationalsozialistische, antisemitische und rassistische Ausrichtung der Partei liefert. Die interne Kritik an der Berufung Mahlers macht dem Parteivorsitzenden Voigt offensichtlich sehr zu schaffen. In seiner ebenfalls im Internet auf der NPD-Seite veröffentlichten Rede auf dem bereits genannten Bundesparteitag führte er u. a. aus: »Eine Menge Gerüchte werden derzeit über die Massenmedien und durch bestimmte Kreise innerhalb der NPD geschürt, um seine Mandatsübernahme zur Verteidigung der Partei zu demontieren ... Ich habe in den letzten Wochen so manches kritische Wort über ihn in unseren Kreisen gehört und kann die Kritiker in drei Gruppen aufteilen: Die einen verzeihen ihm seinen politischen Werdegang nicht, die Vertreter der zweiten Gruppe befürchten, dass manche von ihm geäußerte Theorien die NPD im Verfahren belasten könnten, und die dritte Gruppe beneidet ihn um das Mandat der NPD in diesem zweifellos historischen Prozess vor dem höchsten deutschen Gericht.«

An anderer Stelle seiner Rede wurde Voigt in Bezug auf die Kritiker noch deutlicher: »Mahlers Kritiker arbeiten vielfach mit böswilligen Unterstellungen oder aus dem Zusammenhang gerissenen Zitaten und bedienen sich der Verletzung des Briefgeheimnisses, indem sie ... aus persönlichen Briefen zitieren. Ich sehe in der ganzen unsachlichen Debatte einen Versuch bestimmter Elemente, uns nun im Verbotsverfahren des wirksamen Schutzes der Verteidigung zu berauben ...«[8]

Einmal davon abgesehen, dass anscheinend wieder an Verschwörungstheorien gebastelt werden soll, haben die internen Auseinandersetzungen innerhalb der NPD bereits zu einem spürbaren Rückgang ihrer Mobilisierungsfähigkeit bei Demonstrationen und Kundgebungen geführt, zumal zahlreiche »freie Kameradschaften« eigene Demonstrationen in Konkurrenz zur NPD durchführen.

Auf einer Sondersitzung des NPD-Parteivorstandes am 14. September 2000 wurden daher Maßnahmen beschlossen, die die Machtposition des Parteivorstandes und insbesondere des Vorsitzenden Voigt stärkten. Vordergründig sollten diese eine Reaktion auf die Verbotsdebatte sein, tatsächlich dürften sie aber auch einer Disziplinierung der Partei dienen. Zu diesen Beschlüssen zählen u.a.:

»... 3. Beschlüsse zur Sicherung des Bestandes der NPD

a) Interviews, Film- und Tonaufnahmen bedürfen ab sofort der vorherigen schriftlichen Zustimmung des Bundespressesprechers ...

a) Druckfahnen der NN und der DS[9] müssen vom Parteivorsitzenden genehmigt werden, bevor sie in Druck gehen.«[10]

Ausdrücklich bekannte sich Voigt in seiner Rede auf dem Parteitag im März 2001 zum »strategischen Konzept« der NPD: »Am strategischen Konzept der Partei mit der drei-Säulen-Theorie ... werden wir unverändert festhalten ...«[11]

Angesichts der für sie eher frustrierenden Tatsache, dass den rechtsextremen Parteien dauerhafte Wahlerfolge bisher versagt blieben, begannen innerhalb der Szene, insbesondere in den pseudo-intellektuellen und »nationalrevolutionären« Kreisen, schon vor Jahren Debatten über künftige Strategien.

**»National befreite Zonen«**

Zu den in der Öffentlichkeit wohl bekanntesten Konzepten zählt das der Schaffung so genannter »(national) befreiter Zonen«, über die erstmals wohl 1991 in einer undatierten Ausgabe der NHB[12]-Zeitung »Vorderste Front« geschrieben wurde. Lokale Strukturen und ein entsprechendes Umfeld rechtsextremer, zumeist jüngerer Personen sind demnach zuständig für die Schaffung von »national befreiten Zonen«. Eine solche »Zone« kann ein Jugendclub, ein Mietshaus, ein Stadtteil, ein Dorf usw. sein. Entscheidend ist die Errichtung einer regelrechten Gegenmacht, der Hegenomie in einem bestimmten Gebiet.

In einem »nationalrevolutionären Konzept« heißt es dazu: »Wir müssen Freiräume schaffen, in denen wir faktisch die Macht ausüben, in denen wir sanktionsfähig sind, d.h. wir bestrafen Abweichler und Feinde, wir unterstützen Kampfgefährtinnen und -gefährten ... Das System, der Staat und seine Büttel werden in der konkreten Lebensgestaltung der politischen Aktivisten der Stadt zweitrangig. Entscheidender wird das Verhalten derer sein, die für die Sache des Volkes kämpfen ...«[13] Hinter diesem Konzept steht der Gedanke einer »Kulturrevolution von rechts« im Sinne rechter Aufhebung der Revolutionstheorien von Antonio Gramsci[14], der im Gegensatz zur Leninschen Revolutionstheorie davon ausging, dass in einer entwickelten Gesellschaft die Revolution nicht durch einen gewaltsamen Umsturz, sondern vielmehr durch eine Umwälzung des Wertesystems durch den direkten Einfluss auf den Überbau (Ideen, Kultur) durchgeführt werden muss. Dieser Kulturkampf der Rechten, der sich u.a. in der Etablierung einer rechtsextremen Jugendkultur manifestiert, wurde und wird von der Bevölkerung und der Politik immer noch nicht ausreichend zur Kenntnis genommen.[15]

Einen Eindruck von der Realität solcher »(national) befreiter Zonen«, die zwischenzeitlich von der NPD angesichts des Verbotsverfahrens offiziell als »Phantom-Zonen« bezeichnet werden, kann man durch einen Blick auf die pogromartigen Übergriffe auf Flüchtlingsheime in den Jahren 1991/92 u.a. in

Hoyerswerda und Rostock-Lichtenhagen, auf die Menschenjagden in Magdeburg, Guben und vielen anderen Orten erhalten. Hier wurden nicht selten unter dem Beifall der Bevölkerung und unter dem Schweigen der Politik Menschen gejagt und getötet, die nicht in das braune Bild einer »deutschen Leitkultur« passen. In den letzten zehn Jahren wurden so an die hundertvierzig Menschen ermordet – Andersdenkende, Andersaussehende, Anderslebende und -liebende wurden Opfer der »Säuberungsaktionen« militanter Neonazis, die das Konzept der »national befreiten Zonen« zur blutigen Realität machten.

Ein wichtiges organisatorisches Gerippe dieser Entwicklung war der Verein »Die Nationalen e.V.«, der 1991 von Mitgliedern der NPD, der »Deutschen Sozialen Union« (DSU), der »Republikaner« und anderer neonazistischer Splittergruppen gegründet wurde und am 14. November 1997 seine Auflösung beschlossen hat, nachdem sein Vereinsziel erfüllt war. Nach seiner Auflösung schlossen sich die Mitglieder im Wesentlichen der NPD an. Vereinsziel war die Entwicklung informeller und logistischer Strukturen, die in allen neuen Bundesländern und in Berlin arbeiten. Die so geschaffenen »freien Kameradschaften« sollen nunmehr an der Errichtung »national befreiter Zonen« arbeiten, in denen die Meinungsführerschaft und das öffentliche Bild fest in neonazistischen Händen ist. Der Vorsitzende der »Nationalen«, Frank Schwerdt, gehört heute übrigens zu den maßgeblichen NPD-Mitgliedern.

### Das »Drei-Säulen-Konzept« der NPD

»Wenn die NPD ihre Ziele in Deutschland erreichen will, muss sie – im übertragenen Clausewitzschen Sinne gesprochen – drei große Schlachten schlagen: die Schlacht um die Köpfe, die Schlacht um die Straße und die Schlacht um die Wähler.«[16] In seinem Vorwort zum NPD-Jubiläumsbuch »Alles Große steht im Sturm« fasst Udo Voigt die Ziele der NPD und ihr Selbstverständnis wie folgt zusammen: »Die NPD ist keine Partei, die auf der Stufe der Systemparteien steht, sondern eine Partei gegen die Etablierten. ... Die heutige NPD stellt das liberalkapitalistische

System der BRD ... an sich in Frage und will dieses nicht fortsetzen, sondern auf seinen Trümmern ein neues Deutschland errichten.«[17]

In dem bereits genannten Strategiepapier des NPD-Vorstandes werden die drei Säulen der NPD-Strategie näher definiert.

1. »Kampf um die Köpfe«:

»... die dynamische Weiterentwicklung der völkisch-nationalen Programmatik muss zu einem integralen Bestandteil des täglichen politischen Kampfes werden ... Dabei dürfen keine Berührungsängste und Tabus hinderlich im Weg stehen. ... Zweitens müssen alle Ideen und Begriffe hinsichtlich ihrer mobilisierenden Wirkung auf die Massen erprobt werden.«[18]

2. »Kampf um die Straße«:

»Eine nationale Partei wie die NPD ... kann eine Massenwirkung nur durch die Mobilisierung der Straße erreichen. Auch hier dürfen keine Tabus den Blick für das Wesentliche trüben: ... Wenn sich diese jungen Leute in eigenen Jugendkulturen, etwa Skinheadgruppen, zusammenschließen, so ist das angesichts des Verfalls der Volksgemeinschaft in der BRD eine soziologische Selbstverständlichkeit, die hingenommen werden muss. Die NPD hat keine Probleme, mit solchen Gruppen zusammenzuarbeiten, wenn sie bereit sind, als politische Soldaten zu denken und zu handeln.«[19]

3. »Kampf um die Parlamente«:

»... Die Wahlteilnahme ist nicht zuletzt auch deswegen notwendig, weil die BRD eine Parteiendemokratie ist und nach Art. 21 GG die Parteien bei der politischen Willensbildung eine bevorzugte Stellung genießen (Parteienprivileg), die aber an die Bedingung der Wahlteilnahme geknüpft ist.«[20]

Zusammenfassend heißt es am Ende des Strategiepapiers: »Programmatik, Massenmobilisierung, Wahlteilnahme – dies sind also die drei strategischen Säulen für die operative Gestaltung des politischen Kampfes der NPD. Keine von ihnen ist ohne die andere sinnvoll oder auch nur möglich.«[21]

Insbesondere der »Kampf um die Straße« hat für die NPD wichtige Bedeutung. Teil des Konzepts der Neofaschisten sind hierbei Aufmärsche. Sie sind der Versuch, jungendliche Anhänger fest in die rechtsextremen Strukturen einzubinden und nach außen Stärke und Geschlossenheit zu demonstrieren. Dieses Konzept geht auch deshalb aus Sicht der Neonazis so gut auf, weil Verwaltungsgerichte immer häufiger ihre Aufmärsche genehmigen und die Polizei diese dann gegen den Protest von Demokraten durchsetzen – und sei es wie am 9. Dezember 2000 in Köln, als ein ganzes Stadtviertel durch die Polizei hermetisch abgeriegelt wurde, damit knapp hundert Neonazis unter der Führung von Christian Worch[22] unbehelligt marschieren konnten, während gleichzeitig über fünfundzwanzigtausend Menschen gegen den NS-Aufzug auf die Straße gingen. Einen Rückschlag musste die NPD wenige Wochen vor der Kölner Worch-Demonstration in Berlin hinnehmen, als mehrere Tausend AntifaschistInnen eine Demonstration der NPD mit etwa achthundert Teilnehmern am Alexanderplatz stoppten und auch die Wasserwerfer der Berliner Polizei nicht mehr in der Lage waren, den Neofaschisten den Weg freizumachen. Diese Demonstration war in zweifacher Hinsicht eine Niederlage für die NPD: Erstens lag die Teilnehmerzahl weit hinter den Erwartungen zurück. Zweitens wurde der Abbruch der Demonstration aufgrund des massiven antifaschistischen Protestes innerhalb der NPD als demütigend und demoralisierend empfunden. Gerade beim »Kampf um die Straße« spekuliert die NPD mit der Durchsetzung ihres Konzepts nicht zuletzt durch die Verwaltungsgerichte und die Polizeikräfte und kalkuliert dies auch ganz bewusst ein.

Eine wichtige Rolle bei der Mobilisierung ihrer Anhänger zu Aufmärschen und für die Öffentlichkeitsarbeit spielt für die NPD die Agitation in Themenbereichen, in denen etablierte Politiker die entsprechenden Reizworte liefern und dadurch die Hemmschwellen heruntersetzen. Erinnert sei in diesem Zusammenhang nur an die CSU-Angriffe gegen die Ausstellung »Vernichtungskrieg – Verbrechern der Wehrmacht 1941 bis 1944«, die die Gegendemonstration der NPD am 1. März 1997 in München mit etwa viertausend Teilnehmern propagandistisch begleitete und zu ihrem Erfolg beigetragen haben dürfte, und an die Unions-Kampagnen gegen die doppelte Staatsbürgerschaft und gegen die Entdiskriminierung gleichgeschlechtlicher Lebensgemeinschaften durch das Lebenspartnerschaftsgesetz (»Homo-Ehe«). Gerade diese Kampagnen haben dazu geführt, dass gezielte Aktionen gegen Minderheiten zur Gewinnung von Mehrheiten wieder gesellschaftsfähig wurden. Auch der Versuch, mit pseudo-antikapitalistischen Phrasen den 1. Mai zu besetzen, ist in diesem Zusammenhang zu sehen – sowohl durch das provozierende Aufmarschieren der NPD an diesem Tag, als auch durch den Versuch, den Begriff »Sozialismus« zur Worthülse für sozialdarwinistische, rassistische und antisemitische Propaganda zu degradieren.

Der »Kampf um die Köpfe« wird seinerseits schon lange nicht mehr ausschließlich mit den klassischen Methoden geführt. Bereits in den achtziger Jahren gab es von Seiten der NPD und der JN massive Versuche, durch so genannte »nationale Rockmusik« neonazistische Inhalte zu verbreiten und neue Anhänger auf musikalischem Wege zu rekrutieren. Diese Vorgehensweise ist ebenfalls erst in den letzten Jahren von der Öffentlichkeit registriert worden. Zwischenzeitlich gibt es eine kaum noch zu überschauende Angebotspalette an rechtsextremer, Gewalt verherrlichender und rassistischer Musik, wobei gleich mehrere Musikrichtungen berücksichtigt werden. Neben der besonders aggressiv-brutalen Nazi-Skin-Musik gibt es auch so genannte »nationale Liedermacher« und auch romantische »Liebeslieder« werden zwischenzeitlich gewinnträchtig auf CD unter das Volk gebracht.[23] Unter der Überschrift »Kultur als identifikationsstiftendes Element politischer Arbeit« schreibt der künstlerisch zwar nicht besonders begabte, dafür aber in der Nazi-Szene um so populärere Frank Rennicke[24]: »Die Ballade hat jedoch gegenüber dem Rockstück den Vorteil, nicht nur Parolen oder Schlagwörter zu gebrauchen, sondern auch zu erklären, wieso man zu dieser Auffassung gelangen muss. Die Ballade kann Geschichten erzählen, Gefühle ausdrücken, aufrufen und wachrütteln.«[25]

Ein weiteres wichtiges Feld ist das Internet – sowohl im

»Kampf um die Köpfe« durch die Verbreitung von Propaganda und Ideologie, als auch im »Kampf um die Straße« durch die Mobilisierung. Auch hier wurde von offizieller Seite die Entwicklung sehr lange regelrecht verschlafen. Während seit Jahren insbesondere die »Vereinigung der Verfolgten des Naziregimes – Bund der Antifaschisten« (VVN-BdA) immer wieder durch Dokumentationen und Presseerklärungen auf diese Entwicklung hinwies, hat der Verfassungsschutz lange Zeit gebraucht, bis er das Internet als Publikations- und Agitationsort von Neonazis entdeckte. Bei seiner jüngsten Zählung kam der Präsident des Bundesamtes für Verfassungsschutz, Heinz Fromm, auf fünfhundert rechtsextremen Web-Seiten.[26]

Demgegenüber hatte das Simon-Wiesenthal-Center bereits im Jahr 2000 über zweitausend Internet-Adressen mit volksverhetzendem Gedankengut aufgelistet. Neonazis nutzen das Internet auch, um die deutschen Strafgesetzbestimmungen zu umgehen und ihre strafbaren Inhalte über Provider vornehmlich in den USA zu verbreiten. Auf einen weiteren Aspekt weist Ulrich Schneider hin: »Ein reales Bedrohungspotenzial für Antifaschisten und demokratische Organisationen stellen so genannte ›Anti-Antifa-Seiten‹ dar, auf denen – im Sinne der Nazis – ›Gegner‹ geoutet, oftmals mit Namen, Privatadresse, Telefonnummern und anderen persönlichen Daten vorgestellt werden, so dass gewaltbereite Neonazis Ansatzpunkte für Übergriffe haben.«[27]

Über das Internet haben die Neonazis hauptsächlich die Jugend im Visier, weshalb dieses auch einen so wichtigen Platz in ihren strategischen Konzepten einnimmt. Für die NPD ist das »junge Publikum im weltweiten Datennetz« die »Info-Elite der Zukunft«, mit der »gegen den Zeitgeist« angegangen werden soll.[28] Neonazis gehen verstärkt auf die Bedürfnisse Jugendlicher ein. In den vergangenen Jahren ist das Angebot technisch attraktiver geworden, Musiktitel im MP3-Format können problemlos heruntergeladen, Computerspiele angewandt werden. Die Neonazis schöpfen das »gesamte Spektrum multimedialer Möglichkeiten aus: Auch Radio- und TV-Sendungen über Internet sind keine Seltenheit mehr.«[29] Deshalb ist es auch hier wichtig, im Rahmen antifaschistischer Arbeit über spezifische Gegenstrategien nachzudenken.

Bei der Auseinandersetzung mit Neofaschisten und ihren strategischen Konzepten, zu denen ganz wesentlich Aufmärsche, der »Kulturkampf« und das Internet gehören, ist die Verkündung von Toleranz und Duldung mit dem Hinweis auf die Meinungsfreiheit nicht nur eine faktische Kapitulation vor den Neonazis, sondern eine völlig falsche und höchst kontraproduktive Reaktion. *Faschismus ist eben keine Meinung, sondern ein Verbrechen!*

Die Erfahrung der letzten Jahre zeigt überdeutlich, dass ein Teil der Erfolge der NPD bei der Umsetzung ihrer Strategie-Konzepte weniger auf ihre eigene Stärke, sondern vielmehr auf die Unentschlossenheit, Fantasielosigkeit und ein völlig falsches Verständnis von Toleranz und Demokratie seitens mancher politischer Gegner der Nazis zurückzuführen ist. Diskussionswürdig ist in diesem Zusammenhang auch der Umstand, dass manche antirassistische und antifaschistische Initiativen und Einzelpersonen auf ihren Homepages aus aufklärerischer Motivation Links zu Internet-Naziseiten haben.

## Exkurs: Der »Kampf um die Köpfe und um die Straße« – persönlicher Erfahrungsbericht

Das Konzept zur Errichtung »National befreiter Zonen« ist eigentlich schon recht betagt. Auch wenn es diesen Begriff so erst seit ein paar Jahren gibt, ist das Bemühen der NPD, in ausgesuchten Gebieten eine wichtige Rolle zu spielen, das Klima einer Stadt zu beherrschen und Einfluss zu gewinnen, nicht neu. Auch die Vorgehensweise – »Kampf um die Köpfe«, »Kampf um die Straße«, »Kampf um die Parlamente« – wurde in der Vergangenheit schon praktiziert. Geändert hat sich nur, dass die Partei bzw. ihr Umfeld und darüber hinaus die gesamte neonazistische Szene hierbei planvoller und mit schriftlich fixierten Konzepten[30] vorgeht.

Erstes »Experimentfeld« war die hessische Gemeinde Wölfersheim, hier schaffte die NPD bei den Kommunalwahlen 1981 erstmals mit 5,1 Prozent den Sprung in das Gemeindeparlament. Schlüsselfigur war und ist der Kreisvorsitzende Volker Sachs, der im Ort seriös und als netter Nachbar auftritt. Mit fast schon an Aktionen der »barmherzigen Nachbarschaftshilfe« grenzenden Sympathiekampagnen schaffte er es, die Wahlergebnisse kontinuierlich zu steigern: 1985 kam die Partei auf rund elf Prozent, 1989 auf knapp siebzehn Prozent, 1993 und 1997 lag sie deutlich über zwanzig Prozent der Stimmen. Erst bei den letzten Kommunalwahlen in Hessen verlor die NPD in Wölfersheim und ihren anderen örtlichen Hochburgen im Schnitt fast zwei Drittel ihrer Wähler. Ganz systematisch wurde nach dem Vorbild Wölfersheim nämlich auch in anderen hessischen Gemeinden operiert – mit dem Ergebnis, dass die Partei in der Gemeinde Ehringhausen 1997 das Wölfersheim-Ergebnis sogar überbieten konnte und dort auf fast fünfundzwanzig Prozent der Stimmen kam. In einigen anderen Gemeinden konnte sie vor dem Absturz 2001 immerhin bis zu zehn Prozent verzeichnen. In Ehringhausen hatte die starke Verankerung der Partei – die im Gemeinderat bis zur letzten Wahl zweitstärkste Fraktion war – zur Folge, dass das geschäftlich nicht untüchtige Ehepaar Zutt (Doris Zutt gehört gleichzeitig dem NPD-Bundesvorstand an) den so genannten »Patriotentreff« betreiben kann, einen NS-Devotionalienhandel, bei dem in den Schaufenstern u. a. Bilder von Rudolf Heß, revisionistische Literatur, germanische Symbole und einschlägige CDs angeboten werden.

Dass der seit 1981 in Hessen betriebene kontinuierliche Aufbau von NPD-Hochburgen 2001 einen herben Rückschlag erlitt, ist in erster Linie auf die Verbotsdebatte zurückzuführen. Das in den jeweiligen Orten verankerte Bild von der »normalen« Partei mit ihren scheinbar hilfsbereiten und sympathischen Funktionären konnte offenbar den örtlichen Einwohnern nicht mehr vermittelt werden.

Aber nicht nur in Hessen, sondern auch in anderen Bundesländern bemühte sich die Partei seit den achtziger Jahren, ihre bundesweite Erfolglosigkeit bei Wahlen umzukehren. So auch im bayerischen Landkreis Erlangen-Höchstadt. Dem NPD-Kreisverband Erlangen-Höchstadt gehörte ich selber bis zu meinem Austritt in verschiedenen Funktionen an, u.a. als stellvertretender Kreisvorsitzender und Referent für Presse- und Öffentlichkeitsarbeit.

Als ich 1986 nach Herzogenaurach, dem größten Ort im Landkreis, kam, gab der Kreisverband der NPD ein jämmerliches Bild ab – an den monatlichen Versammlungen nahmen in der Regel gerade mal etwa zehn Personen teil, die schon bei der Parteigründung 1964 keine Jugendlichen mehr gewesen waren. Außenwirkung oder Öffentlichkeitsarbeit war ebenfalls nicht mehr feststellbar. Allerdings war in diesem Jahr mit der Herzogenauracherin Doris Herbig eine ideale Sympathieträgerin zur Partei gekommen – jung, weiblich, blond und die Tochter eines örtlichen Metzgermeisters. Zusammen mit einem Nürnberger NPD-Mitglied, dem späteren Vorsitzenden des Kreisverbandes Erlangen-Höchstadt, Gerhard Bottner, begannen wir zu dritt, den Kreisverband zu reorganisieren.

Die Ausgangsvoraussetzungen waren trotz des desolaten Kreisverbandes nicht schlecht. Der Landkreis Erlangen-Höchstadt kann als konservativ geprägt bezeichnet werden, die örtliche Presse verhielt sich uns gegenüber neutral bis fast schon naiv und es gab keine nennenswerte organisierte Gegenwehr gegen unsere Aktivitäten. Die Vorgehensweise war klar: Zunächst konzentrierten wir uns auf die Gemeinde Herzogenaurach, dann sollten weitere Gemeinden im Landkreis »kolonisiert« werden. Mit Unterstützung aus Nürnberg und Fürth gelang es uns, öffentlich aufzutreten, Informationsstände durchzuführen, nahezu flächendeckend die Gemeinde mehrmals mit NPD-Propaganda zu versorgen. Da es keine Aufklärung oder Gegenwehr gab, konnten wir ungehindert unser gewünschtes Image aufbauen.

Diese »Sympathiewerbung« wurde dann auch bei der bayerischen Landtagswahl belohnt. Während die NPD landesweit aufgrund des Auftretens der »Republikaner« von 0,6 Prozent auf 0,5

Prozent zurückging, konnte sie sich in Herzogenaurach auf ein Prozent der Stimmen verdoppeln, Doris Herbig erhielt bei der zeitgleichen Bezirkstagswahl 1,7 Prozent der Erststimmen in der Stadt. Bei der Bundestagswahl im Januar 1987 erhielt die NPD in Herzogenaurach bereits 1,3 Prozent der Stimmen. Auch wenn auf den ersten Blick die Zuwachsraten eher bescheiden wirkten, sahen wir sie doch als beachtlich an. Innerhalb weniger Monate war es uns gelungen, die Wählerschaft in Herzogenaurach nahezu zu verdreifachen. Gleichzeitig schafften wir es immer stärker, Themen der NPD zu Themen der Öffentlichkeit zu machen. Eine wichtige Rolle spielten hier die beiden Tageszeitungen »Nordbayerische Nachrichten« und »Fränkischer Tag« – sie veröffentlichten nicht nur bezahlte Anzeigen der Partei, sondern druckten selbst mehrseitige Presseerklärungen des Kreisverbandes in der Regel vollständig und unkommentiert ab.

Nachdem die Parteistrukturen in Herzogenaurach gefestigt und neue Mitglieder aufgenommen waren, begannen wir noch 1987 damit, den Parteiaufbau in Höchstadt/Aisch, der »Kreishauptstadt« und zweitgrößten Gemeinde des Landkreises, in Angriff zu nehmen. Zunächst wurde die städtische Aischtalhalle für den Bundesparteitag im November 1987 angemietet. Wochenlang war die NPD dadurch das Gesprächsthema Nummer Eins im Landkreis und in Höchstadt/Aisch. Eine Postwurfsendung und mehrere Verteilaktionen sowie Informationsstände taten ein Übriges. Ende 1987 konnten wir eine überaus positive Bilanz ziehen – die Mitgliederzahl des Kreisverbandes Erlangen-Höchstadt hatte sich mehr als verdoppelt, alle Neuzugänge gehörten der Altersgruppe der Achtzehn- bis Fünfundzwanzigjährigen an, in Herzogenaurach und Höchstadt/Aisch fanden monatliche Versammlungen mit bis zu siebzig Teilnehmern statt, ein neues Sympathisantenumfeld sorgte für regelmäßige Spendeneinnahmen, die örtliche Presse behandelte die NPD als gleichwertigen Gesprächspartner. In kleineren Orten, wie etwa Vestenbergsgreuth, kam die NPD in der Folgezeit, trotz der Konkurrenz durch die »Republikaner«, auf bis zu neun Prozent der Stimmen. Dadurch, dass es der NPD möglich gemacht wurde, selbst in den gemeindeamtlichen »Amtsblättern« Anzeigen zu schalten, erhielt die Partei einen weiteren Seriositätsschub.

Auch im gesellschaftlichen Leben wurde die NPD rasch immer mehr zu einer Selbstverständlichkeit. NPD-Stammtische während der Kirchweih waren ebenso keine Seltenheit mehr wie die Teilnahme von NPD-Funktionären an der jährlichen katholischen »Wallfahrt«. Für den Außenstehenden mag dies jetzt etwas ulkig anmuten, wenn NPD-Leute, die in der Regel mit dem christlichen Glauben herzlich wenig zu tun haben, an Prozessionen oder Wallfahrten teilnehmen. Das Entscheidende dabei war ja auch nicht die Wallfahrt selber, sondern das »gemütliche Beisammensein« am Abend derselbigen. Man war integraler Bestandteil des gesellschaftlichen Lebens, saß mit den Bürgermeistern des Landkreises am Tisch und feierte gemeinsam. Wir gehörten dazu – es gab kaum einen Bürgermeister im Landreis, mit dem ich mich nicht geduzt habe.

Eingebettet in diese gesellschaftliche Akzeptanz konnte der Parteiaufbau in den Folgejahren vorangetrieben werden. Insbesondere, seit der Gasinstallateur Gerhard Bottner den Kreisvorsitz übernommen hatte, zog der Kreisverband auch verstärkt rechtsextreme Skinheads an. Zwar blieben die Wahlerfolge nach den hessischen Vorbildern aus – der Landkreis liegt immerhin in Bayern, dem »Stammland« der REP – aber immerhin verjüngte sich der Kreisverband weiter.

Herzogenaurach und andere Orte im Landkreis Erlangen-Höchstadt gerieten in den vergangenen Jahren immer wieder in die Schlagzeilen. Neonazis machten fast schon regelmäßig Jagd auf Andersdenkende und auf Punks, Einwanderer wurden immer öfter zu Opfern rassistischer Übergriffe. Langsam ging die Saat auf, die wir gesät hatten. Zu lange hatten die Medien dankbar die Themen der NPD aufgegriffen und so zu Themen der Öffentlichkeit gemacht. Dank dieses Zusammenspiels – und hier ist es für das Endergebnis völlig unwichtig, ob dieses Zusammenspiel bewusst oder unbewusst war, von Seiten der NPD war es jedenfalls sehr genau geplant – bestimmte auf einmal die NPD indirekt die öffentliche Diskusion, der »Kampf um die

Köpfe« lief recht erfolgreich; ebenso der »Kampf um die Straße«.

Erst als einmal nicht ein »normaler« Einwanderer oder ein Punk Opfer neofaschistischer Gewalt wurde, sondern ein zu Besuch in Herzogenaurach weilender Manager von »adidas« aus England – in Herzogenaurach befindet sich der Stammsitz der Sportartikelfirma –, hörte das Wegsehen und Schweigen der offiziellen Politik auf. Mit »Bündnissen für Toleranz« und Ähnlichem wird nun seit wenigen Jahren versucht, jahrzehntelange Versäumnisse wettzumachen. Diese Versuche sind wegen ihrer Konzeptions- und teilweisen Hilflosigkeit bisher jedoch relativ wenig erfolgreich gewesen. Der Landkreis Erlangen-Höchstadt und hier insbesondere Orte wie Heroldsberg, Herzogenaurach und Höchstadt/Aisch sind immer noch beliebte Tummelplätze und Aufmarschgebiete für Neonazis.

Dass die Gesamtkonzeption der NPD-Strategien nicht völlig aufgegangen ist, ist ursächlich in den durch die REP bedingten Wahlniederlagen sowie intern begründet – mit konsequenter antifaschistischer Gegenwehr hat es leider weniger zu tun.

Die Entwicklung in Herzogenaurach, Ehringhausen, Wölfersheim sowie in vielen ostdeutschen Städten zeigt interessante identische Züge auf, die die Effektivität des NPD-Strategiekonzepts belegen. Überall tritt die NPD zunächst zurückhaltend und bieder auf, überall profitiert sie nicht von ihrer zu diesem Zeitpunkt noch nicht vorhandenen Stärke, sondern von der Schwäche und der Leichtgläubigkeit ihrer Gegner. Überall wurde und wird die Gefahr relativiert oder geleugnet. Zu lange wurde und wird mit »Verständnis« und »Dialogbereitschaft«, anstatt mit klarer und kompromissloser Ablehnung und Konfrontation reagiert. Ganz im Gegenteil: Antifaschisten machten und machen immer noch viel zu oft die Erfahrung, dass ausgerechnet sie als »Störenfriede« empfunden werden und dass durch das Aufleben der unseligen »Totalitarismustheorie« die demokratische Gegenwehr weiter geschwächt wird. Wenn etwa der Leiter der in Würzburg beheimateten »Akademie Frankenwarte« nach einem Seminar mir gegenüber äußert, Antifaschismus sei ein

»politischer Kampfbegriff«, dann ist das nicht nur politische Dummheit und ein Rückfall in die Terminologie des Kalten Krieges, sondern letztendlich Wasser auf die Mühlen der Neofaschisten. Sie sind die Einzigen, die von sektiererischen Distanzierungen und Abgrenzungen profitieren.

## Die Ideologie der NPD

In diesem Kapitel wird die Ideologie der NPD und ihres näheren Umfeldes dargestellt, deswegen werden neben dem Programm und offiziellen Verlautbarungen der Partei und ihrer Nebenorganisationen auch Mitglieder und Personen ihres näheren Umfeldes zitiert. Auch werden ältere Programme und Verlautbarungen mitangeführt, um so die Kontinuität der rassistischen und neofaschistischen Ideologie der NPD seit ihrer Gründung zu dokumentieren.

### 1. Rassismus und Antisemitismus

Zu den entscheidenden ideologischen Grundlagen aller neonazistischen und rechtsradikalen Organisationen zählt die Überzeugung von der »Höherwertigkeit« der »arischen« bzw. »weißen Rasse« bzw. des ausschließlich bluts- und abstammungsmäßig definierten »deutschen Volkes«. Mit demagogischer Tatsachenverdrehung, manipulativer Verwendung von Statistiken und dem Inszenieren eines Bedrohungsszenario einer angeblichen »Überfremdung« werden offener Rassismus propagiert und die geistigen Grundlagen für rassistische Gewalt geschaffen.

Bereits ihr »Düsseldorfer Programm« von 1973 beendete die NPD mit dem Credo: »Deutschland den Deutschen – Europa den Europäern«[31]. Den Bundestagswahlkampf 1976 bestritt die Partei mit dem Slogan »Deutsche Arbeitsplätze für deutsche Arbeitnehmer« und 1979 kam es dann zur Gründung der von ihr gesteuerten »Bürgerinitiative Ausländerstopp«. Der langjährige NPD-Spitzenfunktionär Wolfgang Frenz[32] erklärte zur Bedeutung des Rassismus: »Dabei entscheidet die Rassenfrage und das Leben der Völker miteinander darüber, ob die Menschheit sich weiterentwickeln oder rückwärts schreiten wird.«[33] An anderer Stelle fabuliert der NPD-Funktionär: »Raum und Klima bedingte Umstände führten dazu, dass die weiße Rasse geistig und in der Zivilisation den anderen Rassen überlegen wurde.«[34] Als Ziel benennt Frenz: »Man braucht eine regenerierte weiße Rasse und neue Führer, um Europa im alten Glanz wieder herstellen zu können.«[35] In der Parteizeitung »Deutsche Stimme« heißt es beispielsweise: »Grundlegende politische Veränderungen müssen die menschenfeindliche Überfremdungspolitik des BRD-Regimes beenden, damit die Substanz unseres Volkes erhalten bleibt. ... Die auf Vernichtung unseres Volkes ausgerichtete Ausländer- und Asylpolitik der Lizenzparteien hat eine Lage geschaffen, die einer sozialen Zeitbombe gleicht.«[36]

In seiner Rede auf dem NPD-Bundesparteitag 2001 führte Udo Voigt aus: »Und wenn wir von unserem Volk sprechen, dann reden wir nicht von der Wohnbevölkerung der BRD, sondern vom deutschen Volk. Diese vaterlandslosen Gesellen, ohne eigene Verwurzelung, angetrieben von der Gewinnsucht des schnöden Mammons, zerstören planmäßig unser Volk, nehmen uns unser Land ...«[37] Im aktuellen NPD-Programm heißt es dementsprechend unter der Überschrift »Deutschland muss wieder deutsch werden«: »In zahlreichen Städten bilden sich Ausländerghettos, in denen die deutsche Restbevölkerung zur Minderheit im eigenen Land wird.«[38]

Wie das dann in der Praxis aussehen könnte, formulierten Horst Mahler, Reinhold Oberlercher und Uwe Meenen in einem »Hunderttageprogramm für eine Notstandsregierung« wie folgt:

»1. Beendigung der Ausländerbeschäftigung.

2. Ausschluss ausländischer Arbeitnehmer aus der Arbeitslosenversicherung.

3. Pflicht zur Meldung aller von Ausländern besetzten Arbeitsplätze beim Arbeitsamt als freie Arbeitsplätze ...

4. Einstellungsverbot für ausländische und volksfremde Arbeitskräfte ...«[39]

An anderer Stelle wird unter dem Punkt »Wohnungsnot und Obdachlosigkeit beenden durch ...« gefordert:

»1. Hohe Geld- und Arbeitsstrafen für unerlaubten Aufenthalt.

2. Kündigung aller von Ausländern belegten Sozialwohnungen.

3. Ausweisung aller arbeitslos gewordenen Ausländer.

4. Ausweisung aller zum Straf- oder Sozialfall gewordenen Ausländer. ...

10. Freiräumung aller Asylantenunterkünfte und Ausweisung der Asylbewerber.«[40]

Ein wesentlicher Bestandteil ihrer rassistischen, menschenverachtenden Ausrichtung ist für die NPD der Antisemitismus. Wolfgang Frenz schreibt in seinem bereits zitierten Buch: »Hitler mit seinem Antisemitismus war genau gesehen ein Glücksfall für die Juden. Aus diesem hitlerischen Antisemitismus entstand die euphorisch stimmende Massenhysterie, die zur Gründung des Staates Israel führte ... So war nach Verständnis vieler Juden der letzte Weltkrieg ein Religions- und Rassenkrieg. Es ging darum, die arisch-nordische Rasse zu vernichten, die noch über die Kraft verfügte, sich gegen eine Weltherrschaft durch Juden zu wehren.«[41]

In der »Ausrufung des Aufstandes der Anständigen« des »Deutschen Kollegs« versteigen sich Mahler, Oberlercher und Meenen u.a. zu folgenden Aussagen: »Das Deutsche Kolleg fordert ein Verbot aller vom jüdischen Volksgeist beeinflussten Vereinigungen und Einrichtungen. ... Der Judaismus ist eine tödliche Gefahr für die Völker. ... Wir organisieren den Widerstand der Völker gegen diesen Vernichtungsfeldzug des Judaismus. Wir wissen, dass für orthodoxe Juden das Deutsche Volk Amalek ist, ein Volk, das in biblischen Zeit gegen die Juden Krieg führte. ... Wir haben mit großen Anstrengungen in Erfahrung gebracht, dass die beiden Weltkriege gegen das Deutsche Reich unter maßgeblicher Beteiligung jüdischer Bankiers und jüdischer Medien organisiert wurden in der Absicht, das Deutsche Reich für immer zu zerstören. ... Diese Geschichte ist der Kampf des zersetzenden Jüdischen Geistes gegen den sittlichen Geist der Germanen. ... Um den Judaismus endlich zu begraben, erhebt sich wie Phönix aus der Asche der Geist der Germanen in der Gestalt der Deutschen idealistischen Philosophie, in deren Licht sich jener Hass als verhängnisvoller Anfall von Geistesschwäche zeigt.«[42]

In seinen »Thesen über Juden und Deutschland als geistige Notwehr des deutschen Volkes« schreibt Horst Mahler u. a.: »Im Dritten Reich erhob sich der Nationalgeist der Deutschen zu dem Versuch, den Nationalgeist der Juden ... zu überwinden ... Die Überwindung des jüdischen Geistes ist eine Notwendigkeit. ... Der Mensch selbst muss – wie Nietzsche es vorausgesagt hat – Gott werden. Hitler und Stalin waren solche Götter, die – jeder auf seine Weise – in die Schöpfung eingriffen. Wo ihre Macht hinreichte, zerschlugen sie den weltlichen Kultus der Juden: Stalin beseitigte den Markt und damit das Geld, Hitler verfolgte die Götzendiener, die ›jüdischen Plutokraten‹«.[43]

Zur Person des Verfassers dieser antisemitischen Tiraden sagt der NPD-Bundesvorsitzende Udo Voigt: »Und ich bin stolz darauf, dass eine Person der Zeitgeschichte wie Kamerad Mahler konsequenterweise den Weg zu uns gefunden hat.«[44] Noch deutlicher kann ein Bekenntnis wohl kaum ausfallen. Da nützt es auch wenig, wenn die NPD-Anwälte Mahler und Dr. Eisenecker in ihren Verteidigungsschriften gegenüber dem Bundesverfassungsgericht die NPD vor solchen rein »persönlichen Meinungsäußerungen« in Schutz nehmen.

### 2. Verherrlichung des NS-Reiches, Geschichtsrevisionismus, Holocaustleugnung

Seit der Gründung der NPD durch ehemalige Mitglieder und Funktionäre u.a. der NSDAP und der Waffen-SS hat die Partei die Alleinschuld Deutschlands am Zweiten Weltkrieg geleugnet und versucht, die Verbrechen des deutschen Faschismus zu relativieren oder zu leugnen.

Im »Düsseldorfer Programm« von 1973 heißt es dazu: »Wir Nationaldemokraten wenden uns gegen die Aufrechterhaltung der heute schon durch die Geschichtsforschung widerlegten Lügen, die unserem Volk die Alleinschuld an zwei Weltkriegen auferlegt. Wir wenden uns gegen die damit verbundene moralische Verurteilung unseres Volkes als ein Mittel der Erpressung ... Wir lehnen es ab, die ›Realität‹ der kommunistischen Eroberungen von 1945 anzuerkennen.«[45]

Im aktuellen Parteiprogramm wird erklärt: »Wir wehren uns gegen die moralische Selbstvernichtung unserer Nation durch die einseitigen Schuldzuweisungen zu Lasten Deutschlands ...«[46] In einem Flugblatt des damaligen NPD-Vorsitzenden Deckert mit dem Titel »Warum der Holocaust-Revisionismus wichtig ist« wird 1994 seine Unterstützung des »Revisionismus« ebenfalls bekräftigt. Unter der Überschrift »Unsere Großväter und Väter waren keine Verbrecher – Und wir sind stolz auf sie« heißt es dementsprechend im NPD-Jubiläumsbuch »Alles Große steht im Sturm« über die »Anti-Wehrmachtsaustellungs-Demonstration« der NPD am 1. März 1997, »... dass die deutsche Jugend immer noch jene Tugenden verkörpert, die einst ihre Großväter zu den besten Soldaten der Welt machten ...«[47] Zu den gängigen Parolen bei dieser und anderen Demonstrationen von NPD und JN gehörte bzw. gehört das Bekenntnis: »Ruhm und Ehre der Waffen-SS«.

Ausdrücklich führte Udo Voigt auf dem Bundesparteitag 2001 die »Soldaten der Deutschen Wehrmacht und der Europäischen Freiwilligen« als »historische Vorbilder« auf.[48] Als »Europäische Freiwillige« werden im Nazi-Jargon »Freiwillige« der »Waffen-SS« aus anderen europäischen Ländern bezeichnet. In diesem Zusammenhang muss ausdrücklich darauf hingewiesen werden, dass die Waffen-SS vom Internationalen Militärtribunal in Nürnberg 1946 als verbrecherische Organisation eingestuft wurde.[49] Die Partei bekennt damit selber ganz offen, dass sie Verbrecher und Massenmörder als ihre »historischen Vorbilder« sieht und »Ruhm und Ehre« für sie fordert.

### 3. Ablehnung der Demokratie

Aus innerster Überzeugung lehnt die NPD die freiheitlich-demokratische Grundordnung ab – auch wenn sie sich verbal immer wieder zum Grundgesetz bekennt. In ihren Parteiprogrammen standen und stehen solche verbalen Bekenntnisse aus taktischen Überlegungen. In der Realität machen aber führende NPD-Funktionäre keinen Hehl aus ihrer tatsächlichen Gesinnung. So schrieb der damalige JN-Bundesvorsitzende Holger Apfel 1997: »Wichtig ist der gemeinsame politische Grundkonsens zur Überwindung des gemeinsamen Feindes – des politischen Systems der BRD.«[50] Der jetzige Parteivorsitzende Udo Voigt konkretisiert: »Wir Nationaldemokraten sehen uns als grundsätzliche Alternative zum gegenwärtigen Parteienspektrum. ... Wer nicht mit uns ist, ist unser Gegner! ... Die NPD wird nicht versuchen, ein paar Krankheitssymptome des Systems oberflächlich zu kurieren. Wir Nationaldemokraten werden die Probleme an der Wurzel packen.«[51]

Dementsprechend hat das NPD-Parteivorstandsmitglied Per-Lennart Aae bereits 1997 einen »vollständige(n) Sieg über das gegenwärtige liberalkapitalistische Herrschaftssystem« verheißen, angestrebt werde eine neue geschichtliche Epoche unter »völkischem Primat«.[52]

Entsprechend ihrer Ablehnung der Demokratie und ihren Verschwörungstheorien werden politisch Andersdenkende permanent herabgewürdigt, verleumdet und als »Handlanger fremder Interessen« verdächtigt: »Die Freiheit des Volkes haben sie schon längst dem Gewinnstreben internationaler Großkonzerne geopfert.«[53]

Auch hier ist ein Blick in das bereits zitierte »Hunderttageprogramm« für eine »Notregierung« aus der Feder von Mahler, Oberlercher und Meenen interessant. Unter der Rubrik »Recht und Staat und Souveränität wiederherstellen durch ...« heißt es:

»1. Brechung der Gesetzesherrschaft durch Wiedereinsetzung der Deutschen in ihr Recht.

2. Verbot der Ideologie der Menschlichkeit, damit der kurze Weg von der Humanität zur Bestialität unterbrochen wird.

3. Gebot der Persönlichkeit.

4. Verbot des Pazifismus und Bellizismus als den beiden Grundformen totalitärer Ideologie und Rechtszerstörung.«[54]

Auch in den Medien soll nach Auffassung des »Deutschen Kollegs« regelrecht in diesem Sinne aufgeräumt werden. Unter dem Punkt »Die deutsche Kulturkatastrophe verhindern durch ...« wird gefordert:

»1. Verbot schmutziger, schundhafter, gewalttätiger, pornographischer und sittlich tiefstehender Darstellungen.

2. Einstellung des kommerziellen Rundfunks.

3. Beschränkung des Fernsehens auf zwei nationale Programme (für deutsche Volkskultur und deutsche Hochkultur samt Wissenschaftspflege) und auf je ein Regionalprogramm für alle deutschen Stammeskulturen; das gleiche gilt für den Hörfunk ...

5. Säuberung der deutschen Sprache und der öffentlichen Schrift von Amerikanismen und anderen Verfremdungen ...

7. Ausschließliche Förderung deutscher Kultur und volksdeutscher Kulturschöpfer.

8. Auflösung kulturschädlicher Massenanstalten wie Gesamtschulen und Gesamthochschulen ...

10. Entlastung der deutschen Volksschulen von Hilfs- und Fremdschülern ...

14. Beschränkung des Universitätsbesuchs auf die geistig Begabtesten eines Jahrgangs, deren Anteil die Fünf-Prozent-Grenze nicht überschreiten darf ...

17. Abwicklung reiner Ideologie-Institute wie jener für Politologie, Soziologie oder Psychoanalyse.«[55]

Selbstredend steht die NPD jeglicher demokratischen Gleichberechtigung von Minderheiten – insbesondere von solchen, die dem NPD-Bild von der »deutschen Leitkultur« nicht entsprechen – strikt ablehnend gegenüber. Deshalb agiert sie auch gegen ein Wahlrecht für Einwanderer und die doppelte Staatsbürgerschaft – beides lehnt sie darüber hinaus auch aufgrund ihrer rassistischen Ideologie ab – und startete demgemäß auch eine Kampagne gegen den Abbau von Diskriminierungen gleichgeschlechtlicher Lebensgemeinschaften durch das »Lebenspartnerschaftsgesetz« (»Homo-Ehe«).

## 4. Repressiv – der Wunsch nach dem Polizeistaat

Auch das Justizwesen soll nach dem Wunsch der NPD entsprechend verändert werden. 1973 las sich das noch wie folgt: »Eine durch so genannte ›Liberalisierung‹ bewirkte Aufweichung zerstört diese Rechts- und Wertordnung ... Sozialbestimmtes Mitleid gehört nicht in den Bereich des Rechts ...«[56] Im aktuell gültigen Parteiprogramm heißt es: »Wiedereinführung der Todesstrafe in besonders schweren Fällen ... Die längst überfällige Anklage alliierter Massenmörder und die Revision der dies bislang verbietenden Verträge.«[57]

Bei Mahler/Oberlercher/Meenen können unter dem Punkt »Den Rauschgiftkrieg gewinnen durch ...« folgende Forderungen nachgelesen werden:

»1. Lückenlose Bestrafung aller Rauschgiftsüchtigen und süchtigen Kleinhändler durch Freiheitsentzug mit Zwangsarbeit und Zwangsentzug ohne Ersatzdrogen wie Medien, Methadon, Alkohol oder Nikotin ...

3. Erklärung des Kriegszustandes und des Rauschgiftes zur Kriegswaffe, falls die strafrechtlichen Maßnahmen nicht ausreichen; jeder Rauschgiftbesitzer wird dann mit militärischen Mitteln bekämpft, falls er die Bedingungen für den Kombattantenstatus erfüllt; andernfalls wird er standrechtlich erschossen.«[58]

## 5. Wirtschafts- und Sozialpolitik/Ökologie

Mit pseudo-sozialistischen und vermeintlich »antikapitalistischen« Forderungen versucht die NPD, sich als »Hüterin der Interessen des einfachen Bürgers« darzustellen und von ihrer arbeitnehmerfeindlichen, sozialdarwinistischen und in Wahrheit den Unternehmensinteressen bedingungslos untergeordneten Politik abzulenken. Deshalb zielt die Programmatik der NPD eindeutig auf eine Schwächung der von ihr eh abgelehnten Gewerkschaften ab: »Betriebsfremde« Interessenvertretungen seien daher von der Mitbestimmung auszuschließen.[59]

Logischerweise wird die Tatsache einer Klassengesellschaft bei den Neonazis geleugnet: »Sozialismus ist für uns Junge Nationaldemokraten das an die Volksgemeinschaft gebundene, ordnungspolitische ... Modell des Nationalismus ... Sozialismus überwindet den Klassenkampf ... Im Sozialismus mündet der scheinbare (und von den Marxisten behauptete) Gegensatz von Kapital und Arbeit ein in die am Gemeinwohl ausgerichtete Volksgemeinschaft.«[60] Ähnlichkeiten mit dem Vokabular der NSDAP sind natürlich weder zufällig noch unbeabsichtigt.

Auch in diesem Zusammenhang darf die rassistische Ausrichtung der NPD nicht vergessen werden. Alle sozialen Leistungen und ein von der NPD gefordertes »Recht auf Arbeit« gilt selbstredend nur für »Deutsche«. Wie der »Kampf gegen Massenarbeitslosigkeit« aussehen soll, wird wiederum von Mahler/Oberlercher/Meenen ungeschminkt formuliert. Unter dem Punkt »Die Arbeitslosigkeit bekämpfen durch ...« wird gefordert:

»1. Beendigung der Ausländerbeschäftigung ...

7. Anstellungsrecht im staatlichen Arbeitsdienst für arbeitsfähige Sozialhilfeempfänger und für Dauerarbeitslose, die länger als sechs Monate stellungslos sind.«[61]

Und unter der Rubrik »Das Sozial- und Gesundheitswesen von Grunde auf erneuern durch ...« kann man Folgendes nachlesen:

»3. Privatisierung der echten Rentenversicherung ...

4. Rettung des Sozialstaates durch das Verbot der Zahlung von Sozialhilfe an Arbeitsfähige ...

5. Sicherstellung des Rechts auf ein Grundeinkommen durch Arbeit mittels Anstellung im staatlichen Arbeitsdienst für arbeitsfähige Erwerbslose, die länger als sechs Monate stellungslos sind ...

6. Auflösung des Kassenarztwesens.

7. Privatisierung des Gesundheitswesens ...«[62]

Auch hier sind die Parallelen zum »Dritten Reich« mit seiner tatsächlichen Verschlechterung der Lebens- und Arbeitsbedingungen der lohnabhängig Beschäftigten überdeutlich zu sehen – einschließlich der Forderung nach Wiedereinführung von Zwangsarbeit und Arbeitsdienst.

Letztendlich benutzt auch die NPD, wie vor ihr die NSDAP, pseudosozialistische Begriffe nur als Worthülsen, um so ihre rassistischen, antisemitischen und arbeitnehmer- und gewerkschaftsfeindlichen Inhalte zu transportieren. Auch dies ist keine Erscheinung der letzten Jahre, wie oft gerne behauptet wird. Die JN-Thesenpapiere von 1979 belegen dies genauso wie die NPD-Kampagne von 1976 (»Deutsche Arbeitsplätze für deutsche Arbeitnehmer«) oder die »Germersheimer Leitlinien« von 1982.

Dies trifft übrigens auch auf die so genannte »Rechte Ökologie«, eine moderne Umschreibung für die nazistische Blut- und Boden-Ideologie, zu. In den JN-Thesen von 1979 heißt es: »Sonne und Kohle statt Atomtod«.[63] Auch in den »Germersheimer Leitlinien« von 1982 und im 1996 beschlossenen, derzeit gültigen Parteiprogramm ist von »Lebens- und Naturschutz« phrasenreich die Rede. Den Versuch einer NS-Umweltpolitik gab es übrigens auch schon im »Dritten Reich« – damals wie heute geht es freilich darum, dem »deutschen Volk« einen »gesunden Boden« zu bieten. Gleichzeitig weisen die Forderungen nach einer »Energie-Autarkie« auf ein Ziel der NS-Kriegsführung im Zweiten Weltkrieg hin.

## 6. NPD und Terror bzw. Gewaltanwendung

In der Regel will der amtierende NPD-Vorsitzende Udo Voigt die Öffentlichkeit tatsächlich glauben machen, die NPD lehne Gewalt ab. In einer Wahlkampfrede im letzten Bundestagswahlkampf ließ Voigt aber auch andere Töne hören: »... wenn Deutschland in Gefahr gewesen wäre, hätte ich auch als Vierzehnjähriger, wenn es hätte sein müssen, die Waffe in die Hand genommen, um mein Vaterland zu verteidigen. Und das erwarten wir auch von euch. Deutschland ist in Gefahr. Deutschland wird von allen Seiten heute angegriffen.«[64] Der verurteilte Rechtsterrorist Manfred Roeder verkündete auf dem NPD-Bundesparteitag 1998 unter dem Beifall der Anwesenden: »Ohne Opfer und ohne Blut gibt es kein neues Deutschland.«[65] In einem internen JN-Blatt heißt es: »Der Gegner ist dabei, die ›Multikulturelle Gesellschaft‹ zu verwirklichen; das bedeutet natürlich die Zerstörung unseres Volkes. Wenn wir also unser Volk retten wollen, so müssen wir diesen Kampf bedingungslos aufnehmen, und zwar in allen Lebensbereichen.«[66] Und auf dem NPD-Landeswahlkongress NRW am 14. Juni 1998 in Essen erklärte ein Redner unmissverständlich: »Wir werden dieses System radikal beseitigen, unsere Arbeit endet erst, wenn die Bundesrepublik aufgehört hat zu existieren.«[67]

Immer wieder liefern Kader, Mitglieder, Aktivisten und Sympathisanten sowie ausgeschiedene Mitglieder von NPD und JN bundesweit Schlagzeilen in Sachen Gewalt. Hier einige ganz wenige Beispiele:

- Thorsten Crämer überfiel mit vierzehn weiteren Neonazis, von denen mehrere der NPD auch als Funktionäre angehören, eine Mahnwache an der Gedenkstätte des ehemaligen KZ Kemna in Wuppertal. Zum Zeitpunkt der Tat war Crämer NPD-Ratsmitglied in Schwelm sowie Mitglied des NPD-Landesvorstandes NRW und des JN-Bundesvorstandes. Vor Gericht wurde er vom NPD-Anwalt und stellvertretenden Bundesvorsitzenden Dr. Eisenecker verteidigt. Im Vorfeld der Mahnwache, der eine Schändung der Gedenkstätte vorausging, hatte im Internet eine »Kameradschaft Wuppertal« auf der Homepage des »Nationalen Beobachters« angekündigt: »Man sollte mal ein paar Rote um die Ecke bringen.«[68]
- Karola Nachtigall nahm in der Nacht vom 16. auf den 17. September 2000 an der Jahresfeier der »Vandalen« teil, die sich achtzehn Jahre zuvor in Ost-Berlin gegründet hatten. Diese stehen in enger Verbindung zu der im September 2000 verbotenen militant-neonazistischen Organisation »Blood and Honour«. Zum Zeitpunkt der Feier war Nachtigall Landesvorsitzende der NPD Berlin / Brandenburg.[69]
- Bei der Thüringer Landtagswahl 1998 kandidierten auf den Plätzen zwei, vier und sechs der NPD bekannte Kader des neonazistischen »Thüringer Heimatschutz« (THS).[70] Mindestens seit 1999 kann von einer besonders engen Zusammenarbeit zwischen THS und NPD gesprochen werden. Laut THS-Führer Tino Brandt hat die NPD »momentan circa dreihundert Mitglieder in Thüringen, die sich in zehn Kreisverbände gliedern. Davon stellen wir vier Kreisverbände [?], sowie einen Landesvor-

stand, der aus elf Personen besteht, wovon vier dem Thüringer Heimatschutz angehören.«[71] Bis 1997 trat der THS unter der Bezeichnung »Anti-Antifa Ostthüringen« auf.

### 7. Deutschland »muss wieder größer werden«

Wie alle anderen neonazistischen und so manche rechtskonservative Politiker auch möchte die NPD die Grenzen in Europa verändern und erhebt zum Teil erhebliche Gebietsansprüche an andere Staaten. Geschlossene Verträge wurden von der NPD niemals als letztendlich anerkannt: »Die Verträge von Moskau, Warschau, Ost-Berlin und Prag sind aber die freiwillige Anerkennung der sowjetischen Landnahme. Diese Verträge sind einseitig, ungleich und daher ungerecht von Anfang an. Deshalb fordern wir die Revision dieser Verträge ...«[72] »Die Wiederherstellung Deutschlands ist mit der Vereinigung der Besatzungskonstruktionen BRD und DDR noch nicht erreicht. Deutschland ist größer als die Bundesrepublik! ...«[73] In zahllosen Reden und Schriften bekennt sich die NPD immer wieder zu einem »Deutschland in gerechten Grenzen«, und wenn die NPD auf ihren Parteitagen die erste Strophe des »Deutschlandliedes« singt (»Deutschland, Deutschland über alles ... Von der Maas bis an die Memel, von der Etsch bis an den Belt ...«), so meint sie dies durchaus ernst. Von diesen musikalisch artikulierten Gebietsansprüchen würden allerdings nicht nur die östlichen Nachbarstaaten Deutschlands betroffen sein, was ein weiterer Beleg für die imperialistische Ausrichtung der NPD-Außenpolitik und ihre massive Friedensgefährdung ist.

### 8. Familienpolitik/Frauenbild

Eine besondere Bedeutung misst die NPD auch der Familienpolitik zu. Für sie ist die Familie die »Keimzelle« eines »gesunden Staates«. Deshalb steht die Förderung der Familie, der »deutschen« natürlich, mit an wichtiger Stelle in der NPD-Ideologie. Auch hier sind die Übereinstimmungen mit der Ideologie der NSDAP und der Praxis im »Dritten Reich« frappierend. 1973 hieß es dazu: »Die Familie ist als biologische und kulturelle Grundgemeinschaft die Lebenszelle von Volk und Staat. ... Die Bedeutung der Familie und ihre vielfältigen Aufgaben für das Volk ... sind im Bewusstsein der Öffentlichkeit zu verankern. Die junge Generation soll deshalb durch ›Familienkunde‹ in der Schule mit Sinn und Zweck der Familie vertraut gemacht und auf ihre zukünftige Verantwortung hingeleitet werden. Die weibliche Jugend ist besser als bisher auf ihre Aufgabe als Hausfrau und Mutter vorzubereiten. ... Besonderer Schutz hat dem werdenden Leben zu gelten. Dies gilt besonders angesichts des erschreckenden Geburtenrückganges in Deutschland während der letzten Jahre, der den biologischen Bestand unseres Volkes bedroht. ... Die Legalisierung der Tötung werdenden Lebens durch Freigabe der Abtreibung ... ist grundsätzlich abzulehnen.«[74]

Im aktuellen NPD-Programm liest sich das Ganze so: »Die kleinste Gemeinschaft innerhalb unseres Volkes ist die Familie. ... Die Familie ist vor allen anderen Lebensgemeinschaften zu fördern. Nationaldemokraten lehnen die jede Gemeinschaft gefährdende ›Selbstverwirklichung‹ ... ab. ... Die Familie ist Träger des biologischen Erbes ... weil es ohne gesunde Familie kein gesundes Volk gibt. Kindergeld als volkspolitische Maßnahme des Staates darf nur an deutsche Familien ausgezahlt werden. Besonderer Schutz haben dem werdenden Leben und der werdenden Mutter zu gelten. ... Die Leistung der Hausfrau und Mutter ist mit keiner Arbeitsleistung anderer Berufe zu vergleichen. Ihr gebührt ein nach Anzahl der Kinder gestaffeltes Hausfrauen- und Müttergehalt ... Sie sollte nicht aus finanziellen Gründen außerhäuslich arbeiten müssen, da der Beruf in der Familie sie voll auslastet.«[75] Überschrieben ist dieser Programmpunkt mit der bezeichnenden Aussage »Grundlage unseres Volkes ist die deutsche Familie«.

Hier wird erneut deutlich, dass die aktuellen Versuche der NPD, sich als frauenfreundlich und modern zu präsentieren, nichts anderes als Makulatur sind. Auch wenn sie versucht, zur Gewinnung von Anhängerinnen diesen und der Öffentlichkeit ein anderes Bild vorzugaukeln, so vertritt sie doch ein reaktionäres, antiemanzipatorisches, der Gleichberechtigung entgegenstehendes Frauenbild. In dem NPD-Jubiläumsbuch schreibt Ellen Doris Scherer den entlarvenden Satz: »Wir Frauen haben erkannt, dass der Kampf gegen die Überfremdung in unserer Heimat, sofortiger Ausländerstopp und die Abschiebung aller Scheinasylanten, aber auch die Förderung von kinderreichen Familien ein Thema ist, das wir nur gemeinsam ... durchsetzen können!«[76]

## NPD – verbieten?!

Berlin, 1. Mai 2001: Etwa sechshundert Neonazis folgen dem Aufruf der NPD zu einer 1.-Mai-Demonstration, die dank der Gerichte und eines massiven Polizeiaufgebotes stattfinden kann. Eine zeitgleich angesetzte antifaschistische 1.-Mai-Demonstration bleibt indes verboten. Viele Bürger und internationale Beobachter reiben sich verwundert die Augen – ist das der »Aufstand der Anständigen«, den Bundeskanzler Schröder via Fernsehen verkündet hat? In anderen Städten wie Frankfurt/Main oder Mannheim hingegen sehen sich die Neonazis bei den dortigen Aufmärschen mit heftigen Protesten konfrontiert. An diesen Beispielen wird deutlich, wie fatal es ist, sich bei der Bekämpfung von Neofaschismus und Rassismus einzig auf den Staat zu verlassen.

Dies ist besonders wichtig vor dem Hintergrund der aktuellen NPD-Verbotsdebatte. In den vorausgegangenen Kapiteln wurde der Nachweis erbracht, dass die NPD aufgrund ihrer Ideologie und ihrer Geschichte in der direkter Tradition der NSDAP steht. Da sie sich darüber hinaus zur organisatorischen Plattform für gewaltbereite Neonazis entwickelt hat, ist ihr schnellstmögliches Verbot erforderlich.

Eine andere Frage ist freilich die nach der Motivation derer, die erst jetzt den Verbotsantrag gestellt haben. Denn eines muss klar sein: Mit einem alleinigen Verbot der NPD ist das Problem Neofaschismus und rassistische Gewalt noch lange nicht gelöst. Deshalb kann ein Verbot der NPD, wenn es mehr sein soll als ein Beitrag zur Imagepflege für den Wirtschaftsstandort Deutschland, nur dann Sinn machen, wenn es eingebettet ist in ein ganzes Bündel von Maßnahmen gegen Neofaschismus und rassistische Gewalt. Dazu gehört – und spätestens hier darf an der Willigkeit der Verantwortlichen in Staat und Gesellschaft gezweifelt werden – ein Umdenken im Selbstverständnis. Solange es immer noch allgemeiner Konsens ist, mehr als sieben Millionen Menschen als »Ausländer« zu bezeichnen und sie per Gesetz zu Bürgern zweiter Klasse zu machen, anstatt sie als das zu sehen, was sie sind, nämlich als Einwanderer mit den gleichen Rechten, solange werden wir bei der Bekämpfung nur von Symptomen stehen bleiben und bestenfalls an der Oberfläche kratzen.

Interessant ist in diesem Zusammenhang, sich noch einmal den Ablauf des Sommers 2000 in Erinnerung zu rufen. Am Anfang der Diskussion um ein Verbot der NPD stand nicht etwa der bayerische Innenminister und CSU-Hardliner Günter Beckstein, sondern diverse Arbeitgeber-Funktionäre, die sich Sorgen um das deutsche Ansehen im Ausland machten. Und auch Innenminister Schily war lange Zeit alles andere als ein Verfechter eines NPD-Verbots. Erst als der öffentliche Druck – nicht zuletzt der Druck der Medien – immer größer wurde, machte sich auch im Bundesinnenministerium plötzlich die Erkenntnis breit, die NPD müsse nun endlich verboten werden.

So mancher Bedenkenträger führt gegen ein NPD-Verbot die Meinungsfreiheit und demokratische Rechte an, die bei einem solchen in Gefahr seien. Tatsächlich wird man das Gefühl nicht los, dass insbesondere Politiker wie Eckart Werthebach (ehemaliger CDU-Innensenator von Berlin) oder Günter Beckstein (CSU-Innenminister von Bayern), aber auch Bundesinnenminister Otto Schily bei der Forderung nach schärferen Gesetzen die vermeintliche Bekämpfung des Rechtsextremismus nur als Vorwand benutzen und dabei tatsächlich eher an weitere Einschränkungen unter anderem des Demonstrationsrechts und an Instrumente für eine weitere Kriminalisierung linker und fortschrittlicher Bewegungen denken. Die Demokratie wird aber nicht durch das Verbot neofaschistischer Organisationen wie z.B. NPD und DVU gefährdet, sondern durch eine Politik, die die Ausgrenzung von Menschen aufgrund des Kriteriums ihrer wirtschaftlichen Verwertbarkeit und einen Abbau demokratischer Rechte betreibt.

Deshalb steht meines Erachtens die Befürwortung beispielsweise eines NPD-Verbots nicht im Widerspruch zum Eintreten für eine emanzipatorische und solidarische Gesellschaftsordnung, deren Hauptzweck eben nicht im Ermöglichen der Profitmaximierung einiger weniger liegt, sondern darin, die Freiheit aller Menschen durch die Freiheit des Einzelnen zu ermöglichen.

Darüber hinaus hat alleine die Diskussion um ein Verbot der NPD diese nicht nur verunsichert, sondern in eine tiefe Krise gestürzt – auch wenn die Führungsriege um Udo Voigt dies aus nahe liegenden Gründen offiziell leugnet. Innerhalb der Partei ist es zu erheblichen Differenzen über das weitere Vorgehen und insbesondere über die Berufung von Horst Mahler als NPD-Prozessbevollmächtigten beim Verbotsverfahren gekommen. Der offen aufgebrochene Konkurrenzkampf mit den »freien Kameradschaften« um Christian Worch hat des weiteren die Mobilisierungsfähigkeit der NPD bei Demonstrationen deutlich geschwächt. So nahmen an den dezentralen 1.-Mai-Demonstrationen der NPD 2001 insgesamt nur etwa zweieinhalbtausend Personen teil – im Vergleich zu den Vorjahren ein deutlicher Rückgang der Teilnehmerzahlen. Daneben konnten mehrere Demonstrationen aufgrund des massiven antifaschistischen Widerstandes der Bevölkerung nicht durchgeführt werden, was zu einer weiteren Frustration der NPD-Anhänger führte.

Würde die NPD nicht verboten werden, wäre dies ein falsches Signal, eine Ermunterung für die Neofaschisten. Wobei das immer noch zaghafte und halbherzige, offenkundig unglaubwürdige Vorgehen alleine gegen die NPD und das faktisch zwischenzeitlich folgenlos gewordene Verbot der militanten Nazi-Organisation »Blood and Hounor« auch nicht der Weisheit letzter Schluss sein darf.

## NPD und Gewalt

Über die Militanz von Symphatisanten, Mitgliedern und Funktionsträgern der NPD wurde bereits an anderer Stelle in diesem Buch berichtet. Auch die Verflechtungen der NPD mit gewaltbereiten und militanten Organisationen, wie etwa dem aus der »Anti-Antifa« in Thüringen hervorgegangenen »Thüringer Heimatschutz« (THS), dessen Leiter Tino Brandt nicht nur stellvertretender NPD-Landesvorsitzender ist, sondern auch Mitarbeiter des Thüringer Verfassungsschutzes, wurden schon erwähnt.

Ein sehr aktuelles Beispiel, das aufzeigt, dass die verbalen Distanzierungen der NPD von Gewalttaten ausschließlich taktisch begründet sind, kommt aus den alten Bundesländern – genauer gesagt aus Herzogenaurach im bayerischen Mittelfranken. Seit Jahren gibt es neofaschistische und rassistische Gewalttaten in der Stadt. Bereits 1989 wurde ein Jugendlicher im nahe gelegenen Höchstadt/Aisch vom damaligen NPD-Kreisvorsitzenden Gerhard Bottner mit einem Schlagstock angegriffen, weil er ein DVU-Plakat abgerissen hatte. Obwohl der NPD-Funktionär vom Amtsgericht Erlangen rechtskräftig verurteilt wurde, hatte dies für ihn innerparteilich keine Folgen – zumindest keine negativen. Verteidigt wurde Bottner damals übrigens von Rolf Hartmann, der die NPD auch bei anderen Gelegenheiten vor Gericht engagiert und überzeugt vertrat und der eine gemeinsame Anwaltskanzlei mit der CSU-Bundestagsabgeordneten Dagmar Wöhrl betreibt.

In Herzogenaurach selber ist neben der NPD auch eine ihrem direktem Umfeld zuzurechnende »Fränkische Aktionsfront« (FAF) tätig. Als Kontaktmöglichkeit fungiert eine »IG ›Wir‹« aus Nürnberg. Für den 12. Mai 2001 riefen FAF und NPD gemeinsam zu einer »Mahnwache« gegen angebliche »linke Gewalt« am Marktplatz in Herzogenaurach auf. In einem unmittelbar wenige Tage vor der Kundgebung im gesamten Stadtgebiet verbreiteten Flugblatt der FAF wurde zwar nicht direkt zur Gewalt gegen Andersdenkende aufgerufen – ein junger Antifaschist stand dennoch im Mittelpunkt. Er wurde mit Foto und Namen fast schon zur »Fahndung« ausgeschrieben. In dem Flugblatt wurde die Bevölkerung zur direkten Denunziation aufgefordert: »Bitte melden Sie uns aktive Linksextremisten in Ihrer Nachbarschaft und versorgen Sie uns auch weiterhin mit Informationen über die Machenschaften von ... und seinen Genossen.« Nach vorliegenden Informationen soll der bayerische NPD-Landesvorsitzende Ralf Ollert aus Nürnberg-Eibach Anmelder bzw. Redner der »Mahnwache« gewesen sein, die aufgrund amtlicher Verfügungen nicht auf dem Marktplatz, sondern sinniger Weise am Friedhof stattfinden sollte.

An der Mahnwache selber nahmen dann etwa fünfzig Neonazis aus der Region teil, die aufgrund eines sehr massiven und entschlossenen Protestes von etwa fünfhundert AntifaschistInnen ihre »Mahnwache« vorzeitig abbrechen mussten und recht frustriert abzogen. Nachdem die »Mahnwache« sowie die Gegendemonstration beendet waren und man seitens der Neonazis offenbar ganz gezielt auf das Abrücken der Polizeikräfte gewartet hatte, kam es in Herzogenaurach zu massiven Gewalttaten. Eine Zeugin berichtete, dass Teilnehmer der NPD/FAF-»Mahnwache« mehrere Antifaschisten mit Autos gejagt, in die Enge getrieben und eine Straßenkreuzung entsprechend blockiert hätten.[77] Selbst unbeteiligte Passanten am Straßenrand, die dem Geschehen völlig geschockt zusahen, wurden angegriffen. Ein Mann wurde von einer mutmaßlichen NPD-Anhängerin mit einer Krücke attackiert und geschlagen.

Dieses aktuelle Beispiel zeigt, dass die NPD selbst angesichts des laufenden Verbotsverfahrens und ihrer in diesem Zusammenhang zu sehenden verbalen Dauerdistanzierungen von Gewalttaten eine Partei ist, von deren Umfeld und eigenen Reihen Gewalt ausgeht. In diesem Zusammenhang muss auf das an anderer Stelle bereits erwähnte Geschehen an der KZ-Gedenkstätte Kemna in Wuppertal hingewiesen werden – hier wurde eine Gedenkfeier von einer Gruppe Neonazis unter Anleitung von NPD-Funktionären brutal überfallen. Diese Beispiele zeigen, dass sie – auch wenn sie augenscheinlich unabhängig voneinander passieren – symptomatisch sind für eine Partei, zu deren herausragenden Merkmalen die Ablehnung der Demokratie und die Bekämpfung von allen und allem sind, die nicht in ihr faschistisches Weltbild passen. Die NPD stellt daher eine Gefahr für die Sicherheit von Menschen dar, was ein weiterer Grund für ihr schnellstmögliches Verbot ist.

## Exkurs: NPD und Verfassungsschutz

Zu einem mehr als nur peinlichen Skandal ohne Ende entwickelt sich die Beziehung zwischen einzelnen Landesämtern für Verfassungsschutz und NPD. Besonders durch das fast schon massenhafte Enttarnen von gut bezahlten V-Leuten in NPD-Führungskreisen ist dic Arbeitsweise der Verfassungsschutz-Ämter wieder in das kritische Licht der Öffentlichkeit gerückt – wobei wiederum der Verfassungsschutz Thüringen im Mittelpunkt steht. Darüber gehen ähnlich gelagerte Skandale in anderen Landesämtern unter – so auch ein ganz aktuell bekannt gewordener Fall in Baden-Württemberg, der bisher von den Medien und der Öffentlichkeit nicht oder nur sehr wenig beachtet wurde. Über die Unseriosität des Verfassungsschutzes – der quasi die institutionell gewordene Totalitarismusdoktrin ist – wurde bereits vielfach publiziert. Hier geht jetzt darum, anhand von mehreren Beispielen aufzuzeigen, dass der VS führende Neonazis bezahlt hat, die nach eigenen Aussagen mit den staatlichen Geldern neonazistische Organisationen – auch militante – aufgebaut bzw. am Leben erhalten haben.

Der erste Skandal um VS-Spitzel in jüngerer Zeit war der Fall Thomas Dienel. Von 1996 bis 1997 soll Dienel laut »Spiegel«[78] für das Landesamt für Verfassungsschutz in Thüringen als bezahlter Informant gearbeitet haben. Dienel war Anfang der neunziger Jahre zunächst Landesvorsitzender der NPD Thüringen und gründete als Abspaltung die »Deutsch-Nationale Partei« (DNP). Nach seiner Verurteilung und Inhaftierung u.a. wegen Volksverhetzung nahm er Kontakt zum Geheimdienst auf. Nach Dienels Angaben kam es nach seiner vorzeitigen Haftentlassung zu etwa achtzig Treffen mit seinen »Kontaktpersonen«, bei denen er für seine Informationen rund fünfundzwanzigtausend Mark erhalten habe. In der ARD-Tagesschau vom 31. August 2000 erklärte der Nazi-Kader stolz, er habe dieses Geld nicht privat verwendet, sondern als »Spendengelder« für die rechte Szene betrachtet und entsprechend verwendet. So soll von der Staatsknete umfangreiches Propagandamaterial angeschafft worden sein. Pikanterweise soll Dienel von seinen »Kontaktpersonen« vom Verfassungsschutz dazu animiert worden sein, mit diesen Geldern u. a. Kampagnen gegen den thüringischen HBV-Landesvorsitzenden Angelo Lucifero zu starten. Lucifero, der verantwortlich für die »Landesarbeitsgemeinschaft Antifaschismus/Antirassismus Thüringen« (LAG) zeichnet, ist sowohl den Neonazis als auch der Thüringer Landesregierung, und hier insbesondere dem Innenministerium und dem Verfassungsschutz, schon lange ein Dorn im Auge.

Nach seiner Enttarnung als VS-Spitzel fiel Dienel übrigens in kein schwarzes Loch. Er hatte vorgeplant und diente sich als zukünftiger Chefredakteur der zu gründenden rechtsextremen Zeitung »Stimme für Deutschland« an – auch hier musste er nicht auf staatliche Zuwendungen verzichten. Das thüringische Sozialministerium soll den »Existenzgründern« einen Zuschuss von nicht weniger als achtzehntausend Mark gezahlt haben.

Der zweite Fall, der in den bundesdeutschen Medien große Aufmerksamkeit erregte, war der des Tino Brandt. Brandt war der führende Kopf des aus der »Anti-Antifa« heraus entstandenen »Thüringer Heimatschutz« (THS), der als militant-aggressiv gilt, und zuletzt stellvertretender Landesvorsitzender der NPD Thüringen. Nach seiner Enttarnung als VS-Mitarbeiter meldete die NPD Thüringen am 18. Mai 2001 in einer Pressemitteilung den Austritt Brandts aus der NPD, die er »nicht belasten wolle«. Brandt soll seit 1994 zweihunderttausend Mark vom Verfassungsschutz für seine Tätigkeit erhalten haben. Auch hier wird behauptet, das Geld sei für den Aufbau brauner Strukturen und entsprechende Propaganda ausgegeben worden.

Auch wenn sich das öffentliche Interesse auf Thüringen

konzentriert und der dortige Verfassungsschutz aufgrund der Skandale zwischenzeitlich als faktisch arbeitsunfähig gilt, gibt es ähnlich gelagerte Fälle auch in anderen Bundesländern. 1997 soll durch den mecklenburgisch-vorpommerischen Verfassungsschutz das NPD-Mitglied Michael Grube angeworben worden sein, sein monatliches Salär soll fünfhundert bis siebenhundert Mark betragen haben. Bei seiner Selbstenttarnung 1999 gab Grube brisante Informationen preis. Seine beiden »Kontaktbeamten« hätten ihm empfohlen, sich als NPD-Kreisvorsitzender zu bewerben. Grube glückte der Aufstieg in der Parteihierarchie und unter seiner Leitung wuchs der NPD-Kreisverband von zwölf auf fünfzig Mitglieder an. Anfang 1999 verließ er die NPD und gründete mit anderen militanten Neonazis die »Sozialistische Volkspartei« (SVP). Als er nach eigenen Angaben in der Szene in den Verdacht geriet, ein VS-Spitzel zu sein, beteiligte er sich mit anderen Neonazis an einem Brandanschlag auf eine Pizzeria in Grevesmühlen, um so diese Gerüchte zu entkräften. Grube wurde deswegen zu dreieinhalb Jahren Haft verurteilt.

Am 16. Juli 2000 gab die NPD in einer Presseerklärung bekannt, dass ihr Mitglied Matthias Meier seine Ämter als Vorsitzender des NPD-Kreisverbandes Stralsund und stellvertretender NPD-Landesvorsitzender Mecklenburg-Vorpommern niedergelegt habe, da auch er als Spitzel des Verfassungsschutzes enttarnt worden sei.

Der jüngste aufgeflogene Fall eines VS-Spitzels in hoher NPD/JN-Funktion hat sich in Baden-Württemberg ereignet. Wie erst kürzlich auf internen Seiten von Neonazis im Internet bekannt gegeben wurde, soll auch Mike Layer für den Verfassungsschutz gearbeitet haben. Laut einem Bericht auf der Homepage des neonazistischen THS[79] soll Layer stellvertretender NPD-Landesvorsitzender und JN-Landesvorsitzender in Baden-Württemberg sowie stellvertretender JN-Bundesvorsitzender sein. Die Anwerbung Layers wird in einem Beitrag auf der THS-Homepage wie folgt beschrieben: »Er wurde 1994 vom Verfassungsschutz Baden-Württemberg angesprochen, nachdem gegen ihn ein Strafverfahren eingeleitet wurde, weil er in den

USA bei der NSDAP/AO strafrechtlich relevantes Material bestellt haben soll. Man setzte ihn unter Druck, indem ihm androhte, zwei Kameraden, die in dem Verfahren als Zeugen auftraten wegen Falschaussage belagen werde, wenn er auf eine Zusammenarbeit mit dem VS nicht einginge.«[80] (Fehler im Original, d. Verf.)

Da den Ausführungen auf der THS-Internetseite zufolge die beiden »Führungskameraden« von Layer, die NPD-Spitzenfunktionäre Holger Apfel und Michael Wendland, von diesem eingeweiht und über seine Tätigkeit für den VS informiert gewesen sein sollen, wäre es nicht schwer zu erraten, wohin die Bezahlung Layers geflossen sein könnte. Der »Fall Layer« könnte aber noch viel brisanter werden: NPD-Funktionäre verweigern auf Nachfrage jegliche Stellungnahme hierzu mit der Begründung, der »Fall Layer« würde im Verbotsverfahren vor dem Bundesverfassungsgericht eine wichtige Rolle spielen und Layer würde als »Trumpf« der NPD präsentiert werden.

Angesichts verschiedener Äußerungen sowohl direkt aus der NPD als auch aus ihrem näheren Umfeld können bereits erste Vermutungen über die Verteidigungsstrategie in Karlsruhe angestellt werden: Es zeichnet sich ab, dass die NPD und ihre Anwälte versuchen werden nachzuweisen, dass alle oder zumindest ein erheblicher Teil der ihr zur Last gelegten Vorfälle und Äußerungen, die zur Begründung des Verbotsantrages angeführt werden, von VS-Spitzeln zu verantworten sind. Unabhängig davon, dass es tatsächlich unerträglich ist, wenn die Nazi-Szene sich offenbar zu einem nicht unerheblichen Teil durch den VS finanzierte oder immer noch finanziert, wäre dies dann eine mehr als peinliche Situation für die Antragsteller in dem Verbotsverfahren gegen die NPD.

Die bekannt gewordenen Spitzel-Skandale – und man darf gespannt sein, was in der Zukunft noch alles bekannt werden wird – dürfen natürlich nicht isoliert betrachtet werden. Sie müssen im Kontext damit gesehen werden, dass gerade der »Verfassungsschutz« stets die neofaschistische Gefahr verharmlost und rassistische Gewalt eher bagatellisiert hat – während er in praktischer Umsetzung der Totalitarismusdoktrin antifaschistische und linke Bestrebungen und Initiativen denunziert und kriminalisiert. Auch darf in diesem Zusammenhang nicht vergessen werden, wer in Westdeutschland nach der Befreiung vom Faschismus das Justizwesen, Armee, Wirtschaft und natürlich auch die Geheimdienste wieder aufgebaut hat – in der Regel ehemalige NS-Täter. Einer der immer noch unaufgearbeiteten Höhepunkte in Punkto Verwicklungen von Neonazis und VS ist zweifelsfrei der Fall Seidel, war doch der CSU-Politiker und ehemalige Verteidiger des Hitler-Stellvertreters und Kriegsverbrechers Rudolf Heß vor dem Nürnberger Tribunal in seiner Zeit als bayerischer Innenminister zeitgleich Schreiberling für die »National-Zeitung«.

Es ist deshalb mehr als nur Sarkasmus, wenn festgestellt wird, dass die Auflösung des Verfassungsschutzes ein schwerer Schlag für die neonazistische Szene wäre – würde ihr dann doch ein wichtiger Arbeit- und Geldgeber abhanden kommen.

# DVU und »Republikaner«

## Geschichte der »Deutschen Volksunion«

Mit ihren derzeit etwa fünfzehntausend Mitgliedern ist die »Deutsche Volksunion« (DVU) des Chamer Immobilienspekulanten und NS-Devotionalienhändlers Gerhard Michael Frey zwar die mitgliederstärkste neonazistische Organisation und aufgrund des geschätzten Privatvermögens Freys von etwa fünfhundert Millionen DM[81] überaus kampagnenfähig, gleichwohl ist ihre Mitgliedschaft stark überaltert und im Wesentlichen inaktiv. Der Hauptgrund hierfür liegt in der auf die Person Frey fixierten Organisationsstruktur der DVU. Von den Mitgliedern wird hauptsächlich erwartet, Mitgliedsbeiträge und Spenden zu entrichten, die Wochenzeitung des Vorsitzenden zu abonnieren und die Produkte aus seinem Vertriebsdienst zu konsumieren. Tatsächlich ist die DVU weniger eine Partei als vielmehr ein integraler Bestandteil des Freyschen Wirtschaftsgeflechtes: »Sie ist ein Instrument ihres Mentors zur Realisierung seiner Geschäftsinteressen. Daher wird sie von seiner Konzernzentrale in München aus zentralistisch gesteuert. ... Frey finanziert die Partei durch Kredite (1996 musste die DVU über 400.000 DM Zinsen an ihren Vorsitzenden bezahlen).«[82]

Freys Hang zur pathetischen Selbstinszenierung wird schon durch die Gründung der DVU als eingetragener Verein deutlich – zum hundersten Jahrestag der Gründung des Deutschen Reiches, am 17. Januar 1971, wurde in München die DVU e.V. aus der Taufe gehoben. Vorausgegangen war die Bundestagswahl 1969 und der damit verbundene Antritt der SPD/FDP-Bundesregierung, der Beginn einer neuen Ostpolitik und der Niedergang der NPD, die nach dem Einzug in sieben Landesparlamente mit 4,3 Prozent den Sprung in den Bundestag verfehlte. In dieser Situation ergriffen Frey und der Vorsitzende der revanchistischen »Aktion Oder-Neiße« (AKON), Erwin Arlt, die Initiative zur DVU-Gründung. Neben den beiden Genannten waren an der Gründung der Schriftsteller Wilhelm Pleyer, das ehemalige SS- und NPD-Mitglied Walter Brandner, der CSU-Politiker und Vertriebenfunktionär Emmerich Giel sowie Werner Novak, CDU-Mitglied aus Baden-Württemberg, beteiligt. Dem ersten Vereinsvorstand gehörten neben Frey auch Mitglieder der rechtsreaktionären »Bayernpartei«, der CSU, der Landsmannschaften und ein Oberkirchenrat an. Neben dem Kampf gegen die als »Verzichtspolitik« diffamierte Ostpolitik der Regierung Brandt stand die Verharmlosung des Hitlerfaschismus, die Glorifizierung der verbrecherischen Waffen-SS und der deutschen Wehrmacht sowie ein überaus aggressiver Rassismus im Mittelpunkt der DVU-Agitation. Von Anfang an war die DVU – wie die Zeitungen Freys – in ihrem plumpen und einfach strukturierten Sprachgebrauch in der Regel wesentlich aggressiver als etwa die NPD.

1972 wurde auf Wunsch von Frey der zwischenzeitlich wieder aufgelöste »Freiheitliche Rat« (FR) gegründet. Diesem Gremium gehörten neben der DVU und der AKON weitere neonazistische Organisationen an, so die zwischenzeitlich verbotene »Wiking-Jugend«, der »Jungbund Adler«, der »Stahlhelm«, die »Gemeinschaft Ost- und Sudetendeutscher Grundeigentümer und Geschädigter«, der »Deutsche Block« und andere. Vorsitzender dieses »Bündnisses« war selbstredend Frey.

So richtig in Schwung kam dieses Gremium freilich nie. Bereits Ende der siebziger Jahre zeigte es erhebliche Zerfallserscheinungen, da aufgrund der allgegenwärtigen Dominanz Freys erste Mitgliedsorganisationen austraten.

Die DVU selber trat im Wesentlichen in den Wochenzeitungen ihres Vorsitzenden und durch Vortragsveranstaltungen – hauptsächlich mit dem Oberst der NS-Wehrmacht Hans-Ulrich Rudel – in Erscheinung. Trotz allen Getöses des rhetorisch äußerst unbegabten Frey, der sein mangelndes Charisma immer wieder durch Lautstärke zu kompensieren versuchte, kam die DVU zunächst nicht so richtig voran. Bis 1979 war die Mitgliederzahl auf allenfalls viereinhalbtausend Personen gestiegen. Ein deutlicher Aufwärtstrend konnte erst durch einen Trick erreicht werden. Frey begann, so genannte »Aktionsgemeinschaften« als DVU-Vorfeldorganisationen zu gründen. Diese »Aktionsgemeinschaften«, von denen er bald fast jährlich welche gründete, haben attraktiv niedrige Beiträge und trugen bzw. tragen so blumige Namen wie »Initiative für Ausländerbegrenzung« (IfA), »Aktion deutsches Radio und Fernsehen« (ARF), »Deutscher Schutzbund«, »Volksbewegung für Generalamnestie« (VOGA) oder »Ehrenbund Rudel«, für den Frey offenbar keine Abkürzung eingefallen ist – »ErbuRu« war ihm wohl nicht wohlklingend genug. Personen, die den »Aktionsgemeinschaften« beitraten, wurden automatisch DVU-Mitglieder. 1980 verdoppelte sich so die Mitgliedschaft der DVU e.V. auf rund zehntausend Personen – damit wurde die NPD überflügelt und die DVU zur mitgliederstärksten neofaschistischen Organisation in Deutschland.

Bis zur Parteigründung Anfang 1987 stieg die Mitgliederzahl etwa auf zwölftausendfünfhundert Personen – wobei Frey bei der offiziellen Darstellung der Mitgliederentwicklung freilich seiner blühenden Phantasie freien Lauf ließ und seine Zeitungen von erheblich höheren Zahlen fabulierten. »Höhepunkte« der DVU-Aktivitäten waren die jährlichen als »Kundgebung« bezeichneten Verkaufsveranstaltungen in der Passauer Nibelungenhalle, an denen bis zu zweieinhalbtausend Rechtsextremisten aus der gesamten Bundesrepublik und dem benachbarten Ausland teilnahmen.

Zu einem tiefen Einschnitt in der Geschichte der DVU kam es Ende 1986. Bei der bayerischen Landtagswahl erreichten die »Republikaner« mit drei Prozent einen Achtungserfolg. Da sich die REP zum damaligen Zeitpunkt einer wie auch immer gearteten Zusammenarbeit mit Frey vehement verweigerten, suchte Frey zum wiederholten Male das Bündnis mit der NPD. Schnell gelangten NPD-Mitglieder und -Funktionäre auf die Gehalts- bzw. Honorarlisten Freyscher Verlage. Gleichzeitig startete Frey sein neustes Unternehmen – die Gründung einer eigenen Partei. Zunächst wurde das Projekt in den Frey-Zeitungen als »Deutsche

Liste« angekündigt, dann als »Deutsche Volksliste«. Anfang 1987 wurde von etwa zwanzig Gründungsmitgliedern dann in einem Nebenzimmer des Münchner »Löwenbräukellers« die »Deutsche Volksunion – Liste D« (Liste D) als Partei gegründet – natürlich mit Frey als Vorsitzendem. Später wurde der Zusatz »Liste D« gestrichen und die Abkürzung in DVU umgeändert.

Die erste Wahl, an der die DVU als Partei teilnahm, war die Bremer Bürgerschaftswahl im September des gleichen Jahres. Mit einem geschätzten Geldaufwand von etwa zwei Millionen Mark zog die DVU dank einer Besonderheit des Bremer Wahlrechts in die Bürgerschaft ein – sie erreichte landesweit 3,4 Prozent der Stimmen, da sie aber im Wahlbereich Bremerhaven knapp über fünf Prozent erreichte, stellte sie mit Hans Altermann einen Abgeordneten. Zum ersten Mal seit 1968 war es damit einer offen neofaschistischen Partei gelungen, in ein bundesdeutsches Landesparlament einzuziehen.

Beflügelt durch diesen Erfolg entschloss sich die DVU, mit Unterstützung der NPD an der Europawahl im Juni 1989 teilzunehmen – der NPD wurde die eigene Wahlteilnahme durch Zahlung von einer Million Mark regelrecht abgekauft, führenden NPD-Funktionären wurden aussichtsreiche Plätze auf der Kandidatenliste der DVU überlassen. Ganz nach dem bis heute unverändert beibehaltenen Vorbild der Bremen-Wahl wurde der Wahlkampf mit hohem finanziellen Aufwand zentral aus München geführt. In der Frey-Zentrale in der Münchner Paosostraße 2 wurden die Werbemittel, Postwurfsendungen, Plakatierungen und Kundgebungen im gesamten Bundesgebiet vorbereitet und organisiert. Trotz eines geschätzten Werbeaufwandes von etwa zwanzig Millionen Mark blieb der DVU der Einzug ins Europaparlament freilich mit 1,6 Prozent der Stimmen (rund vierhundertfünfzigtausend Wähler) versagt. Gleichwohl konnte sie in dieser Zeit ihren Mitgliederbestand auf fast fünfundzwanzigtausend Personen steigern.

Rasch begann sich Frey nach dieser Schlappe von der NPD zurückzuziehen. Mitglieder- und Auflagenrückgang war die Folge, der erst 1991 wieder aufgefangen werden konnte. Bei den

Bremer Wahlen steigerte sich die DVU in diesem Jahr auf 6,2 Prozent – zwei NPD-Funktionäre gelangten über die DVU-Liste in das Parlament. 1992 zog die DVU dann in den Landtag von Schleswig-Holstein (6,3 Prozent) ein. Beide Landtagsfraktionen zerfielen freilich relativ rasch aufgrund persönlicher Streitigkeiten und machten vor allem durch Veruntreuung und Verschwendung von Steuergeldern auf sich aufmerksam. 1995 und 1996 schied die DVU auch aus diesen beiden Parlamenten wieder aus. Ihren bisher größten Wahlerfolg hatte sie dann bei den Landtagswahlen in Sachsen-Anhalt 1998, als sie 12,9 Prozent der Stimmen erreichte. Aber auch diese Landtagsfraktion ist zwischenzeitlich stark reduziert – auch hier kam es zu zahlreichen Skandalen.

Auch der zweite Versuch der DVU, bundesweit den Durchmarsch zu schaffen, scheiterte. Bei der Bundestagwahl 1998 erreichte sie lediglich 1,2 Prozent der Zweitstimmen. Noch unmittelbar vor der Bundestagswahl hatten die Frey-Zeitungen ein Wahlergebnis von »7,5 bis 9 Prozent« vorausgesagt. Auch bei der zeitgleich zur Bundestagswahl stattfindenden Landtagswahl in Mecklenburg-Vorpommern scheiterte die DVU, hier erreichte sie nicht die angestrebten fünfzehn Prozent, sondern nur 2,9 Prozent. Grund zur Erleichterung gab es aber trotzdem nicht: 1999 zog die DVU wieder in zwei Landesparlamente ein – in Bremen mit drei Prozent und in Brandenburg mit 5,3 Prozent. 1993 und 1997 scheiterte sie dagegen in Hamburg, 1999 in Thüringen, wobei sie aber 1997 in Hamburg mit 4,9 Prozent denkbar knapp unterlag und immerhin in einige Bezirksvertretungen einzog.

Nach dem Ausscheiden der REP aus dem baden-württembergischen Landtag 2001 ist die DVU dort die einzige offen neofaschistische Partei, die in einem Landesparlament vertreten ist. Bei den Hamburger Bürgerschaftswahlen Ende 2001 will die DVU auch dort einziehen. Wie bei allen anderen Wahlteilnahmen wird die DVU auch in Hamburg erhebliche finanzielle Mittel in die Propaganda stecken – so hat sie bereits bei den entsprechenden Meldeämtern die Adressen von Jung- und Erstwählern gekauft und wird wohl wieder einen regelrechten Phantom-Wahlkampf mittels gewerblicher Plakatierung und Postwurfsendungen führen. Ob ihr dies angesichts der Konkurrenz durch die rechtspopulistische »Schill-Partei« gelingen wird, muss abgewartet werden.

In diesem Zusammenhang sei auch darauf hingewiesen, dass Frey in der Regel seine Zuwendungen an seine Partei nicht als Spende, sondern als Kredit gibt – diese Kredite muss die Partei mit Zinsen an ihren Vorsitzenden zurückzahlen.

Zur geschichtlichen Darstellung der DVU gehört auch die Geschichte des DSZ-Verlages bzw. der »Deutschen National-Zeitung«, heute: »National-Zeitung/Deutsche Wochen-Zeitung« (NZ/DWZ). Gegründet wurde die Zeitung 1951 vom ehemaligen SS-General Paul Steiner, dem einstigen Landrat und NSDAP-Kreisleiter Helmut Damerau, dem ehemaligen SS-Oberst Joachim Ruoff und weiteren Alt-Nazis als »Deutsche Soldaten-Zeitung« (DSZ).

Sie war somit das publizistische Pendant der Altnazis zu den organisatorischen Fortsetzungen von SS und NSDAP u. a. durch DRP und SRP. Zunächst unterstützte die amerikanische Verwaltung, später das Bundespresseamt der Adenauer-Regierung, finanziell die Herausgabe der DSZ. Ohne diese Hilfestellungen wäre der Aufbau einer neofaschistischen Wochenzeitung kaum in der Kürze möglich gewesen. Als allerdings die stark rückläufigen Auflagenzahlen der DSZ und ihr zeitweise nur noch zweiwöchentliches bzw. monatliches Erscheinen dazu führten, dass sie als Propagandainstrument für Wiederbewaffnung, Westbindung und für einen aggressiven Antikommunismus untauglich wurde, stellte das Bundespresseamt seine finanzielle Unterstützung ein. Weitere inhaltliche Schwerpunkte waren auch zu dieser Zeit ein wütender Antisemitismus und der Versuch, die Verbrechen des deutschen Faschismus zu relativieren bzw. zu leugnen. Die Einstellung der staatlichen Unterstützung drohte die DSZ in den finanziellen Ruin zu treiben.

In dieser Situation griff ein freier Mitarbeiter der DSZ hilfreich ein: Gerhard Frey. Frey, 1833 als Kaufmannssohn im oberpfälzischen Cham geboren, studierte Staats- und Rechtswissenschaften und absolvierte Volontärszeiten bei der Regierung von Niederbayern und der CSU-freundlichen »Passauer Neuen Presse« (PNP). Promoviert hat Frey mit der Arbeit »Die Handelsbeziehungen zwischen Deutschland und Österreich« in Graz. Frey hielt zunächst fünfzig Prozent der Anteile am DSZ-Verlag, ab 1958 dann hundert Prozent. Frey begann konsequent und umsatzorientiert den bislang größten neofaschistischen Medienkonzern in der deutschen Nachkriegsgeschichte aufzubauen. Im Jahre 1971 kaufte er den »Deutschen Anzeiger« (DA), 1986 dann die 1968 vom späteren NPD-Spitzenfunktionär Waldemar Schütz gegründete »Deutsche Wochen-Zeitung« (DWZ). In der Zwischenzeit hat er immer wieder andere neonazistische Zeitungen publiziert, die insbesondere mit der DSZ – die ab 1959 »Deutsche Soldaten-Zeitung und National-Zeitung« und später nur noch »Deutsche National-Zeitung« hieß – oft inhaltsgleich waren und nach jeweils relativ kurzer Zeit wieder eingestellt bzw. in die DSZ bzw. DNZ überführt wurden.

Zum Freyschen Medienkonzern gehört ein umfassender Vertriebsdienst, in dem neonazistische, revanchistische und revisionistische Bücher, Videos, Kassetten, CDs, Landkarten, Fahnen, sowie Gold- und Silbermedaillen teilweise zu überhöhten Preisen mit horrenden Gewinnspannen für das Unternehmen feilgeboten werden. Frey bedient sich hierbei des »Deutschen Buchdienstes« des FZ-Verlages – des zweiten Verlages im Medienunternehmen der Eheleute Gerhard und Regina Frey. Die Gesamtauflage der drei inhaltlich teilweise völlig identischen Wochenzeitungen aus dem DSZ-Verlag wird bis Ende der achtziger Jahre auf bis zu hundertsiebzigtausend Druckexemplare geschätzt. Aufgrund der Altersstruktur seiner Leserschaft und infolge der breit angelegten Kampagnen gegen den Kiosk-Vertrieb der Zeitungen sackte die Auflage allerdings stark ab. Dies führte zur Zusammenlegung von DWZ und DA zur »Deutschen Wochen-Zeitung/Deutscher Anzeiger« (DWZ/DA) und später zur Zusammenlegung von DNZ und DWZ/DA zur NZ/DWZ. Derzeit dürfte die Druckauflage der Wochenzeitung bei etwa vierzigtausend Exemplaren liegen, worin zahlreiche Remittenden und Freiexemplare enthalten sind. Noch bis Anfang der achtziger Jahre wurde der Gewinn alleine des DSZ-Verlages auf bis zu zehn Millionen DM jährlich geschätzt.[83]

Auch wenn der starke Rückgang der Auflagenzahlen der Frey-Presse eine begrüßenswerte Entwicklung ist, so bleiben die Frey-Medien doch marktführend im neofaschistischen Medienbereich und eine wichtige Einnahmequelle für Frey. Durch die ganze Geschichte der Zeitung war und ist sie eine der populistischsten und in ihrer Sprache eine der aggressivsten Zeitungen des Neofaschismus – Rassismus, Verherrlichung der NS-Diktatur, der SS und der Nazi-Wehrmacht, Antisemitismus, Hetze gegen Andersdenkende, Relativierung und Leugnung faschistischer Verbrechen und andere Bestandteile der neofaschistischen Ideologie sind die Inhalte der Zeitung, die aufgrund der engen personellen Verflechtung nicht nur in der Person Frey als indirektes Sprachrohr der DVU angesehen werden kann.

## Die Ideologie der DVU

### 1. Antisemitismus

Wesentlicher Bestandteil der Ideologie der »Nationalfreiheitlichen«, so die Sammelbezeichnung für die DVU und die Zeitungen des DVU-Vorsitzenden Gerhard Frey, ist ein besonders offen und aggressiv propagierter Antisemitismus.

So erschienen bzw. erscheinen Frey-Zeitungen mit Titel-Schlagzeilen wie »Sind Juden Vampire?«, »Jetzt kommen die Juden / Massenhafte Zuwanderung geplant«, »Juden: Wie groß ist ihre Macht?« usw. Hierbei beherrscht die »National-Zeitung« die Kunst, etwas zu sagen, ohne es zu sagen.

»In der Essenz behauptet die FREY-Presse:

- Juden hätten die nationalsozialistische Rassen-Ideologie mit zu verantworten. Auf diese Weise werden Opfer zu Mittätern am Holocaust gemacht.
- Jüdische Mitbürger würden das deutsche Volk bevormunden.

• Juden würden in Deutschland ungerechtfertigte Vorteile eingeräumt.

• Juden besäßen weltweit zu großen Einfluss. Vor allem deutsche Politiker müssten sich dem jüdischen Druck beugen. ...

• Gedenkstätten und Mahnmale für den Holocaust seien Symbole einer angeblich einseitigen Vergangenheitsbewältigung.

• Auf jüdisches Geheiß leiste die Bundesrepublik Deutschland überhöhte – fortwärende – Wiedergutmachungsleistungen ...

• Der Massenzuzug von Juden aus dem Osten verschärfe die soziale Lage in Deutschland.

• Israel begehe im eigenen Land Menschenrechtsverletzungen an den Palästinensern ...«[84]

Eine weitere Methode, antisemitische Vorurteile zu schüren, ist die ständige Herausstellung der jüdischen Abstammung von Persönlichkeiten – ohne sachlichen Bezug oder Hintergrund. Diese Vorgehensweise gipfelte in dem Buch »Wer ist wer im Judentum?« aus dem FZ-Verlag. Wohlwollend werden Menschen jüdischen Glaubens nur dann erwähnt, wenn sie sich im Sinne der »National-Zeitung« instrumentalisieren lassen, wie etwa der Autor des Buches »Die Holocaust-Industrie« Norman Finkelstein.

## 2. Geschichtsrevisionismus

Für alle Neonazis ist es wichtig, Deutschland in einem besonders günstigen Licht darzustellen. Deshalb relativieren und leugnen sie die Verbrechen des Faschismus in Deutschland. Die historischen Tatsachen werden als »Umerziehung« und »einseitige Vergangenheitsbewältigung« verunglimpft. Dahinter steckt auch der Versuch, das »Dritte Reich« aufzuwerten.

»Die den Deutschen vielfach zugemutete einseitige Vergangenheitsbewältigung ... beeinträchtigt unsere Gleichberechtigung in der Völker- und Staatenfamilie. ... Das Ansehen und die Ehre des deutschen Soldaten müssen in unserer Rechtsordnung besser geschützt sein. ... Wir wenden uns gegen jede Diskriminierung und Entrechtung der Frontsoldaten und gegen jede Schmähung ihrer Gefallenen. Sie erfüllten ihre schwere Pflicht ...«[85]

»Eine schon tägliche Erinnerung wird angestellt für sechs Millionen ermordeter Juden, während über zehn Millionen gefallene und ermordete Deutsche keine Erwähnung wert sind, ja alle Siegerverbrechen auf deutsche Verantwortung zurückgeführt werden.«[86]

Diese Formulierung zielt auf eine Umdeutung hin – aus Tätern sollen Opfer gemacht werden. Vor diesem Hintergrund ist auch die inflationäre Verwendung des Begriffs Holocaust in den Frey-Medien zu verstehen, es geht um ein Umdeuten und um die Leugnung der Einmaligkeit des Holocaust: »Holocaust von Dresden«, »Hungerholocaust der westlichen Sieger«, »Holocaust in Hiroshima und Nagasaki«, »US-Holocaust an Indianern« usw. Immer wieder wird das »Widerlegen« von »KZ-Lügen« und die »Wahrheit« über Auschwitz verkündet, ebenso die »Widerlegung« der »Kriegsschuldlüge«.

Insbesondere die Ausstellung »Vernichtungskrieg – Verbrechen der Wehrmacht 1941 – 1944« führte in den Frey-Zeitungen zu hasserfüllten Angriffen gegen die Geschichtsforschung und zu massiven Entlastungskampagnen zugunsten der NS-Wehrmacht. Nicht vergessen werden darf auch, dass bekannte Holocaust-Leugner wie David Irving oder der ehemalige SS-Mann und Autor des Buches »Die Auschwitz-Lüge«, Thies Christophersen, auf der Honorarliste Freys standen.

»Unfassbar ist die auch an diesem 27. Januar wieder offenbar gewordene Gier etablierter bundesdeutscher Medien und Politiker, dem deutschen Volk zusätzliche Tonnengewichte an Kollektivschuld, -verantwortung, -haftung usw. aufzuladen. Das Kalkül dürfte sein, dass ein Volk mit Schlauch statt Rückgrat leichter zu regieren und zu kujonieren ist.«[87]

### 3. Rassismus

Die rassistische Ausrichtung wird bereits im ersten Punkt des DVU-Parteiprogramms deutlich zum Ausdruck gebracht:

»Deutschland soll das Land der Deutschen bleiben. ... Daraus folgt: Begrenzung des Ausländeranteils, Stopp dem zunehmenden Ausländerzustrom, Beschleunigung der Asylverfahren, Ausweisung von kriminellen Ausländern. ... Der Entstellung der deutschen Sprache durch die massenhafte Übernahme von Fremdwörtern, für die kein Bedarf besteht, ist auch staatlicherseits zu begegnen ...«[88]

Diese Haltung schlägt sich dementsprechend in der DNZ nieder: »Kriminelle Ausländer raus! Es gibt viele ›Mehmets‹ ... Fast einhellige Meinung in der Münchner Bevölkerung: Der schwerkriminelle Dreckskerl gehört aus Deutschland hinausgeworfen.«[89] Mit Schlagzeilen wie »Ausländerkriminalität explodiert«, »Die Geisel der Ausländerkriminalität« oder »Masseneinwanderung in Deutschland« werden rassistische Vorurteile angestachelt und ein Bedrohungsszenario entwickelt, Einwanderer werden direkt oder indirekt für Wohnungsnot, Arbeitslosigkeit, Sozialabbau usw. verantwortlich und so zu Sündenböcken gemacht.

### 4. Ablehnung der Demokratie

Systematisch werden Andersdenkende in den Frey-Medien in ihrem Ansehen herabgewürdigt und diffamiert. Gegner werden u.a. als »Chaoten« oder »Gewalttäter« verächtlich gemacht. Den Medien und anderen Parteien wird vorgeworfen, die Interessen der Deutschen zu verraten bzw. zu verkaufen. Mit diesen Polemiken wird die Ablehnung der Demokratie demonstriert, während gleichzeitig Frey im Stil der Hofberichterstattung in totalitär-feudalistischen Systemen hochgejubelt und in den Mittelpunkt eines regelrechten Personenkultes gestellt wird.

»›Es lebe Deutschland‹ – mit diesen Worten beendete DVU-Bundesvorsitzender Dr. Gerhard Frey an diesem denkwürdigen 26. September 1998 in der vollbesetzten Passauer Nibelungenhalle seine eineinhalbstündige Rede. Es folgten bewegende Momente. ... Deutschdenkende erhoben sich von ihren Plätzen und ein Jubelsturm brach los. Minutenlang. Sichtlich bewegt nahm Dr. Frey die stehenden Ovationen entgegen. ›Deutschland, Deutschland‹ Sprechchöre wechselten sich ab mit ›Dr. Frey, Dr. Frey‹-Rufen und dem lautstarken Bekenntnis ›Kohl muss weg!‹.«[90]

»Während die Journaille in infamem Pharisäertum immer beklagt, die DVU-Kandidaten würden sich nicht Diskussionen stellen, fand nicht eine einzige Diskussion mit den Spitzenkandidaten der DVU statt. ... Hier demaskiert sich ein Schweinejournalismus, wie er in kaum einem anderen Land in dieser Verkommenheit denkbar ist.«[91]

### 5. Revanchismus

Selbstverständlich findet sich auch die DVU nicht mit den Folgen des vom deutschen Faschismus begonnenen Angriffs- und Vernichtungskrieges ab und stellt Gebietsansprüche insbesondere an die östlichen Nachbarstaaten.

»Das Recht auf Selbstbestimmung in gerechten Grenzen ist für das ganze deutsche Volk ebenso unverzichtbar wie für jedes andere Volk der Welt auch. ... Die Abtrennung deutscher Gebiete östlich von Oder und Neiße als Kriegsfolge widerspricht völkerrechtlichen Grundsätzen.«[92]

Die Ernsthaftigkeit ihrer der Verständigung und dem Frieden zuwiderlaufenden Gebietsansprüche dokumentiert die DVU u. a. durch ihre offen zur Schau getragene Sympathie bzw. Unterstützung für die so genannten »Vertriebenverbände« und die »Deutschen Freundeskreise«, die auf polnischem Staatsgebiet – vor allem dem ehemaligen Schlesien – tätig sind.

Der Wunsch nach einem »Großdeutschland«, um wirtschaftlich, politisch und militärisch eine führende Rolle in Europa zu spielen, ist kaum zu verkennen.

*Anmerkung:*

Die DVU und die Frey-Medien formulieren ihre Ziele teilweise sehr vage, bleiben für Interpretationen teilweise offen und sind eher sparsam formuliert. Das Parteiprogramm der DVU umfasst ganze zwölf Punkte auf wenigen Seiten. Diese Vorgehensweise ist nicht unbewusst, so sollen Angriffsflächen vermieden werden. Deshalb sind die neofaschistischen Ziele der DVU in kausalen Zusammenhängen und logischen Schlussfolgerungen durch ihre offiziell formulierten Forderungen und Aussagen von Funktionsträgern und den Medien des DVU-Vorsitzenden Frey zu erkennen. Es muss also bei einer Beurteilung der DVU das Auftreten etwa ihrer Parlamentsabgeordneten, die Sprache der Frey-Medien und ihre Struktur berücksichtigt werden.

## Pleiten und Skandale. Die DVU-Parlamentsbilanz 1987 bis 2001

Die DVU hat trotz ihrer bisher kurzen Parteigeschichte und trotz ausbleibender bundesweiter Wahlerfolge zweifelsohne neue »Maßstäbe« zumindest in bundesdeutschen Landesparlamenten gesetzt. Wenn die DVU Haftstrafen für Steuergeldhinterzieher fordert und diese Forderung Realität, also Gesetz wird, muss sie tatsächlich aufpassen, dass ihre Fraktionssitzungen zukünftig nicht in Justizvollzugsanstalten stattfinden müssen. Man findet nur schwerlich bzw. überhaupt keinen Vergleich zu der Inkompetenz in der politischen Parlamentsarbeit und der finanziellen Skrupellosigkeit beim Umgang mit Fraktions- und Steuergeldern der bisherigen DVU-Landtagsfraktionen – lediglich bei der jüngsten, der brandenburgischen Fraktion, ist die außergewöhnliche Massierung von Skandalen und Affären (noch) ausgeblieben.

Angesichts dieses durchgehenden Umstandes und der nicht seltenen Verwicklung der DVU-Zentrale kann schwerlich von »Einzelfällen« gesprochen werden. Es drängt sich die Frage nach Vorsatz und gesteuerter Systematik auf. Bei dieser Thematik muss insbesondere auch die im nachfolgenden Kapitel skizzierte Struktur und Verfasstheit der DVU berücksichtigt werden.

In der Frage nach der Legalität der DVU bzw. der Notwendigkeit ihres Verbotes muss neben der Tradition und geschichtlichen Entwicklung sowie ihrer ideologischen Ausrichtung auch ihre konkrete Parlamentsarbeit und ihr interner Aufbau berücksichtigt werden. Zumal sich die DVU ganz aktuell anschickt, im Herbst 2001 in ein weiteres, das Hamburger Landesparlament einzuziehen. Sollte ihr dies dank des zu erwartenden enormen Propagandafeldzuges gelingen, wäre sie bereits in vier Landesparlamenten gleichzeitig vertreten und damit die auf Landesebene erfolgreichste neofaschistische Wahlpartei seit den Anfängen der NPD. In ihrer Parlamentsarbeit, richtiger: Parlamentsnichtarbeit bzw. Parlamentsmissbrauch, spiegelt sich besonders eindrucksvoll ihre konsequent ablehnende Haltung gegenüber Parlamenten und Demokratie wider.

Von den Skandalen, Affären, Unregelmäßigkeiten und Unfähigkeiten in den Parlamenten darf man sich jedoch nicht täuschen lassen. Durch ihre regelrechten Materialschlachten leistet die DVU im Vorfeld der Wahlen einen Beitrag zum gesellschaftlichen und geistigen Klima. Auch wenn die DVU und die Frey-Zeitungen sich verbalradikal von militanten Nazi-Skinheads und -Gewalttätern, distanzieren – ihre geistige Wegbereiterschaft tritt in der Sprache der Zeitungen und ihren meist als Postwurfsendungen und persönliche Anschreiben an Jung- und Erstwähler verbreiteten rassistischen und offen neofaschistischen Inhalten sowie in dem gleichbleibenden Missbrauch der Parlamente als propagandistische Bühne offen zu Tage. Prof. Dr. Christoph Butterwege stellte bereits 1998 fest: »Die rechtsextremistischen Abgeordneten erweisen sich zwar häufig als inkompetent, desinteressiert und schlecht informiert, das eigentliche Problem bestand aber nicht im Dilettantismus, sondern in dem Umstand, dass es ihnen trotzdem oftmals gelang, ihre Überzeugungen auf zentralen Politikfeldern durch eine geschickte Taktik und Rhetorik mit den Auffassungen anderer Fraktionen zu verkoppeln und so das parlamentarische Geschehen, vor allem jedoch das politische Klima der Bundesrepublik zu beeinflussen. Natürlich existieren Faulheit, Unfähigkeit, Dummheit und Bestechlichkeit auf der äußersten Rechten. Man macht es sich allerdings zu leicht, wenn man die Tätigkeit solcher Parteien bzw. Fraktionen darauf reduziert. Es ging den rechtsextremen Mandatsträgern nämlich gar nicht um eine konstruktive Mitarbeit in Kommunal- und Landesparlamenten, vielmehr um die Provokation und propagandistische Erfolge, die dadurch schwerlich zu erzielen gewesen wären.«[93]

Es wäre falsch, die DVU-Landtagsfraktionen nur auf ihre Skandale zu reduzieren, gleichwohl sind sie in der folgenden Auflistung zwar nicht alleiniges Thema, wohl aber Schwerpunkt, um so einen weiteren Aspekt der DVU-Praxis darzustellen und einen Beitrag zu der Diskussion zu liefern, ob ein Verbot der DVU begründet und notwendig ist.

### Bremen 1987 bis 1991

Im September 1987 gelang der DVU erstmals der Einzug in ein bundesdeutsches Landesparlament. Bei den Wahlen zur Bremer Bürgerschaft erreichte sie landesweit 3,4 Prozent der Stimmen. Im Wahlbereich Bremen waren es 2,99 Prozent, im Wahlbereich Bremerhaven 5,4 Prozent. Aufgrund einer Besonderheit des Bremer Wahlrechts konnte die DVU ihren Spitzenkandidaten Hans Altermann aus Bremerhaven in die Bürgerschaft entsenden. Altermann selber war erst durch die im Frühjahr bereits einsetzende Wahlwerbung auf die DVU aufmerksam geworden und dieser beigetreten, Frey hatte zusammen mit einigen wenigen ganz engen Mitarbeitern in der Münchner Zentrale die Auswahl der Kandidaten vorgenommnen.

DVZ-Kandidaten mussten und müssen sich in erster Linie durch Willfähigkeit und Gehorsam gegenüber der Zentrale auszeichnen. Kompetenz oder Eigeninitiative sind nicht nur nicht gefragt, sondern werden eher als störend empfunden. Hans Altermann erfüllte diese Bedingungen ideal – sein Problem war nur, dass er zu oft selber aktiv sein wollte und eigenständig z.B. abstimmte und zu oft die per Fax zugesandten Redemanuskripte und Anweisungen aus der Zentrale ignorierte. Insbesondere sein Abstimmungsverhalten löste regelmäßig Heiterkeit aus. So stimmte er Anträgen der FDP und der Grünen zu, in denen die Propaganda der DVU als ausländerfeindlich abgelehnt und ihr Einzug in ein Landesparlament scharf verurteilt wurde. Als Begründung für seine Zustimmung äußerte er einmal bei einem seiner zahlreichen Rapporte in München: »Alle haben die Hand gehoben, was sollte ich machen?«

Im Laufe der Legislaturperiode erwies er sich zunächst als zunehmend renitent gegenüber der Zentrale. Erst als ihm von Mitarbeitern Freys deutlich gemacht wurde, dass er zwei Legislaturperioden der Bürgerschaft angehören muss, um pensionsberechtigt zu werden, war er ohne größeres Murren bereit, die ihm zugefaxten Reden zu halten und Anträge und Anfragen zu stellen. Inhaltlich befassten sich die DVU-Reden und -Eingaben eher selten mit landespolitischen Themen, vielmehr ging es darum, die neofaschistischen Inhalte der Frey-Presse auf der Bühne der Bürgerschaft wiederzugeben.

### Bremen 1991 bis 1995

1991 gelang der DVU als erster neofaschistischen Partei in der Geschichte der Bundesrepublik der Wiedereinzug in ein Landesparlament. Sie steigerte sich landesweit auf 6,128 Prozent – Wahlbereich Bremen: 5,38 Prozent, Wahlbereich Bremerhaven: 10,06 Prozent. Sechs DVU-Kandidaten zogen in die Bürgerschaft ein, unter ihnen die NPD-Funktionäre Hans-Otto Weidenbach und Karl-Heins Vorsatz[94].

Nach internen Streitigkeiten wurde auf Wunsch der Zentrale, also Freys, Marion Blohm zur Fraktionsvorsitzenden gewählt. Altermann zog den Kürzeren. Er konnte auch nicht verhindern, dass mit Sven Eggers ein Redakteur der Frey-Presse und enger Mitarbeiter des DVU-Vorsitzenden Fraktionsgeschäftsführer wurde. Diese Anstellung führte damals bereits zu dem Verdacht, Frey würde über den Umweg der Fraktion Verlagsangestellte aus Steuergeldern, in diesem Falle Fraktionsgeldern, bezahlen lassen, obwohl diese ihren Arbeitsschwerpunkt mutmaßlich weiter in der Münchner Verlags- und Parteizentrale hätten.

Dies sollte jedoch nicht die einzige Merkwürdigkeit bleiben, die den Verdacht, die DVU-Fraktion hätte einen eigenwilligen Umgang mit Fraktionsgeldern, nährte.

Auch die Arbeit der DVU-Fraktion war, wie die des DVU-Solisten in der vorausgegangenen Wahlperiode, geprägt von Untätigkeit und Inkompetenz. Sie schien sich auf das Verlesen von vermutlich in der Münchner Zentrale fabrizierten und den Abgeordneten zugefaxten Reden zu beschränken. Gleiches galt auch für die eingebrachten Anträge und Anfragen, die nur in den seltensten Fällen einen Bezug zur konkreten Landespolitik hatten.

Die in der Parlamentsgeschichte wohl einmalige Gängelung einer Fraktion durch die Parteizentrale, persönliche Eifersüchteleien und nicht zuletzt finanzielle Fragen führten rasch zum Zerfall der DVU-Fraktion. Bereits am 18. Oktober 1991 – also nur wenige Tage nach der Bürgerschaftswahl – verließ Hans Altermann die DVU. Im Januar 1993 folgte ihm Peter Nennstiel. Beide gründeten dann die Gruppe der »National-Konservativen« (NK), nachdem Altermann sich zeitweise im Umfeld der »Deutschen Liga für Volk und Heimat« (DLVH) herumgetrieben hatte, die als »Sammlungsbewegung« von ehemaligen führenden Funktionären der »Republikaner« und der NPD gegründet worden war.

Dort stieß der Kriegsveteran freilich auf wenig Gegenliebe, worauf er sich dann lieber doch mit Nennstiel zusammen »selbstständig« machen wollte.

Mit dem Austritt der beiden Abgeordneten war die DVU-Fraktion nicht nur auf vier Personen zusammengeschmolzen, sondern verlor auch gleichzeitig ihren Fraktionsstatus. Am 2. Juni 1993 trat dann mit Klaus Blome der dritte DVU-Vertreter aus der Partei aus, die somit der Hälfte ihrer Mandatsträger verlustig gegangen war.

Blome schloss sich der NK-Gruppe an, um drei Tage später wieder der DVU beizutreten. Die Rückkehr soll nach einem Urlaub in einem Haus Freys am Pilsensee, entsprechendem Druck der DVU-Zentrale und einigen verlockenden Versprechungen erfolgt sein. Im Oktober des gleichen Jahres entschloss sich Blome dann aber endgültig, sich der NK-Gruppe anzuschließen.

Nach dem Ausscheiden der DVU aus der Bremer Bürgerschaft 1995 (landesweit kam sie bei den vorgezogenen Wahlen auf 2,02 Prozent, in Bremerhaven scheiterte sie mit 4,69 Prozent relativ knapp), wurde das ganze Ausmaß des Finanzgebarens der DVU und der NK-Gruppe deutlich. Der Bremer Staatsgerichtshof stellte im Oktober 1996 in seinem Urteil unmissverständlich fest, dass die DVU und die DVU-Abspaltung NK in den Jahren 1991 bis 1993 über 485.000 DM öffentlicher Mittel zweckentfremdet hatten. Die DVU-Fraktion hatte in dieser Zeit für 144.000 DM Zeitungserzeugnisse aus dem Frey-Verlag erworben. 207.000 DM wurden an »Sachverständige und Honorarkräfte« gezahlt – Belege oder Arbeitserzeugnisse konnten indes nicht beigebracht werden. Es wird vermutet, dass die Gelder unter anderem dazu missbraucht wurden, Verlagsangestellte mit Steuergeldern zu bezahlen. Die NK-Gruppe ihrerseits hatte 60.000 DM kurzerhand unter ihren drei Mitgliedern aufgeteilt Das Geld wurde nach eigenem Gutdünken ausgegeben – so wurden Gartenmöbel oder auch Kleider für die Ehefrauen der Parlamentarier angeschafft. Was das mit parlamentarischer Arbeit zu tun haben könnte, wird das Geheimnis der betreffenden Personen bleiben. Eine Buchführung hat es bei der NK-Gruppe übrigens nicht gegeben.

Es ist mehr als abwegig anzunehmen, dass Frey nichts von der Zweckentfremdung der Steuergelder durch seine ferngesteuerte Fraktion wusste – zumal er mit Sven Eggers einen »Aufpasser« in der Funktion des Fraktionsgeschäftsführers hatte. Unverständlicher Weise wurde bis heute noch nicht dahingehend ermittelt, ob es sich bei der Zweckentfremdung um einen von der Zentrale geplanten und gesteuerten Vorgang gehandelt hat. Dieser Frage hätte man spätestens nach den Vorgängen in Schleswig-Holstein nachgehen müssen.

### Schleswig-Holstein 1992 bis 1996

Am 5. April 1992 zog die DVU mit einem Stimmenanteil von 6,3 Prozent in Schleswig-Holstein erstmals in das Landesparlament eines Flächenlandes ein. Die Merkwürdigkeiten im nördlichsten Bundesland begannen hier bereits vor der Wahl. Die Landtagskandidaten wurden über Anzeigen u. a. in der »National-Zeitung« gesucht. Am 9. November 1991 wurde dann auf einem Landesparteitag der DVU Schleswig-Holstein von den etwa achtzig Teilnehmern die in der Münchner Zentrale zusammengestellte Liste verabschiedet. Die DVU zog mit sechs Abgeordneten in Fraktionsstärke in das Parlament ein, nachdem sie das bis dahin beste Wahlergebnis einer neofaschistischen Partei bei einer Landtagswahl in Schleswig-Holstein erzielt hatte – zuletzt war die NPD 1967 bis 1971 im Kieler Landtag vertreten gewesen. Unter strengster Geheimhaltung wurde am 20. April 1992 die Landtagsfraktion konstituiert und Ingo Stawitz zum Fraktionsvorsitzenden gewählt. Bereits bei dieser Konstituierung demonstrierte die DVU-Fraktion ihr eigenwilliges Finanzgebaren: Alle sechs Fraktionsmitglieder wurden mit Aufgaben versehen, die ihnen neben den Diäten weitere Steuergelder einbrachten – ein beispielloser Vorgang in der Parlamentsgeschichte.

Aufgrund entsprechender Vorwürfe führte der Landesrechnungshof eine Untersuchung durch, die klären sollte, ob die DVU-Fraktion Gelder in die Kassen ihres Bundesvorsitzenden Frey umleitete. 1994 kam der Untersuchungsausschuss zu folgendem bezeichnenden Ergebnis: Die DVU-Fraktion hatte für 181.000 DM in einer Teilauflage der »Deutschen Wochen-Zeitung« Anzeigen geschaltet, weitere 100.000 DM sind unzulässiger Weise in den Vertrieb dieser Zeitung geflossen. Ein weiterer fünfstelliger Betrag landete ebenfalls in München, hierfür hatte die Fraktion Wimpel, Videos und Wappen käuflich erworben. Letztendlich wurde der DVU-Fraktion noch nachgewiesen, völlig überhöhte Gehälter gezahlt zu haben. Die Staatsanwaltschaft Kiel kam im Juni 1996 zu der Entscheidung, von Ermittlungen gegen die Abgeordneten abzusehen, da der Druck aus der Münchner Parteizentrale auf die einzelnen Abgeordneten zu groß gewesen sei. Der damalige DVU-Fraktionsgeschäftsführer stand unter dem dringenden Verdacht, an den Abgeordneten vorbei überteuerte Anzeigen in den Frey-Zeitungen geschaltet zu haben. Daher ist davon auszugehen, dass diese finanziellen

Aktionen mindestens mit Wissen der DVU-Zentrale, wenn nicht sogar gezielt auf ihre Anweisung hin stattfanden.

Ein gutes Jahr nach der Landtagswahl begann der Zerfall der Fraktion. Am 9. April 1993 verkündete die »National-Zeitung«, der DVU-Bundesvorstand habe gegen Fraktionschef Stawitz ein Parteiausschlussverfahren eingeleitet. Stawitz wurde ausgerechnet vorgeworfen, unverantwortlich mit Steuergeldern umzugehen und gleich zwei Sekretärinnen zu beschäftigen, wobei eine ein monatliches Gehalt von 12.000 DM erhielte. Daneben sollen die Fraktionsräume für nicht weniger als 100.000 DM eingerichtet worden sein, was durchaus eine beachtliche Leistung wäre. Die DVU-Fraktion erklärte sich am 13. April 1993 einmütig mit ihrem Vorsitzenden solidarisch, wies die Vorwürfe der Zentrale auf das Schärfste zurück und forderte eine entsprechende Ehrenerklärung.

Hintergrund der Auseinandersetzungen dürften natürlich nicht die Steuergeld-Verwendungen gewesen sein. Vielmehr erwies sich Stawitz als durchaus renitent und selbstbewusst gegenüber Frey, weswegen dieser gar nicht daran dachte, auf die Forderungen seiner Abgeordneten in Kiel einzugehen. Frey schritt zur Tat und führte eine regelrechte Säuberung durch. Am 23. Mai 1993 fand im niedersächsischen Seevetal der Landesparteitag der DVU Schleswig-Holstein statt, bei dem der Landesvorstand kurzerhand ausgewechselt wurde. Zum Parteitag war übrigens erst am Vortag eingeladen worden. Neuer Landesvorsitzender wurde der Bremer Bürgerschaftsabgeordnete und Honorarschreiber für Frey, Hans-Otto Weidenbach. Zum stellvertretenden Landesvorsitzenden wurde der ebenfalls bereits erwähnte Heinrich Gerlach gewählt.

Nach diesem »Putsch von oben« nahm die bereits durch einen Austritt geschwächte Fraktion Übertrittsverhandlungen mit den »Republikanern« auf. Da diese aber keinerlei Interesse an den Renegaten zeigten, erfolgte dann am 26. Mai 1993 der Übertritt von Stawitz und zwei weiteren Abgeordneten zur DLVH. Am 21. Oktober 1993 konnte die DLVH nach dem Eintritt eines vierten DVU-Abgeordneten dann eine Landtagsfraktion bilden. Damit war das Kieler Possenspiel aber noch nicht zu Ende.

Nach der Auflösung der DVU-Fraktion war diese verpflichtet, erhaltene Fraktionsmittel an die Landtagsverwaltung zurückzugeben. Dieser an sich eher einfache Vorgang erwies sich im Falle der DVU als äußerst kompliziert. Die DVU-Fraktion hatte nämlich nicht nur Fraktionsgelder nach München umgeleitet. Auf Nachfrage bestätigte Stawitz, dass Arbeitsgeräte, die die Landtagsverwaltung der Fraktion überlassen hatte – darunter auch Computer – in der Münchner Zentrale gelandet waren. Von dort mussten sie erst wieder nach Kiel zurückgeschafft werden, um sie ihrer eigentlichen Eigentümerin – der Landtagsverwaltung – wieder zurückzugeben. Auch dieser Vorgang war eine Premiere in der Parlamentsgeschichte der Bundesrepublik. Am 10. Juli 1995 zerfiel die DLVH-Fraktion, nachdem ein Abgeordneter zur DVU zurückgekehrt war.

Bei der Landtagswahl 1996 scheiterte die DVU mit 4,3 Prozent, die DLVH kam auf 0,2 Prozent. Seit 1995 fungierte Heinrich Gerlach als Landesvorsitzender, der 1996 auch Spitzenkandidat war. Als Adresse gab er die Anschrift einer auf Platz 2 der Landesliste stehenden DVU-Kandidatin an. Bei den männlichen Wählern in der Altersgruppe der Achtzehn- bis Vierundzwanzigjährigen erreichten die neofaschistischen Parteien 1996 übrigens insgesamt 8,8 Prozent.

### Hamburg 1997 bis 2001

Bei der Hamburger Bürgerschaftswahl 1997 verbesserte sich die DVU von 2,8 Prozent auf 4,9 Prozent und scheiterte damit nur knapp[95]. Gleichwohl gelang ihr der Einzug in vier Bezirksvertretungen. Als Vorsitzender der DVU-Fraktion in der Bezirksvertretung Wandsbeck fungierte zeitweise Heinrich Gerlach. Auch in den Bezirksparlamenten kam kaum Produktives von den DVU-Mandatsträgern. Thematisch beschäftigten sich die mutmaßlich ebenfalls in München abgefassten Redebeiträge kaum mit kommunalen, sondern mit den Lieblingsthemen der Partei: »Ausländer« und »Asyl«.

### Sachsen-Anhalt seit 1998

Am 26. April 1998 gelang der DVU der bisher größte Wahlerfolg einer neofaschistischen Partei bei einer bundesdeutschen Landtagswahl. In Sachsen-Anhalt erzielte sie 12,9 Prozent der Stimmen, bei den jungen Männern in der Altersgruppe der Achtzehn- bis Vierundzwanzigjährigen wurde die DVU mit zweiunddreißig Prozent stärkste Partei. Als Wahlkampfleiter fungierte Heinrich Gerlach. Die DVU zog mit einer sechzehnköpfigen Fraktion in den Magdeburger Landtag ein, Vorsitzender wurde Helmut Wolf, Fraktionsgeschäftsführer Heinrich Gerlach.

Wie bei der DVU üblich, sorgte diese unmittelbar nach der Konstituierung ihrer Landtagsfraktion für erste Schlagzeilen. Der Abgeordnete Jörg Büchner soll von 1966 bis 1980 beim DDR-Ministerium für Staatssicherheit (MfS) als »Inoffizieller Mitarbeiter« (IM) geführt worde sein[96]; Fraktionschef Wolf hatte mit einer Gaspistole seine ehemalige Ehefrau bedroht und war deshalb vom Amtsgericht Bitterfeld mit einem Strafbefehl belegt worden; dem neunzehnjährigen DVU-Parlamentarier Mirko Mokry wurde vorgeworfen, ein Denkmal mit nazistischen Parolen und einem Hakenkreuz beschmiert zu haben. Mit dem Hinweis auf einen »Dummenjungenstreich« wurde das Ermittlungsverfahren gegen ihn eingestellt ... Gegen den DVU-Abgeordneten Thorsten Miksch wurde ein Ermittlungsverfahren eingeleitet, da er laut Zeitungsberichten einen Hund bei lebendigem Leib in einem fünf Meter tiefen Brunnen ertränkt haben soll. Auch die sächsisch-anhaltinische DVU-Landtagsfraktion entpuppte sich so als ein einziges Gruselkabinett.

Auch diese DVU-Fraktion machte außer durch Inkompetenz – auf die man bei der DVU nicht mehr extra hinweisen muss – durch Skandale und Spaltungen auf sich aufmerksam. Im Februar 1999 wurden die DVU-Abgeordneten Miksch und Büchner aus der Fraktion ausgeschlossen. Zwei weitere Abgeordnete verließen die Fraktion wegen des autoritären Führungsstils von Wolf, der damals noch als Vertrauter Freys galt. Über die Arbeit in der Fraktion berichtete Miksch in einem Interview mit der

NPD-Zeitung »Deutsche Stimme«: »Die Abgeordneten wurden von Frey-Leuten von Anfang an unmündig gehalten. Uns wurde immer wieder eingetrichtert: Ihr seid Abgeordnete, ihr hört euch die Sachen an, stimmt ab, wie es euch gesagt wird, und die Arbeit machen wir.«[97]

Im Oktober 1999 wurde Wolf durch die vierundvierzigjährige Claudia Wiechmann als Fraktionsvorsitzende ersetzt, worauf drei abtrünnige Abgeordnete wieder zur Fraktion zurückkehrten. Als sich die Wiechmann-Gruppe dann mit Frey überwarf, verließen vier Frey-treue Abgeordnete die Fraktion Ende Januar 2000. Am 14. Februar 2000 gründeten sie mit zwei weiteren Abgeordneten die Fraktion »DVU – Die Freiheitlichen«, einen Tag später wurde in Oschersleben vom Wiechmann-Flügel die »Freiheitliche Deutsche Volkspartei« (FDVP) aus der Taufe gehoben.

Die alte DVU-Fraktion, die noch sieben Mandate hatte, benannte sich demgemäß in FDVP um, diese verfügte zeitweise über neun Sitze. Miksch fungierte als Vertreter einer Splittergruppe namens »Vereinigte Rechte« (VR). Im Juli 2000 wechselten dann zwei FDVP-Abgeordnete als »Gäste« wieder zur DVU-Fraktion, die damit wieder auf acht Personen anwuchs.

Dieses ganze Hickhack mit Neukonstituierung und Neugründung soll den Steuerzahler mindestens eine Million Mark gekostet haben. Auf die Frage nach der Verwendung von Fraktionsgeldern berichtete Miksch: »Zumindest über die korrekte Verwendung der finanziellen Mittel sind Zweifel angebracht. Hierzu nur ein Beispiel: In der Magdeburger Fraktion kamen dauernd Lieferungen mit Büchern und sonstigen Waren aus Freys Verlagen an, die keiner von uns bestellt hatte. Bücher vor allem, die man für die parlamentarische Arbeit gar nicht gebrauchen kann. Natürlich werden solche unbestellten Lieferungen auch in Rechnung gestellt. Auch habe ich nie einen Rechenschaftsbericht gesehen, der Auskunft über die Verwendung der Fraktionsgelder gibt.«[98]

## Brandenburg seit 1999

Mit knapp über fünf Prozent zog die DVU im September 1999 in den Brandenburger Landtag ein. Für bundesweite Schlagzeilen sorgte in Potsdam DVU-Fraktionsgeschäftsführer Matthias Canis. Dem DVU-Funktionär, der zuvor Mitarbeiter der DVU-Abgeordneten in Magdeburg war, wurde vorgeworfen, den Zentralrechner des Landtages von Sachsen-Anhalt für den Handel mit Kinderpornografie missbraucht zu haben. Daneben steht er im Verdacht, mindestens 17.000 DM aus der dortigen Fraktionskasse abgezweigt zu haben – der DVU-Fraktion fehlen insgesamt sogar 47.000 DM.[99] Nach Bekanntwerden der (bislang nicht bewiesenen) Vorwürfe wurde Canis beurlaubt.

Über eine inhaltliche Arbeit der DVU-Fraktion in Brandenburg ist bisher kaum etwas bekannt geworden, zumindest aber gibt es – jedenfalls bis Mitte 2001 – noch keine Spaltungen oder Austritte, wobei die Legislaturperiode noch nicht vorbei ist.

Sollten sich die Vorwürfe des Magdeburger Abgeordneten Miksch bestätigen, was durchaus mehr als wahrscheinlich sein dürfte, so wäre die dortige DVU-Fraktion die dritte von bisher insgesamt vier Landtagsfraktionen der DVU, der Zweckentfremdung von Fraktionsgeldern nachgewiesen worden wäre. Damit wäre die Systematik belegt. Die Frage nach der Nachweisbarkeit entsprechender Anweisungen aus München müsste im Rahmen eines entsprechenden Verfahrens geklärt werden. Angesichts des autoritären Führungsstils in der DVU dürfte der Ausgang einer solchen Klärung jedoch keine große Überraschung ergeben.

Des weiteren wäre die Klärung der juristischen Frage interessant, ob eine solche systematische, fortgesetzte und eventuell auf Weisung durch die zentrale Führung stattfindende »Parlamentsarbeit« nicht auch als aktive kämpferische Haltung gegen die demokratische Grundordnung zu verstehen ist, die als eine Voraussetzung für ein Verbot durch das Bundesverfassungsgericht gilt. Bisher wurde, wie bereits ausgeführt, diese Frage, wenn überhaupt, in der Öffentlichkeit nur sehr zaghaft angeschnitten – zumal eine dokumentarische Darstellung der DVU-Praxis in den einzelnen Landesparlamenten unter Berücksichtigung dieses Aspektes bisher gefehlt hat.[100]

## Zur Frage eines DVU-Verbots

Wenn von antifaschistischen und demokratischen Organisationen in der Vergangenheit das Verbot neofaschistischer Parteien und Organisationen – und damit auch das Verbot sowohl der DVU e.V. als auch der Partei DVU – gefordert wurde, so wurde stets auf ihre klar neofaschistische, pronazistische und damit verbotswürdige ideologische Ausrichtung hingewiesen. Dem wurde stets entgegengehalten, dass das Verbot einer politischen Partei durch das Bundesverfassungsgericht dessen hohe Ansprüche erfüllen muss. Zunächst einmal unabhängig von der Frage, ob neofaschistische Parteien wie NPD oder DVU unabhängig davon, ob sie »aktiv-kämpferisch« die demokratische Grundordnung bekämpfen oder nicht, nicht schon alleine durch ihre politisch-ideologische Ausrichtung illegal sind, muss hier die Frage behandelt werden, ob die Partei DVU denn tatsächlich als politische Partei anzusehen ist, für deren Verbot einzig das Bundesverfassungsgericht zuständig wäre. Dieser Frage wurde bisher nicht nachgegangen.

Es genügt nicht, sich als Vereinigung »Partei« zu nennen und an Wahlen teilzunehmen. Das Parteiengesetz der Bundesrepublik Deutschland stellt Kriterien auf, denen jede Partei verbindlich genügen muss.

Zuletzt hat dies der Zweite Senat des Bundesverfassungsgerichts (BverG) in seiner Urteilsbegründung zum Verbotsantrag der Bundesregierung und des Bundesrates gegen die neofaschistische »Freiheitliche Deutsche Arbeiterpartei« (FAP) festgestellt.[101] Obwohl die Richter die Verfassungswidrigkeit der FAP bejahten, wurden die Anträge auf Feststellung der Verfassungswidrigkeit der FAP durch das Bundesverfassungsgericht abgelehnt. In der Begründung ihrer Ablehnung führen die Richter aus: »Sie ist keine Partei im Sinne von Art. 21 GG, § 2 Abs. 1

PartG. Das besondere, wegen der herausgehobenen verfassungsrechtlichen Stellung der politischen Parteien beim Bundesverfassungsgericht monopolisierte, vom allgemeinen Vereinsrecht abweichende Verbotsverfahren findet deshalb auf sie keine Anwendung.« Als Grund für diese Entscheidung führten die Richter u.a. die »mangelnde(n) Organisationsdichte einer nicht ausreichend handlungs- und arbeitsfähigen Parteiorganisation« an.

Damit ist das entscheidende Kriterium beispielsweise nicht, ob auf dem Papier – also etwa in der Satzung einer Partei – Landes- und Kreisverbände sowie eine demokratische Willens- und Entscheidungsfindung innerhalb der Partei vorgesehen sind oder nicht, sondern wie die konkrete Praxis im Parteileben aussieht.

Die DVU verfügt in allen sechzehn Bundesländer formal über Landesverbände, diese untergliedern sich ihrerseits ebenfalls formal in Kreisverbände, wobei die Anzahl ihrer auf dem Papier existierenden Basisverbände nur schwer in Relation zur Mitgliederzahl von derzeit etwa fünfzehntausend Personen zu bringen ist – zumal wenn man berücksichtigt, dass die DVU zeitweise fast zehntausend Mitglieder mehr zählte als zum gegenwärtigen Zeitpunkt.

Die DVU ist, wie im vorausgegangenen Kapitel bezüglich ihrer »Parlamentsarbeit« bereits ausführlich dargestellt, eine Partei mit vielen einmaligen Besonderheiten, die sie von allen anderen Parteien in der deutschen Nachkriegsgeschichte gravierend unterscheidet. Dies beginnt bereits mit der auf den ersten Blick unsinnig erscheinenden Frage, ob denn alle DVU-Mitglieder überhaupt auf dem Wege eines persönlichen, individuellen Eintritts Mitglieder der Partei geworden sind. Im Kapitel über die geschichtliche Entwicklung der DVU wurde ausgeführt, dass die DVU e.V. ab 1979 begann, so genannte »Aktionsgemeinschaften« zu gründen. Personen, die den »Aktionsgemeinschaften« beitraten, gehörten automatisch auch der DVU e.V. an – ohne dass ihnen dieser Umstand unbedingt bewusst sein musste, eher kann das Gegenteil angenommen werden, da auf die automatische gleichzeitige Zugehörigkeit zur DVU e.V. in den Beitrittserklärungen nicht hingewiesen wurde und bis heute nicht wird. Auf diesen Beitrittsabschnitten, die hauptsächlich in den Zeitungen von Frey und in Werbematerialien der Partei abgedruckt sind, kann der Beitrittswillige ankreuzen, ob er der Partei, dem e.V. oder einer der noch existierenden »Aktionsgemeinschaften« beitreten will.

Durch eine entsprechende Satzungsänderung der DVU e.V. im Jahre 1988 wurde beschlossen, dass alle Mitglieder der DVU e.V. ab dem sechzehnten Lebensjahr automatisch Mitglieder der Partei DVU werden – sofern sie keinen expliziten schriftlichen Widerspruch gegen diese Überführung einlegen. Das heißt ganz konkret: Nicht wenige Personen, die durch Mitgliedschaft in einer »Aktionsgemeinschaft« unwissentlich Mitglieder der DVU e.V. wurden, wurden kurzerhand auch noch Mitglieder einer Partei, der sie praktisch nie beigetreten sind. Dass sie von dieser zusätzlichen Parteimitgliedschaft wissen, kann angesichts dieser Praktiken nicht als selbstverständlich angenommen werden. Wie solche fast schon »geschanghaiten« Parteimitglieder eine »handlungs- und arbeitsfähige Parteiorganisation« als wesentliches Merkmal für die Parteieigenschaft einer Vereinigung bilden sollen, ist in keinster Weise erkennbar. Auch ihre Beteiligung am Meinungs- und Willensbildungsprozess innerhalb der Partei dürfte nicht gegeben sein.

Die nächste Frage ist die nach der Realität des innerparteilichen Lebens. Die DVU wird zentralistisch von ihrem Vorsitzenden Gerhard Frey, bei dem die Partei überdies, wie an anderer Stelle bereits erwähnt, hoch verschuldet ist, von München aus gesteuert. Zahlreiche wichtige Funktionen werden von seinen Angestellten besetzt. Die Verbände haben faktisch kein Mitsprache- oder Mitentscheidungsrecht. Ehemalige Mitarbeiter Freys und Funktionsträger der DVU berichten, dass der Vorsitzende nach eigenem Gutdünken Funktionäre feuern oder einsetzen lässt und entsprechende, gesetzlich vorgeschriebene Parteitage eher als Farce zu bezeichnen sind.

- Zum schleswig-holsteinischen DVU-Landesparteitag im Mai 1993 wurde erst am Vortag eingeladen, stattgefunden hat dieser in Niedersachsen. Bei diesem Parteitag wurde putschartig ein neuer Landesvorstand gewählt.

- Der Verfassungsschutzbericht des Bundeslandes Thüringen für 1997 berichtete über den gemeinsamen Parteitag der Landesverbände Thüringen und Sachsen am 1. Februar 1997 in der Nähe von Bad Neustadt/ Saale (Bayern) so: »Im Mittelpunkt der Veranstaltung stand die ›Wahl‹ der neuen Landesvorstände. Unter der Leitung von Dr. Frey persönlich wurde sie in sehr ›unkonventioneller‹ Weise abgehalten. Die Kandidaten ›schlug‹ der Bundesvorsitzende mündlich mit Angabe des vorgesehenen Amtes ›vor‹. Der Kreis der Wähler ließ sich durch Interessenten erweitern. Die Stimmzettel wurden handschriftlich ergänzt bzw. mit den Namen der Gewählten beschriftet. Das Ergebnis der Stimmenauszählung wurde nicht bekannt gegeben. Die von ihm vorgeschlagenen Kandidaten wurden laut Mitteilung Dr. Freys durch die ›Wahl‹ bestätigt.«[102]
- Über den DVU-Bundesparteitag 1999, den bayerischen DVU-Landesparteitag 1999 und die Mitgliederversammlung der DVU e.V. 1999 berichtet der bayerische Verfassungsschutzbericht folgendermaßen: »Am 16. Januar hielt die DVU in München ihren Bundesparteitag mit über vierhundert Teilnehmern ab. Bei der Neuwahl des Parteivorstands wurde Dr. Frey in seiner Funktion bestätigt. ... Am selben Tag fand in München der Parteitag des Landesverbandes Bayern und die Mitgliederversammlung der DVU e.V. statt. Bezeichnend für das Verständnis innerparteilicher Demokratie ist das Tempo der Tagungen. Der Bundesparteitag dauerte nur eine Stunde, die beiden anderen Veranstaltungen jeweils zehn Minuten.«[103]
- Landesparteitage, auch solche zur Aufstellung von Kandidaten, finden in der Regel unter fast schon konspirativen Umständen an geheim gehaltenen Orten statt, die selbst DVU-Mitglieder oftmals erst während der Anreise in von der Partei zur Verfügung gestellten Bussen erfahren.

Ein weiterer Punkt zur Beantwortung der Frage, ob es in der DVU eine innerparteiliche Demokratie gibt, ist der Umgang Freys mit Kritikern. Die Dezember-Ausgabe der NPD-Parteizeitung »Deutsche Stimme« schrieb über eine innerparteiliche Krise ihrer Konkurrentin innerhalb des neofaschistischen Parteienspektrums: »Der Entschluss des Bundesvorstandes der DVU, bei den Landtagswahlen in Schleswig-Holstein im März 2000 nicht anzutreten, hat nun zu einem tief greifenden Konflikt innerhalb der nationalkonservativen Partei geführt.«[104]

Der frühere schleswig-holsteinische DVU-Spitzenkandidat Prof. Dr. Klaus Sojka hatte auf eine Kandidatur gedrängt und wurde daraufhin von Frey in einem Rundschreiben angegriffen – ihm wurde parteischädigendes Verhalten vorgeworfen. Das NPD-Blatt berichtet: »Sojka wirft nun seinerseits Frey und führenden DVU-Landesvorstandsmitgliedern parteischädigendes Verhalten vor, da als einer der Hauptgründe für die Nichtteilnahme an der Wahl eine Schuldenlast der DVU in Höhe von fünfzehn Millionen Mark genannt wurde, die sich im Falle einer Kandidatur auf neunzehn Millionen steigern würde. ... Alle Anfragen Sojkas hinsichtlich Zusammensetzung und Tilgungsmöglichkeiten wurden lediglich mit empörten Schreiben des DVU-Vorsitzenden an die Parteigliederungen sowie mit Vorstandsbeschlüssen beantwortet, die Frey das ›uneingeschränkte Vertrauen‹ aussprechen, ohne jedoch inhaltlich Stellung zu nehmen.«[105]

Die fast schon hoffnungslose Überschuldung der DVU bei ihrem Vorsitzenden Frey stellt das Vorhandensein innerparteilicher Demokratie ebenfalls mehr als nur in Frage: »Nach einer Reihe von kostspieligen Wahlkämpfen ist die Partei bei ihrem Vorsitzenden mit über elf Millionen DM verschuldet. Die Personalunion von Vorsitzendem und Kreditgeber verleiht Dr. Frey eine im Vergleich zu anderen Parteien einzigartige Machtfülle.«[106]

Es steht ganz außer Frage, dass Frey seine Partei ganz bewusst in eine solche Schuldenfalle geführt hat, da sie diese in faktischer Abhängigkeit von ihm hält.

Die Frage ist: Ist eine Partei, die kein tatsächliches Eigenleben an der Basis hat, die von ihrem Vorsitzenden zentralistisch geführt wird und bei diesem hoch verschuldet ist, überhaupt in der Lage, eine »handlungs- und arbeitsfähige Parteiorganisation« zu sein? Ist eine Partei, in der zahlreiche Mitglieder ohne persönlichen und individuellen Beitritt Mitglieder sind, »ein auf Dauer angelegter freiwilliger Zusammenschluss natürlicher Personen zur organisierten Verfolgung gemeinsamer politischer Zwecke«[107]?

Angesichts der faktischen Gegebenheiten ist davon auszugehen, dass das Bundesverfassungsgericht bei einem entsprechenden Verbotsantrag gegen die DVU in relativ kurzer Zeit wie bei dem Verbotsantrag gegen die FAP entscheiden würde – nämlich mit der Zurückweisung des Antrages wegen klarer Verneinung der Parteieigenschaft der DVU. Spätestens dann könnte, wenn der politische Wille der hierfür Zuständigen vorhanden wäre, die DVU per Verwaltungsakt nach dem Vereinsrecht vom Bundesinnenminister verboten und aufgelöst werden. Eine rein verfahrensrechtliche Frage ist es, ob auch der umgekehrte Weg gangbar wäre und die DVU gleich entsprechend per Verwaltungsakt wird, da der Ausgang einer entsprechenden Klage der »Partei« vor dem Bundesverfassungsgericht, ersatzweise dem Bundesgerichtshof, abzusehen ist: Bisher sind alle Versuche, neofaschistischer Organisationen, ihre Verbote von den zuständigen Gerichten wieder aufheben zu lassen, von diesen abgewiesen worden.

Der Aspekt der Gewalt soll in diesem Zusammenhang nicht außer Acht gelassen werden. Die DVU und die Zeitungen ihres Vorsitzenden beeinflussen in einem nicht zu unterschätzenden Maße das Klima sowohl in der Bevölkerung als gerade auch innerhalb der neofaschistischen Szene. Hier werden irrationale Bedrohungsszenarien entworfen und Feindbilder aufgebaut, dadurch und durch die aggressive Sprache wird ein Beitrag geleistet, der bei militanten Neonazis die Hemmschwelle zur Gewaltanwendung herabsenkt. Die fortlaufende verbale Distanzierung von Gewalt und die Lippenbekenntnisse zur Demokratie tangieren diesen Umstand nicht. Es kann daher gar nicht überraschen, dass Personen aus der DVU bzw. ihrem Umfeld an Gewalttaten beteiligt sind.[108]

Ein Verbot der DVU hätte für das gesamte rechtsextreme Spektrum Auswirkungen, da die Partei und die Zeitungen des Vorsitzenden einen wesentlichen Beitrag dazu leisten, den »Acker« zu bearbeiten, offen neofaschistisches Gedankengut formulieren und durch den Kioskvertrieb der Zeitung und die Postwurfsendungen der Partei in Wahlkämpfen in weite Bevölkerungskreise zu tragen. Auch darf nicht unterschätzt werden, welche Wirkung die Präsenz von DVU-Abgeordneten in Parlamenten hat. Bei aller Inkompetenz und trotz der Skandale sind sie dank der Fernsteuerung aus München doch in der Lage, von den als Agitationsbühne missbrauchten Parlamenten aus ihre Propaganda zu betreiben. Es wäre daher fatal, wenn man Frey und seine Truppe als unfähige Möchtegernpolitiker ohne dauerhafte Erfolge und Einflussmöglichkeiten abtun würde.

## »Die Republikaner«

Dieses Buch ist kein Standardwerk über die gesamte neofaschistische Szene in der Bundesrepublik Deutschland. Auf die so genannten »freien Kameradschaften« wurde im Rahmen ihrer Beziehung zur NPD eingegangen, »Kulturorganisationen« wie die »Gesellschaft für freie Publizistik« (GfP) oder Traditionsverbände wie die der ehemaligen SS-Angehörigen, die HIAG oder etwa der »Stahlhelm«, aber auch die »Vertriebenenverbände« und Theoriezirkel der so genannten »Neuen Rechten« wurden, wenn überhaupt, nur am Rande erwähnt. Dieses Buch, das durchaus als Streitschrift verstanden werden soll, die zum Widerspruch und zur Diskussion anregt, konzentriert sich auf die Wahlparteien des Neofaschismus – und hierbei auf die beiden wichtigsten. Die NPD als älteste neofaschistische Wahlpartei, die zugleich derzeit am aggressivsten auftritt und sich zur organisatorisch-politischen Plattform von Neonazis aus verbotenen Organisationen entwickelt hat; und die DVU, die einzige neo-faschistische Partei, die derzeit in Landesparlamenten vertreten ist und aufgrund der finanziellen Möglichkeiten ihres

Vorsitzenden und seiner Wochenzeitung einen nicht zu unterschätzenden Einfluss auf das gesellschaftliche Klima in der Bundesrepublik hat.

Dass die so genannten »Republikaner« (REP) hier weniger Raum bekommen, bedeutet nicht, dass sie keine rechtsextreme Partei wären. Sie sind auch keine etwa zu vernachlässigende Kleinpartei, über die es sich nicht lohnen würde, ebenfalls ausführlicher zu schreiben. Bei der notwendigen Frage der Prioritätensetzung ist aber zumindest derzeit ihre Bedeutung und ihre Gefährlichkeit geringer als die von NPD und DVU. Besonders seit ihrem Ausscheiden aus dem baden-württembergischen Landtag im Frühjahr 2001, dem sie zuvor immerhin neun Jahre angehört haben, steuern die REP zum wiederholten Male auf eine schwere Krise und innere Zerreißprobe zu.

Gegründet wurden die REP im November 1983, nachdem die beiden damaligen CSU-Bundestagsabgeordneten Ekkehard Voigt und Franz Handlos ihre Partei verlassen hatten. Hintergrund für diese Abspaltung war der vom damaligen bayerischen Ministerpräsidenten und CSU-Vorsitzenden Franz-Josef Strauß eingefädelte Milliarden-Kredit an die DDR. Den beiden Renegaten gesellte sich noch der in München ansässige Franz Schönhuber zu. Schönhuber, bekennender Freiwilliger der Waffen-SS, war nach dem Erscheinen seines Bekenntnisbuches »Ich war dabei« vom »Bayerischen Fernsehen«, bei dem er als Moderator der Sendung »Jetzt red'i« in Bayern große Popularität gewonnen hatte, gefeuert worden. Einer der engsten Vertrauten Schönhubers war damals schon Harald Neubauer.

Neubauer war zweimal Mitglied der NPD – zuletzt als stellvertretender Bezirksvorsitzender für München-Oberbayern – und zwölf Jahre lang Redakteur im DSZ-Verlag von Frey. Daneben war Neubauer in seiner politischen Karriere auch bei der NPD-Abspaltung »Aktion Neue Rechte« (ANR) aktiv und soll laut Aussagen des Neonazi-Führers Michael Kühnen auch Mitglied der NSDAP/AO gewesen sein, was Neubauer aber abstreitet. Neben Neubauer fanden zahlreiche weitere ehemalige Funktionäre und Mitglieder der NPD ihren Weg zu den REP.

Wie ein blutroter Faden ziehen sich seit den ersten Anfängen der Partei persönliche Eifersüchteleien, Machtkämpfe, Richtungsstreitigkeiten und Abspaltungen durch ihre Geschichte. Bereits kurz nach der Gründung kam es zum Zerwürfnis der »Gründungsväter«: Handlos wurde als Parteivorsitzender gestürzt und spaltete sich mit seiner zwischenzeitlich eingegangenen »Freiheitlichen Volkspartei« (FVP) ab. Schönhuber wurde Vorsitzender und Neubauer zunächst Generalsekretär. Trotz der formalen Gründung außerbayerischer Gliederungen waren die REP in ihren ersten Jahren eine Regionalpartei. Mit rassistischen und deutschtümelnden Parolen zog die Partei 1986 in ihren ersten Wahlkampf, natürlich in Bayern. Dank der Bekanntheit ihres Spitzenkandidaten Schönhuber gelang es ihr, aus dem Stand drei Prozent der Stimmen zu erreichen und in zwei Bezirksparlamente einzuziehen. Trotz ihrer sowohl in personeller als auch in inhaltlicher Sicht eindeutig rechtsextremen Ausrichtung wurde sie in den ersten Jahren von den »Verfassungsschutzbehörden« ignoriert. Dies führte dazu, dass zahlreiche Beamte – insbesondere Polizisten – der Partei beitreten und Funktionen wahrnehmen konnten und teilweise immer noch können.

Alle Versuche der Partei, außerhalb Bayerns Fuß zu fassen, scheiterten in den Jahren 1987 und 1988 jeweils im Debakel. Bei den Wahlen in Bremen (1987), Schleswig-Holstein und Baden-Württemberg (jeweils 1988) blieben die REP bei Ergebnissen zwischen 0,5 Prozent und 1,2 Prozent regelrecht stecken. Der bundesweite Durchbruch kam erst 1989, als die Partei bei den Berliner Abgeordnetenhauswahlen überraschend auf 7,5 Prozent kam. Die REP-Fraktion löste sich zwar alsbald in heftigsten Streitigkeiten auf, der Schub reichte jedoch aus, um bei der Europawahl 1989 den bis dahin höchsten Stimmenanteil einer neofaschistischen Partei bei einer bundesweiten Wahl zu erzielen. Mit 7,1 Prozent zogen sie in das Europaparlament ein, wo sie mit den französischen Faschisten des »Front National« (FN) von Le Pen und einem belgischen Rechtsaußen-Abgeordneten die »Technische Fraktion der Europäischen Rechten« bildeten. Rekordergebnis der REP bei der Europawahl waren 14,6 Prozent in Bayern. In der bayerischen Landeshauptstadt kamen sie auf fünfzehn Prozent, in der Franken-Metropole Nürnberg sogar auf fast achtzehn Prozent der Stimmen.

Dieser Wahlerfolg bescherte den REP jedoch nicht nur Aufmerksamkeit und gut sechzehn Millionen Mark staatliche Wahlkampfkostenerstattung, sondern in der Folgezeit auch heftigste innerparteiliche Auseinandersetzungen. Der Höhepunkt der Streitigkeiten war Anfang 1990 erreicht, als wider Erwarten der Einzug in die Landesparlamente von Niedersachsen, Nordrhein-Westfalen und des Saarlandes missglückte. Nach einigen Turbulenzen und gegenseitigen Amtsenthebungen setzte sich Schönhuber im Machtkampf durch. Sein jahrelanger Adlatus Harald Neubauer und alle anderen Europaabgeordneten, mit Ausnahme Schönhubers natürlich, traten aus der Partei aus. Zusammen mit der Ende 1990 zurückgetretenen NPD-Spitze um Parteichef Martin Mußgnug wurde dann das rechtsextreme Sammlungsprojekt »Deutsche Allianz/Vereinigte Rechte« aus der Taufe gehoben, das sich nach einem Rechtsstreit mit der »Deutschen Allianz Versicherungs-AG« 1991 als Partei »Deutsche Liga für Volk und Heimat« (DLVH) konstituierte, die aufgrund anhaltender Erfolglosigkeit ihren Parteienstatus zwischenzeitlich wieder aufgegeben hat und bundesweit allenfalls noch etwa fünfhundert Mitglieder zählen dürfte.[109]

Der Einzug in das Landesparlament ihres Stammlandes Bayern blieb den REP stets versagt – dafür schafften sie 1992 mit fast elf Prozent den Sprung in den baden-württembergischen Landtag. Als Schönhuber 1994 seine taktische Zurückhaltung aufgab und sich zu Absprachen mit DVU-Chef Frey traf, kam es erneut zu einer innerparteilichen Krise, in deren Folge der Stuttgarter Rolf Schlierer zum neuen Parteivorsitzenden gewählt wurde. Ihm gelang es, den REP 1996 mit knapp zehn Prozent der Stimmen den Wiedereinzug in das Stuttgarter Landesparlament zu sichern. Aber auch ihm blieben Erfolge in weiteren Bundesländern versagt, insbesondere im Osten konnte die Partei keinen Fuß fassen und in Bayern bröckelte die Wählerschaft kontinuierlich ab.

Obwohl die REP insbesondere unter Schlierer versuchten, sich nach außen hin ein gemäßigtes, bürgerlich-konservatives Erscheinungsbild zu geben, waren und sind ihre politischen Positionen in nahezu allen Themenfeldern mit denen von DVU und NPD fast identisch. Unterschiede sind in der Regel lediglich in der etwas vornehmeren, teilweise auch antiquierten Sprechweise feststellbar. So kann es auch nicht verwundern, wenn der Abgrenzungskurs von Schlierer gegenüber der DVU und der NPD innerparteilich heftigst umstritten ist und von zahlreichen Gliederungen und Basis-Verbänden ignoriert wird. Die sowieso schon nicht unumstrittene Position von Schlierer dürfte insbesondere nach dem Ausscheiden aus dem baden-württembergischen Landtag weiter geschwächt werden. Zuvor hatte Schlierer infolge innerparteilichen Drucks seine eigene Abgrenzungslinie gegenüber der DVU massiv eingeschränkt und sich zu Wahlabsprachen mit der DVU bereit erklärt – so trat die DVU 1999 in Bremen und die REP in Hessen an.

Bundesweit dürften die REP derzeit etwa dreizehntausend Mitglieder zählen, wobei ein Großteil der Mitglieder inaktiv sind und zahlreiche Verbände nicht oder nicht mehr arbeitsfähig sind. Finanzielle Engpässe und innerparteiliche Machtkämpfe insbesondere nach der Niederlage im Südwesten dürften die Entwicklung der Partei in der nächsten Zeit bestimmen.

# Deutschland, einig Antifa-Land?

Was im August 2000 als mediales Sommertheater begann und zu einem »Aufstand der Anständigen« proklamiert wurde, scheint sich – zumindest in sich langsam abschwächender Form – zum Dauerbrenner zu entwickeln. Deutschland einig Antifa-Land – so scheint es. Was fehlt, ist nur noch der Ausruf unseres Kanzlers »Ich kenne keine Parteien mehr, ich kenne nur noch Nazigegner«. Selbst die Diskussion um die »Kampfhunde« oder die Meldungen über das gesunkene russische U-Boot schafften es nicht, das Thema aus den Talkshows und Nachrichten zu verdrängen.

Mit der breiten öffentlichen Diskussion, die grundsätzlich begrüßenswert ist, ging gleichzeitig eine Oberflächlichkeit und Entpolitisierung einher, die ihresgleichen sucht. Vermeintliche »Rechtsextremismus-Experten« fühlten sich berufen, fernab jeder Wissenschaftlichkeit Neonazis zu »Honeckers braunen Enkeln« zu erklären und die Haarlänge zum Kriterium politischer Überzeugungen zu machen. Rassistische Straftäter werden als »unpolitische« Jugendliche bezeichnet, die aus purer Langeweile und aufgrund ihrer unterstellten Erwerbslosigkeit zu Menschenjägern, Brandstiftern und eiskalten Mördern werden. Da das Problem Rechtsextremismus und rassistische Gewalt laut gängigem Klischee ein so genanntes »Ost-Phänomen« ist, gibt es selbstredend keine gesellschaftlichen Ursachen, begünstigende Rahmenbedingungen oder andere Gründe – es genügt der mit der Sturheit einer tibetanischen Gebetsmühle vorgetragene Hinweis auf den so genannten »staatlich verordneten Antifaschismus« der DDR.

Diese Vorgehensweise ist notwendig, damit auch Abschiebe-Politiker, Standortfetischisten und verbale Zündler eifrig beim »Aufstand der Anständigen« mitmachen können, ohne mit ihrer Verantwortung für das Geschehen in der Bundesrepublik – in der gesamten Bundesrepublik und nicht nur in den neuen Ländern! – konfrontiert zu werden. Auch in München oder Hannover werden von neonazistischen Skinheads Einwanderer gejagt, Solingen, Lübeck und Mölln liegen in den alten Bundesländern und bereits 1981 stellte die bekannte Sinus-Studie fest, dass fünfzehn Prozent der Bundesbürger in der damaligen Bundesrepublik, den heutigen »Alten Ländern«, über ein geschlossenes rechtsextremes Weltbild verfügen. Ihren ersten Erfolg hatte die DVU in Bremen, die »Republikaner« in West-Berlin und Baden-Württemberg. Der Oktoberfest-Anschlag fand bereits 1980 in München statt, paramilitärische Organisationen wie die »Wehrsportgruppe Hoffmann« hielten bereits in den siebziger Jahren ihre Übungen u.a. in den fränkischen Wäldern ab – ist das alles vergessen? Will man es nicht wahrhaben, dass die Ursprünge für Rechtsextremismus und rassistische Gewalt nicht alleine in den Unterrichtsmethoden von Margot Honecker liegen?

Zu den wenigen nicht selbsternannten, sondern tatsächlichen und wissenschaftlich-seriös arbeitenden Rechtsextremismus-Experten kann Prof. Dr. Christoph Butterwegge von der Universität zu Köln gezählt werden, der bereits 1996 interessante Forschungsergebnisse zu Neonazis im Osten veröffentlicht hat. In Bezugnahme auf eine entsprechende Studie[110] schreibt er: »Die oben genannten Verfasser der Studie ... wiesen auch darauf hin, dass gerade diejenigen DDR-Bürger/innen, die dem Regime aufgrund ihres höheren Alters viel länger ausgesetzt und zudem stärker ausgeliefert waren als junge Menschen, die nur noch das unrühmliche Ende des ›Arbeiter- und Bauernstaates‹ miterlebt haben, für rechtsextreme Ideologien kaum anfällig sind, und zogen aus den Untersuchungen über die Einstellung ost- und westdeutscher Jugendlicher den Schluss, dass die aktuellen Lebensumstände der Menschen für den Rechtsruck größeres Gewicht als die Vergangenheit haben müssen.«[111] Weiter stützt er diese Argumentation, wenn er betont, dass die rechten Gewalttäter mehrheitlich so jung seien, dass sie vom SED-Regime nur noch wenig wissen und schwerlich stark beeinflusst worden sein können: »Wer heute in Ostdeutschland vierzehn, fünfzehn

Jahre alt ist, hat kaum politisch bewusste Wahrnehmungen der DDR-Realität und der Wende. Deshalb sollte man das Verhalten dieser Jugendlichen primär vor dem Hintergrund heutiger soziokultureller Umfeldbedingungen analysieren, was natürlich nicht bedeuten kann, die DDR-Vergangenheit und das Wendeerlebnis auszublenden.«[112]

Detlef Oesterreich, wissenschaftlicher Mitarbeiter am renommierten Max-Planck-Institut für Bildungsforschung in Berlin, hat in einem empirischen Vergleich von SchülerInnen in Ost- und West-Berlin gezeigt, dass die meisten Annahmen über autoritative Einstellungen junger DDR-BürgerInnen unhaltbar sind. »Die Gesellschaft der DDR war zwar eine obrigkeitsstaatliche Gesellschaft mit vielen Restriktionen, aber sie war eine für den Einzelnen überschaubare Gesellschaft. Sie war damit keine bei den Menschen überdurchschnittlich Angst erzeugende Gesellschaft, die eine verstärkte Orientierung an Autoritäten erforderlich gemacht hätte.«[113] Aktuelle Umfragen zeigen überdies, dass das rechtsextreme Einstellungspotential unter ost- und westdeutschen Jugendlichen quantitativ nahezu identisch ist. Natürlich gibt es ganz spezifische Umstände in Ostdeutschland, die die Entwicklung neofaschistischer Strukturen besonders positiv beförderten. Der Zusammenbruch der sozialistischen Planwirtschaft mit ihren zugegebener Maßen sozialen Sicherheiten, das plötzliche Konfrontiertsein mit einer Ellenbogengesellschaft, die mehr als nur symbolischen Akte wie etwa die Umbenennung von Straßen und Plätzen, die nach AntifaschistInnen und WiderstandskämpferInnen benannt waren, die verbalen Zündeleien aus der so genannten »Mitte« heraus, das Konzept der »Akzeptierenden Sozialarbeit mit rechten Jugendlichen« sind einige dieser Besonderheiten.

Es ist aber einfacher, den Neonazi idealtypisch als haarlos, arbeitslos, frustriert, männlich und im Osten lebend darzustellen, als sich mit diesen Faktoren auseinanderzusetzen. Es ist vor allem einfach, das Problem auf die NPD zu beschränken und deren Verbot zu fordern, um die Demokratie zu schützen, die man gleichzeitig einschränkt und abbaut.

Was, so die Frage, ist passiert, dass man die NPD nach jahrzehntelanger Duldung nicht mehr gewähren lassen will? Es liegt nicht daran, dass die NPD urplötzlich zu einer neonazistischen und damit verbietbaren Partei mutiert ist. Dass sie das vielmehr seit ihrer Gründung 1964 ist – das ist in diesem Buch ausführlich nachgewiesen worden. Es war wichtig, auf die geschichtliche, personelle und organisatorische Entwicklung der NPD so ausführlich einzugehen, um die teilweise auftretende Heuchelei und Doppelmoral in dieser Diskussion aufzuzeigen. Was ist aber dann passiert?

Kurz skizziert, passt der biologische Rassismus der Neofaschisten nicht mehr problemlos in eine Gesellschaft, in der Menschen immer stärker nach ihrer wirtschaftlichen Verwertbarkeit beurteilt werden. Wie anders ist die Forderung zu verstehen, man müsse »Ausländer unterscheiden in solche, die uns nützen, und solche, die uns ausnützen«. Dieser Verwertungsrassismus, der Computerspezialisten aus Indien anwirbt und gleichzeitig Flüchtlinge in den sicheren Tod abschiebt, hat zumindest derzeit keinen Platz für den dumpfen, völkisch-biologischen Rassismus der Neofaschisten. Eher ist das Gegenteil der Fall – die rassistischen Gewalttaten wirken sich imageschädigend auf das Bild des Wirtschaftsstandortes Deutschland im Ausland aus. Und hier liegt das große Pech der NPD. Sie hat zur falschen Zeit am falschen Ort demonstriert. Aufzüge der NPD am Brandenburger Tor in Berlin sind nun mal imageschädigender als beispielsweise DVU-Kundgebungen in der Passauer Nibelungenhalle.

Die Heuchelei in manchen Teilbereichen der aktuellen Diskussion wird auch daran ersichtlich, dass die Ausgrenzung und systematische Verdrängung von Minderheiten und so genannten »Randgruppen« schon zur Selbstverständlichkeit geworden ist. Wer hat sich schon groß Gedanken gemacht, als ein Erzbischof in der Diskussion um die Einführung der »Eingetragenen Lebenspartnerschaft« für gleichgeschlechtliche Paare im Zusammenhang mit Schwulen von »Degenerierten« und »Geisteskranken« sprach? Wo bleibt der »Aufstand der Anständigen«, wenn aus Bahnhöfen, die zwischenzeitlich immer öfter Konsumtempeln gleichen, Menschen vertrieben werden, weil sie aufgrund ihrer Haarfarbe oder ihrer Kleidung nicht als finanzkräftige Konsumenten angesehen werden? Wo ist der »mündige Bürger«, wenn an immer mehr öffentlichen Plätzen die vierundzwanzigstündige Videoüberwachung eingeführt wird? Die öffentliche Diskussion wird nicht mehr beherrscht von der Frage, wie wir Arbeit und Reichtum gerechter verteilen können, wie die ökonomischen Rahmenbedingungen humanistischer und sozial gerechter verändert werden können. Stattdessen werden Erwerbslose und sozial schwache Menschen zu Sündenböcken erklärt und als Faulenzer denunziert – zynischer Weise nicht selten von denen, die für die Produzierung von Armut und sozialer Ungerechtigkeit politisch verantwortlich sind.

In diese Entwicklung passt es dann nur als logische Konsequenz, dass sich der »Aufstand der Anständigen« am besten auf symbolische Akte gegen zu auffälligen Rassismus zu beschränken hat und gleichzeitig der Ruf nach dem starken Staat immer lauter wird. Nicht der engagierte, kritisch denkende und analysierende Mensch ist gefragt, sondern der sich in einem nebulösen »Aufstand« befindliche »Anständige«, der am besten »anständig konsumiert« und ansonsten der Politik den Rücken freihält auf dem Weg in die neoliberale Globalisierung.

Störend, und damit gar nicht mehr so »aufständig anständig«, wird es, wenn die Frage gestellt wird nach unserem Selbstverständnis, auf Grund dessen rassistische Gewalt in diesem Ausmaß möglich ist. Alle sehen auf sechseinhalbtausend NPD-Mitglieder. Was ist aber mit den – laut Meinungsumfragen – bis zu sechzig Prozent Bundesdeutschen, die der Meinung sind, in Deutschland würden zu viele »Ausländer« leben und Menschen mit jüdischem Glauben hätten »einen zu großen Einfluss auf unsere Politik«?

Ist rassistische Gewalt wirklich so verwunderlich, wenn sieben Millionen Menschen in unserem Land immer noch als »Ausländer« bezeichnet werden, obwohl es Einwanderer sind? Wenn sie per Gesetz zu Bürgern zweiter Klasse degradiert werden, wenn das so genannte »Asylbewerber-Leistungsgesetz« Menschen mit Residenzpflicht schikaniert und ihnen sogar teilweise die gleiche medizinische Grundversorgung versagt, die für Inhaber des deutschen Passes vorgesehen ist – sofern sie nicht das Pech haben, auf Sozialhilfe angewiesen bzw. in diese abgedrängt worden zu sein – ist da rassistische Gewalt wirklich so überraschend? Mit Minderheitenfeindlichkeit, mit Sündenbock-Propaganda kann nicht nur Stimmung erzeugt werden – damit sind auch Stimmen zu erzielen und Landtagswahlen zu gewinnen.

Was hat der Umgang mit und die Stellung von Minderheiten und so genannten »Randgruppen« mit der Frage nach einem NPD-Verbot, mit dem Themenbereich Neofaschismus und rassistische Gewalt zu tun? Alles. Diese Fragen wurden in der Vergangenheit und werden vor allem in der Gegenwart viel zu selten gestellt und behandelt. Stattdessen fragt man nach der Haarlänge und dem Hersteller von Jacken. Das Verbot der NPD ist, wie das konsequente Verbot aller neofaschistischen Organisationen, richtig und notwendig. Dem offenen Neofaschismus muss konsequent und auf allen Ebenen begegnet werden.

Sowohl aus der aktuellen als auch aus meiner biografischen Erfahrung heraus kann ich sagen: Neonazis bekommen nicht zu viel, sondern zu wenig Ablehnung. Sie erfahren nicht zu viel, sondern zu wenig Konfrontation. Zu oft werden Neonazis quasi »gespalten« – hier der »nette, saubere Junge«, da der rassistische Täter oder potenzielle Täter. Der Mensch ist aber kein gespaltenes Wesen, auch der Rassist nicht. In der Banalität des Bösen liegt die Realität des Verbrechens. Die entscheidende Frage, über die Frage von Verboten hinausgehend, wird aber sein – wie wird die Mehrheitsgesellschaft zukünftig mit Minderheiten umgehen, mit Menschen, die anders sind, die aus der »Norm« ausbrechen?

Zu den Zukunftsaufgaben wird es gehören, anstelle des wirtschaftlichen Verwertbarkeitsgedankens das humanistische Menschenbild durchzusetzen und die Schreckensvision einer »deutschen Leitkultur« nicht Realität werden zu lassen. Denn das Mittel gegen Neofaschismus ist nicht die »deutsche Leitkultur«, sondern die soziale, antifaschistisch-demokratische Leitkultur des Humanismus.

Mehr als die vielen schönen Sonntagsreden wirft der Umstand, dass die »Vereinigung der Verfolgten des Naziregimes – Bund der Antifaschisten« (VVN-BdA) zwar nicht mehr von allen, aber doch immer noch von etlichen »Landesämtern für Verfassungsschutz« und vom »Bundesamt für Verfassungsschutz« als angeblich »linksextrem« in ihren jährlichen Berichten erwähnt und von ihren Spitzeln observiert wird, ein Licht auf den Zustand der Republik. Die VVN-BdA teilt dieses Schicksal mit vielen antifaschistischen und antirassistischen Initiativen und Gruppen, die vom so genannten »Verfassungsschutz« bespitzelt und kriminalisiert werden. Hier findet eine für das noch aus der Zeit des Kalten Krieges herrührende Selbstverständnis besonders geschmacklose und den Neofaschismus ganz bewusst verharmlosende Form der Totalitarismustheorie ihren Ausdruck: Die Opfer des Faschismus, die Überlebenden der NS-Vernichtungsmaschinerie werden im gleichen Atemzug mit Neonazis und Holocaust-Leugnern erwähnt.

Natürlich ist der »Verfassungsschutz« keine seriöse Quelle, von seiner Entstehungsgeschichte und seinem Selbstverständnis her ist auch er ein politisches Kampfinstrument aus der Zeit des Kalten Krieges. So verwundert es auch nicht, dass seine jährlichen Berichte nicht nur unwissenschaftlich und inhaltlich äußerst dünn, sondern auch noch den Neofaschismus verharmlosend sind. Dass der Thüringer »Verfassungsschutz« in erster Linie dadurch auffällt, dass er hochrangige Nazi-Kader auf seiner Gehaltsliste hat, die mit ihren nicht gerade geringen Honoraren die Organisationen erst aufbauen können, die der »Verfassungsschutz« vorgibt zu bekämpfen, ist nur die Spitze des Eisberges.[114] Wenn sich NPD-Spitzenfunktionäre dann für die »Aufbauhilfe durch den Thüringer Verfassungsschutz« bedanken, ist das mehr als nur hämische Freude über die öffentlich gewordenen Skandale bei dieser Landesbehörde. Darauf wurde in dem Kapitel zum Verfassungsschutz bereits eingegangen.

Gerade aber durch unzulässige Gleichsetzungen kommt es

zu einer Verharmlosung und damit letztendlich zu einer Legitimation. Dies wird auch in anderen Bereichen deutlich. Gerade bei dem Bemühen, die Geschichte im revisionistischen Sinne der Neonazis umzulügen, erfahren Neofaschisten – ähnlich wie bei ihrer rassistischen und minderheitenfeindlichen Agitation – nicht nur wohlwollende Duldung, sondern auch handfeste verbale Unterstützung aus der so genannten »Mitte«. Es war kein Zufall, dass der NPD die erste größere Demonstration nach fast zwanzig Jahren erstmals im März 1997 in München gelang, als sie etwa viertausend Alt- und Jung-Nazis zu einer Demonstration gegen die Ausstellung »Vernichtungskrieg – Verbrechen der Wehrmacht« mobilisieren konnte. Dass der NPD-Zug nicht bis zum Marienplatz marschieren konnte, war den mehr als fünfzehntausend Gegendemonstranten zu verdanken, die diesen kurzerhand besetzten. In den Wochen vorher – und dies dürfte ganz erheblich zu dem relativen Mobilisierungserfolg der NPD beigetragen haben – bildete sich in München eine regelrechte schwarzbraune Einheitsfront gegen die Ausstellung. »National-Zeitung« und »Bayernkurier«, Peter Gauweiler von der CSU und Franz Schönhuber von den REP wetteiferten in ihren Tiraden miteinander.

Die Fortsetzung fand diese Entwicklung in der Bubis-Walser-Debatte und einen makaberen Höhepunkt erreichte sie in der Diskussion um die Entschädigung der NS-Zwangsarbeiter. Die Wirtschaft hatte bekanntlich keine Schwierigkeiten, vor 1933 Hitler zu finanzieren und an die Macht zu bringen und danach von der Verschleppung und Versklavung der Zwangsarbeiter zu profitieren. Bis zuletzt wurde versucht, Entschädigungszahlungen und Wiedergutmachung hinauszuzögern – wohlwissend, dass mit jedem Tag weitere ehemalige Zwangsarbeiter sterben würden. Als es dann im Bundestag Mitte 2001 endlich zur Verabschiedung der gesetzlichen Grundlagen für die Entschädigungszahlungen kam, entblödete sich ein CDU-Abgeordneter nicht, auch die Entschädigung von angeblichen »deutschen Zwangsarbeitern« (gemeint sind vermutlich Kriegsgefangene aus den Reihen der Nazi-Wehrmacht) zu fordern und deren angebliche »Benachteiligung« zu beklagen. Die wortwörtliche Identität mit gleichgerichteten Ausfällen in der »National-Zeitung« und diversen NPD-Publikationen ist nicht zufällig, mutmaßlich sogar beabsichtigt. Entsprechend dankbar wird von Konservativen, Geschichtsrevisionisten und knallharten Neofaschisten dann auch ein Buch wie das von Norman Finkelstein, »Die Holocaust-Industrie«, aufgenommen, während sich die gleichen Personen in ihrer Ablehnung des Buches von Daniel Goldhagen über »Hitlers willige Vollstrecker« einig sind. Und da sollen sich jugendliche Neonazis nicht ermuntert fühlen, jüdische Friedhöfe zu schänden und Synagogen anzugreifen?

Dass die Bewältigung des Faschismus und seiner Verbrechen immer noch eine äußerst schwierige Aufgabe in der Bundesrepublik ist, die noch lange nicht ernsthaft und konsequent genug angegangen wird, wird auch am Beispiel des von den Nazis verschärften Paragraphen 175 StGB, dem § 175a StGB deutlich, der die Homosexualität unter Strafe stellte. Nur wenigen ist bekannt, dass dieser NS-Paragraph bis 1969 geltendes bundesrepublikanisches Recht war und dass bis heute nach diesem Gesetz verurteilte KZ-Insassen keine Rehabilitation, geschweige denn eine Wiedergutmachung erhalten haben. Ähnliches gilt für Wehrmachtsdeserteure, so genannte »Asoziale« und andere Opfergruppen des Faschismus. Solange auch hier keine gründliche Aufarbeitung und ein konsequenter Bruch stattgefunden hat, werden es neofaschistische Gruppen wie die NPD leichter haben zu agieren und zu agitieren. Die Reihe der Beispiele für die Wechselbeziehung zwischen »Mitte« und Rechtsaußen, wie man sich zum Teil gegenseitig die Bälle zuspielt, könnte noch weiter fortgesetzt werden.

Wenn man über gesellschaftliche Ursachen des Neofaschismus nachdenkt, darf man natürlich nicht in den Fehler verfallen zu verkünden, dass eine andere Gesellschaftsordnung das Phänomen Neofaschismus oder Rassismus gänzlich eliminieren könnte. Das Bild von paradiesischen Zuständen auf Erden, in denen das Lamm neben dem Löwen lagert und alles Böse verschwunden ist, ist zwar wunderschön, aber auch sehr illusorisch.

Rassisten und Neofaschisten wird es immer und in jedem Land geben. Aber welcher Spielraum wird ihnen gegeben? Welche Möglichkeiten, Einfluss auszuüben, sich öffentlich zu artikulieren, zu organisieren und ihren Terror auszuüben, werden sie haben? Es wird aber auch ersichtlich, dass es bei der Frage nach einem Verbot neofaschistischer Organisationen wie z.B. der NPD um mehr als darum geht, ob diese Partei nun sechseinhalbtausend oder siebentausend Mitglieder hat, ob sie 0,3 oder 0,4 Prozent der Stimmen erreicht, ob ihre Anhänger nun gewelltes Haar oder gar keines haben. Vielleicht besteht ja doch die Chance – und dieses Buch will ganz bewusst dazu beitragen –, dass wir über der Frage eines NPD-Verbotes doch noch anfangen, breiter über die komplizierten und vielschichtigen Aspekte von Neofaschismus und rassistischer Gewalt zu diskutieren, als dies bisher der Fall war.

## Exkurs: Aussteigen leichtgemacht?

Was tun mit jugendlichen Neonazis? Diese Frage wurde immer wieder in den vergangenen Jahren gestellt und nicht selten äußerst kontraproduktiv beantwortet. Höhepunkt einer besonders fatalen Umgangsweise war das von Anfang an von einigen Sozialarbeitern fast schon wie ein Fetisch verteidigte »Konzept der akzeptierenden Sozialarbeit mit rechten Jugendlichen«. Theoretische Grundlage dieses Konzepts war die Annahme, Jugendliche würden zu rassistischen Gewalttätern, weil sie sich nicht anerkannt fühlen, ihnen langweilig ist und sie unter Perspektivlosigkeit leiden. Deshalb begegnete man ihnen mit viel Verständnis und Rücksichtnahme, bot ihnen Freizeitgestaltung und Räumlichkeiten in öffentlichen Jugendzentren an, in denen sie sich dann treffen konnten und ihre Bands Übungsräume zur Verfügung gestellt bekamen. Betreut wurden sie dabei von zumeist völlig überforderten Sozialarbeitern.

Die Folgen dieses Konzepts und sein unrühmliches Scheitern sind zwischenzeitlich so offensichtlich, dass selbst eingefleischte Verständnis-Fanatiker seine Verkehrtheit zumindest indirekt eingestehen. Ganze Jugendzentren insbesondere in Ostdeutschland wurden nämlich so zu »Hoheitsgebieten« von Neonazis und integralem Bestandteil »national befreiter Zonen«, in denen sehr rasch nur noch entsprechende Jugendliche verkehrten. Aus manchen Jugendzentren heraus wurden Gewalttaten geplant, vorbereitet und mitunter sogar durchgeführt. Die Strategen der rechten Szene erkannten sehr schnell, welche Möglichkeiten ihnen durch dieses Konzept geboten wurden, die Jugendkultur zu dominieren. Darüber hinaus waren die Signale an die jugendlichen Rechtsextremisten und vom Abgleiten in die Naziszene gefährdete Jugendlichen klar: Man muss neonazistisch werden, um Aufmerksamkeit, Verständnis und Zuwendung zu erhalten. Mit der Frage, wie man Jugendliche bestärken und unterstützen kann, die nicht rechtsextrem sind oder etwas gegen Neonazismus machen wollen, beschäftigte man sich indes nicht.

Seit einigen Monaten gibt es nunmehr Überlegungen, wie man Neonazis zum Aussteigen aus der braunen Szene bewegen kann. Bekannt sind zwei Projekte – zum einen das von der Aktion »Mut gegen rechte Gewalt« der Zeitschrift »stern« finanziell unterstützte private Projekt »Exit« in Berlin, zum anderen das von Bundesinnenminister Otto Schily gestartete Programm, dessen Umsetzung ausgerechnet in den Händen des Bundesamtes für Verfassungsschutz liegt.

Zunächst muss natürlich die Frage gestellt werden, was denn nun ein Ausstieg überhaupt ist. Wenn man von den Theorien der »Akzeptierenden Sozialarbeit« ausgeht und die Ursachen in Langeweile und Unverständnis sieht, wird unter Ausstieg das Abstellen von Verhaltenssauffälligkeiten verstanden. Nachdem es eh Mode geworden ist, Neonazis an der Haarlänge, der Marke ihrer Jacken und dem Schuhwerk zu identifizieren, müssen diese sich nur die Haare wachsen lassen, Bomberjacke und Springerstiefel ausziehen und flugs ist die betreffende Person vom Neonazi zum »Aussteiger« geworden. Um angeblich gelangweilte und frustrierte Jugendliche dann zum Aussteigen zu bewegen, muss man sie nur freundlich ansprechen und ihnen Unterstützung bei der Suche nach Job und Wohnung sowie eventuell auch noch finanzielle Hilfe anbieten. Man soll also derzeit nicht, wie vorher geschehen, belohnt werden, wenn man rechtsextrem ist – sondern es wird eine Belohnung in Aussicht gestellt, wenn man aufhört, Menschen zu jagen.

Kein Wunder, dass Otto Schily bei der Vorstellung seines so genannten »Aussteiger-Programms« in der neonazistischen Szene nur Häme und Spott und bei Kennern der Szene barsche Kritik erntete. Die bisherige Resonanz zeigt auch seinen völligen Fehlschlag. Angeblich sollen sich bis Ende Mai 2001 etwa dreihundert Personen bei der Hotline gemeldet haben – ganze siebzig davon sollen der Zielgruppe angehört haben. Unter diesen siebzig Anrufern wiederum befand sich ein erheblicher Anteil Journalisten, die die zum Teil recht obskuren Gespräche aufzeichneten und zwischenzeitlich veröffentlicht haben. Aber auch echte Neonazis, ebenso wie Antifaschisten, dürften zahlreich angerufen und sich als potenzielle Aussteiger ausgegeben haben, um einfach zu eruieren, was es mit diesem Programm wirklich auf sich hat – so hat auch der Autor dieses Buches sich bereits als vermeintlich aussteigewilliger Neonazi an diese Hotline gewandt. Das Projekt soll – so die Intention der Macher – insbesondere Führungskader der Nazi-Szene zum »Aussteigen« bewegen. Diese freilich empfinden das Ansinnen des Verfassungsschutzes eher als Versuch, »Gesinnung abzukaufen«, und sind viel zu fanatisiert, um auf gutes Zureden von außen zu reagieren.

Die Unkenntnis des Innenministeriums und seiner ihm unterstellten Verfassungsschutz-Behörde wird zudem noch auf eine weitere Weise offenbar. Gerade die besonders militant auftretenden »freien Kameradschaften« erwiesen sich aufgrund ihrer autonomen, informellen und teilweise konspirativen Strukturen als relativ immun für Infiltrationen durch den Verfassungsschutz. Ausgenommen natürlich in den immer zahlreicher bekannt werdenden Fällen, in denen bezahlte VS-Agenten solche Strukturen nicht etwa nur infiltrierten, sondern selber aufbauten und organisierten. Selbst wenn ein führender Kader einer Kameradschaft dieser zumindest offiziell den Rücken kehrt, um in den Genuss der versprochenen Belohnungen zu kommen, beeindruckt dies die benachbarte Kameradschaft wohl höchstens sekundär, da sie völlig unabhängig von anderen Kameradschaften operiert. Auch hier scheinen die Strategen der Nazi-Szene den staatlichen Stellen weit voraus zu sein. Sie haben ihre Strukturen gegen zumeist nur halbherzig geführte staatliche Zerschlagungsversuche erfolgreich immunisiert. Jahrelang wurde von Justiz und Behörden auf Neonazismus und rassistische Gewalt mit dem Schließen von Augen und Ohren reagiert – dies soll nunmehr offenbar mit purem, medienwirksam inszeniertem Aktionismus kompensiert werden.

Aufgrund meiner eigenen Erfahrung kann ich in diesem Zusammenhang nur nochmals erwähnen, dass es ein völlig unrealistisches Vorhaben ist, Personen, die in der neonazistischen Szene integriert, entsprechend fanatisiert und aktiv sind, durch gutes Zureden von ihrer Ideologie abzubringen. In der Arbeit mit Angehörigen religiöser Sekten, Psychogruppen und mit DrogengebraucherInnen ist schon längst bekannt – wenn die betreffende Person nicht von sich aus aussteigen will, sind entsprechende Versuche, sie herauszubrechen, zum Scheitern verurteilt. Jemand zu entführen und in einem abgelegenen Hotelzimmer tagelang auf ihn einzureden und so »umzupolen« – diese Vorgehensweise funktioniert in amerikanischen Spielfilmen, nicht aber im realen Leben. Ausstieg ist eben nicht das Wachsenlassen von Haaren und der Kauf neuer Schuhe – Aussteigen bedeutet schon etwas mehr. Es bedeutet, sich von seiner Ideologie, von dem, was man glaubt und getan hat, konsequent zu verabschieden – bereit zu sein, sich ein neues Welt- und Menschenbild zu erarbeiten, aber auch zu den Konsequenzen seines bisherigen Tuns zu stehen. Wer glaubt, ideologischen Flurschaden anrichten und dann beim »Aussteigen« so tun zu können, als wenn nichts gewesen wäre, irrt schon wieder.

Im Gegensatz zum Schily-Projekt geht »Exit« von einem anderen Ansatz aus. Der Grundsatz hier ist eher Hilfe zur Selbsthilfe – Personen, die aussteigen wollen oder sich bereits aus der Szene zurückgezogen haben, müssen selber den ersten Schritt machen und sich bei »Exit« melden – und es werden keinerlei soziale Belohnungen in Aussicht gestellt. Auch geht es nicht um Frisuren, sondern um eine politisch-inhaltliche Auseinandersetzung und Neuorientierung. Und es wird großer Wert auf die Überprüfbarkeit der Motivation zum Ausstieg gelegt – geht es wirklich um die Trennung von einer menschenverachtenden Ideologie oder vielmehr nur um eine günstige Sozialprognose bei einem bevorstehenden Urteil einschließlich Strafbemessung? Ist der Betreffende auch bereit, seine Verbindungen und Informationen über Strukturen und Interna aus der Szene vollständig offen zu legen? Erst wenn diese Voraussetzungen erfüllt sind, ist es auch gerechtfertigt, dem Aussteigewilligen bei seinen ersten Schritten in eine demokratisch-antifaschistische Zukunft hilfreich zur Seite zu stehen und ihm neue Perspektiven zu eröffnen.

Allerdings müssen dem richtigen Ansatz auch die richtigen Konzepte zur praktischen Umsetzung des Projekts folgen – auf keinen Fall darf ein solches Aussteiger-Projekt zu einer Art »Selbsthilfegruppe für Neonazis«, eine Art »Anonyme Nazis« werden, wo man sich gegenseitig bedauert und mit Verständnis und Rücksichtnahme überhäuft. Dies ist bei der »Initiative Dialog«[115] gegeben, die sich darauf spezialisiert hat, im Internet mit Nazis zu diskutieren, und die direkt zu »Verständnis« und »Dialog« mit ihnen aufruft. Das Problem ist aber eben, dass Neonazis nicht zu wenig, sondern viel zu stark als »Opfer« gesehen und nicht selten als gleichberechtigte Gesprächspartner behandelt werden. Es gibt Neonazis gegenüber ein Zuviel an Dialog und Verständnis!

Ein Aussteiger-Programm für sich alleine gesehen ist auch kein Allheilmittel, nur ein entsprechendes Gesamtkonzept kann zu einer effektiven Bekämpfung des Neofaschismus führen. Hier muss man aber realistisch bleiben. Es wird trotz biblischer Prognosen wohl nie eine paradiesische Zeit auf Erden anbrechen, in der es keine Nazis und Rassisten mehr geben wird. Die

Frage ist jedoch, welche Möglichkeiten Neofaschisten und Rassisten eingeräumt werden, sich öffentlich darzustellen und zu organisieren, welche Freiräume sie bekommen, um neue Anhänger zu rekrutieren, ihre Parolen zu verbreiten und Einfluss zu gewinnen.

## Vom Symptom zur Ursache

Rechtsextremes und faschistisches Gedankengut, rassistische Überzeugungen fallen nicht vom Himmel – sie haben gesellschaftliche Ursachen und es gibt Rahmenbedingungen, die sie fördern bzw. erst ermöglichen. Deshalb muss antifaschistische Gegenstrategie mehr sein als reine Schadensbegrenzung, Symptombekämpfung und »Anti-Nazi-Arbeit«. Gerade weil im Zusammenhang mit der Diskussion um ein NPD-Verbot ein fast schon hysterischer Aktionismus ausgebrochen ist, laufen wir Gefahr, dass nur nach den momentanen Symptomen gesehen wird. Sind diese nicht mehr augenscheinlich, werden der Aktionismus und das öffentliche Interesse rasch versiegen.

Die Warnung vor einer alleinigen Konzentration auf die Symptome bedeutet natürlich nicht, dass man diese getrost vernachlässigen sollte. So wichtig die Diskussion um die Behebung gesellschaftlicher Ursachen und den strukturellen, in der bundesdeutschen Gesetzgebung massiv auftretenden Rassismus ist – sie alleine hilft dem Einwanderer, dem Schwulen, dem Obdachlosen, dem jungen Antifa oder dem Punk nicht, der ganz konkret von faschistischen Schlägern bedroht und viel zu oft von der Polizei eiskalt im Regen stehen gelassen wird.

Wenn am 9. Dezember 2000 in der Domstadt Köln über dreißigtausend Menschen auf die Straße gehen, um einen Aufmarsch von Neonazis zu verhindern, so ist das gut und nicht schlecht. Wenn – wie im März 1997 geschehen – fünfzehntausend MünchnerInnen den Marienplatz besetzen und der NPD die Abschlusskundgebung vor dem Rathaus verwehren, ist auch das ein positives Zeichen für Zivilcourage und wehrhafte Demokratie in diesem Land. Gerade bei solchen Demonstrationen, aber auch bei anderen Gelegenheiten, ist die Möglichkeit gegeben, interessierte Menschen anzusprechen und zu weiter gehender antifaschistisch-demokratischer Arbeit zu motivieren – die letztendlich in ihrem eigenen Interesse liegt!

Dass ein Interesse vor allem vieler junger Menschen an einem weiter gehenden antifaschistischen Engagement vorhanden ist, zeigen nicht nur die Teilnehmerzahlen an solchen Demonstrationen – das kann ich auch aus eigener Erfahrung nur nachdrücklich bestätigen. Bei den mehr als hundertfünfzig Vortrags- und Diskussionsveranstaltungen mit ihren schätzungsweise etwa dreißigtausend Besuchern, die ich alleine im Jahr 2000 absolviert habe, ist mir gerade von Schülern das große Interesse entgegengebracht worden, über den Besuch solcher Veranstaltungen hinaus etwas zu tun – etwas zu verändern.

So verschieden die Formen sind, in denen Rassismus und Neofaschismus auftreten, so unterschiedlich die Felder, in denen Neofaschisten und Rassisten agieren – so vielfältig und entschlossen muss die Gegenwehr sein. Und diese Gegenwehr beginnt mit der Präventionsarbeit. Präventionsarbeit heißt für mich, insbesondere Jugendliche gegen faschistische und rassistische Gedanken und Überzeugungen zu immunisieren. Wichtig ist dabei Aufklärung über den Rechtsextremismus, lebendiges Wachhalten der Erinnerung an die faschistische Gewaltherrschaft, an ihre einzigartigen Verbrechen. Zugleich kann dies aber nur ein Teil der Präventionsarbeit sein. Ein Jugendlicher, für den Einwanderer zum natürlichen Umgebungsbild gehören und für den der Umgang mit ihnen genauso selbstverständlich ist wie mit zwei händchenhaltenden oder sich küssenden schwulen Männern oder mit Menschen, die ihren eigenen, von der Mehrheitsgesellschaft abweichenden Glauben haben, ist für rassistische Vorurteile und faschistische Ideologie kaum anfällig. Wenn er gelernt hat, dass es eben verschiedene Lebensweisen gibt, mit Widersprüchen und Problemen auszukommen und diese zu ertragen, wird er wohl kaum sein »Heil« in einer »deutschen Leitkultur« suchen.

»Vielfalt in den Lebensformen – Gleichheit in den Rechten« – dieses Motto des Kölner »Christopher-Street-Day« (CSD)[116] 1998 könnte durchaus als gesellschaftlicher Grundsatz auch in die Erziehung und Bildung eingehen und so manches an Immunisierung gegenüber neofaschistischen Gedanken bewirken. Neofaschismus und rassistische Gewalt sind eben kein isoliertes, in der freien Luft schwebendes Problem, sondern haben sehr viel mit Befindlichkeiten und dem Selbstverständnis in der Gesellschaft zu tun – die verschiedensten Themenfelder der Politik und des zwischenmenschlichen Zusammenlebens werden hiervon berührt.

Gerade bei Fortbildungsseminaren mit Lehrern und Sozialarbeitern steht zunächst die Frage im Mittelpunkt, was »man« mit den »rechten Jugendlichen« denn »machen« soll. Ich stelle den anwesenden »Praktikern« in der Jugendarbeit dann schon mal die Frage, ob es nur noch »rechtsorientierte Jugendliche«, wie das schön verharmlosend in der Fachsprache genannt wird, gibt. Gibt es denn wirklich keine Jugendlichen, die *nicht* rechts sind, die *gegen* Rechts, die antifaschistisch und antirassistisch sind? Meine Erfahrung sagt mir genau das Gegenteil! Es gibt sie und es sind nicht wenige. Warum macht man sich so wenig Gedanken darüber, wie diese Jugendlichen gestärkt und in ihrem antifaschistischen Engagement unterstützt werden können?

Viel zu lange wurde auch der »Kulturkampf« sträflich vernachlässigt. Kampagnen wie »Weg mit dem rechten Sound-Dreck – Linke Kultur stärken« der Kölner Antifa K treten auch auf dieser Ebene nicht nur den Neofaschisten entgegen, sondern stärken zugleich die antifaschistische Gegenkultur. Weiterhin muss es darum gehen, verloren gegangene Freiräume für linke und fortschrittliche Projekte zurückzuerobern, den Abbau sozialer und demokratischer Rechte umzukehren, wieder »mehr Demokratie zu wagen«, anstatt den Rückfall in autoritär-obrigkeitsstaatliche Verhältnisse wie sie in der Bundesrepublik der fünfziger und sechziger Jahre geherrscht haben, zuzulassen.

Eine Pervertierung dieses Anliegens ist es, wenn unter der Zielsetzung, die Demokratie zu stärken, das Gewährenlassen von Faschisten verstanden wird. In den vergangenen Jahren und auch in den letzten Monaten gab es sehr effektive Aktionen gegen Neofaschisten. Mit breiten Bündnissen konnten Aufmärsche von Neonazis ver- oder doch zumindest massiv behindert werden. Durch entsprechende Kampagnen musste so mancher rechtsextreme Verleger und Vertriebsdienst seine Aktivitäten einstellen oder zumindest an andere Orte verlagern, was zu einer erheblichen Störung des »Betriebsablaufes« führte. Nicht zuletzt war die Aktion »Stoppt die Nazi-Zeitungen« gegen den Kiosk-Vertrieb von »National-Zeitung« und »Junge Freiheit« erfolgreich: Zum einen wurde so deren Propagandawirkung und der Werbeeffekt massiv eingeschränkt, zum anderen waren die Boykottmaßnahmen gegen diese Zeitungen mit erheblichen finanziellen Einbußen für sie verbunden. Auch das trägt ein Stück zur positiven Veränderung des gesellschaftlichen Klimas bei – wenn etwa die »National-Zeitung« mit ihren hetzerischen Schlagzeilen nicht mehr an Kiosken aushängt und nicht mehr mit dicken Lettern knallrot unterstrichen ihre Parolen verbreiten kann. Natürlich fangen Neonazis dann an, wie die verfolgte Unschuld vom Lande herumzujammern, man würde die Meinungsfreiheit und die Demokratie dadurch abbauen. Es ist ein Ausdruck demokratischer Kultur, Neofaschisten zurückzudrängen, ihnen jede Form der Selbstdarstellung, jede Möglichkeit, sich zu organisieren und öffentlich aufzutreten, zu verwehren – weil der Kampf gegen Rechts zugleich ein Kampf für mehr Demokratie und für eine emanzipatorische Gesellschaft sein muss.

Gleichwohl darf aber nicht übersehen werden, dass sich die Schauplätze der Auseinandersetzung erweitert, zum Teil verlagert haben. Die kulturelle Auseinandersetzung wurde bereits angesprochen. Ein weiteres, wichtiges Feld ist das Internet geworden. Hier konnten Neofaschisten über Jahre hinweg nahezu ungehindert, teilweise unter Umgehung der bundesdeutschen Strafrechtsbestimmungen, ihre Ideologie verbreiten, Informationen austauschen, Kontakte knüpfen, Strukturen aufbauen, Anhänger mobilisieren und vor allem junge Menschen anwerben. Zugleich dient das Internet vielen rechten Geschäftemachern als idealer Platz, ihre Waren teilweise zu regelrechten Neppreisen feilzubieten und so das Geld zu erwirtschaften, das sie nicht nur für ihre persönliche Versorgung, sondern auch für den Aufbau ihrer Organisationen benötigen. Die Internetpräsentationen mancher neonazistischer Vertriebsdienste haben sich zu einem regelrechten Tummelplatz für Faschisten entwickelt, die in Foren oder Live-Chats »Mitstreiter« für den Aufbau neuer »Kameradschaften« suchen, Konzerttermine austauschen oder logistische Hilfen etwa bei der Gründung rechtsextremer Bands anbieten. Diese virtuellen Orte sind darüber hinaus hervorragende Möglichkeiten, sich ungestört zu treffen und auszutauschen. Kontakte werden hergestellt oder vertieft, über ausländische Server können illegale Propagandamaterialien bis hin zu Anleitungen für den Bombenbau schnell, billig und effektiv verbreitet werden.

Unbegreiflich ist für mich in diesem Zusammenhang, wenn unter dem Anspruch, aufklärerisch tätig sein zu wollen, manche Homepages von Antifaschisten aufgrund ihrer Linklisten zumindest de facto zu idealen Internet-Portalen für Faschisten werden, durch die sie sich ohne eigene Mühe das gesamte in- und ausländische Angebot an braunen Web-Seiten erschließen können. Kein Wunder, dass Neonazis auf solche Angebote, die wohl unter dem Motto »Antifa heißt Service« stehen, mit heller Begeisterung reagieren. Hier führt ein falsches Verständnis von Informations- und Meinungsfreiheit zum Gegenteil des Effekts, der eigentlich erzielt werden soll.

Immerhin gibt es auch in diesem Gebiet interessante Entwicklungen – ein positiver Aspekt der seit Sommer 2000 herrschenden allgemeinen Diskussion über Rechtsextremismus: Zahlreiche Internetanbieter in der Bundesrepublik kündigten kurzerhand ihren braunen Kunden, so dass diese auf ausländische Anbieter ausweichen mussten. Aber auch dort bekommen sie verstärkt Schwierigkeiten. Aufgrund entsprechender Aktionen wurden nicht wenige Anbieter unter Druck gesetzt, die neonazistischen Seiten zu sperren. Zahlreiche Initiativen bildeten sich in den vergangenen Monaten, die explizit gegen Nazis im Internet gerichtet sind – von »naiin e.V«. bis zu »web gegen rechts« oder der Aktion »Nazis raus aus dem Internet«. Zahlreiche Betreiber von Internet-Cafés sind darüber hinaus dazu übergangen, das Abrufen ihnen bekannter Nazi-Seiten durch eine entsprechende Sperrvorrichtung zu verhindern.

Aufgrund der technischen Möglichkeiten im weltweiten Internet ist es natürlich nahezu unmöglich, des Problems neofaschistischer Web-Seiten auf diesem Wege Herr zu werden. Gleichwohl haben Aktionen von technisch befähigten Menschen die Arbeit der Neofaschisten im Internet zwar nicht auf legale, zumindest aber offenbar auf sehr effektive Art und Weise geschädigt. So beklagen sich Neonazis immer öfter, dass ihre Seiten aufgrund so genannter »Hacker-Angriffe« zerstört oder durch andere technische Aktionen die Kapazitäten ihrer Internetangebote so überlastet wurden, dass diese zumindest zeitweise vom Netz genommen werden mussten. Aber auch hier gilt: So notwendig das Verdrängen der Neofaschisten von der Straße und aus dem Internet ist, so wichtig ist es auch im Internet, das antifaschistisch-demokratische Gegenangebot massiver, offensiver und attraktiver zu gestalten.

*

Ein interessanter Aspekt wird in der Diskussion über das NPD-Verbot viel zu sehr außer Acht gelassen: Müssen neofaschistische Parteien überhaupt verboten werden, oder sind sie nicht vielmehr per se illegal und daher nur aufzulösen? Diese Frage basiert auf dem eher unbekannten Artikel 139 des Grundgesetzes: »Die zur ›Befreiung des deutschen Volkes vom Nationalsozialismus und Militarismus‹ erlassenen Rechtsvorschriften werden von den Bestimmungen dieses Grundgesetzes nicht berührt.« Zu diesen Rechtsvorschriften gehört das »Alliierte Kontrollratsgesetz Nr. 2«. In dessen Artikel 1 werden die NSDAP, ihre Untergliederungen und andere, im Anhang namentlich aufgeführte Organisationen verboten und untersagt, Nachfolge- oder Ersatzorganisationen zu gründen.

Warum sowohl Artikel 139 GG als auch diese Bestimmung

des Alliierten Kontrollrates trotz ihrer rechtlichen Verbindlichkeit keine praktischen Auswirkungen in Westdeutschland hatten, ist eine andere Frage – es wurde bereits ausgeführt, dass altnazistischen und neofaschistischen Kreisen bereits unmittelbar nach der Befreiung 1945 die Reorganisation in den westlichen Teilen ermöglicht wurde. Die Frage, ob Artikel 139 GG beim Vorgehen gegen neofaschistische Parteien anzuwenden wäre, ist ein Diskussionsstoff für Verfassungsjuristen. Die Antwort ist eine politische. Und politisch ist die Anwendung dieses Artikels offenbar unerwünscht, würde man sich damit doch zum explizit antifaschistischen Handlungsauftrag des Grundgesetzes bekennen, der so gar nicht in die wieder auflebende Totalitarismusdoktrin hineinpassen will.

*

Bei allen verständlichen Bedenken gegen ein Verbot der NPD – besonders angesichts der Tatsache, dass mancher Law-and-Order-Politiker ganz unverblümt unter dem Deckmantel der Bekämpfung des Rechtsextremismus wesentliche demokratische Rechte einschränken möchte – das konsequente Verbot neofaschistischer Organisationen, das Verhindern neofaschistischer Aufmärsche und Veranstaltungen durch antifaschistische Gegenwehr ist nicht nur eine mahnende Verpflichtung aufgrund der einzigartigen Verbrechen des deutschen Faschismus, sondern auch eine Notwendigkeit gegenüber der zukünftigen Entwicklung der Gesellschaft.

Aber auch dies muss gesagt sein: Was hilft es langfristig, neofaschistische Organisationen wie NPD oder DVU zu verbieten, wenn wesentliche Inhalte ihrer ideologischen Grundlagen, wie Ausgrenzung, Entsolidarisierung und Minderheitenfeindlichkeit, zum Credo einer neoliberalen Politik werden. Deshalb wäre es fatal, wenn wir bei der Frage des Verbotes stehen blieben und die Debatte darüber nicht dafür nützen würden, weiter gehende Diskussionen anzuregen und zu führen.

**Anmerkungen**

1 Richard Stöss: »Rechtsextremismus im vereinten Deutschland«, 3. überarbeitete Auflage 2000, Seite 53.

2 Holger Apfel (Hg.): »Alles Große steht im Sturm«, 1. Auflage 1999, Seite 49/50.

3 Vgl. Bundesministerium des Inneren (Hrsg.): »Verfassungsschutzbericht für das Jahr 2000«.

4 Vgl. Holger Apfel, a.a.O., Seite 253.

5 Quelle: »NIT – Das Archiv«, Internetangebot.

6 Der frühere Mitbegründer und Anwalt der RAF ist zwischenzeitlich NPD-Mitglied. Die von ihm und dem von ihm geführten »Deutschen Kolleg« vertretenen Thesen werden ausführlich an anderer Stelle in diesem Buch dokumentiert.

7 Quelle: NPD-Meldung vom 5. März 1991, veröffentlicht auf der NPD-Homepage im Internet.

8 Udo Voigt: »Es geht nicht um die NPD – es geht um Deutschland!«, Rede auf dem NPD-Bundesparteitag 2001.

9 NN: »Nationale Nachrichten«, DS: »Deutsche Stimme«, Zeitungen der NPD.

10 Zitiert aus: Udo Voig, a.a.O.

11 Ebd.

12 NHB: »Nationaldemokratischer Hochschulbund e.V.«, Studentenorganisation der NPD.

13 Vgl. »Bulletin 1/1998«: »›National befreite Zonen‹ – Vom Strategiebegriff zur Alltagserscheinung«, hrsg. vom »Zentrum Demokratische Kultur«, Berlin 1998; auch: Erlanger Mailbox »Widerstand«.

14 Antonio Gramsci, geb. 1891, 1937 im Gefängnis an Tbc verstorben, unter Mussolini zu 20 Jahren Haft verurteilter Generalsekretär der KP Italiens.

15 Vgl. Burkhard Schröder: »Nazis sind Pop«, Berlin 2000.

16 Strategiepapier des NPD-Parteivorstandes, zitiert aus: Holger Apfel, a.a.O., S. 359.

17 Holger Apfel, a.a.O., Seite 12.

18 Ebd., Seite 359.

19 Ebd., Seite 360.

20 Ebd.

21 Ebd.

22 Christian Worch war enger Vertrauter des verstorbenen Neonazi-Führers Michael Kühnen, Vorsitzender der zwischenzeitlich verbotenen »Nationalen Liste« (NL) und gilt als führender Kopf der militant-neonazistischen »freien Kameradschaften«. Er ist Anmelder zahlreicher Demonstrationen im gesamten Bundesgebiet und lebt in Hamburg.

23 Vgl.: Searchlight u.a. (Hg.): »White Noise – Rechts-Rock, Skinheads-Musik, Blood&Honour – Einblicke in die internationale Neonazi-Musik-Szene«, Hamburg/Münster 2000.

24 Frank Rennicke war Mitglied der zwischenzeitlich verbotenen »Wiking-Jugend e.V.« (WJ) und gehört zu den »Stars« der »nationalen Liedermacher«. Zahlreiche seiner CDs sind als jugendgefährdend indiziert. Nach eigenen Angaben will R. während seiner Bundeswehrzeit bei der PSV (»Psychologischen Verteidigung«) der Bundeswehr eingesetzt gewesen sein, einer kaum bekannten und schon zur damaligen Zeit in Auflösung befindlichen Einheit.

25 Frank Rennicke: »Kultur als identifikationsstiftendes Element politischer Arbeit«, in: Holger Apfel, a.a.O., Seite 423.

26 Vgl. Spiegel-Online 40/2000.

27 Ulrich Schneider: »Neonazis im Internet«, in: Ulrich Schneider (Hg.): »Tut was! – Strategien gegen rechts«, Köln 2001, Seite 182.

28 »Deutsche Stimme« Nr. 9, September 2000.

29 Bundesministerium des Innern (Hrsg.): »Verfassungsschutzbericht 1999«, Seite 82.

30 Siehe Anhang: »Schafft befreite Zonen« – Konzept der Neonazi-Gruppe »Sturmfront«, leicht verändert abgedruckt in »Vorderste Front«.

31 »Programm der Nationaldemokratischen Partei Deutschlands – Beschlossen auf dem Düsseldorfer Parteitag der NPD«, 12. – 14. 10. 1973.

32 Wolfgang Frenz war zuletzt stellvertretender NPD-Landesvorsitzender in NRW und bis Januar 1998 Beisitzer im NPD-Parteivorstand.

33 Wolfgang Frenz: »Über den Verlust der Väterlichkeit oder Das Jahrhundert der Juden«, Solingen 1998, Seite 44.

34 Ebd., Seite 80.

35 Ebd., Seite 67.

36 »Deutsche Stimme« Nr. 6, Juni 1998, Seite 2.

37 Udo Voigt, a.a.O.

38 NPD-Parteiprogramm, beschlossen am 6./7. Dezember 1996 in Ohrel.

39 Deutsches Kolleg: »Ausrufung des Aufstandes der Anständigen – Am 15. Oktober 2000«. Internetversion, inzwischen gelöscht.

40 Ebd.

41 Wolfgang Frenz, a.a.O., Seite 15.

42 Deutsches Kolleg, a.a.O.

43 Horst Mahler: »Thesen über Juden und Deutschland als geistige Notwehr des deutschen Volkes«, 7/99.

44 Udo Voigt, a.a.O.

45 »Düsseldorfer Programm« der NPD von 1973.

46 NPD-Parteiprogramm von 1996.

47 Holger Apfel, a.a.O., Seite 374.

48 Udo Voigt, a.a.O.

49 Zu Geschichte, Wesen und Praxis der Waffen-SS vgl. Eugen Kogon: »Der SS-Staat«, Fischer-Taschenbuchverlag.

50 »Einheit und Kampf«, Januar 1997, Seite 5.

51 Udo Voigt: »Mit der NAPO auf den Weg in das neue Jahrtausend« in: Hol-

ger Apfel, a.a.O., Seite 471ff.
52 »Deutsche Stimme« Nr. 6, Juni 1997.
53 Udo Voigt: »Es geht nicht um die NPD – es geht um Deutschland!«
54 Deutsches Kolleg, a.a.O.
55 Ebd.
56 »Düsseldorfer Programm« der NPD von 1973.
57 NPD-Parteiprogramm von 1996.
58 Deutsches Kolleg, a.a.O.
59 »Düsseldorfer Programm« der NPD von 1973.
60 »20 Thesen zum Sozialismus«, verabschiedet auf dem 8. JN-Bundeskongress in Weinheim 1979.
61 Deutsches Kolleg, a.a.O.
62 Ebd.
63 »12 Thesen zur Ökologie« in: »JN-Thesenpapier«, verabschiedet auf dem 8. JN-Bundeskongress in Weinheim 1979.
64 Zitiert nach: Verfassungsschutzbericht des Landes Baden-Württemberg 1998, Seite 54.
65 Ebd., Seite 70.
66 »Der Aktivist«, 1/1997.
67 Zitiert nach: Verfassungsschutzbericht des Landes Nordrhein-Westfalen 1998, Seite 69.
68 Vgl.: Westfälische Rundschau vom 19.7.2000; Antifaschistische Nachrichten (GNN-Verlag Köln).
69 Vgl. PDS-Bundestagsfraktion (Hg): »Fakten und Argumente zum NPD-Verbot«, Berlin 2000, Seite 30.
70 Vgl. NPD-Pressemitteilung vom 31.3.1999.
71 Tino Brandt in: ZDF-Magazin »Kennzeichen D«, 7.7.1999, zitiert in: Rainer Fromm: »Rechtsextremismus im Internet – Die neue Gefahr«, München 2001, Seite 126.
72 »Düsseldorfer Programm« der NPD von 1973.
73 NPD-Parteiprogramm von 1996.
74 »Düsseldorfer Programm« der NPD von 1973.
75 NPD-Parteiprogramm von 1996.
76 Ellen Doris Scherer: »Frauen in der NPD« in: Holger Apfel, a.a.O., Seite 312.
77 Vgl. »Nordbayerische Nachrichten« vom 21.5.2001, Online-Version.
78 »Der Spiegel« 40/2000.
79 »Der Fall Mike Layer (Autor: XXX), THS-Homepage.
80 Homepage des »Thüringer Heimatschutzes« (THS).
81 Vgl. u.a. Anette Linke: »Multimillionär Gerhard Frey und die DVU«, Jörg Fischer: »Ganz rechts – Mein Leben in der DVU«.
82 Richard Stöss: »Rechtsextremismus im vereinten Deutschland«, 3. Auflage, Seite 85/86.
83 Vgl. Obszerninks/Schmidt: »DVU im Aufwärtstrend – Gefahr für die De-

mokratie?«, 1998, S. 26.

84 Bundesamt für Verfassungsschutz: »Rechtsextremistische Parteien in der Bundesrepublik Deutschland«, Januar 1999, Seite 15/16.

85 DVU-Parteiprogramm, »3. Gleichberechtigung für Deutschland«, Internet-Version.

86 »Deutsche National-Zeitung« Nr. 5/1997, Seite 3.

87 »Deutsche National-Zeitung« Nr. 6/1997, Seite 5.

88 DVU-Parteiprogramm, »1. Bewahrung der deutschen Identität«, Internet-Version.

89 »Deutsche National-Zeitung«, 25.9.1998, Seite 1.

90 »Deutsche National-Zeitung«, 2.10.1998, Seite 4ff.

91 »Deutsche National-Zeitung« und »Deutsche Wochen-Zeitung/Deutscher Anzeiger«, jeweils 9.10.1998, Seite 3.

92 DVU-Parteiprogramm, »2. Kein Verzicht auf berechtigte deutsche Interessen«, Internet-Version.

93 Christoph Butterwegge: »Witzfiguren, Marionetten, braune Demagogen? Zur Parlamentstätigkeit rechtsextremistischer Parteien«, in: »Blätter für deutsche und internationale Politik« 8/1998, Seite 990.

94 Karl-Heinz Vorsatz war zum damaligen Zeitpunkt Mitglied des NPD-Präsidiums und Chefredakteur der Parteizeitung »Deutsche Stimme«. Er war vorher Mitglied der verbotenen neonazistischen SRP und gehörte für die NPD bereits von 1967 bis 1971 der Bremer Bürgerschaft an. Weidenbach war als Bremer Landesvorsitzender der NPD auch Mitglied des Parteivorstandes.

95 »Die Republikaner« erreichten 1,9 Prozent, der »Bund freier Bürger« (BfB) 1,3 Prozent, die NPD 0,1 Prozent.

96 Vgl. »Der Spiegel« Nr. 19/1998.

97 »Deutsche Stimme« 8/1999, zit. n. Internet-Version.

98 Ebd.

99 Vgl. junge Welt, 1.2.2000.

100 Aktuelle Meldungen über die DVU und ihre »Parlamentsarbeit« können u.a. abgerufen werden unter: www.Weg-mit-der-DVU.de

101 Urteil des Zweiten Senats des Bundesverfassungsgerichts vom 17.11.1994, 2 BvB 2, 3/93.

102 Verfassungsschutzbericht 1997 des Landes Thüringen, Seite 42ff.

103 Verfassungsschutzbericht 1999 des Landes Bayern, Seite 47ff.

104 »Deutsche Stimme«, Dezember 1999, Internet-Version.

105 Ebd.

106 Verfassungsschutzbericht 1999 des Landes Bayern, Seite 46.

107 Entscheidung des Zweiten Senats des Bundesverfassungsgerichts zur Zurückweisung des FAP-Verbotsantrages vom 17.11.1994, 2 BvB 2, 3/93.

108 Vgl. Jürgen Elsässer: »Braunbuch DVU«, Hamburg 1998.

109 Harald Neubauer betätigt sich derzeit bei einem neuerlichen Sammlungsversuch der extremen Rechten, der »Deutschen Aufbauvereinigung«

(DAV), an der u.a. auch Alfred Mechtersheimer, der früher für die »Grünen« im Bundestag saß, beteiligt ist.

110 Siehe Peter Förster u.a.: »Jugend Ost. Zwischen Hoffnung und Gewalt«, Opladen 1993, Seite 28.

111 Christoph Butterwegge: »Rechtsextremismus, Rassismus und Gewalt«, Darmstadt 1996, Seite 47.

112 Ebd., vgl. Uwe Markus: »›Immer cool bleiben ...‹ Jugendgewalt in Ostdeutschland«, in: Werner Bergmann/Rainer Erb (Hg.): »Neonazismus und rechte Subkultur«, Berlin 1994, Seite 163.

113 Detlef Oesterreich: »Autoritäre Persönlichkeit und Gesellschaftsordnung. Der Stellenwert psychischer Faktoren für politische Einstellungen – eine empirische Untersuchung von Jugendlichen in Ost und West«, Weinheim/München 1993, Seite 229.

114 Zu den Honorarempfängern des Thüringer »Verfassungsschutzes« gehörten in den vergangenen Jahren u.a. der ehemalige Thüringer NPD-Landesvorsitzende Dienel und der Chef des »Thüringer Heimatschutzes« (THS) und zeitweilige stellvertretende Thüringer NPD-Landesvorsitzende Tino Brandt.

115 Die »Initiative Dialog« betreibt die Internet-Seite »nazis.de«, in ihrem dort veröffentlichten Selbstverständnis heißt es u.a.: »6. Die antifaschistische Arbeit muss Anliegen der politischen Mitte unseres Landes sein. Antifaschismus darf nicht den Linksextremisten überlassen werden, deren Engagement sich bei vermeintlich gutem Willen oft als kontraproduktiv darstellt, denn auch dort ist Hass ein vielfach anzutreffendes Motiv und äußert sich in naiven, gleichwohl kriminellgefährlichen Versuchen, den Konflikt mit linksextremistischer Gegengewalt anstatt mit bürgerlichem Gesetz und Polizei zu lösen. ... 7. Nutzen Sie die Chance zum Dialog mit dem extremistischen Gegenüber auch für sich ...« An einer anderen Stelle auf besagter Homepage heißt es dann: »›NAZIS RAUS!‹ Nein! ... Redet mit Nazis, wann immer ihr könnt! ... Wir halten nichts von Ausgrenzung!« Zu den Skurrilitäten dieser Seite gehört auch die dort veröffentlichte Parole »ANTIFASCHISMUS ist auch der Kampf gegen die Droge ALKOHOL«. An einer anderen Stelle auf der Homepage werden Neonazis gar als »verlorene Seelen« bezeichnet.

116 Zum CSD finden weltweit in Erinnerung an den Beginn der modernen Schwulen- und Lesbenbewegung Paraden und Straßenfeste statt – auch in vielen bundesdeutschen Städten. Alleine an der Parade zum Kölner CSD 2000 nahmen fast eine Million Menschen als Teilnehmer und Zuschauer am Straßenrand teil und besuchten das Straßenfest. In Berlin stand der CSD 2001 unter dem Motto »Que(e)rs gegen Rechts«, es nahmen dort etwa 600.000 Besucher teil, in Köln erneut rund eine Million.

# Anhang

Nachfolgend finden sich in **Teil A** Materialien direkt zu den Verbotsanträgen gegen die NPD sowie in **Teil B** Originaldokumente aus dem Neonazi-Spektrum, die als Hintergrundinformationen von einigem Interesse sein dürften. Dabei sind diese Texte nicht isoliert zu sehen, sondern im Zusammenhang mit dem Hauptteil dieses Buches, wo sie zitiert und analysiert werden. Insofern ist der Hauptteil auch als Kommentar und Einschätzung zu den hier folgenden Materialien zu verstehen.

Sämtliche Materialien und Zitate wurden aus verschiedenen Quellen im Internet entnommen. Die Schreibweise, Interpunktion und der Ausdruck wurden so belassen, wie sie dort zu finden waren. Wir bitten insofern um Verständnis, wenn die eine oder andere Passage beim Lesen etwas unklar bleiben sollte.

Der **Serviceteil C**, in dem wir Hinweise auf weiterführende Literatur und Kontaktmöglichkeiten geben, schließt diesen Anhang und das Buch ab.

# A
# Materialien zu den Verbotsanträgen gegen die NPD

## Bundesregierung reicht Verbotsantrag in Karlsruhe ein

*(Am 30. Januar 2001 gab die Bundesregierung eine Pressemitteilung heraus, in der die zentrale Argumentation ihres Verbotsantrags gegen die NPD zusammengefasst ist. Wer am vollständigen Wortlaut des darin genannten »zentralen Papiers« interessiert ist, kann diesen auf der Homepage des Bundesinnenministeriums einsehen.)*

Die Bundesregierung hat am 30. Januar beim Bundesverfassungsgericht den Antrag auf ein Verbot der NPD eingereicht. Das Bundeskabinett hatte am 8. November vergangenen Jahres beschlossen, einen solchen Verbotsantrag zu stellen. Bundesrat (10. Nov.) und Bundestag (8. Dez.) hatten sich der Initiative angeschlossen und werden ebenfalls einen Verbotsantrag einreichen. Erstmals in der Geschichte der Bundesrepublik setzen sich damit alle drei antragsberechtigten Verfassungsorgane für ein Parteienverbot ein. Beweisaufnahme und Verfahren werden voraussichtlich ein Jahr dauern. Die Verfahrensbevollmächtigten der Bundesregierung sind der Hamburger Staatsrechtslehrer und ehemalige schleswig-holsteinische Innenminister Prof. Dr. Hans Peter Bull sowie der Berliner Rechtsanwalt Dr. h.c. Karlheinz Quack.

Die Bundesregierung ist der Überzeugung, dass die NPD verfassungsfeindliche Ziele verfolgt und die Verfassungsordnung gefährdet. Die NPD vertritt einen »völkischen Kollektivismus«, der dem Vorrang der individuellen Grundrechte im Grundgesetz völlig widerspricht. Ihre Programmatik und Agitation ist von Antisemitismus und Rassismus geprägt. Die NPD zeigt deshalb eine Wesensverwandtschaft mit dem Nationalsozialismus. Ihre Jugendorganisation JN übernimmt zum Teil wörtlich die Terminologie des »25-Punkte-Programms« der NSDAP von 1920.

Vor allem aber dokumentiert das Material, das der Bundesregierung vorliegt, dass die NPD diese Ziele in aktiv-kämpferischer, aggressiver Weise verfolgt. Diese Haltung der NPD äußert sich zum Beispiel in dem sogenannten »Drei-Säulen-Konzept«, das einen »Kampf um die Straße, Kampf um die Köpfe und Kampf um die Parlamente« fordert. Derzeit ist der NPD der »Kampf um die Straße« besonders wichtig. Dies zeigt sich an der steigenden Zahl von NPD-Veranstaltungen. Waren es 1997 noch 50 Veranstaltungen, so stieg diese Zahl auf 87 Veranstaltung in 1999 an. Im Jahr 2000 fanden bisher 69 Veranstaltungen statt. Gezielt versucht sie dabei Neonazis und Skinheads sowohl in ihre Mitgliedschaft (einschließlich der Führungsebene der Partei) als auch in ihr sonstiges Mobilisierungspotential einzubinden.

Darüber hinaus ist die Tatsache, dass sich im NPD-Umfeld die Ermittlungsverfahren erkennbar häufen, ein Umstand, der die aktivkämpferische Grundhaltung der Partei deutlich unterstreicht. Zurzeit sind bundesweit über 350 Verfahren anhängig. Diese anhaltende Aggressivität macht ein Verbot der NPD jetzt notwendig. Bundeskanzler Schröder hat bereits im Oktober vergangenen Jahres zur Begründung dieses Verbotes gesagt, es dürfe in der Bundesrepublik keine legalen Strukturen geben, die rechtsradikale Gewalt deckten. Doch genau das tut die NPD.

Medien sowie Bürgerinnen und Bürger können sich ab sofort aus erster Quelle darüber informieren, wie der Verbotsantrag gegen die NPD begründet wird. Bundesinnenminister Otto Schily hat das zentrale Papier zur Verfassungswidrigkeit der NPD ins Internet einstellen lassen. Dort ist es unter der Homepage *www.bmi.bund.de* abrufbar. Das Papier hatte als wesentliche Entscheidungsgrundlage dem Bundeskabinett, der Ministerpräsidentenkonferenz sowie der Innenministerkonferenz vorgelegen. Das Papier legt, ausgehend von den verfassungsrechtlichen Grundlagen eines Parteiverbots, die verfassungsfeindliche und kämpferisch-aggressive Grundhaltung der NPD dar. Diese Ausführungen verdeutlichen, dass die rechtlichen Voraussetzungen für einen Verbotsantrag gegen die Partei vorliegen.

## Verbotsantrag der Bundesregierung

*(Der Antrag der Bundesregierung wurde von Prof. Dr. Hans Peter Bull und Dr. iur. h.c. Karlheinz Quack am 30. Januar 2001 beim Bundesverfassungsgericht eingereicht.*

*Wir dokumentieren im Folgenden den in fünf dürre Punkte gegliederten Antrag als solchen sowie schwerpunktmäßig diejenigen Auszüge aus der Begründung, die den »aktiv-kämpferischen aggressiven« Charakter der NPD und ihrer Jugendorganisation belegen sollen. Ausgelassen wurden hierbei insbesondere die jeweiligen Beweismittel – meist Berichte der Verfassungsschutzämter oder Aussagen von NPD und JN selber oder aus dem ihnen zugerechneten Umfeld –, um den Text halbwegs lesbar zu halten. Von uns zur Gliederung eingefügte zusätzliche Zwischenüberschriften stehen in eckigen Klammern.)*

Es wird unter Beifügung der Vollmachten beantragt, wie folgt zu erkennen:

1 . Die Nationaldemokratische Partei Deutschlands ist verfassungswidrig.

2. Die Nationaldemokratische Partei Deutschlands und ihre Teilorganisation Junge Nationaldemokraten werden aufgelöst.

3. Es ist verboten, Ersatzorganisationen zu schaffen.

4. Das Vermögen der Nationaldemokratischen Partei Deutschlands und ihrer Teilorganisation Junge Nationaldemokraten wird zugunsten des Bundes zu gemeinnützigen Zwecken eingezogen.

5. Die Innenminister des Bundes und der Länder werden angewiesen, die Entscheidung zu vollstrecken.

### [Begründung:] Zwecke und Notwendigkeit des Antrags im Kontext der Extremismusbekämpfung

#### [»Vorfeldorganisationen, gewaltbereites Skinheadspektrum«]

Mit dem »Thüringer Heimatschutz« ist die NPD in Thüringen personell eng verknüpft. (...)

Das »Nationale und Soziale Aktionsbündnis Norddeutschland« (»Freie Nationalisten« um den Hamburger Neonazi Thomas Wulff) arbeitet anlassbezogen mit NPD und JN zusammen, z.B. durch gemeinsame Demonstrationsaufrufe. (...)

»Freie Kameradschaften« beteiligen sich ebenfalls an NPD-/JN-Demonstrationen (...)

Der Vorsitzende des NPD-Landesverbandes Sachsen, Petzold, bezeichnete »Freie Kameradschaften« vor dem Hintergrund eines »zweifellos bevorstehende(n) Endkampf(s)« als »Vorfeldorganisationen« für die Partei. (...)

Die Gefahr, die der freiheitlichen demokratischen Grundordnung von der NPD droht, ist insbesondere in der Affinität zum gewaltbereiten Skinheadspektrum zu sehen. Diese Nähe korrespondiert mit ihrer Haltung zur Gewalt. Statt sich nachhaltig von diesem Potential zu distanzieren, duldet sie diesen Personenkreis bei eigenen Veranstaltungen nicht nur ausdrücklich, sondern baut geradezu auf dessen Teilnahme.

Abgesehen von der Mitwirkung von Skinheads an NPD-Demonstrationen setzt die Partei derartige Gruppen auch gezielt als Ordner bei ihren Veranstaltungen ein. So schützten z.B. Mitglieder der »Skinheads Sächsische Schweiz« (SSS) ausweislich deren Publikation »Froindschaft« NPDVeranstaltungen durch Ordnerdienste und unterstützten sie im Wahlkampf. (...)

Zwischen der NPD in der Region Sächsische Schweiz und den SSS bestehen enge wechselseitige Beziehungen. So wurden z.B. SSS-Mitglieder auf einer NPD-Veranstaltung im Rahmen einer »Rechtsschulung« über das Verhalten im Fall einer Hausdurchsuchung unterrichtet. (...)

Der NPD Kreisverband Zittau/Löbau richtete ein »Solidaritäts-Spendenkonto« für diejenigen (Mitglieder der SSS und der NPD) ein, die in die Durchsuchungsmaßnahmen einbezogen waren, um den »betroffenen Familien der noch in U-Haft sitzenden Kameraden juristisch beistehen zu können (Kaution, Anwalt)«. Auf der Homepage des Kreisverbandes hieß es weiter: »Der NPD Kreisverband verurteilt das massive Vorgehen gegen politisch Andersdenkende als erneuten Beweis dafür, daß die BRD alles andere als ein Rechtsstaat ist. ... Wir fordern alle Bürger auf, ... engagiert gegen jegliche Art von Gesinnungsterror und Meinungsdiktatur von Seiten des Staates vorzugehen.« (...)

Die NPD Dresden bezeichnete die SSS auf ihrer Internetseite als »volks erhaltend«. (...)

Der Geschäftsführer des NPD-Kreisverbandes Sächsische Schweiz, Uwe Leichsenring, stellte sich in einem Interview offen hinter die

SSS und erklärte über seine Reaktion auf ein mögliches NPD-Verbot: »... Der Kampf (Anmerkung: um Deutschland) geht solange weiter, bis man mich mit den Füßen zuerst wegträgt. Vielleicht würde ich auch zum Frisör gehen und bei meinen Freunden von ›Skinheads Sächsische Schweiz‹ um Aufnahme bitten.« (...)

Angehörige des »SelbstSchutz Sachsen-Anhalt« fungierten am 29. Januar 2000 für die NPD in Berlin am Brandenburger Tor sowie am 27. Februar 2000 in Magdeburg als Ordner. In Magdeburg rekrutierte sich der »Ordnerdienst SelbstSchutz Sachsen-Anhalt« teilweise aus Mitgliedern der am 12. September 2000 verbotenen Skinheadbewegung »Blood & Honour Division Deutschland« (B&H). (...)

Darüber hinaus beteiligten sich B&H-Mitglieder an zahlreichen Demonstrationen und Kundgebungen der NPD (...)

Die organisatorische Zusammenarbeit der NPD mit rechtsextremistischen Skinheads findet auf unterschiedlichen Ebenen statt. Innerhalb der Partei machen Skinheads nach Angaben des Parteivorsitzenden Voigt bundesweit fünf bis zehn Prozent aus – bei Schwankungen zwischen den einzelnen Landesverbänden. (...)

Die Verbindung der NPD und ihrer Landesorganisationen zu »Freien Kameradschaften« und zur Skinheadszene lässt sich auch an den zahlreichen Hinweisen (»links«) auf Homepages der Partei auf die entsprechenden Seiten (»websites«) dieser Gruppierungen ablesen. (...)

In der Skinhead-Szene zeigen die Integrationsbemühungen der NPD Wirkung. Dies belegen deutlich Aussagen der Berliner Skinhead-Band »Landser«, die wegen ihrer rassistischen und volksverhetzenden Liedertexte eine exponierte Bedeutung innerhalb der Skinhead-Szene besitzt. Im Rahmen eines Interviews in der szeneführenden Publikation der verbotenen »Blood & Honour Division Deutschland« äußert »Landser«: »Das Verdienst der NPD ist im Moment, die freien Kräfte zu vereinen ... Die NPD ist die einzige überhaupt noch wählbare Partei (...)

Innerhalb der B&H-Mitgliederschaft wurde zur Unterstützung und Wahl der NPD aufgerufen, »weil sich in dieser Partei seit einigen Jahren inhaltlich und organisatorisch ein Wandel vollzieht ... Ist es doch der NPD gelungen, in relativ kurzer Zeit von einem Altherrenklub, der sich nur in parteichinesisch und stammtischpatriotisch artikulieren konnte, zu einer vorwärtsgewandten, nationalen, radikalen und sozialistischen Partei zu werden. ... auch und gerade die

Jugend, ist eingeladen, daran mitzuwirken ... Das, und publikumswirksame Auftritte machen die NPD eben zur einzigen wählbaren Alternative gegenüber dem bankrotten Multi-Kulti-System. Dementsprechend kann es nur heißen: Unterstützt die NPD bei Veranstaltungen und wählt sie bei zukünftigen Wahlen!« (...)

Auch die NPD bietet immer wieder Belege für den Wert, den sie der B&H-Bewegung im Rahmen ihrer Gesamtstrategie beimisst. So konnte eine Presseerklärung der B&H-Sektion Weser-Ems vom 23. Juli 2000 über den Faxanschluss des NPD-Landesverbandes Bremen versandt werden. (...)

Über Anzeigen in B&H-Publikationen warb die NPD ihrerseits innerhalb der Skinheadszene für eine Teilnahme an ihren Demonstrationen. (...)

Darüber hinaus existieren Kontakte der NPD auch zu rechtsextremistischen Skinheads, die nicht in der verbotenen B&H-Bewegung organisiert sind. Eine Form der Zusammenarbeit ist z. B. die Teilnahme an Demonstrationen der NPD. Mitglieder der Skinhead-Bewegung »Hammerskins« nahmen an der NPD-Demonstration am 29. Januar 2000 in Berlin teil. (...)

In einer Mailbox-Info »/NLN/AKTUELL/TERMINE (Alle)« vom 12. Juli 1998 wird auf eine Demonstration der NPD am 01. August 1998 in Neustrelitz hingewiesen, die von den »Hammerskins« und »Freien Kameradschaften« unterstützt würde. Als Kontaktadresse wird der NPD-Kreisverband Mecklenburg-Strelitz angegeben. (...)

Zahlreiche Verbindungen bestehen zum »Skingirl Freundeskreis Deutschland« (SFD)

Der SFD wurde unter der ursprünglichen Bezeichnung »Skingirlfront Deutschland« am 31. Dezember 1990 in Berlin gegründet und 1995 umbenannt. Maßgebliche Führungspersonen unterhielten Kontakte zu ehemaligen Angehörigen neonazistischer Vereinigungen u. a. der verbotenen FAP und der verbotenen Wiking Jugend e. V. (WJ). Nach Eigendarstellung im Internet hat sich der SFD etwa Anfang November 2000 selbst aufgelöst. (...)

Das Vorstandsmitglied des NPD-Landesverbandes Bayern, Katja Beier war Mitglied des SFD. (...)

Die stellvertretende Vorsitzende des NPD-Landesverbandes Berlin-Brandenburg Stella Schweigert, geb. Palau, war Mitglied des SFD. (...)

Das für die Abteilung Personal (Mitgliederverwaltung) und die

Interessentenverwaltung für Berlin des NPD-Landesverbandes Berlin-Brandenburg zuständige NPD-Mitglied Claudia Jäppelt war Mitglied des SFD. (...)

Die NPD unterhält zahlreiche Kontakte zu weiteren organisatorischen Zusammenschlüssen auf regionaler und lokaler Ebene, z.B. zu den White Terror Skins (WTS). Die WTS veranstalten rechtsextremistische Skinhead-Konzerte, so z.B. am 08. Mai 1999 in Zschortau. (...)

Der Beisitzer im NPD-Landesverband Sachsen, Dirk Amende, ist nach Erkenntnissen des Verfassungsschutzes Mitglied der WTS und wichtige Bezugsperson innerhalb der Skinhead-Szene. (...)

Auch nach dem Beginn der öffentlichen Diskussionen um ein Verbot der NPD im Sommer 2000 bekräftigte der NPD-Bundesgeschäftsführer Ulrich Eigenfeld die Akzeptanz von Skinheads als natürlichen Bündnispartnern der NPD: »Die Partei öffnet sich allen Kräften, die die Zukunft Deutschlands im Blick haben.« (...)

**Die »Befreiten Zonen«**

Das Konzept der »Befreiten Zonen« wurde erstmals in einer Veröffentlichung des Nationaldemokratischen Hochschulbundes (NHB) aus dem Jahre 1991 vorgestellt. Es heißt dort grundlegend: »Einmal ist es die Etablierung einer GEGENMACHT. Wir müssen Freiräume schaffen, in denen WIR faktisch die Macht ausüben, in denen WIR sanktionsfähig sind, d.h. WIR bestrafen Abweichler und Feinde, WIR unterstützen Kampfgefährtinnen und -gefährten ( ... ). Befreite Zonen sind sowohl Aufmarsch- als auch Rückzugsgebiete für die Nationalisten Deutschlands.« (...)

Der Begriff ist allerdings mehrdeutig. Er bezeichnet einerseits virtuelle Zonen, die durch Vernetzung von Mitgliedern und Sympathisanten, durch Nutzung von Freiräumen im Internet und durch Kontakte innerhalb der Musikszene entstehen, andererseits Räume, Gebäude, Ortsteile und ganze Städte, in denen Rechtsextremisten sich entfalten und »ungestört demonstrieren und Info-Stände abhalten können«, die »Konterrevolutionäre« aber »dies genau nicht tun können«. (...)

Alle anderen sollen damit eingeschüchtert und verängstigt werden. Das aktiv kämpferische und aggressive Element des Begriffs der »befreiten Zonen« wird aus einer Äußerung des sächsischen NPD-Landesvorsitzenden Winfried Petzold deutlich: Es sei eine »Kultur des nationalen Widerstands« entstanden. Für viele Jugendlichen bedeute es »Teil der eigenen Identität, Rennicke, ›Landser‹ oder ›Sturmtrupp‹ zu hören, einen deutschen Kurzhaarschnitt zu tragen und sich im NPD-Umfeld zu engagieren«. Gegenwärtig entstünden in vielen Regionen »Mitteldeutschlands« nationale Szeneläden, die nebenbei als Treffpunkte dienten. Folglich bildeten sich im Umfeld solcher Stätten »national befreite Zonen« heraus. Petzold ruft dazu auf, Strukturen zu schaffen, die »ein Oberleben deutschdenkender Menschen in der Zukunft unter vielleicht noch schwereren Bedingungen« ermögliche. (...) Der »zweifellos bevorstehende Endkampf« bedürfe »gut geschulter politischer Soldaten«, die aus voller Überzeugung bereit seien, »im Notfall alles zu opfern, ja das Letzte zu geben«. (...)

Unbeschadet der unterschiedlichen Vorstellungen über die konkrete Ausgestaltung bemüht sich die Partei erkennbar, das Konzept systematisch und planvoll umzusetzen. Unter dem Titel »Befreite Zonen schaffen« heißt es: »Ziel unserer Anstrengungen kann im Augenblick nicht die ›Kontrolle‹ über einen ganzen Stadtteil oder ein Wohngebiet sein. ... Vorläufiges Etappenziel ist die Erfassung der strategischen und taktischen Möglichkeiten innerhalb der Großstadt und die Nutzung dieser Daten. Dies alles sind Informationen, die professionell und nachrichtendienstlich ausgewertet und in entsprechend gegliederten Dossiers hinterlegt werden müssen, um bei kurzfristigen Bedarfsfällen diese Informationen umgehend zur Verfügung zu haben.« (...)

Steffen Hupka bezeichnete es als vordringliche Aufgabe, »befreite Zonen« zu schaffen, die sowohl als materielle Basis wie auch als »moralische und seelische Kraftquelle« dienen sollten. Man habe dabei die »Gesetze der Machtergreifung« zu beachten. (...)

Der Anspruch, »Befreite Zonen zu schaffen« geht über ein rein konzeptionelles Stadium hinaus.

Die NPD ist bemüht, derartige Regionen – bisher im Sinne von begrenzten Objekten (»Szeneläden«) – aufzubauen, in denen Rechtsextremisten unter sich sind. Vom Zustand der Eroberung der Hoheit über Gebiete kann noch nicht gesprochen werden. Allerdings bergen schon allein die konzeptionellen Vorstellungen darüber und die Versuche des Aufbaues derartiger Zonen eine Gefahr für den Staat, da sie auf eine Unterminierung hoheitlicher Rechte hinauslaufen. In vielen Fällen ist es tatsächlich gelungen, »Angsträume« zu schaffen. (...)

### Drohungen und Angriffe auf Gegner

Dem Konzept der »befreiten Zonen« wohnt in seiner realräumlichen Variante bereits ein Element von Drohung mit Gewalt oder Ausübung zumindest psychischer Gewalt inne: In einer allgemeinen Form wird zur Anwendung von Gewalt gegen alle möglichen Feinde aufgerufen, so in einer Wahlkampfrede des Bundesvorsitzenden Udo Voigt vor Skinheads, die in der ZDF-Sendung »Kennzeichen D« am 2. September 1998 dokumentiert wurde: »Kameradinnen und Kameraden, wenn damals Deutschland in Gefahr gewesen wäre, hätte ich auch als Vierzehnjähriger, wenn es hätte sein müssen, die Waffe in die Hand genommen, um mein Vaterland zu verteidigen. Und das erwarten wir von Euch auch. Deutschland ist in Gefahr! Deutschland wird von allen Seiten heute angegriffen.« (...)

Insbesondere wird Gegnern der NPD Rache angedroht:

So äußerte der damalige NPD-Landesvorsitzende für Berlin und Brandenburg: »Auch in der Politik sind schon über Nacht aus Jägern Gejagte geworden. Nationaldemokraten verfügen zwar über keine Zersetzungs- oder Spitzelabteilung, wohl aber über ein gutes Gedächtnis.« (...)

In einem Artikel der NPD-Publikation »Sachsenspiegel« äußerte sich ein »REBELL« im April 1998 zu den Veranstaltern der sogenannten »Wehrmachtsausstellung«: »Wie lange wollen wir uns das noch gefallen lassen? Und solchen Gestalten geben die Medien noch Gelegenheit, im Fernsehen aufzutreten, um unsere Volksseele noch mehr zu vergiften. Aber ALLEN, die sich jetzt mit schuldig machen sei gesagt: ›Einst kommt der Tag X!‹« (...)

Das damalige Mitglied des NPD-Bundesvorstandes Gregor Janik erklärte 1998, »daß es, wenn die NPD einmal an der Macht sei, ein Tribunal geben werde gegen jene, die jetzt der Bewegung schaden.« (...)

Der Bundesvorsitzende drohte: »Die NPD ... wird auch die zur Rechenschaft ziehen, die sich am Wohl des Volkes vergangen haben«. (...)

Wie sich die NPD diese »Rechenschaft« vorstellt, belegt folgende Äußerung des JN-Bundesvorsitzenden Sascha Rossmüller im Rahmen einer Demonstration des NPD-Bezirksverbandes Mittelfranken in Nürnberg am 05. Juni 1999: »Dereinst werden andere in Nürnberg hängen« (...)

Derselbe Redner forderte auf einer NPD-Veranstaltung am 18. Juni

1998 in Kulmbach die Todesstrafe für Politiker, weiche »das Volk verraten« haben. Wörtlich sagte er: »Keiner von diesen wird uns entkommen, dafür werden wir schon sorgen. Alle Flughäfen und Wege, die aus dem Land führen, werden dicht gemacht. Anschließend wartet der Strang!« (...)

### Die Zusammenarbeit mit Straftätern

Die NPD unterhält weitreichende und intensive Beziehungen zu einer Vielzahl von Personen, die entweder bereits wegen Straftaten – vor allem solchen der Körperverletzung, des Landfriedensbruchs, der Verwendung von Kennzeichen verfassungswidriger Organisationen und der Volksverhetzung – bestraft worden sind oder gegen die entsprechende Ermittlungsverfahren laufen. Auch unter den Mitgliedern der NPD befinden sich zahlreiche Beschuldigte; Ermittlungsverfahren gegen NPD-Mitglieder und -Anhänger sind in den letzten Jahren vermehrt eingeleitet worden. Zu erwähnen sind auch nochmals die Gewaltandrohungen gegen politische Gegner. (...)

In Wahrheit sind im Zeitraum von 1996 bis 2000 insgesamt 778 Ermittlungsverfahren, z.T. in Tatkomplexen, anhängig gemacht worden, davon 423 gegen NPD-Mitglieder. 594 Verfahren sind gegenwärtig anhängig, davon 269 gegen NPD-Mitglieder. 184 sind durch Verurteilungen abgeschlossen, davon 154 gegen NPD-Mitglieder. (...)

## Wesensverwandtschaft mit dem Nationalsozialismus

Die führenden Personen der NPD sind zwar keine Mitglieder der nationalsozialistischen Partei gewesen, sie sind überwiegend erst nach 1945 geboren, aber sie vertreten dieselben Vorstellungen von einer rassisch oder »kulturell« (...) geprägten »Volksgemeinschaft«, schwärmen in derselben Weise von der Wiederherstellung des deutschen »Reiches« zu Lasten der Nachbarvölker (...) und propagieren aufgrund derselben Verschwörungstheorien über das »internationale Judentum« denselben aggressiven Antisemitismus (der sie zum Bestreiten oder Verharmlosen der nationalsozialistischen Gewaltverbrechen veranlasst) (...). Sie äußern Verehrung für führende Vertreter des NS-Regimes, feiern das Gedenken an sie und benutzen Formensprache, Begriffe und Kennzeichen der NSDAP sowie ihrer Nebenorganisationen, insbesondere der Waffen-SS, Sie diffamieren die Institutionen des Parlamentarismus, die demokratischen Parteien und ihre Politiker in derselben Weise, wie die Nationalsozialisten die Weimarer Republik und ihre Repräsentanten verunglimpft haben (...), und bedrohen alle Gegner mit gewalttätiger Rache.

Über die in den vorigen Abschnitten bereits angegebenen Belege hinaus lässt sich die Wesensverwandtschaft zum Nationalsozialismus noch wie folgt illustrieren: Das Ausmaß der Verhaftung mit den Machtergreifungsstrategien der NSDAP belegt die folgende Aussage eines NPD-Führungsfunktionärs aus dem Jahr 1998: »In der derzeitigen Führungsgruppe der JN gebe es keinen einzigen Demokraten, sondern nur Nationalsozialisten, die aber auch alle erkannt hätten, dass nur an die Macht kommen kann, wer sich als Demokrat verkauft, und zwar als der beste von allen. Wie dies auch Hitler auf dem Wege zu seiner Machtergreifung getan habe, müsse der Feind mit seinen eigenen Waffen geschlagen werden. Die Vorgehensweise Hitlers müsse da nur nachgeahmt werden.« (...)

### [Strategie der NSDAP]

Joseph Goebbels hatte seinerseits bereits zum Einzug der Nationalsozialisten in den Reichstag 1928 deren Strategie wie folgt beschrieben (»Was wollen wir im Reichstag?«, in *Der Angriff*, 30. April 1928, S. 1 f.):

»Wir gehen in den Reichstag hinein, um uns im Waffenarsenal der Demokratie mit deren eigenen Waffen zu versorgen. Wir werden Reichstagsabgeordnete, um die Weimarer Gesinnung mit ihrer eigenen Unterstützung lahm zu legen. Wenn die Demokratie so dumm ist, uns für diesen Bärendienst Freifahrkarten und Diäten zu geben, so ist das ihre Sache. ... Uns ist jedes gesetzliche Mittel recht, den Zustand von heute zu revolutionieren. Wenn es uns gelingt, bei diesen Wahlen sechzig bis siebzig Agitatoren und Organisatoren unserer Partei in die verschiedenen Parlamente hineinzustecken, so wird der Staat selbst in Zukunft unseren Kampfapparat ausstatten und besolden. ... Auch Mussolini ging ins Parlament. Trotzdem marschierte er nicht lange darauf mit seinen Schwarzhemden nach Rom ... Man soll nicht glauben, der Parlamentarismus sei unser Damaskus. ... Wir kommen als Feinde! Wie der Wolf in die Schafherde einbricht, so kommen wir. Jetzt seid Ihr nicht mehr unter Euch! Und so werdet Ihr keine reine Freude an uns haben!«

**[Das deutsche Reich]**

Die NPD offenbart in ihren im aktuellen Parteiprogramm von 1996 dargelegten Grundgedanken eines »lebensrichtigen Menschenbildes«, sowie dem Primat der Volksgemeinschaft vor dem Individuum eine deutliche Affinität zur Ideologie des Nationalsozialismus. Diese Wesensverwandtschaft zeigt sich zudem in ihren Publikationen und Äußerungen ihrer Funktionäre.

So nennt die NPD 1995 in einer als »Nationaldemokratisches Manifest« bezeichneten, im Mitteilungspapier des Landesverbandes Nordrhein-Westfalen abgedruckten Selbstdarstellung die »Neuvereinigung zu einem DEUTSCHEN REICH« als »höchstes Ziel«. (...)

Den JN-Thesen zum zentralistischen Staatsaufbau« vom Juli 1998 zufolge soll das »Neue Reich« ein Staat mit einer »unbedingten und starken Zentralgewalt« sein. Ein Zentralparlament soll »die organisatorische und politische Oberhoheit und -aufsicht« über das gesamte Reich und seine Organisationen erhalten. Alles, was den »Bestand des Reiches und der deutschen Volksgemeinschaft« beträfe, bleibe »in den festen Händen der Zentralgewalt«. In den »Thesen« heißt es weiter: »Die Verwaltungsgrenzen der Reichsgaue ... müssen mit den Stammesgrenzen deckungsgleich sein« (...)

Hier wird die Anlehnung der JN-Thesen an das NSDAP-Parteiprogramm von 1920 besonders deutlich. So forderte das Parteiprogramm unter Punkt 25 die Schaffung einer starken Zentralgewalt des Reiches sowie »unbedingte Autorität des politischen Zentralparlaments über das gesamte Reich und seine Organisationen im allgemeinen«.

Darüber hinaus forderte der Bundesvorsitzende in seiner Rede am 1. Mai 1998 in Leipzig die »Überwindung der kapitalistischen Zinswirtschaft«. (...)

Er lehnt sich hier offensichtlich an die Forderung in Punkt 11 des Parteiprogramms der NSDAP von 1920 nach »Brechung der Zinsknechtschaft« an. Außerdem bekannte Voigt, für die Partei seien »Solidarprinzip, Volkssozialismus, gemeinsame ethnische und kulturelle Entwicklung und eine raumorientierte Volkswirtschaft ( ... ) untrennbar mit dem Begriff der Volksgemeinschaft verbunden«. (...)

1998 bekräftigte der Bundesvorsitzende laut Mitteilungsblatt des Landesverbandes Mecklenburg-Vorpommern anlässlich des Bundesparteitages die »Forderung zum Aufbau des deutschen Reiches«, das sich »von der Maas bis an die Memel, von der Etsch bis an den Belt« erstrecken solle. (...)

Vor dem Bundesparteitag am 18./19. März 2000 in Mühlhausen (Bayern) appellierte Voigt erneut an die Delegierten: »Das Reich ist unser Ziel, die NPD ist unser Weg!« (...)

Anfang 1996 gab das jetzige Mitglied des NPD-Bundesvorstandes Holger Apfel laut NPD-Publikation »Einheit und Kampf« für die Funktionäre bzw. Aktivisten der JN das von der »Sturmabteilung« (SA) der NSDAP geprägte Leitbild vom »politischen Soldaten« aus. Damit führte er in die politische Arbeit der Organisation ein deutlich militantes und martialisches Vorbild ein. (...)

In einem in einer NPD-Publikation veröffentlichten Artikel wird der angebliche Untergang des Sozialstaates beschrieben und dabei der NS-Begriff »Endlösung« benutzt: »Die Endlösung der deutschen Frage steht vor der Tür.« (...)

Der JN-Landesverband Berlin-Brandenburg gibt in Anlehnung an den SA-Kontext die Publikation »Jungsturm. Das Kampfblatt der Berliner und Brandenburger JN« heraus. In einer 1998 erschienenen Ausgabe wird darin von einem gemeinsamen Abend in einem der »Sturmlokale« berichtet. (...)

Alexander von Webenau, damaliger Vorsitzender des NHB und Mitglied des Bundesparteivorstandes der NPD, schreibt: »Wir Deutschen Sozialisten wollen aber eine Volksgemeinschaft, die frei von Standes- und Klassendünkel ist. Bei uns gibt es nur den deutschen Arbeiter der Faust und den deutschen Arbeiter der Stirn« (...)

**[NS-Vokabular]**

In ihrem Kampf gegen die freiheitliche Ordnung greift die NPD systematisch auf NS-Vokabular zurück. Sie kämpft gegen das »System« und verwendet damit jenen Begriff, den die NSDAP bereits zur Diffamierung der Weimarer Republik eingesetzt hatte. Die NPD spricht davon, dass die »Politiker des Bonner Systems« ihre Institutionen und Handlungen, den »strategischen Zielen der Kriegsgewinnler« untergeordnet hätten und für »Systempolitiker« das Volk nur noch »Mittel zum Zweck« sei. NS- Terminologie sind in diesem Sinne weiter die von der NPD benutzten Begriffe »Systempresse« und Systemparteien«

Die Wesensverwandtschaft der NPD zum Nationalsozialismus zeigt sich ferner in der »selbstgefälligen Übernahme der Rolle des Staatsfeindes« (vgl. BVerfGE 2, 1 [69]), wie sie z.B. in einer Rede von Holger Apfel zum Ausdruck kommt: »Wir, der nationale Widerstand, sind die einzige wirkliche Weltanschauungsbewegung in der bundesdeutschen Parteienlandschaft, mit der NPD als die organisierte Partei, die das politische System in der BRD auf die Wurzel bekämpft, auf die Wurzel ablehnt. Ja, liebe Freunde, wir NPD sind stolz darauf, dass wir alljährlich in den bundesdeutschen Verfassungsschutzberichten stehen und als vermeintlich verfassungsfeindlich gegenüber diesem System stehen. Jawohl, wir sind verfassungsfeindlich.« (...)

Die nationalsozialistische Diktatur wird verherrlicht. So wird in der NPD-Publikation »Klartext« über angebliche Vorzüge der NS-Herrschaft ausgeführt, dass es unter ihr »keine Analphabeten, so gut wie keine Arbeitslosen, keine Obdachlosen, Bettler, keine Zuhälter, aber eine Justiz gab, die durch gesunde Moral- und Wertvorstellungen der Menschen unterstützt, die Kriminalität offensiv und wirkungsvoll bekämpfte, in dem die Verschwendungssucht, die Eigenbereicherung seiner Volksvertreter und die Deutschfeindlichkeit rigoros bekämpft wurde«. (...)

In der Publikation des Landesverbandes Sachsen heißt es zum Verhältnis der NPD zum Nationalsozialismus wie folgt: »Die NPD hat keinerlei Berührungsängste mit dem System des Dritten Reiches.« (...)

Schließlich verherrlicht die NPD das NS-Regime auch insoweit, als sie ihre Demonstrationen bewusst an Tagen veranstaltet, die gleichzeitig Jahrestage von Ereignissen sind, die für die Nationalsozialisten bedeutsam waren, z.B. Aufmarsch vor dem Brandenburger Tor in Berlin am 29. Januar 2000 (Vorabend der »Machtergreifung« durch die Nationalsozialisten) sowie Demonstration in Berlin am 12. März 2000 (»Tag des Anschlusses« von Österreich an das Deutsche Reich). Sie gestaltet zudem ihre Parteitage in Anlehnung an diejenigen der NSDAP. (...)

### [Heroisierung von Repräsentanten des Nationalsozialismus]

Über die Verwendung der NS-Diktion hinaus werden durch die NPD führende Repräsentanten des Nationalsozialismus heroisiert. Das NPD-Organ »Südwest Stimme« schwärmte vorbehaltlos und ohne jede kritische Distanz über Joseph Goebbels als den »wohl weltweit größten Propagandisten«. (...)

Funktionäre der NPD haben sich u. a. im Hinblick auf anstehende, für die rechtsextremistische Szene bedeutsame Jahrestage über den Hitler-Stellvertreter Rudolf Heß geäußert. Zu dessen 10. Todestag hieß es: »Am 17. August dieses Jahres jährt sich zum zehnten

Male der gewaltsame Tod eines Mannes, den man getrost als das ›gute Gewissen des deutschen Volkes‹ bezeichnen kann.« (...)

In der »Deutschen Stimme« heißt es über den 1997 verstorbenen rechtsextremistischen Revisionisten Otto-Ernst Remer, einen der führenden Mitbegründer der verbotenen SRP (vgl. BVerfGE 2, 1 [31]):

»Kämpfer, Vorbild, Kamerad ... Aber auch junge Menschen sollten sich mit dem lebenslangen aufopferungsvollen Kampf Remers auseinandersetzen. ... Am 20. Juli 1944 war er maßgeblich an der Niederschlagung des Putschversuchs gegen Adolf Hitler beteiligt. ... Wie an der Front handelte er auch hier befehlsmäßig und eidgetreu. ... Durch Remers energisches und beherztes Eingreifen kam die Verschwörung schon im Anfangsstadium zum Erliegen.« (...)

Im Mitteilungsblatt des NPD-Landesverbandes Nordrhein-Westfalen wird über Remer gesagt:

»Der Generalmajor Otto Ernst Remer ist 85-jährig im spanischen Exil gestorben. Die Gesinnungsjustiz wollte den greisen General ohne Bewährung in ein Gefängnis stecken, weil er in seiner Zeitschrift ›Remer-Depesche‹ einige historische Gegebenheiten des Dritten Reiches anders sah, als die beamteten Geschichtsschreiber. ... Nach dem Kriege war Remer in der Sozialistischen Reichspartei. ... Das nationale Deutschland hat mit General Remer einen großen unbeugsamen Kämpfer verloren, der nach dem selbstgestellten Motto lebte: ›Deines Volkes Ehre ist auch Deine Ehre. Verteidige Sie!‹ (...)

Im August 1999 äußerte der Beisitzer im NPD-Landesvorstand Bayern und stellvertretende Vorsitzende der JN in Bayern, Frederick Seifert, das Ziel der Politik müsse sein, eine »Kopie des Dritten Reiches in Wort und Bild« zu erreichen. (...)

## Schlussbemerkung

Die Vielzahl der vorgetragenen Beweismittel fügt sich zu einem Gesamtbild der NPD zusammen, das diese als Partei ausweist, die in aktiv kämpferischer, aggressiver Weise darauf ausgeht, die freiheitliche demokratische Grundordnung zu beseitigen. Die NPD ist deshalb verfassungswidrig.

Die Verfassungswidrigkeit der von der NPD verfolgten Ziele ergibt sich aus den vorgelegten Dokumenten, insbesondere Parteiprogramm, strategischem Konzept, Schulungsheften und Veröffentlichungen in der Parteipresse. Für die aktiv kämpferische, aggressive

Haltung liegen ebenfalls zahlreiche dokumentarische Beweise vor, die aus der NPD selbst stammen.

Darüber hinaus können Absichten und Einstellungen der Mitglieder und Anhänger und der Stil ihres Auftretens durch eigene und fremde Videoaufzeichnungen von Demonstrationen, Kundgebungen und Versammlungen der NPD anschaulich gemacht werden. Straftaten von Mitgliedern und Anhängern, für die die NPD den Boden bereitet hat, sind durch Gerichtsurteile festgestellt, auf die ggf. zurückgegriffen werden kann.

Ergänzend werden einige nur intern gemachte Äußerungen – insbesondere antisemitische Hetzparolen und Drohungen gegen Verantwortliche des »Systems« – vorgetragen. Zum Beweis dieser Äußerungen werden Behördenzeugnisse angeboten, also Auskünfte von Beamten der Verfassungsschutzbehörden, die Informationen aus der Binnensphäre der NPD entgegengenommen haben. Diese werden jeweils durch weitere, mit Dokumenten belegte Fakten bestätigt (vgl. BVerfG in NJW 96, 448f.). Bei der Fülle des insgesamt vorgelegten Beweismaterials genügt es, in der mündlichen Verhandlung u.a. aus einer großen Zahl sinnähnlicher Urkunden typische Beispiele herauszugreifen (vgl. BVerfGE 2, 1 [22].

Es ist zu erwarten, dass die NPD versuchen wird, während des laufenden Verfahrens vor dem Bundesverfassungsgericht den Eindruck einer demokratischen Partei zu er wecken, die zu Unrecht von ihren politischen Gegnern verfolgt werde. Sie wird deshalb möglicherweise gegen eigene Mitglieder, die sich in letzter Zeit besonders auffällig verhalten und besonders extreme Ansichten vertreten haben oder dies künftig tun, Parteiordnungsmaßnahmen bis zum Ausschluss aus der Partei ergreifen. In einem Fall hat sie dies bereits unternommen: gegen Steffen Hupka, den bisherigen Schulungsleiter, der auch in dieser Antragsschrift mehrfach mit verfassungsfeindlichen Äußerungen zitiert wird, ist ein Parteiausschlussverfahren in Gang gesetzt worden; von der von ihm gegründeten »Revolutionären Plattform« hat sich die Parteiführung distanziert. Durch solche Vorgänge wird jedoch das Gesamtbild der NPD nicht verändert. Sofern es sich nicht nur um Kontroversen zwischen verschiedenen Flügeln und Gruppen der Partei handelt, wie sie gerade im rechtsextremistischen Spektrum durchaus üblich sind, dürften derartigen Maßnahmen taktische Überlegungen zugrunde liegen. Die Beurteilung nach Art. 21 Abs. 2 GG erfolgt nicht nach dem äußeren Erscheinungsbild der Partei, sondern muss auf den wirklichen Verhältnissen beruhen. Verborgene Verhaltensweisen und geheime Ziele sind selbstverständlich in diese Beurteilung einzubeziehen (vgl. BVerfGE 5, 85 [144]). Die Verfassungswidrigkeit der NPD ist durch die Vielzahl der angeführten Belege hinlänglich bewiesen. Selbst wenn sie es wollte, würde es der Parteiführung auch nicht möglich sein, den Charakter der NPD noch während des Verfahrens so sehr zu verändern, dass die Voraussetzungen des Parteiverbots wegfielen.

## NPD-Verbotsantrag des Bundestages

*(Am 27. März 2001 reichten Prof. Dr. Günter Frankenberg und Prof. Dr. Wolfgang Löwer den Verbotsantrag des Bundestages beim Bundesverfassungsgericht ein. Anders als im Antrag der Bundesregierung steht in der Begründung des Bundestages die »Wesensverwandtschaft« der NPD mit dem Nationalsozialismus im Mittelpunkt.*

*Wir dokumentieren im Folgenden die wesentlichen Teile daraus, wie sie von den »Antifaschistischen Nachrichten« in Köln zusammengestellt und kommentiert wurden – deren Kommentar ist am Ende ebenfalls abgedruckt.)*

### Wesensverwandtschaft der NPD mit dem Nationalsozialismus

Die NPD ist aufgrund ihrer politischen Programmatik, Strategie und Taktik, ihrer politischen Sprache und Rhetorik, ihrer affirmativ-apologetischen Darstellung nationalsozialistischer Verbrechen und ihrer nationalsozialistischen Traditionspflege eine dem Nationalsozialismus wesensverwandte und daher nach Maßgabe von Art. 21 Abs. 2 GG verfassungswidrige politische Partei.

Die programmatische Wesensverwandtschaft der NPD mit dem Nationalsozialismus erschließt sich aus einer vergleichenden Analyse des Parteiprogramms der NPD von 1996, der Schulungsmaterialien und anderer programmatischer Schriften, der Reden und Veröffentlichungen von führenden Funktionären der NPD und JN sowie der Beiträge in den offiziellen Medien (»Deutsche Stimme«, Internet) der Partei mit den für die nationalsozialistische Ideologie maßgeblichen Programmen, Publikationen und Äußerungen von Funktionären der NSDAP. (...)

Nachweise für die Übereinstimmung von NSDAP und NPD im Hinblick auf die zentralen Programmaussagen lassen sich zahlreichen geistes- und sozialwissenschaftlichen Untersuchungen entnehmen. (...)

Von der Wesensverwandtschaft zwischen NPD und Nationalsozialismus geht auch das Bundesverwaltungsgericht in einer Reihe von Entscheidungen aus. (...)

Die programmatische Übereinstimmung ergibt sich aus den zentralen, den politischen Kurs und die Vorstellungswelt der NPD definierenden Elementen: a) Ideologie der »Volksgemeinschaft«, b) Reichsidee und Großraum-Denken, c) Sozialdarwinismus, Rassismus und d) Antisemitismus.

**a) »Volksgemeinschaft«**

(...) Die völkische Ideologie, konzipiert als Gegensatz zur »so genannt(en) westlich(en) Werteordnung« (...) steht auch im Zentrum der Programmatik der NPD: »Volksherrschaft setzt die Volksgemeinschaft voraus« (...) und bindet die aus dieser »Volksherrschaft« hervorgehende Staatsgewalt nicht an die verfassungsmäßige Ordnung, sondern primär an die »Grundziele des Volkes«. (...)

Entsprechend der grundlegenden nationalsozialistischen Stoßrichtung der Volksgemeinschaftsideologie verkündete das Mitglied des NPD-Bundesvorstands (von 1998 bis Anfang 2000 auch Mitglied des Parteipräsidiums) P. L. Aae einen »vollständige(n) Sieg über das gegenwärtige liberalkapitalistische Herrschaftssystem« und damit verbunden »das Einläuten einer neuen geschichtlichen Epoche (...) unter völkischem Primat«. (...)

Dieses Primat bekräftigte der Bundesvorsitzende Udo Voigt in seiner Rede vor dem Bundesparteitag am 18./19. 3. 2000, in der er die Partei aufrief, »den Menschen klarzumachen, welchen Wert jeder einzelne von ihnen innerhalb einer intakten Volksgemeinschaft« hat. (...)

Die NPD-Programmatik von »völkischem Prinzip« und »Volksgemeinschaft« – letztere wie im Nationalsozialismus verstanden als »Schicksals- und Leistungsgemeinschaft« oder »Volksstaat«, in dem nur das »Wohl des ganzen Volkes« zählt, (...) – offenbart ihre Wesensverwandtschaft zur nationalsozialistischen Ideologie nicht nur hinsichtlich ihrer Thematik, Struktur und antiliberalen und antiindividualistischen Stoßrichtung, sondern auch hinsichtlich ihrer biologistisch-organizistischen Grundlegung, die sich einer raumorientierten

Wirtschafts- und Außenpolitik vermittelt. Nach einer Reihe von für die NPD typischen Äußerungen kann man einer »Volksgemeinschaft« nur blutsmäßig durch Geburt angehören, müsse also »eingebunden in den Blutstrom« sein. (...)

In öffentlichen Stellungnahmen leitet der Bundesvorsitzende Voigt aus der Vorstellung von »Volksgemeinschaft« eine der nationalsozialistischen Tradition entsprechende »raumorientierte Volkswirtschaft« ab. (...)

Die NPD-Programmatik teilt mit dem Nationalsozialismus auch das Verständnis von »Volksgemeinschaft« als Kampfbegriff, der gegen den Liberalismus und die durch diesen verursachten »gesellschaftlichen Auflösungserscheinungen«, gegen Parlamentarismus und (Parteien-)Pluralismus und gegen den Begriff der liberalen Demokratie in Anschlag gebracht wird. (...)

In Fortführung der nationalsozialistischen Traditionslinie wendet die NPD den Begriff der »Volksgemeinschaft« seit einigen Jahren außerdem gegen die »utopische Idee der internationalen ›menschlichen Gemeinschaft‹« und die »EU-Diktatur«. (...)

Dass in der NPD-Programmatik die Gegenbegriffe nicht in ihrem nationalsozialistischen Gewande auftreten, vermag die Wesensverwandtschaft in diesem Punkt nicht zu widerlegen, da es strategische Vorsicht und die in den aktuellen Debatten verwendete Begrifflichkeit ganz offensichtlich der NPD nahe legen, stattdessen als funktionales Äquivalent die »Ausländer«, »Fremden«, »Feinde der Deutschen«, Angehörige »anderer Rassen«, oder »genetisch« Anderen, »Asylanten« oder – in direkter nationalsozialistischer Tradition – Juden anzusprechen.

### b) Reich

(...) Die NPD übernimmt mit ihrer Reichsideologie das antirepublikanisch-antidemokratische und imperialistisch-hegemoniale Reichskonzept des Nationalsozialismus. Die Reichsidee lässt sich in zahlreichen Publikationen der NPD und Äußerungen von Spitzenfunktionären der Partei als zentrales Element der Parteiprogrammatik aufweisen. Bereits 1995 propagierte das »nationaldemokratische Manifest« der NPD als höchstes Ziel die »Neuvereinigung zu einem Deutschen Reich«. Der Bundesvorsitzende U. Voigt bekräftigte in seiner Rede vor dem Bundesparteitag 2000: »Das Reich ist unser Ziel, die NPD ist unser Weg.« (...)

Dass die Reichsideologie Anschluss sucht an die nationalsozialistische – und nicht etwa die ältere, universalistische – Reichsidee, signalisieren wiederholte Hinweise auf eine »Auferstehung«, »Wiederkehr« oder »Wiedergeburt« des »Dritten Reiches«. (...)

1998 bekräftigte der Bundesvorsitzende U. Voigt die »Forderung zum Aufbau des Deutschen Reiches« »von der Maas bis an die Memel, von der Etsch bis an den Belt«. (...)

Zu der von der NPD entsprechend ihrer Großraumvision eines »Deutschen Reiches« angestrebten Revision der Grenzen, die im Übrigen dem Völkerrecht, vor allem dem Zwei-plus-Vier-Vertrag vom 12.9.1990 widersprechen, heißt es im Parteiprogramm: »10. Deutschland in seinen geschichtlich gewachsenen Grenzen. Die Wiederherstellung Deutschlands ist mit der Vereinigung der Besatzungskonstruktion BRD und DDR nicht erreicht. Deutschland ist größer als die Bundesrepublik! ... Wir fordern die Revision der nach dem Krieg abgeschlossenen Grenzanerkennungsverträge.« (...)

Es ist auch der Weg einer »harmlosen Deutung« – schließlich ist der Reichsbegriff durchaus vielgestaltig und keineswegs per se perhorresziert – verschlossen.

Es sind die Begriffsgleichzeitigkeiten z.B. von Volk, Volksgenosse, Blut und Reich mit den unausgesprochenen, verdeckt mitzitierten oder offen angesprochenen nationalsozialistischen Bedeutungsgehalten, die die ideologische Deckungsgleichheit zum Nationalsozialismus für den mit der NS-Ideologie auch nur einigermaßen Vertrauten unübersehbar machen.

### c) Sozialdarwinismus, Rassismus

(...) Die NPD lässt ausweislich zahlloser Äußerungen ihrer Spitzenfunktionäre und Veröffentlichungen in ihren Publikationsorganen zu Sozialdarwinismus und Rassismus selbst solche taktisch motivierte Distanz häufig vermissen. In unmittelbarer Anknüpfung an nationalsozialistische Programme und Autoren, deren Begrifflichkeit übernommen oder paraphrasiert wird, durchziehen die Programmatik der NPD mannigfache Aufrufe zum Kampf oder »nationalen Widerstand« gegen

- die »Umvolkung zu einer afro-euro-asiatischen Mischrasse« (...)
- die »innere biologische Heimatvertreibung« und »Herdenvertierung« durch den Liberalismus (...)
- die »grenzenlose Überfremdung« durch ein Ausländerproletariat,

das »über das weltfremde Wirtsvolk der Deutschen herfallen wird«. (...)

Um nochmals die geistige Nähe zur nationalsozialistischen Ideologie zu verdeutlich, sei noch das Parteiprogramm der NSDAP (Punkt 4) zitiert: »Staatsbürger kann nur sein, wer Volksgenosse ist. Volksgenosse kann nur sein, wer deutschen Blutes ist, ohne Rücksicht auf Konfession. Kein Jude kann daher Volksgenosse ein.« Für »Juden« im Nazi-Kontext stehen im NPD-Kontext alle »Rassefremden«. (...)

Die nationalsozialistische Erbschaft der sozialdarwinistischen und rassistischen Ideologie der NPD lässt sich auch hinsichtlich ihrer Funktion der Ausgrenzung aller rassisch Anderen und Minderwertigen nachweisen. (...)

### d) Antisemitismus

(...) Ausweichlich zahlreicher Äußerungen von NPD-Funktionären und Autoren im Parteiorgan der NPD entsprechen Frenz' antisemitische Thesen durchaus dem politischen Kurs der Partei. (...)

Zentrale Bedeutung für die politische Programmatik, Vorstellungswelt und Mobilisierungsstrategie der NPD hat der indirekte Antisemitismus, der sich in der Leugnung oder Verharmlosung des Holocaust und der Verhöhnung der Opfer äußert. Mit unterschiedlicher Deutlichkeit versuchen rechtsextremistische Revisionisten, ungeachtet der Strafdrohung der §§ 130, 185, 189 StGB, die Massenvernichtung von Menschen und insbesondere von Juden in den Gaskammern der Konzentrationslager des Dritten Reiches in Abrede zu stellen. (...)

Im Unterschied zum überwiegend chiffrierten bzw. indirekten rassistischen Antisemitismus tritt der politische Antisemitismus der NPD häufig direkt in Erscheinung. (...)

Daraus folgt, dass der sich in diesen (Äußerungen) manifestierende Antisemitismus der NPD nicht nur formal über die Mitgliedschaft und Stellung der Äußernden in der Partei, sondern hinsichtlich der Anhänger, die nicht Mitglieder sind, wegen des von der Partei bereitgestellten organisatorischen Rahmens und wegen der Publikation in Printmedien der Partei zuzurechnen sind.

## Strategie und Taktik

Bezüglich der Strategie der NSDAP sind zu unterscheiden, erstens, die sog. »Kampfzeit« und die Phase, in der die Partei aus taktischen

Gründen den sog. »Legalitätskurs« einschlug, und zweitens die Herrschaftspraxis nach der »Machtübernahme«. In der frühen »Kampfzeit« lehnte Hitler die Beteiligung an parlamentarischen Wahlen ab und propagierte die NSDAP als »Bewegung« im Gegensatz zu den Parteien. Trotz grundsätzlicher Ablehnung des parlamentarischen Systems erstrebte die NSDAP nach Verbot und Wiedergründung am 26.2.1925 aus taktischen Gründen jedoch auf legalem Weg die Macht und Anerkennung als Volkspartei ...

Trotz unterschiedlicher Strategien in Hinsicht auf die Machtergreifung weisen »Kampfzeit« und Zeit des Legalitätskurses jedoch eine Übereinstimmung auf ...

Angesichts der veränderten historischen, politischen, und rechtlichen Rahmenbedingungen in der Bundesrepublik Deutschland ist nicht zu erwarten, dass eine das Erbe von Nationalsozialismus und NSDAP antretetende politische Partei deren Organisationsmuster und strategischen Konzepte unmittelbar im Verhältnis eins zu eins kopiert ...

Deutlich treten die strategische Wesensverwandtschaft von NPD und Nationalsozialismus und das taktisch-instrumentelle Verhältnis der NPD zur parlamentarischen Demokratie und zum Parteienpluralismus in dem für die Strategie der NPD zentralen Drei-Säulen-Konzept hervor. Zur Erreichung der Macht und Durchsetzung ihrer politischen Ziele und zur Überwindung der nachgerade apokalyptischen Zustände in Deutschland ... stützt sich die NPD auf: »Programmatik – Schlacht um die Köpfe, Massenmobilisierung – Schlacht um die Straße sowie Wahlteilnahme – Schlacht um die Wähler« ...

Die mannigfachen Äußerungen und Erklärungen zu Strategie und Taktik, der Ort der Publikation sowie die Stellung der Äußernden in der Partei rechtfertigen, sie der NPD als die Parteilinie kennzeichnend zuzurechnen. Der operativen Wesensverwandschaft zur NSDAP, die sich hieraus erschließt, stehen auch nicht vereinzelte, mit einer parlamentarischen Demokratie prima facie systemkonforme Aussagen entgegen, da diesen der Charakter von offiziellen Schutzbehauptungen und taktischen Lippenbekenntnissen mit begrenztem Erkenntniswert zukommt, ... was sich sowohl aus der Gesamtkonzeption der »drei Säulen« als auch aus der Distanzierung der NPD von »systemimmanenten Konkurrenzparteien« erschließt.

## Kommentar: »Wesensverwandtschaft« von NPD und NSDAP nachgewiesen

»Das Reich ist unser Ziel, die NPD ist unser Weg«, rief der Bundesvorsitzende der NPD, Udo Voigt, seinen Delegierten im März 2000 zu. Eine bedeutende Äußerung, auf die die Süddeutsche Zeitung[1] im Sommer letzten Jahres in der Verbotsdiskussion hinwies, die aber keine weitere Beachtung fand. War diese Äußerung doch ein wichtiger Hinweis dafür, dass die NPD in den Fußstapfen der NSDAP marschiert. Erst jetzt wurde sie im Verbotsantrag des Deutschen Bundestages von Prof. Dr. Günter Frankenberg und Prof. Dr. Wolfgang Löwer wieder aufgegriffen. Spät, aber hoffentlich nicht zu spät.

Auffällig ist am Verbotsantrag des Deutschen Bundestages, dass er sich nicht an dem Verbotsantrag der Bundesregierung orientiert, sondern eher an die inhaltlichen Aussagen der Alliierten Kontrollratsgesetze zwischen 1945 und 1948 anknüpft. Das Kontrollratsgesetz Nr. 2 vom 10. Oktober 1945[2] fand 1948 in Artikel 139 GG seinen Niederschlag. Die Kontrollratsgesetze führten Kriterien für inhaltliche Verbotsgründe und eine Liste von Nachfolgeorganisationen der NSDAP an. In den späteren Jahren wurde ein Verbot der NPD mit dem Hinweis auf die Kontrollratsgesetze und den Artikel 139 GG immer abgelehnt. Der jetzt vorliegende Verbotsantrag löst dieses Problem inhaltlich, indem er eine »Wesensverwandtschaft« der NPD mit der NSDAP nachweist.

Man kann nur Vermutungen anstellen, warum hier ein Kurswechsel eingesetzt hat. Vermutlich hat das Bundesverfassungsgericht ein Zeichen gegeben, dass die bisherigen Verbotsbegründungen der Bundesregierung sehr dünn waren.

Auffällig ist auch, dass der neue Verbotsantrag auch einen internationalen Bezug gefunden hat. Ausdrücklich weisen die Anwälte darauf hin, dass die NPD mit ihrer »Großraumvision« eines »Deutschen Reiches« gegen den 2+4-Vertrag von 1990 verstößt. Ein Argument, das für das bürgerliche Lager ein zweischneidiges Schwert ist. Ist nicht vielleicht Schäubles Theorie von Deutschland als Kern von Europa nicht auch eine »Großraumvision«? Vermutlich wird dies ein Hintergrund gewesen sein, warum das bürgerliche Lager mit den neuen Begründungszusammenhängen sehr vorsichtig war. Die CDU trägt den Beschluss des Deutschen Bundestag nicht mit.

Der Verbotsantrag des Deutschen Bundestages, aber auch die Entschließung des Bundestages »Gegen Rechtsextremismus, Fremdenfeindlichkeit, Antisemitimus und Gewalt«[3] bieten Anhaltspunkte für die antifaschistische Arbeit vor Ort. Die antifaschistischen Kräfte sollten darüber nachdenken, wie man diese Aussagen nutzen kann.

*Jörg Detjen, Ulrike Bach*

1 Sücddeutsche Zeitung vom 11.8.2000
2 Rechtsgutachten der Volksfront gegen Reaktion, Faschismus und Krieg zum Verbot der NPD, Freiburg, 1985.
3 Deutscher Bundestag, Drucksache 14/5456

## Bundesrat für NPD-Verbot

*(Am 10. November 2000 teilte der Bundesrat in einer Presseerklärung mit, dass auch er als dritte Verfassungsinstanz beschlossen habe, ein Verbot der NPD beim Bundesverfassungsgericht zu beantragen. Der Verbotsantrag selber wurde zusammen mit dem des Bundestages am 27. März 2001 eingereicht. Alle drei Anträge wurden vom Bundesverfassungsgericht am 3. Juli 2001 zu einem gemeinsamen Verfahren zur Verhandlung und Entscheidung zusammengelegt.*

*Wir dokumentieren im Folgenden die Presseerklärung des Bundesrates, der in seiner Begründung schwerpunktmäßig darauf abhebt, dass die NPD bestrebt sei, die freiheitlich demokratische Grundordnung letztlich zu beseitigen und einen anderen Staat zu errichten.)*

Der Bundesrat hat in seiner heutigen Sitzung beschlossen, beim Bundesverfassungsgericht zu beantragen, die Nationaldemokratische Partei Deutschlands (NPD)

- für verfassungswidrig zu erklären,
- die Partei aufzulösen,
- zu verbieten, Ersatzorganisationen zu schaffen oder bestehende Organisationen als Ersatzorganisationen fortzusetzen sowie
- das Vermögen dieser Partei zu Gunsten der Bundesrepublik Deutschland zu gemeinnützigen Zwecken einzuziehen.

Gleichzeitig wurde der Präsident des Bundesrates beauftragt, einen Prozessbevollmächtigten mit der Antragstellung, Begründung und Prozessführung zu beauftragen.

Der Bundesrat weist darauf hin, er habe auf Grund der Erkenntnisse der Verfassungsschutzbehörden von Bund und Ländern die Überzeugung gewonnen, dass es sich bei dieser Vereinigung um eine verfassungswidrige Partei handele. Die NPD sei eine Partei, die nach ihren Zielen und dem Verhalten ihrer Anhänger darauf ausgehe, die freiheitlich demokratische Grundordnung zu beeinträchtigen und sogar zu beseitigen. Der Bundesrat halte deshalb ein Verbot der NPD für erforderlich.

Die 1964 in Hannover gegründete NPD habe sich von einer extrem nationalistischen Partei zu einer neonazistisch, rassistisch und antisemitisch orientierten rechtsextremistischen Partei entwickelt, die ihre Ziele in zunehmendem Maße aktiv kämpferisch und aggressiv zu erreichen versuche. Ihre schon immer bestehende verfassungsfeindliche Zielsetzung, die das Bundesverfassungsgericht bereits mittelbar bestätigt habe, werde zunehmend nicht nur mit verbaler Aggressivität, sondern teilweise auch unter Anwendung oder zumindest Duldung physischer Gewalt bekräftigt. Die Feststellung der Verfassungswidrigkeit der NPD mit der Folge des Verbots dieser Partei sei deshalb das angemessene Mittel, um den von dieser Partei ausgehenden Gefahren für die freiheitlich demokratische Grundordnung zu begegnen. Mildere Maßnahmen zur Abwehr der Gefahren für unsere Demokratie seien nicht ersichtlich. Insbesondere ist es aus der Sicht des Bundesrates nicht ausreichend, die bisher geführte geistig-politische Auseinandersetzung mit der NPD fortzusetzen und darüber hinaus lediglich das ansonsten bestehende rechtliche Instrumentarium des Versammlungs- und Strafrechts auszunutzen. Veranstaltungen der NPD seien Kulminationspunkte der gewaltorientierten Skinheads. Diese gäben den Veranstaltungen der NPD ein martialisches Aussehen, das von der Führung der NPD nicht nur akzeptiert, sondern auch gewollt werde. Die Skinheads wirkten bei diesen Veranstaltungen ähnlich der früheren SA als eine Art Veranstaltungs- oder Saalschutz. Führungspositionen der NPD und ihrer Jugendorganisation Junge Nationaldemokraten würden in den letzten Jahren zunehmend mit früheren Funktionären von verbotenen neonazistischen Organisationen besetzt. Sie hätten ihre neonazistischen Vorstellungen in die NPD hineingetragen, die Führung der NPD habe sie bereitwillig aufgenommen.

In ihren Äußerungen verbreite die NPD Ansichten, die mit der freiheitlich demokratischen Grundordnung in keiner Weise vereinbar seien. Die NPD wolle die Wertordnung der freiheitlich demokratischen Grundordnung insgesamt beseitigen, orientiere sich an den Ideen des völkischen Kollektivismus, äußere sich antisemitisch, rassistisch und fremdenfeindlich. Sie stelle den Parlamentarismus als Grundvoraussetzung der Demokratie in Frage. Die NPD lasse darüber hinaus eine Wesensverwandtschaft mit dem Nationalsozialismus erkennen. Ihre Agitation und ihre Aktionen verstießen vielfach gegen den Grundsatz der Völkerverständigung. Die NPD wolle letztlich einen anderen Staat, in dem die Grundsätze der freiheitlich demokratischen Grundordnung nicht mehr gelten. Diese Zielsetzung wolle sie in aktiver kämpferischer und aggressiver Weise verwirklichen. Die Voraussetzungen für die Feststellung der Nationaldemokratischen Partei Deutschlands als verfassungswidrig seien deshalb gegeben.

## Die Stellungnahmen der NPD zu den Verbotsanträgen

### Zusammenfassende Einschätzung

Die NPD hat die Rechtsanwälte Horst Mahler und Dr. Hans Günter Eisenecker mit ihrer Verteidigung vor dem Bundesverfassungsgericht beauftragt. Wieweit sie damit eine gute Wahl getroffen oder sich vielmehr einen Bärendienst erwiesen hat, wird sie selber am besten einschätzen können – jedenfalls geht Horst Mahler in seiner inhaltlichen Argumentation häufig weit über sonstige programmatische Äußerungen der NPD hinaus und verstärkt damit geradezu den Tenor der Verbotsanträge. Möglicherweise liegt dies aber auch durchaus im politisch-inhaltlichen Interesse der NPD.

## Erwiderung der NPD auf den Verbotsantrag der Bundesregierung

Diese Erwiderung reichte Horst Mahler am 20. April beim Bundesverfassungsgericht ein. Nur nebenbei sei bemerkt, dass beide Seiten Daten für ihre Anträge gewählt haben, die Symbolkraft besitzen: die Bundesregierung den 30. Januar – »die Machtergreifung« Hitlers – Horst Mahler den 20. April – Hitlers Geburtstag. Zufall?

In der juristischen Kurzfassung beantragt Mahler, »den Antrag der Bundesregierung zum Hauptverfahren nicht zuzulassen«. Die Begründung dazu umfasst mit diversen Anhängen mehrere hundert Seiten und kann unter *www.npdprozess.de* eingesehen werden.

In den ersten kurzen Absätzen der Begründung stellt Mahler die Beweggründe für den Verbotsantrag der Bundesregierung so dar (wir zitieren – auch bei folgenden Zitaten – in seiner Schreibweise):

»Die Antragstellerin mißbraucht ihr Antragsrecht, um die Antragsgegnerin als Konkurrentin der derzeitig im Bundestag vertretenen Parteien auszuschalten.

Der Verbotsantrag dient nicht dem Schutz der freiheitlich-demokratischen Grundordnung, sondern dem Schutz einer gescheiterten Politik. Die Multiethnisierung der Bevölkerung in der Mitte Europas soll als nicht mehr debattierbares Schicksal unseres Volkes hingenommen werden.

Die dem Gericht von der Antragstellerin unterbreiteten Ermittlungsergebnisse ergeben keine hinreichenden Anhaltspunkte für ein Verbot.

Die Bestrebungen, die Antragsgegnerin zu verbieten, sind im Zusammenhang mit einer intensiven Medienkampagne zu sehen, die die Vorstellung vermittelt hat, daß der erwachende Wille zum Deutschtum sich in der Jugend als aggressive Ablehnung der im Grundgesetz vorgegebenen politischen Formen und in Gewaltbereitschaft zeige.

Diese Vorstellung entspricht nicht den Tatsachen. Das Verbotsverfahren wird die Nagelprobe darauf sein, ob das Recht sich gegen manipulative Berichterstattung behaupten kann oder bereits das Opfer einer offensichtlich unkontrollierbaren und unverantwortlichen gesellschaftlichen Nebengewalt geworden ist.

Inwieweit die Geheimdienste – nicht nur die der Bundesrepublik – durch Provokationen und agents provocateurs an der Erzeugung spektakulärer ›Gewalttaten‹ beteiligt sind, um Deutschland in Verruf zu bringen und die Bereitschaft zur Preisgabe rechtsstaatlicher Standards (›Stunde der Repression‹, ›Aufstand der Anständigen‹ – G. Schröder) hervorzurufen, wird zu gegebener Zeit mit entsprechenden Beweisanträgen beleuchtet werden.

Die Antragsgegnerin steht im Mittelpunkt dieser Verunglimpfungs- und Repressionsstrategie, weil sie offensichtlich die einzige politische Partei ist, die von der überwiegenden Mehrheit der deutschbewußten Jugend akzeptiert und demnächst auch gewählt werden wird.«

### »Fremdherrschaft über das deutsche Volk«

Wesentlich ausführlicher breitet Mahler danach seine ständig wiederholte und variierte These aus, dass das »Deutsche Volk« von den Siegermächten des Zweiten Weltkriegs – allen voran die USA – »zerstört« werden soll:

»Jene Kräfte, die die Wiederbelebung des Deutschtums unter allen Umständen verhindern wollen – aus welchen Gründen auch immer –, fordern eben deshalb das Verbot der Antragsgegnerin, weil ihnen die Durchsetzung dieses nationalen Zieles schlechthin ein Greuel ist, egal, ob dieses auf friedlichem Wege oder durch einen gewaltsamen Umsturz erreicht werden soll. Sie sind in Wahrheit die Feinde der Volkssouveränität sowie der freiheitlichen demokratischen Grundordnung. Sie sind – objektiv – die Gehilfen einer Fremdherrschaft über das deutsche Volk. (...)«

Weiter wird ausgeführt, dass die NPD letztlich als einzige Partei dazu entschlossen sei, diese »Fremdherrschaft« auf friedlichem Wege abzuschütteln:

»Diese Entschlossenheit gründet sich auf die Überzeugung, daß der gewalttätige Protest sowohl das deutsche Volk in Bürgerkriegsfronten zerteilt, als auch Wasser auf die Mühlen der antideutschen Propaganda ist, die die Seelen der Deutschen zerstört.

Wenn es eine Chance gibt, den wachsenden Unmut der deutschwilligen Deutschen über ihre anhaltende Demütigung und Erniedrigung in friedliche Bahnen zu lenken, dann nur mit der Antragsgegnerin und nicht gegen sie. (...)

Die Antragsgegnerin stemmt sich mit all ihren Kräften gegen den aus dem Selbsthaß aufsteigenden Willen zur Auslöschung des deutschen Volkes. Das ist der tiefere Grund, warum sie verfemt und verfolgt wird. (...)«

Und schon ist Mahler bei seinem Lieblingsthema, nämlich der Interpretation der deutschen Geschichte im 20. Jahrhundert, die sich ihm folgendermaßen darstellt:

»Ein Volk, das in geschichtliche Katastrophen nie dagewesenen Ausmaßes verwickelt war, mit Schuldzuweisungen, die jeden einzelnen Angehörigen dieses Volkes in die Verantwortung zitieren, nun schon fast ein Jahrhundert lang in gebeugter Haltung auf den Knien zu halten, ist in der Weltgeschichte ohne Beispiel. Zugrunde liegt die aggressive Leugnung der Annahme, daß auch diese Menschheitskatastrophen im göttlichen Willen geborgen seien. (...)

Heute stellt sich die Frage, ob nicht in der Zeit zwischen den beiden Weltkriegen des 20. Jahrhunderts geschichtliche Formierungskräfte auf das Deutsche Reich einwirkten, die nach menschlichem Ermessen auch durch eine ideale Reichsverfassung nicht zu bändigen gewesen wären. Nach einem halben Jahrhundert weitet sich jetzt der Horizont. In ihm tauchen die USA und die Sowjetunion als Weltmachtprätendenten auf, deren vitale Interessen darauf gerichtet waren, das Deutsche Reich als Machtfaktor aus der Geschichte zu eliminieren. (...)

Das Geheimnis des Erfolges von Adolf Hitler ist nicht in der nationalsozialistischen Ideologie, auch nicht in dem Programm der NSDAP zu suchen, sondern in der besonderen Gabe dieses Mannes, den Herzenswunsch der Deutschen nach einem Leben in Unabhängigkeit und in Würde zu erfassen und zu einer politischen Gestalt zu formen. (...)«

Diesen »Herzenswunsch der Deutschen«, den Hitler zu einer »politischen Gestalt zu formen« vermochte, erfülle die Bundesregierung nicht nur nicht – sie verfolge vielmehr geradezu teuflische Pläne:

»Der von der Regierung forcierte Prozeß der Multhiethnisierung Deutschlands kann auch aufgefaßt werden als eine bewußte Politik zur Beeinträchtigung des Bestandes des Deutschen Volkes. Zieht man als weiteren Aspekt die Politik der ›Umerziehung‹ der Deutschen in Betracht, die uns den Gedanken einprägen soll, wir seien das Volk der ›Täter von Auschwitz‹ (...), so erscheint die These vertretbar, daß das Deutsche Volk gegenwärtig Opfer eines Völkermordes im Sinne des § 220 a Abs. 1 Nr. 2, 2. Alternative StGB ist: Es sind Kräfte am Werke, die ›in der Absicht, eine nationale, rassische, religiöse oder durch ihr Volkstum bestimmte Gruppe (das Deutsche Volk) als solche ganz oder teilweise zu zerstören, Mitgliedern der Gruppe (hier insbesondere der der ›Umerziehung‹ zwangsweise ausgesetzten Jugend unseres Volkes ) schwere seelische Schäden zufügen‹.

Es dürfte deutlich geworden sein, daß der Angriff der Antragstellerin auf das »lebensrichtige Menschenbild« sich mit einem Hirngespinst befaßt. Ihre Argumentation verdeutlich, daß sie von einem Denken geprägt ist, das eine Politik zur Folge hat, die auf eine Auslöschung des Deutschen Volkes hinausläuft. (...)

Der Gesetzgeber bzw. die Regierung mögen sich einbilden, daß es in ihrer Macht liege, durch derartige Mittel den Selbstbehauptungswillen der Deutschen, die es noch sein wollen, ohne die Gefahr der

Selbstzerstörung der Verfassung aus dem grundgesetzlich gehegten politischen Raum heraushalten zu können. Die Folge aber kann sein, daß sich der Selbstbehauptungswille – wie Helmut Schmidt vorausgesagt hat – mit elementarischer Gewalt Bahn bricht, und alle Rechtsinstitute, die der Sicherung des staatlichen Gewaltmonopols dienen, in blutigen ethnischen Konflikten und schließlich in einem Befreiungskrieg untergehen. Denn alle Gewalt geht vom Volke aus und nicht von der Verfassung, die sich dieser Gewalt verdankt. (...)«

### »Die Judenfrage« und der »Geist der Germanen

Um den Vorwurf des Antisemitismus zu entkräften, bemüht Mahler gleich die ganze Geschichte der Neuzeit und darin vor allem den Kampf zwischen dem »jüdischen Geist« und dem »Geist der Germanen«, der in der Vergangenheit »zum feindlichen – und wie sich letztlich gezeigt hat: zum tödlichen – Gegensatz« geworden sei. Allerdings hat nach seiner Auffassung der »jüdische Geist« den Sieg davongetragen, wenn auch, davon ist Mahler überzeugt, nur vorläufig.

»Aus der leidvollen Geschichte der neuzeitlichen kolonialen Eroberungen, in deren Verlauf

• die Bevölkerungen ganzer Kontinente ausgerottet wurden,

• Millionen und Abermillionen Menschen schwarzer Hautfarbe in die Sklaverei verschleppt wurden,

• die farbigen Völker, die größer waren als die erobernden Nationen, militärisch unterdrückt, kulturell gedemütigt und wirtschaftlich ausgebeutet wurden,

• schließlich im Hinblick auf die grausame Verfolgung jüdischer Menschen durch die Regierung Adolf Hitlers ist endlich die Erkenntnis erwachsen, daß derartige Verhaltensweisen zu ächten und als Verbrechen zu ahnden seien.

Die Antragsgegnerin teilt aus innerster Überzeugung diese Erkenntnis. (...)

Es mag unterschiedliche Gestalten des Judenhasses geben. Hier interessiert nur jene, die in Germanien, insbesondere im Deutschen Reich geschichtsmächtig geworden ist.

Diese Gestalt des Judenhasses – so lautet die nachfolgend zu begründende These – ist aus der Einwirkung des jüdischen Geist auf den Geist der Germanen hervorgegangen, der letzterer – vorläufig – erlegen ist. (...)

In der Berührung bewirkt der jüdische Geist die vollständige Entheiligung der germanischen Welt: im Geistigen den Atheismus, in der bürgerlichen Gesellschaft die grenzenlose Käuflichkeit. (...)«

Nunmehr gelte es, die Auseinandersetzung von der materiellen auf die geistige Ebene zu verlagern – und genau dies sei das Bestreben der NPD, die sich darin fundamental von der NSDAP unterscheide; dennoch sei es aber falsch, Fragen und Antworten, die die Nationalsozialisten gestellt und gegeben hätten, pauschal zu verurteilen, vielmehr gebe es darin viel Wertvolles.

»Indem gegenwärtig jegliches Nachdenken über die Judenfrage als Äußerung von ›Antisemitismus‹ geächtet ist, verkehren sich die Verhältnisse abermals in die falsche Richtung: Die Judenverfolgung wird zur Verfolgung – zuerst des deutschen Geistes, dem ›Wesensverwandtschaft mit dem Nationalsozialismus‹ nachgesagt wird; dann der Deutschen ›die es noch sein wollen‹ selbst.

Der tödliche Kampf des Germanentums gegen das Judentum und jetzt des Judentums gegen das Germanentum kann nur von diesem Entstehungsgrund her verstanden werden, und nur wenn er verstanden ist, verlagert sich der Kampfplatz von der materiellen Ebene – wo Menschen eingekerkert werden und sterben – auf die Ebene des Geistes, wo den Kämpfenden das würdige Leben, die Freiheit winkt. (...)

Der Haß gegen die Juden geht nicht von einer bestimmten Partei oder von einer anderen identifizierbaren Gruppierung aus. Er wird aus der Gesellschaft in diese Organisationen hineingetragen.

Die Antragsgegnerin ist sich bewußt, daß der Judenhaß dem Deutschen Volk zum Verhängnis geworden ist. Ihr zu unterstellen, sie wolle diesen Irrlauf der deutschen Geschichte wiederholen, ist abwegig.

Es war die erklärte Politik des Parteivorsitzenden Udo Voigt, jegliche Erörterung der Judenfrage in der Partei zu unterbinden. (...)

Wenn in ihren Reihen oder bei ihren Anhängern tatsächlich antisemitische Äußerungen vorgefallen sein sollten, so spiegeln diese nicht die Willensrichtung der Partei. Vielmehr handelt es sich dabei um Entgleisungen einzelner.

Es bleibt aber festzuhalten, daß die Judenfrage als geschichtliches, geistiges und politisches Phänomen nicht tabuisiert und so der öffentlichen Erörterung entzogen werden darf. Es sind gerade auch Juden, die vor den Folgen einer solchen Politik warnen. (...)

Das Wesen des historischen Nationalsozialismus ist das Ganze seiner Gestalt, wie sie sich insbesondere in den Jahren 1933 bis 1945 gezeigt hat. Diese Gestalt ist vergangen. Angesichts völlig andersgearteter Umstände in der Gegenwart ist nichts denkbar, was sich heute als Verwandtschaft zu jenem Wesen darstellen ließe. Viele Fragen aber, die die NSDAP in der Zeit, da sie von der Geschichte gestellt waren, aufgegriffen hatte, sind noch nicht beantwortet. Niemand darf gezwungen werden, auf ihre Erörterung und ggf. auf die Beantwortung deshalb zu verzichten, weil diese Fragen auch die Nationalsozialisten umgetrieben haben. Einem freien Volk muß es erlaubt sein, zu untersuchen und öffentlich zu erörtern, ob die eine oder andere Antwort, die die Nationalsozialisten gefunden haben, nicht in heutiger Zeit aufgenommen und fortgeführt werden sollte. (...)«

### »Hasspropaganda« gegen junge Deutsche

Den Hauptvorwurf der Bundesregierung, die NPD arbeite mit gewaltbereiten Skinheads und Straftätern zusammen, konterkariert Mahler mit dem pädagogischen Auftrag der Partei, den nur sie erfüllen könne – ein Argument, das auch in der Erwiderung Eiseneckers auf den Verbotsantrag des Bundesrates großen Raum einnimmt und mit dem die NPD sich als Ordnungsmacht anbietet, wenn auch mit einem gewissen drohenden Unterton:

»Im Zentrum der Medienkampagne gegen die Antragsgegnerin steht der Vorwurf, diese würde mit gewaltbereiten ›Skinheads‹ (auf deutsch: Glatzen) und mit Straftätern zusammenarbeiten. (...)

Die Antragsgegnerin sieht in diesen jungen Menschen Angehörige des Deutschen Volkes, die durch die ›deutschen Zustände‹ in einer Weise gezeichnet sind, daß sie eher dem Bild des ›häßlichen Deutschen‹ entsprechen. Sie ist aber überzeugt, daß sich bei vielen dieser Jugendlichen die Protesthaltung im Verlauf der weiteren Persönlichkeitsentwicklung in die Bereitschaft zu politischem Einsatz für das Gemeinwesen verwandeln läßt, wenn die Partei auf diese Jugendlichen zugeht.

Sie tut das nicht mit dem Anspruch an diese Menschen, anders zu sein als sie sind. Vielmehr wird die Berührung gesucht in einer Atmosphäre der wechselseitigen Anerkennung frei von den gesellschaftlich verordneten Distanzierungszwängen. Gesucht wird der kleinste gemeinsame Nenner in der öffentlichkeitswirksamen Aktion, weil die dabei zu sammelnden Erfahrungen emotionale Brücken darstellen, über die sich bei konsequenter Vermeidung jeglicher Bevormundung geistige Inhalte transportieren lassen, die das Interesse an politischer Bildung wecken können. Auf diese Weise findet eine Hinführung dieser Menschen zu den Zielen der Partei und den sie begründenden Vorstellungen statt.

Es ist menschenverachtend, wie die Antragstellerin dieses pädagogische Verhalten der Antragsgegnerin jetzt als Verbotsgrund gegen diese wendet. Es wird mit der geeigneten Medienunterstützung das Schreckensbild der ›Skinheadszene‹ aufgerichtet. Die durch ihr Äußeres dieser Szene zugerechneten jungen Menschen werden durch Haßpropaganda aus der menschlichen Gemeinschaft ausgegrenzt, zu Unberührbaren erklärt. (...)«

## Erwiderung der NPD auf den Verbotsantrag des Bundestages

Anders als bei seiner Erwiderung vom 20. April geht Horst Mahler bei seiner Stellungnahme zum Verbotsantrag des Bundestages – eingereicht am 30. Mai 2001 – schwerpunktmäßig auf verfassungs- und völkerrechtliche Fragen ein, die ihn zu weit gehenden Schlüssen führen. Gleichzeitig versucht er, den Spieß umzukehren und die regierenden Parteien als die eigentlichen Verfassungsfeinde anzuprangern:

»Es wird deutlich, daß der Bundestag bemüht ist, bestimmte Stellungnahmen zu Problemen, die weit über die Anhängerschaft der Antragsgegnerin hinaus heiß umstritten sind, aus der Willensbildung des Deutschen Volkes herauszuhalten. Wer ist da wohl der Verfassungsfeind?

Die tabuisierten Bezirke umfassen alle Fragen, die um Deutschland als Nationalstaat der Deutschen und um das Deutsche Volk im Sinne einer durch gemeinsame Abstammung bestimmte Lebens- und Schicksalsgemeinschaft kreisen. Die Art und Weise, wie die Antragsteller jetzt das Grundgesetz gegen die Antworten der Antragsgegnerin auf diese Fragen in Stellung bringen, läßt aufhorchen. (...)«

### Ist das Grundgesetz selber verfassungswidrig?

Diese Frage stellt sich Horst Mahler nicht wirklich – für ihn ist es klar, dass das Grundgesetz grundlegende Mängel aufweist und zudem in erster Linie als Instrument des Siegerwillens über das nunmehr »wehrlose Deutsche Volk« zu sehen ist:

»Damit ist ein Streit um den Wesensgehalt des Grundgesetzes offen ausgebrochen. Ist dieses Ausdruck des Willens der westlichen Siegermächte oder des Deutschen Volkes? Das ist die Frage.

Diese Streitfrage ist schon im Text des Grundgesetzes selbst aufgeworfen: In der Präambel wird – wahrheitswidrig – behauptet, daß sich das deutsche Volk in den Ländern der westlichen Besatzungszonen ›kraft seiner verfassunggebenden Gewalt‹ dieses Gesetz gegeben habe. In Art. 146 GG wird dagegen – wahrheitsgemäß – zum Ausdruck gebracht, daß das Grundgesetz nicht eine Verfassung ist, ›die von dem deutschen Volke in freier Entscheidung beschlossen worden ist‹. (...)

Die Entstehung des Grundgesetzes aus dem Willen der westlichen Siegermächte ist offenkundig. Die in einer Zwangslage handelnden Mitglieder des Parlamentarischen Rates hatten mit Art. 146 GG einen Weg gefunden, sich von diesem Gesetzeswerk innerlich zu distanzieren. (...)

Nichts spricht ... dafür, daß das Grundgesetz den Deutschen von den Westmächten ›gewährt‹ wurde als Zeichen der Achtung vor und zur Wahrung der nationalen Identität des Deutschen Volkes. Plausibler ist es, daß es von den Siegern mit dem geheimgehaltenen Vorbehalt auferlegt worden ist, im Bedarfsfalle die richterliche Auslegung der unbestimmten Rechtsbegriffe durch langzeitlich wirkende pädagogische und mediale Beeinflussung unmerklich so zu dirigieren, daß die Grundrechte und die Institutsgarantien des Grundgesetzes zum Säurebad werden, in dem sich das Deutsche Volk auflöst. Wäre nicht erst dieses Ergebnis die Endlösung der ›Deutschen Frage‹? (...)«

Eindeutiger als zuvor nimmt Mahler auch zu der »Wesensverwandtschaft« zwischen NPD und NSDAP Stellung, die er gar nicht abstreiten, sondern vor allem unbelastet von juristischen und Denkverboten diskutiert sehen will.

»Die Antragsteller wüten gegen den Begriff ›Volksgemeinschaft‹. Bei aller Gegensätzlichkeit ergibt sich auch immer Gemeinsamkeit. Diese besteht hier in der Übereinstimmung darin, daß die Idee der Volksgemeinschaft für den Nationalsozialismus – hier als Volksbewegung verstanden – wesensbestimmend war und für die Antragsgegnerin gleichfalls im Mittelpunkt aller Überlegungen zur Neugestaltung Deutschlands steht.

Die Frage stellt sich, ob es dieser Wesenskern des Nationalsozialismus ist, gegen den das Konzept der ›wehrhaften Demokratie‹ – die nicht wirklich demokratisch ist – entwickelt worden ist. Wollte man sie mit ›ja‹ beantworten, wäre sogleich zu fragen, wessen Interessen dadurch befördert werden. Die Antwort auf diese Frage wird – auch ganz unabhängig vom Ausgang des Verbotsverfahrens – vom Deutschen Volk gefunden werden. Sie wird die Bundesrepublik Deutschland in eine tiefe Identitätskrise stürzen. (...)

Das Ergebnis des vergleichenden Verfahrens, welches der Bundestag angewandt sehen will, kann bestenfalls die Feststellung sein, daß das Programm der Antragsgegnerin in wesentlichen Punkten mit dem Programm der NSDAP übereinstimme. Doch was folgt daraus für das Verbotsverfahren?

Ist das Programm der NSDAP der vergiftete Apfel, so daß derjenige sterben muß, der davon ißt? Wie ließe sich das ›rational‹ begründen? (...)

Die damals im Deutschen Volke mächtige Sehnsucht nach einer solidarischen Volksgemeinschaft war ein Moment der weltweiten revolutionären Bewegung gegen den Liberalkapitalismus. Diese Sehnsucht ist als solche ohne Makel, auch wenn sie von Hitler propagandistisch für andere, verbrecherische Zwecke ausgebeutet worden sein sollte. (...)«

### »Auslöschung des Deutschen Volkes«

Letztendlich hat nach Mahler die Ächtung des Nationalsozialismus hauptsächlich den Zweck, das »Deutsche Reich auf ewig zu zerstören« und das »Deutsche Volk ... auszulöschen«. Dies werde aber nicht gelingen.

»Da die grobstofflich-militärische Niederlage des Deutschen Reiches und die Besetzung seines Territoriums erst die idealen Voraussetzungen für den Einsatz der spirituellen Waffensysteme schuf, ist ohne weiteres zu vermuten, daß die Kampfhandlungen gegen das nun wehrlose Deutsche Volk über den 8. Mai 1945 hinaus anhalten mit dem Ziel, dieses Volk – unter weitgehender Vermeidung der physischen Liquidation seiner Menschen – auszulöschen. (...)

Die Hypothese, daß die internationale Macht des Geldes sich von den Kräften, die sich in der Deutschen Revolution von 1933 wirkmächtig zeigten, existentiell bedroht fühlte und sich dieser Gefahr durch einen totalen, auf die bedingungslose Kapitulation und auf die endgültige Zerschlagung des Deutschen Reiches zielenden Krieg entledigen wollte, ist ernsthaft in Erwägung zu ziehen. Dieses Motiv führte dem Willen, das Deutsche Reich auf ewig zu zerstören, weitere Kräfte zu (...)

Der Antrag des Bundestages, die NPD wegen Wesensverwandtschaft mit dem Nationalsozialismus zu verbieten und aufzulösen, gereicht den Parteien, die diesem Antrag zugestimmt haben, zur Schande. Der Antrag wird im Namen des Deutschen Volkes kraft seiner Souveränität zurückzuweisen sein, damit dieses Volk endlich frei über die Geschichte des 20. Jahrhunderts sprechen und seine Lage erkennen kann.«

## Exkurs: »Skizzen für eine Reichsordnung«

Zur Verdeutlichung dessen, was Horst Mahler statt der gegenwärtigen Bundesrepublik vorschwebt, seien hier einige Absätze aus seinen »Skizzen für eine Reichsordnung« von 1999 zitiert:

**»Kontinuität des Reiches**

Das Deutsche Reich ist mit der bedingungslosen Kapitulation der Deutschen Wehrmacht am 8. Mai 1945 nicht untergegangen. Die Übernahme der obersten Regierungsgewalt über Deutschland durch die Oberbefehlshaber der Streitkräfte der Vereinigten Staaten von Amerika, der Union der Sozialistischen Sowjetrepubliken, des Königreiches Großbritannien und Frankreichs am 5. Juni 1945 und die gewaltsame Beseitigung seiner Organe hat das Deutsche Reich handlungsunfähig gemacht. Mit dem Inkrafttreten dieser Reichsordnung ist die Handlungsfähigkeit des Deutschen Reiches wiederhergestellt.

**Die Deutschen bilden eine Volksgemeinschaft**

Die Deutschen begreifen sich als fortwährende, durch Abstammung, gemeinsames Schicksal, einheitliche Sprache und deutsche Kultur begründete Gemeinschaft der Freien, als ein Volk mit vorwiegend germanischer Prägung.

Im Gedanken der Gemeinschaft der Freien liegt, daß der Einzelne seine je besonderen Interessen nur als Glied einer Gemeinschaft betätigen kann, in der alle frei sind, die sich im Wissen darum dem Gemeinwesen verantwortlich fühlen und danach handeln.

Träger des Reiches ist die Volksgemeinschaft der Deutschen.

Die anderen germanischen Völker können dem Reich als Schutz- und Trutzgenossen beitreten.

**Reichsterritorium und Hoheitsgebiet**

Das Deutsche Reich ist die umfassende politische Einheit des deutschen Volkes in den Grenzen vom 31. August 1939. Die Ausübung seiner Hoheitsgewalt ist bis zu einer mit den betroffenen Nachbarstaaten friedlich vereinbarten Änderung des gegebenen Zustandes auf das Territorium der Bundesrepublik Deutschland beschränkt. (...)

**Reichs- und Staatsangehörigkeit**

Die Reichs- und Staatsangehörigkeit bestimmt sich nach dem Reichs- und Staatsangehörigkeitsgesetz vom 22. Juli 1913 in der Fassung vom 5.11.1923 mit der Maßgabe, daß Abkömmlinge deutscher Mütter, die mit einem Ausländer verheiratet sind/waren, einen auf fünf Jahre seit Inkraftsetzung dieser Reichsordnung befristeten Anspruch auf Einbürgerung haben, es sei denn, daß die Mutter im Zeitpunkt der Geburt ihren Wohnsitz oder ständigen Aufenthalt im Ausland hatte und ihr Abkömmling nicht als Deutscher erzogen worden ist. (...)

**Parteienverbot**

Politische Parteien sowie alle Vereinigungen, die darauf gerichtet sind, Wahlämter durch ihre Mitglieder, Anhänger oder Unterstützer zu besetzen und/oder auf die Entscheidungen und Handlungen von Amtsträgern Einfluß zu nehmen, sind verboten.

Wer sich um ein durch Wahlen zu besetzendes Amt bewirbt, darf keine Aussagen über seine Absichten – insbesondere keine Wahlversprechen – machen, wohl aber in feierlicher Form Erklärungen über seine Grundsätze abgeben, die für seine Amtsführung und für die Beurteilung seiner Eidestreue bestimmend sein sollen. (...)

**Der Kaiser der Deutschen**

Oberstes Organ des Reiches ist der Deutsche Kaiser. Er steht – wenn es um die Abwendung schwerer Not und Gefahr für das Reich geht – über dem Gesetz. Der Kaiser darf gesetzwidrige Handlungen aber nur im Einvernehmen mit dem Reichsrat setzen. Nach behobener Krise hat er öffentlich Rechenschaft zu geben, es sei denn, daß der Reichsrat dagegen Bedenken anmeldet. (...)«

Bereits diese kurzen Passagen belegen mehr als deutlich, dass zumindest Horst Mahler persönlich wirklich einen ganz anderen Staat haben will – Kaiser inklusive. Da auf das »Reich« in der Programmatik und Propaganda aller »nationalen Kräfte« immer wieder Bezug genommen wird, ohne dieses näher zu beschreiben, sind Mahlers »Skizzen« der einzige konkrete Anhaltspunkt dafür, womit wir zu rechnen hätten, wenn die NPD tatsächlich die von ihm herbeifantasierte Mehrheit erreichen würde.

Abrufbar sind die »Skizzen« mit diversen umfangreichen Kommentaren, Anhängen und ständig neu hinzugefügten neuen Thesen auf Mahlers Homepage *www.deutsches-reich.de/hm*, die wir hier ausnahmsweise weiterempfehlen, damit jeder sich einen eigenen Eindruck von den Hirngespinsten dieses NPD-Anwalts verschaffen kann. Horst Mahler schätzt seine Wirkung auf Dritte in seiner Einleitung selber folgendermaßen ein:

»Die Sprechweise, die ich für die nachfolgenden Skizzen für eine Neue Reichsordnung gewählt habe, ist nicht jedermanns Sache. Sie löst unbewußte Abwehrreflexe aus. Diese erweisen sich bei näherem Hinsehen als verinnerlichte Diktaturgewalt der Anti-Religion des ›wissenschaftlichen Weltbildes‹. Wie tief diese dem Geist angetane Gewalt wirkt, zeigt sich in dem Umstand, daß auch wohlmeinende Zeitgenossen mich warnen, ich würde mich mit der Forderung nach einem neuen Kaisertum der Lächerlichkeit preisgeben. Sie wollen über das Interesse, das für seine Zwecke sich dieser Waffe bedient, gar nicht erst nachdenken – so sehr fürchten sie die Lächerlichkeit, die in meiner Nähe auf sie selbst abstrahlen könnte. (...)«

Wieweit Visionen wie die von Horst Mahler nicht auch ernstere Folgen nach sich ziehen könnten als nur Lächerlichkeit, möge der geneigte Leser selber einschätzen. Nur am Rande: Junge Männer jedenfalls hätten sich auf einen dreijährigen Wehrdienst einzustellen (Verweigerung ausgeschlossen!), junge Frauen (außer Mütter!) auf eine zweijährige soziale Dienstpflicht – beides zudem als Voraussetzung für das Wahlrecht.

## Erwiderung der NPD auf den Verbotsantrag des Bundesrates

Auf den Antrag des Bundesrates antwortete NPD-Anwalt Dr. Hans Günter Eisenecker am 19. Juni 2001, offenbar weil Horst Mahler wegen der Beschlagnahmung seiner Unterlagen im Juni verhindert war (seine Stellungnahme war übrigens für den 22. Juni geplant – den 60. Jahrestag des Überfalls auf die Sowjetunion). Eisenecker distanziert sich in seiner Stellungnahme – nunmehr auf alle drei Anträge gemeinsam bezogen – zwar nicht explizit von der Argumentation Mahlers – vielmehr hebt er dessen profunde Kenntnis der Hegelschen Philosophie immer wieder lobend hervor –, dennoch kann man sich des Eindrucks nicht erwehren, dass er bemüht ist, eine gewisse »Schadensbegrenzung« zu erreichen.

»Alle drei Anträge zeigen, daß hier etwas zu Papier gebracht wurde, was davon gekennzeichnet ist, daß die Verfasser die Antragsgegnerin weder kennen noch ihre Haltung, ihr Denken und ihr Ethos, ihre Grundempfindungen verstanden haben. Und nur aus dieser Unkenntnis, diesem völligem Unverständnis heraus ist es erklärbar, daß man – a-priori – auf die NSDAP und auf deren Vorstellungsinhalte Rückgriff nimmt und dabei der Ansicht ist, etwas über die Antragsgegnerin auszusagen. (...)

Wenn der Antragsteller z.B. ausführt, daß sich die Antragsgegnerin Äußerungen von Mitgliedern, ja Anhängern und erst recht Beiträge in der Parteizeitung ›zurechnen‹ lassen müsse, so bedeutet die so bekundete Rechtsansicht im Umkehrschluß, daß eine Partei Redebeiträge oder Artikel in Parteizeitungen ›zensieren‹ müßte. Daß dies mit der innerparteilichen Demokratie gemäß Artikel 21 Absatz 1 GG unvereinbar ist, fällt dem Antragsteller nicht auf.«

## Die Wandlung der NPD

Die Wandlung der NPD beschreibt Eisenecker als notwendige Folge der Wandlung der anderen »konservativen« Parteien, nachdem diese sich von dem ehemals gemeinsamen »nationalen« Zielen abgewandt hätten, aber auch als positiven Reifungsprozess, den die Partei in erster Linie dem Wirken des jetzigen Parteivorsitzenden Udo Voigt verdanke.

»Solange in Deutschland (West) die Politik aus der Adenauer-Ära noch weitgehend von national gesinnten Politkern geprägt war, verteidigte die Antragsgegnerin diese Strömungen, sah sich als Bewahrerin derselben. Das verlieh ihr einen konservativen Zug. Heute sieht die Partei ihr Grundanliegen durch die im Vollzug begriffene westorientierte Politik der Schaffung einer sogenannten multikulturellen Gesellschaft als äußerst bedroht. (...)

In der Praxis führt diese Stellung der Partei in der politischen Landschaft seit den 70er Jahren schrittweise zu einem inneren Wandel. Vor dem Hintergrund, daß nationale Gesinnung bis in die 60er Jahre noch Allgemeingut der politischen Parteien der Bundesrepublik war, sah sich die Partei damals als eine Partei ›rechts der CDU/CSU‹. Da die Bundesrepublik den politischen Alleinvertretungsanspruch erhob, einen Verzicht auf die deutschen Ostgebiete ablehnte und im damaligen Gesellschaftsbewußtsein die DDR und die Sowjetunion als Verhinderer der Wiedervereinigung erschienen, übernahm die Parteiführung eine ›antikommunistische‹ Haltung und stellte sich so auf die Seite des ›Westens‹. (...)«

### Einbinden des Skinheadspektrums als pädagogische Aufgabe

Sehr ausführlich und mit dem Gestus des guten Onkels geht Eisenecker auf die Notwendigkeit ein, die junge Generation zu erziehen und vom falschen Weg der Gewalt abzubringen, indem sie in die Parteiarbeit eingebunden werde – denn der Vorwurf der Gewaltbereitschaft treffe die NPD vollkommen zu Unrecht. Die NPD sei vielmehr das eigentliche Opfer von Gewalt.

»Rational betrachtet betreibt die Antragsgegnerin im Rahmen ihrer Möglichkeiten Werbung im weitesten Sinne. Und Werbung für die eigenen Ziele, insbesondere Ansprache des eigenen Wählerpotentials und Ausrichtung dieser Menschen auf politikfähige Konzepte und Inhalte ist gerade der Auftrag, der einer politischen Partei verfassungsgemäß gegeben ist. Nun wirft die Antragsschrift der Antragsgegnerin vor, keine Abgrenzungsbeschlüsse mehr zu haben, sich nicht von sogenannten ›Neonazis‹, von ›Skinheads‹, von ›Gewaltbereiten‹, von strafrechtlich Vorbelasteten oder Vorbestraften usw. zu distanzieren. Es wird gegen die Antragsgegnerin der Vorwurf erhoben, daß sie diese Kreise für sich als Wählerschaft, Anhängerschaft und Feld der Mitgliederrekrutierung pflegt, daß sie insbesondere den Kontakt zu solchen Kreisen nicht abbricht, die sich angeblich zur NSDAP bekennen oder offen dieses Grundgesetz, die Grund- und Menschenrechte ablehnten. (...)

In erster Linie ist die Antragsgegnerin von der behaupteten und tatsächlichen Gewalt »betroffen«. Allerdings nicht auf der Täterseite, sondern auf der Opferseite. Die fraglichen Vorgänge spielen sich in ihrem Vorfelde ab, dem gesellschaftlich-meinungsmäßigen Bereich, der in das verfassungsrechtliche Wirkfeld (Artikel 21 Absatz 1 GG) der Antragsgegnerin fällt. Von daher fällt der Rufschaden bei der Antragsgegnerin an. Daß die Antragsgegnerin das aufgezeigte gesellschaftliche Problem bisher mit ihren Möglichkeiten nicht lösen bzw. auffangen kann, kann ihr nicht zum Vorwurf gereichen. Vom geistig-politischen Standort her kommt nur die Antragsgegnerin in Betracht, die Jugendszene, die mit der sogenannten ›rechten Gewalt‹ in Verbindung gebracht wird, als Partei im Rahmen ihres Auftrages gemäß Artikel 21 Absatz 1 Satz 1 GG in politisch konstruktive Bereiche zu kanalisieren. (...)

Von ihrer geistigen Basis her kann die Antragsgegnerin den aufgezeigten gefährdeten Kreisen Wege jenseits von Frustration und blinder Aktion aufzeigen, insbesondere also, wie man durch Schulung, Disziplin, Einbindung in eine Organisation und regelmäßige und langfristige Arbeit politisch wirken und etwas aufbauen kann. Ein Beispiel dafür ist die Parteiorganisation in Greifswald.

Aber auch ohne Integration oder direkte Führung durch die Partei zeigt gelegentliches Einbinden der fraglichen Kräfte, daß die Partei diese kanalisieren kann. So werden bei den zahlreichen Aufzügen und Kundgebungen der Antragsgegnerin auch ›Skinheads‹ im wesentlichen Anteil festgestellt. Durch Alkoholverbot und Einbindung ergeben sich mit diesem Personenkreis in keinen Falle Probleme – seit 1997, seitdem ›Skinheads‹ und Kameradschaften bei solchen Anlässen bei der Antragsgegnerin zu Gast sind. (...)«

## Die »Reichsidee« als Gegensatz zum »Hitlerismus«

Insbesondere sucht Eisenecker auch den Vorwurf der Wesensverwandtschaft mit der NSDAP zu entkräften – diese sei weder auf der geistigen Ebene gegeben, da die NSDAP nicht die Zeit gehabt habe zu reifen wie die NPD, und erst nicht auf der staatlich-politischen Ebene, da die NSDAP ein auf Gewaltausübung gerichtetes »Imperium« nach angelsächsischem Vorbild errichtet habe, die NPD dagegen ein »Reich« anstrebe, welches ein »ideeller, kultureller Begriff (sei), nicht ein staatlich-organisatorischer«.

»Wie man es als Ziel der Antragsgegnerin ausgeben kann, unter Gewaltanwendung den Gebietsbestand der Bundesrepublik ausweiten zu wollen, bleibt sachlich ohne Beleg und ist auch logisch nicht erfindlich. Die NPD hat sich – nicht zuletzt in ihrem Europaprogramm – für eine Berichtigung der Grenzen durch Rehabilitierung des deutschen Volkes und Reiches ausgesprochen, dies als eine Art der Wiederbesinnung Europas auf sein Wesen und die Quellen seiner kulturellen Kraft. (...)

Das Reich hingegen ist eine von innen heraus gewachsene und getragene Einheit. Im Reich drückt sich die gemeinsame Freiheit der Entfaltung in Wesensart, in Kultur, Wirtschaft, kurz in allen Bereichen des Lebens aus. Das Reich ist mithin – wie im Grunde die Wortbedeutung schon nahe legt – ein ideeller, ein kultureller Begriff, nicht ein staatlich – organisatorischer. Staat und Organisation sind erst zweckgebundene Folgen der Reichsidee, um die gemeinsame Freiheit in der allumfassenden Lebensgestaltung zu sichern. Die Antragsgegnerin folgt von ihrer Grundhaltung her der Reichsidee. Das Imperium ist der Antragsgegnerin – wie aus der dargestellten Wertehaltung folgt – fremd. Auch hier ein gravierender Unterschied zum Hitlerismus. (...)

Die vorstehende Erörterung verdeutlicht, daß das Führerprinzip, antidemokratische Grundhaltung wie antidemokratisches Denken in der NSDAP sehr wesentlich für deren Wesen wie für deren Erfolg waren. Da die NSDAP keine lange Zeit mangelnder öffentlicher Beachtung kannte, sondern ab Ende der 20er Jahre ihren Siegeszug antrat, konnte in der NSDAP kein innerer Reifeprozeß stattfinden, der das Führerprinzip hinterfragt und erkennt, daß dieses Prinzip, verbunden mit antidemokratischer Haltung zur Installierung einer Oligarchie/Diktatur führt, der eine Verwurzelung im Volkstum an sich auf Dauer fehlen muß. Die Erkenntnis, daß eine aus dem Wesen des Volkstums gestaltete Gesellschaftsordnung von innen heraus, aus dem Volke geschaffen sein muß und nicht die Tätigkeit einer Massenorganisation, die von einer Oligarchie geführt wird, konnte nicht Platz greifen.

Daß hier bei der Antragsgegnerin keine Vergleichbarkeit gegeben ist, bedarf im Grunde keiner Erläuterung. Die Faktoren, die die antidemokratische – autoritäre – militärische Einstellung bedingen, fehlen. Zukunftswille schöpft die Antragsgegnerin aus ihrer Grundhaltung. Und dazu zählt, daß die Zukunft des Volkes aus dem Volk heraus gestaltet werden muß, d.h. demokratisch. Für oligarchische oder gar diktatorische Ansätze fehlt bei der Antragsgegnerin jede gedanklichen Grundlage und auch die entsprechende Grundhaltung.

Ergebnis: Eine genau Betrachtung dessen, was für den Hitlerismus das Kennzeichnende war, zeigt deutlich, daß dieses besondere Wesen nicht im Nationalismus, in der Idee der zeitlos gültigen Werte oder in der Philosophie des deutschen Idealismus verankert ist. Es zeigt sich vielmehr, daß jene Momente, die den Hitlerismus prägen, mit den ideellen Grundlagen der Antragsgegnerin unvereinbar sind. Dies gilt auch für die von der NSDAP praktizierte Ablehnung der Selbstverwaltung des Volkes, insbesondere für das Führerprinzip.«

Bleibt zum Abschluss dieser zusammenfassenden Darstellung der bisherigen Argumentation der NPD-Anwälte vor dem Bundesverfassungsgericht nur festzustellen, dass es wohl nicht so einfach für sie werden dürfte, auf einen gemeinsamen Nenner zu kommen.

# B
# Dokumente aus dem Umfeld der NPD

*(Offizielle Dokumente der NPD selber werden im Hauptteil dieses Buches ausführlich angesprochen und eingeschätzt. Wir dokumentieren im Folgenden Auszüge aus einigen Papieren aus dem organisierten und »freien« Umfeld der NPD, auf die in diesem Buch, in den Verbotsanträgen und den Erwiderungen immer wieder Bezug genommen wird.)*

## Thesenpapier der »Jungen Nationaldemokraten«

### Vorwort

Die politisch-theoretischen Überlegungen unserer Organisation machten die Jungen Nationaldemokraten bereits in den 70er und 80er Jahren zur Speerspitze des nationalistischen Widerstandes. Anfang der 90er Jahre wurden diese Theorieaussagen in Thesenform erstmals auf eine wirklich umfassende Grundlage gestellt. Sie bilden seither ein in sich geschlossenes Welt- und Menschenbild. Allein schon der Umstand, daß heute, acht Jahre später, diese weltanschaulichen Grundsätze nichts von ihrer Kraft und Bedeutung verloren haben, bestätigt die seinerzeit leidenschaftlich geführte Aussprache, die eine Eigenständigkeit dahingehend entwickelte, daß der Nationalismus zwar der zentrale Dreh- und Ausgangspunkt all unserer Überlegungen blieb; er ist, allein für sich, jedoch eindeutig noch keine politische Theorie.

In einer Zeit, in der die Enteignung des Denkens, angesichts der gleichgeschalteten Massenmedien, weit fortgeschritten ist, haben die JN den Schritt gewagt und eine eigenständige DRITTE POSITION verfasst. Nach dem Zusammenbruch des Marxismus/Kommunismus als politische Anschauung (und Herrschaftssystem) und dem scheinbaren Sieg des Liberalismus/Kapitalismus, ist das Entstehen einer DRITTEN POSITION unvermeidlich geworden. Die JN können für sich in Anspruch nehmen, daß sie als erste Organisation bereits Ende der 80er Jahre zentrale Überlegungen dieser neuen Theorie ausarbeiteten. Die Grundgedanken dieser Thesen können für uns sicherlich als unumstößliche Wahrheiten gelten, zumindest, solange die Welt, wie wir sie kennen, Bestand haben wird. Einige Thesen allerdings werden unter Umständen noch gründlicher verfasst werden müssen.

Der Lesestoff der in den Thesen dargelegten Leitlinien unserer Weltanschauung, unseres Menschenbildes und unseres politischen Wollens, entbinden keine JN-Kameradin und keinen JN-Kameraden von der Verpflichtung, diese Gedanken weiter zu vertiefen. Diese ehrliche und durchdringende Auseinandersetzung mit den Belangen unseres Volkes schließt aber auch eine prüfende Betrachtung aller Standpunkte mit ein. Wir fordern Euch daher auf, auch künftig andere, begründete Sichtweisen an uns heranzutragen! Denn unser politisches Handeln bestimmt keine Abhängigkeit einer Glaubenslehre, sondern das Wohl unseres Volkes. Stets das richtige und notwendige für unser Volk zu tun, ist daher unser Bestreben.

*Für die Sache des Volkes!*
*JN-Thesenkommission, Juli 1998*

**Thesen zum Nationalismus**

1. Nationalismus ist das Streben der Völker nach Unabhängigkeit, Selbstbestimmung, Freiheit und Einheit. Er ist der Wille eines Volkes zur Selbstbehauptung und Selbstverwirklichung gegenüber fremden Anliegen und Machtansprüchen. Er ist die Besinnung eines Volkes auf seine eigenen Kräfte. Unabhängigkeit und Selbständigkeit sind die Voraussetzungen für den Erhalt der Eigenart eines Volkes. Die unabhängigen und selbstbewußten Völker, und nur diese, sind die Träger politischer Vorgänge und Antrieb geschichtlicher Entwicklungen. Eine Welt in der jedes Volk in seinem eigenen, unabhängigen, selbstbestimmten, freien und einigen Staat lebt, ist daher das vollkommene Ziel jedes Nationalisten. (...)

4. Das Nationalbewußtsein gründet sich auf der gemeinsamen, erlebten Abstammung, Überlieferung und der Lebensauffassung. Je größer der Teil eines Volkes, der sich seiner Nationalität bewußt ist, desto fortschrittlicher ist die Nation, der er angehört. Ein sich seiner selbst bewußtes Volk, das sich in einem unabhängigen Staat vereinigt, hat die höchste Form gemeinsamer Identität entwickelt.

5. Der Nationalismus ist nicht gleich mit Imperialismus; er ist vor allem dessen Gegenspieler: Sprenger multinationaler und kolo-

nialer Gefüge. Der Nationalismus bekämpft jedes Fremdherrschaftsstreben (Imperialismus), gleichgültig ob es militärische, wirtschaftliche, politische oder kulturelle Mittel benutzt. Der Nationalismus ist eine weltweite Notwendigkeit, und gemeinsames Anliegen aller unterdrückten, gespaltenen, ausgebeuteten und geknechteten Völker. Der gemeinsame Gegner der Völker ist der Imperialismus jedweder Art und Schattierung.

6. Der Nationalismus erkennt das wissenschaftlich erschlossene, neue Menschenbild an, und wird fortgestaltend neue Erkenntnisse in seine richtungsweisenden Aussagen einbeziehen. Dieses wissenschaftliche Menschenbild widerlegt die Grundthese der Internationalisten: Die angebliche Gleichheit aller Menschen. Diese Falschthese ist Voraussetzung für die Bevormundung, Beeinflussung und Entmündigung der Menschen. Die Unstimmigkeit zwischen Anspruch und Wirklichkeit internationalistischer Ideologien ist die eigentliche Ursache von Kolonialismus und Imperialismus. Der Gleichheitswahn des Internationalismus ist die Wurzel des heutigen Totalitarismus. Der internationalistische Entwurf der allgemeinen »Menschheit« ist eine unzulässige und nicht hinnehmbare Verallgemeinerung. Nicht »die Menschheit«, sondern die Welt der 1000 Völker ist Wirklichkeit!

7. Der Nationalismus bekämpft Liberalismus und Marxismus, weil beide Ideologien materialistisch und somit unmenschlich sind. Der Nationalismus bekämpft deshalb auch die Erscheinungsformen von Liberalismus und Marxismus: Kapitalismus und Kommunismus. Als die lebenstüchtigere und damit gefährlichere der beiden Ideologien hat sich jedoch der Liberalismus erwiesen. In den kommenden Jahrzehnten wird es deshalb unvermeidbar, noch stärker als bisher, zur Auseinandersetzung zwischen Nationalismus und Liberalismus in allen Bereichen kommen.

8. Da der Imperialismus der Großmächte und der multinationalen Konzerne sich der verschiedensten Mittel (Kriege, wirtschaftliche Ausbeutung, Umerziehung, Arbeitslager usw.) bedient, müssen auch die Mittel des nationalistischen Befreiungskampfes weltweit verschiedene sein.

9. Der Nationalismus erfaßt alle Gebiete der Politik. Hierbei ist die nationale Frage niemals losgelöst von sozialen, kulturellen und ökologischen Problemstellungen zu sehen. Alle politischen Herausforderungen können nur innerhalb eines eindeutigen politischen und sozialen Rahmens untersucht, erkannt und gelöst werden. Weltweite

Problemlösungen sind wirklichkeitsfremd. Das Volk steht im Mittelpunkt; sein Wohlergehen ist Gegenstand, Inhalt, Aufgabe und Ziel nationalistischer Politik. (...)

11. Der Nationalismus erstrebt soziale Gerechtigkeit und nationale Solidarität. Nationale Solidarität ist kein Zustand gesellschaftlicher Friedhofsruhe, sondern ein Ziel um das immer wieder gerungen werden muß. Der Nationalismus wendet sich gegen Ausbeutung, Unterdrückung und Entmündigung des Menschen. Er bekämpft den Klassenkampf von »oben« und von »unten«. In der von uns angestrebten »Neuen Volksgemeinschaft« werden die Widersprüche und Unzulänglichkeiten des bestehenden politischen und wirtschaftlichen Systems überwunden werden. (...)

15. Wer andere Völker oder Stämme seines Volkes spaltet, unterdrückt, knechtet oder ausbeutet ist ein Imperialist. Der Nationalismus ist der größte und stärkste Feind des Imperialismus: Nationalismus ist antiimperialistischer Kampf. (...)

19. Der europäische Nationalismus erstrebt ein gemeinsames Europa der Vaterländer und Völker, das seine Unabhängigkeit, Selbstbestimmung, Freiheit und Einheit gemeinsam gegen die Großmächte, falsche Ideologien, die multinationalen Konzerne und kleinkarierte Chauvinisten durchsetzen wird.

20. Europa ist die erdkundliche Bezeichnung für die Heimat vieler Völker, die überwiegend gleicher Abstammung sind, eine ähnliche Kultur besitzen und deren Geschichte vielfach verwoben ist. Die europäische Kultur war und ist eine fruchtbare Vielfalt aus den verschiedenen, sich ergänzenden Nationalkulturen. (...)

22. Die europäischen Völker, ihre Kulturen und ihre Überlieferungen werden durch die »One World«-Ideologie bedroht, die den multinationalen Konzernen und politischen Machtzentralen als Vorwand dient, sich durch die Schaffung gleicher Rahmenbedingungen die Möglichkeiten der Markteroberung zu erleichtern. Auch deshalb liegt es im Sinne Europas, die Macht der Multis zu brechen.

23. Als Nationalisten bekämpfen wir im Anliegen der europäischen Völker alle Verträge und Vertragsverhandlungen (z. B. Nato und EU), die von den Imperialisten und ihren Helfershelfern mit dem Ziel durchgeführt werden, ihre Herrschaft auf Kosten der Völker zu festigen. Die Mitgliedschaft in raumfremden Militärbündnissen bedroht den Frieden in Europa und die Freiheit der europäischen Völker.

24. In einem nationalistischen Europa werden willkürliche Staatsgrenzen, wie sie durch jahrhundertelange Bruderkriege, durch Chauvinismus und Imperialismus entstanden sind, ihre Bedeutung verlieren. Dies gilt vor allem für die von den Siegermächten des Zweiten Weltkrieges in ihrem ureigensten Anliegen willkürlich festgelegten Grenzen. Die europäischen Völker werden sich durch imperialistische Grenzziehung nicht gegeneinander aufhetzen lassen, denn der Imperialismus als gemeinsamer Feind wäre der lachende Dritte.

25. In einem nationalistischen Europa wird sich jedes Volk in seinen natürlichen Volkstumsgrenzen selbstverantwortlich entwickeln können. Dieses Recht gilt für alle Völker, ungeachtet ihrer Größe, genauso wie für alle Volksgruppen und Stämme, die unverzichtbarer Teil der Nationen sind. (...)

29. Das nationalistische Europa der Zukunft wird ein Europa der nationalen und kulturellen Lebensräume sein. Allein die Völker werden zu Trägern politischer Selbstbestimmung. Von ihnen gehen alle Entscheidungen auf der Grundlage der nationalen Selbstverwaltung aus. Dem Nationalismus in Europa gehört die Zukunft!

30. Weltweit finden heute zwei gegenläufige geistig-politische Entwicklungen statt: Die Völker Osteuropas und der sog. Dritten Welt werden sich ihrer geistig-kulturellen Wurzeln und nationaler Identitäten wieder mehr bewußt, während die Völker der Industriegesellschaften das Bewußtsein ihres eigenen Ursprungs und kulturellen Erbes immer mehr verlieren. Dem nationalistischen Befreiungskampf der jungen Völker gehört unsere Solidarität. Ihr Sieg ist unsere Hoffnung.

### Thesen zum zentralistischen Staatsaufbau

1. Ein Volk ist eine Gemeinschaft von Gemeinschaften. Zuerst kommen die Stämme, dann die Sippen usw. und schließlich zum Schluß die Familien. Eine der tragenden Säulen der Volksgemeinschaft sind also die Stämme. Die deutschen Stämme waren vor dem Reich uneinig und zerstritten. Der Verdienst des Reiches war es, diese unter einer starken Zentralgewalt geeint zu haben, und damit die unseligen Bruderkriege zwischen den deutschen Stämmen beendet zu haben. Gleichzeitig beendete dieser deutsche Zentralismus die Wehrlosigkeit und Selbstzerfleischung der Mitte Europas. Gesunde Familien, lebendige Gemeinden und selbstbewußte Stämme werden unter der Zentralgewalt des Reiches eine unerschütterliche Grundlage und ein unüberwindbares Bollwerk unseres Volkes und Staates bilden.

2. Unter Zentralismus verstehen wir die organisatorische und politische Oberhoheit und -aufsicht des Zentralparlamentes über das gesamte Reich und seine Organisationen. Dieser Zentralismus leugnet dabei weder die regionalen Unterschiede, noch versucht er sie zu vereinheitlichen. Jedoch ist er stets Wahrer des Ganzen, und sorgt im Gegensatz zu den heutigen krankhaften Auswüchsen des Pluralismus, der zu einer Zersplitterung der deutschen Volkszusammensetzung geführt hat, für das Wiederzusammenwachsen unseres Volkes, sprich zur deutschen Volksgemeinschaft.

3. Für uns Nationalisten sind die Zentren unseres Landes nicht dort zu finden, wo die meisten Menschen auf engem Raum zusammenleben, die höchsten und häßlichsten Bürotürme und Wohnblocks zu finden sind oder die Kapitalisten die höchsten Gewinne erwirtschaften, sondern dort, wo Menschen unseres Volkes noch am ehesten in ihrer heimatlichen Kultur verwurzelt sind: In den ländlichen Gebieten mit ihren überlieferten und überdauerten Wohn-, Arbeits- und Gemeinschaftsgefügen; also dort, wo Deutschland seine deutsche Art noch weitgehend bewahren konnte. Die Bewahrung dieser ländlichen Gebiete darf nicht einzelnen, untereinander wetteifernden und sich aufblähenden Regionen überlassen werden, sondern bedarf der Verantwortung des Zentralparlaments, um den Solidarismus der Volksgemeinschaft nicht zu zerstören.

4. Die Ballungsgebiete und Hauptstädte haben sich zu allen Zeiten als lebensfeindlich und verfallsfördernd erwiesen. Zu allen Zeiten lag in ihnen z.B. die Geburtenrate unter dem Landesdurchschnitt, und oft konnten und können sie ihren Bestand nur durch Auszehrung des Umlandes erhalten. Überfremdungsentwicklungen hatten und haben in ihnen ihre natürliche Brutstätte. Andererseits waren sie aber auch die Entwicklungsstätten der großartigsten Erfindungen auf allen Gebieten menschlichen Schaffens. Wirtschaftlicher und technischer Fortschritt wären ohne Ballungszentren undenkbar. Unser zentralistischer Staatsaufbau ist der Gewährleister eines gesunden Ausgleiches zwischen den Ballungszentren mit ihrer Industrie, Forschungseinrichtungen und Verwaltungszentren, sowie den ländlichen Gebieten, mit ihren überlieferten und überdauerten Wohn- und Arbeitsräumen.

5. Unsere Forderung: »Die Maschinen zu den Menschen« muß für das ganze Reich Gültigkeit haben, darf jedoch nicht auf die Ebene der Völker ausgedehnt werden. Jedes Volk muß die Möglichkeit haben, aus eigener Kraft und nach eigener Art, seine Wirtschaft auf-

zubauen und zu gestalten. Für den inneren Aufbau des Reiches wird daher eine Neugliederung der Wirtschafts- und Staatsverwaltung erfolgen. Mit ausgebluteten Grenz- und Randgebieten werden Land und Volk nicht gedient. Bei der wirtschaftlichen Entwicklung sind alle Gebiete gleichberechtigt zu fördern, wobei die Besonderheiten der jeweiligen kulturellen Eigenart beachtet werden müssen, damit gewachsene Gefüge nicht zerstört werden. Daher wird der derzeit herrschende Pluralismus und Föderalismus, der nicht dem Ganzen sondern nur sich selbst verpflichtet ist (man könnte hier auch von Regionalegoismus sprechen), durch eine zentralistische Wirtschafts- und Staatsverwaltung ersetzt werden.

6. Das »Neue Reich« muß nach unseren Vorstellungen ein Staat mit einer unbedingten und starken Zentralgewalt sein. Von der Zentralgewalt gehen die notwendigen Befehle, An-weisungen, Anregungen und Organisationsarbeiten für die untergeordneten Gliederungen des Staates aus. Nach außen vertritt sie die Stärke und den Willen des Volkes. Die Zentrale darf ihre Tätigkeit nicht auf Bereiche ausdehnen, die ihrem Wesen nach den Ländern oder Gemeinden zustehen. Hierunter verstehen wir all jenes, was diese Gemeinschaften eigenverantwortlich bewältigen können, wie z.B. die Kultur-, Heimat- und Brauchtumspolitik. Alles was den Bestand des Reiches und der deutschen Volksgemeinschaft betrifft, bleibt jedoch in den festen Händen der Zentralgewalt.

7. Die Verwaltungsgrenzen der Reichsgaue oder Länder müssen mit den Stammesgrenzen deckungsgleich sein. Auf besatzungsrechtliche Willkürgrenzen darf hierbei keinerlei Rücksicht genommen werden. Die Neufestlegung der Ländergrenzen hat über einen Reichsausschuß aus Geschichtsforschern und Volkskundlern zu erfolgen, die nicht Einzelanliegen sondern dem Gesamtanliegen des Reiches verantwortlich sind.

### Thesen zur Volksherrschaft

1. Demokratie wird unentwegt von allen denkbaren politischen Gruppen gefordert, ohne daß diese Herrschaftsform gegenwärtig in einer annehmbaren Weise verwirklicht worden ist. Ihrem Wortsinn nach bedeutet Demokratie schlicht »die Herrschaft des Volkes« oder »Volksherrschaft«, die als mögliche Gestalt des politischen Lebens die Willensbildung des Staates oder der Gemeinschaft vom Willen des gesamten Volkes ableitet. (...)

4. Für Nationalisten ist die Grundvoraussetzung der wahren Volksherrschaft die Volksgemeinschaft. Nur aus der Volksgemeinschaft heraus können sich die Persönlichkeiten entwickeln, die Volk und Staat benötigen. In der Volksgemeinschaft verbinden sich die Anliegen des einzelnen und des ganzen; sie steht im Gegensatz zur nur-materialistischen, seelenlosen westlichen Gesellschaftsordnung, deren einziger Inhalt der Wohlstand ist.

5. Die immer stärker fortschreitende Auflösung aller gesellschaftlichen Zusammenhänge, mit der endlichen Zerreißung der letzten volksbezogenen Bande, kann nur aufgehalten werden mit dem wesentlichsten Herrschaftswerkzeug der Politik: Die Wiederkehr des Politischem mit der Herrschaft der Besten, die die Herrschaft der Minderwertigen beendet.

6. In einer vollständig entwickelten nationalen Gemeinschaft – unserer Volksgemeinschaft – sind Eliten eine Notwendigkeit: »Elite« heißt zu den Besten eines gesellschaftlichen Bereiches zu gehören. Der Begriff schließt nicht allein Eigenschaften wie Klugheit und Sachverstand ein, sondern weist darüber hinaus auch besonders hohe Anforderungen an die Persönlichkeit aus. Diese nationale Elite ist eine dem Volke dienende Elite der Pflicht und Verantwortung. Auf die Führung durch solch eine Elite hat das Volk eine Berechtigung und einen Anspruch.

7. Doch so wichtig die Eliten auch für das Wirken der nationalen Politik sind, so bergen sie in sich die grundsätzliche Gefahr, daß sie sich als Klasse vom Volksganzen abheben, einnisten und Sonderrechte fordern, ohne ihre eigentlichen Aufgaben wahrzunehmen. Hierdurch würde zwangsläufig jede Form der Volksherrschaft zerstört. Daher muß eine Durchlässigkeit der Eliten gewährleistet sein. Jede Elite muß sich also von Generation zu Generation aus dem Volk heraus erneuern. (...)

10. Die Krise der heutigen Demokratie hat ihre Ursache im von keiner Einrichtung gebändigten und festgesetzten Parteiensystem. Die Parteien haben sich tatsächlich den Staat zur Beute gemacht, und versuchen mit allen Mitteln des staatlichen Machtapparates einen demokratischen Systemwandel zu verhindern.

11. Das allgemeine Wahlrecht allein ist noch kein Ausdruck wirklicher und vollkommener Demokratie. Die Volksherrschaft gründet sich nicht auf die Tatsache, daß jeder Einzelne einen machtlosen Machtanteil besitzt. Im Rahmen einer Gesamtgesellschaft bietet das

Wahlrecht keine wirkliche Entscheidungsmöglichkeit; es hat lediglich bestätigenden Inhalt und ist Ausdruck tatsächlicher Machtverhältnisse. Die Wahlentscheidung wird in der Massengesellschaft weniger von den persönlichen Überzeugungen und der sachlichen Meinungsbildung des einzelnen, als von dem Anpassungsdruck der Masse bestimmt. (...)

13. Die Medien erreichten als 4. Macht im Staate eine Stellung ohne jegliche Berechtigung, die die Vorherrschaft der Politik weitestgehend untergräbt. Sie haben lediglich ihren Auftrag als unabhängiger Nachrichten- und Auskunftsübermittler zu erfüllen, und sind verpflichtet jede gefühlsmäßige, anliegenerfüllende und -gerichtete Berichterstattung zu unterlassen. Meinung soll nicht mehr länger »gemacht werden«, sondern Meinung soll man sich aus sachlichen Auskünften wieder bilden können.

## Schafft befreite Zonen!

*(Das im Folgenden dokumentierte leicht gekürzte Konzept der »befreiten Zonen« wurde vermutlich erstmals 1991 in »Vorderste Front«, der Zeitung des »Nationaldemokratischen Hochschulbundes« (NHB) veröffentlicht und seitdem mehrfach leicht variiert abgedruckt.)*

Eine der Hauptthesen unserer nationalrevolutionären Position lautet, daß Europa unzweifelhaft der Brennpunkt aller zukünftiger politischer Entwicklungen sein wird. Deutschland wiederum liegt im Zentrum unseres Kontinents, weshalb nicht viel Intelligenz dazugehört, um die Vorgänge in unserem Vaterland als besonders wichtig für das weitere Schicksal Europas anzuerkennen. Schließlich wird Mitteldeutschland in den nächsten Jahren eine Hauptkrisenregion nicht nur im gesamtdeutschen, sondern im gesamteuropäischen Zusammenhang sein. (...) Wenn also im folgenden von befreiten Zonen die Rede ist, so wird automatisch vorausgesetzt, daß diese Zonen in erster Linie in Mitteldeutschland zu schaffen sind.

Was heißt das – befreite Zonen?

Wir betrachten die befreiten Zonen aus militanter Sicht, also aus der Sicht des politischen Aktivisten. Es geht keinesfalls darum, eigenständige staatliche Gebilde oder ähnlichen Unsinn ins Leben zu rufen. Nein, befreite Zonen bedeutet für uns zweierlei. Einmal ist es die Etablierung einer Gegenmacht. Wir müssen Freiräume schaffen, in denen wir faktisch die Macht ausüben, in denen wir sanktionsfähig sind, d.h. wir bestrafen Abweichler und Feinde, wir unterstützen Kampfgefährtinnen und -gefährten, wir helfen unterdrückten, ausgegrenzten und verfolgten Mitbürgern. Das System, der Staat und seine Büttel werden in der konkreten Lebensgestaltung der politischen Aktivisten der Stadt zweitrangig. Entscheidender wird das Verhalten derer sein, die für die Sache des Volkes kämpfen, unwichtig wird das Gezappel der Systemzwerge sein. Wir sind drinnen, der Staat bleibt draußen. Natürlich besitzen die Staatstragenden weiterhin alle Möglichkeiten der Repression, von der Pistole und dem Wasserwerfer bis zur Abhörwanze. Aber diese Waffen werden stumpf, sie werden entweder nicht mehr eingesetzt, weil die Gegnmacht so groß geworden ist, daß offene Unterdrückung nicht mehr machbar, weil unkalkulierbar geworden ist oder aber der Einsatz der Unterdrückungsinstrumente wird wirkungslos. Das gilt vor allem für psychologische Waffen (Abhörwanzen, Erpressung, Existenzvernichtung, Hetze, Kriminalisierung usw.). Für die Volkskämpfer sind derartige Repressionen irrelevant geworden, entscheidend wird die Solidarität des Volkes, das Ansehen bei den Mitkämpfern sein. (...)

Zweitens bedeutet für uns die Schaffung befreiter Zonen eine Klärung unter allen revolutionären Gruppen. Indem wir die Vorherrschaft in den Herzen und Köpfen der Menschen errungen haben, entlarven wir gleichzeitig die extreme Linke, die NS-Nostalgiker, die Autonomen und weitere Artverwandte als staatstragende Wirrköpfe. Diese werden sich nämlich in der aufkommenden Panik, die unsere auch noch so winzigen Anfangserfolge bei ihnen auslösen werden, flugs in die Arme des Staates werfen. Sie werden das System um Hilfe anbetteln, unser Verbot fordern, uns närrische Schimpfnahmen andichten. Kurz sie werden brav ihre Rolle als fünfte Kolonne in den Reihen der Opposition spielen. Die Menschen in der befreiten Zone werden sich aber kein X für ein U vormachen lassen und den genannten Schreihälsen mit tiefer Verachtung begegnen. (...)

### Der Weg zur befreiten Zone

Je weniger wir von den Einrichtungen des Staates oder vom Staat und seinen Bütteln abhängig sind, desto mehr nähern wir uns einer Befreiten Zone. Eine Befreite Zone ist also nicht in erster Linie geographisch definiert. Das soll durch einige Beispiele, die durchaus

Vorbildcharakter haben, erläutert werden. Es ist ein beliebtes Mittel westlicher »Demokratien«, Dissidenten und Andersdenkende nicht einzusperren oder deren Organisationen zu verbieten, sondern man bedient sich der wirtschaftlichen Erpressung. (...) Das Stichwort »Berufsverbot« ist dabei nur der plumpeste Versuch seitens des Systems, die Untertanen zur Botmäßigkeit zu zwingen. Die Wirklichkeit sieht meistens anders aus. Die Abweichler werden durch die Massenmedien so sehr verleumdet und kriminalisiert, daß der Normalbürger, der sich zumeist kein objektives Bild machen kann, möglichst nichts mit diesen »Chaoten«, »Rowdies«, »Extremisten«, »Neonazis«, »Terroristen« bzw. »Rechtsradikalen« zu tun haben will. Private Arbeitgeber werden aus schierer Angst vor den Medien des Systems und in der Regel wider besseres Wissen entsprechend titulierte Mitarbeiter entlassen. Obwohl sie rein rechtlich das oft nicht können, ein Anlaß ist immer und schnell gefunden. Die Berufsverbote in staatlichen Institutionen wurden nicht deshalb eingeführt, um den Staat vor der Unterwanderung zu schützen, sondern um das letzte Schlupfloch der Dissidenten – eben den Staatsdienst, wo man Kraft des Gesetztes normalerweise unküdbar ist – zu schließen. Damit hat es das System in den westlichen »Demokratien« in der Tat erreicht, daß für tatsächliche Dissidenten ein vollständiges Berufsverbot gilt.

Zumindest solange man sich öffentlich zum Abweichlertum bekennt. Was man privat tut, ob man sich zuhause zehn Hitler- oder Stalinbüsten in jedes Zimmer stellt, das interessiert niemanden, weil niemand es sieht. Man kann also ohne weiteres privater Neonazi, Stalinist oder RAF-Fan sein, solange man will. Der Staat versucht alles, um jede Form des Widerstandes ins unverbindliche, ins Private und damit letztlich ins Unpolitische abzudrängen. (...) Was kann man gegen dieses teuflische System tun? Man kann offen so weitermachen wie bisher und als Sozialfall enden. Oder resignieren oder Kompromisse machen. Man kann aber auch versuchen, sämtlichen Erpressungsversuchen zu entgehen, indem man sich selbst zum Arbeitgeber macht. Man muß hier Sektoren abdecken, die vom Feind nicht genutzt werden können.

Hierzu einige Beispiele: Errichtung eines unabhängigen Buchladens, wo man auch Bücher und Schriften, Aufkleber und Flugblätter kaufen kann, die man sonst nirgends bekommt. Keine Angst, in jeder Region Deutschlands besteht eine genügend große, freilich oft völlig isolierte Szene, so daß sich ein solcher Laden rechnet. Oder eine Druckerei, eine Werbeagentur, ein Reiseunternehmen für kleine Geldbeutel. Man kann »T-Hemden« oder Schallplatten verkaufen, es gibt tausend und eine Möglichkeit, aus dem System auszubrechen und Kohle zu verdienen, ohne daß man sich ruiniert oder man zum Hampelmann des Systems wird. (...)

Anfangs wird es sicher nur wenige solcher Einrichtungen geben, aber wenn die Vernetzung greift, der Erfolg sich rumspricht, was oft sehr schnell geht und wir immer mehr Bereiche des stinknormalen Lebens »auskoppeln« und zur befreiten Zone erklären können, umso dichter wird das Netz, umso professioneller unsere Arbeit, umso höher unser Ansehen.

Das Stichwort befreite Zone muß man noch auf zwei weitere Bereiche ausdehnen:

1. Die Straße. Aus militanter Sicht befinden wir uns dann in einer befreiten Zone, wenn wir nicht nur ungestört demonstrieren und Info-Stände abhalten können, sondern die Konterrevolutionäre dies genau nicht tun können. Dazu muß man sich die Orte genau auswählen. Es genügen zehn oder zwölf entschlossene Revolutionäre und WIR bestimmen, was aus militanter Sicht in einer Stadt ist und was nicht.

### Alles mit dem Volk

2. Das Wohngebiet. Revolutionäre dürfen nicht über das gesamte Stadtgebiet zerstreut wohnen, sondern sie sollten sich möglichst auf ein Wohnobjekt und einen Straßenzug konzentrieren, um vor Ort sichtbar Macht auszudrücken. Dann ist es unabdinglich, mit der ansässigen Wohnbevölkerung in intensiven Kontakt zu treten, den Leuten immer und überall zu helfen. Das ist übrigens der fundamentale Unterschied zu gleichgearteten Bemühungen der Linksextremisten. Während wir mit dem Volk uns solidarisieren, mit ihm kämpfen und siegen werden, versuchen sich die Genossen vom anderen Ufer von genau diesem Volk abzukoppeln, sie kämpfen gegen das Volk, weshalb sie verlieren müssen. Beispiele: Alten Leuten kann man beim Ausfüllen von Formularen helfen, sie beim Einkauf unterstützen, man kann Babysitter bei arbeitenden Ehepaaren oder alleinstehenden Müttern spielen, man kann den Garten in Ordnung bringen, die Straßen sauber und durch regelmäßige Nachtpatroullien sicher halten. Man kann gegen den Zuzug eines Supermarkts, die Vertreibung alteingesessener Mieter durch Miethaie, die Schließung des kleinen

Eckladens, den Aufmarsch von Scheinasylanten und anderen Lichtgestalten oder den Bau einer Autobahn durch das Wohnviertel protestieren und agitieren. Man muß so handeln, daß man in einem Meer der Sympathie schwimmt, daß die »normalen« Bewohner für uns »die Hand ins Feuer legen«. Dann wird dem Staat jede Form der Unterdrückung nicht nur nichts nutzen, sondern das genaue Gegenteil bewirken: die Menschen werden noch stärker in unsere Arme getrieben. Für die Menschen vor Ort werden wir und nicht anonyme politische Strukturen und arrogante Politiker und Bürokraten das Maß aller Dinge sein. Wir sind die Elite dieser Wohngegend, uns traut man zuerst, wir sind die Vorbilder und wir haben die Macht, die wir nicht mißbrauchen, eben weil wir sie wirklich und nicht nur fiktiv haben. Allerdings ist das soeben mühselig erkämpfte Ansehen sehr schnell wieder durch Unwürdige aller Spielarten zu verspielen. Weshalb wir auf die charakterlichen Eigenschaften unserer Mitkämpfer nicht genug Wert legen können.

### Leuchtender Weg

Ist auf diese Weise einmal ein Straßenzug – es kann natürlich auch ein kleines Dorf sein – zur befreiten Zone innerhalb einer militant befreiten Stadt geworden, haben wir also konkrete Gegenmacht erobert, dann wird sich dies rasend schnell herumsprechen. Dann hat der Staat nur mehr zwei Möglichkeiten. Entweder er greift brutal durch und entlarvt sich offen als die Diktatur, die er heimlich schon immer gewesen ist. Brutal kann hier von Knast bis zu offenem Mord lauten (...) so schafft er aber die Märtyrer, mit deren Hilfe unsere »Enkel« umso leichter kämpfen und siegen werden. Oder aber der Staat weicht zurück – erst langsam, dann im Schweinsgalopp und schließlich in panikartiger Flucht. Wir sehen also, wenn wir all unseren Idealismus, unsere Kraft, unseren Glauben und unseren Mut konzentrieren, dann können wir nur siegen und das Böse, den Weltstaat, vernichten. Aber der Kampf wird äußerst hart sein, viele Rückschläge, manchen Verrat und manche Überraschung – gute und böse – bringen. Viele werden unseren leuchtenden Weg wieder verlassen, aber andere werden dazustoßen, Verlorengeglaubte und Neugewonnene werden diese Lücken mehr als füllen. (...) Und wir und Ihr könnt einmal voller Stolz sagen: Aber wir haben die Quellen offengelegt! Wir haben das Gute in uns und im deutschen Volk wiederentdeckt!

Wem der Schluß zu pathetisch war: Jede Revolution braucht, so wie sie ihre Flagge und ihr Symbol braucht, ihr Pathos!

## Wie organisieren?

*(Die folgenden Auszüge aus einem undatierten Papier offenbar frustrierter »nationaler Aktivisten« dokumentieren wir als Beleg dafür, dass aus Sicht der Anhänger rechtsextremer Organisationen deren Unterschiede untereinander ohne Belang sind, es vielmehr auf die praktische Vernetzung innerhalb des nationalistischen »Lagers« ankommt.)*

(...) Um siegen zu können brauchen wir nichts dringlicher als Mitstreiter. Zwar alles andere als Millionenheere, aber doch deutlich mehr als wir heute haben. Da die Zeit drängt und unsere Ressourcen äußerst knapp bemessen sind, ist ein auf Effizienz ausgerichtetes Vorgehen auch auf diesem Feld unabdingbare Voraussetzung für den Erfolg. Da man ungefähr, je nach Gruppierung, ein Zehntel bis ein Fünftel der organisierten Nationalen (vom Jungkonservativen bis zum »Neo-Nazi«) als »gute Leute« (nicht blöd, nicht asozial, lernfähig, keine Querulanten) bezeichnen kann, und da mit sich stetig verstärkender Tendenz eine beachtliche Anzahl von Jugendlichen die Prämissen des Systems verwirft, aus eigenem Antrieb zu uns stößt und hierbei infolge Eigenstudium mehr Wissen mitbringt als dies die Parteien neben ihren immerwährenden Wahikämpfen je zu vermitteln in der Lage sind, wäre es geradezu kriminell wenn wir uns bei der Rekrutierung auf die Neuanwerbung konzentrieren würden. Ein erster ganz entscheidender Schritt bei der Organisierung der brauchbaren Leute ist also deren Herauslösung aus den Grabenkämpfen und eine Annäherung über die bisherigen Trennlinien hinweg. Der erste Schritt hierzu ist, daß sich jeder selbst vom Parteiprinzip löst und die anderen Gruppierungen im Lager nicht als Konkurrenten um Abgeordnetenmandate sieht, die für die meisten ohnehin nicht erreichbar sind, sondern als Mitstreiter für ein gemeinsames oder doch ähnliches Ziel. Tragt also dafür Sorge, daß ihr an Eurem Wohnort das Lager kennt und sorgt dafür oder helft mit, daß die guten Leute in diesem überschaubaren Rahmen auch außerhaib ihrer Stammorganisationen zusammenkommen. Alle Erfahrung zeigt, daß sich, ist dies ersteinmal erreicht, sehr schnell neue Perspektiven auftun und

Projekte realisierbar werden, an die vorher nicht zu denken war. Wenn man erst einmal damit aufhört, den anderen immer zuallererst den eigenen Fraktionsführer und die eigene Sekte ans Herz zu legen, dann wird man sehr schnell feststellen, daß die Gemeinsamkeiten nicht nur überwiegen, sondern daß es kaum Trennendes gibt. Aus diesem Grund geben wir auch schon seit längerern nur noch Wertungen über politische Inhalte und Strategien, nicht aber über Personen und Organisationen ab. Wir lassen uns hierzu auch nicht durch jüngst erfolgte Wadenbeißereien provozieren. Es geht nicht darum, daß wir als Einzelpersonen oder als Organisation siegen, sondern darum, was wir als solche zum Sieg beitragen. (...)

### Hütet Euch vor Mitgliedern!

Der schlimmste Feind des Aktivisten ist das Mitglied, das gleiche Rechte beansprucht bzw. dem gleiche Rechte zugestanden werden, das aber nicht daran denkt, auch die gleichen Pflichten auf sich zu nehmen. Alles besserwissend und nichts bessermachend, eine unerschöpfliche Quelle von Intrigen, eher auf Geselligkeit im Kreise Gleichgesinnter als auf Kampf aus, stellt es ein Ärgernis vom Tag seiner Aufnahme an dar, an dem ihm schon meist der Aufnahmeantrag ausgefüllt werden muß, bis zum Austritt aus nichtigem Grund unter Hinterlassung von Beitragsschulden. Ersetzen wir deshalb das Mitglied durch den Förderer. Wenn jemand bei uns anklopft, sagen wir ihm gleich von Anfang an, was wir von einem Aktivisten erwarten und bieten denen, die dies nicht leisten können oder wollen den Status des Förderers an.

### Verhältnis zu den Medien

Die Systemmedien sind nicht etwa neutrale Beobachter, denen man nur ihre gegen uns gehegten Vorurteile nehmen muß, sondern ebenso integraler Teil des Herrschaftsapparates wie z.B. der Verfassungsschutz. Die Basis für eine Zusammenarbeit mit ihnen ist deshalb einfach nicht vorhanden! Daran ändert auch der Umstand nichts, daß es in den Systemmedien Anhänger von uns gibt. Diese sind dort aber abhängig beschäftigt und ihre Zahl ist so gering, daß es allenfalls für die eine oder andere »kleine Meldung« reicht, die aber das Kraut auch nicht fett macht. Jedenfalls sind diese Sympathisanten und die »kleinen Meldungen« es nicht wert, daß wir Zeit und Geld für den zentnerweisen Versand von Presseerklärungen verschwenden.

Größere Berichte, also solche die auch von einer relevanten Anzahl von Menschen wahrgenommen werden, werden sowieso negativ sein. Derartige Lügengeschichten kann sich aber der Herr Journalist auch gleich komplett aus den Fingern saugen. (...)

# C Serviceteil

## 1. Literaturhinweise


### Neofaschismus allgemein/Neofaschistische Parteien

Kommission Neofaschismus der VVN/BdA (Hg.): »Neofaschismus in der Bundesrepublik Deutschland«, Heft 1: »Gestern und heute / Neofaschistische Ideologie«, Hannover 1998. Heft 2: »Organisationen des Neofaschismus«, Hannover 1999. Heft 3: »Neofaschismus und Konservatismus / Totalitarismus- und Extremismusdoktrin / Antifaschistische Politik«, Hannover 2000

Mecklenburg, Jens: »Handbuch deutscher Rechtsextremismus«, Berlin 1996

Opitz, Reinhard: »Faschismus und Neofaschismus«, Köln 1996

Butterwegge, Christoph u. a.: »Rechtsextremisten in Parlamenten«, Opladen 1987

Fischer, Jörg: »Ganz rechts – Mein Leben in der DVU«, Reinbek bei Hamburg 1999

Jaschke, Hans-Gerd: »Die »Republikaner« – Profile einer Rechtsaußen-Partei«, Bonn 1993

Zaleshoff, Andreas P.: »Der zweite Frühling der NPD«, hg. von der Neofaschismus-Kommission der VVN/BdA, Hannover 1989

### Offen terroristische Organisationen

Schneider, Rudolf: »Die SS ist ihr Vorbild. Neonazistische Kampfgruppen und Aktionskreise in der Bundesrepublik«, Frankfurt/Main 1981

Christians, Georg: »Die Reihen fest geschlossen«, Buch über die FAP, Marburg 1990

Antifaschistisches Autorenkollektiv: »Drahtzieher im braunen Netz«, Hamburg 1996

### »Jugendkultur«/Jugendarbeit

Butterwegge, Christoph u. a. (Hg): »Jugend – Rechtsextremismus – Gewalt«, Opladen 2001

Bitzan, Renate (Hg.): »Rechte Frauen. Skingirls, Walküren und Feine Damen«, Berlin 1997

El-Nawah, Susanne: »Skinheads – Ästhetik und Gewalt«, Frankfurt/Main 2001

Neofaschismus-Kommission der VVN/BdA (Hg.): »Rechte Skinheads. Subkultur des Neofaschismus«, Hannover 1999

Norddeutsche Antifagruppen (Hg): »Rosen auf den Weg gestreut – Kritik der ›Akzeptierenden Sozialarbeit mit rechten Jugendlichen‹«, Unrast-Verlag »Reihe antifaschistische Texte« (rat)

### Antifaschistische Politik und Praxis

Deppe, Frank / Fülberth, Georg / Rilling, Rainer: »Antifaschismus«, Distel-Verlag

Konner, Klaus / Richter, Rolf (Hg): »Rechtsextremismus und Antifaschismus«, Berlin 2000

Mecklenburg, Jens (Hg.): »Antifa Reader – Antifaschistisches Handbuch und Ratgeber«, Berlin 1996

Sander, Ulrich (Hg.): »Tut was! Strategien gegen Rechts«, Köln 2001. Mit Beiträgen u.a. von Paul Spiegel, Prof. Christoph Butterwegge, Reinhard Kühnl u.a.

Schneider, Ulrich (Hg.): »Zukunftsentwurf Antifaschismus. 50 Jahre Wirken der VVN«, Bonn 1997.

### Totalitarismusdoktrin

Klotz, Johannes / Schneider, Ulrich (Hg.): »Die selbstbewusste Nation und ihr Geschichtsbild. Geschichtslegenden der Neuen Rechten«, Köln 1997

Klotz, Johannes: »Schlimmer als die Nazis? Das ›Schwarzbuch des Kommunismus‹ und die neue Totalitarismusdebatte«, Köln 1999

Mecklenburg, Jens / Wippermann, Wolfgang: »›Roter Holocaust‹? Kritik des Schwarzbuchs des Kommunismus«, Hamburg 1998

Rieger, Anne u.a. (Hg. im Auftrag der VVN/BdA): »Schwarzbraun-Buch. Ein alternativer Verfassungsschutzbericht«, Bonn 1995

Roth, Karl-Heinz: »Geschichtsrevisionismus. Die Wiedergeburt der Totalitarismustheorie«, Hamburg 1999

### Überregionale antifaschistische Zeitungen

»Antifaschistische Nachrichten«, 14-tägig, GNN-Verlag, Postfach 26 02 26, 50515 Köln

»Antifaschistisches Info-Blatt«, mehrmals jährlich, Gneisenaustraße 21, 10961 Berlin

»Antifa«, Monatsmagazin der IVVdN, Franz-Mehring-Platz 1, 10243 Berlin

»Der Rechte Rand«, zweimonatlich, Postfach 13 24, 30013 Hannover

»ngr-Journal«, vierteljährlich, Lichtstr. 38, 50825 Köln

»ZAG – Zeitung antirassistischer Gruppen«, Yorckstr. 59 (HH), 10965 Berlin

Zu Fragen neofaschistischer Ideologie, Organisationen und ähnlichen Themen erscheinen laufend neue Bücher und Broschüren.

## 2. Antifaschistische Initiativen/Organisationen

Antifaschistische Aktion Berlin (AAB), Weydinger Str. 14–16, 10178 Berlin, Tel.: 030/2756 07 56

Autonome Antifa (M), c/o Buchladen, Nikolaikirchhof 7, 37073 Göttingen, Tel.: 05 51/770 48 89

AG SOS Rassismus, c/o Haus Villigst, Postfach 5020, 58225 Schwerte

Aktion Sühnezeichen – Friedensdienste e.V., Auguststr. 80, 10117 Berlin, Tel.: 030/28 39 51 84

Amadeu-Antonio-Stiftung, Chausseestr. 29, 10115 Berlin, Tel.: 030/28 39 05 43

D.I.R. Dokumentations- und Informationszentrum für Rassismusforschung, c/o Philips-Universität Marburg, Postfach 1221, 35002 Marburg, Tel.: 064 21/377 22

»Kein Mensch ist illegal«, c/o Internationaler Menschenrechtsverein Bremen e.V., Kornstr. 51, 28201 Bremen, Tel.: 04 21/557 70 93

Landesarbeitsgemeinschaft Antifa / Antira Thüringen, c/o HBV Thüringen, Angelo Lucifero, Rudolfsstr. 47/E2, 99092 Erfurt, Tel.: 03 61/659 98-10

Vereinigung der Verfolgten des Naziregimes – Bund der Antifaschistinnen und Antifaschisten e.V. (VVN-BdA), Bundesgeschäftstelle, Rolandstr. 16, 30161 Hannover, Tel.: 05 11/33 11 36

Verein »Opferperspektive« e.V., Lindenstr. 53, 14467 Potsdam, Tel.: 01 71/193 56 69. Beratung von Opfern rassistischer und faschistischer Gewalt in Brandenburg

## 3. Surftipps im Internet

### Antifaschistische Organisationen

VVN/BdA : www.vvn-bda.de (Zahlreiche Links zu Gedenkstätten und anderen Antifa-Organisationen)

Antifaschistische Aktion Berlin (AAB): www.antifa.de

ngr-Pressebüro: www.ngr-pressebuero.de, Homepage des Pressebüros Nachrichten gegen Rassismus, umfangreiche Linkliste, Seminarangebote usw.

Nadir: www.nadir.org, linkes, antifaschistisches Internetportal mit Archiv, Linklisten u.m.)

### Informationsdienste/Linksammlungen/Sonstiges

Für die autonome antifaschistische und antirassistische Szene verfügt NADIR über eine aktuelle Link- und Adressenliste: www.nadir.org/nadir/adressbuch/

Für andere antifaschistischen Organisationen, Gedenkstätten und Zeitschriften ist die Link-Liste der VVN/BdA zu empfehlen: www.vvn-bda.de/bund/links.html

Der Autor bietet auf seiner Homepage einen regelmäßig aktualisierten Nachrichtenteil, eine umfangreiche Link-Liste, aktuelle Literatur- und Filmtipps sowie Diskussionsforum und Chat an: www.joergfischer-online.de

## 4. Archive und Recherchedienste

Antifaschistisches Pressearchiv und Bildungszentrum Berlin e.V., Falckensteinstr. 47, 10997 Berlin, Tel.: 030/611 62 49

Dokumentationsarchiv des deutschen Widerstandes, Rossertstr. 9, 60323 Frankfurt/Main, Tel.: 069/72 15 75

Duisburger Institut für Sprach- und Sozialforschung (DISS), Siegstr. 15, 47051 Duisburg, Tel.: 02 03/202 49

Georg Herde Archiv der VVN/BdA Hessen, Eckenheimer Landstr. 93, 60318 Frankfurt/Main, Tel.: 069/597 05 24. Schwerpunkt Revanchismus und »Vertriebenenverbände«

Hartmut Mayer Archiv der VVN/BdA NRW, Gathstr. 55, 42107 Wuppertal, Tel.: 02 02/45 06 29. Schwerpunkt Neofaschismus, Konservatismus, Esoterik

ngr-Pressebüro Nachrichten gegen Rassismus, Lichtstr. 38, 50825

Köln, Tel.: 02 21/954 15 62. Recherchedienst zu den Themen Rassismus, soziale Minderheiten, Drogen, Migration, Asyl, Rechtsextremismus, Nationalsozialismus. Entsprechende Seminarangebote (www.ngr-pressebuero.de)

Video-Archiv der VVN/BdA Rheinland-Pfalz, Lutrinastr. 6, 67655 Kaiserslautern, Tel.: 06 31/655 22

## 5. Diverses

### Ausstellung »Neofaschismus in der BRD«

Die Ausstellung besteht aus 27 Tafeln, Themenbereiche: Einleitung, Ideologie des Neofaschismus, Organisationen des Neofaschismus, Zusammenhänge und Hintergründe sowie Gegenstrategien. Es werden rund 250 Dokumente gezeigt: Fotos, Faksimiles, CD-Cover, Grafiken usw. Dabei werden nicht alleine Entwicklungen im Neofaschismus skizziert, sondern auch Themen wie »Subkultur« im Umfeld des Neofaschismus und die Bedeutung des Internets für die Nazi-Szene. Konzipiert und umgesetzt wurde die Ausstellung von der Kommission Neofaschismus der VVN/BdA in Zusammenarbeit mit der antifaschistischen Zeitschrift »Der Rechte Rand« und dem Bundesvorstand der IG Metall. Die Ausstellung wird und wurde bereits in zahlreichen Schulen in der gesamten Bundesrepublik gezeigt. Die Ausleihung erfolgt zentral durch die Bundesgeschäftstelle der VVN/BdA, Rolandstr. 16, 30161 Hannover, Tel.: 05 11/33 11 36, Fax: 05 11/336 02 21. e-mail: bundesbuero@vvn-bda.de

### Spielfilm »Oi!Warning/Leben auf eigene Gefahr«

Der Film ist im Jahr 2000 in den Kinos angelaufen und hat großes Aufsehen und zahlreiche in- und ausländische Preise gewonnen. Gegenstand des Filmes, in dem die Hauptrollen hauptsächlich mit Laienschauspielern besetzt sind, ist die Darstellung der Skinhead-Subkultur, ihrer Unterschiedlichkeit, ihres Lebensgefühls und ihrer Attraktivität gerade für junge Menschen. Der Film zeichnet sich besonders dadurch aus, dass er weder verharmlost, noch dass er gängige Klischees bedient. Dadurch läuft der Film – im Gegensatz zu anderen Filmen mit ähnlichem Anspruch – nicht Gefahr, als unrealistisch eingestuft oder gar von Neofaschisten instrumentalisiert zu werden. Informationen über den Film: www.oiwarning.de. Regie: Dominik & Benjamin Reding.

**Seminar »Rassismus Geschichte, Ursachen, Erscheinungsformen«**

Seminar des ngr-Pressebüros und der Praxis für Weiterbildung (PfW) für Schüler und Jugendliche, erstellt im Auftrag des Ministeriums für Arbeit, Gesundheit und Soziales Nordrhein-Westfalen. Nähere Informationen über: ngr-Pressebüro, Lichtstr. 38, 50825 Köln, Tel.: 02 21/954 15 62, www.ngr-pressebuero.de

## Der Autor

*Jörg Fischer*, 1969 im Rheinland geboren, ist Mitarbeiter der »Antifaschistischen Nachrichten«, der »Nachrichten gegen Rassismus« und von »queer«. Bei Rowohlt erschien 1999 von ihm der Titel »Ganz rechts«, in dem er über seine Zeit in NPD und DVU und seinen Ausstieg aus der rechten Szene berichtet. Danach war er zeitweise in der Altenpflege und als Betriebsrat tätig. Lebt heute als Journalist im Rheinland. Neben seiner ausgedehnten Tätigkeit als Referent zum Thema Neofaschismus ist er seit Monaten Dauergast in allen denkbaren Talkshows.

# ABITUR TRAINING

…istoph Bühler

# Geschichte 1

## Grundkurs
## Baden-Württemberg

STARK

ISBN: 3-89449-113-2


4. überarbeitete Auflage 1995

# Inhalt



*(Fortsetzung nächste Seite)*

## Entstehung und Entwicklung der USA

## Entwicklung Rußlands und der Sowjetunion zur Weltmacht

## Die USA und die Sowjetunion seit den 60er Jahren



## Die Weimarer Republik

# Vorwort

Liebe Schülerin, lieber Schüler,

der vorliegende überarbeitete Band "Geschichte 1" für den Grundkurs soll Ihnen bei der **Vorbereitung auf Klausuren** und das **Abitur** sowie als **unterrichtsbegleitende Lektüre** zum besseren Verständnis von geschichtlichen Zusammenhängen dienen und stellt daher eine optimale Ergänzung zu jedem Unterrichtswerk dar.

Dieses Anliegen spiegelt sich auch in seinem Aufbau wider:

- **Übersichtstafeln** am Anfang eines jeden Kapitels ermöglichen Ihnen, sich auf einen Blick über die wichtigsten Daten, Fakten und Ereignisse zu informieren.
- Geschichtliche Ereignisse und Entwicklungen von Napoleon bis zum Ende der Weimarer Republik sowie die Entstehung und Politik der Vereinigten Staaten von Amerika und der Sowjetunion werden **einfach** und **klar dargestellt,** in ihrer historischen Bedingtheit erläutert und vor dem Hintergrund ihrer politischen, gesellschaftlichen und geistesgeschichtlichen Entstehungsfaktoren beleuchtet.
- Die **Marginalien** am Rand des Textes dienen zum einen neben dem Inhaltsverzeichnis zur leichteren Orientierung der gesuchten Thematik und unterstützen zum anderen die Einprägsamkeit von historischen Eckdaten und Schlüsselbegriffen.
- Das **Glossar** bietet die Möglichkeit, wichtige Begriffe schnell nachzuschlagen und damit kompaktes Wissen auf einen Blick.

Christoph Bühler

# Deutschland im 19. Jahrhundert

## Die Umgestaltung Deutschlands durch Napoleon

### Zeittafel der Napoleonischen Kriege

| | |
|---|---|
| **1792/93 – 1797** | Erster Koalitionskrieg gegen Österreich/Preußen, dann Sardinien (1792) und gegen Großbritannien, die Niederlande und Spanien (1793) |
| 5. 4. 1795 | Preußen scheidet mit dem Friede von Basel aus der Koalition aus, um seine Interessen in Polen weiter zu verfolgen.<br>Geheimer Zusatzartikel, der Frankreich das linke Rheinufer garantiert;<br>Neutralität Norddeutschlands unter preußischer Führung |
| **1796** | Eingreifen Bonapartes als General in die Kämpfe in Oberitalien |
| 17. 10. 1797 | Friede von Campo Formio nach zahlreichen Niederlagen der Österreicher |
| **1794** | Errichtung der Batavischen Republik (Holland) |
| **1797** | Gründung der Cisalpinischen Republik (Mailand) und der Ligurischen Republik (Genua) |
| **1798** | Ägyptische Expedition, um die Engländer außerhalb Europas zu bedrohen, scheitert in der Seeschlacht bei Abukir |
| **1798 – 1801/02** | Zweiter Koalitionskrieg mit Rußland, Österreich, Großbritannien, dem Osmanischen Reich, Portugal, Neapel und dem Kirchenstaat. Anfängliche Siege der Koalition, besonders in Oberitalien |
| 9. 2. 1801 | Friede von Luneville nach französischen Siegen bei Marengo (General Bonaparte) und Hohenlinden (General Moreau): Frankreich wird das linke Rheinufer und die Vorherrschaft in Italien bestätigt. |
| **1798** | Errichtung der Helvetischen Republik (Schweiz) und der Römischen Republik (Kirchenstaat) |
| **1799** | Errichtung der Parthenopäischen Republik (Neapel) |

| | |
|---|---|
| **1802** | Neuordnung Italiens: Wiederherstellung des Kirchenstaats und des Königreichs Neapel unter den Bourbonen, die Cisalpinische Republik wird zur Republik Italien erklärt, Großherzogtum Toskana wird zum Königreich Etrurien. |
| **1803** | Besetzung Hannovers (in Personalunion mit England) im Zuge des neuen Krieges zwischen England und Frankreich: Verletzung der norddeutschen Neutralität |
| **1805** | Dritter Koalitionskrieg mit Niederlage der österreichischen Armee bei Ulm und Sieg der englischen Flotte bei Trafalgar (21. 10.) |
| 2. 12. | Dreikaiserschlacht bei Austerlitz (Frankreich/Österreich/Rußland) |
| 12. 12. | Vertrag von Schönbrunn mit Gebietserweiterungen Preußens |
| 25. 12. | Friede von Preßburg mit großen Gebietsverlusten Österreichs |
| **1806/07** | Vierter Koalitionskrieg mit der völligen Niederlage Preußens in der Schlacht von Jena und Auerstädt (Oktober 1806) |
| 7. 7. 1807 | Friede von Tilsit, in dem Preußen seinen Besitz westlich der Elbe und seine polnischen Erwerbungen verliert. Errichtung des "Großherzogtums Warschau" unter Friedrich August von Sachsen |
| **1809** | Fünfter Koalitionskrieg mit der Niederlage Österreichs bei Aspern (Mai) und Wagram (Juli). |
| Oktober 1809 | Friede von Schönbrunn erlegt Österreich weitere Gebietsabtretungen zugunsten Bayerns, Italiens, Frankreichs, Polens und Rußlands auf. |
| **1812** | Rußlandfeldzug Napoleons, in dem die französische Armee ohne Entscheidungsschlacht, vor allem durch den hereinbrechenden Winter und die Nadelstichtaktik der russischen Armee, dann aber infolge des Angriffs beim Übergang über die Beresina, aufgelöst wird. |
| **Die Befreiungskriege** | |
| Dezember 1812 | Konvention von Tauroggen: sichert Rußland die Neutralität der (unter frz. Befehl stehenden) preußischen Truppen zu. |
| Februar 1813 | Vertrag von Kalisch zwischen Preußen und Rußland |
| März 1813 | Kriegserklärung Friedrich Wilhelms III. an Frankreich Stiftung des "Eisernen Kreuzes" und spontane patriotische Begeisterung im Volk |

| | |
|---|---|
| 16.–19. 10. 1813 | "Völkerschlacht" bei Leipzig, nachdem Friedensverhandlungen im Sommer (unter Vermittlung Metternichs) ergebnislos abgebrochen worden waren. Niederlage Napoleons, aber "geordneter" Rückzug |
| Winter 1814 | Rheinübergang Schwarzenbergs (Dez.) und Blüchers (1. 1.) bei Basel bzw. Kaub<br>Feldzug in Frankreich mit wechselndem Erfolg |
| 31. 3. 1814 | Einzug der Koalition in Paris<br>Eine provisorische Regierung unter Talleyrand setzt Napoleon ab. |
| 6. April | Napoleon wird von der Armee zur Abdankung gezwungen. Verbannung nach Elba |
| **Die "Hundert Tage"** | |
| März 1815 | Landung Napoleons bei Cannes, triumphale Rückkehr nach Paris |
| Mai 1815 | Kämpfe in Italien zw. Österreich und Murat |
| Juni 1815 | Feldzug der Koalition in Belgien mit entscheidender Niederlage Napoleons bei Waterloo<br>Napoleon unter brit. Verwahrung auf St. Helena († 1821) |

## Die Auswirkungen der Französischen Revolution

### Von der Ständegesellschaft zur Nation gleichberechtigter Bürger

bedeutende Zäsur

Auch wenn die Französische Revolution selbst nur auf die Randgebiete des Deutschen Reiches übergriff, bildete sie doch in der Gesamtheit ihrer Auswirkungen eine der deutlichsten Zäsuren in der Geschichte.

Bürgertum gegen Ancien Régime

Im Vordergrund stand in Frankreich zunächst der Bruch mit dem spätfeudalen Ancien Régime. Der dritte Stand, vor allem das wirtschaftlich erstarkte und politisch selbstbewußte Bürgertum setzte im Kampf gegen die beharrenden Kräfte bei Königtum und Adel die Abschaffung der feudalen Standesprivilegien durch und erhob die – aus Aufklärung und Naturrecht herkommenden – Menschen- und Bürgerrechte zum obersten Verfassungsprinzip (4./11., 26. 8. 1789).

Charakter des Staates

Von der politischen Gleichberechtigung zu trennen ist der Charakter des Staates, der im Absolutismus Ludwigs XVI. in der Person des Königs und im Hof seinen Kristallisationspunkt fand, vom Nationalkonvent im September 1792 aber als *"eine, unteilbare Republik"* der Franzosen konstituiert wurde. Diese Bestimmung der Einheit und Unteilbarkeit war in Zukunft Bestandteil aller Verfassungen Frankreichs.

Nationalismus

Die Begeisterung der Massen für die Sache der Revolution, schließlich die Levèe en masse der Revolutionskriege ließen ein Zusammengehörigkeitsgefühl entstehen, das sich mit der vom Dritten Stand vertretenen Idee der "einen, unteilbaren Nation" zum Nationalismus verband. Dieser französische Nationalismus rief zunächst in Spanien, dann aber auch in Deutschland als Gegenreaktion ein sowohl als Abwehr der französischen Fremdherrschaft als auch als Besinnung auf die eigene nationale Identität verstandenes Nationalgefühl hervor.

Armee als Instrument der Revolution

Der französische Nationalismus als patriotische Begeisterung für die Sache der Revolution und für die Verteidigung des Vaterlandes hatte unmittelbare Auswirkungen auf Organisation, Zusammensetzung und Schlagkraft der Armee. Sie war Trägerin des missionarischen Gedankens der Revolution und hatte von den Organen der Revolution den Auftrag, sowohl das alte System (besonders Österreich als Hort der Reaktion) zu stürzen, als auch den "unterdrückten Völkern" die Freiheit zu bringen. Bezeichnend hierfür ist die Ausrufung von Republiken in den eroberten Gebieten (siehe Zeittafel).

## Die Verfassung von 1791 als Modell eines liberalen Rechts- und Verfassungsstaates

Die Verfassung von 1791 baute im wesentlichen auf drei Prinzipien auf, die bis heute als Muster der Verfassungsentwicklung gelten können:

Menschen- und Bürgerrechte

- übergeordneter Rang der Menschen- und Bürgerrechte (der Verfassungstext legte dann die einzelnen Bürgerrechte ausdrücklich fest),
- alleinige Gesetzgebungsbefugnis der Nationalversammlung,

Gewaltenteilung

- Gewaltenteilung in Exekutive, Legislative und Justiz ohne gegenseitige Einflußnahme,

Bereits die Aufhebung der feudalen Sonderrechte zeigte mit der Abschaffung der feudalen Gerichtsbarkeiten einen vierten Punkt:

Rechtsgleichheit

- Rechtsgleichheit aller Bürger *(Für keinen Teil der Nation ... gibt es mehr irgendein Privileg oder eine Ausnahme vom gemeinsamen Recht aller Franzosen).*

Die Verfassung der konstitutionellen Monarchie beließ den König nicht mehr in einer übergesetzlichen Stellung *(L'État c'est moi)*, sondern stellte das Gesetz über ihn *(Es gibt in Frankreich keine Autorität, die über dem Gesetz steht. Der König regiert nur durch dieses. Der König selbst ist ... von Gottes Gnaden und durch das Verfassungsgesetz des Staates König der Franzosen).*

Nach der Erklärung zur einzig legitimen Nationalversammlung (17. 6. 1789) schaffte der Dritte Stand die feudalen Standesprivilegien ab und erhob die – aus Aufklärung und Naturrecht herkommenden – Menschen- und Bürgerrechte zum obersten Verfassungsprinzip. Immer noch war aber das Wahlrecht an Besitz geknüpft. Diese Ungleichheit zu beseitigen blieb Sache der unter dem Druck der Massen stehenden Jakobiner. Verwaltungs- und militärische Posten waren allen Franzosen offen geworden, die Verwaltung der Departements und Gemeinden wurde streng demokratisch organisiert. Es bedurfte allerdings noch einiger Zeit, bis der Gedanke der absoluten Rechtsgleichheit sich nach der bürgerlichen Restauration allgemein durchsetzen konnte.

### Napoleon

Auch die Herrschaft Napoleons führte trotz aller restaurativen Bestrebungen nicht zu einer grundlegenden Abkehr von den Prinzipien der Revolution. Es blieben erhalten:

keine prinzipielle Abkehr von den Prinzipien der Revolution

- bürgerlicher Charakter der Gesellschaft mit allgemeinem Staatsbürgertum und persönlicher Rechtsgleichheit;
- Sicherung der persönlichen Freiheit;
- privatkapitalistischer Charakter der Wirtschaft mit Aufstiegsmöglichkeit für jeden;
- zentralistischer Charakter des Staatsaufbaus und
- Beibehaltung der Verwaltungsorganisation.

Daß er sich in der Einschränkung der politischen Freiheit von den Ideen selbständiger Mitwirkung und Mitbestimmung entfernte, tat der Wirksamkeit dieser Ideen keinen Abbruch. Sie führten unmittelbar nach dem Sturz Napoleons zu einer neuen, wiederum im liberalen Europa als vorbildlich ansesehenen Verfassung in Frankreich (Charte Constitutionelle, 1814).

Zentralismus

Auch der Widerruf der Demokratisierung in der Verwaltung mit der ausschließlichen Betonung des zentralistischen Elements war für die Ideen der Verwaltungsreform kein Rückschlag, brachte im Gegenteil der napoleonischen Herrschaft Bewunderung, ja zum Teil Verehrung, die auch seinen Sturz überdauerte.

## Die territoriale Reform des Deutschen Reiches

Die Politik Napoleons gegenüber dem Deutschen Reich steht zunächst ganz in der Kontinuität der Politik Ludwigs XIV. und der Revolution: Einerseits waren die "natürlichen Grenzen" Frankreichs (d. h. der Rhein und die Pyrenäen) herzustellen bzw. zu sichern, andererseits war Habsburg-Österreich so zu schwächen, daß es keinen nennenswerten Einfluß mehr auf die französische Politik ausüben konnte.

In der Zeit seines Kaisertums allerdings gewinnt demgegenüber mehr und mehr die Machtpolitik an Einfluß, so daß schließlich fast ganz Europa direkt oder indirekt dem französischen Einfluß unterworfen wird.

Linkes Rheinufer

Bereits im Frieden von Basel 1795 erkannte Preußen in einem geheimen Zusatzartikel die französischen Eroberungen links des Rheins an. Es erhielt dafür einen neutralen Status zugebilligt, der bis 1806 aufrechterhalten wurde. Für den Fall der Abtretung des linken Rheinufers beanspruchte es eine Entschädigung der dadurch geschädigten deutschen Fürsten (vor allem aber seiner selbst).

Campo Formio 1797

Österreich mußte im Frieden von Campo Formio im Oktober 1797 auf seine Besitzungen links des Rheines (das sind vor allem die österreichischen Niederlande, d. h. das heutige Belgien) und auf Mailand verzichten. Es bekam dafür aber Venedig, das bisher in keiner Weise am Krieg beteiligt war, und dessen Besitzungen an der Adriaküste als Ausgleich. Habsburg-Österreich war damit hinter die Rheinlinie zurückgedrängt. Der Friede von Luneville (Februar 1801) erzwang eine Bestätigung dieser Veränderungen durch Österreich, das außerdem seine "Sekundogenituren" Toskana und Modena verlor.

Luneville 1801

Am Ende des Ersten Koalitionskrieges stand die sowohl von Frankreich als auch vom Reichstag erhobene Forderung nach einem allgemeinen Friedenskongreß, der 1797–1799 im badischen Rastatt zusammentrat. Die dort vertretenen Reichsstände allerdings gingen noch von der Voraussetzung aus, daß das linke Rheinufer beim Reich bliebe, zumindest aber, daß darüber verhandelt werden könne – diese Basis hatten aber Preußen und Österreich bereits in ihren Verträgen mit Frankreich verlassen. Die jetzt öffentlich vorgetragene französische Forderung nach der Rheingrenze wurde hingenommen, indem man begann, über die Entschädigung der Fürsten, die dadurch Verluste erlitten, zu verhandeln. Der Kongreß jedoch löste sich, bevor er zu einem nennenswerten Ergebnis kam, durch den Wiederausbruch der Kämpfe auf.

Friedenskongreß von Rastatt 1797 – 1799

Entschädigung der Fürsten

Die Bestimmung des Friedens von Luneville über die Entschädigung der linksrheinisch begüterten Fürsten wurde vom Reichstag schnell akzeptiert; Napoleon löste das Problem im Zusammengehen mit dem russischen Zar Alexander I., indem er die Rivalität der Großmächte Preußen und Österreich gegeneinander ausspielte und die Begehrlichkeit der Klein- und Mittelstaaten ausnützte, um zu einem Ergebnis zu kommen, das seinen Interessen und denen eines zunehmend auf Hegemonie ausgehenden Frankreich nützen konnte.

Nach mehreren Vereinbarungen mit einzelnen Staaten (Bayern, Württemberg, Baden, Preußen) legten Napoleon und Zar Alexander einen gemeinsamen Plan vor, der die politische Landkarte Deutschlands entscheidend verändern sollte. Daß der Reichstag einen Ausschuß (Deputation) zur Regelung der Entschädigungsfrage bestellte, hatte unter dem Druck der Verhältnisse nur formale Bedeutung. Dennoch nahmen die Deputation und der

Reichsdeputationshauptschluß

Reichstag selbst den französisch-russischen Plan als (Be)Schluß in der "Haupt"sache und damit als Reichsgesetz an; daher nennt man dieses Reichsgesetz den "Reichsdeputationshauptschluß".

Säkularisation

Er griff die lange vor der Französischen Revolution erhobene Forderung nach Verstaatlichung der Kirchengüter (sowohl im Sinne eines Machtzuwachses der neuen Besitzer als auch einer notwendigen Beschränkung der alten Besitzer auf ihre geistlich-seelsorgerischen Aufgaben) auf und stellte somit Territorien im Umfang von fast 62 300 km$^2$ (in Quellen und Literatur stets in Quadratmeilen gerechnet) mit 1 844 650 "Seelen" zur Neudisposition. Da dem allerdings nur knapp 26 500 km$^2$ mit 1,1 Mio. "Seelen" an Verlusten gegenüberstanden, waren endlose Streitereien abzusehen. Massives (französisches) Eingreifen war also notwendig, um einerseits überhaupt zu einer Lösung zu kommen, andererseits zu einer Lösung im französischen Sinn. Diese sah "Mittelstaaten" vor, von Frankreich favorisiert und gestützt, die die Rolle einer dritten Kraft neben Preußen und Österreich übernehmen konnten; als Machtfaktor war damit das Reich mehr denn je ausgeschaltet.

Mediatisierung

Schaffung von "Mittelstaaten"

Mit der Säkularisation war die Mediatisierung kleinerer Reichsstände verbunden, d. h. die Aufhebung der Reichsunmittelbarkeit und die Unterstellung unter einen der "Mittelstaaten"; im Zuge von Säkularisation und Mediatisierung verschwanden 112 Reichsstände. Besonders im Süden des Reiches diente die Ländermasse dazu, starke, (Frankreich verpflichtete) Staaten zu schaffen.

Bayern

Bayern, das mit den linksrheinischen Teilen der Pfalz (inklusive Zweibrücken und Jülich) bereits 11 200 km$^2$ eingebüßt hatte, verzichtete jetzt noch auf den übrigen rechtsrheinischen Teil der Pfalz (Kurpfalz mit Mannheim und Heidelberg), erhielt dafür aber die Bistümer Würzburg, Bamberg, Augsburg und Freising sowie Teile von Eichstätt und Passau (16 000 km$^2$).

Württemberg

Württemberg, das nur Mömpelgard (Montbeliard) im Sundgau und kleinere Besitzungen im Elsaß verloren hatte, erhielt den Großteil der kleineren Reichsterritorien in Schwaben und (mit 1 600 km$^2$) das Vierfache seines Verlustes.

Baden

Baden schließlich erhielt das Bistum Konstanz, die rechtsrheinischen Besitzungen der Bistümer Basel, Straßburg und Speyer und den rechtsrheinischen Teil der Kurpfalz von Mannheim und Heidelberg bis Wertheim am Main, das sind 3 300 km$^2$ und das sieben- bis achtfache seines Verlustes.

Der Breisgau wechselte von Österreich zum habsburgischen Herzog von Modena, zusammen mit Salzburg entstanden so zwei habsburgische Sekundogenituren im Reich. Anstelle der aufgehobenen Kurwürden von Köln, Trier und der Pfalz wurden Württemberg, Baden, Hessen-Kassel und Salzburg zu Kurfürstentümern erhoben.

Friede von Preßburg 1805

Der Friede von Preßburg (25. 12. 1805) drängte Habsburg-Österreich endgültig nach Osten ab, indem er den Breisgau an Baden, die Grafschaft Hohenberg und den Streubesitz zwischen Bodensee und Donau an Württemberg, die Markgrafschaft Burgau, Tirol und Vorarlberg schließlich an Bayern überwies (das damit bis zum Gardasee reichte). Die Herzöge von Württemberg und Bayern wurden darüber hinaus zu Königen erhoben.

## Der "Rheinbund" und das Ende des Alten Reiches

Der Friede von Preßburg ermöglichte auch Napoleon, über einen Sonderbund des "Dritten Deutschland", d. h. der Mittelstaaten außer Österreich und Preußen, die Reichsverfassung zu Fall zu bringen. Damit sollte einerseits Österreich weiter eingeschränkt, Deutschland aber auch dem französischen Einfluß weiter geöffnet werden, indem dieser Bund sich an Frankreich als Schutzmacht anlehnte. Der Kaiserkrönung Napoleons 1804 hatte im selben Jahr noch Kaiser Franz II. mit der Annahme des österreichischen Kaisertitels geantwortet und damit deutlich gezeigt, daß er selbst eigene territoriale Interessen über die Interessen des Reiches stellte.

Rheinbund-Akte 1806

Im Juli 1806 schließlich unterzeichneten Vertreter von 16 deutschen Fürsten die Urkunde, durch die sie sich vom Reich lösten und einen eigenen Bund souveräner Staaten unter dem Schutz Frankreichs bildeten ("Rheinbund"-Akte). Wichtigste Bestimmung des Vertrages mit Frankreich war die Unterstellung der Truppen unter französischen Befehl. Einem französischen Ultimatum folgte am 6. August 1806 schließlich die Niederlegung der Kaiserkrone durch Franz II., der das Reich für erloschen erklärte.

weitere Mediatisierungen

Allerdings war die Reichsverfassung bereits durch die Bestimmung der Rheinbundakte, daß kein Gesetz des Alten Reiches ein Mitglied des Bundes über dessen Interessen hinaus binden dürfe, bereits so weit verletzt, daß das Reich und seine Verfassung schon vor der definitiven Auflösung bereits nur mehr ein Schatten ihrer selbst waren. Mit der Begründung dieses Bundes verbunden war ein weiterer Gebietszuwachs Badens, Württembergs und Bayerns, diesmal auf Kosten der reichsritterschaftlichen Gebiete (weitere Mediatisierung), der Markgraf von Baden wurde künftig Großherzog, der Herzog von Württemberg König.

Frieden von Tilsit 1807
Westfalen
Polen

Die französische Vormachtstellung im Gebiet des alten Deutschen Reiches wurde im Frieden von Tilsit (1807) auf Kosten Preußens weiter gefestigt durch die Errichtung des Königreichs Westfalen (aus Hannover, Braunschweig, sowie Teilen Preußens und Hessens) unter Napoleons Bruder Jerome und durch die Begründung eines Großherzogtums Warschau aus den preußischen Anteilen an der zweiten und dritten Polnischen Teilung (in Personalunion mit dem Rheinbundmitglied Sachsen verbunden). Um die Handelssperre gegen England ("Kontinentalsperre") besser kontrollieren zu können, wurde 1810/11 das Nordseeküstengebiet mit einem breiten Streifen Hinterland, einschließlich der Städte Bremen, Hamburg und Lübeck, besetzt und Frankreich direkt angegliedert.

Kontinentalsperre

Damit hatte sich unter französischem Einfluß die politische Landkarte Mitteleuropas entscheidend verändert:
- Das Heilige Römische Reich Deutscher Nation existierte nicht mehr;
- die alten Großmächte Österreich und Preußen waren aus der Mitte Deutschlands abgedrängt;
- statt einer unübersehbaren Vielzahl von kleinen und kleinsten Herrschaften und Fürstentümern gab es abgerundete ("arrondierte") Staaten mittlerer Größe, die unter sich und mit Frankreich ein enges Bündnis geschlossen hatten.
- Frankreichs Grenzen lagen an Rhein und Nordsee;
- die französische Armee – darunter v. a. die Kontingente der Rheinbundstaaten – rüstete sich zum Angriff auf Rußland, von dem von 400 000 Soldaten nur 10 000 zurückkehren sollten.

# Die Zeit der Reformen: Preußen und die süddeutschen Staaten

Das alte System hatte gegenüber dem revolutionären, dann dem militärisch straff durchorganisierten Frankreich seine Unzulänglichkeiten nur zu deutlich gezeigt. Allenthalben hatten in Deutschland literarische und politisch interessierte Kreise mit den Gedanken der Revolution sympathisiert, selbst als mit der Hinrichtung Ludwigs XVI. der Schrecken in Frankreich zu wüten begann. Am Oberrhein entstand sogar mancherorts eine breite Massenbewegung für die Revolution, die von den Straßburger Zeitungen entsprechend begrüßt wurde.

Die Reformansätze indessen in Preußen und in den süddeutschen Staaten entstanden aus verschiedener Ursache. In Preußen war der Zusammenbruch des Staates im Jahre 1806 (Schlacht bei Jena und Auerstädt) das letzte, unübersehbare Zeichen für die Unfähigkeit des absolutistischen Systems, den Gegebenheiten der Zeit mit angemessenen Mitteln antworten zu können.

verschiedene Ursachen

Die süddeutschen Staaten Baden, Württemberg und Bayern sahen sich, von Napoleons Gnaden zu arrondierten Mittelstaaten erhoben und mit großen Gebietszuwächsen, vor die Problematik einer neuen Staats- und Verwaltungsorganisation gestellt. Jedes der neuerworbenen Gebiete brachte sein eigenes Gewohnheitsrecht mit, jede Stadt ihre eigene Art der städtischen Selbstverwaltung – diese Rechtsunterschiede vertrugen sich nicht mehr mit den Geboten eines rationalistischen, auf Staatsraison gegründeten Flächenstaates. Dieser Staat verlangte nach einer neuen Klammer um die alten und neuen Landesteile, die er in der Rechtsgleichheit und im rationalistischen Staatsaufbau fand.

## Die preußischen Reformen

Schon vor der Katastrophe von 1806/07 war die Unfähigkeit des spätabsolutistischen Systems kritisiert worden, die Ereignisse bis zum Frieden von Tilsit gaben diesen Kritikern recht. Federführend wurde Freiherr vom und zum Stein, der als hoher preußischer Verwaltungsbeamter in Westfalen Erfahrungen mit ständischer Selbstverwaltung sammelte. 1807 und 1808 mußte der König ihn allerdings zweimal auf französischen Druck hin aus dem Dienst als Minister entlassen; sein Werk führte Freiherr Karl August von Hardenberg als Staatskanzler (1810–1822) fort.

Freiherr von und zum Stein

Stein ging aus von den Formen der Selbstverwaltung, wie er sie in Westfalen, und von englischen Verhältnissen, wie er sie im hannoveranischen Göttingen kennengelernt hatte, sah aber ebenso die französische Verwaltungsreform als vorbildlich für eine Reorganisation des preußischen Staates an. Stein wie Hardenberg wurden von dem Grundgedanken geleitet, daß die "Nation", die Gesamtheit der politisch mitverantwortlichen und gleichberechtigten Bürger, den Staat tragen müsse. Dazu war freilich der Untertan des absolutistischen Staates aus seinen althergebrachten ständischen und wirtschaftlichen Bindungen und Beschränkungen zu lösen (und im Sinne des neuen Staates zu erziehen).

Nation trägt den Staat

Die Reformen erstreckten sich vor allem auf folgende Gebiete:

*Sozialreformen:*

- 1807: Edikt zur Bauernbefreiung, Abschaffung der Erbuntertänigkeit (Befreiung der Bauern auf den Staatsgütern bereits 1804)
- 1808: Städteordnung: Kommunale Selbstverwaltung durch gewählte Vertreter (Zensuswahlrecht, vom Besitz des Bürgerrechts abhängig)
- 1810/11: Aufhebung der Zunftverfassung (bei eingeschränkter Gewerbefreiheit)
- 1812: Judenemanzipation (aber Aufgabe des jüdischen Glaubens als Voraussetzung für eine Beamtenlaufbahn)

*Verwaltungsreformen:*

- Trennung von Justiz und Verwaltung
- 1808: Einrichtung von Fachministerien, später
- Verwaltungs-Neugliederung in Provinzen, Regierungsbezirke und Kreise

*Heeresreformen (durch Scharnhorst, Gneisenau, Boyen und Clausewitz):*
- Aufhebung des Adelsmonopols für Offiziersstellen, Beförderung nach Verdienst
- 1814: Einführung der allgemeinen Wehrpflicht

*Bildungsreformen (v. a. durch Wilhelm von Humboldt):*
- 1810: Gründung der Berliner Universität mit freier Selbstbestimmung der wissenschaftlichen Arbeit und der Einheit von Forschung und Lehre
- 1812: staatliche Gymnasialordnung

Heeresreform

Die Reformen bewirkten auf Teilgebieten grundlegende Umwälzungen in Staat und Gesellschaft. Vor allem die Heeresreform brachte in den Befreiungskriegen 1812–1814 eine breite patriotische Begeisterung, die dem ersten Jahrzehnt des Jahrhunderts trotz der existentiellen Bedrohung Preußens fremd war. Das auf diese Weise in einer "Revolution von oben" mit dem Grundgedanken der demokratischen Reformen in einem monarchischen Staat (Hardenberg) reorganisierte Preußen wurde zur Hoffnung für die Patrioten, die von ihm Signalwirkung für eine allgemeine Neuerungsbewegung in Deutschland erhofften.

unvollendete Reform

Allerdings blieben die Reformen Stückwerk. Vor allem der Adel konnte seine Stellung behaupten, er ließ sich die Ablösung von Erbuntertänigkeit und Frondiensten durch die (nunmehr freien) Bauern so teuer bezahlen, daß nur ein geringer Prozentsatz der Bauern diese Leistung aufbrachte und in den Besitz einer rentablen Hofstelle kam. Auch die staatlichen Funktionen in den Gutsbezirken blieben erhalten, nach einem Gesetz von 1812 ernannte der König die vom Adel gestellten Landräte. Vor allem aber kam eine auf den Maximen Steins und Hardenbergs gegründete Staatsverfassung nicht zustande; Versprechen seitens des Königs Friedrich Wilhelm III. blieben über Jahrzehnte unerfüllt. Die im März 1848 zugestandene demokratische Verfassung wurde dann im Dezember desselben Jahres (und 1851) durch den autoritärmonarchistischen Verfassungsoktroy abgelöst.

## Staatsreform und liberale Verfassung in Baden und Württemberg

Rein auf das Staatsinteresse ausgerichtet waren dagegen die Staats- und Verwaltungsreformen in den Rheinbundstaaten nach der Erlangung ihrer Souveränität 1806. Mit der Lossagung vom Reich in der Rheinbundakte war eine ausdrückliche Aufhebung aller Verpflichtungen aus früheren Reichsgesetzen oder Privilegien verbunden – eine Möglichkeit für den Staat und seine Spitze, das Staatsleben frei von traditionellen Bindungen auf eine gemeinsame Basis zu stellen.

In Baden war es vor allem mit dem Geheimen Rat Friedrich Brauer und dem Kabinettsminister Sigismund von Reitzenstein ein Kreis um den Großherzog Karl Friedrich, der in enger Anlehnung an das zentralistisch ausgerichtete, streng durchgegliederte Frankreich den Neubau des Staates vorantrieb. In den Jahren nach 1806 folgten kurz aufeinander sieben "Konstitutionsedikte", die von der starken, in der Tradition des fürstlichen Absolutismus stehenden Stellung des Monarchen zeugen. In der Schaffung der Rechtsgleichheit aller Bürger und der Aufhebung aller traditionellen Sonderrechte wurde zwar der Absolutismus in Richtung auf die Gemeinschaft der Staatsbürger des 19. Jahrhunderts überwunden, dennoch ist der wesentliche Unterschied zu den preußischen Reformen nicht zu übersehen: Zielten diese auf die bürgerliche Mitverantwortung und Erziehung als Fundament des Staates, sind die süddeutschen Reformen von staatlichem Absolutismus geprägt, der um des neuen Staates willen keine Sonderrechte mehr gelten lassen darf.

Konstitutionsedikte

Rationalismus

"Spät-Absolutismus"

Die Reformen betrafen alle Bereiche des staatlichen Lebens: Verwaltung, Finanzen, Justiz, Wirtschaft, Schule und Kirche. Auch der Code Napoleon, das Zivilgesetzbuch des napoleonischen Frankreich, wurde übersetzt und mit Zusätzen versehen als "Badisches Landrecht" übernommen. Hier blieb es in Kraft, bis es das deutsche Bürgerliche Gesetzbuch im Jahre 1900 ablöste. Die altehrwürdige Universität Heidelberg wurde mit einer neuen staatlichen Stiftung bedacht, die ihr die Weiterexistenz sicherte, während die Freiburger Universität noch Jahrzehnte um ihre Zukunft bangen mußte. Beide Universitäten nahmen ihre Neugründer in ihren Namen auf (Ruprecht-Karls-Universität und Albrecht-Ludwigs-Universität).

städtische Selbstverwaltung

Besondere Aufmerksamkeit galt mit dem 2. Konstitutionsedikt von 1807 der städtischen Selbstverwaltung, deren alte, ins Mittelalter zurückreichende Traditionen zugunsten des neuen Rationalismus aufgegeben wurden. Selbst Städte wie Lahr oder Freiburg, deren wirtschaftliche Bedeutung noch 1806 gesonderte neue Privilegien erforderte (das Lahrer Privileg ging noch einmal Punkt für Punkt auf den alten, aus dem Jahre 1377 stammenden und am Ende des Alten Reiches in einem jahrzehntelangen Prozeß gegen die Landesherrschaft verfochtenen Freiheitsbrief ein), selbst sie mußten sich jetzt dem Gleichheitsgrundsatz beugen. Ihre Eingaben auf Wiederherstellung ihrer alten Rechtsbefugnisse blieben erfolglos.

Das 2. Konstitutionsedikt legte ausdrücklich fest, daß *"alle sowohl in den Oberhoheits- als Eigentumslanden vor dem Preßburger Frieden gegebenen Privilegien nur gelten, insoweit sie mit der neuen, nach und nach erscheinenden Staatskonstitution vereinbarlich sind, und also im nächsten Bestätigungsfall auf das späteste danach eingerichtet werden müssen"*.

Vor ähnlichen Problemen standen die anderen beiden süddeutschen Staaten. In Bayern wurde mit dem fortschrittlich gesinnten König Max Joseph und dem Minister Montgelas an der Spitze auf ähnlich behutsame Weise wie in Baden und nicht minder konsequent der Neubau des Staates vorangetrieben; die alte Ständevertretung, die bereits am Ende des 18. Jahrhunderts als Opposition zum kurfürstlichen Regime aufgetreten war, sollte in der 1808 verkündeten Staatsverfassung zur Vertretung der bayerischen Nation aufgewertet werden – sie wurde indessen nie einberufen.

Bayern

Die württembergische Ständevertretung wurde Ende 1805 ersatzlos aufgelöst, der Neuaufbau des württembergischen Staates vollzog sich dem "Alten Recht" gegenüber rücksichtsloser als in den beiden Nachbarstaaten. Mit dem "Organisationsmanifest" von 1806 wurde auch der Geheime Rat aufgelöst; an seine Stelle trat nach französischem Vorbild ein 6 Departements umfassendes Ministerkollegium mit einem Staatsministerium an der Spitze.

Württemberg

# Deutschland vom Wiener Kongreß bis zur Revolution 1848

| | |
|---|---|
| 30. 5. 1814 | Friedensvertrag von Paris mit Frankreich |
| 1815 | Begründung der "Heiligen Allianz" |
| **Verfassungen** | |
| 1814 | Nassau |
| 1814 | "Charte Constitutionelle" in Frankreich |
| 1817 | Sachsen-Weimar |
| 1818 | Baden, Bayern |
| 1819 | Württemberg |
| 1820 | Hessen-Darmstadt |
| Mai 1815 | Gründung der "Deutschen Burschenschaft" in Jena |
| Oktober 1817 | Wartburg-Fest |
| Oktober 1818 | Zusammenschluß der dt. Burschenschaften zur "Allgemeinen Deutschen Burschenschaft" |
| 1819 | Ermordung August von Kotzebues in Mannheim |
| August 1819 | Karlsbader Beschlüsse |
| 1820 | Wiener Schlußakte |
| 1821–1829 | Freiheitskampf der Griechen |
| 1830/31 | Londoner Konferenz und Unabhängigkeit Belgiens; polnischer Aufstand |
| 27. 5.–1. 6. 1832 | Hambacher Fest |
| Juni 1834 | Wiener Ministerkonferenz zur Durchsetzung der reaktionären Politik |
| 1837 | Amtsenthebung der "Göttinger Sieben" |

## Der Wiener Kongreß

Bereits der am 30. Mai 1814 in Paris unterzeichnete Friedensvertrag der Koalitionsmächte mit dem besiegten Frankreich sah die endgültige Regelung der Angelegenheiten, die durch den Sturz Napoleons wieder zur Diskussion standen, in einem allgemeinen Fürstenkongreß vor. Dieser sollte in der österreichischen Hauptstadt Wien tagen. Hier traf sich von Oktober 1814 bis Juni 1815 die alte aristokratische Gesellschaft, hier prallten aber auch zunächst die alten Interessen der beteiligten Mächte – Neuerwerbung von Besitz (Preußen, Rußland), Gleichgewichtsdenken (Österreich und England), Festschreibung der Kleinstaaterei zur Verhinderung eines übermächtigen Deutschland (Frankreich) und Hegemoniestreben (Österreich und Preußen) – wieder aufeinander.

Insgesamt waren etwa 200 Vertreter fast aller Mächte und Staaten Europas in Wien versammelt, doch wurden die wesentlichen Dinge im Kreis der Großmächte England, Rußland, Österreich, Preußen und Frankreich entschieden. Keinen Vertreter hatte die patriotische Bewegung, die unter dem Ziel, ein geeintes Deutschland – zum Teil unter der alten Macht des deutschen Kaisers – wieder herzustellen, in die Befreiungskriege gegangen war.

Metternich: konservative Staatslehre

Klemens Wenzel Fürst von Metternich, österreichischer Staatskanzler und führender Kopf des Wiener Kongresses, ging von einer konservativen Staatslehre aus, die das Interesse des Staates über das seiner Bewohner stellte. Infolgedessen verurteilte er die Ideen von Freiheit und Gleichheit als gefährlichen Anarchismus; die Lehre von der Volkssouveränität widersprach den Interessen der Monarchie. Die Französische Revolution war daher auch nicht der gewaltsame Ausbruch infolge der Verweigerung eines vorhandenen politischen Anspruchs oder infolge historischer Anachronismen, sondern das Werk von Verschwörern gegen die staatliche Ordnung. Eine Rückkehr zu den Verhältnissen vor der Revolution war daher vom Staatsinteresse geboten.

Solidarität Legitimität

Metternichs Politik richtete sich daher konkret sowohl gegen Kräfte aus dem Volk, gegen bürgerliche Freiheit und verfassungsrechtliche Garantien, als auch gegen die Neuerungen in der Staatenwelt Europas; Ziel seines Wirkens war die Solidarität der alten Mächte auf der Grundlage ihrer Legitimität und des politischen Gleichgewichts. Die Auswirkungen seiner Politik verbanden sich so sehr mit seiner Person, daß man die konservative und reaktionäre Politik seiner Epoche geradezu das "System Metternich" nennt.

Die "Heilige Allianz" wurde auf Vorschlag des russischen Zaren 1815 zwischen ihm, dem österreichischen Kaiser und dem König von Preußen geschlossen: Die Monarchen sahen sich als Glieder ein und derselben christlichen Nation und ihren Untertanen und ihren Heeren gegenüber als Familienväter, die sie in demselben Geist der Brüderlichkeit lenken (wollen), von dem sie beseelt sind. Die christliche Religion sollte fortan die Grundlage der Politik sein, statt der Volkssouveränität und der Brüderlichkeit der Nation wurde die Brüderlichkeit der Monarchen bestimmend. Während die "Heilige Allianz" jedoch wenig politische Wirksamkeit entfaltete, wurde sie in der Öffentlichkeit zum Inbegriff des auf die Unterdrückung der eigenen Völker gerichteten Polizei- und Überwachungsstaats.

Deutscher Bund

Innenpolitisches Instrument war der "Deutsche Bund", dessen Bildung die Auflösung des Heiligen Römischen Reiches in 38, später 39 souveräne Einzelstaaten zementierte. Er war ein Staatenbund und gliederte die deutschen Staaten in das gesamteuropäische Mächtesystem des Wiener Kongresses ein, ohne jedoch ihre Souveränitätsrechte wesentlich anzutasten. Sein einziges Organ war der Bundestag in Frankfurt, auf dem die Mitgliedstaaten durch Gesandte vertreten waren. Österreich hatte hier den Vorsitz inne, konnte aber seine politischen Ziele im Bund nur durchsetzen, wenn es sich mit Preußen, der anderen Großmacht im Bund, einig war.

## Liberalismus und Verfassungsfragen

Patriotismus

Nationalismus

Einer der Kernpunkte der 1807 in die Wege geleiteten Reformen in Preußen war die Schaffung eines auf Patriotismus gegründeten Volksheeres. Um diesen Gedanken zu fördern, den Krieg zu einer "nationalen Sache" zu machen, hatte der preußische König Friedrich Wilhelm 1812 während des Krieges gegen das napoleonische Frankreich den Orden von "Eisernen Kreuz" gestiftet.

Völkerschlacht 1813

Höhepunkt dieser Entwicklung war die "Völkerschlacht" vom Oktober 1813 vor den Toren von Leipzig, in der die verbündeten Österreicher, Preußen und Russen den französischen Heer die entscheidende Niederlage zufügten.

Völkerschlacht als Anknüpfungspunkt nationaler Hoffnungen

Bereits unmittelbar nach der siegreichen Schlacht begann das deutsche Nationalgefühl, sich um dieses Ereignis zu kristallisieren. Publizisten und Schriftsteller (wie z. B. Ernst Moritz Arndt) forderten die Errichtung eines nationalen Denkmals zur Erinnerung an diese Schlacht. Vielerorts wurde bis zum Ende des Jahrzehnts alljährlich am 18. Oktober der "Befreiungsschlacht" mit Freudenfeuern und patriotischen Ansprachen gedacht. Die Hoffnung der Redner richtete sich vor allem auf eine Erfüllung ihrer nationalen Wünsche, vor allem auf eine Wiedererrichtung eines geeinten deutschen Kaiserreiches, da und dort aber bereits verbunden mit einer Verwirklichung der politischen Fortschritte, wie sie bereits in Frankreich in der Charte Constitutionelle von 1814 niedergelegt waren.

Unübersehbar war auch für den Wiener Kongreß dieses Vorhandensein liberaler Strömungen in den deutschen Staaten. Sie sollten durch das Versprechen, *alsbald landständische Verfassungen* einzuführen, beruhigt werden. Die Großmächte Preußen und Österreich jedoch fühlten sich an dieses Versprechen nicht gebunden, lediglich die Klein- und Mittelstaaten Mittel- und Süddeutschlands erließen Verfassungen, die dem Bürgertum eine (beschränkte) Mitwirkung am politischen Leben sicherten. Nachdem Nassau bereits 1814 vorangegangen war, gab nach dem Kongreß Karl August von Sachsen-Weimar 1817 seinem Land als erster eine Verfassung, ihm folgten 1818 Baden und Bayern, 1819 Württemberg und 1820 Hessen-Darmstadt.

Verfassungen

Baden

Für Baden war dabei von besonderer Bedeutung, daß durch die ungeregelte Frage der Erbfolge der Bestand des Großherzogtums gefährdet war und Bayern wie auch Österreich Ansprüche auf die Rheinpfalz bzw. den Breisgau erhoben. Vordringlich war daher ein Hausgesetz über die Erbfolge (1817), das Eingang in die in folgenden Jahr erlassene Verfassung fand. Sie sollte, wie schon die Konstitutionsedikte der Rheinbundzeit, den inneren Zusammenhalt des Großherzogtums sichern.

Volksvertretung

liberale Forderungen

Die Verfassungen nahmen die bereits 1814 in Frankreich von Ludwig XVIII. erlassene "Charte constitutionelle" als Vorbild. Sie betonten zwar das monarchische Prinzip, richteten aber auch eine Volksvertretung in zwei Kammern ein, die eine beschränkte Mitwirkung des Bürgertums ermöglichte. Dieses war weitgehend aus der ständisch gebundenen Wirtschafts- und Sozialordnung herausgetreten und konnte sich mit dem fürstlichen Neu-Absolutismus nicht abfinden. Seinen Ansprüchen genügte diese beschränkte Mitwirkung nicht; bereits die ersten Sitzungen der neugeschaffenen Volksvertretungen waren daher geprägt von weiteren Forderungen nach politischen Rechten, vor allem nach einer ausschließlichen Bindung der Gesetzgebung an die Zustimmung der gewählten Vertreter. Gleichzeitig wurden Presse- und Gewerbefreiheit gefordert. Diese Ansprüche mußten dem konservativen Staatsdenken als revolutionär, ja geradezu als staatsgefährdend erscheinen. Die Bezeichnung "Liberaler" wurde daher für den konservativen und reaktionären Staat zum Synonym für "Anarchist". Vor allem Metternich sah in den liberalen Bewegungen staatsgefährdende Umtriebe.

Mehr als die anderen süddeutschen Verfassungen bot die badische Verfassung Ansatzpunkte für eine politische Weiterentwicklung. Während in Württemberg zum Beispiel durch die vorgeschriebene Zusammensetzung des Landtags die Bewohner der Dörfer von der Vertretung ausgeschlossen blieben, gab die badische Verfassung allen Bewohnern des Landes gleichermaßen das Stimmrecht, auch wenn es durch die Einteilung der Wahlkreise und die Zahl der Abgeordneten in den Wahlkreisen das städtische Bürgertum einseitig begünstigte. Die Zweite Kammer der badischen Landstände, die im April 1819 zum ersten Mal zusammentrat, ist daher das erste "echte" Parlament auf deutschem Boden.

Wahlrecht und Repräsentation

Weiterhin schrieb die Geschäftsordnung der Zweiten Kammer in Baden keine feste Sitzordnung der Abgeordneten im Sitzungssaal vor – das begünstigte schon in den 1830er Jahren den Zusammenschluß zu politischen Gruppen und führte schon am Beginn der 1840er Jahre zu parteiähnlichen Gruppierungen auch innerhalb des Plenums. Insofern griffen die Abgeordneten der Nationalversammlung 1848 mit der Sitzverteilung nach Rechts und Links auf das bereits in den badischen Landständen praktizierte Fraktionsprinzip zurück

Sitzordnung

## Burschenschaften und Wartburgfest (1817)

Der Wunsch nach nationaler Einheit war von allem in der studentischen Jugend lebendig geblieben. Sie war für ein geeintes Deutschland in die Befreiungskriege gezogen und sah sich durch die "Federfuchser" auf dem Wiener Kongreß um ihre Hoffnungen betrogen. Anders als die Liberalen fanden sie sich nicht mit der Zersplitterung Deutschlands ab. An der Universität Jena wurde im Mai 1815 erstmals die Organisation der Studenten nach Landsmannschaften durch eine Verbindung abgelöst, die Studenten aus ganz Deutschland umfaßte. Sie nannte sich "Deutsche Burschenschaft" und wählte als Farben die des Lützowschen Freikorps aus den Befreiungskriegen (schwarzer Rock mit roten Aufschlägen und gelben Knöpfen). Diese Farben sah man als die des alten deutschen Reichswappens (schwarzer Adler mit roten Fängen auf goldenem Grund) an, sie kommen aber von der Uniform der kaiserlichen Leibgarde (Hatschiere: *"... in schwarzsamtenen Flügelröcken, alle Nähte reich mit Gold galoniert, darunter rote Leibröcke ..."*, Goethe, "Dichtung und Wahrheit" 5. Buch). Die Burschenschaft war Ausdruck des Gedankens, daß die Gemeinsamkeit des Vaterlandes eine einzige Verbindung erfordere und daß alle Studenten Mitglieder einer Burschenschaft werden sollten. Die Studenten sollten also in der Einheit des Vaterlandes vorangehen. Nach und nach entstanden auch an anderen Universitäten "Deutsche" Burschenschaften.

Deutsche Burschenschaft

schwarz-rot-gold

Wie in jedem Oktober seit 1814 in ganz Deutschland wurde auch auf der Wartburg (bei Eisenach, Thüringen) das Gedächtnis an die Völkerschlacht bei Leipzig im Oktober 1813 gefeiert. Im Oktober 1817 jährte sich zusätzlich der Thesenanschlag durch Martin Luther (der lange Zeit auf der Wartburg zugebracht und dort die Bibel ins Deutsche übersetzt hatte) zum dreihundersten Mal. Den Vertretern der Burschenschaften, die hier zusammenkamen, war die Reformation die Befreiung des deutschen Geistes, die Völker-

Wartburgfest für die Freiheit des Geistes

schlacht die Befreiung des deutschen Vaterlandes. In Erinnerung an die Verbrennung der päpstlichen Bannbulle durch Luther wurden später Symbole der Unterdrückung und der Reaktion ins Feuer geworfen: der Code civil, ein Exemplar der Deutschen Bundesakte, ein Zopf als Sinnbild der Bürokratie (in Hessen-Kassel 1815 wieder für die Staatsbediensteten verpflichtend eingeführt!), ein preußischer Offiziersschnürleib und ein österreichischer Korporalstock. Im Oktober 1818 schlossen sich – wieder in Jena – die Burschenschaften von 14 Universitäten zur "Allgemeinen Deutschen Burschenschaft" zusammen.

## Die Karlsbader Beschlüsse

1819: Ermordung Kotzebues

Im Jahre 1819 ermordete der Student Karl Ludwig Sand in Mannheim August von Kotzebue, Verfasser einiger populärer Bühnenstücke und Staatsrat in russischen Diensten. Dieser galt aufgrund seiner Veröffentlichungen als erklärter Gegner sowohl der Burschenschaften als auch der Gedanken von Einheit und Freiheit und war für die Studenten wegen seines Amtes als russischer Staatsrat ein russischer Spion. Zur selben Zeit hatten in Süddeutschland die Landtage ihre Beratungen mit z. T. heftigen Diskussionen über liberale Forderungen aufgenommen, wobei in Baden ein Kreis liberaler Männer um den Lahrer Amtmann Ludwig von Liebenstein wegweisende liberale Forderungen erhob. Damit war für Metternich das Vorhandensein einer großen Verschwörung zwischen Professoren, Politikern und Studenten erwiesen. Er sah jetzt die Notwendigkeit und (durch das Attentat) auch die Gelegenheit gekommen, die nationale und liberale Bewegung niederzuschlagen.

Teplitzer Punktation

Nach der grundsätzlichen Einigung mit Preußen (Teplitzer Punktation, 1. 8. 1819) berief Metternich die Minister der "vertrauenswürdigsten" Staaten (Preußen, Hannover, Sachsen, beide Mecklenburg, Nassau, Bayern, Baden, Württemberg) zu einer Konferenz nach Karlsbad ein, wo die sog. "Karlsbader Beschlüsse" zur Erhaltung der *inneren Sicherheit* gefaßt wurden. In 4 Beschlüssen, die der Bundestag am 20. September 1819 formal billigte, wurde festgelegt:

Karlsbader Beschlüsse

- Säuberung der Universitäten von Professoren, die verderbliche oder die Grundlagen der bestehenden Staatseinrichtungen untergrabende Lehren verbreiten. Überwachung von Professoren und Studenten, Unterdrückung der Burschenschaften.
- Einrichtung einer Vorzensur für Zeitungen, Zeitschriften und Druckwerke unter 20 Bogen (entspricht 320 Seiten).
- Schaffung einer Bundesbehörde zur Untersuchung und
- Vollzug der Beschlüsse des Bundestags durch alle Bundesglieder (Exekutionsordnung, am 3. 7. 1820 beschlossen).

Die "Karlsbader Beschlüsse" bildeten so die Grundlage für eine weitgehende "Demagogenverfolgung", die die Epoche der Restauration und Reaktion kennzeichnete. Besonders gründlich ging Preußen hierbei vor. Die Säuberungen trafen Männer wie den Bonner Professor für Geschichte Ernst Moritz Arndt, der schon zur Zeit der Befreiungskriege mit nationalen Kampfschriften und Liedern hervorgetreten war, oder den "Turnvater" Friedrich Ludwig Jahn, der die Körperertüchtigung als Mittel der vormilitärischen Ausbildung propagierte.

"Demagogenverfolgung"

Die Wiener Schlußakte von 1820 festigte die seit dem Wiener Kongreß einsetzende Restauration und legte fest, daß der Souverän durch eine landständische Verfassung nur in der Ausübung bestimmter Rechte an die Mitwirkung der Stände gebunden werden kann. Diese Bestimmung sollte die von den süddeutschen Landtagen ausgehenden liberalen Ideen eindämmen oder zurückdrängen.

## Der Unabhängigkeitskampf der Griechen und die Errichtung des Königreiches Belgien

Griechen

Das System der Heiligen Allianz erlitt bereits im Unabhängigkeitskrieg der Griechen (1821–1829) gegen das Osmanische Reich einen schweren Schlag. Zwar war die Begeisterung der europäischen Völker durchweg auf Seiten der Griechen, doch kamen die konservativen Mächte in der Bewertung dieser Angelegenheit in Schwierigkeiten. Gingen sie vom Legitimitätsprinzip aus, mußten sie das Osmanische Reich unterstützen, sahen sie die Bewahrung der christlichen Religion als vorrangig an, mußten sie den Griechen beistehen. Österreich stand wegen seiner eigenen innenpolitischen nationalen Probleme auf osmanischer, Rußland wegen seiner Interessen bei einem Auseinanderfallen des Osmanischen Reiches auf griechischer Seite und schob den Schutz der orthodoxen Glaubensbrüder vor. Die Griechenlandbegeisterung und die russischen Interessen erwiesen sich indessen stärker als die österreichische Zurückhaltung, der Unabhängigkeitskrieg endete mit dem Sieg der Griechen und der Berufung des Bayernprinzen Otto von Wittelsbach auf den neuerrichteten griechischen Königsthron (daher die Farben blau-weiß der griechischen Fahne).

Das Legitimitätsprinzip war gleichfalls berührt, als mit der liberalen Revolution in seinen südlichen, belgischen Landesteilen das Königreich der Vereinigten Niederlande auseinanderbrach; der Süden wurde abgetrennt und zu einem selbständigen Königreich Belgien erhoben. Da auch weiterhin befürchtet werden mußte, daß Frankreich Ansprüche auf dieses Land erhob (es war 1792 als

Belgien

erstes erobert worden) und daß Preußen, aber auch Rußland zur Intervention zugunsten des niederländischen Königs verleitet würden, erhielt der neugegründete Staat auf der Londoner Konferenz 1830/31 einen neutralen Status, den die Großmächte England, Frankreich und Preußen garantierten – eine Klausel, die sich 1914 verhängnisvoll für die Politik der Signatarmacht Deutschland auswirken sollte.

neutraler Status

## Die Juli-Revolution 1830

In Frankreich hatte zwar Ludwig XVIII. bereits 1814 eine liberale Verfassung erlassen ("Charte Constitutionelle"), sein Bruder Karl X., der nach seinem Tod 1824 die Regierung antrat, verfolgte jedoch eine reaktionäre Politik. Als er im Juli 1830 die Pressefreiheit aufhob und das Wahlrecht einseitig zugunsten des Adels abänderte, brach eine neue Revolution, die Julirevolution, aus und zwang die Bourbonen zur Flucht. Das kapitalistische Bürgertum errang mit Hilfe der Arbeiterschaft die Macht. Louis Philippe von Orleans, der "Bürgerkönig", wurde mit großer Mehrheit zum neuen König gewählt. Seine Politik, Kleinbürgertum und Arbeiterschaft vom politischen Leben fernzuhalten, war allerdings mit eine Ursache für den Ausbruch der Februar-Revolution 1848.

Sieg des liberalen Bürgertums "Bürgerkönig"

Damit ist auch in Frankreich der Grundsatz der Legitimität aufgegeben. Die Juli-Revolution mit ihrem Sieg des liberalen Bürgertums läßt auch in Deutschland neue Forderungen nach liberalen Freiheiten wieder wach werden. In Braunschweig wird der Herzog verjagt, in Kurhessen, Sachsen und Hannover werden von den Regierungen Verfassungen gegeben.

Vor dem erneuten Aufflammen der liberalen Ideen in Deutschland stehen jedoch die Ereignisse in Polen.

## Der polnische Aufstand 1830

Polen: Personalunion mit Rußland

Der 1830 ausbrechende polnische Aufstand war für Preußen nicht nur eine Frage des Legitimitätsprinzips, sondern bedrohte es in seinem territorialen Bestand direkt. Auf dem Wiener Kongreß war ja aus dem napoleonischen Großherzogtum Warschau ein neuer polnischer Staat errichtet worden, der allerdings in Personalunion mit Rußland verbunden sein sollte. Insofern war ein Kompromiß geschlossen zwischen dem polnischen Wunsch nach einem eigenen Staat und dem Anspruch Rußlands auf Erweiterung seines Territoriums nach Westen. Der Zar von Rußland war also gleichzeitig König von Polen.

Hatte allerdings Alexander I. mit der Erwerbung Polens den Plan, einen liberalen Musterstaat aufzubauen, verfolgt (Alexander galt als der "Befreier Europas"), so verfolgte sein Nachfolger Nikolaus I. eine reaktionäre Unterdrückungspolitik und gilt gegenüber seinem Vorgänger als "Gendarm Europas". Die 1815 eingeführte Verfassung Polens schien zwar eine liberale und eigenständige Entwicklung zu garantieren, doch arbeitete der polnische Nationalismus weiterhin auf die Errichtung eines eigenen polnischen Staates hin. Nachdem auch Zar Alexander und sein Nachfolger Nikolaus den liberalen Gedanken zunehmend mißtrauischer gegenüberstanden, verschärfte sich das politische Klima zwischen Polen und Rußland.

Aufstand gegen die russische Vorherrschaft

Der im November 1830 ausbrechende Aufstand richtete sich vor allem gegen die russische Vorherrschaft und gegen die Beeinträchtigung der liberalen Freiheiten von Großbürgertum und Adel. Programmlosigkeit, fehlende Zusammenarbeit unter den Revolutionären und zögernde Haltung bei der Durchsetzung der Ziele führten schließlich zum Erfolg der russischen Intervention und zur Kapitulation der Aufständischen (September 1831). Viele polnische Intellektuelle und Liberale flohen daraufhin ins Ausland, vor allem nach Frankreich, und wurden auf ihrer Durchreise in Deutschland mit Jubel begrüßt.

Preußen

Für Preußen ergab sich aber die Notwendigkeit, mit Rußland bei der Niederschlagung des Aufstandes zusammenzuarbeiten, da ein neuer polnischer Nationalstaat unweigerlich auch Anspruch auf die ehemals polnischen Provinzen Preußens, vor allem Posen und Westpreußen, erhoben hätte. Die nach Preußen geflohenen Truppenteile der Aufständischen wurden daher sofort entwaffnet und interniert.

Das politische Leben in Polen stand fortan unter den russischen Strafmaßnahmen, die vor allem eine Aufhebung der Verfassung und engere Anbindung an Rußland und die Monarchie brachten. Die polnischen Emigranten aber verstanden es, sich als Vertreter der polnischen Nation zu profilieren und damit den Gedanken an die polnische Nation hochzuhalten. In Deutschland verherrlichten "Polenlieder" den Freiheitskampf und sahen in Rußland den Feind auch der deutschen Freiheit.

## Das Hambacher Fest 1832

Alljährlich feierte man in Bayern am 27. Mai den "Verfassungstag" zum Gedenken an die 1818 eingeführte liberale Verfassung. Politische Journalisten, vor allem Philipp Jakob Siebenpfeiffer aus Haardt, wollten den Verfassungstag 1832 zu einem "deutschen Nationalfest" machen, um den Plan der deutschen Einigung

(Deutschlands Wiedergeburt) wieder voranzutreiben und luden in diesem Sinne zu einer Kundgebung vom 27. Mai bis 1. Juni 1832 auf der Schloßruine Hambach (bei Neustadt an der Weinstraße) ein. Zwischen 25 000 und 50 000 Teilnehmer (die Schätzungen schwanken) kamen zusammen, trugen die Farben Schwarz-Rot-Gold und die polnischen Farben Rot und Weiß, um einerseits ihr Engagement in der deutschen Frage, andererseits ihre Sympathie für die polnischen Emigranten zu bekunden. Die Redner, vor allem Siebenpfeiffer und J. G. A. Wirth, forderten liberale Freiheiten und staatliche Einheit für das gesamte deutsche Volk. Die sich an die Reden anschließenden Diskussionen zeigten bereits Standpunkte, wie sie dann in den Debatten der Paulskirche 1848/49 vertreten wurden, vor allem den Gegensatz zwischen Revolution und Reform, aber auch die Verbindung von liberalen und nationalen Gedanken.

für Verfassung und nationale Einheit

Die Regierungen, vor allem die österreichische, preußische und russische, sahen in dieser Demonstration eine akute Gefährdung des gegenwärtigen politischen Systems. Als Reaktion darauf verpflichtete Metternich erneut die Staaten des Deutschen Bundes auf die Einhaltung der Karlsbader Beschlüsse, die Politik der Reaktion mit Verboten und Zensur wurde noch verschärft (Wiener Ministerkonferenz 1834). Einer der Höhepunkte dieser reaktionären Politik war die Entlassung von sieben Professoren der Göttinger Universität (darunter den Historiker Fr. Chr. Dahlmann, die Germanisten Jacob und Wilhelm Grimm und den Literaturhistoriker G. G. Gervinus, zusammen "Göttinger Sieben" genannt), die gegen einen Verfassungsbruch des Königs von Hannover protestiert hatten.

Reaktion

"Göttinger Sieben"

# Entstehung und Politik des Deutschen Reiches

## Die Revolution 1848/49

**Vorgeschichte**

*Frankreich:*

| | |
|---|---|
| 22. 2. 1848 | Ausbruch der Februarrevolution in Paris |
| Dezember 1848 | Wahl Louis Napoleons zum Präsidenten |
| Dezember 1851 | Staatsstreich Louis Napoleons |
| Dezember 1852 | Kaiserproklamation als Napoleon III. |

*Baden:*

| | |
|---|---|
| 12. 9. 1847 | Offenburger Programm der Demokraten |
| 10. 10. 1847 | Heppenheimer "Protokoll" der Gemäßigten |
| 27. 2. 1848 | Erste Petition (in Mannheim) an die badische Kammer |
| 19. 3. 1848 | Massenversammlung in Offenburg |

**Die Revolution in Deutschland**

**1848**

| | |
|---|---|
| 5. 3. | Heidelberger Versammlung: Einladung zur Vorbereitung einer Verfassunggebenden Nationalversammlung |
| 13. 3. | Erster Aufstand in Wien. Metternich muß fliehen. |
| 18. 3. | Barrikadenaufstand in Berlin; Zugeständnisse der Regierungen |
| 31. 3.–4. 4. | Frankfurter Vorparlament |
| 13. 4. | Beginn des Heckerzuges von Konstanz aus |
| 20.–27. 4. | Niederlagen des Heckerzuges bei Kandern, Freiburg und Steinen |
| 18. 5. | Zusammentritt der Verfassunggebenden Nationalversammlung in der Frankfurter Paulskirche |
| 26. 8. | Waffenstillstand von Malmö zwischen Preußen und Dänemark |
| 21. 9. | Proklamation der "Deutschen Republik" durch Struve in Lörrach |
| Oktober | Kaiserliche Truppen erobern das aufständische Wien |
| November | Preußisches Militär rückt wieder in Berlin ein |
| 6. 12. | Auflösung der Preuß. Nationalversammlung, Verfassungsoktroy |
| 27. 12. | Verabschiedung der "Grundrechte des Deutschen Volkes" |

**1849**

| | |
|---|---|
| 28. 3. | Verkündung der Verfassung und Wahl des Preußenkönigs Friedrich Wilhelm zum Deutschen Kaiser |
| 28. 4. | Ablehnung der Kaiserwürde durch Friedrich Wilhelm |
| Mai | Bürgerkrieg in Sachsen, der Pfalz und Baden |
| 30. 5. | Umzug des "Rumpfparlaments" nach Stuttgart (Auflösung Juni) |
| Ende Juni | letzte Kämpfe zwischen Gernsbach und Kuppenheim |
| 23. 7. | Kapitulation der Festung Rastatt |

### Vorgeschichte

*Vormärz und Revolution in Frankreich*

Die Vorherrschaft der konservativen und restaurativen Kräfte in Europa verhinderte eine Lösung der bestehenden politischen Probleme, vor allem in der Frage der liberalen Verfassungen und des Ausgleichs zwischen den sozialen Schichten. Exponenten der Kritik sind z. B. Georg Büchner ("Hessischer Landbote" 1834) und Heinrich Heine. Literaten und Journalisten schlossen sich zu Gruppen zusammen unter den Namen "Junges Deutschland", "Junges Italien" oder "Junges Europa". Sie wurden von den alten Mächten verfolgt und unterdrückt (Zensur). Diesen vom Volk ausgehenden Bewegungen stand die von "oben" ausgehende Gründung des Deutschen Zollvereins unter preußischer Führung gegenüber, die in Deutschland Hoffnungen auf eine Lösung der nationalen Frage weckte. Gleichzeitig stiegen im Gefolge der zunehmenden Industrialisierung die sozialen Spannungen.

Büchner
Heine

Zollverein

Die Spannungen entluden sich zunächst in Paris, wo am 22. Februar die Polizei in eine Massendemonstration der Opposition´schoß und 50 Demonstranten getötet wurden. Die Demonstranten, Bürger, Studenten, Arbeiter und übergelaufene Soldaten errichteten daraufhin Barrikaden, König Louis Philippe erklärte seinen Rücktritt, floh nach England und machte einer bürgerlich-republikanischen Regierung Platz.

Frankreich: 2. Republik

Der Funke sprang schneller als je zuvor auf die Nachbarländer über. Besonders im deutschen Südwesten, wo die Presse größere Freiheiten hatte und die politische Diskussion auch in den Landtagen stattfinden konnte, kam es sehr schnell zu ersten Reaktionen.

*Demokratische und liberale Diskussion in Baden*

Spaltung der demokratischen Bewegung

In Baden hatte sich die demokratische Bewegung 1846 in eine konstitutionell-liberale (Karl Mathy und Friedrich Daniel Bassermann) und eine radikal-demokratische (Friedrich Hecker und Gustav Struve, alle Abgeordnete der II. badischen Kammer) Richtung gespalten. Die Wirtschaftskrise von 1846/47, die im übrigen auch in Frankreich den Boden für die Revolution bereitet hatte, verschaffte den Radikalen bei Bauern und Handwerkern mehr Erfolg als den bürgerlich orientierten Liberalen.

Offenburger Versammlung

Markstein der vorrevolutionären Entwicklung in Baden ist eine Versammlung der "entschiedenen Freunde unserer Verfassung" in Offenburg am 12. September 1847, die auf Initiative der Radikalen Hecker und Struve zustandekam. Die Versammlung formulierte 13 Forderungen, darunter die Lossagung von den Karlsbader Beschlüssen, die Garantie der Menschenrechte und der politischen Freiheiten, die Einführung von Geschworenengerichten (damit eine Demokratisierung der Justiz) und eines Volksheeres, das auf die Verfassung vereidigt werden sollte. In diesen Forderungen gingen die badischen Radikalen weit über die der Liberalen hinaus. Besonders auf Gustav Struve ist das Verlangen eines Ausgleichs des Mißverhältnisses zwischen Arbeit und Kapital zurückzuführen. Hinter den Forderungen aber stand – mehr oder weniger verhüllt – das Programm einer republikanisch-sozialistischen Umwälzung.

Heppenheimer Programm

Die Reaktion der gemäßigten Kräfte äußerte sich in den Programmpunkten einer Versammlung süddeutscher Liberaler am 10. Oktober 1847 in Heppenheim, wovon über die Hälfte aus Baden kam. Sie stellten eher die Notwendigkeit der deutschen Einigung in Freiheit und politischer Gleichberechtigung in den Vordergrund; Freiheit und Gleichberechtigung äußerten sich aber nicht nur in demokratischer Mitbestimmung, sondern auch in bürgerlich-politischen Grundrechten – hier trafen sich die Ansichten und Forderungen von Offenburg und Heppenheim. Was aber trennte, war der Weg, auf dem man diese Ziele erreichen konnte: hier Gespräch mit den Regierenden, dort fast schon revolutionäre Umwälzung.

Weiterhin wurde der II. Kammer in Karlsruhe am 12. Februar 1848 von dem Mannheimer Abgeordneten Friedrich Bassermann ein Antrag auf die Schaffung einer deutschen Nationalvertretung beim Deutschen Bund, eines gewählten Parlamentes also, vorgelegt; er begründete sein Vorgehen, es sei hohe Zeit zur Umkehr.

Mannheimer Petition

Die politische Stimmung in Baden war also bereits aufgeheizt, als im Februar 1848 der Aufstand in Paris ausbrach. Bereits am 27. Februar fand in Mannheim eine Bürgerversammlung statt, die freiheitliche Forderungen an die Regierung in Karlsruhe richtete. Die breite Zustimmung zu den Forderungen der Demokraten nach Volksbewaffnung, Pressefreiheit, einem deutschen Parlament etc. zeigte sich am 1. März bei einer Demonstration vor dem Ständehaus in Karlsruhe (dem Parlament) und am 19. März bei einer Volksversammlung in Offenburg mit 20 000 Teilnehmern. Inzwischen waren aber von der liberalen Regierung bereits am 29. Februar die ersten Forderungen erfüllt worden (Pressefreiheit, Geschworenengerichte und Bürgerbewaffnung), am 2. März beschloß die II. Kammer die weiteren demokratischen Reformen.

Erfüllung erster Forderungen

Am 5. März kamen in Heidelberg 51 Mitglieder der süddeutschen Landtage zusammen und luden Liberale aus ganz Deutschland nach Frankfurt ein, um dort eine Verfassunggebende Nationalversammlung vorzubereiten. Bis zum Zusammentritt dieses "Vorparlamentes" sollte aber die Revolution ihre eigene Dynamik entwikkeln.

## Der Ausbruch der Revolution

In den Residenzstädten Deutschlands, vor allem aber in den beiden Hauptstädten Wien und Berlin, versammelten sich Menschen aller Gesellschaftsschichten zu Demonstrationen und Protestkundgebungen und forderten liberale Freiheiten: Presse- und Versammlungsfreiheit, Volksbewaffnung, Schwurgerichte, Verantwortlichkeit der Minister gegenüber einem Parlament, liberale Verfassungen überhaupt und ein gesamtdeutsches Parlament ("Märzforderungen"). Symbole der Unterdrückung, wie Polizeiwachen oder Gefängnisse, wurden gestürmt, das eingesetzte Militär antwortete mit Gegengewalt. Die Fürsten der Klein- und Mittelstaaten wichen zunächst zurück, erkannten die "Märzforderungen" an und beriefen liberale "Märzminister". Auch in Württemberg entstand so das erste parlamentarische Ministerium. In einer Reihe von deutschen Staaten wurden in kurzer Zeit liberale Verfassungen eingeführt.

Märzforderungen

Märzminister

Auch in den Großstädten Wien und Berlin wurden liberale Forderungen erhoben. Als der Wiener Staatsrat unter der Leitung des Fürsten Metternich liberale Konzessionen verweigerte, kam es zu Demonstrationen und am 13. März zu Straßenkämpfen. Noch am selben Abend mußte Metternich, der zur Symbolfigur für die Reaktion geworden war, Österreich verlassen, der Kaiser gestand wichtige Rechte zu.

Straßenkämpfe in Wien

Das besondere Problem Österreichs bestand aber in der Vielfalt seiner Nationalitäten. Die Ungarn verlangten für ihren Teilstaat eine liberale Verfassung und erzwangen noch im selben Monat das Zugeständnis einer eigenen Armee, einer eigenständigen Finanz- und Außenpolitik und eines eigenen Parlamentes. Auch die Slawen forderten, innerhalb der Habsburgermonarchie rechtlich gleichgestellt zu werden (Kongreß der slawischen Nationalbewegung im Juni 1848 in Prag). Insgesamt drohten diese nationalen Bewegungen (neben Ungarn und Tschechen auch Polen und Italiener) das Reich zu zerreißen.

Problem Österreichs

In Preußen war den Nachrichten aus Paris und Wien ein Verfassungsstreit vorausgegangen, der mit der Auflösung des Vereinigten Landtags durch König Friedrich Wilhelm IV. beendet bzw. niedergeschlagen worden war. Die Forderung nach einer Volksvertretung mit dem Recht, Haushaltsmittel zu beschließen, war daher sehr aktuell, zumal das Ausbleiben staatlicher Geldmittel die soziale Krise noch verschärfte.

Preußen

Auch in Berlin kam es Anfang März zu Kundgebungen, die immer größere Massen von Arbeitern und Bürgern anzogen. Eine "Friedensmanifestation der Volkswünsche" vom 17. März verlangte den Rückzug der zum Schutz des Königs zusammengezogenen Truppen und die Aufstellung einer Bürgergarde und for-

Berlin

derte Pressefreiheit und die Einberufung des Vereinigten Landtages. Der König versprach daraufhin – wohl um ohne Machtkampf der Revolution die Spitze zu brechen – die weitgehende Erfüllung der Forderungen. Am 18. März versammelte sich die Volksmenge vor dem Berliner Schloß, um dem König für das Zugeständnis einer zeitgemäßen Verfassung zu danken. Wohl aus einer Kurzschlußhandlung heraus fielen Schüsse, als Militär den Platz räumen wollte.

Straßenkämpfe in Berlin

Der Tod von Demonstranten ließ die anfängliche Sympathie für den König umschlagen, und es kam auch in Berlin zu Barrikaden- und Straßenkämpfen. Der König wich jedoch zurück, erwies den gefallenen Demonstranten am folgenden Tag die letzte Ehre und solidarisierte sich auf diese Weise mit der Revolution und ihren Forderungen. Er berief ein liberales Ministerium, erklärte in einer Proklamation "Preußen geht fortan in Deutschland auf!" und trug bei einem Umritt am Arm die schwarz-rot-goldene Binde, das Symbol der Revolution. Für die reaktionären Kräfte war damit der Tiefpunkt der Monarchie erreicht. Die Abgeordneten des wieder einberufenen Vereinigten Landtages beschlossen die Wahl einer preußischen Nationalversammlung, die gemeinsam mit dem König eine Verfassung ausarbeiten sollte. In der daraufhin durchgeführten Wahl zeigte sich das Übergewicht der gemäßigten konstitutionellen Kräfte, die Radikalen blieben in der Minderheit.

So war der März 1848 der Monat, in dem sich auf breiter Front die Vertreter des alten Systems dem Druck sowohl der radikalen als auch der gemäßigten Kräfte beugten.

## Das "Vorparlament" in Frankfurt

Vorparlament

Neben diese Volksbewegungen in den beiden Hauptstädten Wien und Berlin trat Ende März das Frankfurter "Vorparlament", hervorgegangen aus der Einladung der Heidelberger Liberalen. Unter Führung des hessischen Liberalen Heinrich von Gagern strebte das Vorparlament allerdings keinen revolutionären Umbruch, sondern die Wahl einer verfassunggebenden Nationalversammlung an, die in Übereinstimmung mit den Regierungen der Einzelstaaten vor sich gehen sollte. Wie die Versammlung der Heidelberger Liberalen war auch dieses "Vorparlament" noch nicht durch demokratische Wahlen oder durch Zustimmung der Fürsten legitimiert, sah sich aber doch als Vertretung des ganzen deutschen Volkes an.

gesamtdeutsches Programm

Als Ausdruck ihres "gesamtdeutschen" Programms beschloß das Vorparlament die Aufnahme Schleswigs und Ost- und Westpreußens in den Rahmen des künftigen Deutschlands. Nachdem ein "Fünfzigerausschuß" als Übergangsorgan bis zum Zusammentritt der Nationalversammlung eingesetzt war, löste sich das Vorparlament am 3. April wieder auf. Der Deutsche Bund erkannte unter dem Druck der Verhältnisse die bestehende Lage an, und so konnte die Wahl in allen deutschen Staaten nach demokratischen Prinzipien durchgeführt werden.

Interessen-gegensätze

Bereits im Vorparlament prallten die gegensätzlichen Auffassungen von der künftigen politischen Organisation Deutschlands unversöhnlich aufeinander. Die radikalen Demokraten unter der Führung Gustav Struves aus Mannheim forderten die Errichtung einer demokratischen Republik mit einem frei gewählten Parlament und die Aufhebung der erblichen Monarchie. Bis zum Zusammentreten der gewählten Nationalversammlung solle das Vorparlament permanent tagen. Die gemäßigten Liberalen dagegen hielten an der Monarchie fest, forderten aber ihre Einbindung in eine demokratische Verfassung. Gemeinsam war ihnen die Forderung, die deutsche Kleinstaaterei zugunsten eines deutschen Nationalstaates zu überwinden.

Heckerzug

Hecker und Struve erkannten, daß die Mehrheit im Vorparlament ihre radikalen Vorstellungen nicht akzeptierte, wandten sich an die Bevölkerung und organisierten am 13. April von Konstanz aus einen bewaffneten Volkszug über den Schwarzwald (Heckerzug). Vermittlungsversuche des Vorparlaments blieben ergebnislos, aber auch Heckers Hoffnung auf eine allgemeine Volkserhebung zugunsten der deutschen Republik erwies sich als Illusion. Der Heckerzug wurde in einzelnen Gefechten bei Kandern, Freiburg und Steinen (20. bis 27. April) von badischen und hessischen Truppen geschlagen, Hecker, Struve und viele ihrer Anhänger flohen in die Schweiz, einige von ihnen, darunter Hecker selbst, wanderten später nach Amerika aus.

Der Heckerzug war zwar ein Mißerfolg, aber die Popularität der Demokraten wuchs in Baden. Die Obrigkeit sah sich nach der endgültigen Niederschlagung der Revolution genötigt, "Heckerlieder", in denen der Revolutionär als Volksheld gefeiert wurde, zu verbieten.

Struve rief im September 1848 in Lörrach die deutsche Republik aus, wurde aber nach wenigen Tagen bei Staufen gleichfalls geschlagen (24. September).

## Die Verfassunggebende Nationalversammlung

18. 5. 1848: Zusammentritt der Nationalversammlung

Am 18. Mai trat in der Frankfurter Paulskirche die Verfassunggebende Nationalversammlung als erstes frei gewähltes gesamtdeutsches Parlament zusammen. Unter den insgesamt 586 Abgeordneten befanden sich 223 Juristen, 106 Professoren, 46 Industrielle, aber nur 4 Handwerker und keine Arbeiter oder Bauern. Wie die Versammlung des Dritten Standes in Frankreich 1789 war auch die deutsche Nationalversammlung ein Parlament der geistigen

Elite; der Anspruch, daß alle Schichten der Bevölkerung gleichmäßig repräsentiert sein sollten, wurde nicht erhoben. Nie wieder in der deutschen Geschichte wurden Debatten auf so hohem geistigem Niveau geführt wie in der Paulskirche. Die Kritik an der Nationalversammlung kam auch im wesentlichen von der politischen Seite, erst als sie ihre Unfähigkeit zur Lösung der sozialen Probleme zeigte, trat auch die soziale Kritik dazu.

Unter den Mitgliedern der Nationalversammlung waren so berühmte Gelehrte wie

- Ernst Moritz Arndt, Schriftsteller, Publizist und Professor für Geschichte in Bonn,
- Friedrich Ludwig Jahn, Begründer der "Turnbewegung" (allerdings als vormilitärische Erziehung der Jugend für den Befreiungskampf gegen das napoleonische Frankreich),
- Jakob Grimm, Germanist, nicht nur Märchensammler, sondern auch Sprachforscher ("Grimms Deutsches Wörterbuch")
- Ludwig Uhland, schwäbischer Dichter,
- Wilhelm Emmanuel Ketteler, führender Vertreter der katholischen Soziallehre, 1850 Bischof von Mainz.

*Die Reichsverfassung*

Politische Parteien

In der Diskussion über die zukünftige Struktur Deutschlands bildeten sich politische Gruppierungen, die zunächst – wie die Clubs der Französischen Revolution – nach ihren Tagungslokalen genannt wurden: Die Konservativen tagten im Café Milani, die Liberalen im Kasino und im Württemberger Hof, die Demokraten im Deutschen Hof. Als Begriffsschema der politischen Struktur hat sich allerdings die Sitzordnung in der Nationalversammlung gehalten: Rechts saßen die Konservativen, links die republikanisch gesinnten Demokraten, in der Mitte, in sich gespalten, das liberale Zentrum. Diese Sitzordnung wiederum geht auf die Badische Zweite Kammer zurück, wo schon 1843 die politischen Gesinnungsfreunde beieinandersaßen, während zur selben Zeit in Württemberg noch die traditionell vorgeschriebene Sitzordnung galt.

Die Konservativen vertraten weiterhin den Gedanken der föderalistischen Ordnung, also den der Beibehaltung der Einzelstaaten. Die Demokraten forderten die Auflösung der Einzelstaaten zugunsten einer zentralistischen deutschen Republik. Das rechte Liberale Zentrum wollte die Bundesstaaten in die konstitutionelle Ordnung einbinden, während das linke Zentrum die Rolle des Parlaments im Einheitsstaat noch weiter zu stärken suchte.

Zentralgewalt

Die Frage der künftigen Verfassung des Deutschen Reiches, besonders die nach der Zentralgewalt, wurde vom Präsidenten der Versammlung, Heinrich von Gagern, mit einem "kühnen Griff" gelöst, indem er den volkstümlichen österreichischen Erzherzog

Johann zum Reichsverweser wählen ließ. Er sollte bis zur endgültigen Entscheidung die Spitze des neuen Staates bilden. Die gleichfalls gewählten Minister blieben allerdings – wie er – ohne wirkliche Macht, da die neue Reichsregierung noch ohne alle Machtmittel war. Die österreichische und die preußische Regierung verweigerten die Vereidigung ihrer Truppen auf den neuen Reichsverweser. Der Deutsche Bund indessen übertrug seine (ohnehin geringen) Befugnisse auf Nationalversammlung und Regierung und löste sich auf.

ohne Machtmittel

Unter den Beratungen zur Reichsverfassung nahm die Diskussion über die Grundrechte breiten Raum ein. Sie war geprägt von der zurückliegenden langen Zeit der Unterdrückung und wollte Würde, Gleichheit und die politischen Rechte der Menschen gesetzlich verankern. Die Grundrechte, diskutiert in den Monaten Juli bis Oktober und im Dezember als Gesetz verkündet, sind die erste derartige Ausformulierung in Deutschland und bis heute vorbildlich für alle demokratischen Verfassungen in Deutschland. Der Katalog der Grundrechte formuliert als Ziele die Gleichheit vor dem Gesetz, die Unverletzlichkeit der Wohnung, das Briefgeheimnis, die Pressefreiheit sowie die Meinungs-, Glaubens- und Gewissensfreiheit; die Gewaltenteilung sollte diese Freiheiten vor dem Staat absichern. Gegen die Vorstellungen der Radikalen wurde aber auch das Eigentum für unverletzlich erklärt.

Grundrechte

Die Reichsverfassung vom März 1849 vereinigte zentralistische (unitarische) mit föderalistischen und demokratische mit monarchischen Prinzipien: Spitze des Reiches war ein Erbkaiser, der zugleich König von Preußen war. Der Reichstag teilte sich in zwei Kammern, ein Staatenhaus mit den Vertretern der Regierungen und ein direkt gewähltes Volkshaus. Reichsangelegenheiten waren die Außenpolitik, die Verfügung über das Militär und wirtschaftliche Belange des Gesamtstaates (Zoll, Handel, Münzen und Maße). Reichsrecht sollte Landesrecht brechen.

Kompromiß-charakter

Das demokratische Prinzip äußerte sich im allgemeinen und gleichen Wahlrecht zum Volkshaus. Dieses wirkte bei der Gesetzgebung mit und kontrollierte die Reichsregierung. Die Reichsminister sollten dem Reichstag gegenüber verantwortlich sein.

### *Probleme und Schwierigkeiten der Nationalversammlung*

Die Schwierigkeiten, denen sich die Verfassunggebende Nationalversammlung gegenüber sah, wurden allerdings in der Zwischenzeit immer größer: Sozialrevolutionäre Gärungen ließen das Bürgertum vor dem "Gespenst des Kommunismus" zurückschrekken (vor allem seit dem Juni-Aufstand, der "Juni-Schlacht" der Pariser Arbeiter). Der Widerstand vor allem Österreichs gegen die Pläne für einen deutschen Nationalstaat wurde immer massiver, da dieser Nationalstaat den Vielvölkerstaat Österreich zerbrochen

soziale Probleme

Österreich

hätte. Vor allem aber war es die Schleswig-Holstein-Frage, die das Vertrauen der Nationalversammlung in die Bereitschaft der preußischen Regierung zur Zusammenarbeit entscheidend schwächte.

Schleswig-Holstein

Hier geht es um die Frage der Einbeziehung des Herzogtums Holstein in das nationalstaatliche Dänemark. Einerseits gehörte Holstein zum Deutschen Bund, andererseits zu Dänemark, d. h. der Dänenkönig war mit Holstein Mitglied des Deutschen Bundes. Das nördlich angrenzende Herzogtum Schleswig sollte in den dänischen Staat integriert werden, was aber das Grundgesetz der beiden Herzogtümer (Realunion miteinander – "up ewich ungedeelt") verletzt hätte. Der Einführung der dänischen Verfassung in Schleswig folgte ein Aufstand der Deutschen und der Feldzug Preußens gegen Dänemark im Auftrag des Deutschen Bundes, der auf Intervention der Großmächte jedoch im Mai mit einem Waffenstillstand beendet wurde. Mit diesem Waffenstillstand verletzte Preußen sowohl die Weisungen des Reichsverwesers als auch das Votum der Nationalversammlung. Im Anschluß an eine Massenkundgebung in Frankfurt, die gegen die (notgedrungen) zustimmende Haltung der Nationalversammlung gerichtet war, kam es zu Barrikadenkämpfen, zu deren Niederschlagung die Nationalversammlung Bundestruppen zu Hilfe rief (18. September). Das schwächte ihr Ansehen bei den radikalen Demokraten weiter.

großdeutsch/ kleindeutsch

Die nationale Frage bot auch in der Diskussion, ob Deutschland "großdeutsch", d. h. mit, oder "kleindeutsch", ohne Österreich gebildet werden solle, Zündstoff, der die Gruppierungen trennte. Zum einen ließ sich die großdeutsche Lösung mit dem Fortbestand der österreichischen Monarchie nicht vereinbaren (Was geschah dann mit den nichtdeutschen Völkern?), zum anderen konnte die Einbeziehung beider Großmächte in ein neues Deutschland dieses nur mit deren gegenseitiger Rivalität belasten. Daher zeichnete sich bald die kleindeutsche Lösung als einzig praktikable ab.

Diese Diskussion sollte von Österreich selbst entschieden werden: Nachdem der österreichische Kanzler Fürst Schwarzenberg Anfang März ultimativ die Aufnahme des gesamten Staates gefordert hatte, einigte sich die Nationalversammlung mit 290 : 248 Stimmen auf die kleindeutsche Lösung. Die Vertreter der großdeutschen Richtung wurden dabei mit Zugeständnissen in der Frage des Wahlrechts und der Stellung des Kaisers im Gang der Gesetzgebung gewonnen.

Das Verfassungswerk der Paulskirche sollte mit der am 28. März erfolgten Wahl des preußischen Königs Friedrich Wilhelm IV. zum Deutschen Kaiser gekrönt werden.

### Das Ende der Revolution

Kaiserkrone für Friedrich Wilhelm von Preußen

Als am 3. April 1849 die Delegation der Nationalversammlung Friedrich Wilhelm von Preußen die Kaiserkrone anbot, hatte sich dessen Lage längst vollständig gewandelt. Zeigte er noch im März 1848 (gezwungenermaßen) seine Solidarität mit der Revolution, so gewann er mit der Einnahme Berlins durch seine Truppen (10. November 1848) wieder volle Kontrolle über die Hauptstadt; ebenso hatten die österreichischen Regierungstruppen am 1. November das aufständische Wien erobert. Die preußische Nationalversammlung, ein Werk der Revolution, war seit dem 5. Dezember aufgelöst, der König oktroyierte gleichzeitig eine reaktionäre Verfassung (oktroyiert: aufgezwungen; das altertümliche Fremdwort bleibt Fachausdruck – "Verfassungsoktroy").

Verfassungsoktroy in Preußen

Ablehnung der Kaiserkrone

Friedrich Wilhelm lehnte die angebotene Kaiserkrone als *imaginären Reif, aus Dreck und Letten gebacken, mit dem Ludergeruch der Revolution behaftet*, ab und machte gleichzeitig deutlich, daß das Werk der deutschen Einigung nur von der Seite der Fürsten zu kommen habe.

Rumpfparlament

Seine Haltung stärkte den Widerstand der anderen Regierungen, die die Reichsverfassung ablehnten und ihre Abgeordneten aus Frankfurt zurückriefen. Auch die Anerkennung der Verfassung durch Württemberg (25. 4.) und Baden (4. 5.) konnte am Zusammenbruch des Werkes der Nationalversammlung nichts ändern. In Frankfurt blieben fast nur noch die Vertreter der demokratischen Linken und riefen das Volk zur Fortsetzung der Revolution und zum bewaffneten Widerstand auf. Dieses "Rumpfparlament" zog sich im Mai vor den preußischen Truppen nach Stuttgart zurück, wurde aber dort im Juni von württembergischem Militär gesprengt.

Volksaufstand in Baden und der Pfalz

Besonders in der Pfalz und in Baden griff der neue Aufstand um sich. Am 12. und 13. Mai 1849 forderte die Landesversammlung in Offenburg die unverzügliche Durchführung der Reichsverfassung. Der Großherzog verließ Karlsruhe, und der Landesausschuß übernahm von der Hauptstadt aus die Führung der Revolution. Die badischen Truppen gingen zu den Aufständischen über. Wie in Frankfurt beherrschte aber die Uneinigkeit der politischen Führer das Bild: Die Radikalen (G. Struve) strebten die Republik und die Vereinigung der Radikalen in ganz Deutschland, die Gemäßigten (L. Brentano) eine demokratisch-konstitutionelle Monarchie an. Der bewaffnete Aufstand sollte auf Baden beschränkt bleiben, um nicht eine Intervention der anderen deutschen Staaten zu provozieren. Die Eröffnung des neuen Parlaments Anfang Juni in Karlsruhe stand indessen schon unter dem Zeichen der drohenden militärischen Auseinandersetzung.

Preußische Intervention

Vom Großherzog herbeigerufene Bundestruppen, besonders drei preußische Armeekorps unter der Führung des Prinzen Wilhelm, des späteren Deutschen Kaisers, schlugen die Revolutionsarmee, die unter dem Kommando des polnischen Generals Mieroslawski stand, in mehreren Gefechten bei Heppenheim und Waghäusel (20./21. Juni). Nach den letzten Kämpfen Ende Juni zwischen Gernsbach und Kuppenheim flohen die Reste der Revolutionstruppen zur Schweizer Grenze, das ganze Land konnte von den Preußen besetzt werden. Die Bundesfestung Rastatt mit fünf- bis sechstausend Mann Besatzung hielt sich bis zum 23. Juli und gab erst auf, als ihre Lage sich als aussichtslos erwies. Rastatt

Der Niederlage der Revolution folgte das Strafgericht der Sieger mit standrechtlichen Erschießungen und hohen Zuchthausstrafen, viele der Revolutionäre wanderten aus (Carl Schurz).

Auch in der sächsischen Hauptstadt Dresden sollte mit Straßenkämpfen das Erbe der Revolution gerettet werden; hier kämpften der Historiker Theodor Mommsen, der Hofkapellmeister Richard Wagner, der russische Anarchist M. Bakunin und der Erbauer des Hoftheaters Gottfried Semper Seite an Seite auf den Barrikaden mit. Auch hier schlug preußisches Militär den Aufstand nieder. Dresden

### *Die Errungenschaften der Revolution*

Die Errungenschaften der Revolution kommen erst in der demokratischen Tradition unseres Jahrhunderts zum Ausdruck. Es ist vor allem das Zustandekommen einer ersten demokratischen Verfassung mit allgemeinem und gleichem Wahlrecht (auch wenn sie Theorie blieb), dann aber auch die erste Formulierung eines Katalogs an unveräußerlichen Grundrechten, die vorbildlich geblieben ist bis in unsere Tage. Nicht zuletzt geht die Formierung politischer Parteien, die Frage ihrer Standortbestimmung und ihre Rolle in der politischen Diskussion auf die Debatten in der Paulskirche zurück. Besonders die liberalen Parteien bleiben über die Revolution und die Nationalversammlung hinaus bestehen und politisch wirksam. demokratische Tradition

Eine konkrete Errungenschaft ist das Wahlgesetz vom 4. April 1849, das als Wahlrecht zum Norddeutschen Bundestag (1866), zum Deutschen Zollparlament (1868) und schließlich zum Deutschen Reichstag (1871) bis 1918 Geltung hatte. Wahlrecht

### *Die Gründe für das Scheitern*

Die Gründe für das Scheitern dieser Revolution sind vielschichtig. Vor allem war es die Notwendigkeit, gleichzeitig einen Staat und eine Verfassung aufzubauen, die die Nationalversammlung überforderte. Der neue Staat und die neue, demokratisch-unitarische Verfassung mußten zugleich gegen die alten Mächte durchgesetzt werden, die Rivalität zwischen den beiden Großmächten Österreich und Preußen belastete auch die Arbeit der Nationalversammlung schwer. Staat und Verfassung

Politische Unerfahrenheit

Daneben führte die politische Unerfahrenheit der Abgeordneten der Paulskirche dazu, daß sie die politischen Verhältnisse in Deutschland, aber auch in Europa unterschätzten. Zu schnell wurde das Nachgeben der Fürsten im März 1848 als Erfolg, als Durchbruch gewertet, die Machtstrukturen wurden nicht angetastet. Die Revolution sollte sich nach dem Willen der Mehrheit auf dem Verhandlungsweg vollziehen, nicht mit Gewalt durchgesetzt werden. Das ist vor allem mit der sozialen Herkunft der Abgeordneten zu erklären, die als Vertreter von Großbürgertum und Intelligenz vor jeder Gewalt zurückschreckten. Dazu kam die Angst vor den ("unkontrollierbaren") sozialen Folgen einer allgemeinen Umwälzung, die dem Kommunismus Tür und Tor geöffnet hätte. Eine logische Folge dieser Angst war, daß das Bürgertum sich lieber mit den alten Mächten einigte als sich auf ungewisse revolutionäre Experimente einzulassen – ein Phänomen, das sich in erstaunlicher Parallelität 1918 wiederholen sollte.

Angst vor sozialen Folgen

Loyalität

Maßgeblich für die bleibende Stärke der alten Mächte war die fortgesetzte Loyalität von Beamtenschaft und Heer gegenüber den Regierungen. Nur so ist zu erklären, warum die österreichische Armee so schnell die Aufstände niederschlagen konnte und warum die preußische Armee im November 1848 reibungslos und ohne Widerstand Berlin wieder besetzen konnte.

Die Schleswig-Holstein-Frage zeigte indessen auch die illusionäre Haltung der Nationalversammlung in der europäischen Politik. Die Großmächte waren nicht bereit, eine Verschiebung des Gleichgewichts auf dem Kontinent hinzunehmen, und sowohl Preußen als auch Österreich trieben hier Realpolitik. Realpolitik war es daher auch, als Österreich russische Truppen zur Niederschlagung des Aufstandes in Ungarn herbeirief.

Realpolitik

Die Folgen der Revolution sind eine Rückkehr zur restaurativen Politik der alten Mächte und eine zunehmende Abwendung des deutschen Bürgertums von der Politik. Die Pläne und Forderungen vom März 1848 haben sich als nicht zu verwirklichen erwiesen, das Bürgertum wandte sich statt dessen der Kultur und dem Wirtschaftsleben zu. Die demokratische Bewegung wurde durch die Massenauswanderungen nach 1849 entscheidend geschwächt, allein 80 000 Badener wanderten aus, vor allem nach Amerika, das größere politische Freiheiten versprach. Die deutsche Einheit aber war nach der gescheiterten Revolution nicht mehr vom Volk aus, sondern nur noch von den Fürsten, d. h. von Preußen aus und unter seiner Vorherrschaft zu verwirklichen.

Abwendung des Bürgertums von der Politik

Ausdruck der politischen Restauration in Deutschland war die Wiederbelebung des Deutschen Bundes im Dezember 1850 und die Aufhebung der Grundrechte im August 1851 durch den Bundestag, das Organ dieses Bundes. Der Deutsche Bund allerdings stand stärker als zuvor im Einfluß der österreichisch-preußischen Rivalität, die Österreich zunächst durch die Beibehaltung des Vorsitzes im Bund für sich entscheiden konnte.

## Grundzüge des Verfassungsentwurfes von 1849

Das "Deutsche Reich" umfaßte die Staaten des ehemaligen Deutschen Bundes unter Einschluß aller preußischen Provinzen und Schleswig-Holsteins, aber unter Ausschluß aller österreichischen Gebiete. Das Reich war ein Bundesstaat. Die Zentralregierung hatte die alleinige Gewalt über das Militär und alleinige Kompetenzen in Zoll- und Handelsfragen.

Die Spitze des Reiches wurde von einem "Kaiser der Deutschen" gebildet, der von der Nationalversammlung gewählt wurde. In der Familie des Gewählten war das Kaisertum erblich. Der Kaiser bildete die Exekutive und ernannte die Minister. Gegenüber vom Reichstag beschlossenen Gesetzen hatte er lediglich ein aufschiebendes Veto.

Der Reichstag bestand aus zwei Kammern, dem "Staatenhaus" und dem "Volkshaus". Das Staatenhaus bildeten die Vertreter der Regierungen der Einzelstaaten (je zur Hälfte von den Regierungen und von den Volksvertretungen ernannt), das Volkshaus ging aus einer allgemeinen, gleichen und geheimen Wahl des deutschen Volkes hervor (Wahlrecht allerdings nur für Männer). Er hatte das Recht der Gesetzgebung und der Haushaltsbewilligung für das Reich. Das Wahlrecht war durch Gesetz vom 4. April 1849 geregelt. Durch das Erlöschen der Nationalversammlung blieb es ohne Wirkung, bis es für die Wahlen von 1866 zum Norddeutschen Bundestag und 1868 zum deutschen Zollparlament wieder aus der Schublade hervorgeholt und angewandt wurde.

Die Rechtsprechung lag im wesentlichen bei den Einzelstaaten, das Reichsgericht, dessen Richter unabhängig und nur dem Gesetz verpflichtet waren, hatte seine Zuständigkeit nur in Fragen der Reichsverfassung.

*Kompromißcharakter der Reichsverfassung*

- unitarisch-föderalistisch:
  starke Stellung des Kaisers in der Exekutive, Vorrang von Reichsrecht gegenüber dem Recht der Bundesstaaten; hoher Rang der Grundrechte; Beibehaltung der bundesstaatlichen Struktur, Einfluß der Staaten auf die Gesetzgebung über das Staatenhaus.
- demokratisch-monarchisch: allgemeines Wahlrecht und starke Stellung des Reichstags, lediglich suspensives Veto des Kaisers; Erbkaisertum.

## Der preußische Verfassungsoktroy von 1848/50

Ihren Charakter verdankt die preußische Verfassung (wie auch die österreichische vom März 1849) dem alleinigen Willen des Monarchen und nicht einer demokratisch-parlamentarischen Diskussion. Die gesamte Exekutivgewalt lag in den Händen des Königs, der die Minister ernennt und entläßt. Diese waren keiner parlamentarischen Institution, sondern allein dem König verantwortlich.

Die Legislative wurde von zwei Kammern gebildet. Ein Gesetz (dazu gehörte auch der Staatshaushalt) kam aber nur zustande, wenn beide Kammern und der König zustimmten.

Die Mitglieder der Ersten Kammer ("Herrenhaus") wurden im wesentlichen vom König berufen oder hatten ihre Mitgliedschaft aufgrund von ständischen Rechten, kamen aber auch durch Wahl aus der höchsten Steuerklasse. Die Mitglieder der Zweiten Kammer ("Abgeordnetenhaus") wurden nach einem nach drei Steuerklassen unterschiedenen Wahlrecht (Zensus- oder "Dreiklassenwahlrecht") und indirekt (durch "Wahlmänner") gewählt (siehe unten).

Die Rechtsprechung war unabhängig vom Staat, wenn auch die Richter vom König ernannt wurden. Bei Strafprozessen fällten Geschworene den Schuldspruch, der Berufsrichter legte das Strafmaß fest.

### *Das Dreiklassenwahlrecht*

Das Gesamtsteueraufkommen wurde in drei Teile geteilt; die Wahlberechtigten, die diesen drei Steuerklassen zugeteilt waren, wählten in ihrem Wahlbezirk dieselbe Anzahl von Wahlmännern. So kam es, daß in der dritten Steuerklasse wesentlich mehr Wähler ihren Wahlmann bestimmten als etwa in der ersten. Die Wahlmänner eines Bezirks wählten dann einen Abgeordneten. Da aber die Interessen der ersten und zweiten Steuerklasse (mit 2/3 der Wahlmänner) näher beieinander lagen als die der zweiten und dritten, begünstigte dieses Wahlrecht die Wähler der ersten und zweiten Klasse mehr. Die Vertreter der ersten Steuerklasse waren damit politisch ungleich stärker vertreten als die der dritten.

Auf dieses Dreiklassenwahlrecht und seine Benachteiligung der unteren sozialen Schichten ist es auch zurückzuführen, daß die SPD, die bereits 1874 mit 9 Abgeordneten im Reichstag (unter den Bedingungen des gleichen Wahlrechts) saß, in der preußischen Volksvertretung erst 1908 mit 6 und 1913 mit 10 Abgeordneten vertreten war; erst die Abschaffung des Dreiklassenwahlrechts brachte 1919 hier den Anstieg auf 145 Mandate.

*Die Stellung des Verfassungsoktroys in der politischen Wirklichkeit*

Ein Vergleich mit den Verfassungen des 19. Jahrhunderts zeigt, daß der preußische Verfassungsoktroy zwar weit hinter den demokratischen Errungenschaften der Paulskirchen-Verfassung zurückblieb und einen großen Schritt auf den absoluten Vorrang der monarchischen Macht hin zurückging, daß aber die neu-absolutistischen Verfassungen der nach-napoleonischen Zeit in den süd- und mitteldeutschen Staaten erheblich weniger Rechte der Volksvertretung kannten. Nur ist zu diesen "Rechten" des preußischen Abgeordnetenhauses im Hinblick auf die Entwicklung in der Zukunft zu bemerken, daß auch sie vor dem staatlichen Machtanspruch eines Bismarck nicht standhalten konnten. Sie hatten Bestand, solange weder Königtum noch die eingesetzte Exekutive des Staates ein Interesse an ihrer Beseitigung hatten. Eine wirkliche Einbindung der Monarchie in eine demokratische Verfassung – selbst mit Zensuswahlrecht – konnte diese Verfassung nicht garantieren.

Der Verfassungsentwurf wurde 1850 revidiert und blieb in Preußen bis 1918 in Kraft.

## Die machtstaatliche Einigung Deutschlands unter der Führung Preußens

| | |
|---|---|
| 30. 11. 1850 | "Olmützer Punktation" mit Österreich |
| Mai 1851 | Wiedererrichtung des Bundestages in Frankfurt |
| **1861** | Thronbesteigung Wilhelms I. als König von Preußen<br>Berufung Bismarcks zum preußischen Ministerpräsidenten |
| **1863** | Einführung einer neuen Verfassung in Dänemark |
| **1864** | Preußischer Sieg über Dänemark,<br>Abtretung Schleswigs und Holsteins |
| **1865** | Vertrag von Gastein mit Österreich über die Trennung der Verwaltung in Schleswig und Holstein |
| **1866** | |
| 8. 4. | Bündnis Preußens mit Italien |
| 14. 6. | Beschluß zur Mobilmachung des Bundes gegen Preußen |
| 3. 7. | Niederlage der Österreicher vor Königgrätz |
| 26. 7. | Vorfriede von Nikolsburg |
| 23. 8. | Friede von Prag |
| **1870** | |
| 13. 7. | Emser Depesche |
| 19. 7. | Französische Kriegserklärung an Preußen |
| 1./2. 9. | Sieg über die französische Armee bei Sedan |
| 19. 9. | Beginn der Belagerung von Paris |
| **1871** | |
| 26. 2. | Präliminarfrieden von Versailles |
| 10. 5. | Friede von Frankfurt |

### Preußens Streben nach Hegemonie im Deutschen Bund

Wiedererrichtung des Deutschen Bundes

Mit der Wiedererrichtung des Deutschen Bundes nach der gescheiterten Revolution von 1848/49 kehrte nur äußerlich das alte, vorrevolutionäre System der zwischenstaatlichen Ordnung in Deutschland zurück. Die preußische Politik sowohl während der Zeit der Nationalversammlung als auch unmittelbar danach hatte gezeigt, daß Preußen nicht an einer gleichberechtigten Stellung innerhalb der deutschen Staatenfamilie interessiert war, sondern eine offenkundige Hegemonialpolitik anstrebte.

Preußens Streben nach Hegemonie

Durch Verhandlungen mit den deutschen Fürsten, zunächst mit Hannover und Sachsen ("Dreikönigsbündnis" Mai 1849), versuchte Preußen, einen deutschen Staatenbund unter preußischer

Führung zu erreichen. Ein Unionsparlament in Erfurt (März 1850) beriet bereits über den von Preußen vorgelegten Verfassungsentwurf. Unter anderem auf russischen Druck hin mußte aber dieses Projekt zugunsten der "Olmützer Punktation" (30. November 1850), einem Ausgleich mit Österreich, das auf seinem Einfluß in Deutschland beharrte, fallengelassen werden. Die Wiederherstellung des Deutschen Bundes mit seinem Organ, dem Bundestag in Frankfurt (seit Mai 1851), brachte jedoch Preußen nicht einmal die angestrebte Gleichstellung mit Österreich, für das der Bund ein Instrument zur Abwehr der preußischen hegemonialen Absichten war. Die künftige Politik war daher vom österreichisch-preußischen Dualismus, der gegenseitigen Rivalität, geprägt.

Als Piemont-Sardinien unter der Regierung des Grafen Cavour in der italienischen Einigung große Erfolge erzielte, erhielt auch die Frage der deutschen Einigung neuen Auftrieb und wurde mehr und mehr als drängend empfunden.

### Heeresreform und Verfassungskonflikt in Preußen

"Neue Ära" unter Wilhelm I.

Mit der Thronbesteigung Wilhelms I. als König von Preußen (1861, Regent bereits seit 1857/58) begann hier eine "Neue Ära", in der, mit streng konservativem Grundton, sich eine Zusammenarbeit zwischen König und Abgeordnetenhaus anzubahnen schien. Zwar stärkten hier Wahlen die Stellung der Liberalen Partei, doch sollte das Abgeordnetenhaus aus dem Konflikt um die Heeresreform als Verlierer hervorgehen.

Heeresreform

Die Heeresreform wurde notwendig, als die Möglichkeit eines preußischen Eingreifens in den italienischen Krieg 1859 diskutiert wurde und sich die großen Schwächen der veralteten preußischen Armee zeigten. Eine Heeresreform sollte nicht nur die Armee der gestiegenen Bevölkerungszahl anpassen, sondern Preußen auch die Möglichkeit geben, seine politischen Ansprüche durchzusetzen.

Das Abgeordnetenhaus wandte sich nicht prinzipiell gegen die Heeresvorlage, sondern gegen die damit verbundene Stärkung des adligen Offizierskorps und der Linientruppen, während die eher bürgerlich orientierte "Landwehr" (Reserve) an Gewicht verloren hätte. Die Landwehr war aber der Teil der Armee, der in der Zeit der preußischen Reformen vor den Befreiungskriegen als "Volk in Waffen" konzipiert war. Das Abgeordnetenhaus bewilligte, um einen Bruch mit dem König zu vermeiden, zunächst die erforderlichen Gelder, nach den Wahlen im Dezember 1861, die der Fortschrittspartei eine deutliche Mehrheit brachten, wurden aber sämtliche Ausgaben für die Heeresreform abgelehnt.

Berufung Bismarcks

Wilhelm I. war zunächst zur Abdankung entschlossen, um nicht gegen das Abgeordnetenhaus regieren zu müssen. Kriegsminister Roon rief jedoch seinen Jugendfreund Otto von Bismarck, den preußischen Gesandten in Paris, nach Berlin, um mit dem König die Lage zu erörtern. Bismarck bot sich an, den Konflikt auch gegen das Abgeordnetenhaus zu lösen, das Königtum müsse gestärkt werden, auch wenn dabei das Haushaltsrecht des Parlaments verletzt würde. Nach seiner Ernennung zum Ministerpräsidenten (23. 9. 1862) erklärte er: *Nicht auf Preußens Liberalismus sieht Deutschland, sondern auf seine Macht ... Nicht durch Reden und Majoritätsbeschlüsse werden die großen Fragen der Zeit entschieden – das ist der Fehler von 1848/49 gewesen, sondern durch Eisen und Blut!* (Blut-und-Eisen-Erklärung). Damit beschrieb er in aller Klarheit den Weg Preußens weg von den Resten demokratischer Mitbestimmung hin zur machtstaatlichen Politik im Innern wie nach außen.

Blut-und-Eisen-Erklärung

Verfassungskonflikt

Den Konflikt um die Heeresreform, der sich bald zu einem Verfassungskonflikt ausweitete, weil in den folgenden Jahren auch ohne verfassungsmäßig bewilligten Haushalt regiert wurde, löste Bismarck mit einer "Lückentheorie": Den Fall, daß Herrenhaus und Volkshaus unterschiedliche Voten abgäben und der Haushalt daher nicht zustandekomme, sehe die Verfassung nicht vor. Bis eine neue Einigung erzielt sei, gelte daher der zuletzt bewilligte Haushalt. Die Opposition im Innern brachte er durch Prozesse gegen Schriftleiter von Zeitungen und Maßregelungen von Beamten zum Schweigen, dem Abgeordnetenhaus drohte er mit der Einführung des allgemeinen Wahlrechts, das die Stellung der bürgerlichen Liberalen geschwächt hätte. Einen Ausweg aus der innenpolitischen Verhärtung boten indessen außenpolitische Erfolge.

## Der preußisch-österreichische Dualismus und der Krieg gegen Dänemark 1864

Neue Impulse

Die 1859/60 mit großen Erfolgen angegangene nationale Einigung Italiens brachte auch in Deutschland neue Impulse. Österreich trat daher 1863 mit dem Plan einer Straffung des Deutschen Bundes auf, der Bundestag sollte durch ein von den Landtagen der Einzelstaaten beschicktes Zentralparlament mit hauptsächlich wirtschaftspolitischen Kompetenzen abgelöst werden. Die deutschen Fürsten machten Ihre Zustimmung von einem Beitritt Preußens abhängig, um ein Gegengewicht gegen Österreich zu haben, Preußen indessen verweigerte seinen Beitritt wegen der drohenden Übermacht Österreichs im Bund. Dem preußischen Gegenvorschlag, in allgemeinen Wahlen ein Bundesparlament zu bilden, konnte Österreich wegen der Nationalitätenfrage im eigenen Land nicht zustimmen. Die Konfrontation war latent vorhanden, beide Mächte rivalisierten miteinander um den Einfluß in Deutschland.

Schleswig-Holstein-Kompromiß 1852

Die Schleswig-Holstein-Frage war nach dem Waffenstillstand von Malmö (August 1848) unter dem Druck der Großmächte dahingehend geregelt worden, daß die beiden Herzogtümer bei Dänemark verbleiben, aber dem dänischen Staat nicht einverleibt werden sollten (Londoner Protokoll 1852). Dänische Nationalisten verlangten aber die Einbeziehung Schleswigs, die 1863 mit der Einführung einer neuen Verfassung unter Bruch des Londoner Protokolls vollzogen wurde. (Schleswig gehörte ja verfassungsrechtlich zu Dänemark, Holstein zum Deutschen Bund, beide durften aber nach dem Grundgesetz von 1460 nicht getrennt werden.)

Schleswig-Holstein-Frage als Mittel zur Politik

Die öffentliche Meinung in Deutschland forderte in einer Welle der nationalen Empörung die Abtrennung der beiden Herzogtümer von Dänemark und einen Beitritt des selbständigen Doppelherzogtums zum Deutschen Bund. Bismarck aber sah in der Lösung dieser Frage vor allem ein Mittel, um die preußische Politik Österreich gegenüber voranzutreiben. Österreich sollte in einen Konflikt mit Preußen hineingezogen werden, aus dem – durchaus in einer militärischen Auseinandersetzung – Preußen als Sieger hervorgehen konnte. Da aber ein unmittelbarer Konflikt nicht bestand, Österreich im übrigen starke Verbündete, vor allem in Süddeutschland, hatte, mußte ein solcher Konflikt geschaffen werden. In dessen Verlauf hatte dann Preußen die Möglichkeit, Österreich ins Unrecht zu setzen und die noch schwankenden Staaten auf seine Seite zu ziehen.

deutsch-dänischer Krieg 1864

Als die dänische Regierung die preußische Forderung auf Erfüllung des Londoner Protokolls ablehnte, war der Kriegsgrund gegeben, Österreich mußte, um sein Gesicht im Bund zu wahren, zusammen mit Preußen den Krieg beginnen. Der preußische Sieg am 30. Oktober 1864 brachte die Abtretung der beiden Herzogtümer und ihre Unterstellung unter eine gemeinsame Verwaltung.

Konfrontation mit Österreich

Die politisch-militärische Kooperation zwischen Preußen und Österreich schlug bald in eine Konfrontation um, als Meinungsverschiedenheiten über die Zukunft der Herzogtümer auftraten. Der österreichische Plan einer Mitgliedschaft des selbständigen Herzogtums im Deutschen Bund stieß auf das preußische Ziel, mit einer engen Abhängigkeit oder sogar einer Annexion der Herzogtümer den eigenen Einfluß im Norden Deutschlands zu vergrößern.

Zahlreiche Zusammenstöße in der gemeinsam ausgeübten Verwaltung führten 1865 zum Vertrag von Gastein und zur Trennung: Schleswig wurde preußischer, Holstein österreichischer Verwaltung unterstellt. Die österreichische Stellung im Norden Deutschlands war damit von der preußischen Stellung umschlossen und politisch wie militärisch unhaltbar, von der Unteilbarkeit, für die man 1864 Krieg geführt hatte, war keine Rede mehr. Die Auseinandersetzungen spitzten sich zu, als Österreich weiterhin die Selbständigkeit Schleswigs und Holsteins propagierte und Bismack diese Politik als Anlaß zum Krieg gegen Österreich benützte.

Um seine Stellung in Deutschland durch einen Krieg mit Österreich zu festigen, nützte Bismarck eine Zeit, in der die europäischen Großmächte von den Ereignissen auf dem Kontinent abgelenkt und daher nicht bereit waren, sich in einem solchen Konflikt zu engagieren:

anderweitiges Engagement der Großmächte

England war mit dem Aufbau seines Empire beschäftigt, Frankreich durch das mexikanische Abenteuer mit dem von Napoleon III. eingesetzten Kaiser Maximilian gebunden. Mit Rußland verband Preußen eine Freundschaft, die zuletzt auf die gemeinsame Politik der Unterdrückung beim Polenaufstand des Jahres 1863 zurückging. Bismarck konnte darüber hinaus die französische Neutralität durch vage Zusicherungen von Kompensationen, d. h. Gebietsgewinnen für Frankreich, erreichen, ohne sich aber auf irgendwelche nähere Bestimmungen einzulassen. Napoleon vermittelte im Gegenzug ein Bündnis Preußens mit Italien (8. April 1866, auf drei Monate befristet), in dem sich Italien verpflichtete, in einen Krieg Preußens gegen Österreich mit einzutreten.

In einer letzten, auf die öffentliche Meinung in Deutschland berechneten Aktion griff Bismarck am 9. April 1866 auf die Parlamentsidee von 1848 zurück und forderte *eine aus direkten Wahlen und allgemeinem Stimmrecht der ganzen Nation hervorgehende Versammlung, ... um die Vorlagen der deutschen Regierungen über eine Reform der Bundesverfassung entgegenzunehmen und zu beraten.* Diese Proklamation einer Revolution von oben sollte den nationalen Liberalismus für Preußen gewinnen und den Vielvölkerstaat Österreich weiter schwächen.

**Der preußisch-österreichische Krieg 1866**

Der Anstoß zum neuen Krieg ging jedoch wieder von der Schleswig-Holstein-Frage aus. Auf die österreichische Ankündigung, die Zukunft der Herzogtümer dem Urteil des Deutschen Bundes zu unterwerfen, erklärte Preußen den Vertrag von Gastein (über die gemeinsame Verwaltung und sein Mitbestimmungsrecht) für gebrochen und besetzte Holstein. Die österreichische Regierung rief daher die Mitgliedsstaaten des Deutschen Bundes zur "Bundesexekution" gegen Preußen auf, da dieses die Bundesakte verletzt habe. Die Mobilmachung des Bundes wurde am 14. Juli 1866 beschlossen. Der in den Geschichtsbüchern "deutscher" oder "preußisch-österreichischer Krieg" genannte Konflikt war also genaugenommen ein Krieg des Deutschen Bundes unter österreichischer Führung gegen eines seiner Mitglieder, das des Verfassungsbruches beschuldigte Preußen. Der preußische Vertreter erklärte daraufhin den Bundesvertrag für gebrochen, den Deutschen Bund für erloschen.

Bundesexekution gegen Preußen

Der ausbrechende Krieg teilte Deutschland zunächst in zwei verbündete Lager: Auf der Seite Österreichs (und damit auf der der Bundesverfassung) standen die süddeutschen Staaten Bayern, Baden und Württemberg sowie u. a. Sachsen, Hannover, Hessen-Darmstadt und Kurhessen. Auf preußischer Seite standen hauptsächlich die Klein- und Mittelstaaten Norddeutschlands.

Preußischer Sieg

Der Sieg der preußischen Armeen war vollständig: Sachsen, Hannover und Kurhessen wurden besetzt (16./18. 6.), die hannoveranische Armee kapitulierte (29. 6.). In Böhmen fiel vor der Festung Königgrätz am 3. Juli mit der Niederlage der Österreicher die Entscheidung.

Italien

Venetien war bereits vor dem Krieg durch Verträge zwischen Italien und Frankreich einerseits, Österreich und Frankreich andererseits dem jungen Königreich Italien zugesprochen, so daß auch die österreichischen Siege über die italienische Armee an der Angliederung Venetiens an Italien nichts änderten.

Gegenüber dem unterlegenen Österreich konnte Bismarck Mäßigung durchsetzen. Er wollte damit einerseits verhindern, daß Napoleon die Situation zu Kompensationsforderungen ausnützte: Saarbrücken, Landau, die bayerische Pfalz und das linksrheinische Hessen waren dabei im Gespräch. Andererseits sollte nicht durch einen zu harten Frieden der Weg zu künftigen Bündnissen verbaut werden. Der Vorfriede von Nikolsburg (26. Juli) beschränkte sich daher auf die österreichische Zustimmung zu weitgehenden Annexionen in Norddeutschland und zur Auflösung des Deutschen Bundes.

Annexionen in Norddeutschland

Die Ergebnisse des Friedens von Prag (23. 8. 1866) waren vor allem die Annexion der ehemaligen Kriegsgegner Hannover, Kurhessen, Nassau sowie der freien Stadt Frankfurt und Schleswig-Holsteins durch Preußen, was große Erbitterung in den annektierten Staaten hinterließ. Das Legitimitätsprinzip, aus dem Deutscher Bund und Heilige Allianz gelebt hatten, war endgültig zugunsten der machtstaatlichen Politik aufgegeben. Um dieses Legitimitätsprinzip hatten in Nikolsburg noch der preußische König Wilhelm und sein Kanzler Bismarck gerungen, bis sich schließlich der Kanzler mit seiner Perspektive der preußischen Dominanz in ganz Deutschland durchsetzte. Die Gründung eines "Norddeutschen Bundes" mit den Verbündeten Preußens in Norddeutschland (vor allem Oldenburg, Mecklenburg und die thüringischen Staaten) vollendete das Werk; der neue Bundesstaat stand völlig unter preußischer Führung.

Norddeutscher Bund

Mit dieser Schaffung eines geschlossenen preußischen Territoriums in Norddeutschland kam eine Politik zum Abschluß, die Preußen bereits 1795 mit der Neutralität Norddeutschlands unter preußischer Führung gegenüber dem revolutionären Frankreich begonnen und mit der Angliederung der Rheinprovinzen 1815 fortgesetzt hatte.

Süddeutsche Staaten

Die Annexion auch der süddeutschen Staaten und ihre Eingliederung in den Bund verbot nicht nur ein energischer französischer Protest, sondern auch die starke antipreußische Haltung der dortigen Regierungen und der öffentlichen Meinung. Volle Schonung des Kriegsgegners sollte hier die Wogen glätten, bis die Zeit reif war für einen Anschluß in nationaler Begeisterung. Allein Baden suchte bis 1870 mehrfach um Aufnahme in den Norddeutschen Bund nach, wurde aber hingehalten, da Bismarck die drei süddeutschen Staaten gemeinsam gewinnen wollte. Die von Bismarck geschickt ausgespielten französischen Entschädigungsforderungen erleichterten indessen den Abschluß von geheimen "Schutz- und Trutzbündnissen", die die 3 Staaten militärisch an Preußen banden.

Schutz- und Trutzbündnisse mit Preußen

Österreich war mit dem Krieg von 1866 aus dem Rahmen eines künftigen deutschen Nationalstaates hinausgedrängt. Dieser Rückzug aus der im engeren Sinn "deutschen" Politik verlangte eine Änderung der Struktur des österreichischen Staates. Durch die Verfassungsreform von 1867 wurden die Ungarn zum zweiten Staatsvolk mit einem eigenen, dem österreichischen in Personalunion verbundenen Staatswesen, das Kaiserreich Österreich wurde zur Doppelmonarchie Österreich-Ungarn. 1918, nach dem verlorenen Ersten Weltkrieg, wurden daher mit Österreich und Ungarn (Vertrag von St. Germain-en-Laye 10. September 1919 bzw. von Trianon 4. Juni 1920) getrennte Friedensverträge geschlossen.

Verfassungsreform in Österreich

## Der deutsche Liberalismus in der politischen Entwicklung zwischen 1850 und 1866

Verbindung Liberalismus und nationale Einigung

Mit dem Regentschaftsantritt Wilhelms I. 1858 und der Berufung eines liberalen Ministeriums traten die Liberalen in Preußen wieder aus der Unterdrückung durch die Reaktion hervor. Nach den Erfolgen der italienischen Einigungspolitik verband sich mit ihm die wachsende nationale Bewegung für die Einheit Deutschlands, wie ja der Liberalismus auch schon in der Revolution von 1848 eine eindeutig nationale Komponente hatte.

Fortschrittspartei

Von der altliberalen, bürgerlichen Mehrheit trennten sich demokratisch-liberale Kräfte und fanden sich in der im Juni 1861 gegründeten "Deutschen Fortschrittspartei" zusammen. Auf dem Höhepunkt des Streits um die Heeresreform gewann sie die Wahlen vom Dezember 1861 und konnte zusammen mit dem linken Zentrum die Mehrheit der Sitze im Volkshaus erringen. Ihr Parteiprogramm zu den Wahlen ist das erste eigentliche Wahlprogramm der deutschen Geschichte. Der Konflikt mit dem Königtum indessen brachte nicht nur die Ablösung der liberalen Minister und die Auflösung des Abgeordnetenhauses – nur die konservativen Minister blieben in ihren Ämtern –, sondern auch die Distanz der Liberalen zum Königtum und zum Staat.

Nach den Neuwahlen war die Mehrheit der liberalen Fortschrittspartei noch weiter angewachsen (230 von 352 Sitzen). Ihre Absicht, durch den Sturz der Regierung ein parlamentarisches Ministerium zu erzwingen, traf auf die Absicht der konservativen Kräfte, den Einfluß des Abgeordnetenhauses zurückzudrängen. Beide standen sich unversöhnlich gegenüber. In dieser Situation eröffnete sich Bismarck die Möglichkeit, mit dem Verfassungskonflikt den Kampf gegen die Parlamentsmehrheit durchzufechten. Die nationale Tendenz der Liberalen führte sie zwar nach dem dänischen Krieg 1864 wieder auf die Seite der preußischen Machtstaatspolitik, die Fortschrittspartei mußte allerdings 1866 erhebliche Niederlagen bei den Wahlen hinnehmen.

Nationalliberale Partei

Im selben Jahr spaltete sich eine später "Nationalliberale Partei" genannte Gruppe ab und suchte den Ausgleich mit dem politisch erfolgreichen Bismarck. Im Vordergrund standen bei ihr allerdings die Fragen der nationalen Einigung und weniger die der bürgerlichen Freiheiten; sie war der Meinung, die Verfassungswünsche könnten später nachgeholt werden. Der Stimmungsumschwung gegenüber Bismarcks Politik kam dabei nicht aus einem Opportunismus gegenüber dem Sieger von 1864 und 1866, sondern aus einer Verbindung von nationaler Machtstaatsidee und der Idee des liberalen Rechtsstaats, die dem Liberalismus an sich nicht fremd war: Nur der freie Nationalstaat kann die Freiheit des einzelnen verwirklichen.

## Der deutsch-französische Krieg von 1870/71

Ziele Bismarcks

Die Politik Bismarcks in den Jahren nach der Gründung des norddeutschen Bundes 1866 war darauf gerichtet, sich alle Möglichkeiten zu einer Weiterentwicklung der deutschen Einigung unter preußischer Hegemonie offenzuhalten. Wenn das abgeschlossene Militärbündnis mit den süddeutschen Staaten nicht im Bündnisfall hatte verwirklicht werden können, wäre der Norddeutsche Bund Stückwerk und mit allen politischen Mängeln eines Provisoriums behaftet geblieben. Der Weg zu einem ganz Deutschland einigenden Krieg gegen einen gemeinsamen äußeren Feind war also vorgezeichnet.

Ziele französischer Politik

Demgegenüber wollte die französische Politik unter Napoleon III. mindestens den status quo in Mitteleuropa erhalten, wenn nicht gar durch eine Schwächung Preußens zu Gunsten Frankreichs verändern. Auf jeden Fall aber sollte Frankreich durch Erwerbungen in Luxemburg oder Belgien vergrößert und damit die Herrschaft Napoleons durch einen nationalen Erfolg gesichert werden. Der französische Ruf "Revanche für Sadowa" (Königgrätz) zeigt, wie sich die Enttäuschung über entgangene Kompensationen zu einer nationalen Niederlage und Schmach aufschaukelte. In dieser Situation brauchte Napoleon einen großen außenpolitischen

Erfolg. Aber auch Bismarck mußte jede Chance nutzen, die süddeutschen Staaten zur Einlösung des 1866 geschlossenen Militärbündnisses zu bringen.

Schließlich konnte Bismarck im Frühjahr 1870 die Frage der spanischen Thronfolge als Mittel zur Durchsetzung seiner Ziele benützen.

Spanische Thronfolge

Die provisorische spanische Regierung bot die Krone des durch die Absetzung der letzten Königin (September 1866) verwaisten spanischen Königsthrons dem Erbpinzen Leopold von Hohenzollern-Sigmaringen an (Februar 1870). Dieser gehörte der schwäbischen Seitenlinie der Zollern an und war damit mit dem preußischen König verwandt, war aber katholisch. Er nahm die Kandidatur am 2. 7. 1870 an. Auch wenn Bismarck diese Kandidatur nicht veranlaßt hatte, bot sie ihm doch die Möglichkeit, die Stellung Napoleons zu schwächen, und er unterstützte deshalb das spanische Projekt.

Alptraum der Koalitionen

Auch König Wilhelm, Chef des Gesamthauses Hohenzollern, stimmte zu. Frankreich aber sah in dieser Verbindung eine Neuauflage der alten spanisch-habsburgischen Umklammerung, die aufzubrechen das Ziel der französischen Außenpolitik vom Ende des 16. Jahrhunderts (Heinrich IV.) bis zum Beginn des 19. Jahrhunderts (Napoleon I.) war ("Cauchemar des coalitions": Alptraum der Koalitionen). Die zollerische Kandidatur mußte deshalb um jeden Preis verhindert werden.

Französische Forderungen

Der Verzicht des Erbprinzen Leopold genügte der öffentlichen Meinung in Frankreich – die ihre Regierung und den Kaiser unter Druck setzte – nicht, es wurde ein Verzicht für alle Zeiten verlangt. Der französische Gesandte in Berlin, Graf Benedetti, sollte in Bad Ems vom preußischen König diesen Verzicht erwirken; da jedoch Prinz Leopold selbst bereits verzichtet hatte, sah Wilhelm die Sache als erledigt an und lehnte weitere Stellungnahmen als auch weitere Gespräche mit dem Gesandten ab (13. 7.).

Emser Depesche

Bismarck sah bereits die Möglichkeit der militärischen Konfrontation schwinden und eine diplomatische Niederlage Preußens sich abzeichnen, als der Vortragende Rat Abeken aus Bad Ems ein Telegramm über die Begegnung des Königs mit Benedetti an Bismarck schickte. Bismarck kürzte das Telegramm erheblich, wodurch sein Ton eine Schärfe gewann, die die Begegnung in Bad Ems nicht hatte, und ließ den Text der Presse und den preußischen Gesandtschaften mitteilen ("Emser Depesche", 13. 7. 1870).

Zum einen trat durch die "Bearbeitung" der Depesche die französische Forderung in schärfster Form hervor, und die nationale Erregung in Deutschland konnte sich gegen Frankreich richten. Zum anderen war die französische Seite durch die sofortige Veröffentlichung des Telegramms gekränkt und verletzt und mußte Genugtuung fordern. Die französische Kriegserklärung an Preußen erfolgte am 19. 7. Die "familienpolitische" Frage der spanischen Thronfolge war zu einer national-deutschen Frage geworden; aus dem diplomatischen Anlaß war ein Krieg geworden, der die deutsche Nation zusammenführen sollte: Noch im Juli hatten die süddeutschen Staaten den Bündnisfall ausdrücklich anerkannt und damit den Weg zu einer gesamt-deutschen Aktion freigemacht.

Die unter preußischem Oberbefehl stehenden deutschen Armeen waren den französischen Truppen von Anfang an überlegen. Das ist nicht nur auf die inneren Schwierigkeiten der kaiserlich-französischen Armee zurückzuführen, sondern auch auf die überragende Strategie des preußischen Generals Moltke. Er hatte durch sein militärisches Geschick bereits den Sieg von 1866 errungen. Die Initiative in den ersten Wochen lag durchweg bei Preußen. Der Sieg über die französische Armee bei Sedan am 2. 9. 1870 offenbarte die grundlegenden Schwächen in Frankreich und brachte das Ende des Kaisers: Napoleon III. geriet in deutsche Gefangenschaft und dankte ab, in Paris riefen die republikanischen Führer Jules Favre und Leon Gambetta die Republik aus (4. 9.).

Moltke

Sieg bei Sedan 2. 9. 1870

3. Republik in Frankreich

Die Aussichten auf Frieden wurden allerdings durch den mittlerweile in Deutschland aufgetretenen Wunsch nach der Annexion Elsaß-Lothringens zunichte: Für Deutschland war sie zugleich die Krönung der nationalen Einigung und die Umkehr der Geschichte seit dem 17. Jahrhundert, für Frankreich eine Frage der nationalen Identität. Mit der an die Französische Revolution und ihre "levée en masse" erinnernden Aufstellung von Volksheeren (durch den mit dem Fesselballon aus dem belagerten Paris entkommenen Gambetta) begann sich das Wesen des Krieges für Frankreich zum nationalen Verteidigungskrieg zu wandeln.

Elsaß-Lothringen

Die Belagerung von Paris (seit dem 19. 9. 1870) wurde durch einen Waffenstillstand am 28. 1. 1871 vorläufig und durch den am 26. 2. in Versailles geschlossenen Präliminarfrieden endgültig aufgehoben. Am 10. 5. folgte schließlich der Friedensschluß in Frankfurt, nach dem Frankreich außer den Abtretungen eine Kriegsentschädigung von 5 Milliarden Goldfranc leisten mußte.

## Die Gründung des Deutschen Reiches

Bereits am 15. 11. 1870 war mit Baden und Hessen-Darmstadt ein Vertrag zustandegekommen, der den Beitritt der beiden Staaten zum Norddeutschen Bund und die Beibehaltung der Bundesverfassung vorsah. Bayern und Württemberg machten aber noch Vorbehalte geltend, die erst am 23. 11. (Bayern) und am 25. 11. (Württemberg) in weiteren Verträgen ausgeglichen werden konn-

Beitritt der süddeutschen Staaten

ten. In diesen Abmachungen behielt sich vor allem Bayern eigene Rechte noch vor, so das Recht der Militärhoheit im Frieden und das der eigenen Post- und Eisenbahnverwaltung *(Reservatrechte)*.

Damit war der Norddeutsche Bund um die vier Staaten erweitert, die Bismarcks Politik schon 1866 mit einbezogen hatte. In der übernommenen und nur leicht überarbeiteten Verfassung erhielt der neue Staat zunächst den Namen "Deutscher Bund", sein Staatsoberhaupt fungierte als "Bundespräsidium" (erste Verfassung vom 1. 1. 1871).

"Kaiser"

Der Titel "Kaiser" für das Oberhaupt des Bundesstaates lag aus historischen Gründen nahe und konnte vor allem von den süddeutschen Staaten als nationale Klammer verstanden werden, die ihre eigene Staatlichkeit und Identität unangetastet ließ. Die Titelfrage, ob "Kaiser der Deutschen" (was u. U. die Nation als staatstragendes Element in Spiel gebracht hätte), "Kaiser von Deutschland" (was wiederum als ein Anspruch auf nicht-preußische Gebiete hätte gedeutet werden können), oder "Deutscher Kaiser" (so der Bismarcksche Vorschlag), wurde elegant umgangen, als Großherzog Friedrich von Baden bei der Kaiserproklamation am 18. 1. 1871 im Spiegelsaal des Schlosses in Versailles ein Hoch auf "Kaiser Wilhelm" ausbrachte. Erst der im März 1871 neugewählte deutsche Reichstag beschloß dann – indem er der Vorlage des Bundesrats zustimmte –, den Bund "Deutsches Reich" und seine Spitze "Deutscher Kaiser" zu nennen.

Kaiserproklamation in Versailles

Reichs"gründung"

Die "Reichsgründung" auf den 18. 1. 1871 zu verlegen, ist etwas zu kurz geschlossen. Die Proklamation Wilhelms I. zum Deutschen Kaiser war an sich kein Akt, der einen neuen Staat konstituiert hätte. Dieser Staat verdankt seine Entstehung vielmehr der Aufnahme der vier süddeutschen Staaten in den Norddeutschen Bund durch eine Reihe von zweiseitigen Verträgen (s. o.). Damit war der Staat als Völkerrechtssubjekt begründet. Das durch die Aufnahmeverträge geschaffene Organ, der Bundesrat, legte eine Verfassung vor (gültig seit dem 1. 1. 1871), die der auf Grund dieser Verfassung und der Verträge mit den süddeutschen Staaten gewählte Reichstag im März ratifizieren mußte (3. 3. 1871). Erst mit dieser Ratifikation war die Staatsgründung abgeschlossen, die mit dem Beitritt Bayerns, Württembergs, Badens und Hessen-Darmstadts zum Norddeutschen Bund begonnen worden war.

Datum und Ort der Kaiserproklamation sind nicht zufällig gewählt. Der 18. 1. war der Jahrestag der Krönung des Kurfürsten Friedrich III. zum König von Preußen 1701, also ein Tag, der den preußischen Charakter dieses neuen Deutschen Reiches unterstrich. Das Schloß von Versailles galt als Ausgangspunkt derjenigen Politik, die unter Ludwig XIV., dem Sonnenkönig, zum Verlust des Elsasses und Lothringens geführt hatte (Reunionskriege). Wilhelm I. hier und an diesem Tag zum Kaiser zu proklamieren symbolisierte also die Übermacht des Preußentums über die "deutschfeindliche" Politik Frankreichs. Was in dieser Sehweise zu kurz kommt, sind die Ursachen für diese gegen den östlichen Nachbarn gerichtete Politik.

## 1848/50 und 1866/71: Ein Vergleich

Angesichts der gescheiterten Revolution von 1848/49 und des mißlungenen Versuchs, einen konstitutionellen deutschen Nationalstaat zu schaffen, angesichts aber auch der planmäßig angelegten und mit der Kaiserproklamation in Versailles schließlich vollendeten Schaffung eines preußisch dominierten Deutschen Reiches muß nach den Unterschieden gefragt werden, die möglicherweise auch verantwortlich sind für das Scheitern der einen oder das Gelingen der anderen Politik.

Schaffung des Nationalstaates durch Machtpolitik

Vom Ergebnis her läßt sich dieses Problem am leichtesten angehen: Am Ende stand dort das desillusionierte Bürgertum mit dem Erbe einer gescheiterten Revolution, hier der nach drei Blitzkriegen aus der Taufe gehobene Nationalstaat, den die zielbewußte Politik eines Mannes geprägt hatte. Der preußische Staat, der die Revolution durch sein Beharrungsvermögen zu Fall gebracht hatte, entfaltete in der Folgezeit eine Politik, die – besonders seit der Ministerpräsidentschaft Bismarcks – zwei Ziele verfolgte: außenpolitisch war die Einigung Deutschlands unter preußischer Hegemonie und unter Hinausdrängung Österreichs zu erreichen, innenpolitisch aber der Kampf mit dem Parlamentarismus und mit den Liberalen aufzunehmen. Damit wurde die Reaktionspolitik auch gegenüber dem letzten Rest revolutionärer Errungenschaften fortgesetzt. Stand am Ende der Verfassungsdiskussion von 1848/49 ein frei gewähltes gesamtdeutsches Parlament, dem die Regierung verantwortlich war und das so aktiv in die Politik eingreifen konnte, so blieb davon 1866 und 1871 zwar ein frei gewähltes Parlament übrig, die Politik bestimmte aber der Kanzler ohne wirksame Parlamentskontrolle. Die Frage ist natürlich, mit welchen Mitteln diese Politik verfolgt und – das eine von ihnen – auch erreicht wurden.

Politik der Reaktion

Mittel der Politik

Die Unterschiedlichkeit der Mittel zeigt sich deutlich in Bismarcks Blut-und-Eisen-Erklärung von 1862. Der Parlamentarismus wird hier als Schwäche abqualifiziert. Was Erfolg bringe, sei eine machtvolle Politik, die den Staat nach außen stärke und ihn in die Lage versetze, seine Ziele auch auf nationalem Gebiet durchzusetzen. Der Kompromißbereitschaft der Paulskirche und dem in der Diskussion entstandenen Ausgleich in Verfassungsfragen stand seit 1862 der politische Wille eines Mannes gegenüber, der seinen König zunächst an der Abdankung hinderte, dann gegen das Parlament und gegen die Verfassung regierte, schließlich dreimal diplomatische Verwicklungen zu Waffengängen ausnützte (wobei er beim zweiten Mal Österreich von langer Hand vorbereitet in einen Konflikt hineinzog bzw. hineindrängte), aber dazwischen auch abwarten und günstige Gelegenheiten abpassen konnte. Geradezu ein Meisterstück diplomatischer Kunst (oder Verschlagenheit) ist es zu nennen, wie er im Juli 1870 die durch den Verzicht des Zollernprinzen heraufziehende diplomatische Niederlage Preußens mit der Redaktion der Emser Depesche in einen Hieb gegen Frankreich umwandeln und damit die französische Kriegserklärung provozieren konnte.

Ziele

In engem Zusammenhang damit stehen auch die unterschiedlichen Zielsetzungen. Die Paulskirchenversammlung strebte nicht eine machtstaatliche Einigung Deutschlands an, wobei der Verzicht auf den einen Partner einkalkulierte Notwendigkeit gewesen wäre. Ziele waren sowohl die Verwirklichung liberal-konstitutioneller Freiheiten in einer – von allen Staaten aus freien Stücken angenommenen – Verfassung, zum andern aber gleichzeitig die Schaffung eines alle Deutschen umfassenden und sogar noch über den alten Deutschen Bund noch hinausgehenden Nationalstaates. Dem standen nicht nur die einzelstaatlichen Interessen und Egoismen entgegen, sie hätten sich unter Umständen – wie 1871 auch – ausgleichen lassen. Gravierender war im Fall Österreichs, daß der deutsche Nationalstaat gleichzeitig die Habsburgermonarchie gesprengt hätte. Die Unvereinbarkeit von Nationalstaatsgedanke und Vielvölkerstaat konnte nicht auf dem Verhandlungsweg aufgelöst werden. Gravierender war im Fall Preußens, daß der Staat (d. h. die ihn tragenden politischen Eliten) nicht bereit war, das Ziel der preußischen Politik der vergangenen zwei Jahrhunderte liberal-konstitutionellen Zielen oder der Verhandlung mit "schwächeren" Mächten unterzuordnen. 1870/71 dagegen ging es nicht mehr um den alten Deutschen Bund, der zu einem Staat hätte verdichtet werden sollen, nach 1849 wurde nicht mehr um großdeutsch oder kleindeutsch gerungen, die Politik Bismarcks verfolgte eindeutig und zielbewußt die kleindeutsche, d. h. preußisch dominierte Lösung.

liberale Freiheiten

Nationalstaat

Bei den Trägern dieser Politik ist vor allem das Bürgertum zu beachten und die Rolle zu diskutieren, die es während der Revolution, aber auch angesichts der Bismarckschen Politik gespielt hat.

Bürgertum als Träger der Politik

Das wirtschaftlich erstarkte Großbürgertum hatte sowohl in den Tagen des "Vormärz", d. h. vor der Revolution, als auch während der Revolution selbst die führende Rolle inne. Vor allem in diesen Kreisen, den Kreisen der Wahlmänner und dann der Abgeordneten selbst, wurden die Ideen des Liberalismus und des Konstitutionalismus diskutiert. In den Barrikadenkämpfen verwirklichte sich kurzfristig eine Allianz mit Studenten und Gesellen, die aber dann neben der Nationalversammlung, dann auch gegen sie, ihre eigenen Treffen und Versammlungen, durchaus mit gesamtdeutscher und nationaler Betonung, abhielten. Schon in der Verfassungsfrage zeigte sich das Übergewicht der Gemäßigten vor den "radikalen" Demokraten – die einen sahen die Zukunft im Bündnis mit der Monarchie, die anderen eher in einer grundsätzlichen Umwälzung in Richtung auf eine republikanische Verfassung hin. Unter anderem war es auch die Angst vor den neuen Ideen des Kommunismus, die das Bürgertum zur Zusammenarbeit mit den alten Mächten trieb. Da die alten Mächte aber ihrerseits nicht zur grundlegenden Reform bereit waren, war diese "Zusammenarbeit" von vornherein zum Scheitern verurteilt.

Das Bürgertum wandte sich nach dem Mißerfolg von 1849 größtenteils von der Politik ab und fand seine Selbstbestätigung auf wirtschaftlichem und kulturellem Gebiet. Erst der preußische Verfassungskonflikt von 1861 zeigte wieder ein Bürgertum, das sich seiner Rechte bewußt war. Es wurde allerdings von einem Politiker überrannt, der die Autorität der Staatsmacht unter allen Umständen zu wahren bereit war – und das Bürgertum kapitulierte, steckte zurück, bis die monarchische Politik in der deutschen Einigung ihren Höhepunkt fand. Die Idee der liberalen Verfassung und der demokratischen Mitbestimmung ordnete sich der machtstaatlichen Einigung unter, das Bürgertum sah keine Möglichkeit (und auch keine Notwendigkeit), innerhalb der nationalen Begeisterung zum Widerstand zu finden. Immerhin wurde es bereits als Erfolg gewertet, daß für die Wahl zum Norddeutschen Reichstag 1867 das allgemeine und gleiche Wahlrecht galt – eine Errungenschaft der Revolution von 1848. Die Liberalen wurden schließlich – eben auf Grund ihrer starken nationalen Komponente – zur Hauptstütze der Bismarckschen Politik nach 1871 (Nationalliberale Partei, gegründet 1867). Die tragende Rolle in der deutschen Einigung aber war endgültig auf den preußischen Staat und seinen Ministerpräsidenten übergegangen.

Unterordnung liberaler Ziele unter Machtstaatpolitik

Will man die Persönlichkeit Bismarcks auf diesem Hintergrund einordnen, darf man ihm wohl auf keinen Fall persönliche Machtbesessenheit unterstellen. Er war konservativ, in manchen Dingen auch reaktionär, aber er stellte seine Arbeit voll und ganz in den Dienst des Staates und des Königtums, des monarchischen Prinzips also. Dieser Staat war Preußen mit seiner preußischen Geschichte und seiner preußischen Tradition, und dieser preußische Staat war für ihn der einzig mögliche Träger der deutschen Einheit. Von daher ist Bismarck zwar Nationalist, aber in erster Linie preußischer Nationalist, insofern als er die historische Aufgabe Preußens darin sieht, Deutschland zu führen. Ein Deutschland ohne die führende Rolle Preußens ist für ihn – wieder als Konsequenz des preußisch orientierten monarchischen Gedankens – schlechthin nicht denkbar.

Persönlichkeit Bismarcks

### Grundzüge der Reichsverfassung von 1871

Die Verfassung des Deutschen Reiches von 1871 ist im wesentlichen die leicht modifizierte Verfassung des Norddeutschen Bundes von 1866. Preußen als Hegemonialmacht hat damit nicht einfach seine Verfassung (von 1850) auf das Reich übertragen – anders in Italien, wo das neue Königreich die Verfassung von Piemont-Sardinien übernahm.

Das Deutsche Reich war ein Bundesstaat, die Staatsgewalt lag nicht bei einer "Nation" oder beim Volk, sondern bei dem Bund der 22 Monarchen und 3 Freien Städte.

Kaiser

Der Kaiser war Repräsentant des Staates im völkerrechtlichen Verkehr nach außen, er hatte den Oberbefehl über das Bundesheer und über die Reichsmarine. Das Amt des Kaisers stand dem König von Preußen zu.

Kanzler

Den Reichskanzler ernannte der Kaiser und nur gegenüber diesem war der Kanzler verantwortlich. In den ersten 20 Jahren des Reiches hatte Bismarck zugleich das Amt des preußischen Ministerpräsidenten und das des Reichskanzlers inne.

Bundesrat

Der Reichskanzler führte den Vorsitz im Bundesrat, dem wichtigsten der Organe des Reiches. Er gehörte damit gleichzeitig der Exekutive und der Legislative an. Der Bundesrat setzte sich aus 58 Vertretern der Bundesstaaten zusammen, die von den Regierungen entsandt wurden und weisungsgebunden waren. Er hatte das Recht, Gesetzesvorschläge dem Reichstag zuzuleiten, Reichstagsbeschlüsse waren aber erst nach Zustimmung des Bundesrates bindendes Gesetz. Der Reichskanzler ernannte auch die Staatssekretäre (Minister); weder er noch die Minister waren aber von einer Zustimmung des Reichstags abhängig. Sie konnten daher auch vom Reichstag nicht gestürzt werden.

Reichstag

Der Reichstag wurde in allgemeiner, gleicher, direkter und geheimer Wahl auf drei, später auf fünf Jahre gewählt, wahlberechtigt waren allerdings nur Männer über 25 Jahre. Der Reichstag beschloß Gesetze und hatte das Haushaltsrecht, seine Beschlüsse bedurften allerdings der Zustimmung des Bundesrats.

Parlamentarisierung 1918

Die Reichsverfassung blieb bis zum Oktober 1918 in dieser Form in Kraft, bis die Oberste Heeresleitung kurz vor Ende des Krieges eine parlamentarische Verantwortung des Reichskanzlers dekretierte.

Grundrechte

Sie enthielt keine Bestimmungen über die Grundrechte und blieb damit nicht nur hinter der Paulskirchen-Verfassung, sondern sogar hinter der preußischen Verfassung von 1850 zurück. Die Zentrumsfraktion hatte zwar während der Beratungen im März 1871 die Einfügung von Grundrechten beantragt, war aber damit nicht durchgedrungen, weil sie einseitig kirchliche Interessen verfolgte.

## Die Außenpolitik des Deutschen Reiches 1871 – 1914

**Bündnis- und Sicherheitspolitik Bismarcks**

| | |
|---|---|
| 1875 | "Krieg-in-Sicht-Krise" als Ausdruck der deutsch-französischen Spannungen |
| 1876 | Balkankrise infolge eines neuen Aufstandes der Serben gegen die türkische Herrschaft |
| 1877 | Krieg Rußlands gegen das Osmanische Reich zur Befreiung der Christen auf dem Balkan |
| Juni/Juli 1878 | Berliner Kongreß zur Regelung der Verhältnisse auf dem Balkan: Rumänien, Serbien, Montenegro werden selbständig, Österreich erhält das Recht zur Verwaltung Bosniens und der Herzegowina. Bulgarien wird zwar selbständiges Fürstentum, bleibt aber tributpflichtig. Ostrumelien wird von Bulgarien getrennt und erhält innere Autonomie. Rußland erhält Bessarabien, und England erhält Zypern. |
| 7. 10. 1879 | Deutsch-österreichischer Zweibund |
| 18. 6. 1881 | Dreikaiservertrag (Deutsches Reich – Österreich-Ungarn – Rußland): Wahrung der Neutralität bei Angriff einer 4. Macht |
| Okt. 1883 | Anschluß Rumäniens an den Zweibund |
| 1885 | Bulgarische Krise nach der Besetzung Ostrumeliens durch Bulgarien |
| 1884/85 | Deutsch-französische Kolonialentente |
| Febr./März 1887 | Mittelmeerentente zwischen England, Italien und Österreich-Ungarn zur Erhaltung des Status quo im Mittelmeer (gegen russische Bestrebungen auf dem Balkan gerichtet) |
| 18. 6. 1887 | Deutsch-russischer Rückversicherungsvertrag |

**Weltpolitik im Zeitalter Wilhelms II.**

| | |
|---|---|
| 16. 6. 1888 | Regierungsantritt Wilhelms II., "persönliches Regiment" |
| März 1890 | Entlassung Bismarcks |
| 1893/94 | Abschluß des russisch-französischen Zweibundes |
| 1896 | Krüger-Depesche |
| 1898 | Wilhelm II. erklärt sich zum "Schutzherrn" der Mohammedaner |
| 1898 | Erwerbung Kiautschous (China) |
| 1898 | Deutsches Geschwader vor Manila (Philippinen) |
| 1900 | Boxeraufstand in China. Deutsche Beteiligung an der Strafexpedition |
| seit 1897 | Tirpitz Staatssekretär des Reichsmarineamtes |
| 1898 | Erstes Flottengesetz: Aufbau einer deutschen Schlacht-flotte als Ausdruck des Risikogedankens |
| Juni 1900 | Zweites Flottengesetz |
| 1899 | 1. Haager Friedenskonferenz, scheitert an der deutschen Ablehnung der Rüstungsbeschränkungen |

| | |
|---|---|
| 1898 | Faschoda-Krise zwischen England und Frankreich |
| 1904 | "Entente Cordiale" zwischen England und Frankreich zum Ausgleich der kolonialen Interessengegensätze |
| 1905 | Landung des Kaisers in Tanger<br>Marokko-Konferenz in Algeciras |
| 1906 | 3. Flottengesetz |
| 1907 | 2. Haager Friedenskonferenz, scheitert am deutschen Einspruch gegen Abrüstung |
| 1911 | "Panthersprung nach Agadir", zweite Marokko-Krise |

**Der Weg zum Krieg**

| | |
|---|---|
| 1911 | Besetzung Tripolis' (heute Libyen) durch Italien |
| 1912 | 1. Balkankrieg. Angriff Serbiens, Montenegros, Bulgariens und Griechenlands auf das Osmanische Reich |
| 1913 | 2. Balkankrieg. Serbien, Montenegro, Rumänien und Griechenland verbünden sich gegen Bulgarien. Das Osmanische Reich kann wieder Geländegewinne erzielen. |
| 1912 | Haldane-Mission in Berlin 1912, um Deutschland zum Einlenken in der See-Rüstung zu bewegen |

**1914**

| | |
|---|---|
| 28. 6. | Ermordung des österreichischen Thronfolgerpaares in Sarajewo |
| 5. 7. | "Blankoscheck" der deutschen Regierung an Österreich mit der Zusicherung der Bündnistreue |
| 23. 7. | öster. Ultimatum an Serbien |
| 25. 7. | öster. Teilmobilisierung |
| 26. 7. | russ. Teilmobilmachung |
| 28. 7. | öster. Kriegserklärung an Serbien |
| 30. 7. | russ. Gesamtmobilmachung |
| 31. 7. | dt. Ultimatum an Rußland zur Einstellung der Kriegsvorbereitungen |
| 1. 8. | dt. Kriegserklärung an Rußland |
| 3. 8. | dt. Kriegserklärung an Frankreich |
| 4. 8. | engl. Kriegserklärung an Deutschland |

## Die Stellung des Deutschen Reiches im internationalen Mächtesystem

*Die Bündnis- und Sicherheitspolitik Bismarcks*

Friedenspolitik

Die Gründung des Deutschen Reiches ließ bei den europäischen Mächten die Befürchtung laut werden, daß durch diese erhebliche Vergrößerung Preußens das europäische Gleichgewicht nachhaltig gestört sei und daß Preußen weitere Kriege zur Eroberung neuer Länder plane. Bismarcks Politik mußte sich daher in den ersten Jahren darauf konzentrieren, bei den europäischen Mächten

Vertrauen in den jungen deutschen Staat zu gewinnen. Aus diesem Grund verfolgte er eine Außenpolitik, die den Status quo unbedingt anerkannte. Er erklärte 1874, Deutschland sei "saturiert", wolle also keine weitere territoriale Expansion, sondern betreibe eine "Sicherheitspolitik", die den Frieden in Europa erhalte.

Kernpunkt der deutschen Außenpolitik war die Elsaß-Lothringen-Frage. Vor allem auf Betreiben der Generalität waren die ostfranzösischen Departements der beiden alten Provinzen Elsaß und Lothringen beim Friedensschluß 1871 vom Deutschen Reich annektiert worden. Bismarck mußte daher mit einem französischen Revanchekrieg rechnen, der diese territoriale Veränderung wieder rückgängig machen sollte. In der "Krieg-in-Sicht-Krise" 1875 mußte Bismarck jedoch erkennen, daß weder England noch Rußland einen Präventivschlag gegen Frankreich unterstützen würden, sondern im Gegenteil darin eine erhebliche Verschiebung des Gleichgewichts auf dem Kontinent sähen.

"Krieg-in-Sicht-Krise"

In der nach dem serbisch-türkischen Krieg von 1876 ausbrechenden Balkankrise (mit einem neuerlichen Krieg Rußlands gegen das Osmanische Reich 1877) konnte Bismarck durch einen allgemeinen europäischen Kongreß die Kriegsgefahr bannen, indem er als "ehrlicher Makler" einen Ausgleich zwischen den beteiligten Mächten suchte. Er konnte damit weiteres Vertrauen in das Deutsche Reich gewinnen, es gelang ihm, weil das Reich auf dem Balkan keine eigenen Interessen verfocht.

Berliner Kongreß 1878

Die Ergebnisse des Berliner Kongresses von 1878, der auf dem Balkan fürs erste eine (wenn auch brüchige) Friedensordnung schuf, waren die Voraussetzung für die deutsche Außenpolitik in den folgenden Jahren. Ihr Ziel war es, Frankreich politisch zu isolieren, um ein gegen das Reich gerichtetes Bündnis mit einem anderen Staat zu verhindern. Besonderes Augenmerk galt dabei Rußland, dessen Bündnis mit Frankreich das Reich vor einen Zweifrontenkrieg gestellt hätte. Infolge der russischen Verstimmung über den Ablauf und die Ergebnisse des Berliner Kongresses wandte sich Bismarck zunächst einer Sicherung des deutsch-österreichischen Verhältnisses zu.

Ziel: Isolation Frankreichs

In einem komplizierten Bündnissystem (siehe Kasten "Konferenzen und Verträge 1879–1887") verstand Bismarck das Reich nach allen Seiten abzusichern, indem er teils Spannungen zwischen den Mächten ausnützte, teils vermittelnd wirkte. Das Bündnissystem war, besonders in seinen Kernpunkten Mittelmeer-Entente und deutsch-russischer Rückversicherungsvertrag, die sich eigentlich widersprachen, darauf berechnet, daß durch das System der "Bündnisfall" gar nicht erst eintrat.

Die Folgezeit sollte allerdings erweisen, daß diese Politik nicht fortzusetzen war; bereits vier Jahre nach der Entlassung Bismarcks sah sich das Reich einem französisch-russischen Bündnis gegenüber.

## Konferenzen und Verträge 1879 – 1887

### Deutsch-österreichischer Zweibund (7. 10. 1879)

Geheimes **Defensivbündnis**, das die Partner zur gegenseitigen militärischen Hilfe verpflichtete, falls einer von ihnen durch Rußland angegriffen würde. Im Fall des Angriffs einer anderen Großmacht (gemeint sind Frankreich bzw. Italien) bestand für den nicht angegriffenen Teil die Verpflichtung zu wohlwollender Neutralität; würde jedoch die angreifende Macht von Rußland unterstützt, trat auch dann der Bündnisfall ein.

### Dreikaiservertrag (Deutsches Reich – Österreich-Ungarn – Rußland, 18. 6. 1881)

Die drei Mächte sicherten sich für den Fall, daß eine von ihnen mit einer vierten Großmacht in einen Krieg verwickelt würde, wohlwollende Neutralität zu.

Diese Verpflichtung war nicht auf den Verteidigungskrieg beschränkt. Dadurch gewannen Deutschland und Österreich-Ungarn Rückenfreiheit für einen Krieg mit Frankreich bzw. Italien, Rußland für einen Krieg mit England. Sollte eine der drei Mächte Krieg gegen die Türkei führen, so galt die Neutralitätspflicht für die anderen nur, wenn vorher eine Einigung über die Ergebnisse dieses Krieges erzielt worden war.

In einem **Zusatzprotokoll** behielt sich Österreich-Ungarn die volle Annexion der bisher nur besetzten Gebiete Bosnien und Herzegowina vor. Im Gegenzug dazu erklärten sich Deutschland und Österreich-Ungarn einverstanden, wenn "par la force des choses" (durch den Zwang der Umstände) Ostrumelien mit Bulgarien vereinigt würde.

Der Vertrag war ein Geheimvertrag (bis 1914 geheim) und wurde 1884 bis 1887 verlängert.

### Rumänischer Anschluß an den Zweibund (Oktober 1883)

Rumänien konnte im Fall eines russischen Angriffs mit deutscher Hilfe rechnen.

**Bulgarische Krise 1885**

Nach der Besetzung Ostrumeliens durch Bulgarien kam es zum bulgarisch-serbischen Krieg, an dessen Ende Serbien nur durch österreichische Intervention von Gebietsverlusten bewahrt wurde. Rußland sah in dieser Intervention einen Bruch des Dreikaiservertrags, der die Partner zur Konsultation verpflichtete, bevor sie in Balkanfragen eingriffen.

Aufgrund dieser Verstimmungen wurde bereits 1886 die für 1887 fällige Verlängerung des Dreikaiservertrags unmöglich.

**Deutsch-französische Kolonialentente (1884/85)**

Kongo wurde belgische Kolonie, Handel und Flußschifffahrt in Mittelafrika waren frei. Sie ging zu Ende, als französische Revanchistenkreise an Terrain gewinnen (1886).

**Mittelmeerentente zwischen England, Italien und Österreich-Ungarn (12. 2. / 24. 3. 1887)**

Geheimabrede, den status quo im Mittelmeer, in der Adria, der Ägäis und im Schwarzen Meer aufrechtzuerhalten, autant que possible; jede Annexion, Okkupation, Errichtung eines Protektorates sollte verhindert werden. Falls die Aufrechterhaltung des status quo nicht möglich wäre, sollte doch jede Änderung nur nach vorheriger Übereinstimmung der drei Mächte erfolgen.

Ergebnis: Deutschland hielt sich aus der Orientfrage heraus und vermied eine eigene Frontstellung gegen Rußland. England war mit diesem Vertrag – ohne mit dem Deutschen Reich unmittelbar verbündet zu sein – in das kollektive System der Sicherheit eingebaut.

**Deutsch-russischer Rückversicherungsvertrag (18. 6. 1887)**

Der geheime Hauptvertrag erneuerte die Bestimmungen des Dreikaiservertrags (1881) unter Begrenzung auf Deutschland und Rußland; im Fall eines deutsch-französischen Krieges allerdings war Rußland nur dann zur Neutralität verpflichtet, wenn Deutschland unprovoziert angegriffen würde. Dasselbe galt entsprechend im Falle eines unprovozierten Angriffs Österreich-Ungarns auf Rußland.

Im zweiten Artikel des Zusatzprotokolls verpflichtete sich Deutschland zu wohlwollender Neutralität und zu moralischer und diplomatischer Unterstützung, wenn Rußland in der Meerengenfrage aktiv würde.

Mit diesem Zusatzvertrag setzte sich die deutsche Regierung bewußt in Gegensatz zur (von Deutschland unterstützten) Mittelmeerentente, die ja eine Änderung der bestehenden Verhältnisse auf dem Balkan und am Bosporus ausschließen sollte. Das Ziel der deutschen Politik mußte also sein, die Bündnismöglichkeiten so weit wie möglich daraufhin auszuspielen, daß etwaige Konflikte bereits im Vorfeld unter deutscher Vermittlung beigelegt würden, daß aber auch durch die deutsche Vermittlung England oder Rußland näher an die deutsche Politik herangeführt würden.

**Weltpolitik im Zeitalter Wilhelms II.**

Nach der nur 99 Tage währenden Regierungszeit des todkranken Friedrich III. (die Zählung nach dem preußischen Königshaus) trat dessen 29jähriger Sohn Wilhelm II. die Regierung an. Seine Persönlichkeit war von Geltungsbedürfnis geprägt sowie von dem Verlangen, unmittelbare Macht, d. h. ein "persönliches Regiment" auszuüben. Die öffentliche Meinung sah allerdings in der Jugend des Kaisers einen hoffnungsvolleren Ansatz als im Alter des Kanzlers. Wilhelm II. entließ Bismarck im März 1890 nach schwerwiegenden Differenzen über das Kräfteverhältnis zwischen Kaiser und Kanzler sowie über den künftigen Kurs der Politik.

Wilhelm II.

Der Rückversicherungsvertrag wurde nicht mehr erneuert, obwohl Rußland dies wünschte. Statt dessen nahm die russische Regierung die deutsch-englische Annäherung (Tausch Sansibars gegen Helgoland, 1. 7. 1890) als Anzeichen für einen Kurswechsel der deutschen Politik und reagierte mit dem Abschluß des russisch-französischen Zweibundes 1893/94. Damit stand das Reich dem bisher vermiedenen Zweifrontenbündnis gegenüber.

russ.-frz. Zweibund

Weltpolitik

Die nun eingeleitete "Weltpolitik" sollte Deutschland einen festen Platz unter den Weltmächten sichern (einen "Platz an der Sonne") und zielte weniger auf eine Vermehrung der seit 1884 vom Deutschen Reich übernommenen Kolonien als auf die wirtschaftliche Durchdringung unterentwickelter Länder, die noch große Zukunftschancen bieten konnten. Wo immer eine internationale Verwicklung Aussichten auf Vergrößerung des deutschen Einflusses zu bieten schien, griff die Reichsregierung, griff der Kaiser selbst ein:

Ein englischer Angriff auf die südafrikanische Burenrepublik Transvaal (1896) wird von den Buren abgewehrt; der Kaiser telegrafiert dem Präsidenten der Republik, Krüger, die deutschen Glückwünsche zur Vertreibung der Engländer. Die "Krüger-Depesche" erregt in England einen Sturm der Entrüstung.

Krüger-Depesche

Um die deutschen Wirtschaftsinteressen im Osmanischen Reich gegen die Teilungspläne der europäischen Mächte zu schützen, erklärt sich Wilhelm II. auf einem Orient-Besuch 1898 zum "Schutzherrn" der 300 Millionen Mohammedaner in der Welt.

China

In China kann (im Zuge einer Strafexpedition nach der Ermordung deutscher Missionare) das Gebiet von Kiautschou erworben werden (1898), die russischen und britischen Gewinne in China sind aber wesentlich wertvoller.

Manila

Während des amerikanisch-spanischen Krieges (1898) kreuzt ein deutsches Geschwader vor Manila (Philippinen). Die amerikanische Presse reagiert empört. Deutschland muß sich mit dem Kauf der Karolinen und Marianen zufrieden geben (1899).

Nach der Ermordung des deutschen Gesandten in Peking im Boxeraufstand (1900) setzt der Kaiser durch, daß das europäische Expeditionskorps von einem deutschen General geführt wird. Seine militärische Wirkung ist allerdings gering.

Boxeraufstand

Das von Bismarck aufgebaute Vertrauen in den Friedenswillen des Deutschen Reiches nahm ab, Abneigung und Mißtrauen gegen die Politik Wilhelms II. nahmen zu.

Wilhelm II. glaubte, in der Schaffung einer starken Kriegsflotte die Garantie dieser weltpolitischen Stellung des Deutschen Reiches zu sehen ("Unsere Zukunft liegt auf dem Wasser"). Treibende Kraft dieser Flottenpolitik war neben dem Kaiser vor allem Admiral von Tirpitz, seit 1897 Staatssekretär des Reichsmarineamtes. Die Flottenpolitik hatte über die national betonten "Flottenvereine" einen breiten Rückhalt in der Bevölkerung. Auch der Reichstag nahm 1898 das erste Flottengesetz an.

Flottenpolitik

Tirpitz ließ sich bei den Flottenplänen vom Risikogedanken leiten, nach dem die deutsche Flotte so stark zu sein habe, daß selbst England bei einem Angriff seine eigene Machtstellung gefährdet sehen müsse. Das zweite Flottengesetz vom Juni 1900 verdoppelte dann die Planziffern für den Bau neuer Linienschiffe und sah eine Gesamtzahl von 103 Schlachtschiffen und Kreuzern vor.

Risikogedanke

Auf der 1. Haager Friedenskonferenz 1899 lehnten die deutschen Vertreter offen die vorgeschlagenen Rüstungsbeschränkungen ab. Ein englisches Bündnisangebot im Gefolge der Faschoda-Krise mit Frankreich (1898 und 1901) wies die Reichsregierung ab, weil sie den Gegensatz zwischen England einerseits, Rußland und Frankreich andererseits für unüberbrückbar hielt. Sie glaubte, England durch weiteres Hinhalten zu noch günstigeren Bedingungen zwingen zu können.

Nachdem die englisch-französische "Entente Cordiale" den Ausgleich zwischen den beiden Kolonialmächten gebracht hatte (Frankreich überließ England Ägypten, England räumte den Franzosen Marokko ein), erhob das Deutsche Reich Einspruch gegen das Vordringen Frankreichs in Marokko. Auf einer Mittelmeerreise landete der Kaiser in Tanger (1905) und versicherte dem Sultan die deutsche Unterstützung. Die Marokko-Konferenz in Algeciras indessen zeigte die Isolierung des Deutschen Reiches, auf dessen Seite als einziger Bündnispartner noch Österreich-Ungarn stand.

Entente Cordiale zwischen England und Frankreich

Dem auf Kompromissen angelegten Ausgleich der Interessen zwischen England und Frankreich einerseits, England und Rußland andererseits (über Zentralasien: Tibet, Afghanistan, Persien) antwortete das Deutsche Reich, das dahinter eine Politik der Einkreisung vermutete, mit verstärkten Flottenrüstungen. Den englischen Dreadnoughts (1905 beschlossen) stellte es mit dem 3. Flotten-

Seerüstung

gesetz von 1906 ein neues Flottenbauprogramm entgegen. Die 2. Haager Friedenskonferenz (1907) brachte zwar wichtige Fortschritte bei der Regelung allgemeiner Fragen der Kriegführung (Haager Landkriegsordnung), die mit ihr verbundenen Verhandlungen über Abrüstung und Einrichtung eines Schiedsverfahrens scheiterten jedoch am deutschen Einspruch. Dennoch bot die britische Regierung ein Abkommen zur Beschränkung der Seerüstung an. Die politische Führung des Reiches wollte das Angebot zunächst annehmen, aber die militärische Führung, besonders Admiral Tirpitz, setzte dann doch ihre Ablehnung durch.

Panthersprung nach Agadir 1911

Als Frankreich seine "friedliche Durchdringung" Marokkos fortsetzte, demonstrierte das Deutsche Reich seine Stärke und militärische Präsenz, indem der Kaiser das Kanonenboot "Panther" nach der marokkanischen Stadt Agadir schickte ("Panthersprung nach Agadir" 1911). Die zweite Marokko-Krise brachte jedoch wiederum nur unbedeutende außenpolitische Erfolge (kleiner Gebietsgewinn in Kamerun).

Insgesamt ist die wilhelminische Epoche geprägt von außenpolitischer Kraftmeierei, die jedoch nur Reserviertheit bei den anderen Mächten erzeugt. Das Deutsche Reich erscheint als Friedensstörer, die mittlerweile zwischen den anderen Mächten eingeleitete Politik der Verständigung und des Interessenausgleichs wird vom Deutschen Reich nur mit einer Verstärkung des Risikogedankens und der Rüstung beantwortet. Kaiser und Regierung wollen "Weltpolitik" treiben, das Reich zunächst als gleichberechtigten Partner an die Seite der anderen Großmächte bringen.

## Der Erste Weltkrieg

### Der Weg in den Krieg

Libyen italienisch

Im Jahr der Zweiten Marokko-Krise, 1911, besetzten italienische Truppen Tripolis und gliederten "Tripolitanien", das heutige Libyen, dem italienischen Königreich als Kolonie ein. Das Osmanische Reich unternahm einen schwachen Versuch der militärischen Reaktion. Die momentane Schwäche des Osmanischen Reiches nutzten Serbien, Montenegro, Bulgarien und Griechenland zum Angriff auf die europäischen Besitzungen des Osmanischen Reiches aus und drängten dessen Besitz bis fast vor Istanbul zurück (1. Balkankrieg 1912). Im folgenden Jahr zerstritten sich die ehemaligen Verbündeten über die Verteilung der Kriegsbeute: Serbien, Montenegro, Rumänien und Griechenland verbündeten sich gegen Bulgarien, dem das Osmanische Reich wieder einen Teil der Gewinne von 1912 abnehmen konnte (2. Balkankrieg 1913).

1. Balkankrieg 1912

2. Balkankrieg 1913

England und Deutschland traten vermittelnd ein, als Serbien 1912 Albanien beanspruchte, um Zugang zur Adria zu bekommen. Der englische Versuch jedoch, Deutschland zum Einlenken in der Frage der See-Rüstung zu bewegen (Mission des Lord Haldane in Berlin 1912), scheiterte wie alle anderen Versuche am Festhalten der deutschen Führung am "Risikogedanken". Das Deutsche Reich konnte weder das Bündnis Frankreichs mit England noch das mit Rußland aufbrechen. Im Gegenteil: Die Interessenkollision auf dem Balkan zwischen Österreich-Ungarn, Serbien und Rußland, bei der die nationale Frage der Slawen vorgeschoben wurde, um machtpolitische Ansprüche zu kaschieren, ließ Serbien als slawischen Staat Rückhalt bei Rußland suchen, das für sich seinerseits die Führungsrolle unter den slawischen Nationalitäten beanspruchte (Panslawismus).

Panslawismus

Slawenfrage in Österreich-Ungarn

Kernpunkt dieser Interessenkollision war die Stellung der slawischen Bevölkerungsgruppen im österreichisch-ungarischen Vielvölkerstaat. Der seit der Mitte des 19. Jahrhunderts auflebende slawische Nationalismus forderte hier teils die Unabhängigkeit der Slawen (in einem eigenen tschechischen und kroatisch-slowenischen Staat), teils deren staatsrechtliche Gleichstellung mit den Ungarn, die seit 1867 ihren eigenen Staat innerhalb der Doppelmonarchie hatten. Die Slawenfrage wurde aber auch von Serbien zur Wiederherstellung eines "Großserbischen Reiches" benützt, ebenfalls von Rußland, das in dieser Frage Partei gegen den österreichischen Staat ergriff. Damit sollte über eine Verstärkung seines Einflusses auf dem Balkan seine Stellung als europäische Großmacht gefestigt werden, außerdem konnte so die seit dem 18. Jahrhundert verfolgte russische Politik, einen ganzjährig eisfreien Hafen und freien Zugang zum Mittelmeer zu erhalten, ein Stück ihrer Verwirklichung nähergebracht werden.

Seit etwa 1910 rüsteten alle Staaten in verstärktem Maße auf, um für den kommenden Waffengang – der unvermeidlich erschien – gerüstet und vorbereitet zu sein. Diesen kommenden Krieg suchte man durch Verhandlungen, teils ernsthaft, teils weniger ernsthaft, zu verhindern; wenn man ihn aber nicht verhindern konnte, dann wollte man ihn mannhaft durchstehen. Der Krieg, so schrecklich er sein mochte, war immer noch ein legitimes Mittel der Politik.

Krieg als Mittel der Politik

28. 6. 1914: Sarajewo

Als dann am 28. Juni 1914 die Schüsse eines serbischen Nationalisten den österreichischen Thronfolger in Sarajewo töteten, war die österreichische Regierung fest überzeugt, daß die serbische Regierung hinter dem Anschlag stehe und politisch dafür verantwortlich sei. Die Gelegenheit erschien günstig, zunächst durch einen regional begrenzten Krieg den "Störenfried" Serbien auszuschalten. Die deutsche Regierung versicherte am 5. Juli den Bündnispartner ihrer Vertragstreue, was von der Geschichtswissenschaft als "Blankoscheck", als eine Rückendeckung bei allen künftigen Maßnahmen angesehen wird. Während des

Blankoscheck

Monats Juli übten deutsche Stellen in Wien ständigen Druck auf die österreichische Regierung aus, um zu verhindern, daß diese weich würde und eine Kompromißlösung ansteuerte. Das österreichische Ultimatum an Serbien vom 23. Juli war von Inhalt und Termin mit der Regierung in Berlin abgesprochen. Seine Erfüllung hätte von Serbien einen Verzicht auf wesentliche Souveränitätsrechte bedeutet, daß Serbien das Ultimatum nicht erfüllen würde, war von österreichischer wie deutscher Seite einkalkuliert. Allen Erwartungen zum Trotz nahm jedoch die serbische Regierung das Ultimatum weitgehend an, was Kaiser Wilhelm II., fast enttäuscht, mit den Worten quittierte: *Aber damit fällt jeder Kriegsgrund fort!* Reichskanzler von Bethmann-Hollweg konnte jedoch diese Bereitschaft zum Einlenken überspielen und Österreich zu Vorbereitungen für den Waffengang drängen.

Der österreichischen Teilmobilisierung am 25. Juli antwortete Rußland – in Erfüllung seiner Bündnispflichten gegenüber Serbien – ebenfalls mit Kriegsvorbereitungen (26. Juli). Der österreichischen Kriegserklärung an Serbien (28. Juli) folgte dann am 30. Juli die russische Gesamtmobilmachung. Diese Kriegsvorbereitungen sah Deutschland (zu Recht) als gegen sich gerichtet an, forderte schließlich ultimativ die Einstellung der russischen Mobilmachung (31. Juli) und erklärte am 1. August 1914 den Krieg an Rußland. Da das mit Rußland verbündete Frankreich seinerseits zu tun erklärte, was Frankreichs Interessen fordern, erfolgte die deutsche Kriegserklärung am 3. August an Frankreich. Der Automatismus der Bündnisse hatte damit innerhalb von 6 Tagen von der österreichischen Kriegserklärung an Serbien den Krieg der Mittelmächte mit Rußland und Frankreich nach sich gezogen. Schließlich antwortete England als Garantiemacht der belgischen Neutralität auf deren Verletzung mit der Kriegserklärung an Deutschland (4. August). Regierung und Generalität in Deutschland waren sich dieses Risikos voll bewußt.

Bündnis-
automatismen

## Der Erste Weltkrieg – ein Überblick

Mit dem Ausbruch und den ersten Wochen des Ersten Weltkrieges trat die Geschichte der Kriegführung in ein neues, nie geahntes Stadium. Die allseitige Hochrüstung der zurückliegenden Jahre vertrug sich nicht mit der althergebrachten Kriegführung, nämlich den Angriff schnell, unter Massierung starker Verbände ins gegnerische Land hineinzutragen und so in offener Feldschlacht den Feind zu besiegen. Das war die preußische Taktik im französischen Krieg von 1870, dieser Taktik folgten die Generalstabs-Planungen auch noch 40 Jahre später. Die Kriegsbegeisterung entsprach in allen Ländern der nationalen Hochstimmung. Im Kampf für Volk und Vaterland vereinigten sich alle Schichten der Völker, die nationalistische Seite des Imperialismus erfaßte die Welt wie ein Taumel.

Der Feldzugsplan der deutschen Militärs sah vor, durch Belgien in breiter Front nach Frankreich hinein vorzurücken, Frankreich durch einen massiven Überraschungsschlag innerhalb von zwei Wochen niederzuwerfen und sich dann mit geballter Macht gegen Rußland zu werfen ("Schlieffenplan", benannt nach dem General Schlieffen, dann durch Moltke verändert). Dazu mußte allerdings die Neutralität Belgiens verletzt werden.

Schlieffenplan

Getreu diesem Plan rückten am 3. August fünf deutsche Armeen über Belgien nach Frankreich vor, wurden aber zwischen dem 6. und dem 9. September 1914 zwischen Paris und Verdun von starken französischen Kräften am weiteren Vormarsch gehindert (Marneschlacht, "Wunder an der Marne"). Die Entstehung einer breiten Lücke zwischen den Frontabschnitten zwang die deutsche Heeresleitung, die Front wieder zurückzunehmen. Weder die deutschen noch die französischen Truppen konnten in der Folgezeit nennenswerte Geländegewinne erzielen, der als Bewegungskrieg begonnene Feldzug wurde zum Stellungskrieg. In diesen Stellungen harrten die Armeen vier Jahre aus, hier entschied nicht mehr strategisches Geschick und die Intuition eines Feldherrn, hier gab allein die Überlegenheit an Material und Mannschaften den Ausschlag.

Marneschlacht

Stellungskrieg

Angelpunkt der Kriegführung wurde die französische Festung Verdun. Sie schien im August 1914 eingeschlossen, wurde aber nach dem Rückzug der Deutschen in die Aisne-Stellungen auch im Westen wieder frei. Im Februar 1916 begann der deutsche Angriff auf Verdun, der fünf Monate später mit der Eroberung der Festungsanlagen endete, nach neuer, zweimonatiger Schlacht waren sie aber im Dezember desselben Jahres wieder französisch.

Verdun

Der Krieg im Osten begann überraschend schnell mit dem russischen Angriff auf Ostpreußen, der aber in der Schlacht von Tannenberg (26.–30. 8.) und in der Schlacht an den masurischen Seen (6.–15. 9. 1914) zurückgeschlagen werden konnte. Erst im Sommer 1916 konnte die russische Armee eine größere Gegenoffensive gegen die eindringenden Deutschen und Österreicher führen, doch zeigte sich hier schon die brüchige Struktur des zaristischen Heeres. Ab Juli 1917 waren die Armeen der Mittelmächte im Osten auf breiter Front im Vormarsch.

Schlacht von Tannenberg

Im Seekrieg konnte die deutsche Flotte nicht die Überlegenheit entfalten, die ihr in der Flottenpolitik der vorausgegangenen Jahre zugesprochen worden war. Nach der Schlacht bei den Falkland-Inseln (8. 12. 1914), mehr noch nach dem unentschiedenen Ausgang der Seeschlacht vor dem Skagerrak (31. 5./1. 6. 1916) verlagerte sich die deutsche Seekriegsführung mehr und mehr auf den U-Boot-Krieg. Die deutsche Marine führte den Krieg auch gegen Handelsschiffe, die unter dem Verdacht standen, Kriegsgerät zu transportieren. Die Versenkung des amerikanischen Passagier-

Seekrieg

U-Boot-Krieg

Kriegseintritt der USA

schiffes "Lusitania" am 7. Mai 1915 zog massive amerikanische Proteste nach sich; sie verfehlten aber auf Dauer ihre Wirkung, da der U-Boot-Krieg für die deutsche Heeresführung die einzige Waffe darstellte, den Nachschub der Kriegsgegner zu stören. Die Erklärung des "uneingeschränkten U-Boot-Krieges" am 1. Februar 1917 hatte zunächst den Abbruch der diplomatischen Beziehungen der USA zum Deutschen Reich zur Folge, am 6. April 1917 schließlich erklärten die USA ihren Kriegseintritt.

Damit standen den mehr und mehr verbrauchten deutschen Truppen im Westen die frischen amerikanischen Truppen mit der fast unüberwindlichen Überlegenheit des Materials gegenüber. Die deutsche Kriegswirtschaft mußte den Rohstoffmangel durch die Einführung von Ersatzstoffen – bis hin zu Papierverbänden statt Baumwoll-Mull – ausgleichen. Die Einrichtung einer der zivilen Gewalt konkurrierenden militärischen Verwaltung führte zur Diktatur der Obersten Heeresleitung (OHL) und zum Primat der militärischen Erfordernisse. So wurden auch die Friedensbemühungen der zivilen Regierung im Ansatz erstickt, blieb die Friedensinitiative des Reichstags ein papierenes Bemühen, das sich gegen die Allgewalt der OHL nicht durchsetzen konnte.

### Die Diskussion um die Kriegsziele

Die Diskussion in den zurückliegenden Jahrzehnten der Geschichtswissenschaft drehte sich hauptsächlich um den Punkt der deutschen Beteiligung am Ausbruch des Krieges. Die Positionen reichen dabei von der willentlichen Anzettelung des Krieges als Mittel zur Durchsetzung der deutschen Weltmacht als dem einen Extrem bis zum bloßen Hineinschlittern in einen militärischen Konflikt, den eigentlich niemand richtig gewollt hatte, als dem anderen Extrem.

Im Vorwort zu seinem Buch "Griff nach der Weltmacht" stellte der Historiker Fritz Fischer drei Hauptpunkte der Kontroverse dar:

1. Zwischen der deutschen Politik im Zeitalter der "Weltpolitik" und den Kriegszielen des kaiserlichen Deutschland während des Krieges besteht ein Zusammenhang.
2. Die Neuinterpretation der deutschen Politik im Juli 1914 hebt den deutschen Anteil an der Auslösung des Ersten Weltkrieges stärker hervor, als es in der traditionellen deutschen Anschauung geschieht.
3. Die deutsche Politik im Krieg ist kontinuierlich, ist Kriegsziel- und keine Friedenspolitik, die auf Kriegsziele weitgehend verzichten würde.

Die Argumentationen stützen sich einerseits auf die deutschen und österreichisch-ungarischen Akten, nicht nur der Julikrise 1914 selbst, sondern auch auf die Akten der vorangehenden Jahre.

Sie zeigen das konsequente deutsche Drängen zum Krieg. Andererseits wird als wesentliche Quelle – sowohl mit dem, was sie berichtet, als auch mit dem, was sie verschweigt – das Tagebuch Kurt Riezlers, des engsten Beraters von Reichskanzler Theodor von Bethmann-Hollweg, herangezogen.

Maßgeblich für die Auffassung von der deutschen Alleinschuld am Krieg sind die deutsche Publizistik der wilhelminischen Zeit, die Großmachtstreben und Krieg befürwortet, ja fast fordert, dann die deutschen Kriegsvorbereitungen im Juni und Juli 1914 und schließlich die Zielvorstellungen für die deutsche Kriegführung, wie sie Reichskanzler Bethmann-Hollweg im September 1914 formulierte. Sie zielten auf Annexionen zur Abrundung und Sicherung des Staatsgebietes sowie auf die Schaffung eines mitteleuropäischen Wirtschaftsraumes unter deutscher Führung (Mitteleuropa-Gedanke), wobei der Kriegsgegner Frankreich auf Dauer so geschwächt werden sollte, daß in absehbarer Zukunft keine Gefahr mehr von ihm ausgehen konnte. Dieses Programm hat seine Vorläufer in der Propaganda nationalistischer Kreise vor 1914, so zum Beispiel des Flottenvereins und des Alldeutschen Verbandes, weshalb ein unmittelbarer Einfluß auf die Politik der Regierung wahrscheinlich ist. Gerade in den Äußerungen dieser beiden Verbände zeigt sich auch die größte Verwandtschaft zum nationalsozialistischen Programm (Lebensraum, Rasse).

Den Überlegungen zur deutschen Kriegszielpolitik steht die Tatsache gegenüber, daß alle beteiligten Mächte in der ersten Phase des Krieges bereits mehr oder weniger ausführliche Überlegungen angestellt hatten, zu welchen Bedingungen der Völkerordnung diese Auseinandersetzung führen sollte; ihnen steht auch das vielfältige Geflecht von politischen Zwängen – innen- wie außenpolitisch – auf allen Seiten entgegen. Die ausführliche Diskussion um diesen Punkt kann an dieser Stelle nicht wiedergegeben werden, sie ist in dem Umfang auch nicht Stoff des Grundkurses und würde den Rahmen dieser knappen Übersicht sprengen.

Selbst unter Berücksichtigung der günstigsten Position bleibt für die deutsche Reichsleitung die Verantwortung, den Krieg nicht verhindert zu haben. Sie hat vielmehr – so Fritz Fischer – *den österreichisch-serbischen Krieg gewollt und gedeckt ... und, im Vertrauen auf die deutsche militärische Überlegenheit, es im Juli 1914 bewußt auf einen Konflikt mit Rußland und Frankreich ankommen lassen.* Die Prioritäten lagen zunächst bei der siegreichen Beendigung dieses Krieges. Wurde er wider Erwarten doch verhindert (indem Frankreich oder gar Rußland den Krieg nicht annahmen), dann war auf jeden Fall die Entente, das Bündnis England-Frankreich-Rußland, damit zu sprengen. Diese Konsequenzen waren zwar nicht dem deutschen Volk in seiner nationalen Begeisterung (und in der subjektiv völlig richtigen Empfindung, seit Jahren "eingekreist" worden zu sein) bewußt, wohl aber den maßgeblichen Politikern in Deutschland und Österreich.

**Sebastian Haffner: "Die sieben Todsünden des Deutschen Reiches im Ersten Weltkrieg"**

Einen wesentlichen Aspekt für die Beurteilung der deutschen Niederlage liefern die Thesen, die Sebastian Haffner 1964 über die deutsche "Schuld" am, oder besser gesagt, im Ersten Weltkrieg formulierte. Er faßte seine Betrachtung in griffigen sieben Thesen zusammen:

Weltpolitik

1. Die Weltpolitik des wilhelminischen Deutschland war nicht mehr geprägt vom Willen, in einem System von gleichberechtigten Nationen den Frieden zu sichern, sondern davon, sich einen "Platz an der Sonne" zu erobern.

Schlieffenplan

2. Die Planung der deutschen Generalität für den Kriegsfall erschöpfte sich im "Schlieffenplan", der die Verletzung der belgischen Neutralität und den Angriff auf Frankreich vorsah, unabhängig, wo und aus welchem Anlaß der Krieg ausbrach. Ein Aufmarschplan für einen Ost-Feldzug wurde gar nicht mehr ausgearbeitet. Mit der Verletzung der belgischen Neutralität aber zog sie auf jeden Fall England in den Krieg mit hinein, obwohl noch im Sommer 1914 Verhandlungen über Neutralität und Interessenausgleich geführt worden waren. Dazu kommt als strategischer "Fehler", daß die Revision des Schlieffenplans eine Schwächung des rechten Flügels zugunsten der elsässischen Armeen vorsah, diese Schwächung aber (u. a.) verantwortlich war für das Scheitern des Vormarsches.

Belgien

Polen

3. Wie das belgische Problem des Jahres 1914 von Kurzsichtigkeit zeugt, so legt die deutsche Planung während des Krieges, was Belgien und Polen angeht, Zeugnis von der weiteren Realitätsferne ab. Belgien sollte bei einem Sieg des Deutschen Reiches annektiert, Russisch-Polen zu einem selbständigen Königreich erhoben werden; das eine war für die USA, das andere für Rußland indiskutabel – beides schnitt die Verständigungsmöglichkeiten, die das Kriegsjahr 1916 bot, ab.

U-Boot-Krieg

4. Die Führung des uneingeschränkten U-Boot-Krieges verstieß nicht nur gegen jedes Völkerrecht, sondern war auch durch die Einführung des Geleitzug-Systems durch die Entente-Mächte wirkungslos geworden.

Unterstützung der Bolschewisten

5. Mit der Stützung des bolschewistischen Systems durch Deutschland – Lenin reiste im April 1917 aus Zürich mit deutscher Unterstützung über Schweden nach Rußland, die Parteiarbeit wurde weitgehend von Deutschland finanziert – gelang zwar eine weitere Schwächung und Destabilisierung des russischen Kriegsgegners, aber die politische Fehleinschätzung der bolschewistischen Revolution (als kurzfristige "abenteuerliche Episode") erwies sich als folgenschwer.

6. Der Friede von Brest-Litowsk mit dem sozialistischen Rußland hätte die Chance eröffnet, die gesamte deutsche Armee nach Westen zu werfen und dort den Ausgang des Krieges (vielleicht) zu entscheiden. Statt dessen besetzte die deutsche Armee große Teile Rußlands (Weißrußland, Ukraine) und erfüllte damit eigentlich sowohl die Landhunger zeigenden Forderungen der Alldeutschen als auch – im Vorgriff – die Lebensraum-Propaganda der Nationalsozialisten zwanzig Jahre später. Der Friede von Brest-Litowsk als "Verstümmelungsfriede" ist ein Vorspiel zu dem Deutschland auferlegten Friede von Versailles.

Brest-Litowsk

7. Mit der Überschrift "Der wirkliche Dolchstoß" überschreibt Haffner das letzte Kapitel. Hier bezieht er sich auf die "Dolchstoßthese", nach der die sozialdemokratische Revolutionsregierung im November 1918 eigenmächtig und ohne daß das Heer besiegt worden sei um einen Waffenstillstand nachgesucht habe. In Wirklichkeit aber hat sich die militärische Führung im September/Oktober 1918 sehr schnell aus der politischen Verantwortung hinausgestohlen, als die Niederlage zu offensichtlich geworden war. Vertreter der politischen Gruppierungen, die bis dahin keinerlei Verantwortung für Krieg und Frieden übernehmen durften, mußten jetzt für die Niederlage und den Waffenstillstand mitsamt dem Friedensvertrag verantwortlich zeichnen. Der Weg war damit frei für die antidemokratische Propaganda der Dolchstoß-These.

"Dolchstoß"

# Das Zeitalter des Imperialismus

Parallel zur Festigung des Systems der europäischen Nationalstaaten nach 1850 geht eine Erscheinung, die von ihrer Ausprägung her bereits seit dem Zeitalter der Entdeckungen die Politik europäischer Mächte bestimmt hat: der Kolonialismus. Nach einer Phase des Stillstands seit der Zeit Napoleons tritt die Kolonialisierung der Welt so sehr in den Vordergrund der Politik, daß man geradezu von einem zweiten Zeitalter der Kolonialreiche spricht.

## Erste Phase des Kolonialismus

Begonnen hatten die "Seefahrernationen" Spanien (Süd-, Mittel- und südliches Nordamerika) und Portugal (Brasilien, Afrika und Indien). Großbritannien und Frankreich waren wenig später in Nordamerika aktiv geworden; der französische Besitz zwischen Louisiana (nach Ludwig XIV. benannt) und Quebec ging 1763 an England über. Auch die Niederlande konnten sich bereits im 17. Jahrhundert Stützpunkte auf den hinterindischen Gewürzinseln (Molukken, dann Sumatra, Java etc.) sichern. Mit der Gründung der Ostindien-Kompanie 1600 machte auch Großbritannien seinen Einfluß in Indien geltend.

Unabhängigkeitsbewegungen

Diese Kolonialreiche brachen unter dem Druck der europäischen Siedler, die sich in den Kolonien mehr und mehr von den Mutterländern entfremdeten, auseinander. Bekanntestes Beispiel sind die 13 nordamerikanischen Kolonien südlich des St.-Lorenz-Stromes, die als "Vereinigte Staaten" 1776 ihre Unabhängigkeit von Großbritannien erklärten. Die süd- und mittalamerikanischen Kolonien Spaniens nützten die Schwäche des spanischen Mutterlandes (das seit 1808 von Napoleon besetzt war) aus und erkämpften sich seit 1811 gegen den dann wieder eingesetzten spanischen König ihre Unabhängigkeit. Auch das portugiesische Brasilien löste sich unter Kaiser Pedro vom Mutterland (1822). So hatten die Freiheitsideen der amerikanischen Unabhängigkeitserklärung von 1776 nach Frankreich hinübergewirkt, dessen liberales und gegen das feudale System gerichtete Gedankengut dann wieder die Unabhängigkeitskriege in Südamerika entfachte.

## Frankreichs "imperiale" Politik

Die erste Hälfte des 19. Jahrhunderts brachte Großbritannien den Besitz von Hongkong (1842), während Frankreich sein "natürliches Vorfeld" Algerien an der gegenüberliegenden Mittelmeerküste einnahm (Algier 1830). In den 1850er Jahren begann Napoleon III. mit einer Kolonialpolitik, die den Ruhm des "Empire" wiederherstellen sollte: Senegal 1854/62, 1858/59 Intervention in Cochinchina (1862/67 annektiert) und Annam (1883, heute Südvietnam), 1863 Kambodscha. 1859 wurde mit dem Bau des Suezkanals begonnen, der eine kürzere Verbindung nach Indochina ermöglichen sollte (fertiggestellt 1869); Napoleon betrachtete seither Ägypten als französisches Protektorat (daher auch Verdis "Aida" zur Eröffnung komponiert). Auch die Interventionen im Krimkrieg (1854–1856), in China (1857–1960) und in Italien (1859), nicht zuletzt auch das Abenteuer mit dem mexikanischen "Kaiser" Maximilian (1863–1967) dienten diesem Ziel. Zur Beschreibung dieses Ziels, ein "Empire" aufzurichten, wurde der Begriff "Imperialismus" geprägt.

1869: Suezkanal

Als verantwortlich für den Kolonialrausch, in den mit dem Anbruch der 70er Jahre alle Welt plötzlich verfiel, können zunächst vier Punkte genannt werden:

- Die Regierung der französischen Republik stellte sich ganz in die Kontinuität der Kolonialpolitik Napoleons und sah außerdem deren Fortsetzung als Ausgleich für die Niederlage gegen Deutschland. Das forderte die Konkurrenz der anderen europäischen Mächte, allen voran Großbritanniens, heraus.

Konkurrenz

- Im Zeitalter der Nationalstaaten schlug das Selbstwertgefühl der Nationen um in eine Überschätzung der eigenen Rolle für die Zivilisation der übrigen Welt. Der Nationalstaatsgedanke pervertierte zum Nationalismus, das Vorweisen eines großen Kolonialreiches wurde zur Statusfrage; wer ein großes Weltreich aufgebaut hatte, sah seine Zukunft gesichert.

Nationalismus

- Die Hochindustrialisierung beschleunigte den technischen Fortschritt, der es erlaubte, ein Kolonialreich von der Größe auch zusammenzuhalten.

Fortschritt

- Die Hochindustrialisierung erzeugte auch in den "kapitalistischen Ländern" einen wirtschaftlichen Druck, der die Suche neuer Rohstoffquellen und Absatzmärkte erzwang. Mit Sicherheit ist dieser Punkt in der zeitgenössischen politischen Argumentation zu finden, ebenso sicher ist aber, daß ein Großteil der Kolonien reine Zuschußbetriebe waren.

Märkte

Vor allem der zweite Punkt läßt sich in den politischen Reden der Zeit konkretisieren. Von den britischen Politikern betonten vor allem Benjamin Disraeli und Cecil Rhodes den Gedanken, daß es ein Glück für die Welt sei, wenn möglichst viel von der Landkarte *"britisch rot"* eingefärbt würde. In einer Mischung von Sendungsbewußtsein und Rassenlehre sprachen der britische Kolonialminister Joseph Chamberlain und der Premierminister der britischen Kapkolonie Cecil Rhodes von der *"englischsprechenden Rasse"*, die das Werkzeug Gottes zur Ausbreitung der Zivilisation sei. Dasselbe Gedankengut läßt sich in Rußland und Frankreich beobachten, in Deutschland propagiert der Alldeutsche Verband die

Nationalismus

Verbindung von "Führerrasse", "Herrenvolk" und Kolonialismus – ein Gedanke, der von hier unmittelbar zum Nationalsozialismus Hitlers führt.

Ein ähnliches Sendungsbewußtsein wird auch im französischen Imperialismus deutlich. Der Rassengedanke fehlt, hier überwiegt der zivilisatorische Charakter des Kolonisierens, das Programm, die Errungenschaften Frankreichs über den unzivilisierten Teil der Welt auszubreiten (Neu-Humanismus). Ein ähnlicher Aspekt liegt auch der Begriffsprägung "Ostkolonisation" für den Vorgang der deutschen Siedlung in Polen vom 14. bis 17. Jahrhundert zugrunde; auch er suggeriert die kulturelle Minderwertigkeit des polnischen Staates.

Afrika

Von allen Kontinenten war bis gegen 1880 Afrika derjenige, der den europäischen Nationen als der am wenigsten entwickelte erschien. In Süd- und Mittelamerika bestand eine Reihe europäisch orientierter souveräner Staaten, in Indien und Indochina hatten uralte Kulturen Staaten gebildet, die sich nicht einfach annektieren, sondern nur mühsam über "Schutzverträge" gewinnen ließen. Afrika aber war der "weiße", weil unerforschte Kontinent geblieben, bekannt und besiedelt waren lediglich die Küstenstreifen.

Um diesen Kontinent nun entspann sich seit 1880 ein wahrer Wettlauf zwischen den nach Weltgeltung strebenden Europäern, der nach Ansicht mancher Historiker nur deswegen solche Formen annahm, weil jeder sich unter dem Konkurrenzdruck des Nachbarn sah. Das Vorgehen war überall gleich: Etablierte Staaten, vor allem in Nordafrika, wurden durch "Protektoratsverträge" gebunden, Stammesführer in West- und Zentralafrika gewann man durch Versprechungen oder billige Geschenke; was folgte, war die Ausweitung des Territoriums bis an die Grenze der Rivalität mit dem europäischen Konkurrenten. Die dritte Möglichkeit bestand in der schlichten Annexion von Gebieten, mit denen man seine kolonialen Bestrebungen abrunden konnte.

Protektorate

Annexionen

Zum ersteren gehörten die Verträge Frankreichs mit dem Bey von Tunis 1881 und das britische Protektorat über Ägypten 1882, zum letzteren die "Erwerbung" Ugandas 1894/96 und die Eroberung der Burenrepublik in Südafrika 1899–1902 durch Großbritannien, der italienische Angriff auf Abessinien (Äthiopien) 1896 und der Griff Italiens nach dem osmanischen Libyen (damals Tripolitanien) 1912.

Hier läßt sich auch die Kausalkette verfolgen, die gleichsam als eine "Initialzündung" für die Hochphase des Imperialismus angesehen werden kann: Frankreichs Protektorat über Tunesien (1881) ließ Großbritannien in Ägypten, um damit den Seeweg nach Indien unter Kontrolle zu halten, und Italien in Eritrea intervenieren (1882). Das aber provozierte die Wendung Bismarcks hin zur aktiven Kolonialpolitik.

In Afrika werden auch Raumvorstellungen deutlich: Neben der Sicherung des Seeweges nach Indien, die die traditionelle Mittelmeerherrschaft fortsetzte (Gibraltar 1704, Malta 1800, Zypern 1878, Suezkanal 1882, Aden 1839), versuchte Großbritannien, eine "Linie Kap–Kairo" aufzubauen und dadurch den Indischen Ozean zu einem britisch beherrschten Meer zu machen. Schwierigkeiten boten sich dabei im Sudan (Mahdi-Aufstand 1883) und in Südafrika (Burenaufstand 1880/81, Jameson-Einfall als Eroberungsversuch 1895/96 und Burenkrieg 1899–1902). Frankreich dagegen versuchte, von Westafrika ausgehend einen französischen Gürtel bis Ostafrika zu legen. Kap–Kairo

Am Kreuzungspunkt der beiden Linien mußte es zwangsläufig zum Konflikt kommen. Als schließlich kurz nacheinander ein französisches und ein britisches Expeditionskorps 1889 in Faschoda (Sudan) eintrafen, sah die Welt bereits einen Kolonialkrieg der beiden Mächte voraus. Das französische Korps zog sich jedoch zurück – unter einem Aufschrei nationaler Empörung in Frankreich – und im folgenden Jahr markierte eine Interessengrenze in Afrika entlang des britischen Sudan den vereinbarten Ausgleich. Die Rechnung der deutschen Politik mit einem unüberwindbaren kolonialen britisch-französischen Gegensatz war nicht aufgegangen. Faschoda

## Deutsche Kolonialpolitik

Bereits im 17. Jahrhundert hatten von Brandenburg-Preußen gestützte Handelshäuser in Togo und Kamerun Fuß gefaßt und Stützpunkte errichtet. Sie blieben aber weitgehend Privatunternehmungen dieser Firmen. Nachdem die Politik Bismarcks zunächst den Bestand des Deutschen Reiches in Europa sichern mußte, konnte er das junge Reich nicht dem Konkurrenzkampf um die Kolonialisierung aussetzen; er unterstützte auch deshalb die kolonialen Bestrebungen der Nachbarn, weil er damit deren Interessen von Deutschland ablenken und selbst in eine Rolle des unparteiischen Schiedsrichters (s. o. Berliner Kongreß 1878) hineinwachsen konnte. 1884 aber nahm das Deutsche Reich die bis dahin bestehenden Stützpunkte unter seinen Schutz und verlieh ihnen damit gleichsam staatliche Autorität, 1885 folgte die Erwerbung Ostafrikas (heute Tanganjika/Tansania). In der Folgezeit war das Deutsche Reich allerdings darauf angewiesen, in den Wettlauf um die letzten "weißen" Flecken der Erde mit einzutreten. In diesem Wettlauf mußte es sich, nicht zuletzt bedingt durch seine politische Isolierung, mit Randgebieten und wirtschaftlich weniger sinnvollen "Prestigekolonien" abfinden. Der Protest z. B. gegen die "friedliche Durchdringung" Marokkos durch Frankreich brachte außer einer unwesentlichen Vergrößerung der Kolonie Kamerun nur politische Verwicklungen (s. Kap. Weltpolitik unter Wilhelm II., oben S. 58 ff.). Prestigekolonien

## Die Theorie vom "Sozialimperialismus"

Die deutsche Kolonialpolitik bietet mehr als die Politik anderer Staaten Belege für die Interpretation des Imperialismus als "Sozialimperialismus". Nach ihr dient die Herrschaft über ein Kolonialreich als ein Ventil zur Ableitung der inneren sozialen Spannungen und zur Ablenkung von wirtschaftlichen und politischen Schwierigkeiten. Dazu kommt das Moment der Stabilisierung der Herrschaft durch die Formulierung eines gemeinsamen äußeren Zieles. Hervorgerufen sei diese deutsche Phase des Kolonialismus durch den "Gründerkrach", die auf die Hochkonjunktur der "Gründerjahre" nach 1871 folgende Phase der wirtschaftlichen Depression.

Ventilfunktion

Folgte man dieser Interpretation, so müßte man den Kolonialismus als eine Art "Ersatzkrieg" sehen, nachdem die politische Ordnung in Mitteleuropa den lokal begrenzten Krieg – wie ja noch der deutsch-französische Krieg einer war – nach 1871 ausschloß. Die deutsche Politik mußte ihn sogar ausschließen, wenn sie nicht den Bestand des jungen Nationalstaats gefährden wollte. Daß diese Rechnung nicht aufging, zeigt der Erste Weltkrieg, in dem sich die durch die Hochrüstung ergebenden Spannungen entluden. Der Erste Weltkrieg markiert aber gleichzeitig die Wende vom lokalen zum totalen Krieg, der Zweite Weltkrieg schließlich, der totalste Krieg der Menschheitsgeschichte, bedeutete gleichzeitig das Ende der Kolonialreiche.

Ersatzkrieg

Mit der hier angedeuteten Konsequenz des Imperialismus gewinnen aber auch der italienische Faschismus und der deutsche Nationalsozialismus eine neue Dimension. Beide erscheinen als logische Fortsetzung des Kolonialimperialismus, als eine Politik, die die Expansion als Ersatz für die Lösung sozialer Probleme nach ethischen Gesichtspunkten nimmt. Der italienische Faschismus steht dabei mehr in der Tradition des "klassischen" Kolonialismus, während der Nationalsozialismus auch in der Verbindung von rassenbiologischem Programm und Lebensraumpolitik neue Wege beschreitet (s. das Kap. über den "Generalplan Ost" zur Zeit des Krieges gegen die UdSSR in Band 2).

# Industrialisierung und soziale Frage

## Staatliche Sozialpolitik als Lösung der sozialen Frage

### Arbeitsschutzgesetze

Führend in der staatlichen Fürsorge für die Arbeitsbedingungen war zunächst Frankreich. Hier wurde bereits 1814 die Arbeit von Kindern in Bergwerken verboten. England folgte 1833 mit der Beschränkung der Kinderarbeit auf täglich 8 Stunden und 1842 mit dem Verbot der Untertagearbeit für Frauen. 1847 wurden der 10-Stunden-Arbeitstag für Frauen und Jugendliche eingeführt. In Preußen waren nicht ethische Gesichtspunkte für den Schutz der Kinder ausschlaggebend, sondern hier machten sich seit 1828 vor allem die Militärbehörden Sorgen um die Gesundheit der Rekruten. 1839 wurde schließlich die Arbeit von Kindern unter 9 Jahren, 1854 die von Kindern unter 12 Jahren verboten.

Verbot der Kinderarbeit

Arbeitszeit

Übergreifende Ordnungsvorstellungen wurden in der Allgemeinen Preußischen Gewerbeordnung von 1845, in der Einführung der staatlichen Gewerbeaufsicht 1852 und in der Gewerbeordnung von 1869 verwirklicht. Hier wie auch in der Arbeit der "Kathedersozialisten" nach 1872 fehlten allerdings Gesamtkonzepte zur Lösung der sozialen Frage.

### Genossenschaften und Gewerkschaften

Neben den theoretischen Ansätzen des utopischen und des wissenschaftlichen Sozialismus und neben einzelnen Schritten der Unternehmer zur Behebung der sozialen Not wurden bereits früh auch von Seiten der Arbeiter selbst praktische Versuche unternommen, ihre soziale Lage zu bessern. Ein Meilenstein auf diesem Weg war die Zubilligung des Koalitions- und Streikrechts für die Arbeiter 1824 in England. Die Arbeiter schlossen sich nach Betrieben, Berufszweigen oder Regionen zusammen (Trade-Unions), um ihre Lebens- und Arbeitsbedingungen zu verbessern. Aus ihnen entstand eine Arbeiterbewegung, die mit Hilfe des allgemeinen, gleichen und geheimen Wahlrechts ihren Einfluß im Parlament geltend machen wollte. Die englischen Chartisten verlangten seit 1836 die gesetzliche Festlegung dieses politischen Anspruchs (Peoples Charter 1839).

Koalitions- und Streikrecht

Die Gewerkschaftsbewegung als Zusammenschluß der Arbeiter, um in gegenseitiger Solidarität die Lebens- und Arbeitsbedingungen zu verbessern, sah zunächst in Verhandlungen ihr Ziel, erkannte aber auch den Streik als Waffe. Sie entwickelte sich nur

Gewerkschaften

langsam, da in Frankreich erst 1864 und in Preußen 1869 das Koalitionsverbot aufgehoben wurde. Ihre Gegner waren nicht allein die Unternehmer, mit denen über Tarifverträge verhandelt werden, sondern auch der Staat, der die notwendigen rechtlichen Voraussetzungen sowohl für die Verbesserung der Lage der Arbeiter als auch für die Arbeit der Gewerkschaften sichern sollte (Festlegung eines "Normalarbeitstages", Arbeitsschutzgesetze, Betriebsverfassung und gesetzliche Absicherung der Koalitionsfreiheit).

1865: erste Gewerkschaft in Deutschland

Die erste Gewerkschaft in Deutschland entstand denn auch erst 1865 (Allgemeiner Deutscher Zigarrenarbeiterverein). 1868 wurde auf einem Kongreß des Lassalleschen Allgemeinen Deutschen Arbeitervereins (der aber trotz seines Namens eine politische Arbeiterpartei war) die Gründung weiterer Gewerkschaften gefordert. Die deutsche Gewerkschaftsbewegung war aber von Anfang an in eine sozialistische und eine liberale Richtung gespalten. Die sozialistische Richtung vertraten die "Freien Gewerkschaften", die liberale Richtung die den liberalen bürgerlichen Parteien nahestehenden "Hirsch-Dunckerschen Gewerkvereine", die allerdings ohne großen Zulauf blieben. 1895 entstand mit den Christlichen Gewerkschaften (dem Zentrum nahestehend) die dritte Richtung der Gewerkschaftsbewegung.

Spaltung

Freie Gewerkschaften

Erst nach der Aufhebung des Sozialistengesetzes 1890 wurden die Freien Gewerkschaften zu Massenorganisationen. Von einer Mitgliederzahl von 50 000 im Jahre 1890 wuchsen sie bis 1900 auf 680 000 und bis 1913 auf 2,5 Millionen. Ihre Eigenständigkeit neben der Sozialdemokratie war erst 1906 auf dem Mannheimer Parteitag der SPD anerkannt. Der Beschluß war notwendig, weil die Gewerkschaften mehr in der Reform ihre politische Aktivität sah, die SPD aber im Hinarbeiten auf die proletarisch-demokratische Umwandlung des Staates. Nur in einer engeren Bindung an die Partei konnte nach Meinung der Parteileitung verhindert werden, daß die Gewerkschaften einen Rückhalt der "Revisionisten" bildeten. Die Christlichen Gewerkschaften, die z. T. heute noch bestehen, kamen bis 1913 auf eine Mitgliederzahl von 343 000, die liberalen Gewerkschaften dagegen nur auf 107 000.

Genossenschaften

Neben der Gewerkschaftsbewegung her, teilweise aber auch von ihr aufgenommen und utnerstützt, läuft das Genossenschaftswesen. Nach dem Vorbild und auf Initiative von Robert Owen wurde 1844 in Rochdale die erste Konsumgenossenschaft gegründet, die durch Ausschaltung des Zwischenhandels die Preise niedrig halten und evtl. Gewinne als Rabatt und Dividende an die Verbraucher zurückgeben konnte.

Schulze-Delitzsch

In Deutschland mußte sich das Genossenschaftswesen gegen die sozialistischen Ideen Lassalles durchsetzen. Hier gilt Hermann Schulze-Delitzsch (1808–1893) als Begründer der gewerblichen

Genossenschaften in Form von Einkaufs- und Verkaufsgenossenschaften sowie von Vorschußvereinen für Handwerker. Im ländlichen Bereich rief Friedrich Wilhelm Raiffeisen (1818–1888) bäuerliche Genossenschaften ins Leben, die (seit 1854) über Spar- und Darlehenskassen die Finanzierung und den Einkauf von Saatgut und Maschinen übernahmen. In diesem Bereich ist das Genossenschaftswesen auch heute noch ein unverzichtbarer Betandteil unserer Wirtschaftsordnung: Raiffeisen-Genossenschaften übernehmen den zentralen Einkauf von Dünge- und Saatgut, regeln in Produktionsgenossenschaften den Einsatz des Geräts und sorgen in Verkaufsgenossenschaften (vor allem bei Tabak und Wein) für Weiterverarbeitung bzw. Vermarktung der Produkte.

Genossenschaftsbanken
Landwirtschaft

Im Bereich der Banken bildet die Genossenschaft (mit einer Mitgliedschaft im "Genossenschaftsverband" als Körperschaft) weiterhin das Fundament für die Spar- und Kreditbanken und die Volksbanken (aus Unternehmensgründen inzwischen zusammengeschlossen), sowie für die Handels- und Gewerbebank. Raiffeisen-Genossenschaften, Raiffeisenbanken und Volksbanken sind inzwischen zu einer leistungsfähigen Unternehmensgruppe zusammengewachsen.

## Der Allgemeine Deutsche Arbeiterverein Ferdinand Lassalles

1863 gründete Ferdinand Lassalle den "Allgemeinen Deutschen Arbeiterverein", die erste deutsche Arbeiterpartei. Lassalle erkannte, daß im freien Spiel der Wirtschaft der Lohn des Arbeiters sich nie über das Existenzminimum erheben würde. Dieses "eherne Lohngesetz" beschreibt die nur in kleinen Grenzen möglichen Schwankungen des Preises der Arbeit, bei Überangebot an Arbeitskräften sinkt er, bis das Überangebot ausgeglichen ist, bei starker Nachfrage steigt er entsprechend. Die Arbeiter selbst sind nicht zu einer Behebung dieses Mißstandes in der Lage, es müßten also Kräfte von außen einwirken, um die Lage des Arbeiters zu bessern.

"ehernes Lohngesetz"

Das einzige Mittel zur Lösung der sozialen Frage sei, den Arbeiterstand selbst zu seinem eigenen Unternehmer zu machen. Das bedeute die Aufhebung des Unterschieds zwischen Arbeitslohn und Unternehmergewinn (Mehrwert) und die Vereinigung im Arbeitsertrag, der dem Arbeiter voll zugute kommen müsse. Voraussetzung hierfür sei der Zusammenschluß der Arbeiter in Produktivgenossenschaften, die den Arbeitern als Genossenschaft Anteil an den Produktionsmitteln geben; die bisherigen Eigentumsverhältnisse würden abgeschafft.

Aufhebung des Mehrwerts

Produktivgenossenschaften

Da die Arbeiter durch die bereits laufenden Mechanismen der Ausbeutung nicht imstande seien, das notwendige Kapital aufzubringen, habe der Staat die Aufgabe, die Mittel für diese Selbstorganisation bereitzustellen. Dazu könne er aber nur gebracht wer-

allgemeines Wahlrecht

den, wenn aufgrund des allgemeinen, gleichen und geheimen Wahlrechts die politische Partei des Arbeiterstandes an der Gesetzgebung beteiligt werde. Grundforderung ist also die Konstituierung des Arbeiterstandes als politische Partei, die innerhalb des bestehenden Staates auf Reformen hinarbeiten und diesen Staat von einem Staat der liberalen Bourgeoisie zu einem Staat der Arbeiterklasse machen soll. Zielvorstellung ist – im Gegensatz zu Marx, der das Absterben des Staates als Instrument der Klassenherrschaft voraussagte – die Identität von Staat und Arbeiterbewegung.

### Die Sozialdemokratie Bebels und Liebknechts

proletarische Revolution

In scharfem Gegensatz zu Lassalles Arbeiterverein und seiner Anerkennung des bestehenden Staates als Verhandlungspartner standen die Anhänger von Karl Marx in Deutschland, allen voran August Bebel und Wilhelm Liebknecht. Sie folgten der Lehre von der Notwendigkeit der proletarischen Weltrevolution, die allein die soziale Frage zu einer echten Lösung bringen könne. Liebknecht und Bebel gründeten im August 1866 in Chemnitz die sozialistisch orientierte "Sächsische Volkspartei", im August 1869 folgte während eines allgemeinen deutschen sozialistischen Arbeiterkongresses in Eisenach die Gründung der "Sozialdemokratischen Arbeiterpartei". gleichfalls unter starker Mitwirkung von Bebel und Liebknecht. Sie kämpfte für die volle Gleichberechtigung der Arbeiter und die Abschaffung der Klassenherrschaft. Der Arbeiter sollte in den Genuß den vollen Lohnertrags seiner Arbeit kommen, indem die Ausbeutung im Lohnsystem durch genossenschaftliche Arbeit abgelöst werde. Voraussetzung für die ökonomische Befreiung des Arbeiters sei allerdings die politische Freiheit in einem demokratischen Staat, der notwendig eine Republik sein mußte. Unter den konkreten Forderungen der Sozialdemokraten traten besonders hervor: allgemeines. gleiches und geheimes Wahlrecht auf allen Ebenen. Bezahlung der Abgeordneten vom Staat (Diäten), Presse-. Vereins- und Koalitionsfreiheit, einheitliche Einkommensteuer, staatliche Förderung und Kreedite für freie Produktivgenossenschaften und staatliche Regelungen für die Arbeitsbedingungen.

Sozial-demokratische Arbeiterpartei

Forderungen der Sozialdemokratie

1875: Sozialistische Arbeiterpartei Gothaer Programm

Der Arbeiterverein, der durch überzogene politische Hoffnungen und durch den Tod Lassalles im Duell 1864 wenig Zukunft hatte, und die Sozialdemokratische Arbeiterpartei schlossen sich in Gotha 1875 zur "Sozialistischen Arbeiterpartei Deutschlands" zusammen. Wie ihre Vorgängerparteien sah sie in der Vergesellschaftung der Arbeitsmittel und in der gerechten Verteilung des Arbeitsertrags den Ausbruch aus der ökonomischen Abhängigkeit der Arbeiterklasse. Unmittelbar aus dem Lasselleschen Programm herübergenommen wurde die Forderung nach Produktivgenossenschaften mit staatlicher Hilfe (Kredite) und unter demokratischer Kontrolle.

Marx' Kritik

Scharfe Kritik am Gothaer Programm übte Karl Marx, dem die Vorstellungen zu wenig revolutionär und zu wenig radikal waren: Er wandte sich zuerst gegen den Begriff des Rechts: es sei klassengebundenes Recht, Parteirecht, Bourgeoisrecht und daher wie der Staat, den das Klassenrecht schütze, zum Untergang verurteilt. Die Gesellschaft werde von den Sozialdemokraten in ihrem bürgerlichen Charakter anerkannt, statt daß sie bekämpft werde. Der Staat sei als bourgeoiser Zwangsstaat den proletarischen Interessen so fremd, daß ein Ausgleich nicht möglich sei. Kompromißbereitschaft sei daher gleichbedeutend mit Unterwerfung unter dieses bürgerliche System.

1891: Erfurter Programm

1890 erhielt die Partei ihren heutigen Namen Sozialdemokratische Partei (SPD) und auf dem Erfurter Parteitag (1891) ein neues Programm (entworfen von Karl Kautsky). Es zeigte eine Radikalisierung in der Übernahme von Gedanken aus der marxistischen Theorie, mußte aber doch gegen linksradikale Tendenzen (darunter Rosa Luxemburg) verteidigt werden. So taucht hier erstmals die Forderung nach *"gesellschaftlicher Umwandlung"* zur *"Befreiung nicht bloß des Proletariats, sondern des gesamten Menschengeschlechts"* auf. Wie genau diese Umwandlung vor sich gehen sollte, wird nicht ausgeführt, die Betonung liegt nur darauf, daß sie mit demokratischen Mitteln anzustreben sei. Das ließ sich als Forderung nach der Weltrevolution lesen, blieb aber mehr und mehr Theorie, da die gewerkschaftlichen Erfolge und die Verbesserung der Lebensbedingungen eine Überprüfung der marxistischen Verelendungs- und Revolutionstheorie verlangten (vor allem Eduard Bernstein. 1850–1932. "Revisionismus"). Dagegen wandten sich die orthodoxen Marxisten, die sich dann auch 1917 als USPD abspalteten.

"gesellschaftliche Umwandlung"

## Sozialistengesetz und Sozialgesetzgebung

In der Zwischenzeit aber wandte sich der Staat mit aller Härte gegen die "sozialistischen Umtriebe", in denen er eine akute Gefährdung der bestehenden Ordnung sah. Reichskanzler Bismarck nahm ein Attentat auf den Kaiser zum Anlaß, den Zustrom zur Sozialdemokratie durch ein Verbot der Parteiorganisation und der Parteiarbeit einzudämmen und erließ 1878 das sog. "Sozialistengesetz". Dieses rief die zweite größere Auswanderungswelle nach 1848 hervor. Die Partei selbst stellte freilich noch Kandidaten für die Reichstagswahlen auf, ihr Stimmenanteil wuchs beständig weiter: von 9 Abgeordneten im Reichstag von 1878 über 24 bei den Wahlen von 1884 auf 35 im Jahre 1890. Während der Zeit der Verfolgung unter dem Sozialistengesetz übernahmen Arbeitersportvereine und Arbeitergesangvereine teilweise die Arbeit der Parteiorganisation.

1878: Sozialistengesetz

Gleichzeitig aber mußte der Staat versuchen, den Sozialisten durch eigene Maßnahmen den Wind aus den Segeln zu nehmen, d. h. durch gezielte Gesetze die soziale Not der Arbeiter zu lindern und dadurch die Arbeiterschaft mit dem Staat zu versöhnen und sie an ihn zu binden. Ergebnis dieser Bemühungen war die Sozialgesetzgebung der 80er Jahre: 1883 Krankenversicherung, 1884 Unfallversicherung und 1889 Invaliden- und Altersversicherung. Diese Sozialgesetzgebung war das modernste System der sozialen Sicherheit zu ihrer Zeit, wurde in Frankreich und England nachgeahmt und hat heute noch Modellcharakter in Staaten, die ähnliche Systeme noch aufbauen müssen.

Sozialgesetzgebung

## Zusammenfassung

Zusammenfassend läßt sich sagen, daß die Arbeiterbewegung in Deutschland zunächst dem Gedanken der Produktivgenossenschaften folgt (Lasalle), zwar den Staat durchaus im Sinne einer gerechteren Verteilung von Macht und Einfluß umgestalten will, aber doch noch als Staat "an sich", der die genossenschaftliche Ordnung stützen und garantieren soll, akzeptiert. Erst spät dringen marxistische Gedanken ein, wird das politische Programm der Sozialdemokratie radikaler. Der Staat versucht, die "sozialistische Krankheit" durch vorbildliche Gesetzgebung und Verbote gleichermaßen zu heilen. Er kann es dennoch nicht verhindern, daß die Sozialdemokratie 1913 im Reichstag die stärkste Fraktion stellt. Die gegen den Staat gerichtete Haltung und die Forderung nach der Weltrevolution, die allein den Arbeiter aus den Ketten des Kapitals befreien könnte, hindert die deutsche Arbeiterschaft nicht, 1914 "mit Gott für Kaiser und Vaterland" in den Krieg zu ziehen, hindert auch die Sozialdemokratie nicht, Kriegskredite zu bewilligen.

Lösung durch Zusammenwirken

Die soziale Frage des 19. Jahrhunderts wurde weder von einer Gruppe allein noch auf revolutionärem Weg gelöst, sondern durch das Zusammenspiel aller beteiligten Kräfte, der Arbeiterbewegung in Parteien, Gewerkschaften und Genossenschaften ebenso wie von den Unternehmern, von den Kirchen ebenso wie vom Staat.

# Entstehung und Entwicklung der USA

| | |
|---|---|
| um 1000 | Wikinger gründen erste Siedlungen an den Küsten von Labrador und Neufundland |
| 1492 | (Neu-)Entdeckung Amerikas durch Christoph Kolumbus |
| 1501/02 | Amerigo Vespucci erkundet die Küste Brasiliens und vermutet die Existenz einer "neuen Welt" |
| 1507 | Der deutsche Kosmograph Waldseemüller schlägt zu Ehren Vespuccis vor, den neuen (südamerikanischen) Kontinent Amerika zu nennen |
| 1538 | Der Kosmograph Mercator übernimmt den Namen Amerika auch für den Norden des Kontinents |

**Spanische Besiedlung**

| | |
|---|---|
| 1513 | Der Puerto-Ricanische Gouverneur Ponce de León landet auf Florida (*Pascqua florida:* blühendes Osterfest) |
| 1565 | Gründung von St. Augustine, Kern der ältesten nordamerik. Stadt |
| 1609 | Gründung von Santa Fé, der ersten Stadt mit Hauptstadtfunktion für einen Einzelstaat |
| 1762 | Vorfriede von Fontainebleau: Abtretung des frz. Louisiana an Spanien |
| 1769 | Beginn der Durchdringung des Südwestens: Anlage von 25 Missionsstationen zwischen San Diego und San Francisco (abgeschlossen 1823) |

**Französische Besiedlung**

| | |
|---|---|
| 1524 | Landung des Italieners Verrazzano in frz. Dienst in Manhattan |
| 1534 | Siedlung Cartiers am St.-Lorenz-Strom |
| 1562/64 | Hugenottische Siedlung im Norden Floridas, von Spaniern zerstört |
| 1605 | Gründung von Port Royal (Acadien, Kanada) |
| 1608 | Gründung Quebecs durch Samuel de Champlain (Kanada) |
| 1682 | Inbesitznahme Louisianas durch die Mississippi-Befahrung des Sieur de la Salle |
| 1713 | Verlust der Hudsonbay-Länder und Acadiens an England im Frieden von Utrecht |
| 1759 | Eroberung Quebecs durch britische Truppen |
| 1760 | 8. September : Kapitulation Montreals |
| 1762 | 3. September: Vorfriede von Fontainebleau mit der Abtretung Louisianas an Spanien |
| 1763 | 10. Februar : Friede von Paris: Verlust der französischen Kolonien in Kanada, der Karibik und Indien an England |
| 1774 | Quebec-Akte: Gewährung eigener Sprache und Rechtsprechung im Zivilrecht und freier Religionsausübung für die französischen Siedler in Kanada |
| um 1800 | Erwerbung Louisianas von Spanien |
| 1803 | Abtretung Louisianas an die USA |

**Britische Siedlung**

| | |
|---|---|
| 1497/98 | Erkundung Neufundlands und eines Teils der Festlandsküste durch den genuesischen Seefahrer Giovanni Caboto (John Cabot) |
| 1578 | Erstes Patent Elisabeths I. für Sir Humphrey Gilbert zur Besiedlung und Inbesitznahme von Kolonien in Nordamerika |
| 1584–1586 | Siedlungsversuche Sir Walter Raleighs auf Roanoke (Virginia) |
| 1587 | Zweiter Siedlungsversuch auf Roanoke scheitert |
| 1606 | Gründung und Privilegierung der London (South Virginia) Company und der Plymouth (North Virginia) Company zur Siedlung zwischen dem 34. und 41. bzw. dem 45. und 38. Breitengrad |
| 1607 | Siedlung der London Company an der Chesapeake Bay in Virginia unter Kapitän Christopher Newport, Gründung von Jamestown |
| 1608 | Ankunft neuer Schiffe unter Newport mit Lebensmitteln und neuen Siedlern, Einführung des Ackerbaus durch Captain John Smith |
| 1610 | Rettung der Siedlung an der Chesapeake Bay durch Thomas West, Lord De la Warr (Delaware) |
| 1612 | Einführung des Tabakanbaus in Virginia |
| 1619 | Gründung der ersten gesetzgebenden Versammlung, der *"Generall Assemblie"* in Jamestown |
| 1624 | Rücknahme der Privilegien der Virginia-Company, Erhebung Virginias zur Kronkolonie |
| 1620 | Ankunft der Pilgerväter auf der *"Mayflower"* in Portsmouth (Massachusetts) |
| 1629 | Gründung der Massachusetts-Bay-Colonie in Salem |
| 1630 | Übersiedlung der Massachusetts Bay Company unter der Führung des Puritaners John Winthrop, Landung in Salem (Massachusetts) |
| 1636 | Gründung der Harvard-Universität in Boston (Massachusetts) für die puritanische Priesterausbildung |
| 1643 | Konföderation der "United Colonies of New England" |
| 1660 | Restauration der Stuarts in England |
| 1663 | Gründung Carolinas |
| 1613 | Errichtung eines niederländischen Pelzhandels-Postens auf der Insel Manhattan |
| 1626 | Kauf der Insel Manhattan durch die niederländ. Westindische Gesellschaft von den Indianern, Gründung der Stadt Neu-Amsterdam |
| 1655 | Übergang der schwedischen Handelskolonie am Delaware River an die Niederlande |
| 1664 | Eroberung Neu-Amsterdams durch den Herzog von York, Umbenennung der Stadt in New York |
| 1681 | Gründung Pennsylvanias als Eigentümerkolonie durch William Penn |
| 1684 | Unterstellung Massachusetts' unter die Krone, Bildung des Dominion of New England |
| 1688 | Sturz des Hauses Stuart |
| 1702–1713 | *Queen Anne's War* (Spanischer Erbfolgekrieg) |
| 1740–1748 | *King George's War* (Österreichischer Erbfolgekrieg) |
| 1756–1763 | *French and Indian War* (Siebenjähriger Krieg) |
| 1763 | Friede von Paris, Verlust der frz. Kolonien in Kanada an England |

# Kolonialzeit und Kampf um die Unabhängigkeit

## Die Kolonialzeit

### Das politische System

Sowohl der bundesstaatliche Charakter als auch die demokratischen Traditionen der Vereinigten Staaten gehen auf die Gründung der britischen Kolonien und ihre jeweiligen Eigenarten zurück.

Privilegierte Gesellschaften

Gründer der Kolonien waren in vielen Fällen Unternehmerkonsortien mit Sitz im englischen Mutterland *(Chartered Commercial Companies)*. Ihre Privilegien *(Charters)* bestanden darin, daß sie bestimmte Regierungsbefugnisse in den Kolonien ausüben durften. Dadurch verkörperten zwar die Gesellschaften einen Teil der Staatsautorität, sie mußten aber den Vollbürgern *(freeholders)* der Kolonien alle Rechte einräumen, die diese in England schon hatten. Darunter war als eines der wichtigsten das der Mitbestimmung (1619 erste gesetzgebende Versammlung in Jamestown, Virginia).

Rolle der Landtage und Einwanderer

Auch wenn die Landtage nicht den Prinzipien moderner repräsentativer Demokratie entsprachen, förderten sie doch durch die politische Diskussion das Zusammenwachsen der oft recht unterschiedlich geprägten Einwanderer mit den bereits alteingesessenen Amerikanern. Mit der Veränderung im Einwandererstrom während des 18. Jahrhunderts veränderte sich nicht nur das innere Gefüge der Gesellschaft in den Kolonien, sondern auch das Verhältnis zum englischen Mutterland: Die Mehrzahl der Einwanderer kam jetzt nicht mehr aus England, sondern aus Deutschland, Ulster (Nord-Irland), Schottland und Frankreich.

### Die Puritaner

Mayflower 1620

1620 landete das erste Schiff mit Auswanderern, die England wegen religiöser Differenzen verlassen hatten, die "Mayflower" mit den "Pilgervätern"

Calvinistische "Pilgerväter"

Diese Pilgerväter waren Calvinisten und sahen das menschliche Schicksal als vorherbestimmt an (Prädestination); insbesondere glaubten sie, daß sich die Gnade Gottes schon im irdischen Erfolg des Menschen zeigte. Durch die Vorbestimmtheit konnte die Gnade nicht erworben werden, es kam aber darauf an, ihre Existenz zu erweisen. Armut war demgemäß ein Anzeichen für die fehlende Gnade Gottes; in einer Verquickung verschiedener Bereiche wurde die Armut als Folge entweder mangelnden Eifers oder von Verschwendung angesehen.

Prädestination

Beides wirkte auf die Lebensweise der Calvinisten zurück; harte Arbeit und Verzicht auf (verschwenderische) Genüsse konnten bereits im irdischen Leben über den wirtschaftlichen Erfolg die Auserwähltheit durch Gott und damit die Prädestination zeigen: *"Wenn Gott Euch einen Weg zeigt, auf dem ihr ohne Schaden für Eure Seele oder für andere in gesetzmäßiger Weise mehr gewinnen könnt als auf einem anderen Weg und Ihr dies zurückweist und den minder gewinnbringenden Weg verfolgt, dann kreuzt Ihr einen der Zwecke Eurer Berufung. Ihr weigert Euch, Gottes Verwalter zu sein und seine Gaben anzunehmen, um sie für ihn gebrauchen zu können, wenn er es verlangen sollte. Nicht freilich für Zwecke der Fleischeslust und Sünde, wohl aber für Gott dürft Ihr arbeiten, um reich zu sein."* (R. Baxter, 1833)

wirtschaftliche Macht

Aus diesem, zunächst rein religiösen Grund wuchsen die Calvinisten überall zu einem bedeutenden wirtschaftlichen Faktor heran: In der Schweiz, in Frankreich (Hugenotten), in den Niederlanden und schließlich in England. In England und in Frankreich gerieten sie in Gegensatz zur Staatsautorität, hier, weil sich wirtschaftliche Macht mit politischem Einfluß verband, dort, weil die Calvinisten (seit etwa 1570) durch eine Rückbesinnung auf die Prinzipien der Reformation (Reinheit der Lehre = Puritaner) diese weitertreiben wollten.

Puritaner

Die Puritaner kamen zunehmend in Gegensatz zur anglikanischen Staatskirche, die von allen "papistischen", d. h. aus der katholischen Zeit stammenden Rückständen befreit werden sollte. Während die Mehrheit der Calvinisten unter anderem auch das Bischofsamt ablehnte – das Amt des Presbyters (Priesters) ist das einzige Amt ihrer Kirche –, gingen die Puritaner noch weiter und stellten die religiös bestimmte Gemeindeverfassung dem Souveränitätsanspruch des Staates entgegen. Die Bezeichnungen für diese Kirchenverfassungen sind Presbyterianismus (im Unterschied zum Episkopalismus der anglikanischen Kirche) und Kongregationalismus.

Konflikt der Puritaner mit der Krone

Der Konflikt mit dieser Staatskirche weitete sich zum Konflikt mit dem königlichen Regierungssystem aus, dessen wesentlicher Bestandteil die anglikanische Kirchenordnung war. Die Mehrheit der Puritaner verbündete sich daher (seit 1604) mit der Parlamentsopposition gegen den König, eine Minderheit drängte zur Auswanderung. Auch die Übersiedlung in die calvinistischen Niederlande konnte das Problem nicht lösen.

Mayflower

Im Juli 1620 erhielten daher die von England nach den Niederlanden geflohenen Puritaner, die wegen ihrer Ablehnung der anglikanischen Kirchenordnung "Separatisten" genannt wurden, von der Virginia Company das Angebot, in Virginia zu siedeln.

Gründung der ersten puritanischen Kolonie

Die puritanische Kolonie wurde dann im Dezember 1620 außerhalb des Gebiets der Virginia Company an einem Ort gegründet, der nach dem britischen Ausgangshafen Plymouth genannt wurde (am. *Plimoth*). Im März des folgenden Jahres handelten die Siedler mit den Indianern einen Friedens- und Hilfsvertrag aus, der ein halbes Jahrhundert halten sollte.

Autonomie der Puritaner in Massachusetts

In der Geschichte der puritanischen Siedlung in Neu-England ist die Gründung der Massachusetts Bay Kolonie in Salem 1628 von größerer Bedeutung. Im folgenden Jahr wurde die *New England Company* in die *Massachusetts Bay Company* umgewandelt und erhielt die Erlaubnis, unter der Führung des Puritaners John Winthrop mitsamt ihren Siedlungsprivilegien nach Amerika überzusiedeln. Damit sollte im Mutterland der innenpolitische Druck, der nach der Auflösung des Parlaments durch Karl I. von den Protestanten auf Staat und Kirche ausging, abgelenkt werden. Die erste Auswandererflotte landete noch im selben Jahr 1629 in Salem, einem Handelsplatz an der Ostküste.

Puritanergemeinden

Neben dem Repräsentationssystem erwies sich in den nördlicher gelegenen Neu-England-Kolonien die politische Struktur der Puritanergemeinden als wichtig für die weitere Entwicklung. Durch die Loslösung von der anglikanischen Bischofskirche und ihrer Hierarchie übernahmen gewählte Vertreter (Presbyter, Kirchenälteste) die Führung der Gemeinde, die nicht nur religiöse, sondern auch politische Formation war.

Massachusetts: puritanischer Gottsstaat

Durch die Übersiedlung der Massachusetts Bay Company nach Nordamerika wurde die Kolonie unter der Führung des Puritaners John Winthrop fast souverän und konnte einem streng puritanisch-calvinistischen theokratischen Regiment unterworfen werden. Der religiöse Eifer führte jedoch bald zu neuer Auswanderung, diesmal aus Massachusetts selbst.

Maryland: religiöse Toleranz

Auch im Hinblick darauf setzte Lord Baltimore, seit 1632 Eigentumsherr der Kolonie Maryland und selbst Katholik, religiöse Toleranz durch.

Das politische System der Kolonien läßt sich in drei Kategorien einteilen:

Kronkolonie Charter-Kolonie

- In den *Charter-Kolonien* (Connecticut und Rhode Island) war das Rechtsverhältnis zwischen König und Kolonie durch eine einmal gegebene Charter, eine Urkunde von verfassungsmäßigem Rang, geregelt war. Dieses Rechtsverhältnis war für die Folgezeit festgelegt und konnte nur vom Obersten Gerichtshof (Massachusetts Bay Company 1684) oder von der Krone durch einseitigen Gewaltakt (Connecticut, Rhode Island 1685) aufgehoben werden.
- Die *Kronkolonien* standen unter der Leitung des Gouverneurs als des Stellvertreters des Königs. In seiner Ernennungsurkunde umschrieb der König die Rechtsverhältnisse zwischen Krone

und Kolonisten und erließ damit eine verfassungsähnliche Rechtsgrundlage. Dem Gouverneur unterstanden sowohl die Exekutive als auch die Justiz. Die Versammlungen der Freien konnten zwar Gesetzesvorlagen unterbreiten, der Gouverneur mußte diesen aber zustimmen. Dem Gouverneur stand der Royal Council zur Seite, der sowohl legislative als auch judikative Funktionen hatte und dessen Mitglieder in der Regel aus der wirtschaftlichen Oberschicht der Kolonien stammten und vom König ernannt wurden. In dieser Funktion entsprach der Royal Council dem englischen Oberhaus.

Eigentümerkolonie

– Die *Eigentümerkolonien* – nach 1730 nur noch Pennsylvania und Maryland – setzten den Eigentümer an die Stelle des Königs. In dessen Auftrag regierte also der Gouverneur, er ernannte die Mitglieder des Council.

Tradition der parlamentarischen Repräsentation

In allen Kolonien aber knüpften die Siedler an die britische Tradition der parlamentarisch-repräsentativen Vertretung an. Das Wahlrecht war fast überall an Besitz geknüpft (Zensuswahlrecht), nur in den puritanisch bestimmten Kolonien an das religiöse Bekenntnis. Damit war ein ständiger Konflikt zwischen der Volksvertretung und dem vom König eingesetzten Gouverneur vorgezeichnet.

## Die Spannungen zwischen Krone und Kolonien

Intensivierung der britischen Herrschaft über die Kolonien

Entscheidend für die Entwicklung der Spannungen zwischen Großbritannien und seinen nordamerikanischen Kolonien wurde der bereits seit dem Ende des 17. Jahrhunderts zu beobachtende Trend zur Intensivierung der Herrschaft des Mutterlandes über die Kolonien. Mit der Erwerbung des französischen Kolonialbesitzes (1763) wuchsen für England die Einflußmöglichkeiten, vor allem auf wirtschaftlichem Gebiet. Dieser Intensivierung der britischen Herrschaft standen aber Formen der Selbstverwaltung und Selbstregierung entgegen, wie sie die Krone nach 1688 einzelnen Kolonien wieder zugestehen mußte. Dazu kam die hohe Verschuldung des Mutterlandes durch die Kosten des Siebenjährigen Krieges (130 Millionen Pfund Sterling) und das Ansteigen der staatlichen Ausgaben (zivil und militärisch) in Amerika. Es lag nahe, im Zusammenhang mit der Systematisierung der Herrschaft in den Kolonien auch deren Wirtschaftskraft für diese Ausgaben nutzbar zu machen. Das aber widersprach dem Verlangen der Kolonisten sowohl nach einer Entlastung von den Beschränkungen des merkantilistischen Systems als auch nach politischer Gleichberechtigung.

Die britische Krone versuchte in der Folgezeit, sowohl ihre Kontrolle über die amerikanischen Gebiete den veränderten territorialen Gegebenheiten anzupassen und zu intensivieren als auch die Kolonien stärker zur Deckung des defizitären Staatshaushaltes heranzuziehen.

Einer der maßgeblichen Punkte in der Entwicklung hin zur Revolution waren aber die Überlegungen in Kreisen der neuenglischen Kaufleute über das Verhältnis von merkantilistischem System und eigenen Profiten. Aus dem Mißverhältnis zwischen wirtschaftlicher Macht und politischer Mitbestimmung entstand revolutionärer Zündstoff.

Finanzgesetze

Einige von der Krone eigenmächtig erlassene Finanzgesetze, so der Sugar-Act 1764 oder der Stamp-Act 1765 mußten unter dem Druck der öffentlichen Meinung fallengelassen werden, andere blieben. Die Gegenbewegung ging vor allem von den Volksvertretungen und der intellektuellen Oberschicht in den Kolonien aus. Bereits der Stamp-Act-Congress 1766 in New York verabschiedete mit der Declaration of Rights and Grievances eine der ersten oppositionellen Rechtspositionen und kann als Vorläufer der Unabhängigkeitserklärung von 1776 angesehen werden.

Der Versuch der britischen Regierung, der finanziell angeschlagenen East-India-Company mit einem Tee-Handelsmonopol für Nordamerika wieder aufzuhelfen, stieß auf den erbitterten Widerstand der Kolonisten, die sich in der Freizügigkeit des eigenen Handels beschränkt sahen.

Boston Tea Party

Auf die zum Teil gewalttätigen Auseinandersetzungen um die Tee-Einfuhren (Boston-Tea-Party, Dezember 1773, ähnliches auch in New York und vor Annapolis) reagierte die britische Regierung mit Strenge (Coercive Acts), um die Autorität der Krone durchzusetzen. Schon der daraufhin einberufene 1. Kontinentalkongreß in Philadelphia zeigte den tiefen Riß in der Bevölkerung der Kolonien, deren einer teil loyal zum König hielt, deren anderer aber schon die Unabhängigkeit betrieb.

bewaffnete Auseinandersetzungen

Bei dem Versuch der Briten, die koloniale Miliz zu entwaffnen, kam es in Lexington und Concord (Massachusetts) zu Feuergefechten zwischen britischen Truppen und Einheiten der Miliz (19. April 1775). Noch am selben Tag schloß die Miliz Boston ein und begann eine Belagerung, die bis zum März 1776 andauern sollte. Der daraufhin für den 10. Mai einberufene zweite Kontinentalkongreß rief den Verteidigungszustand der Kolonien aus (15. Mai) und ernannte George Washington zum Oberbefehlshaber der aus den Neu-England-Milizen neu gebildeten Armee (15. Juni).

Unabhängigkeitsbestrebungen

Der Gedanke der Unabhängigkeit gewann jedoch nur langsam an Boden. Der Umschwung trat erst ein, als in einzelnen Kolonien die Radikalen zur Macht kamen und von dort aus die Unabhängigkeitsbewegung vorantrieben. Unmittelbar auslösendes Moment zur Unabhängigkeit war also nicht der Kontinentalkongreß, sondern das Bestreben der Einzelstaaten.

Mit der Verkündung neuer Verfassungen in den meisten der 13 Kolonien war die Proklamation von "Bills of Rights" verbunden, Kodifizierungen der Menschen- und Bürgerrechte, wie sie Aufklärung und Naturrecht seit langem gefordert hatten. Am bekanntesten wurde die *Virginia Bill of Rights* vom 12. 6. 1776 mit ihrem grundlegenden ersten Artikel: *"That all men are by nature equally free and independent and have certain inherent rights, ... namely the enjoy of life and liberty, with the means of acquiring and possessing property and pursuing and obtaining happiness and safety."* (Alle Menschen sind von Natur aus in gleicher Weise frei und unabhängig und besitzen bestimmte angeborene Rechte ..., und zwar den Genuß des Lebens und der Freiheit, die Mittel zum Erwerb und Besitz von Eigentum und das Erstreben und Erlangen von Glück und Sicherheit.) Auch die Unabhängigkeitserklärung greift diesen Begriff der *certain unalienable Rights*, nämlich Leben, Freiheit und das Streben nach Glück *(Pursuit of Happiness)* wieder auf.

Gefährdung der Freiheiten

Es muß aber betont werden, daß das Aufbegehren der Kolonisten gegen die britische Regierung nicht der Kampf einer ausgebeuteten und unterdrückten Gruppe oder gar einer ganzen Bevölkerung gegen ihren Herrn war, sondern daß im wesentlichen schon der Verdacht einer Beschränkung der amerikanischen Freiheiten genügte, um entschiedene Reaktionen der Kolonisten hervorzurufen. Unter diesem Gesichtspunkt ist die freiheitliche Tradition der Amerikaner zu betrachten.

## Die Unabhängigkeitserklärung

Bürgerkrieg und ausländische Unterstützung

Der Unabhängigkeitskrieg begann mit den britischen Maßnahmen zur Durchsetzung der Tea-Act und setzte sich im Bürgerkrieg zwischen Loyalisten *(Tories)* und Radikalen *(Whigs)* unter den Kolonisten fort. Auf der Seite der Kolonien traten Spanien und Frankreich in den Krieg ein, letzteres, um die Niederlage im Siebenjährigen Krieg auszugleichen. Sie schickten zunächst vor allem modernes Kriegsmaterial und militärische Führer, wie Friedrich Wilhelm von Steuben, den Marquis de Lafayette (1789 Organisator der Nationalgarde in Frankreich) und den Polen Thadeusz Kosciuszko (1795 Führer des polnischen Aufstandes).

Unabhängigkeitserklärung, 4. Juli 1776

Die eigentliche Unabhängigkeitserklärung, von Thomas Jefferson entworfen und am 4. Juli 1776 verkündet, geht auf den definitiven Beschluß der französischen und spanischen Regierung zur Intervention zurück.

Kernsätze der Unabhängigkeitserklärung

Diese Erklärung, *"The Unanimous Declaration of the Thirteen United States of America"*, führte, wie schon die *"Declaration of Rights and Grievances"* von 1766, die Beschwerdepunkte gegen König Georg III. auf, wobei sie allerdings die Beteiligung des britischen Parlamentes an diesen Punkten außer acht ließ. Sie enthält als Kernsätze die politische Philosophie Thomas Jeffersons, die bereits Paines *"Common Sense"* zugrunde lag: daß alle Menschen gleich geschaffen sind, daß sie von ihrem Schöpfer mit gewissen unveräußerlichen Rechten ausgestattet sind; daß dazu Leben, Freiheit und das Streben nach Glück *(Life, Liberty and the Pursuit of Happiness)* gehören; daß zur Sicherung dieser Rechte Regierungen unter den Menschen eingerichtet werden, die ihre rechtmäßige Macht aus der Zustimmung der Regierten herleiten *(deriving their just Powers from the Consent of the Governed)*; daß es das Recht des Volkes ist, die Regierungsform zu ändern oder abzuschaffen *(to alter or to abolish it)* und eine neue Regierung einzusetzen, die Sicherheit und Glück des Volkes gewährleistet *(in such form, as to them shall seem most likely to effect their Safety and Happiness)*.

Aufhebung der Verbindungen nach Großbritannien

Aus diesen Gründen appellieren die im Kongreß versammelten Repräsentanten der Vereinigten Staaten *(the Representatives of the United States of America, in General Congress, Assembled)* an den Höchsten Weltenrichter wegen der Richtigkeit ihrer Absichten. Sie erklären im Namen und mit der Vollmacht des Volkes dieser Kolonien *(in the Name, and by the Authority of the good People of these Colonies)*, daß diese Kolonien mit Recht freie und unabhängige Staaten sein sollten *(are, and of Right ought to be free and independant states)*, losgelöst von jeder Bindung an die britische Krone, und daß sie als freie und unabhängige Staaten die volle Macht haben, Krieg zu führen, Frieden zu schließen, Verträge einzugehen, Handel zu führen und alle anderen Dinge zu tun, die unabhängige Staaten von rechts wegen tun dürfen.

Gemeinsames Organ: Der Kongreß

Gemeinsames Organ war in der ersten Zeit lediglich der aus dem zweiten Kontinentalkongreß hervorgegangene Kongreß in Philadelphia. Vor der Proklamation der Unabhängigkeit konnte er den Einzelregierungen lediglich Ratschläge geben, die tatsächlich bestehende Souveränität lag bei diesen. Auch mit der Unabhängigkeitserklärung wuchsen dem Kongreß noch keine wesentlichen Rechte zu. Mit dieser Erklärung war vorerst nur ein Staatenbündnis, die "Vereinigten Staaten", geschaffen, das gewisse gemeinsame Ziele nach außen verfolgte. Dieser Konstruktion liegt auch der Gedanke zu Grunde, daß, wie schon im *"Common Sense"* formuliert, eine Regierung nur ein notwendiges Übel sei. Der Kongreß zeichnete vor allem für die Kriegführung verantwortlich und schickte Gesandte nach Europa, um für die amerikanische Sache zu werben.

Staatenbund (Konföderation)

Die Vertreter der amerikanischen Staaten waren zunächst nicht bereit, die dem Mutterland abgetrotzte Souveränität gleich an eine eigene Zentralregierung abzutreten. Der Staatenbund bestand daher zunächst aus souveränen Einzelstaaten (Art. 2 der Konföderationsverfassung), die untereinander einen festen Freundschaftsbund (*"Firm League of Friendship"*, Art. 3) bildeten. Die Vollmachten, die nach der Verfassung der Kongreß hatte, waren durch eine unzureichende Finanzierung seiner Aufgaben sehr relativiert. Was fehlte, waren Steuern, über deren Verwendung der Kongreß entscheiden konnte – zur Finanzierung seiner Aufgaben mußte er die Einzelstaaten um Zuwendungen bitten. Gleichfalls nicht vorhanden war auch eine übergeordnete Bundesjustiz zur Durchsetzung der gefaßten Beschlüsse.

## Neuordnung von Gesellschaft und Staat

Bildung einer handlungsfähigen Zentralgewalt

In den wirtschaftlichen Schwierigkeiten nach Beendigung des Krieges (Friedensschluß in Paris 1783) offenbarten sich die Mängel der Konföderationsverfassung, so daß die Bildung einer neuen, handlungsfähigen Zentralgewalt unumgänglich wurde. Im Gegensatz zum Partikularismus der Einzelstaaten trat in dieser Bewegung eine deutliche nationale Komponente hervor, die die Gemeinsamkeiten der nordamerikanischen Staaten betonte. Motoren dieser Bewegung wurden General George Washington und der New Yorker Anwalt Alexander Hamilton. Eine Konferenz von fünf Staaten in Annapolis folgte Hamiltons Ideen und bewirkte somit, daß der Kongreß einen allgemeinen Konvent nach Philadelphia berief. Dieser trat 1787 mit 55 Delegierten aus allen Konföderationsstaaten zusammen.

Neue Verfassung 1787

Als Ergebnis der viermonatigen Verhandlungen wurde die Konföderationsakte nicht nur überarbeitet, sondern durch eine neue Bundesverfassung ersetzt. Wichtigster Punkt dieser neuen Verfassung war die Errichtung einer starken Bundesgewalt. Das Verhältnis von Einzelstaaten und Zentralgewalt ist auch heute noch ein konfliktträchtiges Problem des föderalistischen Systems.

## Die Verfassung von 1787

Ratifizierung

Die am 17. September 1787 beschlossene Verfassung der Vereinigen Staaten wurde anschließend nicht dem Kongreß in New York, sondern den Einzelstaaten zur Annahme vorgelegt. Diese beriefen verfassunggebende Versammlungen ein, die bis Juni 1788 mit der erforderlichen Mehrheit von 9 Staaten (die die übrigen binden sollte) die Verfassung annahmen. Im Mai 1790 schließlich hatten alle Staaten die Verfassung ratifiziert.

The Federalist

In der politischen Argumentation um diese Verfassung erschien von Oktober 1787 bis August 1788 in verschiedenen New Yorker Zeitungen eine Reihe von 85 Essays über den Verfassungsentwurf des Konvents von Philadelphia, *The Federalist* genannt. Autoren waren drei Führer der politischen Bewegung in den ehemaligen Kolonien, Alexander Hamilton (1755–1804) aus New York, später Finanzminister (–1795) und Generalinspekteur der Armee (–1800); dann John Jay (1745–1829), ebenfalls aus New York, später Vorsitzender des Obersten Gerichtshofes und Gouverneur von New York; schließlich James Madison (1751–1836) aus Virginia, Mitarbeiter an der *Declaration of Rights* dieses Staates, später selbst Präsident der Vereinigten Staaten. In der Persönlichkeit dieser drei Autoren, von denen Hamilton die meisten Artikel verfaßte, und in der Grundsätzlichkeit und der weiteren Wirkung der im *Federalist* niedergelegten Gedanken liegt die Bedeutung dieser Aufsätze, die einem Grundgesetz des amerikanischen Verfassungsverständnisses gleichkommen.

Verfassungstext und Amendments

Die Verfassung selbst enthielt nur wenige Artikel, die den neuen Staat nach den Prinzipien von Volkssouveränität und Gewaltenteilung organisierten und wurde schon 1789, dem Jahr des Amtsantritts des neuen Präsidenten George Washington, durch zehn Verfassungszusätze *(amendments)*, darunter einer Ausformulierung der Grundrechte, ergänzt. Diese Amendments bilden, in ihrer chronologischen Reihenfolge, zusammen mit den 7 Artikeln der Verfassung von 1787 die heute gültige Verfassung der USA. Ein solcher Zusatz wird vom Kongreß verabschiedet und muß zu seiner Rechtskraft von allen Legislativen der Einzelstaaten ratifiziert sein. Bis heute sind 27 Amendments ratifiziert, das letzte, 1789 (!) vom Kongreß beschlossen, hat erst im September 1992 das Ratifizierungsverfahren in allen Staaten durchlaufen. Beim 26. Amendment dauerte dieses Verfahren allerdings nur 3 Monate.

Volkssouveränität: Der Kongreß

Die Volkssouveränität äußert sich in der ausschließlichen Übertragung der Gesetzgebung auf den Kongreß mit seinen zwei Kammern, dem Repräsentantenhaus und dem Senat. Den Ausgleich zwischen den zentralistischen und den partikularistischen Interessen schafft das für beide Kammern unterschiedliche Wahlsystem: Das Repräsentantenhaus wird entsprechend der Bevölkerungszahl besetzt, so daß größere Staaten entsprechend mehr Abgeordnete entsenden, während sich der Senat aus je zwei Senatoren pro Bundesstaat, unabhängig von Größe und Bevölkerungszahl, zusammensetzt.

Wahl des Präsidenten

Dem Prinzip der Volkssouveränität folgt auch die Wahl des Präsidenten durch das Volk, wenn auch indirekt und über Wahlmänner *(electors)*.

Befugnisse des Präsidenten

Der Präsident selbst hat weitreichende Machtbefugnisse, die ihm fast die Stellung eines Monarchen verleihen: Er ist Staatsoberhaupt, führt die Regierung, hat den militärischen Oberbefehl inne, hat das Recht zur Gesetzesinitiative und das des suspensiven Vetos gegen Kongreßbeschlüsse. Er schließt Verträge mit anderen Staaten und besetzt die wichtigsten Stellen und diplomatischen Posten, das allerdings mit Zustimmung des Senats.

Amtszeit

Diese starke Stellung wird eingeschränkt durch die vierjährige Amtszeit. Als George Washington, der erste Präsident, 1796 auf eine dritte Amtsperiode verzichtete, machte dieses Beispiel Schule; nur F. D. Roosevelt ließ sich 1940, um die Politik des New Deal fortzuführen und im Angesicht des Zweiten Weltkrieges, ein drittes, und 1944, auf dem Höhepunkt des Krieges, ein viertes Mal wählen. Ein 1951 in Kraft getretener Zusatz zur Verfassung (22. Amendment) legte dann die Amtszeit auf höchstens zwei Wahlperioden fest.

Minister

Bereits 1789 wurden mit dem Amtsantritt George Washingtons die wichtigsten Regierungsämter geschaffen; die Minister sind jedoch für ihre Amtsführung nur dem Präsidenten, nicht dem Kongreß verantwortlich, lediglich ihre Berufung bedarf der Zustimmung des Senats.

Gesetzgebung

Die Gesetzgebende Gewalt liegt beim Kongreß, der mit Zweidrittelmehrheit beider Häuser ein Veto des Präsidenten aufheben kann. Die Steuerhoheit liegt allein beim Repräsentantenhaus, der Senat wirkt in der Außenpolitik mit, indem er mit Zweidrittelmehrheit Verträge mit dem Ausland ratifizieren muß (die Zustimmung wurde z. B. zum Völkerbundsvertrag 1920 verweigert). Er kann auch einen durch das Repräsentantenhaus angeklagten Präsidenten seines Amtes entheben *(impeachment)*.

Amtszeit der Senatoren

Die Wahl zum Repräsentantenhaus findet alle zwei Jahre statt, die Amtszeit der Senatoren beträgt sechs Jahre (was eine hohe Kontinuität in der Außenpolitik bewirkt), wobei alle zwei Jahre jeweils ein Drittel der Senatoren neu gewählt wird.

Verfassung von 1787 als politischer Einschnitt

Einer der wichtigsten Verfassungsartikel, der in fast revolutionärer Weise das mit der Unabhängigkeit 1776 geschaffene System des Staatenbundes veränderte, war der des Vorrangs der Bundesgesetze vor den Gesetzen der Einzelstaaten. Damit war der Einheit des Staates der Vorrang über die Interessen der Einzelstaaten zugesprochen. Überhaupt bildete in der Geschichte der Amerikanischen Revolution die Verfassung von 1787 einen tieferen Einschnitt in das politische System der Vereinigten Staaten als die Loslösung vom britischen Mutterland 1776. Diese schnitt ja im Grunde nur die politischen Verbindungen zu Großbritannien ab, schuf aber noch keinen eigentlich neuen Staat.

Gewaltenteilung

Die Verfassung der Vereinigten Staaten ist dem Montesquieu'schen Prinzip der Gewaltenteilung verpflichtet und zählt in ihren ersten drei Artikeln die Befugnisse und Modalitäten der gesetzgebenden, vollziehenden und richterlichen Gewalt auf. In der politischen Wirklichkeit folgt sie allerdings weniger dem Prinzip der absoluten Trennung der Gewalten und der Unabhängigkeit voneinander als dem ihrer Aufteilung und gegenseitigen Verschränkung (*checks and balances* – Kontrolle und Gleichgewicht). In der Argumentation des *Federalist* hieß das, die Gewaltentrennung gehe *"nur so weit, jedem Zweig der Regierung in seiner Gesamtheit die Ausübung der Befugnisse eines anderen Zweiges zu untersagen."*

Zwang zum Kompromiß

Einer der wichtigsten Punkte hierbei ist, daß der Präsident nicht mit einer sicheren, ihn tragenden Mehrheit im Kongreß regiert, sondern (durch die unterschiedlichen Wahlperioden) sich durchweg mit sich ändernden Mehrheiten arrangieren muß. Dieser Zwang zum Kompromiß wird dadurch verstärkt, daß weder der Präsident eines der beiden Häuser des Kongresses auflösen noch der Kongreß ihn durch ein Mißtrauensvotum absetzen kann.

Sinn der Gewaltenteilung

Nach Aussage des *Federalist* ist diese Gewaltentrennung nicht nur notwendig, um die Gewalt der Exekutive einzuschränken, sondern auch, um Übergriffe der Legislative zu verhindern: *"Überall strebt die Legislative danach, ihren Wirkungskreis auszudehnen und alle Macht im ganzen Umkreis mit stürmischer Gewalt nach sich zu ziehen."* Die gesamte Macht in den Händen der Legislative sei also eine ebensolche Tyrannei wie die uneingeschränkte Macht der Exekutive. Die Französische Revolution sollte vier Jahre später diese Befürchtung bestätigen. Die Aufteilung aber der Gewalten, so der *Federalist*, sowohl horizontal auf Präsident, beide Kammern des Kongresses und die Gerichtsbarkeit, als auch vertikal auf Zentralgewalt und Bundesstaaten sicherten die Rechte der Bürger am besten.

## Die Amerikanische Revolution in der historischen Bewertung

Für den schnellen und nachhaltigen Durchbruch der revolutionären Ideen des Jahres 1776 und den trotz aller Niederlagen errungenen Sieg über die britischen Truppen sind vor allem drei Gründe zu nennen:

Identifikation mit dem Unabhängigkeitskrieg

- Die Unabhängigkeitserklärung vom 4. Juli 1776, mehr vielleicht noch die in den gleichzeitigen Verfassungen niedergelegten Menschenrechte und die garantierten Freiheitsrechte entsprachen dem Lebensgefühl der Einwohner der ehemaligen Kolonien; der Krieg war also "ihr" Krieg, geführt zur Verteidigung ihrer Ideale.

Persönlichkeit George Washingtons

- Daß der Unabhängigkeitskrieg trotz aller militärischen und auch politischen Schwierigkeiten zu einem für die Staaten erfolgreichen Ende geführt werden konnte, ist zum großen Teil auf die Persönlichkeit George Washingtons als Oberbefehlshaber zurückzuführen, aber auch auf die Persönlichkeit der anderen politischen Führer.

militärische Hilfe

- Nicht geringzuschätzen ist die militärische Hilfe, die die Vereinigten Staaten seit 1788 von Frankreich, dann auch von Spanien bekamen.

Gemeinsamkeiten und Unterschiede zwischen der Amerikanischen und der Französischen Revolution

Schon die Zeitgenossen machten sich Gedanken über die Gemeinsamkeiten und Unterschiede zwischen der Französischen und der Amerikanischen Revolution. Wenn auch die Unterschiede zwischen beiden Erscheinungen sehr groß sind, kann man doch als grundsätzliche Gemeinsamkeit festhalten, daß beide vom welthistorischen Gesichtspunkt aus in der Tat revolutionären Charakter zeigen. Das gilt besonders für den Bruch mit den Grundsätzen der vorangegangenen Epoche, die in beiden Fällen von den Zeitgenossen als eine überwundene Epoche angesehen wurde, als eine Epoche, deren Züge nicht mehr mit den jeweiligen Vorstellungen von Fortschritt zu vereinen waren. Beide Revolutionen nahmen für sich in Anspruch, der Menschheit einen Fortschritt zu bringen, beide Revolutionen standen unter dem Begriff der Freiheit. Freilich, wie schon die vorangegangene Darstellung gezeigt hat, stand die Französische Revolution mehr unter dem Zeichen der Neubegründung der Freiheit, während die Freiheit in Amerika bereits auf eine lange Tradition zurückblicken konnte und jetzt bedroht erschien.

Zäsurcharakter

Der wesentliche Unterschied – von den gänzlich anders gelagerten Voraussetzungen im absolutistisch-feudalen Frankreich abgesehen – liegt darin, daß die Amerikaner mit der Erklärung ihrer Unabhängigkeit 1776 nur die politische Abhängigkeit vom britischen Mutterland beendet haben. Ein darüber hinaus gehender Bruch mit vorrevolutionären Zuständen war schon aus dem Grund nicht nötig, weil das Gefühl der akuten Bedrohung und wohl auch die Bedrohung selbst fehlte. Ein Eingriff gar in die Sozialstruktur, in das gesellschaftliche Gefüge, ja die gesellschaftspolitische Komponente in ihrer Gesamtheit fehlt der Amerikanischen Revolution. Hier waren schon lange vor 1776 egalisierende Kräfte am Werk (Einwanderung, *frontier*-Erlebnis etc.), die im 19. Jahrhundert dann den "Schmelztiegel Amerika" ausmachten.

Beschränkung auf staatsrechtliche Revolution

Wenn in Frankreich auf die staatsrechtliche Revolution, die mit der Zustimmung des Königs zur Ausarbeitung einer Verfassung im Grunde abgeschlossen war, die radikale und schließlich republikanische und (gesellschaftlich) egalitäre Revolution folgte und in die innersten Bereiche des Volkes eingriff, so konnten sich die Kolonisten Neu-Englands mit der staatsrechtlichen Revolution begnügen und die Rolle von König und Parlament in London durch eigene, selbstbestimmte Kräfte ersetzen. Die Amerikanische Revolution brauchte die soziale und egalitäre Komponente nicht, hier waren bereits die wesentlichen Bedingungen verwirklicht, die in Frankreich erst gegen Adel und König, zum Teil auch gegen das Großbürgertum, erkämpft werden mußten. Dazu trug auch bei, daß Nordamerika nicht unter den Folgen einer Wirtschaftskrise litt, die in Frankreich besonders die Pariser Massen traf und sie radikalisierte.

weitere Geschichte der revolutionären Errungenschaften

Ein weiterer Unterschied, der sowohl die Wirkung in der Zukunft einbezieht als auch einen Rückschluß auf die politische Mentalität beider Völker zuläßt, liegt in der weiteren Geschichte der revolutionären Errungenschaften. Die Französische Revolution radikalisierte sich und wurde von Napoleon "beendet". In der Zukunft wurden weitere Revolutionen nötig, um liberale Freiheiten durchzusetzen. Vor allem aber die Tatsache, daß Frankreich 200 Jahre nach der Revolution die zwölfte Verfassung hat, während die USA noch mit ihrer ersten (wenngleich fortgeschriebenen) Verfassung leben, lenkt den Blick auf mögliche Ursachen innerhalb der revolutionären Ereignisse selbst. Besonders der Unterschied zwischen der "einen, unteilbaren Nation" als dem Träger der Souveränität in Frankreich und der ausbalancierten Aufteilung der Staatsgewalt in den USA könnte hier durchaus Weichen gestellt haben.

Vorbildcharakter der Verfassung von 1787

Der erste Ansatzpunkt für eine Einstufung der amerikanischen Revolution als welthistorisches Ereignis und damit für eine Einschätzung der Folgen für unsere Gegenwart liegt im Vorbildcharakter der Verfassung von 1787. Sie setzte in ihrem Bezug auf die Normen von Naturrecht und Aufklärung nicht nur für unsere heutigen Begriffe und Vorstellungen von Verfassung Maßstäbe, sondern erschien auch den Zeitgenossen schon als ein Hoffnungsträger, ein Ausweg aus dem feudal-absolutistischen System. Die amerikanische Verfassung von 1776/87 war für Frankreich, dessen Verfassung dann von 1791 für ganz Europa das unmittelbare Vorbild. Die drei dort verwirklichten Prinzipien gelten heute noch als Muster der Verfassungsentwicklung: übergeordneter Rang der Menschen- und Bürgerrechte, alleinige Gesetzgebungsbefugnis des gewählten Parlaments (Nationalversammlung/Kongreß) und Gewaltenteilung. Besonders die Virginia Bill of Rights setzte im Bereich der Menschenrechte Maßstäbe. Sie wirkt fort im Menschenrechtskatalog vieler heutiger Verfassungen und in der Charta der Vereinten Nationen. Der oben erwähnte Charakter der Amerikanischen Revolution und der in ihrem Gefolge verabschiedeten Verfassung begründet unmittelbar die Attraktivität der USA als "Hoffnungsträger" für den Einwandererstrom des 19. (und 20.) Jahrhunderts.

Außenpolitische Auswirkungen

In der Außenpolitik zeigt die Französische Revolution für den europäischen Raum zunächst die handfesteren Auswirkungen: die Revolutionskriege sind mehr als nur eine historische Episode, sie krempeln in ihren Konsequenzen die politische Landschaft Europas völlig um. Napoleon als "Vollstrecker" dieser bereits 1793 begonnenen Neuordnung bewirkte vor allem die längst überfällige Umgestaltung Deutschlands, die auch nach seinem Sturz 1815 nicht wieder rückgängig gemacht wurde. Auch für Italien setzte er mit der Errichtung des Königreiches erste Maßstäbe für die nationale Einigung des Landes.

Aufstieg der USA zur Weltmacht

Die USA treten mit der Amerikanischen Revolution zwar noch nicht als Weltmacht auf die politische Bühne, der Ansatzpunkt dazu ist aber mit der staatlichen Einheit der 13 Kolonien gelegt. Die Kolonisation des Westens und damit die Ausbreitung bis zur Pazifikküste sind als "Erbe" aus den königlichen Privilegierungen des 17. Jahrhunderts im politischen Anspruch vorhanden und vorgezeichnet. Die Erschließung des Kontinents ist im Zusammenwirken sowohl mit den Voraussetzungen industrieller Entwicklung als auch mit deren Möglichkeiten (Rohstoffe, Einwanderung etc.) maßgeblicher Ansatzpunkt für die Entwicklung der USA zunächst zur wirtschaftlichen, dann (fast zwangsläufig) zur politischen Weltmacht.

Gesellschaftlicher und ideologischer Bereich

Im gesellschaftlichen und im ideologischen Bereich ist es mehr die Französische Revolution, die Vorbilder setzte, weil das Zusammenspiel von feudaler Ordnung und absolutistischem Regierungssystem fast ganz Europa kennzeichnete. Diesen Bruch zu vollziehen, ist die revolutionäre Leistung des Jahres 1789. Er besteht zum einen in der Zustimmung des Königs zur Ausarbeitung einer Verfassung und zum anderen in den Beschlüssen des 4. bis 11. August. Danach gibt es in Frankreich keine Privilegien und keine Geburtsrechte mehr, es gibt nur noch französische Bürger, die unter einem gemeinsamen Recht stehen. Die amerikanischen Kolonisten lebten schon seit der Glorious Revolution 1688 unter freieren Bedingungen, behielten aber auch (besonders in den Südstaaten) zum Teil ihre halb-aristokratischen Strukturen bei. Wenn die Französische Revolution die Nation der Bürger an die Stelle des auf den Monarchen ausgerichteten Staates setzt und damit Vaterlandsbegeisterung und Nationalismus in die Politik einführt, kann damit durchaus die Entwicklung in Amerika verglichen werden, wo sich die Einzelstaaten binnen kurzer Zeit zu einer neuen amerikanischen Nation zusammenfinden. Das neue Nationalbewußtsein erweist sehr schnell seine Anziehungskraft auf die Einwanderer. Diese bleiben nicht Deutsche, Iren, Italiener in einer fremden Umgebung (wie z. B. die deutschen Auswanderer in Rußland), sondern werden schnell zu Amerikanern.

Nationalgefühl

In diesen Zusammenhang gehört auch, daß der Kampf gegen Napoleon, der hier ja in der Kontinuität der Französischen Revolution gesehen werden muß, in Deutschland, aber auch in Spanien, in den Befreiungskriegen ein völlig neues Nationalgefühl entstehen läßt.

Industrialisierung Englands

Der Kampf Napoleons gegen England bewirkt über die Kontinentalsperre unter anderem sowohl eine Neuorientierung des englischen Handels als auch einen neuen Impuls für die Industrialisierung in England. Das wirkte aber wieder auf die USA zurück, indem deren Markt mit billigen englischen Waren überschwemmt wurde, wogegen sich die USA nur mit Schutzzöllen wehren konnten (1816).

Weiterhin entwickelt die Französische Revolution aus den bestehenden sozialen Problemen heraus erste sozialistische Theorien (Saint-Simon etc.). Auch der Liberalismus als grundsätzliche Antwort auf den Absolutismus gehört hierher.

Frankreich: erste sozialistische Theorien

## Der Aufschwung zur Industrienation

| | |
|---|---|
| 1803 | Kauf Louisianas von Frankreich |
| 1818 | Grenzabsprache mit Großbritannien |
| 1846 | Oregon-Vertrag mit Großbritannien bestimmt den 49. Breitengrad als Grenze zum britschen Kanada |
| 1890 | Ende der *"frontier"* |
| 1861 | Januar 6: Südstaaten bilden die Konföderierten Staaten von Amerika und treten aus der Union aus, 5 weitere schließen sich später an |
| 1861–1865 | Bürgerkrieg ("Sezessionskrieg") zwischen Union und Konföderierten |
| 1865 | Ermordung Präsident Lincolns; 13. Verfassungszusatz verbietet die Sklaverei |
| 1812–1814 | Krieg mit Großbritannien, Embargo britischer Waren |
| 1823 | Monroe-Doktrin "Amerika den Amerikanern" |
| 1825 | Erie-Kanal eröffnet |
| 1827 | Erste Eisenbahn (Massachusetts) |
| 1848 | Goldrausch in Kalifornien nach Entdeckung von Goldvorkommen |
| 1869 | Fertigstellung der ersten transkontinentalen Eisenbahnlinie |
| 1869 | Gründung der *Knights of Labor* |
| 1886 | Gründung der *American Federation of Labor (AFL)* |
| 1890 | *Sherman Antitrust Act* |
| 1892 | Gründung der *People's Party* (Populisten) |
| 1915 | Versenkung der Lusitania durch deutsches U-Boot |
| 1916 | *National Defense Act* zur Heeresvergrößerung. Intervention in Mexiko |
| 1917 | 6. 4.: Kriegserklärung an Deutschland |
| 1918 | Januar: Verkündung der 14 Punkte Präsident Wilsons |
| 1920 | Einführung der Prohibition; Ablehnung des Versailler Vertrags durch den Senat |
| 1921 | Friedensvertrag mit Deutschland |
| 1929 | (Ende Oktober): Kurssturz an der New Yorker Börse, Beginn der Weltwirtschaftskrise |
| 1931 | Hoover-Moratorium für internat. Kriegsschulden und Reparationen |
| 1933 | Regierunganstritt F. D. Roosevelts: Politik des New Deal |
| 1935 | Verwerfung des *National Industrial Recovery Act* durch den Supreme Court als verfassungswidrig. Zweite Phase des New Deal |

**Die wichtigsten amerikanischen Präsidenten**

| | |
|---|---|
| 1789–1797 | George Washington (-): General des Unabhängigkeitskrieges, Erster Präsident |
| 1817–1825 | James Monroe (DR): Verkünder der Monroe-Doktrin |
| 1845–1849 | James K. Polk (D): Angliederung Texas' |
| 1861–1865 | Abraham Lincoln (R): Erster republikanischer Präsident, Sezessionskrieg |
| 1901–1909 | Theodore Roosevelt (R): Erste Maßnahmen gegen Big Business |
| 1913–1921 | Woodrow Wilson (D): Erster Weltkrieg, "14 Punkte" |
| 1929–1933 | Herbert C. Hoover (R): Weltwirtschaftskrise |
| 1933–1945 | Franklin D. Roosevelt (D): New Deal, Zweiter Weltkrieg |
| 1945–1953 | Harry S. Truman (D): Politik des Containment |
| 1953–1961 | Dwight D. Eisenhower (R): Politik des Roll Back |
| 1961–1963 | John F. Kennedy (D): Kuba-Krise, 1963 ermordet |
| 1963–1969 | Lyndon B. Johnson (D): Vietnam-Krieg |
| 1969–1974 | Richard M. Nixon (R): Watergate-Skandal |
| 1974–1977 | Gerald R. Ford (R) |
| 1977–1981 | Jimmy E. Carter (D) |
| 1981–1989 | Ronald Reagan (R) |
| 1989–1993 | George Bush (R) |
| seit 1993 | Billy Clinton (D) |

## Die Erschließung des Westens

Northwest-Ordinance 1787

Mit der 1787 erlassenen *Northwest-Ordinance* setzte der Kongreß der Konföderation noch vor Inkrafttreten der neuen Verfassung einen wesentlichen Markstein in der Erschließung des Westens. Sie setzte als Endziel die eigenstaatliche Organisation der Territorien innerhalb der Verfassungsprinzipien der Konföderations- und später Bundesstaaten und wandte sich damit endgültig von einer Kolonialisierung im herkömmlichen Stil ab. Durch den aufbau von gesetzgebenden Versammlungen war die weitere Verfassungsentwicklung Sache der Bewohner des neuen Territoriums selbst.

frontier

Mit dem nunmehr verstärkt einsetzenden Eindringen weißer Siedler in die weite Mississippi-Ebene wurde der Raum westlich der Appalachen, westlich der durchorganisierten und hochentwickelten Gründerstaaten, mehr und mehr zur offenen Grenze, zur *"frontier"*, zu einem Raum, in dem die Pioniere der Besiedlung zur spezifisch amerikanischen Bewußtseinsbildung beitrugen. Wer hierher zog, sah entweder im Osten keine Aufstiegsmöglichkeiten mehr oder ließ sich von der Aussicht auf noch größere

Freiheit oder auf Reichtum leiten. Daher nahm auch die *frontier* eine wichtige Stellung in der Bildung des amerikanischen Nationalbewußtseins und der amerikanischen Traditionen von Freiheit und Individualismus ein. Zu den Aussichten auf Reichtum trug bei, daß sich erzielte landwirtschaftliche Überschüsse ohne große Schwierigkeiten an nachrückende Siedler verkaufen ließen. Der Westen wurde ein Auffangbecken für soziale Unzufriedenheit, entlastete die Staaten der Ostküste von sozialen Auseinandersetzungen und ermöglichte in den 1770er Jahren die alleinige Ausrichtung des politischen Kampfes auf den Widerstand gegen England.

Erwerbung von Louisiana 1803

*Manifest Destiny*

Mit dem Ankauf des Louisiana-Territoriums von Frankreich 1803 prägte die Erschließung des eigenen Kontinents die Entwicklung der Vereinigten Staaten, ab 1845 stand sie unter dem Schlagwort der *"Manifest Destiny"*, der *"offenkundigen Bestimmung"* der USA, das Land in Besitz zu nehmen. Der Westen konnte sowohl den Bevölkerungsüberschuß des Ostens aufnehmen als auch soziale Unzufriedenheit neutralisieren, er war riesiger Absatzmarkt und Produzent landwirtschaftlicher Überschüsse. Mit dem Leben in fast unbeschränkter (individueller und demokratischer) Freiheit einerseits, der ständigen Herausforderung zu pragmatischen Lösungen andererseits prägte er das politische Bewußtsein. Schließlich darf aber auch die Möglichkeit und die Bereitschaft zur individuellen Gewalt im "Wilden Westen" nicht als prägender Faktor im Werden der amerikanischen Nation vergessen werden.

Eisenbahnen und Heimstättengesetz

Die Besiedlung schritt zunächst entlang der großen Verkehrsachsen (Siedlerwege, Eisenbahnlinien) voran. Die Regierung unterstützte sie zum einen dadurch, daß sie den Eisenbahngesellschaften das Land links und rechts der Linien schenkte, damit diese durch dessen Verkauf an Siedler ihre Kosten deckten. Zum andern stand mit dem "Heimstättengesetz" *(Homestead-Act)* von 1862 jeder Familie ein Gebiet von fast 65 ha (160 acres) kostenlos zu, wenn es mindestens 5 Jahre lang bewirtschaftet würde.

## Die Bedeutung der Einwanderung

Bevölkerungswachstum

Ohne diese gewaltige Einwanderungsbewegung wäre die Erschließung und Besiedlung des Westens nicht möglich gewesen. Zwischen 1820 und 1960 kamen über 42 Millionen Menschen in die Vereingten Staaten.

Ursache der Wanderung

Ursache für die Wanderungsbewegung war natürlich zum einen die Attraktivität Nordamerikas mit den fast unbegrenzt erscheinenden Möglichkeiten wirtschaftlichen Aufstiegs, besonders, als die Nachricht von den kalifornischen Goldfunden ab 1848 einen wahren Goldrausch auslöste. Zum anderen aber ist die wirtschaftliche und politische Situation in den Herkunftsländern ausschlaggebend: Hungersnöte in Irland, politische Unterdrückung nach der Revolution von 1848/49 in Deutschland, wirtschaftliche Not in Süd- und Osteuropa (besonders zwischen 1880 und 1920).

Veränderung des Siedlungsbilds

Mit dem Einsetzen dieser letzteren Einwanderungswelle veränderte sich auch das Siedlungsbild in den USA selbst. Hatten sich die Einwanderer in der ersten Hälfte des 19. Jahrhunderts noch fast durchweg der Landwirtschaft im Mittelwesten und Westen zugewandt, so strömten gegen Ende des Jahrhunderts immer mehr Menschen in die Städte, vor allem in die des Nordens, wo sie das Reservoir an billigen Arbeitskräften für die Industrie vergrößerten. Dazu kommt, daß sich mit der zunehmenden Verstädterung die amerikanische Gesellschaft soweit konsolidiert hatte, daß die Einwanderer dieser dritten Periode vor größere Assimilierungsprobleme gestellt waren als die der zweiten, die noch wesentlich die Struktur der Gesellschaft mitprägten.

Einwanderungsbeschränkungen und Quotenregelung

Die Einwanderungsbeschränkungen nach 1920 und die Einführung einer Quotenregelung nach Herkunftsländern leiteten die vierte und letzte Periode der Einwanderung ein.

## Die industrielle Entwicklung

Wirtschaftliche Ausgangslage

Im Rahmen der Wirtschaft des 18. Jahrhunderts nahmen die USA einen beachtlichen Rang ein: Landesprodukte, wie Tabak, Holz und Pelze wurden exportiert, der eigene Bedarf an Konsumgütern wurde produziert, im Schiffsbau und in der Eisenverarbeitung wurden bereits beträchtliche Leistungen erbracht. Trotz des energischen Ausbaus von Schiffahrtskanälen als Verkehrswege waren die ersten Jahrzehnte der Geschichte der USA nicht von einer nennenswerten Industrialisierung geprägt.

Baumwollindustrie

Ausschlaggebend für das Einsetzen der industriellen Entwicklung war hier, wie in England, die Baumwollindustrie, die die in den Südstaaten gewonnene Baumwolle weiterverarbeitete und z. T. exportierte (erste mechanische Spinnerei 1790 in Rhode Island, mechanischer Webstuhl in Boston 1814). Wie in England zog der Aufschwung der Baumwollindustrie den Aufschwung des Maschinenbaus nach sich. Die Textilindustrie siedelte sich zunächst in Neuengland, später erst in den Hauptanbaugebieten der Baumwolle an. Die in Amerika hergestellten Baumwollstoffe konnten zwar nicht mit den feineren englischen Produkten konkurrieren, aber der Bedarf an gröberen Stoffen war hier größer als in England. Berühmt wurde die Fabrik von Levi Strauss & Sohn in San Francisco, die sich auf die Herstellung indigogefärbter Arbeitskleidung aus festem Baumwollstoff, der Blue Jeans, spezialisierte.

3 Phasen der Industrialisierung

Maßgeblich für den weiteren Fortschritt der Industrialisierung war die oben erwähnte Erschließung des Westens mit seinen Erzlagerstätten durch Verkehrswege, vor allem durch die Eisenbahn. Dies hatte in Wechselwirkung Auswirkungen auf Stahlindustrie und Maschinenbau, die gleichfalls kräftig anwuchsen. Es lassen sich daher in der Industrialisierung der USA drei Phasen unterscheiden: die der Textilindustrie (1820er bis 1830er Jahre), die der Eisenbahnen und der Eisen- und Stahlindustrie (1850er bis 1890er Jahre) und die des Automobilbaus (ab dem Anfang des 20. Jahrhunderts).

calvinistisch-puritanische Wirtschaftsethik

Die calvinistisch-puritanisch geprägte Wirtschaftsethik bereitete schließlich den Boden für ein leistungsorientiertes Wirtschaftsverhalten, das den Profit zur Richtschnur des Handelns machte. Dem entspricht der individualistisch-pragmatische Denkansatz der Amerikaner. Aus der Verbindung dieser Faktoren ergab sich die Möglichkeit für den Unternehmer, Kapital, Arbeitskräfte und natürliche Rohstoffe auf freiere Weise zu kombinieren, als es in Europa möglich war. Diese unternehmerische Tätigkeit ist es, die man im Amerikanischen mit dem Begriff Business umschreibt. Es entstand das Prinzip des schrankenlosen Wirtschaftsliberalismus mit dem Fehlen jeglicher staatlicher Sozialpolitik. Das hinderte den Staat aber nicht daran, sich gegen die Flut billiger britischer Produkte mit hohen Schutzzöllen zur Wehr zu setzen (1816).

technische Innovationen

Ein wesentlicher Punkt in der Geschichte der Industrialisierung Amerikas sind die technischen Innovationen, die Erfindungen, die mit dem zur Verfügung stehenden Kapital und der Risikobereitschaft der Unternehmer zu einem technischen Fortschritt führten, der breiten Bevölkerungsschichten zu Gute kam, nicht nur das Leben der Menschen veränderte, sondern auch der Industrie neue Produktionszweige und Absatzmärkte erschloß. Zu nennen sind hier die Erfindung des Telefons 1876 durch Alexander Bell (nach ersten erfolgreichen Versuchen des Deutschen Philipp Reis 1861), 1880 die Erfindung der Glühlampe durch Thomas A. Edison und schließlich die Einführung des Fließbandes in der Automobilproduktion durch Henry Ford (1913). Erfindergeist und ein fast ungebremster Fortschrittsglaube wirkten hier intensiv aufeinander ein.

## Sklavenfrage und Sezessionskrieg

Voraussetzungen des Sklaveneinsatzes

Vor allem aus geographischen und klimatischen Gründen war der Süden der britischen Kolonien und später der Vereinigten Staaten durch den Anbau von Baumwolle, Reis und Tabak geprägt. Das Zusammentreffen von Klima und Arbeitsintensität der Kulturen brachte es mit sich, daß vor allem Sklaven eingesetzt wurden. 1619 erreichten die ersten Schwarzen die Kolonien.

Spannungen zwischen Nord- und Südstaaten

Die innere Entwicklung des jungen Staates stand von Anfang an unter der Spannung zwischen den industriell bestimmten Nordstaaten und den agrarisch orientierten Südstaaten, die aber durch die Bemühungen um ein Gleichgewicht zwischen Nord und Süd nicht zum Konflikt wurde. Da der Norden die Arbeitskraft der Sklaven nicht zur Aufrechterhaltung der Produktion benötigte, konnte sich dort der aus Aufklärung und Naturrecht herrührende Gedanke der allgemeinen Freiheit aller Menschen ungleich konsequenter durchsetzen als im Süden. Das erste Gesetz gegen die Sklaverei wurde schon 1652 in Rhode Island erlassen. Die Beibehaltung der Sklaverei stand im wirtschaftlichen Interesse der südstaatlichen Pflanzeraristokratien. Hinzu kam der grundlegende Unterschied im Lebensstil, der aus dem Gegensatz der industriellen und handwerklichen Produktionsweise des Nordens und der gutsherrschaftlich-großagrarischen Struktur des Südens herrührte.

Bis in die 1850er Jahre wurde in der Sklavenfrage ein Gleichgewicht zwischen sklavenfreien und sklavenhaltenden Staaten in der Union gewahrt. Daher kam es in den folgenden Jahren zu einem Wettlauf zwischen Nord- und Südstaaten um die Kolonisation neuer Territorien, der den Süden unter anderem in Texas eingreifen ließ (1846) und für den Bürgerkrieg in Kansas (1855) sowie für die Ambitionen auf Kuba (1854) verantwortlich war.

Wirtschaftspolit. Interessen

Die wirtschaftlichen Differenzen entstanden aus dem Widerspruch in der Wirtschaftspolitik: Während die nordstaatliche Industrie an hohen Einfuhrzöllen zum Schutz der eigenen Produktion interessiert war, lag dem Süden, der die Einfuhrzölle nicht aus eigener Produktion ausgleichen konnte, an einem System des Freihandels, damit er seine Agrarprodukte, vor allem die Baumwolle, absetzen konnte.

Erste Versuche zur Lösung des Sklavenproblems

Die Freilassung der Sklaven scheiterte in der ersten Hälfte des 19. Jahrhunderts nicht so sehr an wirtschaftlichen Notwendigkeiten. Zum einen war nicht sicher, ob die Baumwolle des Südens weiterhin ihre Rolle in der nationalen Wirtschaft würde behaupten können, zum andern stellte sich die Frage, ob man mit einem Niedergang der Baumwolle die Sklaven überhaupt noch würde beschäftigen können.

## Der Sezessionskrieg

Politische Differenzen zwischen Nord- und Südstaaten

Die wirtschaftlichen Differenzen zwischen Nord- und Südstaaten waren jedoch nicht der Grund und auch nicht der Auslöser für den Sezessionskrieg, der mit dem Austritt von 6 Südstaaten aus der Union begann. Mit der Präsidentschafts- und Kongreßwahl von 1860 endete eine dreißigjährige Periode der Demokraten, die den Südstaaten vor allem das politische Übergewicht in der Union brachte. Mit der Wahl Lincolns zum Präsidenten zog erstmals ein republikanischer Kandidat ins Weiße Haus ein, die Republikanische Partei, die seit 1855 im Senat und im Repräsentantenhaus saß, konnte seither ihre Stimmenzahl stetig vermehren und jetzt die Mehrheit erringen. Mit der Herrschaft der Demokratischen Partei aber war die politische Vorherrschaft des Südens verbunden, und genau diese Vorherrschaft ging 1860 verloren.

Ende der Machtstellung des Südens

Die liberal eingestellte Republikanische Partei war als ein Sammelbecken der Sklavereigegner gegründet worden und forderte aus der emanzipatorischen Denkweise des Nordens heraus die Abschaffung der Sklaverei in der gesamten Union. Dies konnte jedoch kaum Anlaß für einen Bundeskrieg dieses Ausmaßes werden, da über 70 % der Sklaven im Besitz von nur 7 % der knapp 350 000 Sklavenhalter des Südens waren. Der tiefere Grund liegt im Verlust der Machtstellung, die der Süden mit der Wahl Lincolns kommen sah, derjenigen Machtstellung, die die "aristokratischen" Plantagenbesitzer des Südens an die "Barone" des industrialisierten Nordens abgeben mußten. Das äußerte sich auch konkret darin, daß neben Lincoln auch sein Vizepräsident H. Hamlin aus dem Norden kam, während sich bisher Nord- und Südstaaten die Besetzung beider Ämter geteilt hatten.

Verschiebung der Bevölkerungsanteile

Die Verschiebung der Gewichte innerhalb der Union zeigte sich auch in einem stetigen Anstieg der Bevölkerungszahlen des sklavenfreien, industrialisierten Nordens. Hierher, weil sie hier überhaupt Arbeit fanden, strömten praktisch alle neuen Einwanderer.

1854: Kansas-Nebraska-Act und Reaktionen

Die politische Chronologie der Sezession beginnt mit der Verabschiedung der *Kansas-Nebraska-Act* im Mai 1854. Nach ihr sollen die Siedler der Territorien von Kansas und Nebraska (das sind die heutigen Staaten Kansas, Nebraska, Colorado, Montana, North und South Dakota und Wyoming) selbst über die Zulassung der Sklaverei entscheiden. Das bedeutete eine Abkehr vom Prinzip des Missouri-Kompromisses, d. h. der regionalen Beschränkung. Unmittelbare Reaktion auf dieses Gesetz war die Formierung von *Whigs*, *Free-Soilers* (1848 unter dem Slogan *"free soil, free speech, free labor and free men"* gegründet) und Sklavereigegnern unter den Demokraten zur Republikanischen Partei in der ersten Jahreshälfte 1854, sowie der Bürgerkrieg in Kansas, der sich schnell mit der Sklavenfrage verband.

Austritt South-Carolinas aus der Union

Unmittelbar auf die Wahl Lincolns zum Präsidenten erklärte das Parlament von South Carolina seine Unabhängigkeit und den Austritt aus der Union (20. 12. 1860). Noch im Januar 1861 folgten Mississippi, Alabama, Florida, Georgia und Louisiana, im Februar Texas, und beschlossen vom 4.–8. Februar eine Verfassung für die "Konföderierten Staaten von Amerika". Im März schlossen sich Arkansas und Virginia, im Mai North Carolina und im Juni Tennessee an. Der Norden sah sich durch diese Loslösung von der Union in die Defensive gedrängt und kämpfte von nun an für den

Fortbestand des Gesamtstaates. Die Sklavenfrage war zwar ein wertvolles propagandistisches Mittel, aber weder Auslöser noch Ziel des Krieges. Lincoln selbst erklärte bei seinem Amtsantritt, er habe *"nicht die Absicht, weder direkt noch indirekt, (sich) in die Institution der Sklaverei in den Staaten einzumischen, wo sie besteht"*, und auch weder *"das gesetzliche Recht dazu"* noch *"die Neigung, es zu tun."*

Unterschiede in der Interpretation der Staatsgründung

Die Unterschiedlichkeit der Standpunkte liegt vor allem in der Interpretation der Staatsgründung von 1776/1787. Der Süden sah sie als freiwilligen Beitritt souveräner Staaten zu einer Union und betonte damit den Akt von 1776 mehr. Der Norden dagegen legte den Schwerpunkt auf die Verfassung von 1787, die mit den Worten *"Wir, das Volk der Vereinigten Staaten, ... ordnen an und begründen diese Verfassung der Vereinigten Staaten von Amerika (um eine bessere Union zu bilden...)"* beginnt.

Sezessionskrieg

Im Sezesssionskrieg selbst standen 23 Nordstaaten gegen 11 Südstaaten, die zunächst unter General Robert E. Lee bedeutende Landsiege verzeichnen konnten. Die Seeblockade schwächte allerdings die Konföderation immer weiter, so daß die Wirtschaftskraft des Nordens schließlich siegte.

Bilanz des Krieges

Im Krieg verloren auf beiden Seiten etwa 1 Million Menschen ihr Leben, dazu kamen 6 Milliarden Dollar an Kriegsausgaben bei den Staaten des Nordens, 3 Milliarden bei den Südstaaten und etwa 11 Milliarden an Sachschäden, Kriegsfolgekosten etc. bei beiden Parteien. Der amerikanische Sezessionskrieg unterscheidet sich von den "Kabinettskriegen" des 19. Jahrhunderts durch die Größenordnungen im Einsatz von Mensch und Material, durch die Verwendung industrieller Kampf- und Kommunikationsmittel sowie die rücksichtslose Einbeziehung der Zivilbevölkerung und macht ihn so zu einem Vorläufer der totalen Kriege des 20. Jahrhunderts.

## Die "Rekonstruktion"

gesetzliche Maßnahmen der "Rekonstruktion"

In den folgenden Jahren wurden die unterlegenen Konföderationsstaaten von landfremden Politikern oder Militärs regiert, bis sie schließlich die vom Norden geforderten Bedingungen für die Wieder-Gewährung des Selbstbestimmungsrechtes erfüllten (13., 14., 15. Verfassungsamendment, *Reconstruction Acts, Civil Rights Act*) und Vertreter in den Kongreß entsenden durften. Da der Süden einstweilen nicht im Kongreß vertreten war, begünstigte die Gesetzgebung die Industrie des Nordens und verhalf der Industrialisierung endgültig zum Durchbruch. Die gesetzlichen Maßnahmen der "Rekonstruktion" waren zum Teil jedoch auch ein Mittel, um die Rückkehr der Demokraten zu ihrer einstigen politischen Bedeutung zu verhindern.

Der Krieg förderte und beschleunigte das wirtschaftliche Wachstum, vor allem freilich das der Nordstaaten; die USA traten in den späten 1860er Jahren endgültig in den Rang einer hochindustrialisierten Nation ein. Der soziale Umbruch war so total wie die Niederlage des Südens. Die Plantagenbesitzer, die fast ein Jahrhundert lang den Staat regiert hatten, verloren mit der entschädigungslosen Befreiung der Sklaven ihre wirtschaftliche Machtstellung an die "Yankees", die Industriellen des Nordens.

Beschleunigung des industriellen Wachstums sozialer Umbruch

Durch das 13. Verfassungsamendment, das 1865 in Kraft trat, wurden die Sklaven zwar befreit, das soziale Problem der Deklassierung der schwarzen Bevölkerung blieb jedoch bestehen. Der Ku-Klux-Klan, ein 1866 in Tennessee entstandener Geheimbund, sorgte durch sein Wirken, vor allem durch Terrorakte, dafür, daß die Herrschaft der Weißen in den Südstaaten bestehen blieb. Die Masse der Schwarzen geriet aus der persönlichen Abhängigkeit in die Lohnabhängigkeit der Industrie; das Problem der Rassendiskriminierung birgt noch heute sozialen Sprengstoff, auch wenn der Terror gegen Schwarze (besonders in der 1960er Jahren) heute weitgehend der Vergangenheit angehört.

Soziales Problem der Schwarzen

# Die USA als industrielle Weltmacht

## Das industrielle Wachstum

Um 1860 machten auch die USA den großen Sprung, der sie unter die führenden Industrienationen und schließlich auch an deren Spitze brachte. Verantwortlich dafür sind einerseits der wirtschaftliche Aufschwung während des Sezessionskrieges, andererseits vor allem die Erschließung der Rohstoffgebiete durch Eisenbahnlinien und in das rapide Ansteigen der Einwandererzahlen. So stieg die Bevölkerungszahl von 31 Millionen 1860 auf 76 Millionen 1900 an. Die fortschreitende Besiedlung der Territorien zwischen dem Mississippi und Kalifornien ließ einen riesigen Absatzmarkt entstehen.

Umbruchsituation

Bis zur Jahrhundertwende bildete sich schließlich der *"Manufacturing Belt"*, auch "Industrielles Dreieck" *(industrial triangle)* genannt, heraus, ein Gebiet zwischen New York/Washington und Chicago mit Detroit, Cleveland, Pittsburgh und Philadelphia als weiteren Zentren, in dem (1960) 43 % der Bevölkerung 66 % der Industrieproduktion erbrachten. Hier waren vor allem die Eisen- und Stahlindustrie und die chemische und petrochemische Industrie beheimatet.

Manufacturing Belt

Wirtschaftskrisen

Dieses industrielle Wachstum wurde ab 1870 durch regelmäßig wiederkehrende Wirtschaftskrisen (1873–79, 1882–85, 1893–97) gestört, wie auch die erste Phase der Industrialisierung in jedem Jahrzehnt durch längere Depressionsphasen gekennzeichnet war. Diese Krisen zeigten bereits die Erscheinungen, die dann auch die Wirtschaftskrisen des 20. Jahrhunderts begleiteten: Rückgang von Preisen und Zinsen, Anstieg der Firmenzusammenbrüche und der Arbeitslosenzahlen.

Konzentrationsprozeß in der Industrie

Im Zusammenhang mit diesen Wirtschaftskrisen steht auch der Konzentrationsprozeß in der Industrie, der sich sowohl im Aufgehen kleinerer Firmen in größeren und stärkeren Konzernen (Monopole) als auch im Zusammenschluß mehrerer Betriebe oder Konzerne in Trusts und Kartellen äußerte. Beides hatte ein Ausschalten von Marktmechanismen zur Folge: Monopolkonzerne beherrschten den Markt alleine, Trusts und Kartelle teilten den Markt unter sich auf und verzichteten auf die gegenseitige Konkurrenz – beidemale konnten Preise und Abgabebedingungen diktiert werden. Diese Konzentrationsbewegung ging sowohl horizontal (räumlich) als auch vertikal (eine Sparte vom Rohstoff bis zur Fertigung und zum Verkauf des Endproduktes umfassend) vor sich. Damit verbunden war aber auch eine massive Einflußnahme der Industrie auf die Politik – die USA gingen zu einer imperialistischen Außenpolitik über.

## Big Business

Wirtschaftspolitische Abstinenz des Staates

Die Zurückhaltung der Regierung in der Regelung anstehender Fragen bei der Industrialisierung, die nahezu unbegrenzt mögliche Privatinitiative und die äußerst günstigen Bedingungen eines riesigen Binnenmarktes mit großen Wachstumschancen begünstigten einen schrankenlosen Wirtschaftsliberalismus und das Entstehen einer Schicht von Industriekapitänen, die im Verlauf der Konzentration zu einer dünnen Schicht von Eisenbahnkönigen, Stahlbaronen und Bankiers wurde.

Unternehmenskonzentration in der Großindustrie: Eisenbahnen und Stahl

Besonders der Eisenbahnbau und die Stahlindustrie zeigen Grundzüge dieses neuen Unternehmertums. Nachdem neue Techniken die Stahlproduktion revolutioniert hatten (Bessemer-Verfahren) und der Abbau der riesigen Erzlagerstätten in Michigan und Minnesota begann, war, wie schon vorher bei den Eisenbahnen, der Weg frei zur Unternehmenskonzentration unter dem Einsatz von Geld und Technik. Andrew Carnegie, ein gebürtiger Schotte, kontrollierte um die Jahrhundertwende in einem "vertikalen Verbund" rund 40 % der amerikanischen Stahlfertigung, verkaufte allerdings 1901 den gesamten Komplex für 447 Millionen Dollar an den Bankier John P. Morgan. Dessen U. S. Steel Corporation verfügte schließlich über 60 % der amerikanischen Stahlindustrie und ist ein klassisches Beispiel für den Aufbau eines Wirtschaftsimperiums durch einen Bankier.

Öl

Auf dem Ölsektor gelang es J. D. Rockefeller, der 1870 die Standard Oil Company (abgekürzt S. O., später ESSO) gegründet hatte, innerhalb von zehn Jahren fast die gesamte Petroleumindustrie unter seine Kontrolle zu bringen.

Anti-Trust-Gesetze

1890 erließ der Kongreß zwar gegen die Trusts den *Sherman Act*, der Monopole und Kartellabsprachen verbot, aber finanzielle Verflechtungen (Holdings als übergeordnete Organisation) weiter zuließ. Die Bestimmungen des Gesetzes waren aber so ungenau, daß seine Wirkung sehr gering war, zumal der Oberste Gerichtshof auf Seiten der Unternehmer stand.

Bewertung der Unternehmer

Die Leistung dieser Großindustriellen ist schwer zu beurteilen. Die Bewertung bewegt sich zwischen der Einstufung als *"robber barons"*, die die unteren Bevölkerungsschichten ausbeuteten und ins Elend stürzten, und der Heroisierung des freien Unternehmertums. Wichtig für den Aufschwung der USA waren in jedem Fall sowohl die Organisationskräfte dieser Persönlichkeiten für die amerikanische Wirtschaft, als auch das politische Engagement der Unternehmer, besonders im letzten Drittel des 19. Jahrhunderts. Big Business im Innern des Landes war gleichbedeutend mit Korruption größten Ausmaßes, im außenpolitischen Bereich mit Dollarimperialismus.

## Die Lage der Arbeiter

Lebens- und Arbeitsbedingungen

Die Lage der Arbeiter unter diesem System des schrankenlosen und von staatlichen Stellen nicht regulierten und kontrollierten Wirtschaftsliberalismus war schlechter als in Europa. Rendite und Profit wurden durrchweg auf Kosten von Löhnen, Sicherheit und Gesundheit der Arbeiter erwirtschaftet.

Schwäche der Gewerkschaftsbewegung

Dennoch blieb die Gewerkschaftsbewegung schwach, da Fabrikarbeit für die Masse der Zuwanderer, ob vom Land oder aus Europa, gleichbedeutend mit dem festen Entschluß zum sozialen Aufstieg war. Daher stand nicht der Kampf gegen das System im Vordergrund, sondern die Eingliederung. Das Überangebot an Arbeitskräften durch die starke Einwanderung führte zu einer eher konservativen Ausrichtung in den Zusammenschlüssen der Facharbeiter und zu ihrer Abgrenzung gegen soziale Aufsteiger. Dennoch waren sowohl Arbeitskämpfe als auch ihre brutale Niederschlagung nichts Seltenes.

## Opposition gegen das Big Business

Konzentration des Reichtums

Um die Jahrhundertwende war die Zusammenballung des Reichtums in den Händen Weniger in ein kritisches Stadium getreten. 1910 besaß ein Prozent der amerikanischen Bevölkerung 47 % aller Besitztümer im Land und verbrauchte 15 % des Nationaleinkommens. Widerstand dagegen regte sich zunächst bei den Farmern des Südens und Westens.

Krise der Landwirtschaft

Sie wurden vom rapiden Verfall der Agrarpreise voll getroffen und verschuldeten sich mehr und mehr. Abhilfe versprach eine genossenschaftliche Organisation, die sich 1892 in der *People's Party* (Populisten) auch eine politische Organisation gab. Sie forderte vor allem ein stärkeres Engagement des Staates in Verbindung mit einer durchgreifenden Demokratisierung.

Armut als soziales Problem

Ein rapider Anstieg der Lebenshaltungskosten (von 1897 bis 1913 um 35 %) brachte Millionen Amerikanern den sozialen Abstieg in die Armut und ging mit der Korruption in Ämtern Hand in Hand. Die 1912 gegründete *Progressive Party*, die Theodore Roosevelt für eine dritte Amtsperiode nominierte, bemühte sich um eine Linderung der Folgen sozialer Not, wenn sie schon nicht die Mißstände selbst und ihre Ursachen abschaffen konnte. Ihre Bemühungen bereiteten aber eher den Boden für staatliche Eingriffe als daß sie konkrete Sofortmaßnahmen gebracht hätten.

Keine Kritik am kapitalistischen System

Der Kampf gegen die Monopole war aber nicht gegen das kapitalistische System an sich gerichtet, die liberale Wirtschafts- und Sozialordnung sollte nicht in Frage gestellt werden. Im Gegenteil – das herrschende System sollte samt dem sozialen Status der Progressivisten gestützt und gestärkt werden, wobei die Monopole besonders den letzteren bedrohten. Gleichzeitig sollten Sozialreformen den Lebensstandard der Bevölkerung heben.

## Der Dollarimperialismus der USA

### Die Phase des Expansionismus

Isolationismus Monroe-Doktrin

Die Außenpolitik der USA wurde lange Zeit durch die eigenen kolonialen Erfahrungen bestimmt, und viele Amerikaner sträubten sich dagegen, in den Wettlauf der europäischen Mächte um Kolonien in Afrika oder Asien einzutreten. Die von dem amerikanischen Präsidenten Monroe 1823 verkündete Monroe-Doktrin "Amerika den Amerikanern" war nicht nur dazu geeignet, europäische Interventionen auf dem amerikanischen Kontinent zurückzuweisen, sondern umgekehrt auch die Aktivität der USA auf ihre Hemisphäre zu begrenzen. Auch die Erschließung des Westens nahm zunächst einige Energie auf. Sie aber war mit dem 1890 festgestellte Ende der *frontier* abgeschlossen.

Bereits vorher aber richtete sich der Blick einzelner Unternehmer auf Gebiete außerhalb der Vereinigten Staaten. Hier war zunächst Britisch-Kanada das Ziel, dann das spanische Mexiko (seit 1821 unabhängig). Mexiko stand ohnehin im Blickfeld dieser "Expansionisten", da der gesamte Südwesten von Texas bis Kalifornien nach dem mexikanisch-nordamerikanischen Krieg 1846/48 an die USA verloren ging.

Expansionsbestrebungen

**Der Früh-Imperialismus**

In den 1850er Jahren kamen dann Vorstellungen auf, die darauf zielten, die angrenzenden Meere unter dem Schutz der amerikanischen Flotte dem eigenen Handel zu unterwerfen. Hier zeigt sich die handelspolitische Zielsetzung als deutlicher Unterschied zum europäischen Kolonialismus. 1854 zwang Commodore Matthew C. Perry mit seinem Flottengeschwader Japan zur Öffnung seiner Häfen für den amerikanischen Handel und zur Annahme eines Friedens-, Freundschafts- und Handelsvertrages. Unternehmen wie die Eroberungsversuche Nikaraguas 1855 und Honduras' 1860 blieben noch vereinzelt, fanden aber schon den Beifall der amerikanischen Öffentlichkeit.

Wirtschaftliche Interessen: Japan Mittelamerika

Der erste Schritt, den Pazifik zu einem amerikanischen Wirtschaftsraum zu machen, wurde mit dem Kauf Alaskas von Rußland 1864 unternommen. Mit der Erwerbung der Aléuten und der Midway-Inseln wurde der Ring um Hawaii geschlossen, wo sich schon Amerikaner angesiedelt hatten, Zuckerrohranbau trieben und politische Rechte erworben hatten. Ein Umsturz sollte den Anschluß an die USA bringen. Da sich der Senat jedoch diesem Vorhaben verweigerte, wurde Hawaii als Republik wieder selbständig.

Umfassung des Pazifik: Alaska Hawaii

# Die USA als imperialistische Macht

Mitte der 1890er Jahre schließlich gewann die Vorstellung Oberhand, man müsse am "Kampf ums Dasein" teilnehmen, man müsse anderen Menschen die Freiheit bringen – die USA waren in ein ähnlich missionarisches Stadium ihrer Außenpolitik getreten wie die europäischen Mächte. J. Strongs Buch *"Our Country"* (1885) verbreitete den sozialdarwinistischen Gedanken von der Überlegenheit der angelsächsischen Rasse und besonders ihres amerikanischen Teils. Ebenso vermittelte J. W. Burgess die Idee von der Pflicht der germanischen Rasse, ihre Leistungen zu verbreiten – notfalls mit Gewalt. Hinzu trat die Vorstellung, Amerika könne durch diese Politik vor der Gefahr des Sozialismus bewahrt werden. Die Verwandtschaft zu sozialimperialistischen Theorien, die den Imperialismus als einen Versuch ansehen, innere Wider-

Beginn der expansiven Politik

sprüche durch Erfolge in der expansiven Außen- und Kolonialpolitik zu neutralisieren, mindestens aber zu überdecken, ist offenkundig. Ergebnis dieser Ansichten, die J. Mahan u. a. in *"The Interest of America in Sea Power"* (1897) verbreitete, war die Schaffung einer Flotte, die nicht mehr nur rein defensiven Charakter hatte, sondern amerikanische Interessen auf allen Meeren durchsetzen können sollte (*Naval-Act* 1890).

Kuba: Kapitalinteressen

Gerade in der Kuba-Frage zeigt sich auch, daß nicht unbedingt die Repräsentanten der Politik eine expansive und aggressive Politik befürworteten, sondern daß Kapitalinteressen ausschlaggebend waren und die Politik beeinflußten. Diese Kapitalinteressen unterstützten die Aufstandsbewegungen der Einheimischen gegen Spanien und lösten massive antispanische Propaganda aus, als das zum Schutz der amerikanischen Staatsbürger nach Havanna ausgelaufene Schlachtschiff "Maine" – ohne Einwirkung der Spanier – durch eine Explosion sank.

Streit mit Spanien

Die Presse der Vereinigten Staaten reagierte mit anti-spanischer Propaganda. Präsident McKinley verlangte von Spanien einen Waffenstillstand und die Auflösung der Konzentrationslager *(campos de concentracion* – das erste Vorkommen dieses Begriffes in der Geschichte), in denen einheimische Rebellen gefangen waren. Das Einlenken der Regierung in Madrid kam jedoch zu spät, der Präsident hatte sich schon den Kriegstreibern im eigenen Lager gebeugt und die Befriedung der Insel durch eine gewaltsame Intervention gefordert. Der Senat fomulierte allerdings in der entsprechenden Resolution den ausdrücklichen Verzicht auf eine Annexion Kubas.

Spanisch-Amerikanischer Krieg (1898): Kuba Philippinen

Der Spanisch-Amerikanische Krieg von 1898, der sich an der kubanischen Frage entzündete, aber auch gegen die spanischen Besitzungen auf den Philippinen geführt wurde, brachte praktisch ohne eigene Verluste den Sieg über die spanischen Flottenverbände (*"splendid little war"*). Im Zug der Flottenoperationen besetzten die Amerikaner gleich die Midway-Inseln und Puerto Rico mit, die von dem Krieg eigentlich überhaupt nicht berührt waren.

Kuba Puerto Rico Guam Hawaii Samoa

Im Frieden von Paris 1898 gewannen die USA schließlich die Hoheit über Kuba, Puerto Rico und Guam, sowie gegen Zahlung von 20 Millionen auch die Philippinen. Bei den Ratifizierungsverhandlungen im Senat prallten zwar noch imperialistische und antiimperialistische Vorstellungen aufeinander, schließlich erkannte aber doch die demokratische Mehrheit die Verträge an (1899). Im Siegestaumel passierten sowohl der Annexionsvertrag für Hawaii als auch die Auflösung des Kondominiums über Samoa den Senat reibungslos: Deutschland erhielt den größten Teil der Insel, Amerika den wichtigen Hafen Pago-Pago, Großbritannien zog sich zurück.

Das spanische Erbe auf den Philippinen verstrickte die USA allerdings zunächst in den Philippinischen Krieg (1899–1902) gegen die Einwohner der Inseln, denen sie während des Spanischen Krieges für die Teilnahme am Kampf die Freiheit versprochen hatten und die sich jetzt um ihre Rechte betrogen sahen. Spätestens in diesem Krieg wurde deutlich, wie weit sich die Vereinigten Staaten von ihrem ursprünglich vertretenen Ziel, für die Freiheit zu kämpfen (Kuba-Resolution) auch offiziell entfernt hatten.

Philippinischer Krieg (1899–1902)

Die Verwicklung in den Philippinen-Krieg hinderte die USA daran, sich nennenswert an der Niederschlagung des Boxer-Aufstandes in China (1900) zu beteiligen, so daß sie leer ausgingen, als danach China in Interessensphären aufgeteilt wurde. Um ihren Einfluß dennoch zu wahren, verkündeten sie die Politik der *"Open Door"*, des freien Zugangs zum chinesischen Markt.

China: Politik der *Open Door"*

Mit dem Amtsantritt Theodore Roosevelts 1901 trat der amerikanische Imperialismus in eine neue Phase und griff weiter aus. Der Gegensatz zwischen der zögernden Person des Präsidenten und den Ansprüchen des Kapitals war aufgehoben, Roosevelt selbst folgte dem afrikanischen Spruch, *"sanft zu reden und einen dicken Knüppel zu tragen"* (daher die *"Politik des dicken Knüppels" – big stick*). Die Mehrheitsverhältnisse im Kongreß blieben allerdings von 1895 bis 1911 dieselben.

Roosevelt

Die Philippinen und Puerto Rico wurden zum *"nicht organisierten Territorium"* erklärt (1902), Kuba wurde amerikanisches Protektorat mit Interventionsrecht (1903).

In diese Zeit fällt auch der Zugriff auf Panama, wo die amerikanische Kanalbau-Company, die ihre Rechte am Kanal an die USA abtreten wollte, eine "Revolution" inszenierte und am 3. November 1903 die Unabhängigkeit des Landes von Kolumbien proklamierte. Schiffe der US-Navy verhinderten die Landung kolumbianischer Truppen, die USA erkannten die Republik sofort an, Panama trat wenige Tage später die Souveränität über die Kanalzone an die USA ab, der Panama-Kanal wurde 1904–1914 gebaut.

Panama

1904 schließlich formulierte Roosevelt die Monroe-Doktrin um: Aus der Zurückweisung europäischer Intervention in Amerika wurde das Recht der USA, überall auf dem amerikanischen Kontinent einzugreifen, wo amerikanische (Kapital-)Interessen gefährdet waren: Die Dominikanische Republik übertrug 1905 den USA das Zollrecht und gestand 1907 das Recht zur Intervention zu (bis 1941); mit der Intervention in Nikaragua 1912 wurde dieses amerikanisches Protektorat (Anwesenheit der Truppen 1916–1924); 1915 begab sich Haiti in den Schutz der USA (Anwesenheit der Truppen bis 1934). Die Intervention in Mexiko 1914–1917 wurde beendet, als Mexico sich dem Deutschen Reich zuzuwenden drohte.

Umformulierung der Monroe-Doktrin
Intervention in Mittelamerika

Wo aber diese Interessen nicht unmittelbar und augenscheinlich im Spiel waren, konnte sich Roosevelt wie seinerzeit Bismarck auf die Position eines "ehrlichen Maklers" zurückziehen. So vermittelte er den russisch-japanischen Frieden von Portsmouth (1905) und die Konferenz von Algeciras (1906) zur Lösung der Marokko-Krise.

## Die USA und der Erste Weltkrieg

### Innenpolitische Voraussetzungen

Die USA im Ersten Weltkrieg

Die mit dem Amtsantritt Woodrow Wilsons 1912 begonnenen innen- und sozialpolitischen Reformen traten über die Frage nach der Verstrickung der USA in den Ersten Weltkrieg in den Hintergrund. Im Bewußtsein der öffentlichen Meinung war zunächst die Neutralität fest verankert; die USA hatten sich zwar in der jüngsten Vergangenheit sehr stark in Lateinamerika engagiert, sich aber aus europäischen Konflikten seit Bestehen des Staates herausgehalten.

Haltung gegenüber den europäischen Mächten

Dieser gleichsam offiziellen politischen Neutralität stand natürlich eine sehr hohe Affinität sowohl zu England – als Land gleicher Sprache, Geschichte und Kultur – als auch zu Frankreich – dem man seine Hilfestellung beim Kampf um die Unabhängigkeit nicht vergaß – gegenüber. Kaiser Wilhelm II. verstand es, durch seine polternde Art die politischen Sympathien zu verspielen; sie gingen vollends verloren, als das Deutsche Reich das neutrale Belgien überfiel. Während der ersten Kriegsjahre schließlich war die alliierte Propaganda mit ihrem Deutschland-Bild in den USA im Vorteil.

Handel der USA

Während die alliierte Blockade Deutschlands den Handel mit den USA entscheidend traf, stieg die amerikanische Ausfuhr nach Großbritannien, Frankreich und Italien dagegen in derselben Zeit von 800 Millionen Dollar auf 2,6 Milliarden an. Diese Importe wurden ab 1915 durch Anleihen in den USA finanziert, so daß sich bis zum Kriegseintritt der USA im April 1917 die Alliierten auf diese Weise mit 2,3 Milliarden Dollar, bis Juni 1920 schließlich mit 12,6 Milliarden Dollar verschuldeten.

### Eintritt in den Krieg und Engagement

Der Kriegseintritt der USA

Der Eintritt in den Krieg wurde der Regierung Wilson durch den von Deutschland geführten U-Boot-Krieg erleichtert, dem 1915 bei der Versenkung der *Lusitania* von den 1198 Menschen auch 128 Amerikaner zum Opfer fielen. Nach der Versenkung zweier weiterer Schiffe beruhigte zwar das deutsche Zurückweichen in dieser Frage nach außen hin die Situation, aber seit Dezember 1915 trieb der Präsident die militärischen Anstrengungen zur Aufnahme der Kämpfe voran. 1916 wurde die Armee verstärkt und ein Flottenbauprogramm im Umfang von 313 Millionen Dollar aufgelegt. Die Entscheidung zu einem Kriegseintritt, den auch die amerikanische Öffentlichkeit mitvollziehen konnte, fiel schließlich, als Deutschland den uneingeschränkten U-Boot-Krieg erklärte (31. Januar 1917) und ein Bündnis mit Mexiko und Japan anstrebte. Als auch in Rußland die Revolution das Zarenregime durch eine bürgerliche Regierung ersetzt hatte, das Land damit auf dem Weg zur Demokratie schien und als Bündnispartner möglich wurde, trat Wilson am 2. April vor den Kongreß und verlangte die Vollmacht, Krieg führen zu können, um die Welt *"safe for democracy"* zu machen.

Amerikanische Unterstützung

Die amerikanische Unterstützung sollte ursprünglich nur in Geld, Schiffsraum und Güternachschub bestehen. Bald wurden jedoch auf Drängen der Alliierten auch Truppen nach Europa entsandt. Auf der politischen Seite setzte Wilson mit seinem 14-Punkte Programm im Januar 1918 die Maßstäbe, an denen eine künftige europäische Ordnung gemessen werden sollte. Besonders das amerikanische Eingreifen brachte vom September 1918 an die deutsche Front auf breiter Linie zum Wanken und schließlich zum Fallen, wodurch den Amerikanern der Sieg vor allem als ihr Sieg erschien. Damit unterschätzte aber die amerikanische Öffentlichkeit die Tatsache, daß die Jahre vorher das Leben von 1,4 Millionen Franzosen und 900 000 Briten gefordert hatten. Ihnen standen auf amerikanischer Seite nur etwas über 100 000 Kriegstote gegenüber.

### Folgen des Engagements

Wirtschaftsaufschwung

Der amerikanischen Wirtschaft brachte dieses Engagement einen kräftigen Aufschwung in allen Bereichen. Zum ersten waren die 33,5 Milliarden Dollar, die die USA von April 1917 bis Juni 1920 für Kriegszwecke ausgaben – davon 10,3 Milliarden als Anleihe der Alliierten – eine enorme Investitionsspritze, die natürlich zunächst der Rüstungsindustrie zugute kam, dann aber über Zulieferer etc. weitere Kreise zog. Zum zweiten stieg die Weizenproduktion und -ausfuhr durch die Erhöhung des staatlichen Ankaufpreises stark an; die Anbaufläche vergrößerte sich von 47 Millionen acres 1917 auf 74 Millionen acres 1919. Zum dritten floß das Eigentum der Mittelmächte durch Beschlagnahmung der amerikanischen Volkswirtschaft zu, wobei die deutschen Patente besonders der chemischen Industrie zugute kamen. Die Organisation dieser kriegswichtigen Industriezweige wurde von Regierungsstellen übernommen (*Council of National Defense, War Industries Board, Food Administration* u. a.). Damit war bereits in einer Krisenzeit ein planwirtschaftliches Instrumentarium geschaffen und erprobt; es entsprach jedoch dem freiheitlichen Geist der USA, daß nach dem Krieg diese Maßnahmen wieder aufgegeben wurden.

Rückkehr zum politischen Isolationismus

Der Krieg wurde zwar unter dem Aspekt der Vierzehn Punkte Wilsons beendet, aber der Präsident mußte dann mit ansehen, wie statt der Völkerverständigung die Revanchegelüste der Sieger die Friedensverhandlungen bestimmten. Der Senat folgte alten isolationistischen Tendenzen und verwarf den Hauptpunkt des Wilsonschen Friedenswerkes, den Beitritt der USA zum Völkerbund. Im August 1921 schließlich schlossen die USA eigene Friedensverträge mit den Mittelmächten. Die Rückkehr zur Politik des Isolationismus war allerdings nur vordergründig, die Alliierten waren weiterhin bei den USA hoch verschuldet, was zwangsläufig das Interesse über den Atlantik auf Europa lenkte.

## Vom Boom zur Krise

### Die Blüte der zwanziger Jahre

Nach dem Krieg machte sich in den USA zunächst eine außenpolitisch motivierte Enttäuschung breit, da das Engagement in Europa nicht die Früchte trug, die man sich erhofft hatte. Die Wirtschaft indessen lief auf Hochtouren und war unter den Bedingungen des Krieges weiter gewachsen.

Suche nach "Schuldigen"

Zunächst aber suchte man unter dem Eindruck der um sich greifenden Desillusionierung die "Schuldigen" an der Verstrickung Amerikas in die Weltpolitik. Die ersten, die die Reaktion traf, waren die Einwanderer, die nur noch nach einer bestimmten Quote ins Land gelassen wurden. Als zweites traf die Arbeiterschaft das Mißtrauen der unternehmerfreundlichen Kreise. Alle Forderungen nach Besserung der Arbeitsbedingungen und nach politischen Rechten wurden mit der Vorbereitung zum kommunistischen Umsturz gleichgesetzt. Von Anfang 1919 bis Mitte 1920 stand das Land unter der von Arbeitgebern geschürten Massenhysterie der "Roten Furcht" *(Red Scare)* – sie sollte sich nach dem Zweiten Weltkrieg noch einmal wiederholen. Die dritte Gruppe, die der Volkszorn traf, waren – oft ziemlich undifferenziert – Schwarze, Katholiken und Juden. Der Ku-Klux-Clan erreichte in dieser Zeit wieder eine Mitgliederzahl von 5 Millionen.

Prohibition

Die letzte Gruppe – und damit gleiten diese Aktionen in den Bereich des Irrationalen – bestand aus all jenen, die nicht bereit waren, um religiös-ideologischer Überzeugung willen auf den Alkohol zu verzichten. Gewisse religiös bestimmte Kreise hatten schon immer im Alkoholkonsum die Wurzel allen Übels gesehen. Sie setzten jetzt die Prohibition, d. h. das Verbot aller Getränke mit über 0,5 % Alkoholgehalt durch. Das Ergebnis war jedoch ausschließlich negativ, Schmuggel und Schwarzbrennerei blühten, der illegale Alkoholhandel wurde von Verbrechersyndikaten organisiert, ein Verstoß gegen die Vorschriften der Prohibition galt als Kavaliersdelikt oder als Sport.

Absinken des Lebensstandards auf dem Land

Auf dem Land ließ die durch den Krieg angefachte und nachher nicht mehr abgebaute Überproduktion die Agrarpreise und damit den Lebensstandard ständig sinken. So ging das landwirtschaftliche Nettoeinkommen von 10 Milliarden Dollar 1919 auf 5,7 Milliarden 1924 und 5,1 Milliarden 1930 zurück. Der Staat griff jedoch kaum durch gesetzliche Regelungen ein. Die Industrie dagegen erlebte eine lange Phase der Hochkonjunktur, in der der Staat gleichfalls das alte Prinzip des Laissez-faire verfolgte. Begünstigt von dieser Phase der Prosperität waren die Reichen, die von der Steuergesetzgebung profitierten. Die Arbeiterschaft dagegen mußte sich mit geringen Verbesserungen begnügen.

Aktienspekulation

Eine neue Komponente wiesen jedoch die Zwanziger Jahre gegenüber früheren Perioden der Hochkonjunktur auf. Immer größere Bevölkerungskreise, die von der Konjunktur profitierten, spekulierten mit ihrem Geld am Aktienmarkt. Die Folge war eine Aufblähung dieses Marktes über ein volkswirtschaftlich gesundes Maß hinaus.

Aktienwert

Eine Aktie ist gewöhnlich ein Anteil am Firmenvermögen und wird zwar zu einem bestimmten Nennwert (heute bei uns 50 DM) ausgestellt, aber an der Börse zu einem höheren Preis gehandelt. Dieser Preis richtet sich zunächst nach dem Wert des Firmenvermögens im Vergleich zu anderen Firmen und deren Aktien. Erzielt das Unternehmen Gewinn, steigt der Wert der Aktie, indem sie (auf Grund des Geschäftsverlaufs) für Geldanleger attraktiv wird. Umgekehrt gilt das Gleiche.

Aktienhandel

Ist nun in einer Volkswirtschaft die Bereitschaft zum Aktienhandel oder zur Aktienspekulation sehr hoch, dann kann sich der Kurs der Aktien von der realen Basis des Unternehmenswertes lösen und höher steigen. Die Aktie hat dann nur noch einen bloßen Handelswert, ihr Preis richtet sich allein nach Angebot und Nachfrage. In einer Phase des "gesunden" Aktienhandels wahren die Käufer dagegen über Angebot und Nachfrage den Bezug zur materiellen Basis von Unternehmen und ausgegebener Aktie.

Kreditfinanzierung des Aktienhandels

Zur Aufblähung der für Aktienspekulation und privaten Konsum zur Verfügung stehenden Geldmenge trug das Kreditwesen bei. Ein hoher Anteil an Möbeln und Geräten in den Haushalten, schließlich auch ein großer Teil der Aktien, mit denen man spekulierte, wurde mit Krediten bezahlt. Der aufgenommene größere Teil des Kaufpreises sollte sich durch den Kursgewinn selbst finanzieren und beim Verkauf der Papiere wieder zurückgezahlt werden. Bis Ende 1928 waren für den Wertpapierkauf Kredite in

Höhe von 5 Milliarden Dollar aufgenommen, bis zum Sommer 1929 stieg diese Summe auf über 7 Milliarden. Ab Mitte September war der Markt unruhig, die gewohnten Kurssteigerungen blieben aus.

**Der Ausbruch der Krise**

Abbröckeln der Konjunktur

Schon ein Blick auf die zyklische Wiederkehr der Depressionen mußte lehren, daß diese Hochkonjunktur nicht von Dauer sein konnte. Stagnierende Zahlen im Wohnungs- und Industriebau zeigten bereits 1925/26 ein Abbröckeln der Konjunktur an.

Überproduktionskrise

Dadurch, daß Farmer und Industriearbeiter nicht am allgemeinen Wohlstand der mittleren Schichten teilhatten, fehlte der Faktor der Massenkaufkraft, es entstand eine Überproduktionskrise. Auch das Wiedererstarken der europäischen Industrienationen, die die Verluste des Krieges wettgemacht hatten, wirkte über eine Einschränkung der amerikanischen Exporte auf die Konjunktur in den USA zurück. Der gesättigte Markt verbot es, Gewinne der Unternehmen wieder im Betrieb zu investieren, der Kapitalertrag an der Börse versprach höhere Gewinne als der Betrieb selbst.

Kurssturz an der New Yorker Börse

Am Donnerstag, dem 24. September 1929, brach aus Gründen, die sich heute nicht mehr nachvollziehen lassen, eine Panik an der New Yorker Börse aus, hastige Verkäufe ließen die Preise ins Bodenlose fallen. Die Aktien verloren innerhalb von 2 Wochen 40 % ihres Wertes. Was aber oft als "Schwarzer Freitag" tituliert wird, brachte keine einschneidenden Ereignisse, der Name entspringt allein einem abergläubischen Bedürfnis nach Bildhaftigkeit.

Krise des Kreditwesens

Betroffen waren zunächst die privaten Spekulanten, noch nicht die "seriöse" Geschäftswelt. Über die privaten Spekulanten wurde das Kreditwesen mit Maklern und Banken, die nun ihre in der Spekulation eingesetzten Kapitalien abschreiben mußten, in Mitleidenschaft gezogen. Getroffen war aber auch die Mentalität der Unternehmer, die von der *"strahlenden Hoffnung"* (Präsident Hoover beim Amtsantritt 1929) in tiefsten Pessimismus fielen. Die Börsenkrise wuchs sich sehr schnell zur allgemeinen Wirtschaftskrise aus.

Auswirkungen der Wirtschaftskrise

Vor allem die Schwer- und Investitionsgüterindustrie litt unter der Depression. Die Produktion in der Eisen- und Stahlindustrie ging bis 1932 um 59 %, im Schiffsbau um 53 % und im Lokomotivenbau um 8 % zurück. Kaum berührt war dagegen der Bereich der Konsumgüterindustrie. Insgesamt gesehen ging das Bruttosozialprodukt von 1929 bis 1932 um 27 % (in Preisen von 1929), die Industrieproduktion um 46 % zurück, die Arbeitslosenquote stieg mit fast 15 Millionen auf 24,9 % (1933). Mit dem Rückgang der Produktion verringerte sich auch die Nachfrage nach Rohstoffen, deren Preise auf dem Weltmarkt sanken. Den rohstoffexportierenden Ländern fehlten damit die Mittel, ihrerseits Fertigprodukte zu importieren, was wiederum zu einem weiteren Rückgang der Produktion in den USA wie in anderen Industrieländern führte. Der Import sank von 1929 bis 1933 von 4,4 auf 1,4 Milliarden Dollar, der Export in der gleichen Zeit von 5,2 auf 1,7 Milliarden.

Krise der Landwirtschaft

Die Landwirtschaft, die im gesamten Jahrzehnt schon über den Bedarf produziert hatte, war gleichfalls schwer betroffen. Auch auf dem Exportmarkt waren die Überschüsse nicht mehr absetzbar, was zu enormen Preiseinbrüchen führte. Der Weizenpreis sank von 1,19 Dollar (1929) auf 49 Cent (1933). Der Einkommensverlust brachte unmittelbar die Zahlungsunfähigkeit vieler hochverschuldeter kleiner und mittlerer Farmer.

## Der Weg aus der Krise – Roosevelts "New Deal"

### Strukturelle Krise des Systems

Untätigkeit der Regierung

Die Regierung des Präsidenten Hoover antwortete nur sehr schleppend auf die Krise; die Einsicht, daß es sich hier um eine strukturelle Krise des Systems handelte, blieb einstweilen aus. Das Hawley-Smoot-Zollgesetz von 1930, das die Einfuhrzölle auf durchschnittlich 50 % des Warenwertes anhob, ging an der Wirklichkeit vorbei, da nicht die ausländische Konkurrenz das Übel war, sondern die eigene Überproduktion. Es gab den Auftakt zu einem allgemeinen Protektionismus in den Industrieländern und schadete damit mehr als daß es nützte.

Erste Kritik am Prinzip des Laissez-faire

Die Kongreßwahlen im Herbst 1930 zeigten schon, daß die Stimmung im Land sich gegen das von Hoover und den Republikanern vertretene Prinzip des Laissez-faire wandte und sich die Einsicht breitmachte, die Krise des Systems erfordere grundsätzlichere Maßnahmen, ja sogar eine Abkehr vom System selbst.

Bankenkrise in Europa

Der weitere Abzug amerikanischer Gelder aus Europa führte im Mai 1931 zum Zusammenbruch der Österreichischen Kreditanstalt in Wien und damit zur Bankenkrise, die im Juli auch die Darmstädter und Nationalbank in Deutschland zusammenbrechen ließ. Auch das Hoover-Moratorium, das allen europäischen Schuldnern einen Zahlungsaufschub gewährte, brachte keinen spürbaren Erfolg, die Krise verschärfte sich von Monat zu Monat. Programme, zu denen sich Hoover schließlich drängen ließ, liefen nur sehr langsam an und brachten während seiner Regierungszeit kaum Erfolg.

Erkenntnis der gegenseitigen Abhängigkeit der wirtschaftlichen und gesellschaftlichen Entwicklung

Nach den ersten Ansätzen der Progressivisten und den Erfahrungen mit staatlich beeinflußter Wirtschaft im Ersten Weltkrieg konnte sich Franklin D. Roosevelt in seinem Wahlkampf um das Präsidentenamt die verbreitete Einsicht zunutze machen, das System des schrankenlosen Wirtschaftsliberalismus und des Individualismus habe versagt. Es war nicht länger möglich, wirtschaftliche und gesellschaftliche Entwicklung als zwei voneinander getrennte Bereiche zu sehen. Die Erkenntnis ihrer gegenseitigen Abhängigkeit prägte die Politik der folgenden Jahre.

New Deal als Wende in der Wirtschaftspolitik

Schon bei seiner Nominierung versprach Franklin D. Roosevelt der Nation einen *"New Deal"* und griff damit den Begriff des reellen Handels *(square deal)* Theodore Roosevelts auf, mit dem dieser der Arbeiterschaft den gerechten Anteil am wirtschaftlichen und gesellschaftlichen Fortschritt zukommen lassen wollte. Der Begriff des New Deal kommt ursprünglich aus dem Kartenspiel und bezeichnet die Neuverteilung der Karten; was er allerdings konkret darunter verstand, machte Roosevelt im Wahlkampf noch nicht deutlich.

**Die Ziele der Wirtschaftspolitik**

Förderung des Selbstvertrauens als Ziel

Roosevelt sah sich vor die Notwendigkeit gestellt, der amerikanischen Bevölkerung aus Konjunktur- und Bankenkrise heraus zu neuem Selbstvertrauen zu helfen. Das Prinzip der freien, ungezügelten Wirtschaft hatte sich in der Krise, die seit 4 Jahren das Land erschütterte, selbst diskreditiert. Unmittelbar nach seinem Amtsantritt im März 1933 berief er den Kongreß zu einer dreimonatigen Sondersitzung zusammen; während dieser "Hundert Tage" wurde ein Bündel von Gesetzen verabschiedet, das das Wirtschaftsleben der USA fast revolutionär auf eine neue Basis stellte.

**Gesetze und Maßnahmen**

Gesetzliche Maßnahmen

Diese Gesetze des New Deal umfaßten Maßnahmen zum Ausgleich des Staatshaushaltes (Einsparungen und Steuererhöhungen), Arbeitsbeschaffungsprogramme zur Stärkung des privaten Verbrauchs, Staatsinvestitionen als Initialzündung für weitere Investitionen der Wirtschaft, direkte Eingriffe in die Wirtschaft über Steuerungsmechanismen in den Bereichen der Investitionslenkung und der Preispolitik, schließlich die Abkehr von der sozialpolitischen Abstinenz des Staates und die Aufnahme einer aktiven Sozialpolitik, vor allem bei der Arbeitsbeschaffung und der Sozialversicherung. Besonders die zweite Phase des New Deal (ab 1935) ist von dieser sozialen Komponente geprägt. Diese Sozialpolitik sollte zum einen den sozialpolitischen Zündstoff der Massenarbeitslosigkeit neutralisieren, zum anderen das Vertrauen in Staat und politische Führung wiederherstellen. Diese Ziele gelangen Roosevelt in vollem Umfang. Die Verwirklichung des dritten Punktes, die Stärkung Amerikas als Wirtschaftsvormacht der Welt, ließ auf Grund der politischen Entwicklung in Europa und Ostasien noch auf sich warten.

Neuordnung des Bankwesens

Sparpolitik

Die ersten Maßnahmen, die bereits fünf Tage nach Roosevelts Amtsantritt verabschiedet wurden, betrafen die Neuordnung des Bankwesens (staatlich geförderte Garantie der Bankeinlagen, *Emergency Banking Relief Act*, 9. März) und die Verringerung der Staatsausgaben durch Kürzung der Beamtengehälter (*Economy Act*, 20. März).

Stabilisierung der Landwirtschaft

Im Mai wurde der *Agricultural Adjustment Act* verabschiedet, der den Produktionsüberhang in der Landwirtschaft abbauen und die Kaufkraft der Farmer heben sollte. Nichtanbauprämien sollten hier die Preise stabilisieren. Durchführende Behörde wurde die *Agricultural Adjustment Administration (AAA).* Das Einkommen der Farmer stieg von 1932 bis 1934 um rund 50 %, der Index der Kaufkraft im sozialen Vergleich von 55 auf 90 Punkte (1936).

Industrie: Verhinderung des Mißbrauchs wirtschaftlicher Macht

Die Probleme in Industrie und Gewerbe wurden durch den *National Industrial Recovery Act (NIRA)* mit der Behörde der *National Recovery Administration (NRA)* angegangen. Den Unternehmen wurden gemeinsame Absprachen nahegelegt, sowohl was die Preise, als auch was die Einigung auf Grundregeln des fairen Wettbewerbs betraf. Der Mißbrauch wirtschaftlicher Macht sollte eingeschränkt, das Grundprinzip des freien Wirtschaftens aber beibehalten werden. Die Preisabsprachen der Industrie hatten allerdings den gegenteiligen Effekt, die Stärkung der Gewerkschaften durch die Vorschriften über Beschäftigungszeit und Mindestlöhne stieß bei den Unternehmen auf Ablehnung. Der Beschluß des *Supreme Court* von 1935, der *NIRA* sei verfassungswidrig, stieß daher in weiten Kreisen auf Erleichterung. Der Enthusiasmus, mit dem diese Bewegung anfangs aufgenommen wurde, schlug sich jedoch positiv auf die weiteren Maßnahmen nieder.

Arbeitsbeschaffungsprogramm

Der zweite Teil des *NIRA* enthielt die Einrichtung einer *Public Worcs Administration (PWA)*, die über die Finanzierung öffentlicher Arbeiten die Arbeitslosigkeit verringern sollte. In dieselbe Richtung zielte der *Unemployment Relief Act* mit der Schaffung des *Civilian Conservation Corps (CCC)*, ein Arbeitsdienst von Freiwilligen zwischen 18 und 25 Jahren, die Arbeiten im Bereich des Naturschutzes gegen geringen Lohn (30 Dollar monatlich) übernahmen.

Arbeitsdienst

Dieser freiwillige Arbeitsdienst hatte allerdings eine größere soziale als wirtschaftspolitische Komponente, weil die Entlohnung zu gering war, um wesentliche Kaufkraftimpulse zu geben. Die *Civil Works Administration* verwirklichte Staatsaufträge zum Bau von Straßen und Flugplätzen.

Infrastrukturprogramm der Tennessee Valley Authority

Besonderen Rang nahm die Erschließung des Tennessee-Flußtals ein. Das sich über sieben Staaten von Virginia bis zum Mississippi erstreckende Einzugsgebiet dieses Flusses war von Erosion zerfressen und mit seinen 2,5 Millionen Einwohnern eines der ärmsten Gebiete der Union. Neben Arbeitsbeschaffung und Entwicklungshilfe unternahm die Regierung mit der Schaffung der *Tennessee Valley Authority (TVA)* auch einen bedeutenden Schritt hin zur staatlichen Energiepolitik. Die *TVA* schuf mit dem Bau von Stau- und Wasserkraftwerken die Voraussetzung zur Industrialisierung und zur Verbesserung der Landwirtschaft. Die gewonnene Elektrizität vermehrte nicht nur die Beschäftigungsmöglichkeiten der Bewohner durch die Ansiedlung neuer Industrien und hob dadurch den Lebensstandard, sie brach auch das Preiskartell der privaten Stromerzeuger und brachte in diesen Zweig der Wirtschaft Marktmechanismen hinein.

Zweite Phase des New Deal: Stärkung der gesellschaftlichen Kräfte

Die zweite Phase des New Deal begann unter dem Aspekt, daß der Oberste Gerichtshof den *NIRA* für verfassungswidrig erklärt hatte. Es ergab sich insgesamt der Anschein, als stehe er der Politik des Präsidenten ablehend gegenüber und nehme eine antiinterventionistische Haltung ein. Roosevelt verfolgte daher ab 1935 eher das Ziel, die existierenden gesellschaftlichen Kräfte zu stärken, damit diese wieder in freien Wettbewerb untereinander treten könnten. Er wollte damit demonstrieren, daß die etablierte Ordnung erhalten und nicht überwunden werden sollte.

Gewerkschaften Sozialversicherung

Hauptpunkte in dieser Phase sind die Anerkennung der Gewerkschaften als Tarifpartner im National Labor Relations Act, die Schaffung einer Altersversicherung und einer Arbeitslosenversicherung im Social Security Act und der Revenue Act, der hohe Einkommen stark besteuerte und damit sozial ausgleichend wirkte.

**Beurteilung des New Deal**

Einführung sozialstaatlicher Prinzipien

Die Beurteilung des Erfolgs der Roosevelt'schen Politik dürfte insgesamt gesehen positiv ausfallen, da ihm eine Neuformulierung des gesellschaftlichen Bewußtseins unter sozialstaatlichen Prinzipien gelang. Besonders die zweite Periode des New Deal nach 1935 ist mehr von dieser sozialen Komponente geprägt. Außerdem verwirklichte er hier erstmals die Forderungen J. M. Keynes' zur antizyklischen Wirtschaftspolitik, in der erhöhte Staatsausgaben die Wirtschaft ankurbeln sollten.

Keine Lösung des Arbeitslosenproblems

Die Kritik mißt das Programm an seinem tatsächlich geleisteten Erfolg. Die Arbeitslosigkeit, die zu bekämpfen Roosevelt ja angetreten war, sank insgesamt nur unbedeutend, in jedem Winter gab es 9 bis 10 Millionen Arbeitslose. Erst der Wirtschaftsaufschwung mit Beginn des Zweiten. Weltkrieges brachte spürbare Besserung, aber noch 1941 lag die Zahl der Erwerbslosen bei 5,5 Millionen. Die Strukturprobleme der Landwirtschaft mit Überproduktion und Verschuldung blieben gleichfalls weiter bestehen. Auch das Bruttosozialprodukt lag in den USA 1939 noch immer unter dem Stand von 1929.

Geringe Finanzierungsmittel

Der Grund liegt darin, daß für das Ausmaß der Depression nicht genügend Mittel bereitgestellt wurden (ca. 4 Milliarden $). Das größte Haushaltsdefizit in Friedenszeiten lag bei 4 % des Bruttosozialprodukts, d.h. das für dieses Programm ausgegebene Geld wurde an anderer Stelle eingespart. Die nächste Depression folgte denn auch schon 1937.

Beteiligung des Staates am Wirtschaftsprozeß

Dem stehen an positiven Kriterien gegenüber, daß Roosevelt mit seinem Programm antrat, um der Bevölkerung, vor allem aber den Unternehmern wieder mehr Mut zu geben, daß weiterhin der Staat am Wirtschaftsprozeß beteiligt wurde und dieser nicht mehr allein den Unternehmern überlassen blieb. Das brachte eine entscheidende Stärkung der Rolle des Staates.

Gewerkschaftsbewegung

Die Anerkennung der Gewerkschaften als Tarifpartner im *Labor Relations Act* von 1935 brachte auch für die Arbeiter den entscheidenden Durchbruch. Nachdem die *American Federation of Labor (AFL)* in ihrem konservativen Denken den größten Teil der ungelernten Arbeiterschaft nicht repräsentieren wollte, wurde 1935 das *Committee for Industrial Organization (CIO)* gegründet und schloß schon 1937 mit der U. S. Steel den ersten Tarifvertrag ab. Im selben Jahr wurden erstmals General Motors und Chrysler erfolgreich bestreikt, mit Ford zog sich die Einigung bis 1941 hin. Ende 1941 hatte die *CIO* 5 Millionen Mitglieder, der AFL 4,5 Millionen.

# Entwicklung Rußlands und der Sowjetunion zur Weltmacht

*Im vorliegenden Text werden die russischen Namen in der traditionellen deutschen Umschrift wiedergegeben.*

| | |
|---|---|
| 862 | Die Waräger in Nowgorod |
| 882 | Verlegung des Schwerpunktes nach Kiew |
| 988/89 | "Taufe des russischen Landes" durch Wladimir den Heiligen, kirchlicher und kultureller Anschluß an Byzanz |
| 1034–1054 | Blütezeit des Kiewer Reiches unter Jaroslaw dem Weisen |
| 1237 | Einfall der Mongolen in Rußland |
| um 1250 | Begründung des litauischen Großstaates |
| 1299 | Verlegung des russischen Metropolitensitzes von Kiew nach Wladimir |
| 1300 | Beginn der territorialen Expansion Moskaus, des "Sammelns der russischen Länder" |
| 1328–1341 | Iwan I. Kalitá, Aufstieg Moskaus, das 1328 Sitz des Metropoliten wird, Etablierung der Moskauer Großfürstenwürde |
| 1380 | Sieg des Großfürsten von Moskau über die Tataren, Ende der Abhängigkeit |
| 1439 | Florentiner Union zwischen Ost- und Westkirche, von Rußland nicht anerkannt |
| 1453 | Eroberung Konstantinopels durch den osman. Sultan Mehmet |
| 1462–1505 | Iwan III., der Große, Ausbau des Kremls ("Burg") in Moskau zur Residenz. Beginn der 2. Phase des "Sammelns der russischen Länder" |
| 1478 | Vernichtung der Republik Nowgorod durch Moskau |
| 1533–1584 | Iwan IV., der Schreckliche |
| 1547 | Krönung Iwans IV. zum Zaren: Erneuerung des Reiches durch absolute Autokratie |
| 1581/84 | Eroberung des Chanats Sibir, Beginn der Erschließung Sibiriens |
| 1588 | Boris Godunow Reichsverweser, 1598 Krönung zum Zaren (–1605) |
| 1589 | Begründung des Moskauer Patriarchats |
| 1613 | Begründung der Dynastie der Romanow durch Zar Michail Romanow (in einer Seitenlinie bis 1917) |
| 1667 | Friede von Andrusowo mit Polen, Erwerbung Smolensks und der Ukraine links des Dnjepr mit Kiew. |
| 1689–1725 | Zar Peter der Große |
| 1700–1721 | Nordischer Krieg zwischen Rußland, Polen und Dänemerk einerseits, Schweden andererseits |
| 1703 | Gründung Petersburgs |
| 1709 | Schlacht bei Poltawa, Niederlage Karls XII. von Schweden |

| | |
|---|---|
| 1741 | Beginn der Inbesitznahme Alaskas (1867 an die USA verkauft) |
| 1762–1796 | Zarin Katharina die Große |
| 1762 | 22. Juli: Einladungsmanifest für ausländische Kolonisten unter Gewährung von Privilegien |
| 1764 | Beginn der deutschen Siedlung an der Wolga (Saratov) |
| 1772 | Erste Teilung Polens |
| 1793 | Zweite Teilung Polens |
| 1795 | Dritte Teilung Polens |
| 1796–1801 | Paul I. |
| 1799 | Gründung der Russisch-Amerikanischen Kompanie zur Verwaltung Alaskas |
| 1801–1825 | Alexander I. |
| 1803 | Gesetz über die freien Bauern |
| 1807 | Gründung des Großherzogtums Warschau durch Napoleon |
| 1812 | Rußlandfeldzug Napoleons, Schlachten bei Smolensk (August) und Borodino (September). Brand Moskaus (Oktober) und Rückzug der französischen Armee. Katastrophe beim Übergang über die Beresina (November). |
| 1813 | 16.–19. 10.: Völkerschlacht bei Leipzig |
| 1814/15 | Wiener Kongreß mit der Errichtung eines mit Rußland verbundenen Königreichs Polen |
| 1821 | Unabhängigkeitskampf der Griechen, Parteinahme des Zaren für das Osmanische Reich |
| 1825 | Dekabristenaufstand |
| 1825–1855 | Zar Nikolaus (Nikolaj) I. |
| 1831 | Niederschlagung des polnischen Aufstandes |
| 1833 | Hilfeersuchen des osmanischen Sultans zur Niederwerfung des Vizekönigs in Kairo |
| 1840 | Londoner Konvention und |
| 1841 | Meerengenkonvention, beide internationalisieren die "orientalische Frage" um das Erbe des Osman. Reiches und die Frage der Herrschaft am Bosporus |
| 1849 | auf österreichische Bitte Hilfe bei der Niederschlagung des ungarischen Aufstandes |
| 1853–1856 | Krimkrieg |
| 1855–1881 | Zar Alexander II. |
| 1861 | Aufhebung der Leibeigenschaft |
| 1863/64 | Aufstand in Polen, Litauen und Belorußland |
| 1870 | Reform der Städteverwaltung |
| 1877/78 | Krieg mit der Türkei, Friede von San Stefano und Berliner Kongreß |
| 1881–1894 | Zar Alexander III. |
| 1887 | Rückversicherungsvertrag mit dem Deutschen Reich |
| 1891 | Bündnisverhandlungen mit Frankreich |
| 1894–1917 | Zar Nikolaus II. |
| 1895 | Herbst: Gründung des "Petersburger Kampfbundes zur Befreiung der Arbeiterklasse" durch Lenin |

| | |
|---|---|
| 1897 | Besetzung von Port Arthur |
| 1897–1900 | Erste Verbannung Lenins |
| 1898 | Gründung der (illegalen) Sozialdemokratischen Arbeiterpartei Rußlands |
| 1902 | Erscheinen von Lenins Werk "Was tun?" in Stuttgart |
| 1903 | 17. 7.–10. 8.: 2. Parteikongreß der Sozialdemokratie (SDAPR) in Brüssel (–24. 7.) und London, Spaltung in Menschewiki und Bolschewiki |
| 1904/05 | Russisch-japanischer Krieg und Friede von Portsmouth (USA, August 1905) |
| **1905/06** | **Erste Revolution in Russland** |
| **1905** | |
| 3. 1. | Beginn der Streikbewegung in St. Petersburg, schnelles Übergreifen auf das ganze Land |
| 9. 1. | "Blutiger Sonntag" von St. Petersburg |
| 12.–27. 4. | Parteitag der Bolschewiki in London und der Menschewiki in Genf, die Mehrheit der Bolschewiki spricht sich für die Wiedervereinigung mit den Menschewiki aus |
| 14.–25. 6. | Meuterei auf dem Panzerkreuzer Potemkin |
| 13./14. 10. | Wahl und Zusammentrtitt des ersten Petersburger Arbeiterdeputiertenrat |
| 15. 10. | Generalstreik in Polen |
| 17. 10. | Oktobermanifest des Zaren verkündet eine Verfassung |
| 2.–7. 11. | Generalstreik in St. Petersburg |
| 8. 11. | Rückkehr Lenins über Schweden und Finnland nach St. Petersburg |
| 16. 11.–15. 12. | Gesamtrussischer Streik der Telegrafen- und Postbediensteten |
| 22. 11. | Erste Sitzung des Moskauer Arbeiterdeputiertenrates |
| 3. 12. | Verhaftung des St. Petersburger Arbeiterdeputiertenrates |
| 9.–20. 12. | Streik und bewaffneter Aufstand in Moskau |
| **1906** | |
| 20. 2. | Duma-Statut: Einrichtung der Reichsduma und Umbildung des Reichsrates zur Zweiten Kammer |
| 8. 3. | Regelung des Haushaltsrechts der Duma; erhebliche Einschränkung der parlamentarischen Kontrolle |
| 16. 4. | Rücktritt Wittes als Ministerpräsident |
| 23. 4. | Erlaß der "Reichsgrundgesetze" |
| 26. 4. | Ernennung Stolypins zum Innenminister |
| 27. 4. | Zusammentritt der ersten Duma (–8. 7.) |
| April/Mai | Vereinigungsparteitag der Sozialdemokraten (SDAPR) |
| 1906 | Stolypinsche Agrarreformen mit der Auflösung der Dorf- und Feldgemeinschaft |
| 1907 | 22. 2.–2. 6.: Zusammentritt der zweiten Duma |
| 1907–1912 | III. Reichsduma |

| | |
|---|---|
| 1907 | englisch-russische Annäherung und Interessenausgleich in Persien, Afghanistan und Tibet |
| 1912–1917 | IV. Reichsduma |
| 1912 | Januar: Konferenz der Bolschewiki in Prag mit der endgültigen Trennung von den Menschewiki |
| 1914 | Juli/August: Eintritt Rußlands in den Ersten Weltkrieg, erste Erfolge in Ostpreußen |

# Grundlagen der russischen Geschichte und Gesellschaft

## Natürliche Grundlagen

Natürliche Grundlagen

Die Sowjetunion war mit 22,4 Millionen qkm das bei weitem größte Land der Erde: es war mehr als doppelt so groß wie die USA, fast zehnmal größer als die 12 Länder der EG und über sechzigmal größer als die Bundesrepublik. Auf ihrem Territorium verfügt sie über alle natürlichen Ressourcen, die ihre Volkswirtschaft braucht: Kohle und Eisenerz als mineralische Rohstoffe, Erdöl und Erdgas als Energieträger und Rohstoffe der petrochemischen Industrie, Bunt- und Edelmetalle, Wasserkraft und landwirtschaftlich nutzbare Böden, darunter die ausgezeichneten Schwarzerdeböden der Ukraine.

Klimatische Gegebenheiten

Die Fläche der Sowjetunion und das reiche Vorkommen der Bodenschätze und anderer natürlicher Ressourcen ist jedoch für sich genommen nicht sehr aussagekräftig, da Nutzbarkeit und tatsächliche Nutzung sehr stark von der naturräumlichen Situation abhängen. Sie reicht von den Gebieten ewigen Eises im Norden bis zu den Wüstengebieten in Zentralasien; der Anteil von Eiswüste und Tundra im Norden beträgt 8 %, der Anteil der Wüste und Halbwüste im Süden 10 %, der der Waldgebiete 30 %, auf weiteren 10 % der Fläche schließt die Kürze der Vegetationsperiode den Ackerbau aus. Fast die Hälfte des Gebiets ist Dauerfrostboden, der im Sommer nur kurz und relativ flach auftaut; hier ist Siedlung mit dem Bau von Häusern, der Anlage der Wasserversorgung und der Errichtung einer geeigneten Infrastruktur aufwendig, teuer und schwierig. Nur 27 % des Staatsgebietes sind landwirtschaftlich nutzbar (USA 45 %, Bundesrepublik fast 50 %), der Anteil des Ackerlandes liegt bei 10 % (USA 20 %, Bundesrepublik 30 %).

Die Sowjetunion war in 15 Unionsrepubliken gegliedert, die sich an den Nationalitäten orientierten. Außerdem bestanden innerhalb dieser Republiken, ebenfalls nationalitätenbezogen, weitere 20 Autonome Republiken, sowie weitere Autonome Gebiete oder Bezirke. Insgesamt stellte die Volkszählung von 1926 außer den Russen eine Zahl von 185 Völkerschaften und Stämmen fest. Von dieser Zahl hatten allerdings nur 44 mehr als 100 000 Mitglieder, 52 "Nationen" weniger als 1000 Personen.

Unionsrepubliken

Heute werden 109 Nationalitäten und Völkerschaften gezählt. Sie standen fast alle unter einer mehr oder weniger starken Russifizierung, obwohl der Anteil der Russen an der Gesamtbevölkerung langfristig zugunsten der asiatischen Völker zurückging. Erst als der vom Stalinismus ausgehende Zwang zur Harmonie nachließ, wurden die latenten Konflikte sowohl unter den Nationalitäten als auch gegenüber der Zentralregierung auch akut ausgetragen und für die Sowjetführung zunehmend zum Problem.

Nationalitäten

Die Kritik an der sowjetischen Nationalitätenpolitik ging dahin, daß die Sowjetunion als Erbe des russischen Imperialismus zu den unterworfenen Völkern keine Beziehung der Gleichberechtigung unterhalten habe. Der Nationalismus der Völker war daher geeignet, als der kräftigste der Faktoren beim Zerfall des sowjetischen Imperiums mitzuwirken (L. Kolakowski, 1989). Diese Ansicht bestätigte sich angesichts des Unvermögens der sowjetischen Zentralregierung, die Nationalitätenprobleme offen und kooperativ anzugehen.

Nationalitätenpolitik

## Etappen der russischen Geschichte

Der erste mittelalterliche Staat auf dem Boden des späteren Rußland war die normannisch-skandinavische Herrschaft über eine slawische Bevölkerung, vor allem entlang eines Handelsweges, der Skandinavien mit dem oströmischen Reich in Byzanz ("von den Warägern zu den Griechen") verband. Hier lagen Nowgorod und Kiew als die ersten Zentren. Diese "Rus" mit dem Zentrum Kiew zerfiel im 11. Jahrhundert in eine Vielzahl kleiner und kleinster Fürstentümer und stand von Anfang an, vor allem aber seit der Kirchenspaltung 1054 kirchlich unter byzantinischem Einfluß.

Waräger und Rus

Mit dem Sieg Dimitri Donskoijs 1380 über die Tataren und mit der Abschüttlung ihrer Herrschaft 1480 durch Iwan III. begann die Hegemonialpolitik der Moskauer Großfürsten, die die Herrschaft über ganz Rußland anstrebten. Sie mußte sich nach der Sicherung der Herrschaft im Nordosten der Rus vor allem gegen die Ukraine und Weißrußland richten.

Hegemonialpolitik Moskaus

Moskau als Hüterin der Orthodoxie

Nach der Eroberung des byzantinischen Reiches 1452 durch den osmanischen Sultan Mehmet, genannt der Eroberer, übernahm das Moskauer Reich den Anspruch, Hüter der Ostkirche zu sein. Der Metropolit in Moskau galt fortan als höchster Würdenträger der orthodoxen Kirche. Mit seiner Erhebung zum Patriarchen 1589 wurde die russisch-orthodoxe Kirche autokephal, d. h. kirchlich von der Oberherrschaft eines anderen Patriarchen gelöst und damit selbständig.

Moskau als "Drittes Rom"

Unter anderem damit rückte Moskau in den Rang eines Dritten Rom, nach den christlichen Endzeitvisionen des letzten, in dem sich die Heilsbestimmung der Geschichte vollendet: *"... denn zwei Rome sind gefallen, aber das dritte steht und ein viertes wird es nicht geben."* Der politische Bezug auf die Nachfolge des byzantinischen Reiches sollte bis ins 18. Jahrhundert den Vorwand abgeben, die Herrschaft über die Meerengen zwischen dem Schwarzen und dem Mittelmeer (Bosporus, Dardanellen) zu erreichen. Der Herrschaftsanspruch selbst reicht bis in die Mitte des 20. Jahrhunderts.

## Die Sonderentwicklung Rußlands

Sonderentwicklung: Autokratie und orthodoxe Kirche

Hauptpunkt der Diskussion um die Eigenheiten Rußlands vom Mittelalter bis in die Neuzeit hinein ist die Fremdartigkeit des politischen und gesellschaftlichen Systems und die Abgeschlossenheit seiner Entwicklung. Sie äußert sich auch heute noch darin, daß die Zugehörigkeit des russischen Westens zu Europa oft nur mit Erstaunen registriert wird. Der wesentliche Unterschied zu Mittel- und Westeuropa liegt in der Tradition der autokratischen Regierungsform (in der der einzelne Herrscher über die uneingeschränkte Staatsgewalt verfügt) und in der Zugehörigkeit zur orthodoxen Kirche. Beides ist auch verantwortlich dafür, daß Byzanz im Mittelalter nicht als Teil des abendländischen Europa begriffen wurde (Eroberung von Byzanz 1204 durch christliche Kreuzfahrer).

Byzantinische Kirchentradition

Beides steht in unmittelbarem Zusammenhang miteinander. Die byzantinische Kirche stand im Unterschied zur römischen Kirche stets unter direktem Einfluß des Kaisers (Basileus) und war nicht gezwungen, infolge des Fehlens staatlicher Autorität selbst weltliche Aufgaben zu übernehmen. Sie konnte sich daher uneingeschränkt und ausschließlich dem geistigen Leben widmen und kam daher auch nicht zur Herausbildung einer Staatsphilosophie (wie z. B. Augustinus).

kein Einfluß von Reformation und Humanismus

Unter dem Einfluß dieser beiden Symptome, Orthodoxie und Autokratie, schloß sich Moskau von den Wandlungen aus, die das Gesicht des übrigen Europa seit Reformation und Humanismus, sicher auch unter dem Einfluß der gegenseitigen Konkurrenz der europäischen Staaten, verändert haben. Im übrigen ist es auch das Fehlen gerade dieser Konkurrenz, das dem Moskauer Staat eine "ungestörte" Entwicklung ermöglichte.

## Die Zeit Peters des Großen

Reformen unter Peter dem Großen

Schon Zar Peter der Große (1689–1725) wollte mit der altmoskowitischen Tradition brechen und Rußland nach Westen hin öffnen. An der neugewonnenen Ostseeküste wurde 1703 als "Fenster zum Westen" St. Petersburg gegründet. Der Julianische Kalender ersetzte die Rechnung der Jahre seit Erschaffung der Welt, während der Westen seit 1582 schon dem weiter entwickelten Gregorianischen Kalender folgte.

Eintritt in die europäische Politik

Diese Reformen des Reiches standen allerdings im wesentlichen unter dem Diktat der Kriegsführung, die Rußland als aktiven Partner in die europäische Politik bringen sollte, und brachten so kaum längerfristige Erfolge

Reformansätze

Der Adel, der durch Dienstverpflichtung zum Träger der staatlichen Erneuerung gemacht werden sollte, wurde an den Hof gezogen und entfremdete sich vom Land, dessen geistige Führungsschicht er gewesen war. Neue Steuern nivellierten die alten Unterschiede innerhalb der Bauernschaft.

Fehlen einer bürgerlichen Mittelschicht

Trotz tatkräftiger Förderung von Handel und Gewerbe gelang es dem Zaren nicht, eine aktive und wohlhabende Mittelschicht zwischen Adel und Bauern aufzubauen. Diese Bestrebungen scheiterten an dem auch für Zar Peter immer noch übergeordneten Ziel der Unterordnung jeglicher Aktivität unter "die Sache des Zaren und des Landes".

Wiederherstellung der Privilegien des Adels

Nach dem Tod Peters des Großen wurden während der Regierungszeit der Kaiserinnen Katharina I. und Anna die wenigen errungenen Fortschritte zunichte gemacht. Die Lösung des Adels aus der Verpflichtung gegenüber dem Staat verschärfte für die russischen Bauern den Druck der Leibeigenschaft, der seit dem 15. Jahrhundert stetig angewachsen war.

Liberale Reformen unter Alexander I.

Auch die liberalen Reformversuche Zar Alexanders (1801-25) mit der Einrichtung von Ressortministerien und einem Verfassungsprojekt, das Gewaltenteilung und ein gewähltes Parlament (Duma) vorsah, scheiterten durch adlige Intrigen. Der Zar verschärfte seine autokratische Regierungsweise nach 1815 und rückte mehr und mehr von liberalen Ideen ab.

## Der Dekabristenaufstand 1825 und die Entwicklung bis zum Krimkrieg

Geheimbünde zur revolutionären Umgestaltung

Die gebildeten Bevölkerungskreise in Rußland sahen sich durch die Verschärfung des Regiments um ihre Hoffnungen betrogen, mit ihren Opfern im Krieg gegen Napoleon liberale Freiheiten zu erreichen. Es entstand eine Reihe von Geheimbünden, die die gesellschaftlichen und politischen Möglichkeiten der Umgestaltung diskutierten und dafür mehr oder weniger radikale und revolutionäre Programme entwickelten. Mit dem Tod des Zaren und der kurze Zeit ungeregelten Frage der Nachfolge ergab sich für einen Teil der Verschwörer die überraschende Gelegenheit zur Aktion;

Dekabristen

der Putsch der Dekabristen (russ. *dekabr:* Dezember) am 14. (26.) 12. war aber schlecht vorbereitet und geleitet, so daß er innerhalb weniger Stunden zusammenbrach.

Vorbildcharakter

Auch wenn die Zahl derer, die in Rußland gebildeten und liberalen Ideen zugeneigt waren, gering war und ihre politische Aktivität für lange Zeit gelähmt blieb, wirkten doch Persönlichkeit und Charakter der Dekabristen , noch lange Zeit als großes Vorbild in der russischen Gesellschaft nach.

Zar Nikolaus – der "Gendarm Europas"

Zar Nikolaus, der die Nachfolge des Zaren Alexander antrat, galt den Zeitgenossen in Europa nicht mehr als "Befreier" (wie sein Vorgänger), sondern als "Gendarm Europas". Mit seinem Namen verbinden sich die Niederschlagung des polnischen Aufstandes 1831 und – auf Bitten Österreichs – die des ungarischen Aufstandes 1849.

Krimkrieg 1853–1856

Die russischen Versuche, auf dem Weg über ein Protektorat über das Osmanische Reich die Meerengen zwischen Schwarzem Meer und Mittelmeer zu kontrollieren, riefen schließlich 1853 den Widerstand einer englisch-französisch-türkischen Koalition hervor. Der ausbrechende Krieg spielte sich im wesentlichen auf der Halbinsel Krim ab (Krimkrieg 1853–1856) und offenbarte die inneren Schwächen des russischen Staates. Die russische Schwarzmeerflotte erwies sich als völlig veraltet und rückständig, die Führung des Feldheeres konnte in einem modernen Krieg nicht bestehen.

## Bauernbefreiung und sozialer Umbruch

### Die Bauernbefreiung

Krimkrieg als Auslöser für Reformen

Der Verlauf und das Ergebnis des Krimkrieges hatte nicht nur dem jungen Zaren Alexander II. (1855–1881), sondern auch der russischen Öffentlichkeit deutlich die Notwendigkeit zu tiefgreifenden Reformen, vor allem des Bauernproblems, vor Augen geführt.

Dieses Problem bestand hauptsächlich in der Leibeigenschaft der Bauern, die über 80 % der Bevölkerung ausmachten. Diese war – abgesehen vom Verfügungsrecht des Herrn über die Person des Bauern – verbunden mit vielfältigen Dienstleistungen für den adligen Grundbesitzer, mit Abgaben, persönlicher Bindung an den jeweiligen Besitz des Herrn und vor allem mit einem System, das weder Eigeninitiative noch soziale Veränderungen oder Mobilität noch effektivere und rationellere Bewirtschaftungsmethoden zuließ. Die Dienstleistung variierte dabei zwischen der einfachen Form eines Leibzinses (*Obrok*-Bauern in Weißrußland, der Ukraine, Woronesch und Kasan) und der oft willkürlichen des Frondienstes (*Barschtschina*-Bauern im alten Großfürstentum Moskau und in Westsibirien). Die einzigen, die die Leibeigenschaft abgeschüttelt hatten, waren die Kosaken, die aus der Leibeigenschaft in die unerschlossenen Gebiete des Ostens fliehen konnten. Die Starrheit des Systems äußerte sich auch in der Organisation des *Mir*, der russischen Dorfgemeinde mit Gemeinhaftung und periodischer Landumverteilung.

Bäuerliche Leibeigenschaft – *obrok barschtschina*

Alexander I. hatte noch die Hoffnung, daß der Adel von sich aus und ohne Druck von oben die Bauern freilassen würde, aber das hierfür erlassene *"Gesetz über die freien Bauern"* von 1803 zeigte praktisch keine Erfolge. Nur in den baltischen Ostseeprovinzen entließen die deutschen Großgrundbesitzer ihre Bauern aus ihren Abhängigkeiten (1816/19), die Landverteilung wurde dort in der Bauernverordnung von 1849 geregelt. In Rußland aber kam eine von oben diktierte Befreiung der Bauern einer Revolution gleich, weil sie die Grundlagen der Sozial- und Wirtschaftsordnung angegriffen hätte.

Freilassung der Bauern auf freiwilliger Basis gescheitert

Dem Manifest über die Aufhebung der Leibeigenschaft mit der eigentlichen Befreiungsakte (19. 2. /2. 3. 1861) folgte ein Gesetz, das die Landzuteilung an die Bauern regelte. Diese Landanteile waren – und darin liegt der schwerwiegende Nachteil dieser Bauernbefreiung – nicht nur zu klein, sie wurden auch mit übergroßen Lasten belegt, da die Bauern die Entschädigung, die der Staat den Grundbesitzern gezahlt hatte, innerhalb von 49 Jahren an ihn zurückzahlen mußten. So hatten die nunmehr freien Bauern zu kleine Güter, um mehr als das bloße Überleben zu erwirtschaften. Aber auch die kleineren und mittleren Grundbesitzer, die Land abgeben mußten, gerieten in Schwierigkeiten.

Bauernbefreiung 1861

Landzuteilung und Entschädigung

Beibehalten wurde auch die Dorfordnung des *Mir (obschtschina)*, der Dorfgemeinschaft, der das Land gehörte und die kollektiv für die darauf ruhenden Lasten (v. a. die Steuern) haftbar war. Sie war die Absicherung für die Ansprüche des Staates aus der Bauernbefreiung. Das Land gehörte der Dorfgemeinschaft als Kollektiv; um eine gerechte Versorgung der Mitglieder mit dem Land, das ja von unterschiedlicher Qualität war, zu sichern, wurden die Felder auf alle Bereiche der Dorfgemarkung verteilt und außerdem in

Dorfordnung des *Mir*

einem "rollierenden System" immer wieder umverteilt. Schließlich sank aber mit dem Ansteigen der Bevölkerungszahl im Dorf der Anteil, der dem einzelnen Bauern noch zur Verfügung stand.

Bevölkerungswachstum

Die Bauern suchten diesen Nachteil durch Vergrößerung der eigenen Familie auszugleichen, um ein größeres Stück Land zu erhalten. Die Folge war eine rapide Bevölkerungsvermehrung, die innerhalb dieses Systems nicht aufgefangen werden konnte, da es darauf angelegt war, die Bauern im Dorf zu halten. Die weitere wirtschaftliche Entwicklung war auch dadurch gehemmt, daß zwar der Besitz, aber nicht die Wirtschaftsweise kollektiv organisiert war, d. h. jeder Bauer arbeitete ausschließlich für sich allein. Rationellere Wirtschaftsmethoden, Bodenverbesserungen oder gar eine Mechanisierung der Landwirtschaft unterblieben auch, weil Kapital und Bildung fehlten.

Loskaufphase

Nach den ursprünglichen Plänen sollte die Loskaufphase nach zwei Jahren einsetzen, war aber nach zwanzig Jahren noch nicht vollständig erreicht. Sie sollte zwischen 1912 und 1932 abgeschlossen sein, Zahlungsrückstände und Aufschub der Schulden hätten diese Zeit jedoch bis in die 50er Jahre des 20. Jahrhunderts ausgedehnt.

Verschärfung der Lage der Bauern

Ergebnis der Bauernbefreiung von 1861 war also, daß sich die Lage der Bauern eher verschärfte. Der entstehende Bevölkerungsüberschuß konnte nirgends anders aufgefangen werden, die Landwirtschaft arbeitete weiter am Rand der Existenzkrise, was sich in den immer wiederkehrenden Hungersnöten zeigt. Die alte Abhängigkeit der Bauern von den Grundbesitzern wandelte sich in eine neue Abhängigkeit durch die drückenden Schulden. Auf keinen Fall konnte damit das für die Industrialisierung notwendige Kapital freigesetzt werden.

### Die Neuordnung der Verwaltung

Verwaltungsreform

Da mit der aufgehobenen Leibeigenschaftsordnung auch staatliche Funktionen des grundbesitzenden Adels verbunden waren, mußte auch das Verwaltungs- und das Gerichtswesen in der Provinz neu geordnet werden. Die Justizreform von 1864 führte dieselben Rechtsnormen ein, die auch im Westen herrschten: Rechtsgleichheit, Trennung von Justiz und Verwaltung, Unabhängigkeit der Richter etc. Die Verwaltungsreform vom selben Jahr schuf Selbstverwaltungsorgane auf Kreis- und Gouvernementsebene, die 1870 durch solche in den Städten ergänzt wurden.

Ausbleiben des gesellschaftlichen Wandels

Daß diese Verwaltungsreform nicht Eigenverantwortlichkeit und Eigeninitiative förderte, liegt am Mißtrauen der Regierung, die die Tätigkeit der Organe immer wieder behinderte. Für eine Durchsetzung des Parlamentarismus auf diesem Weg fehlten aber alle Voraussetzungen, da die Mehrheit der Bevölkerung weiterhin weder lesen noch schreiben konnte. Die wirtschaftlichen Möglichkeiten zu einem politischen Engagement hätte der Staat selbst durch die Förderung einer wirtschaftlich gesunden, politisch bewußten und kulturell hochstehenden Mittelschicht aus Bürgern und Bauern schaffen müssen. Allein diese Mittelschicht wäre auch zur Einsicht in die Notwendigkeit des gesellschaftlichen Wandels fähig gewesen und hätte diesen selbst in die Wege leiten können.

**Die vormarxistischen revolutionären Bewegungen**

Revolutionäres Potential

Das revolutionäre Potential, das schon im Dekabristenaufstand von 1825 deutlich wurde, erhielt in den weiteren Jahrzehnten des Jahrhunderts durch die offenkundigen gesellschaftlichen und wirtschaftlichen Mißstände und die Reformunwilligkeit von Regierung, Verwaltung und Adel immer neue Verstärkung. Weil der gewaltsame Umsturz der Ordnung als die einzige Möglichkeit erschien, wurde kaum ein Staat im 19. Jahrhundert so sehr von Attentaten erschüttert wie der russische. Die einzelnen revolutionären Gruppen unterscheiden sich dabei sehr, sowohl in der Herkunft als auch in der Ausprägung ihres Ideengutes.

Narodniki

Die stärkste der Bewegungen, die der Narodniki (von *narod:* Volk), idealisierte dabei die Bauern und die primitiven Lebensformen überhaupt und setzten dabei primitiv mit natürlich gleich. Diese Idealisierung fiel in Rußland auf einen reichen Boden, da Stadt und Land weiter voneinander entfernt waren und sich fremder gegenüberstanden als anderswo. Sie ließ aber auch die Dorfverfassung des *Mir* in einem besonderen Licht erscheinen, sie galt als ideale Verbindung der ursprünglichen Werte von Sozialismus und Russentum. Von daher sollte der Bauernstand den unmittelbaren Übergang in die ideale Gesellschaftsordnung vollziehen, ohne Umweg über das Stadium des Kapitalismus. Die Bauernschaft sollte aber auch das tragende Element der Revolution selbst sein.

Volksaufklärung

Da die Bauern selbst diesen Weg nicht mitgingen, sondern ihre wirtschaftliche Lage zu verbessern suchten, zerfiel die Bewegung in einen aufklärerischen Teil, der den Umsturz durch Volksaufklärung (*"Gang ins Volk"* 1874) und die Bildung einer revolutionären Elite einleiten wollte, und einen anarchistisch-terroristischen Teil.

Terrorismus

Zar Alexander II. fiel schließlich einem Attentat dieser Gruppe zum Opfer, die revolutionäre Aktivität wurde durch die Verfolgungsmaßnahmen der Regierung für die nächste Zeit gedämpft. An diesem Attentat war auch Alexander Uljanow beteiligt; er wurde im Mai 1887 hingerichtet und brachte mit seiner Beteiligung auch seinen Bruder Wladimir (Lenin) zur Begegnung mit revolutionären Gedanken.

Auseinandersetzung mit dem Marxismus: Sozialdemokratie

In dieser Zeit nahm auch die Auseinandersetzung sowohl mit den Problemen des Industrieproletariats als auch mit den Gedanken des Marxismus unter den Narodniki zu. Aus dieser Diskussion entstand um die Jahrhundertwende die Partei der Sozialrevolutionäre, während der 1883 in Genf gegründete Kreis *"Befreiung der Arbeit"* zur Basis der russischen Sozialdemokratie wurde. Mehr und mehr wandte sich die Opposition im Land von der revolutionären Romantik Bakunins und Necaevs ab und der nüchtern-pragmatischen und marxistischen Analyse der Verhältnisse und der Erörterung der Revolutionstaktik zu. Gedanken Lenins von der Führungsrolle einer disziplinierten Elite und der Machtergreifung, ohne die Erhebung der Massen abzuwarten, wurden hier schon vorweggenommen. Grundzug dieser durchaus bürgerlichen Gruppe von Revolutionären ist, daß sie dem Gedanken einer Neuordnung der politischen und sozialen Verhältnisse auf sittlicher Basis verpflichtet blieb, was ihr nicht nur die Sympathie des Bürgertums eintrug, sondern auch die russische Literatur des 19. Jahrhunderts prägte.

# Industrialisierung und soziale Frage

## Voraussetzungen

Volkswirtschaftliche Ausgangssituation

Rußland sah sich bis weit ins 19. Jahrhundert hinein von der wirtschaftlichen Entwicklung Mittel- und vor allem Westeuropas abgekoppelt. Es fehlten die Voraussetzungen, die dort die Industrialisierung vorangetrieben hatten: Das erwirtschaftete Volksvermögen war in der vergangenen Zeit hauptsächlich vom Adel aufgesogen und verbraucht worden, Kapital war ebenso wenig vorhanden wie eine Schicht von wirtschaftlich orientierten bürgerlichen Kaufleuten. Kaufkraft im Volk war praktisch nicht vorhanden. Damit waren die Ressourcen des Landes, vor allem die Rohstoffe, nicht nutzbar, den vorhandenen Verkehrswegen kam keine Bedeutung zu. Das System des *Mir (obschtschina)*, in den die bäuerliche Familie unabhängig von der Bevölkerungszahl des Dorfes eingebunden war, verschärfte die wirtschaftliche Lage der Landbevölkerung, da das zur Verfügung stehende Ackerland bei einem Anstieg der Bevölkerungszahl in kleinere Parzellen aufgeteilt werden mußte.

## Der industrielle Aufschwung

Starke Rolle des Staates

Unter diesen Umständen kam dem Staat eine wesentlich stärkere Rolle als in den westlichen Industriestaaten zu. Er finanzierte bis zum Ende des Jahrhunderts vor allem den Eisenbahnbau, dem sowohl wirtschaftliche als auch politische und strategische Funktionen zukamen. Er vor allem wurde zum Motor der Industrialisierung, der eine große Nachfrage nach Erzeugnissen der Schwerindustrie hervorrief. Diese konnte aus heimischer Produktion nicht gedeckt werden, so daß in den 1860er Jahren fast der gesamte Bedarf importiert werden mußte. Ende der 1860er Jahre wurde daher – wieder mit staatlichen Geldern – eine Schwerindustrie aufgebaut und durch Zollgesetze unterstützt. Erst Mitte der 70er Jahre übertraf die eigene Produktion der Schwerindustrie den Import, gegen Ende des Jahrzehnts deckte der russische Maschinenbau den Bedarf zu mehr als 75 %. Diese staatliche Förderung erstreckte sich bald auf den gesamten Bereich der industriellen Produktion. Dabei schirmten weiterhin hohe Einfuhrzölle die Konkurrenz ab und förderten damit die Investitionstätigkeit, der Verzicht auf Einkommensteuern begünstigte die Kapitalbildung, und die Erhebung von Verbrauchssteuern schöpfte Massenkaufkraft ab. Damit konnte auch die Währung stabilisiert und das Ausland zu Investitionen ermuntert werden.

## Die Rolle des ausländischen Kapitals

Ausländische Investitionen

Ausländisches Kapital war ein wesentlicher Faktor bei der industriellen Entwicklung Rußlands, 40 % des gesamten russischen Aktienkapitals bestand am Anfang des 20. Jahrhunderts aus ausländischen Investitionen. Der Kapitalimport bewirkte aber keine wirtschaftliche und politische Abhängigkeit von den Gläubigerländern, da einerseits das russische Aktienrecht den politischen und wirtschaftlichen Einfluß der Kapitalgeber beschränkte, andererseits sich der Staat die Führungspositionen selbst vorbehielt (wie im Eisenbahnbau) oder die Invesitionen den Bedürfnissen der russischen Volkswirtschaft unterwarf, also sie in die Bereiche lenkte, die die staatliche Wirtschaftsplanung vorsah.

Geringer politischer Einfluß

Ein großer Teil der Gelder wurde aber im unproduktiven Bereich investitiert, d. h., um das System der Autokratie und des gutsherrlichen Grundbesitzes zu stützen, um den Kampf gegen die revolutionäre Bewegung und die Kriegführung zu finanzieren.

## Der Übergang Rußlands zur imperialistischen Politik

Russisch-britischer Ausgleich 1907 (Persien)

Wie bei den Vereinigten Staaten geht auch bei Rußland die Phase der Kolonisation, d. h. der Aneignung benachbarten Landes, nahtlos in eine Phase der aggressiveren Außenpolitik über. So stieß die Expansion Rußlands an der Südgrenze bald auf die englische Interessensphäre (Afghanistan und Indien), 1907 kam ein Ausgleich zustande, der Persien in Interessengebiete aufteilte. Bei der Eroberung Zentralasiens allerdings spielten wirtschaftliche Interessen kaum eine Rolle, auch die Balkanpolitik folgt mehr dem Muster traditioneller Großmachtpolitik.

Verhältnis Rußland – China

Das Einsetzen eigentlich imperialistischer Politik ging parallel mit dem industriellen Aufschwung des Landes. Sie zeigt sich am Engagement Rußlands in China. Standen noch die Ausweitung russischen Gebiets auf Kosten Chinas 1860 am Amur und 1862 durch die Abtretung der Küstenprovinz (mit der Grenze am Jenissei) in der alten expansionistischen Linie, ist wohl schon die Parteinahme für China in dessen Krieg mit Japan 1894/95 von russischen Kapitalinteressen geprägt. Auf der Grundlage dieses Bündnisses wurde dann mit russischen Kapital die Ostchinesische Eisenbahn über Charbin (Harbin) gebaut.

Port Arthur Mandschurei

1898 ließ Rußland sich Dairen (Lüda) mit Port Arthur (Lüshun) abtreten. Auch hier schuf eine russische Bahnlinie den Zugang zum Hinterland und die Verbindung mit der Transsibirischen Bahn. Damit trat die russische Ostasienpolitik in ihr eigentliches imperialistisches Stadium, das seinen Höhepunkt in der Besetzung der Mandschurei 1900 und schließlich im russisch-japanischen Krieg 1904/05 fand. Mit der Niederlage und der im Zug des Krieges ausbrechenden Revolution verließ Rußland die Bahn der aktiven imperialistischen Politik auch schon wieder, was blieb, war die Sicherung der Kapitalinteressen in der nördlichen Mandschurei.

## Das finanzielle Engagement

Verknüpfung von Imperialismus und Kapital

Diese imperialistische Politik ist aufs engste mit dem russischen Finanzminister Witte verbunden, der vor allem in Ostasien das Betätigungsfeld für eine auf Kapitalimport und Protektionismus gegründete Industrialisierung sah. Sie sollte Rußland aus der Abhängigkeit der entwickelten Mächte in die Rolle eines "Metropoliestaates", der selbst eine aktive imperialistische Politik trieb, bringen.

Rückgrat dieser wirtschaftlichen Durchdringung war die Transsibirische Eisenbahn, die die unermeßlichen Bodenschätze Sibiriens erschließen, Westeuropa und Ostasien miteinander verbinden und den Handel so über Ruißland leiten sollte.

Transsibirische Eisenbahn

In diesem Zusammenhang griff Witte zur Unterstützung seiner Argumente auch auf nationalistische Formeln von der "historischen Mission" Rußlands in Asien zurück. Diese "Kulturmission" Rußlands sei nicht von westlichen Standards getragen, sondern von den Prinzipien der Orthodoxie, der Autokratie und des russischen Volksgeistes. In der Öffentlichkeit fanden aber diese nationalistisch-imperialistischen Töne weniger Widerhall als beim Zaren selbst.

"Historische Mission" Rußlands in Asien

Im Mai 1896 erhielt Witte von China die Konzession, die Bahnlinie nach Wladiwostok über mandschurisches Gebiet zu führen. Für ihn war diese Linie ein Hebel zur Weltpolitik, wie der kurz darauf erfolgte Griff nach Port Arthur und Kwantung (1897/98) bestätigte. Erst nach 1905 wurde die Linie aus militärischen Gründen durchweg auf russischem gebiet gebaut.

Mandschurei

## Der "geborgte Imperialismus"

Finanziert wurden diese fernöstlichen Aktivitäten mit französischem Kapital, für das sich die russische Staatskasse verbürgte. Mit der 1895 gegründeten Russisch-Chinesischen Bank und der 1896 über sie erworbenen Aktienmehrheit der Ostchinesischen

Finanzierung durch ausländisches Kapital

Eisenbahngesellschaft war der russische Einfluß in Nordchina gesichert und der Grundstein für eine wirtschaftliche Durchdringung gelegt. Die russische Politk in China zielte auf Monopolrechte in der gesamten Mandschurei und Mongolei für den Eisenbahnbau, der die Ausbeutung von Bodenschätzen und die Anlage von Industrieunternehmen ermöglichen sollte, sowie eine Eisenbahnlinie in der südlichen Mandschurei und Hafenrechte für russische Kriegs- und Handelsschiffe. Auch Korea war bereits in diese Planung mit einbezogen. Die Besetzung von Port Arthur im Dezember 1897, eine Reaktion auf die deutsche Landung in Kiautschou (14. 11. 1897), brachte der Eisenbahnlinie in der südlichen Mandschurei dann einen Ausgang zum Meer.

Russische Interessen in China

## Höhepunkt und Ende der imperialistischen Politik

In dieser Zeit deklarierten die Großmächte ihre Interessensphären in China: Rußland beanspruchte Peking und Tientsin, Deutschland Shantung und das Gebiet des Hwangho, Großbritannien

Konkurrenz um China

Weihawei, Shanghai und das Gebiet des Yangtse. 1898/99 aber kam es zu einem ersten Ausgleich mit japanischen Interessen in Korea und britischen Interessen in Zentralchina. Hinter diesen Bemühungen stand als vorrangiges Ziel die Absicherung des mandschurischen Einflußgebietes. Ab Juli 1900 setzte sich Rußland in der Mandschurei als Protektoratsmacht fest, indem es mit 170 000 Mann die aufständischen Boxer besiegte. Ende Januar 1901 schließlich war die imperialistische Politik Rußlands auf ihrem Höhepunkt: Der Entwurf eines Vertrages mit China forderte unter anderem ausschließliche Konzessionen für Eisenbahnbau, Rohstoffausbeute und die Errichtung von Industrieanlagen in der Mongolei und der Provinz Sinkiang.

Isolierung Rußlands

Damit war allerdings der Bogen überspannt, die russische Politik vermochte diesen Anspruch nicht durchzusetzen. Ein englisch-japanisches Bündnis offenbarte die Isolierung Rußlands, Deutschland erklärte, sich aus dieser Sache heraushalten zu wollen, die USA solidarisierten sich mit China und die französische Regierung legte keinen Wert auf eine Konfrontation mit England. Sie vermittelte einen russisch-chinesischen Vertrag (März/April 1902), der die Unabhängigkeit Chinas und Koreas und den freien Zugang aller Nationen zum Handel in dieser Region garantierte. Die russische Regierung allerdings ließ in ihrer China-Politik keinen Kurswechsel erkennen.

## Soziale Frage, Sozialdemokratie und Bolschewiki

### Die soziale Frage

Soziale Frage

Die Entwicklung der Produktionsverhältnisse und der Lebensverhältnisse der Arbeiter verlief ähnlich wie im Westen. Die Regierung versuchte zwar, durch "Arbeitsinspektionen" die schlimmsten Verhältnisse zu beheben, die Ausbeutung der Arbeiter durch Lohn und Arbeitszeit wurde aber durch den Zustrom von Arbeitswilligen aus den ländlichen Gebieten weiterhin begünstigt.

Gewerkschaftliche Organisation

Untergrund-tätigkeit

Bereits in den 1870er Jahren begann sich die Arbeiterschaft gewerkschaftlich zu organisieren und konnte auch einzelne Verbesserungen ihrer Lage erzwingen. Nach dem Verbot der Gewerkschaften 1874 schlossen sich jedoch viele Arbeiter den revolutionären Geheimbünden an, so daß selbst nach der bedingten Zulassung von gewerkschaftsähnlichen Verbänden 1901 die Entwicklung im Bewußtsein der Arbeiterschaft an den Gewerkschaften vorbeigegangen war.

## Die russische Sozialdemokratie

Schon 1883 wurde in Genf aus der Auseinandersetzung der Narodniki mit marxistischem Gedankengut der Kreis *"Befreiung der Arbeit"* gegründet, der dann die Keimzelle der 1898 (illegal) gegründeten *"Sozialdemokratischen Arbeiterpartei Rußlands"* wurde.

Sozialdemokratie

Die russische Sozialdemokratie verstand sich als eine Organisation, die über die Grenzen des engeren Rußland hinausgriff, da auch nichtrussische Völker des Reiches von der Industrialisierung und ihren Problemen erfaßt waren. Besonders im Süden waren das die Georgier (Grusinier, in Tiflis/Tbilisi und Batumi), die Armenier (Eriwan/Jerewan) und die aserbaidschanischen Türken (Baku). Das jüdische Proletariat hatte sich schon 1897 im *"Allgemeinen jüdischen Arbeiterbund in Polen, Litauen und Rußland"* eine eigene Organisation geschaffen und sollte nun in die Sozialdemokratie integriert werden.

Nationalitäten

Die Sozialdemokraten wandten sich scharf gegen die Autokratie des Zaren und forderten seinen Sturz.

Eine andere Antwort auf die Probleme der russischen Arbeiterbewegung suchten die Sozialrevolutionäre, die sich 1902 als Partei konstituierten. Sie standen noch mehr als die Sozialdemokratie in der Nachfolge der Narodniki, betonten die Rolle der Bauern im revolutionären Prozeß, erkannten aber den Marxismus als wissenschaftliche Analyse des gesellschaftlichen Prozesses durchaus an. Sie hatten die Mehrheit der Bevölkerung hinter sich, während die marxistisch orientierte Sozialdemokratie sich nur auf eine Minderheit stützen konnte.

Sozialrevolutionäre

## Lenin und die Bolschewiki

Wladimir Iljitsch Uljanow, der im Spätjahr 1901 im Exil in München den Decknamen Lenin annahm, schrieb während seiner Verbannung in Schuschenskoje (Südsibirien, 1897–1900) die Werke *"Die Aufgaben der russischen Sozialdemokratie"* (1897) mit einem Bekenntnis zum orthodoxen Marxismus und der Ablehnung revisionistischer Bestrebungen (E. Bernstein) und *"Die Entwicklung des Kapitalismus in Rußland"* (1898 beendet, 1899 erschienen). Hier beschrieb er – scharf gegen die Auffassung der Narodniki gerichtet – die Entwicklung vom halbfeudalen Rußland zum modernen kapitalistischen Staat mit allen seinen Widersprüchen und vor allem die volle Ausbildung des Kapitalismus in Rußland. 1899 trat er der Sozialdemokratischen Partei bei und übernahm während seiner eigenen und der Emigration der Partei bald eine führende Rolle.

Hauptwerke 1897/99

Kaderpartei

Durch seine intensive Beschäftigung mit der besonderen Entwicklung und Situation Rußlands kam Lenin zu der Auffassung, daß nur eine straff organisierte Partei von Berufsrevolutionären das schwach ausgebildete Proletariat zur Aktion und damit zur Revolution und zum Sturz des Regimes und des Systems mitreißen, ja nötigenfalls zwingen müsse. Diese Gedanken legte er schon 1897 in den *"Aufgaben der russischen Sozialdemokratie"* und schließlich 1901/02 in seiner in Deutschland erschienenen Schrift *"Was tun?"* nieder.

*"Was tun?"* (1901/02)

Spaltung der Sozialdemokratie "Bolschewiki"

Die Mehrheit in der Sozialdemokratischen Partei folgte ihm allerdings nicht in dieser Auffassung. Auf dem 2. Kongreß der Partei im Exil in Brüssel und London 1903 kam es zum Bruch. Der jüdische *"Allgemeine Arbeiterbund"* verließ aus Protest die Sitzung, und Lenin konnte in der Abstimmung seine radikale Auffassung gegen seine zahlenmäßig geschwächten Gegner durchsetzen. Seitdem nannte sich Lenins Gruppe Bolschewiki (*bolsche:* mehr), seine (eigentlich zahlenmäßig überlegenen) Gegner wurden Menschewiki genannt (*mensche:* weniger).

Kritik am Leninschen Parteikonzept

Kritik an Lenins Konzept, daß die Arbeiterklasse durch eine straffe Organisation in die Revolution zu führen sei, kam sowohl aus den eigenen Reihen als auch aus der deutschen Sozialdemokratie. Hier war es u. a. Rosa Luxemburg (*"Organisationsfragen der russischen Sozialdemokratie"*, 1904), dort Leo Trotzki (*"Unsere politischen Aufgaben"*, 1904), die beide die im Prinzip der Kaderherrschaft angelegte Diktatur als unvereinbar mit dem Ziel sahen, für die Arbeiterklasse die politische Herrschaft zu erringen. Trotzki sagte bereits voraus, daß *"in der inneren Politik der Partei ... diese Methoden dazu führen (werden), die Parteiorganisation die Partei selbst, das ZK die Parteiorganisation und schließlich ein Diktator das ZK ersetzt."*

Interpretation des Imperialismus als höchstes Stadium des Kapitalismus

Ein zweiter Aspekt in der Konzeption Lenins betrifft die Ausformung des kapitalistischen Systems. Ungleichmäßigkeiten in der Entwicklung verschiedener Länder führten zu einem Gefälle, indem hochkapitalisierten Ländern weniger kapitalisierte Länder gegenüberstehen (z. B. England – Rußland). Da sich der Kapitalismus der hochentwickelten Nationen in Kolonialismus und Imperialismus niederschlage, die wiederum den Kapitalexport zur Grundlage hätten, sei auch der Kapitalfluß von den hochentwickelten zu den weniger entwickelten Industrienationen eine Form des Imperialismus, genauer des Wirtschaftsimperialismus. Letztere sänken dadurch auf den Status einer kapitalabhängigen Halbkolonie herab. Der Kapitalexport stehe damit – nach Lenin – auf einer Stufe mit der kolonialen Ausbeutung und damit mit dem Imperialismus. Die Aussagen, die Marx über die Ausbeutung des Proletariats durch die Kapitalisten mache, seien daher auch auf die Ausbeutung von Ländern durch Kapitalismus und Kapitalexport und damit durch den Imperialismus übertragbar. Wenn aber weiterhin die Proletarische Revolution eine Konsequenz aus der Ausbeutung durch den Kapitalismus sei, dann könne erstens auch ein weniger entwickeltes Land eine solche Revolution hervorbringen, da es in der selben Lage sei wie die unterdrückte Arbeiterklasse, zweitens müsse der Kapitalismus sich erst zum Imperialismus steigern, um durch die volle Entfaltung seiner Widersprüche zu Fall zu kommen.

# Die russischen Revolutionen

## Die Revolution 1905

### Der russisch-japanische Krieg 1905

Mandschurei

Im Zuge seiner halbkolonialen Expansion im Fernen Osten hatte Rußland zunächst Fuß in China gefaßt und mit finanziellem Engagement, der Erwerbung von Konzessionen für Eisenbahnlinien und schließlich der militärischen Besetzung der Mandschurei 1900 seinen Einfluß geltend gemacht. Diese Politik aber brachte Rußland mit Japan in Konflikt, das Korea als seine Einflußzone und die Besetzung der Mandschurei als unmittelbaren Eingriff in seine Interessen ansah.

Korea

Kompliziert wurden die Verhältnisse noch dadurch, daß Korea seit seiner (von Japan erzwungen) Unabhängigkeit von China 1876 seinerseits die südliche Mandschurei als sein Einflußgebiet betrachtete und sich zur Abwehr des japanischen Anspruchs darauf an Rußland anlehnte.

Russisch-japanischer Krieg 1904/05

Der russisch-japanische Krieg brach im Februar 1904 mit dem Angriff der Japaner auf die in Port Arthur liegende russische Flotte aus. Rußland erlitt in Port Arthur (Kapitulation im Januar 1905), bei Mukden (März) und in der Seestraße von Tsushima (Mai 1905) schwere Niederlagen und mußte sich aus der südlichen Mandschurei zurückziehen. Es behielt aber im wesentlichen sein Einflußgebiet und konnte es 1912 durch das Protektorat über die Äußere Mongolei noch erweitern.

Wirkung der Niederlage

Krieg und Niederlage brachte zweifache Unruhe: An den fernöstlichen Engagements war besonders das Kaiserhaus finanziell beteiligt, es geriet nun durch die Niederlage und die Bitte um Frieden in Mißkredit. Der Krieg hatte aber auch, wie schon der Krimkrieg 1856, wesentliche Schwächen des Heeres aufgedeckt, die nicht nur mit der großen räumlichen Entfernung zu begründen waren.

## Die Revolution

Reformdruck unter dem Eindruck des Krieges

Die allgemeine Unruhe wegen des im fernen Osten geführten Krieges, der keine Erfolge zu bringen schien, gab dem Bürgertum Auftrieb, die Regierung zu längst fälligen Reformen zu drängen. Die (sozialistische) Arbeiterbewegung sollte durch die Bildung einer loyal gesinnten Organisation neutralisiert werden, radikalisierte sich aber wie alle Oppositionsgruppen im Lauf des Jahres 1904. Die Führung dieser (regierungstreuen) Arbeiterorganisation lag bei dem jungen Priester Gapon.

Streikbewegung

Demonstrationen

Ein von dieser Organisation im größten Rüstungsbetrieb Petersburgs um die Jahreswende 1904/05 ausgerufener Streik weitete sich zu einer Volksbewegung aus. Unter Gapons Führung zog die Menge am 9./22. Januar 1905 zum Winterpalais in Petersburg, der Residenz des Zaren, um diesem ihre Bittschriften zu übergeben. Mitgeführte Zaren- und Heiligenbilder sowie der Inhalt der Petitionen machten deutlich, daß die Demonstranten ihre Hoffnungen in den Zaren selbst setzten: Wenn er erst die Wahrheit erführe, werde er Gerechtigkeit walten lassen und die Not des Volkes lindern.

Petition des Priesters Gapon

Die Petition des Priesters Gapon allerdings enthielt nicht nur die Bitte nach Linderung der Not, sondern auch konkrete politische Forderungen, die aus dem Gedankengut der Radikalen stammten: Einberufung einer Verfassunggebenden Versammlung aus Vertretern aller Stände, Verantwortlichkeit der Minister, Garantie von Menschen- und Bürgerrechten, Bodenreform und Arbeitsschutzgesetze und schließlich Einführung der allgemeinen und kostenlosen Schulpflicht.

Aufstände

Das Blutbad, das angerichtet wurde, als das Militär den Befehl erhielt, die Demonstration mit Schußwaffen aufzulösen ("Blutsonntag"), führte dazu, daß sich die Streikbewegung in den folgenden Wochen ausweitete. Bauernaufstände und Meutereien in Heer und Marine (Panzerkreuzer "Potemkin") folgten. Aus dem Zusammenschluß von verschiedenen Streikkomitees entstanden zunächst in Petersburg und Moskau die ersten Räte der Arbeiterdeputierten, andere Städte folgten bald.

Arbeiterräte

In diesen Arbeiterräten, in denen die Bewegung eine tragende Organisation fand, hatten von Anfang an die Vertreter der politischen Parteien, vor allem die Sozialdemokraten (Menschewiki) und die Bolschewiki großen Einfluß. Die Sozialrevolutionäre hatten ihr Wirkungsfeld dagegen mehr auf dem Land, wo sie die Führung von Bauernaufständen übernahmen.

Scheitern der Revolution: Gründe

Die Revolution erlitt eine schwere Niederlage, als Anfang Dezember 1905 der unter Leitung von Leo Trotzki stehende Petersburger Arbeiterrat verhaftet wurde. Anfang 1906 wurde sie durch Militär niedergeschlagen. Einer der Hauptgründe für das

Scheitern der ersten russischen Revolution war die Uneinheitlichkeit der Ziele, die die verschiedenen Gruppen vertraten. Deutlich unterscheiden sich hier Bürgertum, Arbeiterschaft und Bauern. Lagen die Interessen des Bürgertums in der Verwirklichung konstitutionell- demokratischer Reformen, so forderten die Bauern die Vollendung der 1861 in die Wege geleiteten Agrarreform, und die Arbeiterschaft verlangte eine Besserung ihrer Lebens- und Arbeitsverhältnisse. Die Interessen der nationalen Minderheiten schließlich bestanden in freier Selbstbestimmung ihrer nationalen Eigenheiten, was zunächst das Ende der oft gewaltsamen Russifizierung und die Freiheit der Religionsausübung (vor allem die Freiheit der katholischen Konfession gegenüber der orthodoxen Staatskirche) betraf.

Verschiedenartigkeit der Interessen

Diese verschiedenen Gruppen konnten naturgemäß nicht zu einer einheitlichen Führung zusammenfinden. Sowohl das Bürgertum als auch die Arbeiterschaft brachten noch nicht das zu einem Sturz der Verhältnisse notwendige Durchsetzungsvermögen auf. Letztere hatte nach Lenin noch ein "mangelndes proletarisches Bewußtsein". Die Armee blieb – im Gegensatz zu 1917, als die Situation des Krieges die Spannungen wesentlich mehr verschärfte – bis auf wenige Ausnahmen regierungstreu, die Regierung selbst war weder zu Reformen bereit noch dazu überhaupt fähig.

## Die Entwicklung bis zur Februarrevolution 1917

### Reform und Reaktion nach 1905

Oktobermanifest 1905

Die durch das Oktobermanifest 1905 in Aussicht gestellten liberalen Rechte (Gewissens-, Rede-, Versammlungs- und Koalitionsfreiheit, Ankündigung freier, allgemeiner Wahlen zu einem Parlament, *Duma*), wurden allerdings in den "Staatsgrundgesetzen" (1906) sehr einseitig zugunsten des Zaren und des Hofes beschnitten. Sie wurden auch kurz nach dem Zusammentreten der I. Duma schnell wieder zurückgenommen, als deren Abgeordnete auf liberalen Forderungen beharrten. Auch die II. Duma konnte 1907 nur vier Monate bestehen. Erst das 1907 – staatsstreichartig – erlassene neue Wahlgesetz sicherte dann in der III. Duma der Regierung die notwendige loyale Basis, indem Besitzbürgertum und russische Nation begünstigt wurden.

Duma

III. Duma (1907)

In ihr hatten die Liberalen das größte Gewicht, von denen der *"Bund für Befreiung"* die bedeutendste Organisation war. Aus ihm ging später die Partei der *"Konstitutionellen Demokraten"* hervor, nach den Anfangsbuchstaben der Partei KD *"Kadetten"* genannt. Sie vertraten Bürgertum und Intelligenz radikalliberaler Richtung, erhoben aber auch sozialreformerische Forderungen für die Bauern.

Politische Rolle der Duma

Die Erfolge der Duma liegen weniger in der praktischen politischen Arbeit im Sinne eines parlamentarischen Systems – dazu hatte sie zu wenig Befugnisse –, sondern eher darin, ein Diskussionsforum gewesen zu sein, in dem sich die verschiedenen Nationalitäten zusammenfanden und in dem an Sachfragen gearbeitet wurde. Es relativierte zumindest die Eigenmächtigkeit der Staatsführung und führte dadurch das Bürgertum an den Staat heran. Die Wahlrechtsänderung von 1907, die auch den Einfluß der nichtrussischen Nationalitäten erheblich beschnitt, entfremdete diese vom russisch dominierten Staat und stärkte ihr Selbstbewußtsein. Sie förderte schließlich auch die Loslösungsbewegung von Rußland, die dann ab 1918 zur Unabhängigkeit der baltischen Staaten, Finnlands und (zeitweise) der Ukraine einerseits, zum föderalistischen System der Sowjetunion nach 1922 andererseits führte.

## Innere und äußere Entwicklung

Reaktionäre Phase nach 1906

Die innenpolitische Situation in Rußland ist in den auf die Revolution von 1905 folgenden Jahren einerseits bestimmt von reaktionärer Politik, andererseits von Konzept- und Richtungslosigkeit.

Agrarreform Stolypins 1906

Eine der bedeutendsten Reformleistungen in dieser Zeit ist die unter Ministerpräsident Stolypin im November 1906 eingeleitete Reform der Agrarverfassung. Jede Bauernfamilie sollte danach mit dem derzeit genutzten Landanteil aus dem *Mir*, der Landgemeinde, ausscheiden können, während Flurbereinigungen eine rationellere Bewirtschaftung der (dann eigenen) Flächen ermöglichen sollten. Dazu wurden zwischen 1906 und 1910 etwa 4 Millionen Hektar Land von Krone, Staat und Adel zu sehr günstigen Preisen an die Bauern verkauft. Bis 1915 erklärten etwa ein Drittel der Bauern ihren Austritt aus dem *Mir*. Die 1917 erhobene Forderung der Bolschewiki nach einer Bodenreform und ihr Erfolg zeigt aber, daß 1906 noch kein Durchbruch in der Agrarfrage erzielt worden war.

Außenpolitik

Außenpolitisch war Rußland, nachdem der Rückversicherungsvertrag mit Deutschland 1890 nicht mehr erneuert worden war, gezwungen, zu seiner eigenen Sicherheit andere Bündnisse einzugehen; die Allianz mit Frankreich entsprach dabei den russischen Interessen auf dem Balkan und an den Meerengen am ehesten. Die politische Entfremdung zwischen Rußland und Deutschland verhinderte jedoch nicht den weiteren Ausbau der wirtschaftlichen Beziehungen. Mit England kam 1907 ein Ausgleich über die Interessensphären in Persien, Afghanistan und Tibet zustande. 1910 wurde die japanische Annexion Koreas anerkannt und auf der Grundlage dieses Ausgleichs 1912 das russische Protektorat über die Äußere Mongolei errichtet. Das Engagement auf dem Balkan stärkte die Stellung Rußlands, das in Serbien seinen treuesten Verbündeten fand, und richtete sich politisch hauptsächlich gegen Österreich-Ungarn und von den konkreten Ambitionen her auf eine Erwerbung der Meerengen.

Strukturprobleme des zaristischen Rußland

Am Vorabend des Krieges sind die Bedingungen, unter denen das autokratische Regime des Zaren dann 1917 zusammenbrechen sollte, bereits voll herausgebildet: Trotz aller Reformen war die Landwirtschaft immer noch stark rückständig. 65 % der Bevölkerung waren Analphabeten, 82 % lebten auf dem Land. Die Landwirtschaft produzierte die Hälfte des Nationaleinkommens, die Industrie dagegen erst 28 %. Diese war im Produktionsmittelbereich hoch konzentriert (2,4 % der Unternehmen beschäftigten 41,4 % der gesamten Arbeiterschaft) und vergesellschaftet, der Staat griff direkt mit dirigistischen Maßnahmen in den industriellen Sektor ein. Die Arbeiterschaft selbst war zahlenmäßig sehr schwach, sie umfaßte mit 3,5 Millionen nur 2 % der Gesamtbevölkerung. Der zweite industrielle Aufschwung, den Rußland zwischen 1909 und 1913 erfuhr, begann bereits vor dem Krieg abzuflachen. Die russische Wirtschaft stand also schon vor dem Krieg unter dem Einfluß innerer Widersprüche (Streikbewegung im Sommer 1914), ihre Überstrapazierung durch den Krieg hat diese Widersprüche und Schwierigkeiten "nur" verschärft.

## Rußland im Ersten Weltkrieg

Chancen und Risiken des Krieges

In der Juli-Krise 1914 zeigte die russische Führung Nervosität, denn nur durch eine frühzeitige Mobilisierung der eigenen Kräfte konnte der technische Vorsprung des Deutschen Reiches einigermaßen aufgefangen werden. Außerdem konnte das außenpolitische Engagement im Innern stabilisierend wirken. Nur Einsichtigen war klar, daß dieser Krieg das monarchische Prinzip auch in Rußland gefährdete, daß vor allem Rußland einen längeren Krieg gar nicht durchstehen könne und mit Gebietsgewinnen sich nur politische Hypotheken aufladen würde.

Militärische Situation

Obwohl im Sommer 1914 die russische Armee in Ostpreußen und Galizien eindrang, zeigten bereits die ersten Kampfhandlungen ihre völlig unzureichende Versorgung. Im Februar 1915 hatte Deutschland die Front bereits völlig auf russisches Gebiet gedrängt, von wo aus es im Sommer 1915 in großen Offensiven bis Vilnius (Wilna) und Brest, bis September 1917 schießlich bis Riga und Pinsk vorstieß.

Innenpolitische Situation

Die bedrängte Lage machte eine Mitwirkung der Duma notwendig, die auch in nationaler Hochstimmung die erforderlichen Kredite bewilligte. Als sich die progressiven Abgeordneten jeoch im September 1915 im Fortschrittlichen Block zusammenschlossen und (sehr gemäßigte) Reformen im Staat forderten, wurde die Duma vertagt. Sozialdemokratische Abgeordnete wurden verhaftet und nach Sibirien verbannt. Die Reaktion hatte sich über die Reformbewegung hinweggesetzt.

## Zeittafel von der Revolution bis zum Zweiten Weltkrieg

| | |
|---|---|
| **1917** | |
| 3. (16.) 4. | Ankunft Lenins in Petersburg, Verkündung der "Aprilthesen" |
| 24.–29. 4. (7.–12. 5.) | April-Konferenz der Bolschewiki: Annahme der radikalen Ansichten Lenins durch die Partei |
| 5. (18.) 5. | Umbildung der Provisorischen Regierung, Eintritt der Menschewiki und der Sozialrevolutionäre |
| 3.–24 .6 (16 .6.–7. 7.) | Erster Gesamtrussischer Sowjetkongreß |
| 18. 6. (1. 7.) | Beginn der Kerenski-Offensive mit anfänglichen Erfolgen; der Angriff kommt Mitte Juli zum Stehen |
| 3.–5. (16.–18.) 7. | Massendemonstrationen und Auseinandersetzungen mit bewaffneten Arbeitern, Kerenski wird Ministerpräsident |
| Anfang August | VI. Parteitag der Bolschewiki |
| 27. 8.–1. 9. (9.–14. 9.) | Putschversuch des Generals Kornilow gegen die Provisorische Regierung |
| Anfang Oktober | Neuwahl des Präsidiums des Petrograder Sowjets: Bolschewiki erhalten die Mehrheit |
| Oktober | Drängen Lenins (aus dem Exil) zum Umsturz |
| 7. 10. (20. 10.) | Rückkehr Lenins aus dem Exil nach Petrograd |
| 10. 10. (23. 10.) | Beschluß des Zentralkomitees zum sofortigen Umsturz, Bildung eines Politischen Büros zur Vorbereitung und Leitung des Aufstandes unter Lenin |
| 24./25. 10. (6./7. 11.) | Oktoberrevolution, Verhaftung der Regierung Kerenski |
| 26. 10. (8. 11.) | II. Allrussischer Rätekongreß, Bildung des Rates der Volkskommissare, Dekrete "über den Frieden" und "über Grund und Boden" |
| 2. (15.) 11. | Deklaration der Rechte der Völker Rußlands |
| 14. (27.) | 11. Verordnung über die Arbeiterkontrolle |
| 20. 11. (3. 12.) | Beginn der Waffenstillstandsverhandlungen mit den Mittelmächten in Brest-Litowsk |
| **1918** | |
| 15. (28.) 1. | 1. Dekret über die Bildung der Roten Arbeiter- und Bauernarmee |
| 1. (14.) 2. | 2. Einführung des Gregorianischen Kalenders |
| 23. 2. | Erster Sieg der Roten Armee, offizieller Gründungstag |
| 3. 3. | Unterzeichnung des Friedens von Brest-Litowsk |
| 10./11 .3. | Verlegung der Hauptstadt nach Moskau |
| März/April | Landung eines Geschwaders der Entente, Beginn der Intervention in den Bürgerkrieg |
| 4.–10. 7. | V. Gesamtrussischer Sowjetkongreß: Verfassung der Russischen Föderativen Sowjetrepublik (RSFSR) |
| 13. 11. | Annullierung des Friedensvertrages von Brest-Litowsk |

| | |
|---|---|
| **1918–1921** | **Phase des Kriegskommunismus** |
| **1919** | |
| 2.–6. 3. | I. Kongreß der Kommunistischen Internationale in Moskau |
| Sommer | Kämpfe zwischen Polen und der Roten Armee um die polnisch-russische Grenze |
| 22. 12. | Russisches Friedensangebot an Polen als Basis von Grenzverhandlungen |
| **1920** | |
| 2. 2. | Friedensvertrag mit Estland, Anerkennung der Unabhängigkeit |
| 11. 2. | Waffenstillstand mit Lettland, Anerkennung der Unabhängigkeit |
| 23. 3. | Schaffung der Staatlichen Kommission zur Elektrifizierung Rußlands (Golero) |
| 25. 4.–12. 10. | Sowjetisch-polnischer Krieg |
| 26. 4. | Polnische Offensive ("Kiewer Feldzug") |
| 4. 7. | Gegenoffensive der Roten Armee |
| 12. 7. | Friedensvertrag mit Litauen, Anerkennung der Unabhängigkeit |
| 17. 8. | Beginn der polnisch-russischen Friedensverhandlungen in Minsk mit dem Vorschlag der Curzon-Linie als polnische Ostgrenze, gleichzeitig (begonnen am 16. 8.) überraschende polnische Offensive ("Wunder an der Weichsel") |
| 12. 10. | Vorfriede von Riga (in Kraft am 18. 10.) |
| 2. 12. | Kapitulation Armeniens, Abtretung des südlichen Teils an die Türkei |
| **1921–1941** | |
| **1921** | |
| 22. 2. | Bildung der Staatlichen Plankommission (Gosplan) |
| 28. 2.–18. 3. | Aufstand in Kronstadt |
| 8.–16. 3. | X. Parteitag mit Beschluß zum Übergang zur NEP |
| 18. 3. | Friede von Riga mit Polen |
| 1921/22 | Höhepunkt der Hungersnot |
| **1922** | |
| 10. 4.–19. 5. | Wirtschaftskonferenz von Genua, dabei Vertrag von Rapallo mit Deutschland (16. 4.) |
| 30. 12. | Gründung der Union der Sozialistischen Sowjetrepubliken (UdSSR) |
| **1924** | |
| 21. 1. | Tod Lenins; Nachfolge bei einer kollektiven Führung mit Kamenew, Sinowjew und Stalin |
| **1925** | Beginn der Ausschaltung Trotzkis (1927 verbannt, 1929 ausgewiesen, 1940 ermordet) |
| 18.–31. 12. | XIV. Parteitag beschließt sozialistische Industrialisierung des Landes |

| | |
|---|---|
| **1926** | |
| 24. 4. | Berliner Vertrag mit Deutschland (Neutralitäts- und Nichtangriffspakt) |
| **1927** | |
| 18.–26. 4. | IV. Sowjetkongreß: Beschluß zur Ausarbeitung des 1. Fünfjahrplans zur Entwicklung der Volkswirtschaft |
| 2.–19. 12. | XV. Parteitag der KPdSU (B) mit dem Parteiausschluß von Trotzki, Kamenew, Sinowjew und 74 anderen Oppositionellen. Beschluß zur Kollektivierung der Landwirtschaft und zur verstärkten Industrialisierung (Ausarbeitung eines Fünfjahrplanes) |
| 6. 9. 1928 | Unterzeichnung des Briand-Kellog-Paktes (27. 8. 1928) durch die UdSSR |
| **1929** | Beginn der Verfolgung der Kulaken; Ausweisung Trotzkis (1940 ermordet) |
| 1929/33 | Erster Fünfjahrplan |
| **1932** | Freundschafts- und Neutralitätsabkommen mit Finnland (21. 1.), Lettland (5. 2.), Estland (4. 5.), Polen (25. 7.) und Frankreich (29. 1.) |
| **1933** | |
| 16./17. 11. | Anerkennung der UdSSR durch die USA |
| 19. 12. | Beschluß des Politbüros des ZK, dem Völkerbund beizutreten und regionale Sicherheitspakte abzuschließen |
| **1934** | |
| 18. 9. | Beitritt der UdSSR zum Völkerbund |
| **1935** | Sowjetisch-französischer Beistandspakt |
| **1936** | Abkommen von Montreux über die Rechtsstellung der Meerengen (Bosporus) mit weitgehender Wiederherstellung der türk. Souveränität; löst das Abkommen von Lausanne vom 24. 7. 1923 ab<br>Neue Verfassung der Sowjetunion mit allgemeinem und gleichem Wahlrecht sowie dem weiteren Ausbau der nationalen Struktur der SU (11 statt 7 Unionsrepubliken) |
| **1936/38** | "Säuberungen" in der Partei, Schauprozesse; 1937/38 besonders Säuberungen innerhalb der Roten Armee (150 führende Militärs) |
| **1937** | |
| Juni/Juli | begrenzter sowjetisch-japanischer Konflikt am Amur |
| 21. 8. | Nichtangriffspakt mit China |
| September | Einmarsch in die Mongolische Volksrepublik (zum Schutz vor japanischer Aggression) |

| | |
|---|---|
| **1938** | |
| Juli/August | Neuer sowjetisch-japanischer Grenzkonflikt |
| **1939** | |
| Mai/September | Sowjetisch-japanischer Konflikt an der mongolischen Grenze |
| 23. 8. | Nichtangriffspakt mit Deutschland |
| 17. 9. | Besetzung Ostpolens |
| 28. 9. | Deutsch-Sowjetischer Grenz- und Freundschaftsvertrag (Zusatzprotokoll vom 4. 10. mit der genauen Festlegung der Grenze) |
| Sept./Oktober | Beistandspakte der UdSSR mit Estland (28. 9.), Lettland (5. 10.) und Litauen (10. 10.). Verhandlungen mit Finnland scheitern. |
| 30. 11. | Beginn des finnisch-sowjetischen "Winterkriegs" mit dem Angriff auf die Karelische Landenge (beendet mit dem Friede von Moskau, 11./12. 3. 1940) |
| 14. 12. | Ausschluß aus dem Völkerbund |
| **1940** | |
| 11. 2. | Deutsch-Sowjetisches Wirtschaftsabkommen |
| Juni/August | Ultimative Forderungen an die baltischen Staaten (12./16. 6.), Umwandlung in Sowjetrepubliken (21./22. 7.) und Eingliederung in die UdSSR (3.–6. 8.) |
| **1941** | |
| 13. 4. | Sowjetisch-Japanischer Neutralitätsvertrag |
| 22. 6. | Deutscher Angriff auf die Sowjetunion ("Unternehmen Barbarosssa") |

**Periodisierung der sowjetischen Geschichte**

| | |
|---|---|
| 1917–1924 | Lenin |
| 1924–1953 | Stalin |
| 1918–1922 | Bürger- und Interventionskrieg, Kriegskommunismus |
| 1922–1929 | Neue Ökonomische Politik |
| 1929–1933 | Zwangskollektivierung |
| 1929–1933 | 1. Fünfjahrplan |
| 1933–1937 | 2. Fünfjahrplan |
| 1941–1945 | Zweiter Weltkrieg |

## Die Februarrevolution 1917

### Die bürgerliche Revolution

Ursachen der Revolution

Die erste Revolution, die im Februar 1917 das Zarenregime von der politischen Bildfläche fegte, hat ihre tieferen Ursachen im Zusammentreffen von inneren Widersprüchen in Wirtschaft und Gesellschaft des Landes. Sie verschärften sich durch die Versorgungskrise während des Krieges und durch den politischem Unmut angesichts der Starrheit des Regimes, das immer noch der autokratischen Tradition früherer Jahrhunderte folgte. Akute Engpässe in der Versorgung riefen immer wieder lokale Streiks hervor, auf die allerdings die Bolschewiki unter Lenin kaum Einfluß hatten; sozialistische Führer waren überhaupt nicht sehr angesehen bei der russischen Arbeiterschaft. So lag auch die Mitgliederzahl der sozialistischen Parteien Anfang 1917 bei 35 000 (das entspricht etwa 1 % der Arbeiterschaft), darunter 15 000 Bolschewiki. Unruhen um die Jahreswende 1916/17 zeigten einerseits, daß die Regierung Reformunwilligkeit und Härte zeigte, andererseits, daß die Sympathien der Soldaten bei der Arbeiterschaft lagen.

Dumakomitee Arbeiter- und Soldatenräte

Aus dem Fortschrittlichen Block der Duma bildete sich am 14. Februar ein Dumakomitee, das die Organisation der Protestbewegung übernahm. Die Arbeiter in den Betrieben und die Soldaten in den Truppeneinheiten wählten Vertreter, die sich im Arbeiter- und Soldatenrat (russ. *sowjet*) von Petrograd eine revolutionäre Organisation gaben. Mit dem "Befehl 1" der Soldatenräte, der die Soldaten von ihrem Eid gegenüber dem Zaren entband, den Räten Beschlußkompetenz zuwies und ihnen die Garnison der Hauptstadt unterstellte, hatte die Revolution ihren ersten Sieg errungen.

Doppelherrschaft

In diesem Moment war bereits angelegt, daß die weitere Entwicklung doppelgleisig verlaufen würde: sowohl das Dumakomitee, aus dem sich schnell eine Provisorische Regierung unter dem parteilosen Fürsten Lwow bildete, als auch der Arbeiter- und Soldatenrat errangen gleichzeitig, aber mit verschiedener Legitimation, die Macht. Die Machtverteilung innerhalb dieser "Doppelherrschaft" war sehr ungleich: die Provisorische Regierung verfügte zwar in ihren Ministern über die notwendige Sachkompetenz, die reale Macht aber lag bei den Arbeiter- und Soldatenräten, die die industrielle Produktion, das Verkehrswesen und schließlich weite Teile der Armee kontrollierten.

Provisorische Regierung

Die Provisorische Regierung trat unter dem Ziel an, bürgerliche Freiheitsrechte zu verwirklichen und dem Land eine Verfassung zu geben, sie versprach soziale Reformen, aber sie wollte auch den Krieg fortsetzen. Weder das bäuerliche Element noch die

Arbeiterschaft sahen sich allerdings hier vertreten, da die Provisorische Regierung – die überdies in der Frage der Agrarreform sehr zögerte – auf dem Duma-Komitee und damit auf dem Zensuswahlrecht beruhte.

Arbeiter- und Soldatenräte

Die Arbeiter- und Soldatenräte dagegen erhoben radikaldemokratische Forderungen, deren wichtigste die Beseitigung aller Klassen, aller nationalen und religösen Beschränkungen war. Auch sie verlangten die Durchsetzung politischer Freiheitsrechte und die Schaffung politischer Organe – aber nach ihren z. T. radikalen Vorstellungen. Die Verfassung sollte nach ihren Plänen von einer Verfassunggebenden Versammlung verabschiedet werden. Vor allem aber forderten sie sofortigen Frieden und eine durchgreifende Landreform.

Friede
Landreform

Hier, wo die Notwendigkeit einer Landreform und die Fortsetzung des Krieges zusammentrafen, liegt das eigentliche Scheitern der Provisorischen Regierung begründet, da wegen des Krieges die Landreform nur schleppend durchgeführt werden konnte. Beide Fragen sind maßgeblich an der Radikalisierung der Revolution beteiligt, für die Bolschewiki ergaben sich hier wichtige Ansatzpunkte ihrer Propaganda.

### Die Bolschewiki in der Zeit der Doppelherrschaft

Rückkehr Lenins aus dem Exil:

Am 3. (16.) 4. 1917 kam Lenin aus dem Exil nach Petersburg zurück. Die deutsche Heeresleitung hatte in dieser Rückkehr eine Möglichkeit gesehen, das kriegswillige bürgerliche Regime in Rußland zu destabilisieren, und deshalb die Rückreise Lenins organisatorisch und technisch unterstützt. In Petersburg angekommen verkündete Lenin seine "Aprilthesen": Er erklärte darin den bürgerlich-demokratischen Kräften, dem gemäßigten Sozialismus und dem von ihnen getragenen Staat (d. i. der Staat der Februar-Revolution) den Krieg, brandmarkte den Krieg, den die Provisorische Regierung an der Seite der Entente fortsetzte, *"infolge des kapitalistischen Charakters dieser Regierung"* als *"räuberischen, imperialistischen Krieg"* und forderte den *"Übergang der gesamten Staatsmacht an die Sowjets der Arbeiterdeputierten"*, die Errichtung einer Räterepublik (die parlamentarische Republik *"wäre ein Schritt rückwärts"*), allgemeine Volksbewaffnung, Bodenreform und die *"Kontrolle über die gesellschaftliche Produktion"*. Der Name der Partei sei infolge des weltweiten Verrats der Sozialdemokratie in "Kommunistische Partei" zu ändern.

Aprilthesen

*"Friede, Land, Brot, Freiheit"*

Auf ihrer April-Konferenz (24.–29. 4./7.–12. 5.) machten sich die Bolschewiki schließlich Lenins radikale Ansichten zu eigen und gewannen durch ihre einfache Losung *"Friede, Land, Brot, Freiheit"* gewannen sie rasch Anhang. Die Provisorische Regierung ihrerseits war durch die Fortsetzung des Krieges und besonders

ders durch das Scheitern der Kerenski-Offensive (Juli 1917) und die Niederschlagung eines Aufstandes, der den Bolschewiki zugeschrieben wurde, belastet. Der Parteitag der Bolschewiki Anfang August offenbarte die wachsende Basis der Partei, die Anfang Oktober dann bei der Neuwahl des Präsidiums des Petrograder Sowjets die Mehrheit gewannen.

Diese Gesamtlinie der Entwicklung hin zur bolschewistischen Machtergreifung steht zusammenfassend unter dem Eindruck und dem Einfluß zweier Polaritäten:

Zielstrebigkeit der Bolschewiki

Auf der einen Seite stand die unversöhnliche Gegnerschaft der Bolschewiki zur bürgerlichen Februarrevolution und zur Provisorischen Regierung, die sowohl zu Lenins Aprilthesen als auch zur Doppelherrschaft von bürgerlicher Regierung und Rätekongreß führte. In diesem Rätekongreß hatten zwar die Bolschewiki in den ersten Monaten noch keineswegs die Mehrheit, es gelang ihnen jedoch, angesichts des unschlüssigen Verhaltens der Regierung in den Räten eine breitere Basis und schließlich in den Sowjets von Petersburg und Moskau eine entscheidende Mehrheit zu gewinnen. Dazu kam, daß die reale Macht im Staat eben nicht bei der Provisorischen Regierung, sondern bei den Räten als den Vertretern von Arbeitern und Soldaten lag.

Rolle der Räte

Rolle der Bauern

Auf der anderen Seite aber bestand der Gegensatz zwischen den Bauern und der nach westlichen Begriffen von Demokratie und Parlamentarismus operierenden Gruppe bürgerlicher Revolutionäre. Die Bauern aber, seit jeher mißtrauisch gegen alles, was aus der Stadt kam, wollten nur Frieden und Land und fühlten sich bei den Sozialrevolutionären besser aufgehoben als bei den liberalen Kadetten. Die Bolschewiki aber rückten mit der Aufnahme dieser Forderungen in den Kreis derer, denen die Bauern vertrauten.

## Die Oktoberrevolution

### Der Putsch vom 25. 10.

Umsturzplanung

Schon im Oktober drängte Lenin (noch aus dem Exil) zum Umsturz, um die Herrschaft der Bolschewiki zu errichten. Am 7. (20.) Oktober kehrte Lenin aus dem Exil nach Petrograd zurück und formulierte konkrete Maßnahmen für Aufstand und Umsturz. Diesen Umsturz beschloß das Zentralkomitee am 10. (23.) Oktober. Gleichzeitig nahmen bolschewistische Vertreter an dem von Kerenski berufenen Vorparlament teil, das die parlamentarische Arbeit zwischen der Auflösung der Duma und dem Zusammentritt der noch zu wählenden Konstituierenden Versammlung sicherstellen sollte.

Oktoberrevolution

Als die Regierung Kerenski in einem letzten Versuch, die Initiative zurückzugewinnen, am 24. 10. (6. 11.) die Druckerei der Bolschewiki besetzen ließ, konnte sie nur ungenügende Kräfte mobilisieren. Trotzki dagegen, der Vorsitzende des Petrograder Sowjets und des "Revolutionären Militärkomitees", setzte die Garnison und die Arbeitermiliz der Roten Garden ein, besetzte im Lauf des 25. 10. (7. 11.) die wichtigsten Positionen der Stadt und verhaftete in der folgenden Nacht die Regierung Kerenski in deren Sitz, dem Winterpalais. Der Terminplan, den das Zentralkomitee vorgesehen hatte, war eingehalten, denn am nächsten Tag, dem 26. 10. (8. 11.) trat der Allrussische Sowjetkongreß zusammen, der, vor vollendete Tatsachen gestellt, die Aktion der Bolschewiki billigen sollte. Die Menschewiki und der rechte Flügel der Sozialrevolutionäre zogen allerdings wegen der Vorgänge vom vergangenen Tag aus dem Kongreß aus und gaben damit den Bolschewiki die Mehrheit in der Versammlung. Daß die Zustimmung mit der Verabschiedung der folgenden "Umsturzdekrete" verknüpft wurde, ist mehr als nur ein geschickter Schachzug Lenins.

## Die Sicherung der Macht

*Dekret über den Grund und Boden*

Lenin und die Bolschewiki standen vor der Notwendigkeit, ihre neugewonnene Macht zu etablieren, die sie nicht einer spontanen Massenerhebung, sondern einem generalstabsmäßig geplanten Aufstand verdankten. Zu diesem Zweck mußten sie sich die Unterstützung der Massen, die sie bisher während der Vorbereitungsphase hatten, auch nach dem Umsturz sichern. Den radikalen Forderungen der Bevölkerungsmehrheit nach Enteignung des Großgrundbesitzes und dem Landhunger der Bauern kam dabei der Sowjetkongreß nach, indem er bereits am 26. 10. (8. 11.) das *"Dekret über den Grund und Boden"* verabschiedete, das alles Land zum Staatseigentum erklärte, gutsherrliches Land enteignete und grundsätzlich Verkauf oder anderweitige Veräußerung von Grundbesitz verbot. Damit hatte Lenin die schon von den Sozialrevolutionären geplante (Tschernow, Juli 1917), aber nicht durchgeführte Bodenreform in Angriff genommen und die bäuerlichen Massen auf die Seite der Bolschewiki gebracht.

*Dekret über den Frieden*

Auch in der Frage des Krieges und seiner Fortführung oder Beendigung gingen die Bolschewiki konsequent einen neuen Weg. Die Menschewiki hatten in den Augen der Massen außer in der Frage der Bodenreform auch hier versagt, indem sie entschlossen waren, den Krieg gegen die Mittelmächte zur "Verteidigung des Vaterlandes" fortzuführen. Lenin hatte hier seit längeren eine unbedingte Beendigung des Krieges gefordert und nahm dafür selbst schwere Nachteile für Rußland in Kauf (*"Dekret über den Frieden"* v. 26. 10./8. 11.). Im März 1918 wurde dann der Friede von Brest-Litowsk geschlossen, in dem das Deutsche Reich seine Position zur Durchsetzung maximaler Forderungen ausspielte (s. unten).

Rat der Volkskommissare

Außer diesen beiden Dekreten über die Landenteignung und den Frieden billigte der Sowjetkongreß auch die Bildung einer neuen Regierung, des Rates der Volkskommissare, mit Lenin als Vorsitzendem. In dieses Kollegium wurden auch Sozialrevolutionäre aufgenommen, ohne daß allerdings beabsichtigt gewesen wäre, sie länger an der Macht zu beteiligen. Sie traten denn auch nach dem Frieden von Brest-Litowsk aus der Regierung aus.

Kontrolle über die Industrie

Wenige Tage nach dem Dekret über den Grund und Boden verschaffte sich das revolutionäre Regime der Bolschewiki die Unterstützung des Proletariats, indem es mit dem *"Dekret über die Arbeiterkontrolle"* vom 14. (27.) November die Produktionsbetriebe, d. h. *"Produktion, Kauf und Verkauf von Erzeugnissen und Rohmaterialien, ... ihre Aufbewahrung sowie ... die finanzielle Seite des Unternehmens"*, der Kontrolle der Sowjets unterstellt. Betriebskomitees konnten jetzt die Anordnungen des Eigentümers (dessen technische und organisatorische Fähigkeit man noch brauchte) aufheben und durch eigene Anordnungen ersetzen. Parallel zu dieser Arbeiterkontrolle wurde ein Oberster Volkswirtschaftsrat errichtet, der diese Kontrolle in der Hand der bolschewistischen Partei zentralisierte.

Rolle der Räte

Die Sowjets (Räte) waren bisher als eine Form der proletarischen, aber auch revolutionären Selbstverwaltung neben die "eigentlichen" staatlichen Organe getreten. Ihnen wuchs während der Zeit der Doppelherrschaft die eigentliche Macht im Staat zu, da sie die Massen und die faktische Macht repräsentierten. Die Bolschewiki konnten aber erst im Lauf des Sommers in den Arbeiter- und Soldatenräten der beiden Hauptstädte Petrograd und Moskau eine Mehrheit erhalten, die sie befähigte, gestützt auf diese beiden Organe, den Umsturz zu beginnen. Um aber weiterhin den Sowjets die revolutionäre Rolle im Sinne der bolschewistischen Partei zuweisen zu können, mußten sie erst von den Kräften "gesäubert" werden, die der bolschewistischen Revolution des Staates und der Gesellschaft im Wege standen, d.h. von Sozialrevolutionären und Menschewiki. Als Träger der proletarischen Revolution und – besonders – als Vollstrecker des Willens der bolschewistischen Partei wurden die Räte institutionalisiert. Das kam schon in der Tatsache zum Ausdruck, daß der 2. Allrussische Sowjetkongreß nicht die förmliche Absetzung der Provisorischen Regierung beschließen, sondern das Vorgehen der Bolschewiki billigen sollte.

## Der Weg in die Diktatur

Konstituierende Versammlung

Auch nach dem bolschewistischen Umsturz bestand formell noch das Problem der Konstituierenden Versammlung, die am 25. 11. (8. 12.) gemäß dem Beschluß der Provisorischen Regierung gewählt worden war und am 5. (18.) Januar 1918 erstmals zusammentrat. Da die Bolschewiki nicht bereit waren, dieser Versammlung irgendwelche Kompetenzen einzuräumen, ließ Lenin sie am zweiten Sitzungstag durch Soldaten auseinandertreiben, nachdem auch die Sitzung des ersten Tages schon im Tumult untergegangen war.

Dekret *"über die Auflösung der Konstituierenden Versammlung"*

Das Dekret *"über die Auflösung der Konstituierenden Versammlung"* vom 6. (19.) 1. 1918, ein Dokument der Zweckpropaganda, das die revolutionäre Theorie Lenins widerspiegelt, verweist dabei einerseits auf deren vorrevolutionären Ursprung, der das alte politische Kräfteverhältnis zum Ausdruck bringe; sie sei daher, gemessen an den Zielen der Revolution, anachronistisch. Andererseits liege das Interesse der werktätigen Klassen im Aufbau des Sozialismus, der aber mit dem bürgerlichen Parlamentarismus unvereinbar sei. Nur die Bolschewiki, die im übrigen in den Sowjets die überwältigende Mehrheit hätten, seien in der Lage, den Widerstand der besitzenden Klassen zu brechen und das Fundament der sozialistischen Gesellschaft zu legen. Nachdem Bolschewiki und linke Sozialrevolutionäre aus der Konstituierenden Versammlung ausgezogen seien, sei sie nur noch ein Werkzeug der Konterrevolution.

Verbot anderer Parteien

In der Aussage des Dekrets, der Verzicht auf die uneingeschränkte Macht der Sowjets würde die Oktoberrevolution gefährden, steckt sogar interpretatorische Wahrheit, wenn man – wie Lenin – die Macht der Sowjets mit der Macht der Bolschewiki gleichsetzt. Im andern Fall hätten wirklich die bürgerlichen Kräfte noch Reserven, um gegen den bolschewistischen Umsturz anzugehen. Daher mußten logischerweise auch die Partei der Kadetten sofort nach der Novemberwahl verboten und ihre Führer verhaftet werden, ein Schicksal, das die Menschewiki 1921 und die Sozialrevolutionäre 1922 gleichfalls traf.

Reaktion der deutschen Sozialdemokratie

Mit der Auflösung der Konstituierenden Versammlung wandten sich unter anderen auch die deutschen Sozialdemokraten und auch Teile der USPD von den russischen Kommunisten ab.

Aufhebung der Pressefreiheit
Geheimpolizei

Als Mittel zur Sicherung ihrer Herrschaft verboten die Bolschewiki bereits am 27. 10. (9. 11.) alle nichtkommunistischen Zeitungen (während kurz vor dem Krieg noch Pressefreiheit herrschte) und riefen am 7. (20.) 12. die "Außerordentliche Kommission zur Bekämpfung der Konterrevolution" (Tscheka) als Geheimpolizei der Bolschewiki ins Leben. Sie besteht unter verschiedenen Namen (GPU, NKWD, MWD, KGB) und mit verschiedener Machtfülle noch heute.

## Der Friede von Brest-Litowsk

Waffenstillstand mit den Mittelmächten

Bereits am 24. 11. (7. 12.) wurde ein Waffenstillstand mit den Mittelmächten geschlossen, nachdem die Armeeführung, die sich dem verweigert hatte, entmachtet worden war. Insofern war also das Ziel der deutschen Heeresleitung, Rußland aus der Front der Gegner herauszubrechen, vordergründig erfüllt.

Friedensvertrag als Sicherung der Revolution

Die Diskussion innerhalb des ZK der Bolschewiki ging in dieser Zeit und in dieser Frage nicht mehr um die Beibehaltung irgendwelcher imperialer Kriegsziele (wie ehedem bei der Provisorischen Regierung), sondern allein darum, ob nicht ein frühzeitiger Friedensschluß die Revolution in Deutschland, die die notwenige Vollendung der russischen Revolution sei, aufschiebe. Andererseits war die russische Armee nicht mehr in der Lage, weiterzukämpfen. Aus diesen Überlegungen heraus setzte Lenin die Zustimmung zum Friedensvertrag durch, der dann am 3. 3. 1918 in Brest-Litowsk (an der heutigen polnisch-sowjetischen Grenze) unterzeichnet wurde. Er war seinem Charakter nach ein Diktatfriede, weil die deutsche Seite ihre Überlegenheit ausspielte und harte Bedingungen vorschrieb. Die Bolschewiki indessen sahen ihn nur als Zwischenlösung an, der Vertrag wurde dann auch mit der deutschen Niederlage hinfällig.

Der Vertrag sah die Anerkennung der Selbständigkeit Finnlands, Estlands, Lettlands, Litauens und der Ukraine sowie (später hinzugefügt) eine Zahlung von 6 Milliarden Goldmark vor.

Gebietsverluste:
Finnland
Estland
Lettland
Litauen
Ukraine
Bessarabien

Die Gebietsverluste Rußlands betrafen vor allem Territorien mit nichtrussischer Bevölkerung. Ihre Selbständigkeit errangen zunächst Finnland (Unabhängigkeitserklärung schon im Dezember 1917), dann die baltischen Staaten Estland, Lettland und Litauen (anerkannt 1920). Die Ukraine wurde formell selbständig, stand aber unter deutschem militärischem Schutz. Nach Abzug der deutschen Truppen 1919 wurde sie als Sowjetrepublik wieder eingegliedert. Bessarabien mit vorwiegend rumänischer und ukrainischer Bevölkerung fiel an Rumänien.

Selbständigkeit Polens

Die Selbständigkeit Polens war zwar schon im März 1917 sowohl von der Provisorischen Regierung als auch von den Sowjets anerkannt worden, bekam aber erst mit dem Zusammenbruch der deutschen Machtstellung im November 1918 politische Realität. Das Eingreifen Polens in den russischen Bürgerkrieg brachte dann die polnische Eroberung Kiews, den russischen Gegenstoß auf Warschau und schließlich eine Annäherung an die Grenzen von 1772 (s. Kap. Bürgerkrieg).

*"Deklaration der Rechte der Völker Rußlands"* (15. 11. 1917)

Die zentrifugalen Kräfte der nichtrussischen Nationalitäten konnten auch durch die *"Deklaration der Rechte der Völker Rußlands"* vom 2. (15.) November 1917 nicht gebunden werden. Diese Deklaration sah zwar das Selbstbestimmungsrecht bis hin zur völligen Loslösung von Rußland vor und verhieß weitgehende Freiheiten, aber diese Völker strebten ohnehin – besonders seit der Verschärfung des russischen Nationalismus nach 1906 – von Rußland fort, mit oder ohne Deklaration aus Petrograd oder Moskau. Das noch heute – und besonders im Zug der Gorbatschowschen Reformen – spürbare und bisweilen gewaltsam zutage tretende Bedürfnis nach Autonomie und Selbständigkeit ist daher nicht allein von der Gegnerschaft gegen den Bolschewismus geprägt, sondern entspringt altem nationalem Selbstbewußtsein, das vom Totalitarismus Stalins nur zugedeckt, aber nicht ausgelöscht worden war.

# Die Sowjetunion in den 20er und 30er Jahren

## Das leninistische Herrschaftssystem

Ausschaltung der Opposition
Zentralisierung

Die Maßnahmen, die Lenin zur Sicherung der bolschewistischen Herrschaft traf, sollten auf zwei Ebenen wirken: Zum einen war durch die Ausschaltung jeder Opposition nicht nur die Führungsrolle der Bolschewiki, sondern ihre Alleinherrschaft zu festigen, zum andern mußte alle Entscheidungskompetenz bei einer kleinen Gruppe konzentriert werden. Das entsprach seiner Theorie vom Führungskader und sollte die Masse der Mitglieder und Mitläufer unter strenger Kontrolle halten.

Verbot aller nichtkommunistischen Parteien

Parteiführung

Fraktionsverbot innerhalb der Partei

Zur Durchsetzung dieser Ziele wurden ab 1921 die Führer der nichtkommunistischen Parteien (Menschewiki und Sozialrevolutionäre) verfolgt und ausgeschaltet. Die Schaffung dreier Führungsorgane der Kommunistischen Partei – Politisches und Organisatorisches Büro (Politbüro und Orgbüro) und Parteisekretariat – im März 1919 verringerten die Einflußmöglichkeiten außerhalb der Parteiführung (Sowjets). Im März 1921 schließlich beschloß der Parteikongreß das Verbot der Fraktionsbildung innerhalb der Kommunistischen Partei und ordnete die Gewerkschaften der Partei strikt unter. Parteien- und Fraktionsverbot wurden im Zuge von Gorbatschows Reformen 1989 außer Kraft gesetzt.
Die Macht, die Lenin zum Aufbau des Sozialismus ausübte, stützte sich nach seinen Worten *"uneingeschränkt ... auf Gewalt und nicht auf das Recht."*

Stalin: Parteisekretariat

"demokratischer Zentralismus"

Mit Hilfe des Parteisekretariates, das ab 1922 unter der Leitung Josef Dschugaschwilis, genannt Stalin, stand, konnte die Partei vom Organ der Revolution zu dem der Bürokratie umgewandelt werden. Unter seiner Leitung vollzog sich der Aufbau des "demokratischen Zentralismus": Kandidaten wurden von der jeweiligen

Parteileitung nominiert und von der jeweiligen Parteiversammlung gewählt, Beschlüsse oberer Parteiorgane waren für die unteren absolut bindend.

## Die Kommunistische Internationale

Internationalismus und Weltrevolution

In der marxistisch-leninistischen Ideologie nahm die proletarische Weltrevolution als der entscheidende Schritt hin zum Weltkommunismus die zentrale Stelle ein. Die Entwicklung im Westen schien diese Theorie zu rechtfertigen: Deutschland wurde 1918 von einer Revolution erschüttert, in Bayern und Ungarn installierten sich im April bzw. März 1919 sozialistische Räterepubliken.

Kommunistische Internationale

Um die verschiedenen kommunistischen Bewegungen zu unterstützen, zu koordinieren und um schließlich aus der Vielzahl der kommunistischen Parteien eine einzige kommunistische Weltpartei zu machen, wurde in Moskau im März 1919 die III. Internationale (Kommunistische Internationale – Komintern) unter Leitung von G. Sinowjew gegründet. Sie war aber nicht nur Koordinationszentrum für die nationalen Parteien, sondern ordnete auch die Politik der verschiedenen kommunistischen Parteien den Zielen der Sowjetunion unter; sie war damit ein Instrument der sowjetischen Außenpolitik geworden.

Stalin: Aufbau des "Sozialismus in einem Land"

Für Lenin hatte noch die Weltrevolution Vorrang, die Errichtung des sozialistischen Systems in Rußland war nur ein notwendiges Zwischenstadium. Als im Oktober 1923 der kommunistische Aufstand in Deutschland niedergeschlagen wurde, war offenbar geworden, daß das hochindustrialisierte Deutschland nicht auf diesem Weg folgen würde. Man schreibt es daher gemeinhin diesem fehlgeschlagenen "Deutschen Oktober" zu, daß die Sowjetführung unter Stalin sich vom Warten auf die Weltrevolution ab- und dem Aufbau des *"Sozialismus in einem Land"* zuwandte (Formulierung im Dezember 1924). Die Sowjetunion mußte durch eine gezielte Politik zum "Vaterland aller Werktätigen" werden, die Anziehungskraft ihres Systems sollte den Sieg des Kommunismus unausweichlich machen.

## Bürgerkrieg und "Kriegskommunismus"

### Der Bürgerkrieg

Aufbau der Roten Armee

Die Struktur der alten Armee war durch die Demokratisierungsbestrebungen praktisch aufgelöst, die Landverteilung an die Bauern zog die Soldaten in ihre Heimatdörfer zurück. Die Revolution brauchte daher ein neues Instrument, da eine Armee, die aus einer allgemeinen Volksbewaffnung hervorginge, kaum mit den strikten Zielen der Partei in Einklang zu bringen gewesen wäre. Ab Februar 1918, besonders dann mit Hilfe eines am 18. April vorgelegten Plans, begann Trotzki daher mit der Aufstellung der Roten Armee als Machtinstrument der Revolution mit allgemeiner Wehrpflicht für Arbeiter und Bauern; der Mangel an Offizieren wurde durch die Einberufung zaristischer Offiziere ausgeglichen, Kommissare der Partei sorgten für politische Zuverlässigkeit.

Bürgerkrieg zwischen Bolschewiki und "Weißen"

Im Sommer 1918 begann der Bürgerkrieg, in dem Generäle der alten Armee, auf antibolschewistische und auch antirussische Bewegungen (z. B. bei den Donkosaken) gestützt, die Herrschaft der Bolschewiki beseitigen wollten. Diese "weißen" Bürgerkriegstruppen errangen zunächst große Erfolge, der Schwerpunkt der Kämpfe lag in der Ukraine und in Kasachstan. Die Beteiligung Josef Stalins an der Verteidigung des Verkehrsknotenpunktes Zarizyn an der Wolga brachte dieser Stadt später den Namen Stalingrad. Die Bolschewiki kamen zeitweise in erhebliche Bedrängnis.

Ausländische Intervention

In dieser Situation sahen auch die Westmächte eine Chance, mit einer Intervention die Herrschaft der Bolschewiki zu Fall zu bringen. England, Frankreich und die USA, aber auch Japan landeten Truppen an der Küste des Schwarzen, des Kaspischen und des Weißen Meeres und an der sibirischen Pazifikküste. Darüberhinaus sahen sie im Waffenstillstandsvertrag mit dem Deutschen Reich im November 1918 das Verbleiben der deutschen Armeen im Osten vor. Als sich die deutsche Armee als nicht mehr kampffähig erwies, unterstützten sie die Bildung von deutschen Freiwilligenverbänden (Freikorps), die, vor allem im Baltikum, in die Kämpfe gegen die Rote Armee eingriffen. Diese Verbände wurden erst im Winter 1919/20 zurückgerufen (und putschten dann gegen die deutsche Regierung).

Kein konstruktives Programm der "Weißen"

Die Gegner der Bolschewiki konnten diesen allerdings kein konstruktives Programmm entgegenstellen, das an Attraktivität für die Bauern der bolschewistischen Ideologie gleichgekommen wäre. Im Gegenteil – die "Weißen" waren unter sich uneins, ihre Führung lag bei reaktionären Führern der zaristischen und bürgerlichen Zeit und ihr "weißer Terror" stand dem "roten Terror" der Roten Armee in keiner Weise nach. Im Verlauf des Bügerkrieges erlahmte auch das Interesse der Westmächte an der kostspieligen Intervention.

Die Rote Armee war daher seit dem Herbst 1919 in stetem Vormarsch, setzte sich im Frühjahr 1920 am unteren Don und am Kaspischen Meer, im November 1920 auf der Krim und in Armenien und im Februar 1921 schließlich in Georgien durch.

## Der polnische Krieg

Politisch-militärische Situation in Polen

Ein besonderes Kapitel ist die Intervention Polens im Bürgerkrieg, die eher den Charakter eines Sonderkrieges hat. Im Zuge des Zusammenbruchs der Mittelmächte im Herbst 1918 hatte sich zunächst auf dem Gebiet des alten Kongreßpolen (Russisch-Polen) der polnische Staat konstituiert und noch im Dezember 1918 sich das preußische Posen faktisch angegliedert. An der Ostgrenze standen zunächst noch deutsche Truppen, gab es aber auch schon einzelne Gefechte zwischen polnischen und Einheiten der Westukrainischen Volksrepublik, u. a. um die Stadt Lemberg (Lwow). Pläne für eine Föderation zwischen Polen und der Ukraine, die auf die gemeinsame Geschichte zurückgriffen, scheiterten u. a. unter dem Eindruck dieser Kämpfe.

Polnische Ansprüche: Litauen Weißrußland

Im Nordabschnitt der Grenze standen sich zunächst der polnische Anspruch auf die Grenzen von 1772 und das von Wilson proklamierte ethnische Prinzip gegenüber. Kämpfe zwischen polnischen und bolschewistischen Einheiten gab es schon in den ersten Monaten 1919 um Litauen, das in einen bürgerlichen, von deutschen Truppen gestützten Staat und eine sozialistische Räterepublik gespalten war. Polen konnte dabei auf ein Abkommen mit der deutschen Heeresleitung zurückgreifen, das an der deutsch-polnischen Grenze Ruhe brachte und das polnische Engagement an der Ostgrenze förderte. Hier in Litauen und auch weiter südlich, in Weißrußland errangen die polnischen Truppen zunächst große Gebietsgewinne. Diese Kämpfe waren durchweg von Vorschlägen der Pariser Friedenskommission über den Verlauf der Grenze begleitet. Eine Föderation mit Litauen scheiterte übrigens ebenso wie die mit der Ukraine.

Vorstoß in die Ukraine

Die April-Offensive brachte den Polen im Bündnis mit der antibolschewistischen Regierung der Ukraine unter Simon Petljura die Einnahme von Kiew (8. 5.), das aber unter dem Gegenstoß der Roten Armee im Juni bereits wieder geräumt werden mußte. Dieser Gegenstoß führte die Rote Armee Ende Juli bis kurz vor Warschau. Nachdem jetzt auch polnisches Kernland bedroht war, griffen die Alliierten ein und schlugen, zunächst in einem Waffenstillstandsvorschlag (11. 7.), dann bei Friedensverhandlungen (17. 8.) die sogenannte Curzon-Linie (benannt nach dem brit. Außenminister, Lord Curzon) als polnisch-sowjetische Grenze vor.

Russische Gegenoffensive

Curzon-Linie

Diese Friedensverhandlungen waren bereits zu Beginn durch die Tatsachen überholt und gegenstandslos, da der polnische Marschall Pilsudski am 16. 8. zu einem Gegenangriff ausholte, der zunächst in der Schlacht bei Warschau ("Wunder an der Weichsel") die Rote Armee weit zurückwarf und schließlich bis Minsk zurückdrängte. Auf dieser Basis schlossen die kriegführenden Parteien zunächst einen Vorfrieden (12./18. 10.), dann den Friedensvertrag von Riga (18. 3. 1921), der eine Grenzlinie 200–300 km östlich der Curzon-Linie, aber immer noch westlich der Grenze von 1772 festlegte.

"Wunder an der Weichsel"

Friede von Riga (18. 3. 1921)

Sowjetischer Anspruch auf Ostpolen

Diese Ereignisse sind Grundlage sowohl für den sowjetischen Anspruch auf Ostpolen, der im Hitler-Stalin-Pakt 1939 wieder verwirklicht wurde, als auch für die sowjetische Interpretation dieses Vertrages, der heute zwar nicht mehr geleugnet, aber z. T. immer noch als "historisch richtige" Korrektur interpretiert wird.

## Der Kriegskommunismus

Wirtschaftliche Situation während des Bürgerkriegs

Zunächst herrschte aber in Rußland der Bürgerkrieg, und in dieser Zeit war es notwendig, sowohl für den Krieg als auch unter seinen Bedingungen zu produzieren. Wirtschaft und Verkehr waren schon 1917 praktisch zusammengebrochen, die Getreidelieferungen der Ukraine blieben auf absehbare Zeit aus. Die Lösung wurde darin gesucht, daß der Staat alle wesentlichen Produktions- und Verteilungsfunktionen selbst übernahm, die Industrie und später auch die Landwirtschaft wurden militarisiert, d. h. einem militärischen Regime unterstellt. Der Verwaltungsapparat wurde streng zentralisiert, die Selbstverwaltung der Betriebe durch die Berufung von Kommissaren praktisch aufgehoben.

Kriegs-kommunismus

Wesentliche Gesichtspunkte des Kriegskommunismus sind die Einführung einer Naturalwirtschaft anstelle der Geldwirtschaft und der rapide Verfall des Lebensstandards. Nahrungsmittel wurden unentgeltlich nach festen Normen zugeteilt, die der Wertschätzung innerhalb des Systems entsprachen. Der Bevölkerung stand in dieser Zeit für die Ernährung nur ein Siebtel der Kalorienmenge zur Verfügung, die in Deutschland durch die Rationierung während des Krieges zugeteilt worden war. Hunger und Epidemien waren verbreitet. Das Zurücktreten staatlicher Organisationsformen zugunsten kommunistischer Prinzipien sollte das "Absterben des Staates" als Machtprinzip (Marx) beschleunigen.

Militarisierung der Arbeit

Nach dem Ende des Bürgerkriegs wollte die Sowjetführung zunächst das System des Kriegskommunismus beibehalten, um den Staat ohne Übergangsstufe zur kommunistischen Wirtschafts- und Gesellschaftsordnung zu führen. Im Vordergrund stand dabei nach Trotzki die Vereinigung von militärischer und industrieller Ordnung: *"Die Arbeit wird militarisiert, die Armee wird industrialisiert."* Das bedeutet, daß die Arbeit nach den Regeln des Militärdienstes angesehen werden sollte, Arbeitsverweigerung sollte denselben Stellenwert haben wie Desertion. Im Gegenzug hatte die Armee auch Aufgaben im industriellen Bereich, so im Straßen- und Eisenbahnbau und beim Holzfällen. Freiwillige und unbezahlte Mehrarbeit (*Subbotnik*, von *subbota:* Samstag) war ein Dienst an der kommunistischen Idee: *"Das 'Kommunistische' beginnt erst dort, wo in großem Ausmaß unentgeltliche, von keiner Behörde, von keinem Staat genormte Arbeit von einzelnen zum Nutzen der Gesellschaft geleistet wird."* (Lenin)

Einbeziehung der Landwirtschaft

Im Winter 1920/21 sollte dann auch die Landwirtschaft in dieses System einbezogen werden. Der schon bestehende Ablieferungszwang wurde durch die staatliche Regelung der Produktion (Aussaat) ergänzt. Der private Handel ließ sich jedoch nicht ganz verhindern, er trug immerhin zum Überleben der Stadtbevölkerung bei.

Zusammenbruch der Wirtschaft

Die sowjetische Wirtschaft brach völlig zusammen, die Industrie war durch Arbeitskräfte-, Rohstoff- und Energiemangel praktisch lahmgelegt. Die Arbeiter reagierten mit Demonstrationen und Aufständen, die staatlichen Requisitionen von Getreide riefen bewaffnete Bauernunruhen hervor. Die Unruhen gipfelten schließlich Anfang März im Aufstand der Matrosen und Soldaten in der Seefestung Kronstadt, wo bald politische Forderungen den Ruf nach besserer Versorgung übertönten.

## Die Periode der NEP

Neue Ökonomische Politik: privatwirtschaftliche Anreize

Das Sowjetsystem und die Herrschaft der Bolschewiki ließen sich nur noch durch eine radikale Korrektur der Wirtschaftspolitik retten. Am 15. März 1921, noch während des Kronstädter Aufstandes, verkündete der Zehnte Parteitag der Kommunisten daher eine neue Agrarpolitik (Neue Ökonomische Politik, russ. *Novaja economičeskaja politika:* NEP). Nach ihr sollten die Bauern nur noch einen Teil der Erträge, gestaffelt nach Betriebsgröße, als Naturalsteuer abliefern, über die Überschüsse aber frei verfügen können. Den Bauern war damit ein Anreiz geschaffen, die Anbaufläche zu vergrößern und damit die Produktion zu erhöhen. Auf diese Weise sollte *"das System der Beziehungen zwischen Proletariat und Bauernschaft korrigiert"*, d. h. die Bauernschaft wieder für die bolschewistische Sache gewonnen werden.

Wiederzulassung des freien Handels

Unter dem Eindruck der Entwicklung, die nun einsetzte, mußten auch Handel und Geldwirtschaft reorganisiert werden. Die Wiederzulassung des freien Handels für die Bauern zog auch den freien Handel für Kleingewerbetreibende und Handwerker nach sich, die Naturalsteuer der Bauern wurde in eine Geldsteuer umgewandelt. Der Staat behielt nur noch das Außenhandelsmonopol. Diese wirtschaftlichen Freiheiten sollten u. a. die Nachfrage nach Konsumgütern steigen lassen, damit auch deren Produktion angeregt würde.

Genossenschaften private Industriebetriebe

Im industriellen Sektor blieben nur die größten und bedeutendsten Betriebe in staatlichem Besitz, zugelassen wurden sowohl die Bildung von Genossenschaften, als auch private Industriebetriebe.

Zusammenfassend läßt sich sagen, daß die NEP durch eine Wiederzulassung des Privatkapitals in Industrie und Handel gekennzeichnet ist. Diese Zulassung kapitalistischer Elemente war jedoch zeitlich begrenzt und sollte die Versorgung durch private Anreize sicherstellen, oppositionelle Kräfte beschwichtigen und Mittel zum langfristigen Aufbau des Sozialismus schaffen. Es war damit keinerlei prinzipielle Abkehr von marxistisch-leninistischen Dogmen verbunden, Lenin selbst schrieb 1922, die NEP sei kein Ende des Terrors, *"wir werden noch den Terror, einschließlich des 'wirtschaftlichen Terrors' verwenden."*

NEP keine prinzipielle Abkehr von marxistisch-leninistischen Dogmen

Dieser Aufbau des Sozialismus sollte sich nach einem bereits im Dezember 1920 vorgelegten Aufbauprogramm in der Industrialisierung auf der Basis der elektrischen Energie vollziehen: *"Kommunismus – das ist Sowjetmacht plus Elektrifizierung des ganzen Landes"* (Lenin). Innerhalb von 10–15 Jahren sollte die industrielle Produktion gegenüber 1913 verdoppelt werden. Die Einführung der NEP stellte diese hochfliegenden Pläne zunächst zugunsten einer Konsolidierung der Lage zurück.

Programm zur Industrialisierung

Die NEP konnte nicht die katastrophale Dürre des Sommers 1921 und die folgende Mißernte verhindern, die 5 Millionen Menschen den Hungertod brachte. Die gute Ernte des folgenden Jahres brachte dann den erwarteten Aufschwung, so daß 1926/27 wieder die Vorkriegsproduktion in der Landwirtschaft erreicht wurde. Diese Produktion ging aber nicht in früherem Umfang in den Markt, sondern wurde zunehmend in den bäuerlichen Haushalten selbst verbraucht; der Marktanteil sank von ca. 50 % vor dem Krieg auf 11 % 1927. Dieser Rückgang ist auf die zunehmende Zersplitterung der Anbauflächen zurückzuführen, ein Ergebnis der Landverteilung von 1917/18. Die Mechanisierung steckte erst in den Anfängen (27 000 Traktoren), künstliche Düngung war so gut wie unbekannt. Die traditionelle Gemeindeverfassung mit der periodischen Umverteilung des Landes herrschte immer noch vor und verhinderte gleichfalls rationelle Anbaumethoden.

Mißernten und Hungersnöte

Die Industrie litt bereits 1923 unter einer ersten Überproduktionskrise, die aus dem Mißverhältnis von steigenden Industrie- und sinkenden Agrarpreisen ("Schere") resultierte. Besserung brachte eine Preiskorrektur zugunsten der Landwirtschaft, so daß sich der industrielle Aufschwung fortsetzen konnte. 1927 erreichte die Industrie das Vorkriegsniveau. Dennoch war die Sowjetunion immer noch ein rückständiges Agrarland, in dem über 81 % der Bevölkerung in den Dörfern lebte und die Zahl der Fabrikarbeiter mit 3,5 Millionen so hoch war wie 1913. Der Maschinenpark war völlig veraltet, die Produktionskosten entsprechend hoch.

Rückständigkeit der Sowjetunion

## Das Industrialisierungsprogramm

Zusammenhang zwischen Industrialisierung und Aufbau des Sozialismus

Das Programm für die Industrialisierung der Sowjetunion ging von der Voraussetzung aus, daß nur die Umwandlung in einen Industriestaat den Sieg des Sozialismus sichern könne, und folgte damit der traditionellen marxistischen Lehre, die hochentwickelte technische Produktivkräfte als Grundlage des Sozialismus ansieht. Da das Ausland sich mit Krediten und Investitionen zurückhielt – der einzige größere Kredit kam 1926 von Deutschland –, war die Industrialisierung nur aus der Kapitalakkumulation im Inland zu finanzieren.

Vorrang der Schwerindustrie

Vorrang in diesem Prozeß wurde der Schwerindustrie eingeräumt. Der Parteitag im Dezember 1925 stellte fest, daß nur auf diesem Weg die wirtschaftliche und politische Unabhängigkeit des Landes zu erhalten sei. Diese Entfaltung der Produktivkräfte sollte allerdings Hand in Hand mit der Hebung des Lebensstandards und der Ausweitung sozialistischer Wirtschaftsformen gehen. Der letzte Punkt bedeutete bereits eine Abkehr von den (kapitalistischen) Prinzipien der NEP. Noch der Parteitag 1927 warnte aber vor einer einseitigen Bevorzugung der Schwerindustrie zu Lasten der Landwirtschaft.

Ausarbeitung von Entwicklungsplänen seit 1925

Schon 1925 erhielten die führenden Wirtschaftsgremien (Staatliche Plankommission und Oberster Volkswirtschaftsrat) den Auftrag, einen auf fünf Jahre angelegten volkswirtschaftlichen Entwicklungsplan auszuarbeiten und vorzulegen. Jährliche Zuwachsraten von 10–20 % für die Industrieproduktion sollten durch die Intensivierung planwirtschaftlicher Methoden erreicht werden. Die unerwartet hohen Ergebnisse in der Anlaufphase bis 1929 ließen jedoch die Ziele immer höher steigen, bis die Endfassung des ersten Fünfjahrplans schließlich eine Steigerungsrate zwischen 135 und 180 % festschrieb.

1. Fünfjahrplan 1929–1933

Dieser erste Fünfjahrplan wurde im Mai 1929 für den Zeitraum bis 1933 verabschiedet. Er sah vor, daß 40 % des Nationaleinkommens für Investitionen verwendet werden sollten, wobei Maschinenbau und Energiewirtschaft im Vordergrund standen. Trotz dieses hohen Anteils sollte die Produktion von Konsumgütern um 50 % steigen, um den Lebensstandard der arbeitenden Bevölkerung zu heben.

Voraussetzungen und Probleme

Das Programm der forcierten Industrialisierung mußte allerdings einen erheblichen Mangel an Fachkräften ausgleichen, der bei einem Zehntel des in der westeuropäischen Industrie üblichen Standes lag. Die Großbetriebe, die das Programm vorsah, benötigten mehr technische, wirtschaftliche und organisatorische Kenntnisse und Fähigkeiten, als sie die Masse der Betriebsleiter mitbrachte. Außerdem setzte es eine funktionierende Versorgung der Arbeiterschaft mit landwirtschaftlichen Produkten voraus. Gerade hier ergab sich aber das größte Problem.

## Ernährungskrise und Kollektivierung der Landwirtschaft

### Der Kampf gegen die Kulaken

Versorgungskrise und Zwangsmaßnahmen zur Sicherstellung der Versorgung

Die Zunahme der ländlichen Bevölkerung (7 % gegenüber dem Vorkriegsstand), der Anstieg des Eigenverbrauchs der Bauern und (vor allem) die Zurückhaltung beim Verkauf der Überschüsse wegen des fehlenden Angebots an Waren führten 1927 zu Schwierigkeiten im Getreideexport und schließlich auch bei der Versorgung des Landes selbst. Bereits Anfang Januar 1928 griff daher die Sowjetführung zu Zwangsmaßnahmen, um die Getreideversorgung sicherzustellen, und trieb die Überschüsse mit Gewalt bei den Bauern ein. Davon waren formell nur die "Kulaken", die selbständig wirtschaftenden Großbauern, in Wirklichkeit aber auch die Mittelbauern betroffen. Hatten jene jeder für sich die Überschüsse gehortet, verfügten diese in ihrer Gesamtheit über die größten Vorräte. Die armen Bauern erhielten zwar anfangs Getreide aus den konfiszierten Beständen zugewiesen, konnten aber später nicht mehr, wie früher üblich, ihren Bedarf bei den Mittel- und Großbauern decken.

Unter dem Eindruck einer feindseligen Stimmung auf dem Land wurden die Maßnahmen zur Zwangseintreibung im Sommer 1928 wieder zurückgenommen und die staatlich festgesetzten Ankaufpreise erhöht. Dennoch blieb im folgenden Winter die Getreidebeschaffung wieder hinter dem Planziel zurück.

Kampf gegen die Kulaken als Klasse

Die Sowjetführung reagierte nun scharf und verhängte harte Strafen. Die Reaktion der wohlhabenden Bauern bestand in nacktem Gegenterror. Im Winter 1929/30 erreichte die Zwangseintreibung von Getreide ihren Höhepunkt, wurde schließlich zum Kampf gegen die Kulaken als Klasse (bereits im April 1929 formuliert) und endete mit ihrer Vernichtung. Millionen Bauern wurden deportiert, ihre Betriebe aufgelöst und versteigert. Die meisten wurden nach Sibirien deportiert, wo sie unter unsäglichen Bedingungen im ersten Winter 1929/30 zu Hunderttausenden starben.

Ein Anfang 1930 erlassenes Gesetz sanktionierte die *"Vernichtung des Kulakentums als Klasse"* nachträglich. Die Zahl der Opfer wird auf etwa sechseinhalb Millionen geschätzt.

### Die Zwangskollektivierung

Kollektivierung der Landwirtschaft

Parallel zur Requisition der Getreidevorräte und zur Vernichtung der Großbauern ging die Kampagne für die Kollektivierung der Landwirtschaft. Sie war insofern logische Konsequenz, als die Bauern in dem System der Ablieferungen ohnehin keinerlei Basis für eine eigenwirtschaftliche Existenz mehr hatten. Die Sowjetführung verband damit eine Steigerung der landwirtschaftlichen Produktion durch den Zusammenschluß der zersplitterten Kleinbetriebe zu landwirtschaftlichen Großbetrieben, die den Einsatz von Traktoren begünstigten. Erhöhung der Erträge und Senkung der Produktionskosten sollten also Hand in Hand gehen.

Zwangskollektivierung

Die Kollektivierung wurde durch Druck von Seiten der Partei und oft auch durch Zwang vorangetrieben, ihr Tempo überstieg aber in aller Regel die Grenzen, die durch administrative Vorbereitung und organisatorische Grundlagen gesteckt waren. Zwang und Terror führten allerdings zu Gegenreaktionen, so daß viele Bauern ihr Vieh lieber abschlachteten als es in das Kollektiv einzubringen.

Folgen der Zwangskollektivierung

Das Ergebnis der Kollektivierungskampagne, die nur im Sommer 1930 kurz zurückgenommen wurde, ist zunächst weitgehend negativ. Die neugegründeten Betriebe konnten nicht mit dem notwendigen landwirtschaftlichen Gerät ausgestattet werden und waren weiterhin auf primitives Gerät und die menschliche Arbeitskraft angewiesen. Wo ein Maschinenpark vorhanden war, fehlte ausgebildetes Personal für Betrieb und Wartung. Die Verluste an tierischer Zugkraft durch die überstürzte Kollektivierung waren immens und konnten durch Traktoren nicht ausgeglichen werden; Ende 1932 standen der Landwirtschaft nur noch 10 Millionen PS zur Verfügung, vorher waren es 15 Millionen PS gewesen. Das zur Führung von Großbetrieben nötige Wissen an Betriebsführung und rationeller Organisation war nicht verfügbar. Die veränderte Stellung der Bauern in den Großbetrieben (die ersten Kollektive umfaßten 50 000 bis 100 000 ha) ließen die Arbeitsleistung sinken, entlohnt wurde nach Bedarf oder nach eingebrachten Anteilen, aber nicht nach Leistung. Die sinkende Produktivität sollte durch wachsende staatliche Eingriffe angehoben werden; den entstehenden ungeheuren staatlichen Verwaltungsapparat mußte die Landwirtschaft ebenfalls unterhalten.

Hungerkatastrophe 1931–1933

Die Mißernten der Jahre 1931 und 1932 traf daher die bäuerliche Bevölkerung mit unerhörter Härte, da alles, was an Lebensmitteln überhaupt produziert wurde, zunächst in die Städte ging. Bei vorsichtiger und zurückhaltender Schätzung beträgt die Zahl der Todesopfer in den Hungerwintern 1931/32 und 1932/33 in der Ukraine 5 Millionen, im Nordkaukasus und in Kasachstan je eine Million. Damit forderte die Reform der Landwirtschaft mit Vernichtung der Kulaken und Zwangskollektivierung an die 14,5 Millionen Opfer. 5 Millionen Tote in der Ukraine – diese Zahl entspricht fast einem Fünftel der Bevölkerung.

## Der Stalinismus

Aufstieg Stalins

Josef Stalin errang maßgeblichen Einfluß auf die Partei, nachdem er (angeblich trotz einer Warnung Lenins) 1922 das Amt des Generalsekretärs, d. h. die Leitung der Parteiorganisation, übernommen hatte. In der folgenden Zeit schuf er sich mit der Berufung ihm treu ergebener Funktionäre auf unteren und mittleren Ebenen eine "Hausmacht". Die Nachfolge Lenins wurde zwar 1924 noch auf ein Triumvirat (Kamenew, Sinowjew und Stalin) übertragen, Stalin konnte sich aber bis 1929 seiner Konkurrenten und der übrigen Mitglieder des Politbüros entledigen und regierte von da an allein.

Industrialisierungsprogramm

Sein Ziel war vor allem, das Industrialisierungsprogramm, dessen Träger die Partei wurde, mit streng planwirtschaftlichen Mitteln durchzusetzen. Dazu war die Parteiarbeit zu intensivieren und die Parteiorganisation neu zu strukturieren. Die absolute Diktatur der Partei ergibt sich also notwendig aus dem politisch-ideologischen Programm.

Parteidiktatur und "Säuberungen"

Instrumente dieser Diktatur waren neben dem Parteisekretariat und dem Einfluß auf die Sekretariate der unteren Ebenen die Partei-Kontrollkommission als Mittel zur Disziplinierung der Partei selbst und der Staatssicherheitsdienst als Terrorinstrument. Sein Wirken zeigt sich vor allem in den Säuberungsaktionen, in denen die Parteikader der Unionsrepubliken beseitigt wurden, dann in den großen Schauprozessen von 1936–1938. Mit Hilfe dieser Organisationen schaltete Stalin jegliche Opposition gegen sein Industrialisierungsprogramm, die als Opposition gegen seine Interpretation des Marxismus-Leninismus, als "Rechtsabweichlertum" diffamiert wurde, aus. Die Gesamtzahl der Opfer wird heute von amtlicher sowjetischer Seite mit ca. 800 000 angegeben, andere Quellen schätzen die Zahl auf etwa 1,5 Millionen Menschen.

Ideologische Kennzeichnung des Stalinismus

Ideologisch unterscheidet sich der Stalinismus vom Leninismus dadurch, daß die Rolle des Proletariats vernachlässigt werden konnte, denn das Wesen der proletarischen Revolution bestand in ihrer Zielsetzung. Absolute Prioriät hatte die Partei, die mit Hilfe der Staatsmacht die sozialistische Wirtschafts- und Gesellschaftsordnung aufbaute (Revolution von oben). Die Führung lag beim bürokratischen Apparat (Nomenklatura), innerhalb des Apparates beim Diktator selbst, eine Kontrolle oder gar Einflußnahme von unteren Ebenen war nicht möglich. Dieser "Demokratische Zentralismus" bestand also innerhalb der Einparteienherrschaft aus einer Erstarrung der Parteihierarchie und der totalitären Herrschaft der Partei über alle Bereiche. Repräsentitive Strukturen (Volksvertretung, Wahlen) hatten nur noch Scheinfunktionen. Der Marxismus wurde zum alleinigen Dogma erhoben (damit an einer Weiterentwicklung gehindert) und gegen "Abweichler" mit deren physischer Vernichtung verteidigt. In der Zukunft kamen zu diesen Kennzeichen noch Personenkult und Wiederbelebung des russischen Nationalismus.

Sozialer Umbruch

Das Ergebnis dieser forcierten Industrialisierung der Sowjetunion ist ein sozialer Umbruch, der weit über die Veränderungen im unmittelbaren Gefolge der Oktoberrevolution hinausgeht. Die städtische Bevölkerung wuchs rapide an, soziale Strukturen auf dem Land wurden nivelliert. Innerhalb der Arbeiterschaft und innerhalb der Partei bildeten sich technokratische und bürokratische Führungsschichten heraus, die den revolutionären Wandel zur klassenlosen Gesellschaft in sein Gegenteil pervertierten. Die Aufblähung des bürokratischen Apparates, verbunden mit der Unbrauchbarkeit dirigistischer Methoden, führte schließlich Ende der 80er Jahre zum Zusammenbruch der sozialistischen Systeme.

## Das Epochenjahr 1917

### Die USA und der Erste Weltkrieg

Folgen des Ersten Weltkriegs

Die Beurteilung des Jahres 1917 als Epochenjahr der Weltgeschichte ist auf das engste verknüpft mit einer Beurteilung der geschichtlichen Folgen des Ersten Weltkrieges, und hier insbesondere der Folgen, die das Deutsche Reich mit der Anzettelung dieses Krieges ausgelöst hat. Bereits oben wurde das 1964 geschriebene Buch des Publizisten Sebastian Haffner *"Die sieben Todsünden des Deutschen Reiches im Ersten Weltkrieg"* zitiert, das wesentliche Aspekte für die Beurteilung der deutschen Niederlage liefert. Haffners sieben Thesen betreffen den Charakter der deutschen "Weltpolitik", den fatalen Grundzug des "Schlieffenplans", das belgische und das polnische Problem, zum Schluß Chancen und verspielte Möglichkeiten des Vertrags von Brest-Litowsk und die Dolchstoß-These. Dazwischen, als vierte und fünfte These, behandelt Haffner den U-Boot-Krieg und die Einschleusung Lenins nach Rußland.

U-Boot-Krieg

Diese beiden Punkte tragen unmittelbar zu der historischen Bedeutung des Umbruchjahres 1917 bei, denn mit dem uneingeschränkten U-Boot-Krieg verstieß Deutschland nicht nur gegen jedes Völkerrecht, sondern provozierte auch den offenen Kriegseintritt der USA auf Seiten der Entente-Mächte.

Einschleusung Lenins

Auf der anderen Seite wurden die bolschewistischen Aktivitäten deutscherseits als kurzfristige "abenteuerliche Episode" eingestuft; Lenin wurde deshalb die Fahrt in einem verplombten Eisenbahnwagen aus seinem Exil in Zürich über Schweden nach Rußland ermöglicht, um den russischen Kriegsgegner zu schwächen und zu destabilisieren.

Keine ursächliche Beteiligung Deutschlands an beiden Phänomenen

Die Frage, ob dieses deutsche Zutun ursächlich für diese beiden Ereignisse verantwortlich ist, kann für den Kriegseintritt der USA verneint werden, da sowohl die finanzielle Verflechtung mit den Entente-Mächten als auch das Aufrüstungsprogramm in den USA selbst den Kriegseintritt eigentlich als logische und notwendige

Konsequenz erscheinen lassen. Auch die Revolution der Bolschewiki hätte sich nur aufschieben, aber nicht verhindern lassen. Die andere, wichtigere Frage nach der historischen Konsequenz betrifft die Einstufung als welthistorisches Ereignis. Dazu sind sowohl die Umbrüche, die das Ereignis in seiner Zeit hervorgerufen hat, als auch die Auswirkungen auf unsere heutige Gegenwart zu berücksichtigen.

### Der Kriegseintritt der USA

Kriegserklärung der USA an die Mittelmächte 1917

Mit der Kriegserklärung an Deutschland im April 1917 treten die USA aus ihrer politischen Selbstbeschränkung heraus, die gemeinhin mit dem Begriff Isolationismus bezeichnet wird. Dieser Isolationismus bezog sich jedoch zu allen Zeiten nur auf das Verhältnis zu Europa, während gerade das halbe Jahrhundert vor 1914 auch für die USA von einer weltumspannenden imperialistischen Politik gekennzeichnet ist. Die Monroe-Doktrin, die 1823 europäische Interventionen in der Neuen Welt ausschließen sollte, wurde in der Zeit des imperialistischen Engagements umgedeutet in das (ausschließliche) Recht und sogar den Anspruch der USA, auf dem amerikanischen Kontinent zu intervenieren.

Charakter als Weltkrieg

Nicht die Verwicklung in den Krieg mit einer europäischen Macht ist das eigentlich Neue, sondern das aktive Eingreifen auf den europäischen Kriegsschauplätzen. Das machte den Krieg eigentlich erst zum Weltkrieg. Daß er schon vorher Dimensionen angenommen hatte, die alles bisher Dagewesene in den Schatten stellte, lag an der Größe des britischen und französischen Weltreiches, deren Ressourcen an Material und Menschen natürlich eingesetzt wurden. Um diese Nachschubwege zu treffen, mußte die deutsche Führung also die Marine, besonders dann die U-Boot-Waffe, auf den Weltmeeren einsetzen.

### Das Engagement im Krieg

Kriegsziele der USA

Das Jahr 1917 begann für das Deutsche Reich mit der Wiederaufnahme des uneingeschränkten U-Boot-Krieges (1. 2.) und mit Kontakten zur mexikanischen Regierung, die diese unter dem Versprechen von Gebietsgewinnen auf Kosten der USA zum Kriegseintritt bewegen sollten. Im Zusammenhang mit der Kriegserklärung formulierte Präsident Wilson die Grundsätze, unter denen Amerika in den Krieg zog: Es gelte, die *"Grundsätze des Friedens und der Gerechtigkeit"* zu verteidigen, ein *"Bund freier Völker"* sei zu schaffen, die Welt müsse *"für die Demokratie sicher gemacht"* werden. Damit sind auch erstmals – auf dem Höhepunkt von Imperialismus und Nationalismus! – ideologische Ziele freiheitlich-demokratischer Prägung als Kriegsziele in die Weltgeschichte eingeführt worden. Konsequenterweise war dann auch im Oktober 1918 der Sturz des deutschen Kaisers eine der wesentlichen Voraussetzungen für den Abschluß des Waffenstillstandes. Damit hatte sich freilich Wilson vom bisherigen Ziel, einen "Frieden ohne Sieg" zu vermitteln, abgewandt.

14 Punkte Wilsons

Während Deutschland mit den Bolschewiki den Friedensvertrag von Brest-Litowsk aushandelte, geriet Wilson durch die Veröffentlichung der Geheimabsprachen in Zugzwang. Den imperialistischen Charakter des amerikanischen Eingreifens sollte die Verkündung der Vierzehn Punkte als Grundsätze zur Herbeiführung und Sicherung des Friedens in einer Adresse an den Kongreß relativieren. Sie betrafen als "allgemein-politische" Ziele die Abschaffung der Geheimdiplomatie (1.), die Freiheit der Schiffahrt auf den Meeren (2.) und eine allgemeine Abrüstung (4.). Unmittelbares Ziel war die *"Wiederherstellung"* besetzter Staaten wie Rußland, Frankreich, Belgien, Rumänien, Serbien und Montenegro (6.–8., 11.). Langfristiges Ziel, das schon die Grundsätze einer neuen Völkerordnung erkennen läßt, war die Forderung nach *"autonomer Entwicklung"* für die Völker Österreich-Ungarns (10.) und des Osmanischen Reiches (12.) sowie die Zugrundelegung nationaler Grundsätze bei Italien (9.) und Polen (13.). Der Friede sollte durch die Schaffung eines Völkerbunds (14.) gekrönt werden, der ein Forum zur Konfliktlösung und damit zur Verhinderung neuer Kriege werden sollte.

Selbstbestimmungsrecht

Das auch heute noch mit den 14 Punkten in Zusammenhang gebrachte "Selbstbestimmungsrecht der Völker" ist von Wilson weder in diesem Programm noch in anderen Äußerungen jener Zeit formuliert worden. Es entspringt allein einer interpretierenden Übertragung der "autonomen Entwicklung" für die Völker der Habsburgermonarchie und des Osmanischen Reiches und wurde schon 1919 der deutschen Bevölkerung Südtirols und der alemannischen Bevölkerung in Vorarlberg verweigert.

Militärisches Eingreifen der USA

Das militärische Eingreifen der USA war zunächst nur für den Seekrieg entscheidend und reduzierte die Versenkungsrate durch deutsche U-Boote auf null. Die in Frankreich gelandeten Truppen hatten dagegen in den Kampfhandlungen kein Gewicht, dazu war ihr Ausbildungsstand und ihre Ausrüstung noch nicht geeignet. Die USA unternahmen dann auch erst im Lauf des Jahres 1917 erhebliche Anstrengungen, das Heer auf die erforderliche Stärke und Qualität zu bringen. Die Frage war, ob eine deutsche Offensive im Westen, nachdem die Bolschewiki als Kriegsgegner ausgefallen waren, eine Entscheidung bringen konnte, bevor die Amerikaner durch die Überlegenheit des Materials und frischer Truppen ihrerseits eine Entscheidung herbeizwingen würden. Diesen Wettlauf verlor die deutsche Armee, die Zahl der amerikanischen Soldaten erhöhte sich von 329 000 im März auf zwei Millionen im Juli.

## Die Frage der Nachkriegsordnung

Isolationismus der USA
Völkerbund

Das Friedensprogramm Wilsons scheiterte letztlich am Sicherheitsbedürfnis Frankreichs, an den Handelsinteressen Englands und an den Ansprüchen Italiens auf dem Balkan. Dem Völkerbund, der Lieblingsidee Wilsons zur Sicherung eines auf Schiedsverfahren und Ausgleich gegründeten Völkerfriedens, verwehrte dann der amerikanische Senat in einem Rückgriff auf isolationistische Ideen die Zustimmung. So, wie der Völkerbund als Bestandteil der Pariser Friedensverträge konstituiert wurde, war er in seiner politischen Wirklichkeit zunächst nicht viel mehr als eine Organisation der westeuropäischen Kolonialmächte zur Aufrechterhaltung des Status quo. Weder die USA noch das Deutsche Reich noch die Sowjetunion waren Mitglieder. Erst im Lauf der Zwanziger Jahre wuchs sich der Völkerbund zu dem aus, was er ursprünglich sein sollte (Locarno-Verträge 1926 mit der Aufnahme Deutschlands, Briand-Kellog-Pakt zur Ächtung des Krieges 1928).

Fortdauernde Verstrickung der USA

Die Enttäuschung in der amerikanischen Öffentlichkeit über das Mißverhältnis zwischen dem Aufwand während des Krieges (112 000 Tote, 220 000 Verwundete, 21,9 Milliarden Dollar) und dem erreichten politischen Erfolg ließ zunächst wieder eine Strömung zu Tage traten, die mit dem alten Begriff von Isolationismus nur unzureichend erklärt werden kann. Eher handelt es sich um nationalen Egoismus, um Pazifismus und den Versuch, alte "amerikanische" Wertvorstellungen wiederzubeleben. Es mußte aber klar sein, daß es mit einer Verschuldung der Alliierten in Höhe von 10,3 Milliarden Dollar bei den USA unmöglich sein würde, sich aus den europäischen Verhältnissen völlig zurückzuziehen, zumal sich die Alliierten auf eine vorher von Deutschland zu erbringende Reparationsleistung beriefen.

Alliierte Schulden
Deutsche Reparationen

Diese Verknüpfung von deutscher Reparationsleistung und alliiertem Schuldendienst (die Frankreich übrigens bis 1932 abstritt) brachte als logische Konsequenz, daß alle wesentlichen Reparationskonferenzen unter maßgeblichem amerikanischem Einfluß arbeiteten und ihre Ergebnisse brachten: Dawes-Plan 1924, Young-Plan 1929, Hoover-Moratorium 1931 und Konferenz von Lausanne 1932. Kernstück des Young-Plans war schließlich, daß die alliierten Zahlungen an die USA durch einen amerikanischen Kredit in Höhe von 2,6 Milliarden Dollar an Deutschland sichergestellt wurden.

Kapitalverflechtung zwischen den USA und Europa

Damit war endgültig deutlich, daß sich die USA aus der europäischen Politik nicht mehr zurückziehen konnten. Der Versailler Vertrag hatte zwar die Großmachtstellung Deutschlands im wesentlichen unangetastet gelassen, und auch Frankreich und England konnten sich im Hochgefühl ihrer militärischen bzw. wirtschaftlichen Macht freuen – die USA waren aber als ein neuer

Partner in die europäische Politik eingetreten. Ihre Wirtschaftskraft steuerte nicht nur den Finanzkreislauf, sondern beeinflußte auch politische Entscheidungen. Schließlich rissen sie aber in der Weltwirtschaftskrise durch die weitgehende Kapitalverflechtung ganz Europa mit in den Strudel. Diese Entwicklung sollte dann mit dem Ende des Zweiten Weltkrieges im Übergang der führenden Rolle in der Weltpolitik auf die USA und die Sowjetunion ihre Vollendung finden.

**Die Revolution der Bolschewiki**

Für die Weltöffentlichkeit offenbarer, für die Beteiligten selbst ungleich unmittelbarer waren die Umwälzungen der Oktoberrevolution in Rußland. Hier war nicht einfach, wie im Februar desselben Jahres, ein Monarch gestürzt und eine Staatsform revolutioniert worden, hier sollte sich ein Umbruch in allen Bereichen vollziehen, wie ihn die Weltgeschichte vorher noch kaum erlebt hatte.

Interpretation

Der Interpretation und der weltanschaulichen Beurteilung sind hier, wie auch bei der Politik der Vereinigten Staaten, Tür und Tor geöffnet. Wilsons Entschluß zum Eingreifen konnte sowohl mit imperialistischen Ambitionen als auch mit der Kreuzzugsmentalität zur Rettung von Demokratie und Freiheit in Verbindung gebracht werden. Lenins Programm läßt sich im Gegenzug einerseits als revolutionäre Lösung der Sozialen Frage und als Befreiung des Individuums aus der Knechtschaft des Kapitals interpretieren. Andererseits kann er aber auch als der Versuch einer kleinen Gruppe von Revolutionären gesehen werden, unter Zuhilfenahme einer Ideologie die Diktatur über eine ganze Gesellschaftsformation und schließlich über die Welt zu erringen.

Weltrevolution

Die Hoffnung der Bolschewiki richtete sich zunächst auf das Land mit dem höchsten Grad an Industrialisierung in Europa, auf Deutschland. Die proletarische Revolution sollte hier die Revolution in Rußland nur als Vorspiel erscheinen lassen und den Durchbruch zur Weltrevolution bringen. Diese Hoffnung hat sich spätestens im Oktober 1923 als Illusion erwiesen, als eine Fehleinschätzung der realen Lage der deutschen Arbeiterschaft im kapitalistischen System. Von da an bis zum Ausbruch der Weltwirtschaftskrise war die kommunistische Idee im wesentlichen auf die Sowjetunion selbst beschränkt (Aufbau des "Sozialismus in einem Land"). Erst dann konnte die KPD in Deutschland wieder auf der Enttäuschung der Massen über die wirtschaftlichen Verhältnisse aufbauen. Als Faktor der Weltpolitik trat die UdSSR in den Zwanziger Jahren noch nicht in Erscheinung.

Innere Widersprüche des Leninschen Systems

Siebzig Jahre nach der Oktoberrevolution zeigten sich die inneren Widersprüche in den Staaten mit sozialistischer Gesellschaftsordnung mit bislang ungeahnter Schärfe. Das von Lenin begründete System ist unter Stalin zur Diktatur des Parteiapparates entartet und unter seinen Nachfolgern in diesem Zustand erstarrt. Die Parteifunktionäre haben offenbar die Ideologie von der Kaderpartei leninscher Prägung zur Sicherung ihres eigenen, persönlichen Vorteils mißbraucht. Der innere Grund dafür liegt wohl darin, daß die Bolschewiki den Übergang zur Massenpartei nicht in demselben Maß vollzogen haben, in dem die äußeren Bedingungen sich mit dem Wegfall der zaristischen Unterdrückung gewandelt haben. Zu fragen ist in diesem Zusammenhang, ob nicht das Konzept Lenins in sich bereits den Keim zum Stalinismus trug.

Zusammenhang zwischen Leistung und Gewinn

Ein weiterer Grund für die enormen wirtschaftlichen Schwierigkeiten, unter denen die sozialistische Welt zerbrechen sollte, liegt im Allgemein-Menschlichen: Hier stehen sich auf der einen Seite der Anspruch des Staates, die Bedürfnisse der Gesellschaft planwirtschaftlich zu lenken und zu erfüllen, auf der anderen Seite aber der Anspruch des Individuums, den Vorteil aus der eigenen Leistung möglichst unmittelbar zu genießen, gegenüber. Wo die eigene Leistung sich nicht in persönlichen Vorteilen äußert, sind Engagement und Produktivität geringer als dort, wo marktwirtschaftliche Systeme den Zusammenhang zwischen Leistung und Gewinn sichern.

Nationale Frage

Die nationale Frage, zunächst innerhalb der Sowjetunion, dann aber über sie hinausgreifend, ist nicht in dem Maß gegenstandslos geworden, wie zur Zeit der Oktoberrevolution angenommen. Das Parteiprogramm von 1919 ging noch davon aus, daß der Sowjetföderalismus wie überhaupt jede Art der nationalen Frage etwas Vorübergehendes und Vorläufiges seien. Das galt auch für das Zugeständnis der Autonomie für die nichtrussischen Völker, die bis hin zur Selbständigkeit gehen können sollte. Diese Linie entspricht grundsätzlich dem Internationalismus der Marxschen Lehre. Sobald der Druck der stalinistischen und spätstalinistischen Russifizierungspolitik, der Zwang unter das gemeinsame Dach der sowjetischen Nation nachließ, traten nationale Rivalitäten und Konflikte innerhalb der Sowjetunion (Armenien – Aserbaidschan, Mescheten, Georgien, vor allem aber in den baltischen Republiken) wieder offen zu Tage und mündeten Anfang 1990 in den offenen Bürgerkrieg zwischen Armenien und Aserbeidschan. Die sowjetische Verfassung von 1977 sagt zwar, *"der nationale Hader"* sei *"ein für allemal"* beseitigt, doch mußte auch Gorbatschow einräumen, daß die Sowjetunion durch die Nationalitätenkonflikte *"in ihrer Existenz bedroht"* sei. Auch andere Staaten des Warschauer Paktes (Rumänien, Bulgarien) sahen sich mit nationalen Problemen konfrontiert. Jugoslawien ist an diesem Problem zerbrochen. Schließlich muß auch darauf verwiesen werden, daß die Formulierung einer "sozialistischen Nation" in der DDR dieser kein Selbstverständnis gebracht hat, das über die Bindung der Bevölkerung an ihren angestammten Lebenskreis hinausgereicht hätte. Dieser Anspruch der SED konnte längstens bis zur ersten freien Wahl in der DDR am 18. 3. 1990 aufrecht erhalten werden.

welthistorisches Ergebnis der Oktoberrevolution: Errichtung eines Staates auf marxistisch-leninistischer Grundlage

Das welthistorische Ergebnis der Oktoberrevolution ist natürlich zunächst die Installierung eines Regimes, das Gesellschaft, Wirtschaft und Politik der marxistisch-leninistischen Interpretation der politisch-wirtschaftlichen Zusammenhänge unterwarf und sich auf dem Boden dieser Lehre aufmachte, die Diktatur des Proletariats in der Weltrevolution zu verwirklichen (Kommunistische Internationale). Dieses Regime trat in der Folgezeit als maßgeblicher Faktor in die Weltpolitik ein, besonders nach 1945. Weiterhin konnte der so errichtete Staat nach außen hin Erfolge vorweisen, die in kausalem Zusammenhang mit der Ideologie dargestellt wurden. Damit gewann diese Ideologie Attraktivität für Unterdrückte und Benachteiligte, die das System als solches für die persönlich und kollektiv erlittenen Nachteile verantwortlich machten. Der Zusammenbruch des Kommunismus hat jedoch diese scheinbaren Erfolge als Raubbau an Mensch und Natur entlarvt.

Teilung der Welt in zwei ideologische Blöcke

Dennoch bleibt festzustellen, daß mit der Oktoberrevolution die Welt in zwei ideologische Blöcke geteilt wurde, die sich gegenseitig als Feindbild aufbauten – Kommunistenverfolgung 1919 in den USA, Einkreisungstheorie in der UdSSR. Dieses Feindbild wurde erst in unseren Tagen durch gegenseitige Offenheit im Zuge der Gorbatschowschen Reformen abgebaut. Dieses Feindbild hat aber mit Sicherheit sowohl als äußerer Antrieb zur Konkurrenz als auch als innerer Antrieb aus Furcht vor einem kommunistischen Umsturz einiges an der sozialen Lage der Bevölkerung in den kapitalistischen Staaten verbessert.

Expansion der UdSSR nach 1945

Breschnew-Doktrin

Die einzige originäre Revolution, die sich unmittelbar auf Marx und Lenin bezog, ist die chinesische, die schließlich 1949 zur Gründung der Volksrepublik China führte. Alle übrigen kommunistischen Systeme, zumindest in Osteuropa, wurden nach dem Zweiten Weltkrieg unter dem Druck der sowjetischen Waffen errichtet und verdankten ihm während der 50er Jahre ihre Existenz (Intervention in der DDR 1953, in Ungarn und Polen 1956). Die Breschnew-Doktrin, nach der den sozialistischen Staaten bei der Bestimmung ihrer Gesellschaftsordung nur eine begrenzte Souveränität zustehe, ist hier der traurige Höhepunkt (Intervention in der Tschechoslowakei 1968). Aber schon die Arbeiterunruhen in Polen mit der Entstehung der Gewerkschaft Solidarität 1980 zeigten, daß die Breschnew-Doktrin in ihrer militärischen Form zu umgehen war.

Umbruch in Mittel- und Osteuropa

Glasnost und Perestroijka in der Sowjetunion, die zunächst allmählich, dann immer schneller fortschreitende Demokratisierung in den Ländern des östlichen Mitteleuropa, die dort um so radikaler wirkte, wo ideologische Starrheit mit dem wirtschaftlichen Zusammenbruch zusammentraf, kurz, die revolutionären Ereignisse des Jahres 1989 bis hin zur Wiedervereinigung Deutschlands 1990 – alle diese Ereignisse müssen berücksichtigt werden, wenn man die Oktoberrevolution und die auf ihr beruhende Umsetzung der kommunistischen Ideologie in politische Wirklichkeit beurteilen will. Glasnost und Perestroijka jedoch, von Gorbatschow zur Sicherung des Systems in die Wege geleitet, entwikkelten ihre eigene Dynamik, so daß am Ende ihr Durchbruch das Ende des kommunistischen Systems in der UdSSR und das Ende der UdSSR selbst bedeutete.

Menschenbild und Philosophie: Aufhebung der Dialektik

Vom Standpunkt einer Geschichte der Menschheit darf in diesem Zusammenhang als epochales Ereignis die Dezimierung der Bevölkerung in der Sowjetunion in den 20er und 30er Jahren um mehr als 20 Millionen Menschen, sowohl durch Hunger als auch durch politische Verfolgung nicht vergessen werden. Der Anspruch der kommunistischen Ideologen, sei es 1917 in Rußland oder nach 1945 in der DDR, den "neuen Menschen" zu schaffen, ist offenbar nicht erfüllt, das Vorhaben muß als gescheitert betrachtet werden. Nicht der "neue Mensch" mit sozialistischem Bewußtsein entstand, sondern der *"von oben auf der Basis einer konservativen Innerweltlichkeit verwaltete Kleinbürger, gerade die europäische Entwicklungsform, die Lenin glaubte überspringen zu können"* (W. Philipp, 1983). Gerade die Ereignisse des Jahres 1989 haben gezeigt, daß dieser Anspruch vor dem Verlangen nach demokratischer Freiheit nicht bestehen kann. Und noch einmal W. Philipp: *"Die Verwirklichung eines Lebens in Polarität und Pluralität mit all den belastenden Spannungen und Schwierigkeiten, die wir haben, scheint ... unsere eigentliche Aufgabe zu sein, deren dauernd neu versuchte Lösung vielleicht auch einmal in naher oder ferner Zukuft eine bereichernde Möglichkeit für die weitere Geschichte Rußlands darstellen könnte."* Nach einem Denken, das den Prinzipien der Aufklärung folgt, verstieß die Errichtung des Sowjetsystems gegen dieses Gesetz der Dialektik von Individualität und Pluralität, von Freiheit und Notwendigkeit, indem es die geschichtliche Notwendigkeit institutionalisierte und damit von der dialektischen Spannung zum Begriff der Freiheit löste.

Volkssouveränität und Parteiinteressen

Gerade diese Institutionalisierung führte geradewegs in die Diktatur, die in Rußland 1917 sich noch auf die Interessen der Massen berufen konnte ("Friede, Land, Brot"), die aber spätestens ab 1929 zu einem Terrorregime wurde, das sich immer mehr vom Volk und seinen Interessen entfernte und durch Gewaltmittel aufrechterhalten werden mußte. Die Interessen der Massen waren in Ost-Mitteleuropa vier Jahrzehnte niederzuhalten, dann brachen sie mit Macht hervor, fegten zunächst den Alleinvertretungsanspruch der Kommunisten, dann die Parteien selbst von der politischen Bühne und führten zur Errichtung demokratischer Systeme. Die Interessen des Volkes beendeten schließlich in den Putschtagen des August 1991 das Kommunistische System in der Sowjetunion selbst.

Das Prinzip der Volkssouveränität, das Marx und Lenin meinten, mit den Interessen des "Proletariats" gleichsetzen zu müssen, hat die Identifikation mit den Interessen einer Partei überlebt, weil diese Identifikation dem Machthunger einzelner Personen, mögen sie nun Stalin, Honecker oder Ceauşescu heißen, entgegenkommt. Das aber ist nicht ein Fehler in der Marxschen Lehre, sondern in ihrer "Weiterentwicklung" durch Lenin; das widerlegt auch Marx insofern, als er die Bedeutung der Einzelpersönlichkeit für den geschichtlichen Prozeß herunterspielte.

# Die USA und die Sowjetunion seit den 60er Jahren

## Weltpolitik der Gegenwart

### Entspannungsbemühungen

Camp David 1959

Nach der Überwindung der Kuba-Krise setzten in den USA Bestrebungen ein, den Kalten Krieg durch eine Phase der Entspannung abzulösen. Schon im September 1959 war es in Camp David zu einem Zusammentreffen des sowjetischen Parteichefs Chruschtschow mit dem amerikanischen Präsidenten Eisenhower gekommen, eine Gipfelkonferenz in Paris im Mai des folgenden Jahres, auf der die Großmächte Maßnahmen zur Entspannung der Lage erörtern wollten, scheiterte aber wegen des unmittelbar vorausgegangenen Zwischenfalls mit einem amerikanischen Aufklärungsflugzeug über der Sowjetunion.

Kernwaffenabkommen

Erst im August 1963 unterzeichneten die USA, die UdSSR und Großbritannien einen Vertrag zur Beendigung von oberirdischen Kernwaffenversuchen, dem sich in der Folgezeit 103 Staaten anschlossen. Frankreich und China traten dem Vertrag nicht bei. In den folgenden Jahren kam es immer wieder zu Versuchen, das atomare Wettrüsten durch einseitige Einstellung aller Kernwaffenversuche abzubrechen, ein Durchbruch oder gar ein nachhaltiger Verzicht konnte aber nicht erreicht werden. Im Juli 1968 wurde dann immerhin eine Einigung erzielt, Kernwaffen nicht an andere Länder weiterzugeben (Kernwaffensperrvertrag).

Friedliche Koexistenz Entspannung

Im Mai 1972 wurde eine Grundsatzerklärung beider Regierungen vereinbart, in der es hieß "daß es im Nuklearzeitalter keine andere Alternative gibt, als die gegenseitigen Beziehungen auf der Grundlage einer friedlichen Koexistenz zu gestalten". Sie übernahmen damit eine besondere Verantwortung für die Aufrechterhaltung der internationalen Sicherheit. Die Entspannungsbemühungen gipfelten in einem Abkommen zur Verhinderung von Atomkriegen (Juni 1973) und schließlich Mitte der 70er Jahre in der Konferenz über Sicherheit und Zusammenarbeit in Europa (s. unten S. 178).

## Die innere Entwicklung der Sowjetunion

Entstalinisierung unter Chruschtschow

Die Ära des sowjetischen Parteichefs Chruschtschow erscheint heute als ein erster Versuch, die Ausformungen des stalinistischen Systems zu reformieren. Chruschtschow stürzte über den Fehlschlag der sowjetischen Politik in der Kuba-Krise und über den Bruch mit dem kommunistischen China Mao Tse-tungs. Die darauf folgende Ära Breschnew allerdings ist demgegenüber eine Zeit der personellen und strukturellen Restauration. Breschnew folgte der Zwei-Lager-Theorie Shdanows, nach der die Welt in das kapitalistische und das sozialistische Lager zerfällt und von deren unversöhnlichem Gegensatz beherrscht wird. Die Verkörperung dieser Prinzipien in den beiden Supermächten verlangte die Fortsetzung einer Politik der Stärke, diese wiederum eine verstärkte Aufrüstung.

Restauration unter Breschnew

Die Ära Breschnew, die eigentlich schon mit seiner Ernennung zum Vorsitzenden des Präsidiums des Obersten Sowjet, also zum nominellen Staatsoberhaupt, 1960 begann, läßt sich heute in drei Perioden gliedern:

Rüstung

Breschnew-Doktrin

- 1964–1968, in dieser Zeit werden die unter Chruschtschow begonnenen Reformen in Volkswirtschaft und Partei zurückgenommen, die See- und die atomare Rüstung verstärkt und vor allem wird die Breschnew-Doktrin von der begrenzten Souveränität der sozialistischen Staaten, also dem unmittelbaren Interventionsrecht der Sowjetunion, formuliert.

Entspannungspolitik

- Die zweite Periode beginnt 1969 mit der Entspannungspolitik und endet 1979. Hier wird eine neue Verfassung für die Sowjetunion verabschiedet und eine *"Politik der sozialistischen Orientierung der Entwicklungsländer"* verkündet. In diese Zeit fallen sowohl die vertraglichen Regelungen der Vier Mächte über Berlin als auch die Verträge der Bundesrepublik mit der UdSSR, Polen, der Tschechoslowakei und der DDR (1970–1973, s. oben S. 250 f.) und schließlich auch der große Versuch, die Konfrontation in Europa durch eine Konferenz aufzulösen (s. den nächsten Abschnitt).

Afghanistan: Verhärtung

- 1980 bricht die Entspannungspolitik nach dem Einmarsch in Afghanistan zusammen, die Sowjetunion zeigt eine zunehmende Unbeweglichkeit in der Innen- wie auch in der Außenpolitik. Aber schon die Verhängung des Kriegsrechtes in Polen 1980 zeigte, daß trotz des sowjetischen Drucks auf die innere Ordnung der sozialistischen Staaten die unmittelbare militärische Intervention keine unabdingbare Konsequenz war.

Eurokommunismus

Breschnew konnte aber mit seiner These vom unbedingten Führungsanspruch der sowjetischen Kommunisten nicht mehr verhindern, daß China, Jugoslawien und Albanien eigene Wege zur Ausformung einer sozialistischen Gesellschaft gingen. Auch die westeuropäischen Kommunistischen Parteien mußten ihre Distanz zur Moskauer Zentrale mehr und mehr betonen, um glaubwürdig zu bleiben ("Eurokommunismus"). Allein die 1967 (wiedergegründete DKP in der Bundesrepublik blieb infolge ihrer finanziellen Abhängigkeit von der SED auf moskautreuem Kurs.

Rüstungsabkommen: SALT I SALT II

Die prinzipielle Einigung der Großmächte, lokale Konflikte begrenzt zu halten und nicht in eine unmittelbare Konfrontation münden zu lassen, konnte ein Aufeinandertreffen auch während des Vietnamkrieges verhindern. In der Endphase dieses Krieges kam es daher auch zwischen den USA und der UdSSR zu einem Abkommen über die Begrenzung strategischer Waffen (SALT I, Mai 1972). Im Juni 1973 unterzeichneten der sowjetische Parteichef Breschnew und US-Präsident Nixon eine Reihe bilateraler Verträge, darunter ein Abkommen zur Verhinderung eines Nuklearkrieges. Das im Juni 1979 ausgehandelte SALT-II-Abkommen wurde allerdings vom amerikanischen Senat nicht ratifiziert. Dennoch halten sich beide Großmächte an den Inhalt dieses Abkommens.

Situation in Polen

Mißtrauisch betrachtete die sowjetische Führung dann auch die Entwicklung in Polen. Hier war der Führungsanspruch der Kommunisten nie unbestritten, immer war die katholische Kirche, besonders ihr Primas, Kardinal Wyszynski, ein Hort des Widerstands gegen das Regime geblieben. Sie war es auch, die die Kollektivierung der polnischen Landwirtschaft in den 50er Jahren verhindert hatte.

Arbeiterunruhen

Ein Arbeiterstreik im Juni 1956 in Poznan (Posen) war schnell zu einem politischen Streik mit antisowjetischen Parolen geworden und wurde von der polnischen Armee niedergeschlagen. Im Dezember 1970 forderten neue Unruhen in Danzig, die auf Grund der schlechten Versorgungslage im Land ausgebrochen waren, zahlreiche Tote und Verletzte. Einer kurzen Besserung folgte ein erneuter wirtschaftlicher Niedergang.

Freie Gewerkschaft "Solidarität"

In dieser Situation wurde der Erzbischof von Krakau, Karol Wojtyla, als Johannes Paul II. zum Papst gewählt. Die nationalpolnische Sache erhielt dadurch soweit Auftrieb, daß neue akute Versorgungsmängel im Juli 1980 zu neuen Streiks führten. Diese brachten in Vereinbarungen, die die Regierung am 31. August 1980 eingehen mußte, die Anerkennung der freien Gewerkschaft "Solidarität" *(Solidarnoszcz)* und einen de-facto-Durchbruch zu einer pluralistischen Gesellschaft. Unter Generalstreik-Warnungen und Versprechungen wirtschaftlicher Reformen zog sich die polnische Krise hin, ließ die NATO im Dezember 1980 vor einer sowjetischen Intervention warnen, bis schließlich Ministerpräsident Jaruzelski am 13. Dezember 1981 das Kriegsrecht ausrief und die "Solidarität" verbot, damit aber gleichzeitig das Land vor einer sowjetischen Intervention bewahrte. Die USA reagierten auf diese repressiven Maßnahmen mit einer Sperrung der wirtschaftlichen Hilfe für Polen. Die "Solidarität" ging in den Untergrund, fand bei der Kirche Rückhalt und konnte schließlich 1989, als die Mißwirtschaft des kommunistisch geführten Systems zu seinem Zusammenbruch geführt hatte, die Regierung übernehmen.

## Der Vietnam-Krieg der USA

Unterstützung der USA für Südvietnam

Das Engagement der USA in Südostasien geht unmittelbar auf die in der Nachkriegszeit verkündete Politik der Eindämmung zurück. In Vietnam hatten die USA seit der Teilung des Landes (1954, siehe oben) die südvietnamesische Regierung finanziell unterstützt und Militärberater im Land gehalten. Im November 1961 ordnete Präsident Kennedy eine Verstärkung der amerikanischen Präsenz in Vietnam an, um die militärische Hilfe gegen den nordvietnamesischen Druck zu verstärken.

Militärisches Eingreifen der USA

Erst im August 1964 aber griffen die USA unmittelbar ein, zunächst (nach der Tongking-Resolution des Kongresses, die den Präsidenten zur Kriegführung ermächtigte) mit Bombenangriffen auf nordvietnamesische Ziele, ab Februar 1965 auch mit Bodentruppen. Im April 1969 erreichte die Truppenstärke mit über 540 000 Mann ihren Höhepunkt; gleichzeitig aber wuchs die inneramerikanische Kritik am Engagement, der Krieg wurde zunehmends als sinnlos empfunden, als "schmutziger Krieg", besonders, nachdem Greueltaten der Amerikaner, wie das Massaker von My Lai (Ermordung von 300 Zivilisten 1968), bekannt wurden und auch das gestützte Regime in Südvietnam mehr und mehr unglaubwürdig geworden war. Im Juli 1969 erklärte Präsident Nixon den Abbau der amerikanischen Truppen, im Juni des folgenden Jahres widerrief der Senat die Tongking-Resolution.

Kapitulation Südvietnams

Eine Wiederaufnahme des Bombenkrieges gegen Nordvietnam konnte aber die Niederlage der Südvietnamesen nicht aufhalten, im Januar 1973 wurde ein Waffenstillstandsabkommen für Vietnam geschlossen, die Amerikaner verließen das Land. Der Krieg war zu Ende, als im April 1975 Saigon fiel und Südvietnam kapitulierte.

## Die Konferenz über Sicherheit und Zusammenarbeit in Europa (KSZE)

Stablilität im militärischen Bereich

Die Ostpolitik der Bundesregierung hatte die Möglichkeiten aufgezeigt, mit den Staaten des Ostblocks zu vertraglichen Übereinkünften und damit zu einer Form des geregelten Miteinander zu kommen. Jetzt kamen auch Bestrebungen zum Zug, die seit Mitte der 50er Jahre das Risiko eines erneuten Krieges durch gegenseitige Absprachen verringern sollten. In den 60er Jahren kamen die beiden Großmächte zur Vereinbarung einer unmittelbaren Fernsprechverbindung ("Rotes Telefon"), um das Risiko eines unbeabsichtigt ausgelösten Angriffs zu verringern. 1971 folgte ein Abkommen, das dieses Ziel präzisierte, und eines, das Zwischenfälle auf hoher See vermeiden sollte; schließlich 1972 der erwähnte SALT-I-Vertrag. Alle diese Vorschläge sollten die Stablilität im militärischen Bereich erhöhen, die Gefahr von Überraschungsangriffen verringern und Kriege aufgrund von Unfällen oder militärischer Fehleinschätzungen verhindern.

Europäische Sicherheitskonferenz

Dem sowjetischen Wunsch, eine europäische Sicherheitskonferenz einzuberufen, schlossen sich die USA erst 1970 an. Bedingung dafür war eine parallel abzuhaltende Konferenz über einen gegenseitigen ausgewogenen Truppenabbau zwischen NATO und Warschauer Pakt (MBFR-Verhandlungen in Wien) sowie die Einbeziehung der USA und Kanadas in die Konferenz selbst.

Schlußakte der KSZE

Die Schlußakte der so einberufenen Konferenz für Sicherheit und Zusammenarbeit in Europa (KSZE), die am 1. 8. 1975 in Helsinki von 35 Teilnehmerstataten unterzeichnet wurde (daher auch "Schlußakte von Helsinki" genannt), behandelt die für die Entspannung wichtigen Themen in drei sogenannten Körben. Sie ist kein völkerrechtlich verbindliches, einklagbares Abkommen, sondern nur eine Absichtserklärung. Zwei der Hauptpunkte sind bereits im ersten Korb enthalten, das ist zunächst eine Einigung auf die Prinzipien, die die Beziehungen der Teilnehmerstaaten leiten:

1. Souveräne Gleichheit, Achtung vor der Souveränität;
2. Verzicht auf Androhung oder Anwendung von Gewalt;
3. Unverletzlichkeit der Grenzen;
4. Territoriale Integrität von Staaten;
5. Friedliche Regelung von Streitfällen;
6. Nichteinmischung in Angelegenheiten anderer Staaten;
7. Achtung der Menschenrechte und Grundfreiheiten;
8. Gleichberechtigung und Selbstbestimmungsrecht der Völker;
9. Zusammenarbeit zwischen den Staaten;
10. Erfüllung völkerrechtlicher Verpflichtungen nach Treu und Glauben.

Vertrauensbildende Maßnahmen

Ein wichtiger zweiter Punkt ist das Dokument über vertrauensbildende Maßnahmen, in dem die Vermittlung von Informationen im Vordergrund steht: die Teilnehmerstaaten verpflichteten sich auf die vorherige Ankündigung von größeren militärischen Manövern 21 Tage vor ihrem Beginn, von kleineren ohne Zeitbeschränkung sowie auf den Austausch von Manöverbeobachtern.

Weitere Zusammenarbeit

Die übrigen Vereinbarungen der KSZE betrafen die Zusammenarbeit in den Bereichen Wirtschaft, Wissenschaft, Technik und Umwelt sowie im humanitären und kulturellen Bereich.

Menschenrechte in den Staaten des Ostblocks

Besonders die im ersten Korb festgelegten Prinzipien ließen in den kommunistisch regierten Staaten des Ostblocks den Wunsch nach einer Verwirklichung der liberalen Freiheitsrechte laut werden. Hier klafften öffentliches Bekenntnis und praktizierte Politik noch weit auseinander. Mehrfach prangerte der Westen die Menschenrechtsverletzungen im Ostblock an, wo Oppositionsgruppen die Freiheiten der Helsinki-Akte einforderten (z. B. Charta 77 in der

Tschechoslowakei). Die KSZE-Folgetreffen in Belgrad (1977/1978) und Madrid (1980/1983) standen daher vor allem unter diesem Konflikt. Der sowjetische Einmarsch in Afghanistan und die Ausrufung des Kriegsrechts in Polen machten eine Weiterentwicklung der KSZE-Prinzipien vorerst unmöglich, wenn auch die militärischen "Vertrauensbildenden Maßnahmen" weitergepflegt und ausgebaut wurden.

Entspannung und Vertrauensbildende Maßnahmen

Mit dem Kurswechsel in der Sowjetunion unter Gorbatschow kam auch eine neue KSZE-Folgekonferenz in Wien (abgeschlossen Anfang 1989) zustande. Die Bemühungen um Entspannung und Vertrauensbildende Maßnahmen (Stockholmer Konferenz – KVAE – seit 1984) führten schließlich im Frühjahr 1990 zu einer Einigung der Großmächte über gegenseitige Luftaufklärung *("open sky")*, mit der militärische Überraschungsaktionen ausgeschlossen sein sollen.

KSZE 1990 in Paris

Mit diesen bahnbrechenden Übereinkommen war die KZSE das gegebene Gremium, um dem Prozeß der deutschen Einigung den völkerrechtlichen Rahmen zu geben. Auf der in Paris im Oktober 1990 abgehaltenen Gipfelkonferenz unterzeichneten die Regierungschefs der vier Siegermächte und der Bundesrepublik das Dokument, das eine friedensvertragliche Regelung zur Beendigung des Zweiten Weltkrieges definitiv ersetzt, und verkündeten das Ende des Kalten Krieges und der Konfrontation zwischen den Großmächten.

## Generationenwechsel in der UdSSR: Gorbatschows Reformkurs

Sowjetischer Einmarsch in Afghanistan

Die Phase der Entspannung wurde durch eine neue "Eiszeit" in den Beziehungen der Großmächte abgelöst, als die Sowjetunion zur Sicherung ihres Vorfeldes im Dezember 1981 in Afghanistan einmarschierte und das dortige kommunistische Regime gegen die Widerstandsbewegung stützte. Es bedurfte allerdings eines Generationenwechsels in der sowjetischen Führung, um auch diesen Krieg als "schmutzigen Krieg" zu erkennen und zu beeenden.

Generationenwechsel in der UdSSR

Gorbatschow *Glasnost* *Perestroijka*

Dieser Generationenwechsel in der Führung der UdSSR stand an, als auf Breschnew zunächst zwei Parteichefs derselben Generation folgten (Tschernenko, Andropow), die aber beide kurz hintereinander starben. Erst dann war der Weg frei für das jüngste Politbüro-Mitglied, Michail Gorbatschow, dessen Reformkurs durch die Schlagworte *Glasnost* (Offenheit, Transparenz) und *Perestroijka* (Umbau) bestimmt wurde. Er setzte an, radikal mit dem ideologischen Dogmatismus und der Planbürokratie zu brechen und die Sowjetunion in einen sozialistischen Rechtsstaat umzuwandeln.

Notwendig wurde diese Politik, da die Planwirtschaft der vorausgegangenen Jahrzehnte einerseits den Lebensstandard der Bevölkerung nicht – wie versprochen – erhöht, sondern eher noch weiter herabgedrückt, andererseits die militärische Hochrüstung der 70er und frühen 80er Jahre das Land an den Rand des wirtschaftlichen Ruins gebracht hatte. Eine der Folgen des wirtschaftlichen Niedergangs war der zunehmende Alkoholismus, der die Arbeitsproduktivität weiter zurückgehen ließ.

Radikale Reformer konservative Kräfte

Gorbatschows Kurs ermutigte Kräfte, die in ihrem Reformwillen noch weit über seine Ziele hinausgingen, so den 1990 zum Parlamentspräsidenten der Russischen Unionsrepublik gewählten "Gegenspieler" Gorbatschows, Boris Jelzin. Sie kritisierten vor allem seine mangelnde Radikalität im Umbau von Gesellschaft und Staat und besonders das Festhalten an kommunistischen Prinzipien wie z. B. in der Eigentumsfrage. Damit stand Gorbatschow zwischen den radikalen Reformern und den konservativen Kräften des Parteiapparates.

## Die Auflösung der sozialistischen Staatengemeinschaft

Demokratisierung in Polen und Ungarn

Der Verzicht auf die starre Breschnew-Doktrin setzte daraufhin in Polen und Ungarn Kräfte frei, die durch die sowjetische Übermacht bislang niedergehalten wurden und die in beiden Ländern zur Errichtung eines pluralistisch-demokratischen Systems führten. Im September 1989 schließlich gab sich Polen die erste nichtkommunistische Regierung der Nachkriegszeit, in Ungarn löste sich auf dem Parteitag Anfang Oktober 1989 die kommunistische Partei selbst auf. Am 23. Oktober strich Ungarn, am 31. Dezember Polen den sozialistischen Charakter des Staates als "Volksrepublik" aus der Verfassung. Auch die Tschechoslowakei änderte ihr Kürzel von ČSSR in ČSFR (Tschechoslowakische Föderative Republik). In Polen entschied Arbeiterführer Lech Walensa die Wahl zum Staatspräsidenten für sich, in der Tschechoslowakei der ehemalige Dissident Vaclav Havel.

Revolution in Rumänien

In Rumänien, wo sich (außer Albanien) der Diktator Ceausescu am längsten den Reformbestrebungen verweigert hatte, fegte unmittelbar vor Weihnachten 1989 eine Revolution dieses spätstalinistische Regime weg, das mit seinen Terrormethoden das häßlichste Gesicht des zum Machterhalt mißbrauchten Sozialismus gezeigt hatte. Auch Rumänien tilgte noch vor dem Jahresende den Sozialismus aus der Verfassung, am 12.1.1990 schließlich unternahm hier die Revolutionsregierung den ersten Versuch, die Kommunistische Partei zu verbieten, zog aber den Erlaß bereits zwei Tage später zurück, um ihn einer Volksabstimmung zu unterwerfen.

Dennoch blieb gerade in Rumänien das Mißtrauen der Bevölkerung auch gegenüber der neuen Führung bestehen; die Gefahr, daß alte Machtpraktiken nur mit neuen Etiketten versehen würden, bestand und besteht noch.

Warschauer Pakt

Nachdem dergestalt die DDR aufgehört hatte zu existieren, Polen, Ungarn und die Tschechoslowakei zu demokratischen Staatswesen geworden waren, die sich mühten, das Sozialistische in Staat, Wirtschaft und Gesellschaft abzulegen, war es nur noch eine Frage der Zeit, wie lange der Warschauer Pakt als Organisation zur Verteidigung des Sozialismus bestehen bleiben konnte. Nachdem auf der KSZE in Paris im Oktober 1990 das Ende ds Kalten Krieges verkündet worden war, stellten die Mitgliedsländer des Warschauer Paktes den politischen Charakter ihres Bündnisses in den Vordergrund. Mit dem brutalen Eingreifen der Sowjetarmee in den baltischen Republiken Litauen und Lettland im Januar 1991 wurde aber die Weiterexistenz des Paktes überhaupt fragwürdig. Auf Drängen der Mitgliedsländer wurde der Warschauer Pakt zum 1.7.1991 schließlich aufgelöst.

## Das Ende der Sowjetunion

Sowjetunion: Abbröckeln oder zerbrechen?

Was 1989 mit der Etablierung des Runden Tischs in Polen und dem ersten Schnitt in den ungarischen Stacheldrahtzaun begonnen hatte, was sich 1990 mit dem Rückzug der Sowjetarmee aus der ehemaligen DDR, aus Polen, der ČSFR und Ungarn fortgesetzt hatte, sollte sich am Ende des Jahres 1991 vollenden: Das durch die Gewalt der sowjetischen Waffen geschaffene und durch sie zusammengehaltene Imperium bröckelte. Ob es lediglich ein Abbröckeln der Randgebiete war, oder ob das Riesenreich selbst bereits den Keim zum Zerfall trug, mochte in den Tagen des Umbruchs von 1989 oder 1990 niemand entscheiden. Ihre Basis, die politische, militärische und wirtschaftliche Abhängigkeit der Satellitenstaaten, verlor die Sowjetunion mit der endgültigen Auflösung des Warschauer Paktes am 1 Juli sowie des Rates für gegenseitige Wirtschaftshilfe (RGW) am 28. Juni 1991.

"Unabhängigkeitserklärung" der Sowjetrepubliken

Der Zerfallsprozeß der Sowjetunion begann im Lauf des Jahres 1990 mit der Unabhängigkeitserklärung fast aller Sowjetrepubliken. Sie konnte indessen im Westen noch nicht richtig eingeschätzt werden, weil es zum einen bei Proklamationen blieb, zum anderen das Verhältnis der nunmehr souveränen Republiken zur Union nicht ausformuliert war. Diese Unabhängigkeitserklärungen resultierten aus dem Wunsch nach nationaler Selbstbestimmung. Weder hatte die Sowjetführung unter Präsdent Gorbatschow einen klaren Plan zur Bewältigung dieses Problems, andererseits trugen sie mehr an Sprengkraft in sich, als Gorbatschow öffentlich zugestehen mochte. Gorbatschows politisches Ansehen in der sowjetischen Öffentlichkeit stand und fiel aber mit der Lösung der nationalen Fragen.

Estland
Lettland
Litauen

Lediglich das Streben der drei baltischen Sowjetrepubliken nach Unabhängigkeit bot akuten Zündstoff. Sie waren die drei "jüngsten" Republiken der UdSSR, von Stalin 1940 im Vollzug des Hitler-Stalin-Paktes vom August 1939 annektiert. Litauen unternahm bald die ersten Schritte, um die Unabhängigkeitserklärung in die Tat umzusetzen, Estland und Lettland schlossen sich schnell an.

Intervention in Litauen

Die Frage der Unabhängigkeit Litauens, die bereits im Herbst 1990 proklamiert worden war, nahm in dieser Hinsicht eine Schlüsselstellung ein. Gorbatschow reagierte teils mit Drohungen, teils mit Restriktionen, vor allem wirtschaftlicher Art, und bestand auf der Integrität der Union. Der Versuch, vor allem wohl militärischer Kreise, im Januar 1991 die Unabhängigkeitsbewegung gewaltsam zu unterdrücken, führten nur zu weiteren Entfremdungen zwischen Zentralmacht und den anderen Republiken. Gorbatschow erweckte den Anschein, als ob er nicht den gesamten Sowjetapparat unter seiner Kontrolle hatte, indem er jegliche Verantwortung für das militärische Eingreifen von sich wies. Lediglich Jelzin, damals noch russischer Parlamentspräsident, kritisierte in scharfer Form das Vorgehen des Militärs. Auch in Lettland versuchte Moskau seine Positionen zu halten und seine Politik durchzusetzen. Referenden in den drei Republiken, die in Litauen 91 %, in Lettland und Estland jeweils 75 % für die Wiederherstellung der vollen staatlichen Souveränität und damit für die Unabhängigkeit von der Sowjetunion erbrachten, wurden von Gorbatschow für illegal erklärt. Er verwies in dieser Lage auf noch auszuhandelnde neue Unionsverträge, die auch den Austritt von Republiken aus der Union regeln sollten.

Boris Jelzin

Boris Jelzin, zunächst Gefolgsmann Gorbatschows, dann wegen seiner radikalen Reformansichten aus dem engeren Kreis um den Sowjetführer entfernt, hatte sich seinen Platz in der politischen Landschaft der Sowjetunion durch seine Wahl zum Parlamentspräsidenten des demokratisch gewählten russischen Parlaments erkämpft und war damit Staatsoberhaupt Rußlands. Er konnte auf die unmittelbare demokratische Legitimierung des Parlaments verweisen, die dem sowjetischen Volksdeputiertenkongreß und dem Obersten Sowjet (noch) fehlte. Als Parlamentspräsident verfocht er seine radikalen Ansichten, die mit dem überkommenen System der Parteiherrschaft brechen sollten. Während Gorbatschow auch in seiner Personalpolitik keine klare Linie bei der Durchsetzung der angekündigten Reformen erkennen ließ, profilierte sich Jelzin mit einer klar formulierten Demokratisierung Rußlands. Im Gegensatz zu Gorbatschow, der Privateigentum weithin ablehnte, forderte Jelzin eine umfassende Privatisierung (die er dann Ende 1991 auch mit der Auflösung der Kolchosen und Sowchosen, d. h. der Privatisierung der Landwirtschaft, umfassend in Angriff nahm). Jelzin konnte am 12. Juni 1991 die russische Präsidentenwahl mit überzeugender Mehrheit bereits im ersten Wahlgang für sich entscheiden.

Putsch vom 19. August

Den fortschreitenden Zerfall der Sowjetunion und das Anwachsen der politschen Bedeutung der Teilrepubliken, allen voran Rußlands, sowie der Verlust der sowjetischen Machstellung im östlichen Mitteleuropa versuchte eine "alte Garde" von kommunistischen Funktionären aufzuhalten. Wohl unter Federführung des KGB, des sowjetischen Geheimdienstes, putschte sie am 19. August, einen Tag vor der Unterzeichnung des neuen Unionsvertrages, der das Verhältnis der Republiken neugeordnet hätte, und erklärte Präsiden Gorbatschow für abgesetzt.

Widerstand Zusammenbruch des Putschs

Noch am selben Abend organisierte Jelzin vom "Weißen Haus", dem Parlament und Regierungssitz der Russichen Republik, aus den Widerstand gegen die Putschisten und rief vor allem zum Generalstreik auf. Später wurde bekannt, daß auch er vom KGB festgesetzt werden sollte, daß aber diejenige KGB-Einheit, die den Befehl dazu hatte, zu Jelzin überlief. An der Bewegungsfreiheit, die er behielt, wurde auch klar, daß die Putschisten noch in den alten Begriffen vom gelenkten und lenkbaren Zentralstaat ausgingen und der Entstehung eines zweiten Machtzentrums um Jelzin nicht genügend Bedeutung beimaßen. In der Beurteilung erscheint so der schließliche Sieg Jelzins über den Putsch als ein Sieg des neuen sowjetischen Föderalismus über den Zentralstaat. Massive Demonstrationen der Bevölkerung, Proteste des Auslandes, allen voran der USA und der EG, und schließlich die Tatsache, daß die Regierungen der Ukraine und Kasachstans die Anordnungen der Putschisten für ungültig erklärten, ließen den Putsch zusammenbrechen.

Konsequenzen aus dem Putsch

Mit dem Zusammenbruch des Putschs kehrte Gorbatschow aus seinem Hausarrest auf der Krim nach Moskau zurück, der Sieger aber hieß Boris Jelzin. Es war offenbar geworden, daß die vorsichtig lavierende und zögerliche Reformpolitik Gorbatschows am Beharrungsvermögen der alten Kräfte gescheitert war, daß vor allem eine zügige Demokratisierung und Einführung der Marktwirtschaft mit einem immer noch der Parteidoktrin verhafteten Moskauer Zentrale nicht durchzuführen war: In der Auseinandersetzung zwischen Zentralismus und Föderalismus innerhalb der Sowjetunion war also kein Kompromiß möglich, die Republiken waren darauf angewiesen, alle Elemente des Zentralismus zu tilgen. Einen solchen Kompromiß hatte noch der am 13. August vorgestellte Unionsvertrag einer "Union der souveränen Staaten" gebildet, der den souveränen Republiken weitgehende Rechte zubilligte.

Ende der KPdSU und der KPR

Kurz nach dem Moskauer Putsch verbot Jelzin die Kommunistische Partei Rußlands und die Kommunistische Partei der Sowjetunion innerhalb Rußlands, da offenkundig war, daß sie – aktiv oder passiv – hinter dem Umsturzversuch stand. Auch Gorbatschow zog seine Konsequenzen und legte sein Amt als Generalsekretär der Partei nieder. Jelzin zog einen Schlußstrich unter die ungelösten Verhältnisse im Baltikum und erkannte die Republiken Estland, Lettland und Litauen diplomatisch an.

Fortschreitender Verlust der Staatlichkeit

Mit der Verkündigung der Souveränität hatten die Teilrepubliken ihre eigenen Gesetze über die der Union gestellt, die "alte" Sowjetunion hatte also bereits einen wesentlichen Teil ihrer Eigenschaft als Staat eingebüßt. Nach dem Putsch beschleunigte sich der Zerfallsprozeß der Sowjetunion, indem Jelzin die Truppen der Sowjetarmee innerhalb Rußlands seinem eigenen Kommando unterstellte. Die Staatlichkeit der Sowjetunion als Zentralstaat bestand in der politischen Praxis vor allem in der internationalen diplomatischen Anerkennung, Gorbatschow wurde bereits "Präsident ohne Land" genannt. Mit der Gründung einer Wirtschaftsunion von acht der zwölf Sowjetrepubliken war offenbar, daß die Zentralgewalt keinerlei innere Autorität mehr besaß, sondern daß jegliche politische Initiative von den Republiken ausgehen mußte.

Neuer Unionsvertrag

Die Verhandlungen über die politische Zukunft der Union mündeten Mitte November in den Entwurf eines neuen Unionsvertrages, der den Gründungsvertrag der Sowjetunion von 1922 ablösen sollte. Die neue "Union souveräner Staaten" sollte nicht ein Bundesstaat sein, wie ihn Gorbatschows Entwurf vom August vorgesehen hatte, sondern ein lockerer Staatenbund mit einem Unionspräsidenten an der Spitze. Dieser Vertrag aber scheiterte letztlich an der Weigerung der Ukraine, ihm beizutreten.

Ukraine

Mehr als 90 Prozent der Bevölkerung der Ukraine hatten inzwischen (1. Dezember) für die staatliche Unabhängigkeit gestimmt und damit den Beschluß des Parlamentes in Kiew vom 24. August (unmittelbar nach dem Moskauer Putsch) bestätigt. Im Vollzug dieses Parlamentsbeschlusses war am 23. Oktober die Aufstellung eigener nationaler Streitkräfte beschlossen worden. Ein Beitritt zum neuen Unionsvertrag hätte eine Abkehr von diesem Weg der staatlichen Souveränität bedeutet.

"Gemeinschaft unabhängiger Staaten" (GUS)

Die Reaktion auf die Weigerung der Ukraine, dem neuen Unionsvertrag beizutreten, war zwiespältig: Während Gorbatschow sich in Warnungen vor dem Zerfall der Union erschöpfte, machte Jelzin klar, daß es ohne die Ukraine überhaupt keinen Unionsvertrag geben könne. Das Problem bestand also darin, den größten gemeinsamen Nenner zu finden, auf den sich zumindest Rußland und die Ukraine einigen konnten. Das Ergebnis dieser Bemühungen wurde am 8. Dezember vorgelegt: Ein Vertrag über eine lockere Gemeinschaft der drei slawischen Republiken Rußland, Ukraine und Weißrußland über die Bildung einer "Gemeinschaft unabhängiger Staaten". Der Vertrag wurde bereits vier Tage später von den Parlamenten in Minsk, Kiew und Moskau ratifiziert. Am 13. Dezember erklärten die asiatischen Republiken ihren Beitritt.

Struktur der GUS

In diesem Vertrag erklären die Unterzeichner den Unionsvertrag von 1922 für außer Kraft gesetzt, die Sowjetunion als Subjekt des Völkerrechts für erloschen. Als Zeitpunkt für das Ende der Supermacht wurde der 31. Dezember 1991 bestimmt, Präsident Gorbatschow erklärte dann folgerichtig zu diesem Zeitpunkt seinen Rücktritt. Der Moskauer Kreml, über siebzig Jahre das Symbol der bolschewistischen Diktatur, ging in das Eigentum der Russichen Republik über, rote Fahne und roter Stern verschwanden. Die neue "Gemeinschaft Unabhängiger Staaten" beschränkt sich auf die notwendigsten Zentralinstanzen, zu denen vor allem ein gemeinsames Oberkommando über die Streitkräfte und eine gemeinsame Verfügung über die Atomwaffen der alten Union gehört. Eine irgendwie geartete politische Zentralinstanz gibt es nicht mehr, Hauptstadt der Gemeinschaft ist in bewußter Abkehr von der Tradition des moskau-zentrierten Bolschewismus nicht mehr Moskau, sondern die weißrussische Hauptstadt Minsk.

# Die Weimarer Republik

## Die Entstehung der Weimarer Republik

| | |
|---|---|
| **1917** | |
| 29. 7. | "Friedensresolution" des Reichstags |
| **1918** | |
| 8. 1. | Verkündung der "14 Punkte" des amerikanischen Präsidenten Wilson für eine künftige Friedensregelung |
| 3. 3. | Friede von Brest-Litowsk des Deutschen Reiches mit der Sowjetunion: Rußland verliert im Baltikum Estland und Litauen sowie Livland und Kurland (später Lettland), dann Polen und Finnland, die Ukraine wird unter deutschem Schutz selbständig. |
| März – Juli | Letzte deutsche Offensive |
| Juli – August | Alliierte Gegenoffensive |
| 14. 8. | Konferenz im Hauptquartier von Spa: Oberste Heeresleitung (OHL) erklärt die Fortführung des Krieges für aussichtslos |
| 14. 9. | Friedensnote der österr.-ungarischen Regierung |
| 28./29. 9. | OHL beschließt Waffenstillstands- und Friedensangebot |
| 30. 9. | "Parlamentarisierungserlaß" zur parlamentarischen Verantwortung des Reichskanzlers; neuer Reichskanzler Prinz Max von Baden (3.10.) |
| 3./4. 10. | Waffenstillstandsangebot der dt. Regierung an den amerikanischen Präsidenten Wilson |
| 8. – 23. 10. | Notenwechsel zwischen der dt. und der amerikanischen Regierung; die Forderung nach einem Rücktritt des Kaisers wird immer deutlicher. |
| 28./29. 10. | Meuterei der deutschen Hochseeflotte in Wilhelmshaven angesichts eines (militärisch sinnlosen) Auslauf-Befehl der Seekriegsleitung |
| 4. 11. | Höhepunkt des Matrosenaufstandes in Kiel |
| ab 6. 11. | Bildung von Arbeiter- und Soldatenräten: |
| 6. 11. | – in Hamburg, Bremen, Wilhelmshaven |
| 7./8. 11. | – in Hannover, Frankfurt, München |
| 9. 11. | – in Koblenz, Mainz, Mannheim, Karlsruhe, Stuttgart, Nürnberg, Leipzig |
| 7. 11. | Sturz der Wittelsbacher Dynastie in München, Ausrufung der Republik in Bayern ("Freistaat") |
| 8. 11. | Beginn der Waffenstillstandsverhandlungen in Compiègne |

| | |
|---|---|
| 9. 11. | Revolution in Berlin, Bekanntgabe des Thronverzichts Wilhelms II. (eigenmächtig durch Prinz Max von Baden)<br>Übergabe des Reichskanzleramtes durch Max von Baden an Friedrich Ebert<br>Ausrufung der Republik durch Scheidemann und Liebknecht |
| 10. 11. | Wilhelm II. geht ins Exil nach Holland;<br>in Berlin Bildung des "Rats der Volksbeauftragten" aus SPD und USPD als Regierung,<br>daneben "Vollzugsrat der Arbeiter- und Soldatenräte", von der Räteversammlung in Berlin bestätigt<br>Übereinkunft zwischen Ebert und General Groener zur Aufrechterhaltung der inneren Ordnung |
| 11. 11. | Unterzeichnung des Waffenstillstands im Wald von Compiègne (Eisenbahn-Salonwagen des Generals Foch) |
| 15. 11. | "Zentralarbeitsgemeinschafts"-Abkommen zwischen Großindustrie und Gewerkschaften |
| 29. 11. | Gesetz über die Wahlen zur Verfassunggebenden deutschen Nationalversammlung |
| 16.–20. 12 | I. Rätekongreß in Berlin, Festlegung des Wahltermins zur Nationalversammlung |
| 28. 12. | Austritt der USPD-Mitglieder aus dem "Rat der Volksbeauftragten" |
| **1919** | |
| 1. 1. | Gründungsparteitag der KPD (Spartakusbund und Linksradikale) in Berlin |
| ab 5. 1. | "Januaraufstand" in Berlin, wird von der Regierung mit Hilfe von Truppen niedergeschlagen |
| 15. 1. | Ermordung von Rosa Luxemburg und Karl Liebknecht |
| 18. 1. | Eröffnung der Pariser Friedenskonferenz |
| 19. 1. | Wahlen zur Nationalversammlung |
| 6. 2. | Eröffnung der Nationalversammlung in Weimar |
| 8. 2. | Schaffung der wesentlichen Organe der Republik im "Gesetz über die vorläufige Reichsgewalt" |
| 11. 2. | Wahl Friedrich Eberts zum Reichspräsidenten |
| 7. 5. | Überreichung des Vertrags an die deutsche Delegation |
| 29. 5. | Deutsche Gegenvorschläge |
| 16. 6. | Überreichung des endgültigen Vertragstextes |
| 23. 6. | Annahme des alliierten Ultimatums |
| 28. 6. | Unterzeichnung des Vertrags im Spiegelsaal des Schlosses von Versailles |
| 31. 7. | Verabschiedung der Reichsverfassung |
| 11. 8. | Inkraftreten der Weimarer Reichsverfassung |
| November | Untersuchungsausschuß der Nationalversammlung zur Klärung der Niederlage im Krieg. Aussage Hindenburgs und Propagierung der "Dolchstoßlegende" |
| **1. 1. 1920** | Inkraftreten des Versailler Vertrags |

**"Vorort-Verträge" der Alliierten mit den Mittelmächten**

| | |
|---|---|
| 28. 6. 1919 | in Versailles mit Deutschland |
| 10. 9. 1919 | in St. Germain mit Österreich: Anerkennung der Selbständigkeit Ungarns, der Tschechoslowakei, Polens und Jugoslawiens; Abtretung Südtirols bis zum Brenner, Triests und Istriens an Italien, Dalmatiens und von Teilen Kärntens und Krains an Jugoslawien. |
| 27. 11. 1919 | in Neuilly mit Bulgarien: Abtretung von Teilen Thraziens an Griechenland; |
| 4. 6. 1920 | in Trianon mit Ungarn: Abtretung der Slowakei an die Tschechoslowakei, des Burgenlands an Österreich, Kroatiens, Sloweniens und von Teilen des Banat an Jugoslawien, Siebenbürgens und des Rests des Banat an Rumänien |
| 10. 8. 1920 | in Sevres mit der Türkei: Abtretung Ostthraziens, der ägäischen Inseln und Smyrnas (Izmir) mit Hinterland an Griechenland, Syriens und Kilikiens an Frankreich, Rhodos und der übrigen Inseln des Dodekanes an Italien (de facto schon seit 1912 italienisch), des Irak, Palästinas, Zyperns und Ägyptens an England; Türkisch-Armenien und Kurdistan wurden für kurze Zeit autonom. |

# Vom Kaiserreich zur Republik

## Die Lage am Ende des Ersten Weltkriegs

Gegen Ende des Krieges gelang es an der Westfront noch durchweg, den englischen und französischen Druchbruchsversuchen standzuhalten (u. a. durch die Rückverlegung der Front in die "Siegfriedstellung"). In Deutschland selbst kam es allerdings unter dem Eindruck der Februarrevolution und des Sturzes der Monarchie in Rußland zu Demonstrationen von Arbeitern und Matrosen der Flotte, die die sozialen und politischen Spannungen bei den Mittelmächten deutlich werden ließen. Radikale politische Forderungen wurden aber noch nicht erhoben, auch die Mehrheit im Reichstag stellte durchweg gemäßigte Forderungen.

Friedensinitiative des Reichstags 1917

Auf die Abschaffung des Dreiklassenwahlrechts in Preußen (Juli 1917) hin fand der Reichstag aus sich heraus die Kraft zum Widerspruch gegen Kaiser und Heeresführung und zu einer Friedensinitiative: Unter Führung des Zentrumsabgeordneten Erzberger kam eine Mehrheit aus Sozialdemokraten, Freisinnigen und

Zentrum zustande und beschloß eine Friedensresolution (19. Juli 1917) – für einen Frieden der Verständigung, ohne *erzwungene Gebietsabtretungen und politische, wirtschaftliche und finanzielle Vergewaltigungen.*

Vaterlandspartei

Die Kundgebung blieb aufgrund der realen Machtverhältnisse ohne Erfolg, Männer wie Großadmiral Tirpitz und Kapp, ostpreußischer Generallandschaftsdirektor, gründeten gegen diese Reichstagsmehrheit die "Vaterlandspartei" und forderten mit aller Schärfe den "Siegfrieden". Die Parteien des Reichstags setzten indessen den mit der Friedensresolution begonnenen Weg nicht fort, sie erhoben keinen Anspruch auf die Führung der Politik.

14 Punkte Wilsons 1918

Während der Verhandlungen mit Rußland um den Friedensvertrag von Brest-Litowsk gab Wilson in einer Adresse an den Kongreß in 14 Punkten Grundsätze zur Herbeiführung und Sicherung des Friedens bekannt, darunter
- Abschaffung der Geheimdiplomatie (1.)
- Freiheit der Schiffahrt auf den Meeren (2.)
- allgemeine Abrüstung (4.)
- "Wiederherstellung" besetzter Staaten: Rußland, Frankreich, Belgien, Rumänien, Serbien und Montenegro (6. – 8. 11.)
- "Autonome Entwicklung" für die Völker Österreich-Ungarns (10.) und des Osmanischen Reiches (12.) sowie die Zugrundelegung nationaler Grundsätze bei Italien (9.) und Polen (13.)
- Schaffung eines Völkerbunds (14.).

Generalstreik

Als die deutsche Verhandlungsposition gegenüber der bolschewistischen Regierung in Rußland bekannt wurde, traten unter der Führung der Unabhängigen Sozialisten in Berlin und vielen anderen Städten etwa eine Million Arbeiter in den Generalstreik (28. Januar 1918), der erst durch die Vermittlung der gemäßigten Mehrheitssozialisten beendet wurde (3. Februar).

Brest-Litowsk

In Rußland zwangen der weitere deutsche Vormarsch und die innenpolitische Lage die bolschewistische Regierung, das deutsche Friedensdiktat anzunehmen und in Brest-Litowsk den Frieden abzuschließen. Die daraufhin von Deutschland aufgenommene letzte Offensive im Westen scheiterte aber, da die deutsche Armee für diese Operation zu schwerfällig und zu wenig beweglich war. Außerdem band die Besetzung der von den Russen geräumten Gebiete starke deutsche Kräfte (ca. 1 Mio.), statt sie zur Verstärkung der 3,5 Millionen Mann in den Westen zu verlegen.

Der deutschen Offensive an der Westfront von März bis Juli 1918 folgte der alliierte Gegenstoß (Juli – August). In dieser Situation, besonders nach der Friedensnote Österreich-Ungarns (14. September) und dem Zusammenbruch Bulgariens (30. September) mit der damit verbundenen Öffnung der Südostflanke, erkannte der Generalstab die Sinnlosigkeit einer Fortsetzung dieses Krieges.

## Die Parlamentarisierung des Reiches

Generalquartiermeister Ludendorff, vorher energischster Verfechter eines "Siegfriedens", drängte jetzt darauf, daß sofort ein Angebot für einen Waffenstillstand und einen Friedensvertrag (29. September) abgesandt würde; das Ende seiner diktatorischen Machtstellung zeichnete sich ab. Dieser Schritt sollte innenpolitisch durch eine Einbeziehung des Reichstags, durch die Parlamentarisierung des Reiches abgesichert werden (mit dem Reichsgesetz vom 28. Oktober über die Verantwortlichkeit der Minister vollendet). Jetzt übernahm erstmals der Reichstag die Initiative: Auf Vorschlag der Parteien, die 1917 die Friedensresolution getragen hatten, wurde Prinz Max von Baden zum Reichskanzler ernannt (3. Oktober). Die Führer der Reichstagsfraktionen wurden indessen erst am 2. Oktober, mitten in den Verhandlungen um eine neue Regierung, über die wahre militärische Lage informiert; die OHL und Ludendorff bestanden ultimativ auf sofortiger Aufnahme der Waffenstillstandsverhandlungen.

Forderung nach Waffenstillstand

Auf dieses Ultimatum der OHL *("48 Stunden kann die Armee nicht noch warten")* bat Prinz Max den amerikanischen Präsidenten, Friedensverhandlungen auf der Basis seiner 14 Punkte einzuleiten und (um weiteres Blutvergießen zu vermeiden) sofort einen Waffenstillstand abzuschließen (4. Oktober). Aber die Noten, die im Lauf des Oktobers gewechselt wurden, ließen immer deutlicher erkennen, daß vor allem die Person des Kaisers im Wege stand. Sein Rücktritt erschien als eine unverzichtbare Forderung. Ludendorffs Rat, eher das letzte einzusetzen, wurde von der Reichsregierung abgelehnt; er legte darauf seine Ämter nieder (26. Oktober). Sein Nachfolger wurde Wilhelm Groener, der dann im November mit Friedrich Ebert das folgenschwere Bündnis zur Aufrechterhaltung der Ordnung abschließen sollte.

Verhandlungen

In der Zwischenzeit konnte der Reichstag seine neugewonnene Stellung nicht ausbauen, die Diskussion um Verfassungsreform und Abdankung des Kaisers vollzog sich im wesentlichen außerhalb des Parlaments, in Veranstaltungen, die von den Basisorganisationen der großen Parteien organisiert wurden. Hier aber hatte die unvermittelte Enthüllung über die drohende militärische Niederlage die Bevölkerung gegen die bisherige politische und militärische Führung aufgebracht und die Forderung nach Frieden, Rechenschaft der Verantwortlichen, Verpflichtung der Armee auf die Verfassung und Abdankung des Kaisers immer lauter werden lassen. Wilhelm II. entzog sich dem Druck des Reichstags und der öffentlichen Meinung durch seine Fahrt ins Große Hauptquartier nach Spa, schwächte aber durch diese Aktion sein Vertrauen bei den Massen weiter.

## Der Ausbruch der Revolution

Hochseeflotte

Als die Flottenleitung ohne Wissen der Reichsregierung einen Vorstoß der Hochseeflotte in den Kanal befahl, um die Westfront zu entlasten, kam es zunächst in Wilhelmshaven, dann in Kiel zu Unruhen (28. Oktober) unter den Matrosen, die diesen Befehl als unsinnig empfanden. Viele der Meuternden wurden verhaftet, andere Matrosen, Soldaten und Arbeiter solidarisierten sich, rissen schließlich die Gewalt an sich und bildeten "Soldatenräte" (4. November). Die Bewegung griff schnell um sich, in ganz Deutschland wurden in Gemeinden, Betrieben und Garnisonen Arbeiter- und Soldatenräte gewählt. Die Führung lag bei örtlichen Funktionären der beiden sozialistischen Parteien und der Gewerkschaften. Das russische System diente als Vorbild, eine zentrale Leitung der Aktionen gab es nicht, selbst die SPD und die Gewerkschaften, die doch auf lokaler Ebene die Aktionen anführten, wurden von der Entwicklung überrascht. Überall zogen sich die Fürsten aus der politischen Verantwortung zurück, zuerst in Bayern (7. November). Die Regierung der bayerischen Republik übernahm der Führer der Unabhängigen Sozialisten, Kurt Eisner (8. November). Auch in Berlin gaben die Unabhängigen Sozialisten mit Ausrufung des Generalstreiks den Anstoß. Die Mehrheitssozialisten schlossen sich an, um die Führung der Massen nicht aus der Hand zu geben. Reichskanzler Prinz Max von Baden bemühte sich im Einverständnis mit ihnen um den Fortbestand der Hohenzollerndynastie, die nur durch einen Rücktritt Wilhelms II. gerettet werden konnte. Da der Kaiser indessen immer noch glaubte, "an der Spitze seiner Truppen" in die Heimat zurückkehren zu können, um dort die Ordnung wieder herzustellen, und den Entschluß zur Abdankung nicht fand, gab Prinz Max in den Mittagsstunden des 9. November die Abdankung des Kaisers bekannt, noch bevor dieser sie ausgesprochen hatte. Dann übergab er das Amt des Reichskanzlers an Friedrich Ebert, den Führer der Mehrheitssozialisten.

Soldatenräte

Abdankung des Kaisers

Ebert

Politische Vorstellungen

Die Vorstellungen über die zukünftige Form des Deutschen Reiches gingen selbst innerhalb der Sozialdemokratie auseinander: Friedrich Ebert, seit 1913 Parteivorsitzender der SPD und seit 1916 ihr Fraktionsvorsitzender im Reichstag, strebte noch eine bürgerliche Koalition derjenigen Reichstagsparteien an, die 1917 die Friedensresolution verabschiedet hatten, und wollte sich im Rahmen der Oktoberverfassung, also der parlamentarischen Monarchie, halten. Er hatte als Führer der Mehrheitssozialisten vom "kaiserlichen" Reichskanzler, dem Prinzen Max von Baden, dieses Amt übernommen. Dagegen rief sein Parteifreund Scheidemann am Mittag des 9. November (14 Uhr) von einem Balkon des Reichstagsgebäudes die Republik aus und schuf somit vollendete Tatsachen. Dasselbe strebte auch Karl Liebknecht, der Führer der Spartakisten, an und proklamierte wenige Stunden später als Scheidemann (16 Uhr) von einem Fenster des Schlosses aus die sozialistische Republik.

Oktoberverfassung

Alarmiert durch diese Vorgänge, d. h. durch den drohenden Angriff von links auf den sozialdemokratisch geführten Umbau des Reiches, suchten Ebert und die SPD die unmittelbare Verständigung mit der USPD. Ebert setzte daher die Tradition des Reichskanzler-Amtes nicht fort, sondern bildete mit der USPD zusammen den "Rat der Volksbeauftragten" aus je drei Vertretern der Unabhängigen und der Mehrheitssozialisten. Die 3000 Berliner Arbeiter- und Soldatenräte, die durch ihren Zusammentritt ihren Anspruch auf Mitsprache in der Politik bekundet hatten, stimmten diesem Kompromiß noch am selben Tag zu.

Doppelte Ausrufung der Republik

Auf Initiative der Linksradikalen wählte der Rätekongreß aber auch den "Vollzugsrat", der die Funktion einer linken "Gegenregierung" gegen den Rat der Volksbeauftragten haben sollte. Die SPD konnte aber durchsetzen, daß er gleichfalls paritätisch besetzt wurde. Trotz erheblicher Kompetenzstreitigkeiten zwischen diesen beiden Organen der Revolution kam es nicht wie in Rußland zu einer "Doppelherrschaft" von Rat der Volksbeauftragten und Vollzugsrat.

Vollzugsrecht

Die Aufgaben, die sich der revolutionären Regierung stellten, schienen fast unlösbar: Auf der einen Seite mußte die Rückführung und Entlassung des Heeres wirtschaftlich verkraftet und die Kriegsindustrie auf Friedensproduktion umgestellt werden, auf der anderen Seite waren sozialpolitische Erwartungen zu erfüllen und mit einer neuen Verfassung für den ganzen Staat zu vereinen.

**Die Unterzeichnung des Waffenstillstandes**

Am 8. November 1918 begannen zwischen Deutschland und den Alliierten die Waffenstillstandsverhandlungen. Die deutsche Delegation unter der Führung des Staatssekretärs Erzberger stand der alliierten Kommission unter Leitung des französischen Marschalls Foch gegenüber. Sie konnte nur die alliierten Bedingungen annehmen oder einen aussichtslosen Krieg weiterführen. Daß Waffenstillstand und nachfolgender Friedensvertrag auf der Basis der "Vierzehn Punkte", die der amerikanische Präsident Wilson am 8. Januar 1918 verkündet hatte, abgeschlossen würden, war mehr Hoffnung als – angesichts des französischen Drucks und der amerikanischen Zurückhaltung – politische Realität.

Erzberger

Es waren Vertreter der Republik, die drei Tage später im französischen Hauptquartier in Compiègne ihre Unterschrift unter die Niederlage des kaiserlichen Deutschland setzen mußten. Ein Vertreter des Generalstabs, der auch nach außen die Verantwortung für den Krieg und die Niederlage deutlich gemacht hätte, war nicht dabei. Damit übernahmen die demokratischen Parteien die Verantwortung für die Kapitulation und ermöglichten so der Opposition von rechts, die Verantwortung für den verlorenen Krieg von denen, die ihn eigentlich angezettelt hatten, auf diejenigen, die ihn beendet hatten, abzuwälzen.

Bedingungen

Der in Compiègne unterzeichnete Waffenstillstandsvertrag bestimmte:
- Räumung der besetzten Gebiete im Westen und Elsaß-Lothringens innerhalb 15 Tagen, des gesamten linksrheinischen Gebiets und je eines Brückenkopfes bei Köln, Koblenz und Mainz innerhalb 31 Tagen.
- Aufhebung der Friedensverträge von Brest-Litowsk und Bukarest, aber Verbleib der deutschen Truppen im Osten.
- Ablieferung von 5000 schweren Geschützen, von Maschinengewehren, Minenwerfern, Flugzeugen und sämtlicher U-Boote.
- Internierung der Schlachtflotte;
- Abgabe von 5000 Lokomotiven, 150 000 Eisenbahnwagen und 5000 Lastkraftwagen;
- Rückführung der alliierten Kriegsgefangenen;
- Fortdauer der Blockade;
- Dauer des Waffenstillstands 36 Tage, Möglichkeit der Erneuerung.

Diese Bestimmungen hatten nicht nur das Ziel, die Fortsetzung der Kämpfe durch das Deutsche Reich unmöglich zu machen, sondern gaben den Alliierten auch Druckmittel für die kommenden Friedensverhandlungen in die Hand. Der Waffenstillstand wurde dreimal verlängert, zuletzt auf unbestimmte Zeit.

**Politische Wirkung der Novemberrevolution**

Republik

Die Novemberrevolution hatte insofern ihre Ziele erreicht, als sie das Regime beseitigte, das für den Krieg verantwortlich war. Daß Deutschland in eine Republik umgewandelt wurde, lag zwar nicht ursprünglich in der einmütigen Absicht der Revolutionäre, ergab sich aber schnell aus der Eigendynamik der Ereignisse. In der Revolution war erstmals im Reich der Gedanke der Volkssouveränität gegen die Souveränität der Fürsten zum Durchbruch gekommen. Die sozialistische Bewegung, die zu diesem Kampf angetreten war, war jedoch ebenso gespalten wie die liberale.

Spaltung der sozialistischen Bewegung

Die orthodoxen Marxisten in der Spartakusgruppe sahen nach russischem Vorbild die Zeit gekommen für die große sozialistische und proletarische Umwälzung. Die linken Sozialdemokraten in der USPD wollten grundlegende Änderungen in Richtung einer sozialistisch orientierten Politik. Die Mehrheitssozialisten dagegen lehnten die sozialistische Revolution ab, da sie nach vier Kriegsjahren zu einem Bürgerkrieg geführt hätte. Sie entschieden sich zur Zusammenarbeit mit den bürgerlichen Parteien auf der Grundlage des demokratischen Kompromisses, sahen auch die Notwendigkeit, mit den Eliten des alten Systems zusammenzuarbeiten, um die Ordnung aufrecht zu erhalten.

Aufgrund dieser Haltung, die sozialistische Reformen mit demokratischem Konsens zu vereinen suchte, wurde noch im November 1918 die "Zentralarbeitsgemeinschaft", das Bündnis zwischen Gewerkschaften (Gewerkschaftsführer Carl Legien) und Unternehmern (Hugo Stinnes), geschlossen. Es sollte die Sozialpartnerschaft begründen und bedeutete eine Abkehr vom Klassenkampf. Die Zentralarbeitsgemeinschaft zerbrach fünf Jahre später unter den Forderungen der Ruhrindustrie, die die wirtschaftlichen und sozialen Spannungen widerspiegelten; im Januar 1924 schied der Allgemeine Deutsche Gewerkschaftsbund (ADGB) aus.

Zentralarbeitsgemeinschaft

Wichtigstes Beispiel für das Bündnis der Revolution mit den alten Eliten ist die Zusammenarbeit zwischen dem Rat der Volksbeauftragten unter Ebert und der Reichswehrführung unter General Groener, die bereits am Abend des 10. November 1918 telefonisch vereinbart wurde. Groener bot der Sozialdemokratie seine Zusammenarbeit an: Die Revolutionsregierung sollte die ordnungsgemäße Rückführung des Heeres sichern, die Reichswehr sollte dagegen bei der Aufrechterhaltung von Ruhe und Ordnung helfen. Hintergedanke Groeners war, das Offizierskorps von revolutionären Entwicklungen freizuhalten, d. h. einen Eingriff der Revolution in die Struktur der Reichswehr zu verhindern.

Bündnis "Ebert – Groener"

Ein Bruch mit den alten gesellschaftlichen Strukturen erfolgte nicht. Um ihn zu vollziehen, hätte die Sozialdemokratie die Konfrontation mit den alten Eliten in Militär, Wirtschaft und Verwaltung mit dem Risiko eines Bürgerkriegs provoziert. Diesen Bürgerkrieg suchte sie jedoch um jeden Preis zu vermeiden. Die Auseinandersetzungen in Deutschland gingen weniger um die Frage der politischen Repräsentation oder der Verwirklichung politischer Ziele, vielmehr um die "Schuld": Schuld an der Niederlage, an den Friedensbedingungen, an der Unsicherheit der politischen und wirtschaftlichen Lage, an der Abdankung des Kaisers, Schuld an der Republik schlechthin. Der Kampf um den Versailler Vertrag diente ihnen dazu, für die Entbehrungen und Nöte des täglichen Lebens allein die Siegermächte und die demokratischen Parteien und ihre Politiker verantwortlich zu machen. Daß diese unter dem Druck der Verhältnisse Waffenstillstand und Friedensvertrag abschließen mußten, wurde verdrängt und abgeleugnet, der durch die Niederlage empfindlich getroffene Stolz wurde immer wieder aufgereizt.

Belastungen

Die Republik, die politische Arbeit in Nationalversammlung und Reichstag, standen unter der Belastung des militärischen und wirtschaftlichen Zusammenbruchs, der politischen Unreife großer Teile des Volkes und unerfüllbarer Wiedergutmachungsansprüche. Mit diesem Erbe belastet mußte der neue Staat sich sowohl nach innen als auch nach außen durchsetzen und festigen. Die Demokratie wurde angefeindet, demokratische Politiker, allen voran der Reichspräsident Ebert, verunglimpft. Diese Propaganda fand besonders in den Kreisen Beifall, die vor dem Krieg und im Krieg selbst den nationalistischen Parolen gefolgt waren. Die alten Eliten fanden sich nur am Anfang notgedrungen mit der Republik ab, bald gingen sie wieder offen zum Angriff über.

## Die Nationalversammlung

repräsentative Demokratie

Die von Teilen der Räte geplante Doppelherrschaft zwischen dem "Rat der Volksbeauftragten" und dem als Organ der proletarischen und rätedemokratischen Revolution eingesetzten "Vollzugsrat" konnten Ebert und die MSPD auf der Reichskonferenz der Arbeiter- und Soldatenräte in Berlin Mitte Dezember 1918 mit dem Beschluß zur Wahl einer Nationalversammlung endgültig verhindern. Damit war die weitere Entwicklung vorgezeichnet: Sie verlief nicht, wie die sozialistisch orientierten Arbeiter- und Soldatenräte, auch aus der Sozialdemokratie, noch angestrebt hatten, auf eine unmittelbare Interessenvertretung des Proletariats hin, sondern auf die Nationalversammlung, die als Organ der repräsentativen Demokratie notwendig den Ausgleich mit den bürgerlichen Parteien suchen mußte.

Ausscheiden der USPD

Januaraufstand 1919

Aufgrund dieses Beschlusses schieden die drei Unabhängigen Sozialisten aus der Regierung aus, der Januaraufstand 1919 der Linksradikalen in Berlin (Spartakus, Revolutionäre Obleute und USPD) wurde allerdings von dem Mehrheitssozialisten Noske mit Hilfe heimgekehrter Frontkämpfer niedergeschlagen (15. Januar 1919). Karl Liebknecht und Rosa Luxemburg, die Führer der neuen Kommunistischen Partei, wurden verhaftet und von den sie begleitenden Soldaten brutal erschlagen, ihre Leichen in den Berliner Landwehrkanal geworfen.

Zusammensetzung der NV

Für die Wahl zur Nationalversammlung am 19. Januar 1919 galt das allgemeine Stimmrecht zum ersten Mal auch für Frauen. Die Linksradikalen (Kommunisten) hatten sich nicht an der Wahl beteiligt. Von den 423 Abgeordneten gehörten 165 der SPD an, 92 dem Zentrum (Z), 75 der Deutschen Demokratischen Partei (DDP), 42 der Deutschnationalen Volkspartei (DNVP), 22 den Unabhängigen Sozialdemokraten (USPD) und 22 der Deutschen Volkspartei (DVP). Die Arbeiterschaft war mit insgesamt 94 Gewerkschaftern in verschiedenen Parteien vertreten.

Weimarer Koalition

Das Parlament trat nicht in Berlin zusammen, wo immer noch Bürgerkrieg herrschte, sondern in Weimar (6. Februar 1919). Von diesem Tagungsort erhielten Nationalversammlung, Republik und Verfassung in der Geschichtsschreibung den Namen. SPD, Zentrum und DDP, hinter denen drei Viertel aller Wähler standen, vereinigten sich zur "Weimarer Koalition", sie wählten Ebert zum Reichspräsidenten (11. Februar 1919) und bildeten bis zur Krise der Inflation 1923 die Reichsregierung.

Die Situation in Deutschland war jedoch im ersten Jahr der Republik von immer neuen Erschütterungen gekennzeichnet: Dem Januaraufstand in Berlin folgten im März 1919 neue Unruhen, in München wurde im April Ministerpräsident Eisner ermordet und die Räterepublik errichtet, Streiks lähmten das rheinisch-westfälische und das sächsische Industriegebiet, ein großer Eisenbahnerstreik legte im Juli den Verkehr lahm. Da die reguläre Armee in voller Auflösung begriffen war, warb die Regierung Freiwilligenverbände an ("Freikorps"), die dem sozialdemokratischen Reichswehrminister Gustav Noske unterstellt wurden. Sie schlugen in blutigen Kämpfen vor allem die Versuche, Rätedemokratien oder Rätediktaturen zu errichten, nieder; linke Aufständische waren mehr betroffen als rechte. Hauptschauplätze dieses Bürgerkriegs waren Berlin, dann München, die Nordseehäfen, allen voran Bremen und Hamburg, und die mitteldeutschen Industriezentren. Freikorps verteidigten aber auch die Ostgrenze gegen Polen und kämpften (zum Teil auf eigene Rechnung) in Estland und Lettland gegen die Sowjets. Diese "Hilfe" belastete indessen die Zukunft der Demokratie, die sich des Militärs, das den alten Obrigkeitsstaat – und seine nationalistischen und imperialistischen Ziele! – verkörperte, bedienen und so dessen Strukturen anerkennen mußte.

Freikorps

## Das Parteienfeld

Das Parteienspektrum der Weimarer Republik zeigt im allgemeinen keinen großen Umbruch im Übergang vom Kaiserreich zur Republik. Die Parteien, die das politische Leben prägen sollten, waren:

- Spartakusgruppe und USPD, später die KPD auf der äußersten Linken,
- MSPD als Arbeiterpartei,
- Zentrum, Deutsche Demokratische Partei (DDP) und Deutsche Volkspartei (DVP) als Parteien des gemäßigten bis konservativen Bürgertums,
- die Deutschnationale Volkspartei (DNVP) als Sammelbecken der konservativen und monarchistischen Kräfte.

Alle Gruppierungen und Parteien waren von der Entwicklung, die seit August 1918 über das Reich förmlich hereinbrach, überrascht, und keine von ihnen hatte die Möglichkeit, sich langfristig auf die Gestaltung des politischen Lebens in der Zeit der Republik einzurichten. Auf der extremen Linken arbeitete die Spartakusgruppe unter der Führung von Karl Liebknecht und Rosa Luxemburg für die Errichtung der Rätedemokratie nach russischen Vorbild. Ihr Ziel war die Weiterführung der begonnenen Revolution als Baustein zur Weltrevolution hin zur Diktatur des Proletariats. Das bis zum 10. November von der Sozialdemokratie Erreichte und dann in Nationalversammlung und Verfassung Fundierte mußte ihnen als Verrat an der proletarischen Sache erscheinen, den es mit allen Mitteln zu bekämpfen galt. Ihre Programmpunkte waren:

Spartakus

- Auflösung des Rates der Volksbeauftragten
- Übernahme der politischen Macht durch die Arbeiter- und Soldatenräte
- Verzicht auf die Einberufung einer Nationalversammlung
- Entwaffnung von Polizei, Offizierskorps und der "nichtproletarischen Soldaten"
- Schaffung einer Arbeitermiliz
- Umfassende Bodenreform
- Enteignung von Bergwerken, Hütten sowie der Großbetriebe.

In den Arbeiter- und Soldatenräten waren die Spartakisten kaum vertreten, um so mehr entfalteten sie ihre Aktivitäten in Versammlungen und Straßendemonstrationen, was wiederum ihre Stärke größer erscheinen ließ als sie tatsächlich war und das Bürgertum mehr erschreckte, als es von den tatsächlichen Stärkeverhältnissen her nötig gewesen wäre. Auch die Sozialdemokratie ließ sich von dieser Taktik zu Abwehrreaktionen hinreißen.

USPD

Die Unabhängige Sozialdemokratische Partei, die 1917 in einer Abspaltung von der SPD die Gegner der sozialdemokratischen Kriegspolitik vereinte, war in sich gespalten. Während der linke Flügel der Spartakusgruppe nahestand und sich von ihr vor allem in der Beurteilung der revolutionären Aktionen auf der Straße unterschied, arbeiteten die Männer des rechten Parteiflügels mit den Mehrheitssozialdemokraten zusammen und waren mit diesen lediglich in der Frage des Wahltermins zur Nationalversammlung uneins. Sie wollten vor deren Zusammentritt die Hauptlinien der künftigen sozialen Demokratie festlegen. Gemeinsamkeiten und Differenzen in den Interessen der beiden Parteien führten am 9. November zur Bildung des paritätisch besetzten "Rates der Volksbeauftragten" als Regierung (Ebert, Scheidemann, Landsberg, MSPD, sowie Haase, Dittmann und Barth, USPD) bzw. Ende Dezember 1918 zur Aufkündigung der Zusammenarbeit und schließlich zum Austritt der USPD aus der Regierung.

Nachdem sich die USPD im Oktober 1920 für einen Beitritt zur Kommunistischen Internationale entschloß, ging etwa ein Drittel der Mitglieder zur KPD über (seit Dezember 1920 VKPD, Vereinigte Kommunistische Partei), die Rumpfpartei schloß sich 1922 wieder der MSPD an.

(M)SPD

Die Mehrheitssozialdemokratie (MSPD, später einfach wieder SPD) verfolgte im Grunde seit der Verfassungsreform vom Oktober 1918 einen streng legalistischen Kurs, der auf die Legalisierung der politischen Macht durch das parlamentarische Prinzip hinzielte. Ebert plante noch am 9. November, das Reich als parlamentarische Monarchie weiterzuführen und zeigte sich, wie wohl die Mehrheit der MSPD, von den sich überstürzenden Ereignissen überrascht. Die umfassenden Aufgaben, die der Zusammenbruch des alten Systems in Politik, Wirtschaft und Gesellschaft stellte, waren nach seiner Auffassung nur zu meistern, wenn ein möglichst reibungsloser Übergang in die neue Zeit zu gewährleisten war, wenn also die Verwaltung weiter funktionierte und die öffentliche Ordnung aufrechterhalten werden konnte. Auf dieser Voraussetzung beruhte auch das Bündnis Ebert – Groener, das der Reichswehr den unangefochtenen Übergang in den neuen Staat garantierte.

Die SPD lehnte weitreichende soziale Reformen im Vorfeld einer noch zu wählenden Nationalversammlung ab, alle wesentlichen Entscheidungen über eine Neuordnung in Politik und Gesellschaft sollten erst hier getroffen werden. In den die menschliche Arbeit betreffenden Artikeln der Weimarer Verfassung (Art. 157 – 165) ist aber deutlich die Handschrift der Sozialdemokratie zu lesen, sie war nach wie vor die Partei der Arbeiter und als solche auch eng mit den Gewerkschaften verbunden und verflochten.

Liberale

Der politische Liberalismus, im alten Reichstag vertreten durch die rechtsgerichteten Nationalliberalen und die links stehende Fortschrittliche Volkspartei, setzte in der Revolution zu einer Überwindung dieser Spaltung und zugleich zu einem Bruch mit ihrer eigenen, belasteten Vergangenheit an. Ergebnis war die Neugründung der Deutschen Demokratischen Partei (DDP) und der Beitritt von Nationalliberalen und Fortschrittlern.

Diese Vereinigung aber gelang nur unzureichend, denn die rechten Kräfte unter der Führung des letzten Fraktionsvorsitzenden der Nationalliberalen im Reichstag und späteren Außenministers Gustav Stresemann, die von der Neugründung ausgeschlossen blieben, formierten sich als Deutsche Volkspartei (DVP), die als Zeugnis ihrer liberalen Vergangenheit zumindest in Baden noch Deutsche (Liberale) Volkspartei hieß. Während die DDP sich bereits als Volkspartei darstellte, stützte sich die DVP betont auf die bürgerliche Mitte und die Schwerindustrie. Sie hatte erst Ende Januar 1919 ihre Struktur soweit gefestigt und nahm daher an den Wahlen im Januar 1919 noch nicht teil. Diese Spaltung der liberalen Bewegung in einen rechten und einen linken Flügel setzt sich bis in unsere Zeit innerhalb der FDP fort.

Zentrum

Das Zentrum blieb die dominierende Kraft innerhalb des deutschen Katholizismus, der Versuch, die Partei auf eine neue, überkonfessionelle Basis zu stellen ("Christliche Volkspartei"), scheiterte. Die soziale Spannweite blieb gewahrt, sie reichte vom adligen Großgrundbesitzer über das katholische Bürgertum bis zum christlichen Gewerkschaftler.

Vom Zentrum spaltete sich Ende 1918 als selbständige Landesorganisation die Bayerische Volkspartei (BVP) ab (vgl. die selbständige Organisation der CSU neben der CDU, der Nachfolgepartei des Zentrum). Das Zentrum war von einem engagierten Eintreten für die demokratische Republik in den Anfangsjahren weit entfernt.

Konservative

Die Deutschnationale Volkspartei (DNVP) ging aus den konservativen Parteien Deutschkonservative und Reichspartei hervor, bildete aber auch für die Vertreter der Schwerindustrie in der Nationalliberalen Partei die künftige politische Basis. Die Interessen der DNVP lagen in

- der Wiederherstellung der Monarchie
- der Restauration der gesellschaftlichen Ordnung
- einer Verbindung ihrer Politik mit den Interessen von Industrie und Landwirtschaft.

So wie das Parteienspektrum im Übergang zur Republik keine tiefgreifenden Unterschiede zeigt, bleibt auch das Zahlenverhältnis zwischen den politischen Richtungen im wesentlichen unverändert; erst nach 1920 zeigen sich z. T. tiefgreifende Veränderungen. Es zeigt sich aber vor allem, daß die Hochstimmung am Beginn der Revolution besonders der Sozialdemokratie zugute kam; nach der Enttäuschung des Friedensvertrages und der inneren Schwierigkeiten sinkt der gesamte Anteil der Linksparteien auf den Vorkriegsstand zurück.

| **Partei** | **1907** | **1912** | **1919** | **1920** | **1924** |
|---|---|---|---|---|---|
| SPD | 28,9 | 34,8 | 37,9 | 21,7 | 20,5 |
| USPD | | | 7,6 | 17,9 | 0,8 |
| *Sozialdem. gesamt* | *28,9* | *34,8* | *45,5* | *39,6* | *21,3* |
| KPD | | | | 2,1 | 12,6 |
| *Arbeiterpartei gesamt* | *28,9* | *34,8* | *45,5* | *41,7* | *33,9* |
| Zentrum | 19,4 | 16,4 | 19,7 | 18,0[1] | 16,6[1] |
| DDP | 10,9[2] | 12,3[2] | 18,5 | 8,3 | 5,7 |
| DVP | 14,5[3] | 13,6[3] | 4,4[5] | 13,9 | 9,2 |
| DNVP | 13,6[4] | 12,2[4] | 10,3 | 15,1 | 19,5 |
| *"Weimarer Koalition" (SPD, Z, DDP)* | *59,2* | *63,5* | *76,1* | *47,7* | *42,8* |

[1] Stimmenanteil zusammen mit der Bayerischen Volkspartei (BVP)
[2] Fortschrittspartei, Fortschrittliche Volkspartei (bis 1907) und andere liberale Gruppen
[3] Nationalliberale
[4] Deutschkonservative und Reichspartei
[5] noch nicht überall als Partei konstituiert

# Die Weimarer Verfassung

## Grundrechte und gesellschaftliche Neuordnung

In Anlehnung an die Verfassung der Paulskirche (1848/49) enthält die Weimarer Verfassung einen langen Katalog "Grundrechte und Grundpflichten der Deutschen" (den die Bismarck-Verfassung noch nicht kannte). Darin finden sich neben den klassischen liberalen Freiheits- und Eigentumsrechten auch Ansätze zu einer gesellschaftlichen Neuordnung. Hier, in der Betonung des gesellschaftlichen Charakters der Arbeit, zeigt sich besonders deutlich die Handschrift der Sozialdemokratie (Art. 157 – 165). Die Verfassung sah auch Möglichkeiten der Enteignung zum Wohl der Allgemeinheit vor (Art. 153), der Verhütung des Mißbrauchs von Grund und Boden, der staatlichen Aufsicht über Nutzung von Energie und Rohstoffen (Art. 155) sowie Möglichkeiten der Sozialisierung von Privatunternehmen (Art. 156).

Arbeit als gesellschaftliche Erscheinung

Die gesellschaftliche Neuordnung blieb jedoch im Ansatz stecken. Das bestehende soziale und wirtschaftliche Gefüge wurde nicht angetastet, weil negative Folgen für die Produktivität befürchtet wurden. Die Grundrechte waren nicht unmittelbar einklagbares Recht, eher eine deklamatorische Aufzählung. Gesetzgebung, Exekutive und Rechtsprechung wurden nicht wie im Grundgesetz der Bundesrepublik Deutschland an die Grundrechte gebunden.

Keine Eingriffe in die Sozialordnung

Die Schwäche der Republik begünstigte die Entstehung radikaler und monarchistischer Bewegungen, die die Republik und ihre Verfassung insgesamt ablehnten.

## Verhältnis von Zentralismus und Föderalismus

Das Reich blieb ein Bundesstaat, in dem die Länder durch den Reichsrat (den ehemaligen Bundesrat) an der Gesetzgebung mitwirkten und ihre Interessen vertreten konnten. Anders als im Kaiserreich lag der politische Schwerpunkt jetzt beim Reichstag, der – getreu dem Gedanken von der Volkssouveränität, das fast ausschließliche Gesetzgebungsrecht hatte. Die Ländervertretung konnte Gesetze nur verzögern, nicht mehr verhindern; sie besaß gegenüber der Reichsregierung und dem Reichstag also nur eine untergeordnete Stellung. Diese wurde noch durch den Grundsatz "Reichsrecht bricht Landesrecht" betont. Erstmals standen dem Reich auch direkt Finanzmittel zu; es zog alle direkten Steuern ein und wurde dadurch von der bismarckschen "Kostgängerschaft" bei den Ländern befreit.

Bundesstaat

Erhalten blieb indessen das Übergewicht Preußens. Eine schon 1919 geforderte Neugliederung des Reiches unter Auflösung Preußens unterblieb, und auch die anderen historisch gewachsenen Einzelstaaten leisteten gegen eine Neugestaltung der föderalen Struktur Widerstand.

Übergewicht Preußens

## Wahlsystem

allgemeines Stimmrecht

Das allgemeine Stimmrecht wurde auf die Frauen ausgedehnt und durch ein absolutes Verhältniswahlrecht (60 000 Stimmen = 1 Abgeordneter) ergänzt, was die möglichst unverfälschte und reibungslose Umsetzung des Wählerwillens garantieren sollte.
Nicht erwähnt wurden die Parteien, ihre Rolle im politischen Willensbildungsprozeß wurde weder festgelegt noch umschrieben.

Verhältniswahlrecht

Das Verhältniswahlrecht erleichterte die Bildung von Weltanschauungs- und Interessenparteien, weil es den Anteil an Mandaten gemäß dem an Stimmen garantiert. Nur das Mehrheitswahlrecht zwingt zu einem mehr auf Kompromiß abgestellten Taktieren. Die Einführung des Verhältniswahlrechts aber war eine Grundforderungen der SPD gewesen, sie wurde bereits im November 1918 beschlossen und ohne weitere Diskussionen in die Verfassung übernommen. Die bürgerlichen Parteien sahen allerdings darin auch eine Möglichkeit, gegen die SPD anzukommen. Daß aber das Verhältniswahlrecht Schuld gehabt hätte an der Schwäche des parlamentarischen Systems, eben weil es Splittergruppen hochkommen ließ, ist eine Verkennung des demokratischen Prinzips von Mehrheit und Kompromiß. Die Rolle, die diese Splitterparteien wirklich hatten spielen können, wird oft überschätzt. Die Kritik am Verhältniswahlrecht aber setzt sich heute in dem Moment fort, in dem eine kleinere Partei eine größere Partei zum Kompromiß zwingt, weil ohne sie eine parlamentarische Mehrheit nicht zu erreichen ist.

## Plebiszitäre Elemente

Volksbegehren

Volksentscheid

Die Reichsverfassung war geprägt von dem liberal-demokratischen Vertrauen in die Volkssouveränität und in die politische Vernunft der Bürger. Die Aufnahme ausgesprochen plebiszitärer Elemente in die Verfassung sollte die Ablösung des alten Obrigkeitsstaates verdeutlichen. In einem "Volksbegehren" konnte ein Zehntel aller Wahlberechtigten Gesetzesinitiativen zum "Volksentscheid" stellen; der "Volksentscheid" selbst wurde vom Reichspräsidenten oder einem Teil des Reichstages herbeigeführt. Die Bürger sollten unmittelbar über politische Streitfragen entscheiden können, doch blieben das Volksbegehren als außerparlamentarische Gesetzgebungsinitiative und das Referendum als Befragung des Volkes durch eine parlamentarische Minderheit ohne große Bedeutung.

Wahl des Reichspräsidenten

Wichtiger war die plebiszitäre Wahl des Reichspräsidenten durch das gesamte Wahlvolk (erstmals 1925).

## Reichsregierung und Reichspräsident

Reichskanzler

Der Reichskanzler wurde vom Reichspräsidenten ernannt, was diesem einen starken Einfluß bei der Auswahl einräumte. Der Kanzler konnte auf eigene Entscheidung des Präsidenten oder nach einem Mißtrauensvotum des Reichstages entlassen werden.

Koalition

Die Verhältniswahl und die damit verbundene Parteienzersplitterung führten fast während der gesamten Zeit der Republik zu instabilen Koalitionskabinetten. Die Möglichkeit, durch einfache Mißtrauensvoten sowohl den Kanzler als auch einzelne Minister zu stürzen, begünstigte die Tätigkeit destruktiver Mehrheiten im Reichstag (besonders nach 1930).

"Ersatzkaiser"

Die umfassenden Machtbefugnisse des Reichspräsidenten, die ihn in die Rolle eines "Ersatzkaisers" einrücken ließen, sollten seine Position innerhalb der Verfassung stärken und ihn zum Garanten der Verfassung gegen mögliche Angriffe auf die demokratische Staatsform machen. Dazu kommt, daß in Deutschland die demokratische Tradition noch zu wenig entwickelt war (Revolution 1848 und fehlende Verantwortlichkeit der kaiserlichen Regierung gegenüber dem Parlament), um aus sich heraus stabile Verhältnisse zu schaffen.

Notverordnungen Art. 48

Die direkte Wahl durch das Volk verlieh ihm eine starke demokratische Legitimation. Zudem gewährleisteten seine siebenjährige Amtsdauer und die Möglichkeit der Wiederwahl eine große politische Kontinuität dieses Amtes. Aufgrund des Notverordnungsrechtes nach Art. 48 schließlich konnte er den Ausnahmezustand ausrufen:
*Der Reichspräsident kann ... die zur Wiederherstellung der öffentlichen Sicherheit und Ordnung notwendigen Maßnahmen treffen, erforderlichenfalls mit Hilfe der bewaffneten Macht einschreiten. Zu diesem Zwecke darf er vorübergehend ... Grundrechte ganz oder teilweise außer Kraft setzen ...*

Daß unter diesen "notwendigen Maßnahmen" auch zu verstehen sei, daß die Reichsregierung Gesetze als "Notverordnungen" erläßt, wenn der Reichstag funktionsunfähig ist, ist im Verfassungstext nicht ausdrücklich erwähnt. Das Notverordnungsrecht der Regierung kommt jedoch aus der deutschen Staatsrechtstradition des 19. Jahrhunderts heraus (in der preußischen Verfassung von 1848 enthalten) und wurde schon zu Anfang der Verfassungsdiskussion so verstanden. Von einer solchen "Maßnahme" (in der Praxis: einer Notverordnung) hat der Reichspräsident unverzüglich dem Reichstag Kenntnis zu geben. Die Maßnahmen sind auf Verlangen des Reichstags außer Kraft zu setzen (Art. 48 Abs. 3).

Dieser Artikel 48 ermöglichte dem Reichspräsidenten ab 1930 die Bildung von Präsidialkabinetten. In Verbindung mit den Artikeln 25 (Recht der Auflösung des Reichstages) und 53 (Recht der

Ernennung und Entlassung des Reichskanzlers) – beide als Eingriffsmöglichkeiten gedacht, wenn durch Mehrheitsverhältnisse oder schwere politische Zerwürfnisse eine klare Regierungsarbeit unmöglich war – besaß der Reichspräsident nahezu diktatorische Vollmachten. Ihr Einsatz freilich hing von der Persönlichkeit und dem Demokratieverständnis des Präsidenten ab.

Die schwierigen politischen Verhältnisse der Nachkriegszeit, vor allem die mangelnde Bereitschaft der Reichstagsparteien, zu koalieren und Kompromisse zu schließen, rechtfertigen die ihm zum Schutz der Verfassungsordnung zugestandene Macht.

**Bewertung der Verfassung**

Insgesamt betrachtet erleichterte die rasch angenommene Reichsverfassung dem deutschen Volk den Übergang von einer provisorischen (revolutionären) Reichsgewalt zu einer verfassungsmäßigen Regierung. Der Vorwurf, der Artikel 48 habe das deutsche Volk an diktatorische Regierungsmethoden gewöhnt, trifft nur in dem Maße zu, als der Artikel 48 am Beginn der 30er Jahre mißbraucht wurde. Der Bestand der Weimarer Republik hing aber weniger von der Verfassung, sondern mehr von der Einstellung der Bevölkerung und der Parteien zur parlamentarischen Demokratie und damit von den Möglichkeiten, die der Verfassungstext dem Mißbrauch bot, ab.

Dabei war freilich zu beachten, daß sich die große Mehrheit der Bevölkerung nicht um Politik kümmerte und die Demokratie auch nicht Ergebnis einer kontinuierlichen deutschen Entwicklung oder gar das Ergebnis eines breiten gesellschaftlichen und politischen Konsenses war. Sie stellt eher eine Folge des militärischen Zusammenbruchs dar und wurde deshalb von der Rechten, die diesen nicht sehen wollte ("Dolchstoßthese"), als aufgezwungen, dem deutschen Wesen fremd, verteufelt. Ebenso sah die Linke die Idee der Räterepublik und der Rätedemokratie verraten und die Republik als bürgerlich-kapitalistisches Zwangsinstrument an. Beide Randgruppen waren zunächst recht schwach, gewannen aber in Zeiten der politischen und der wirtschaftlichen Krise schnell Zulauf. Angesichts der harten Diskussionen der Revolutionstage und der Belastungen der jungen Demokratie in den Nachkriegsjahren wird vielfach übersehen, daß das parlamentarische System nicht aus der Revolution, d. h. aus der revolutionären Umgestaltung im November und Dezember 1918, sondern aus der von der kaiserlichen Führung im September/Oktober 1918 dekretierten "Oktoberverfassung" erwachsen ist.

# Der Vertrag von Versailles

**Teil I: Völkerbundsatzung (Art. 1 – 26)**
**Teil II: Grenzziehungen und Volksabstimmungen**

Aufhebung der Neutralität Belgiens (Art. 31);
Anerkennung der Unabhängigkeit Österreichs (Art. 80);
Anerkennung der Unabhängigkeit der Tschechoslowakei und Polens (Art. 81 u. 87);
Gebietsabtretungen:
- Eupen und Malmedy an Belgien (Art. 34);
- Posen und westl. Westpreußen an Polen (Art. 87);
- Memelgebiet, zunächst unter französischer Kontrolle, dann an Litauen (Art. 99);
- Stadt Danzig, kommt als "Freie Stadt" unter Kontrolle des Völkerbunds (Art. 100 – 102);
- "Hultschiner Ländchen" an Tschechoslowakei;
- überseeische Besitzungen und Kolonien an Alliierte Mächte (Art. 119);
- Eigentum an den Kohlegruben des Saargebiets an Frankreich (Art. 45).

Elsaß-Lothringen fällt *mit Wirkung vom ... 11. November 1918 ab unter die französische Souveränität zurück* (Art. 51; keine Gebietsabtretung, sondern eine Revision des Frankfurter Vertrags von 1871).

Volksabstimmung zur Klärung des Umfangs der Gebietsabtretungen:
- Schleswig (Nordschleswig zu Dänemark, Südschleswig zu Deutschland);
- Ostpreußen und östl. Westpreußen (Reg.-Bez. Marienwerder und Allenstein; in ganzem Umfang zu Deutschland);
- Oberschlesien (Abstimmung am 20. 3. 1921 bringt Mehrheit von 60 % für den Verbleib bei Deutschland, dennoch kommt im Oktober 1921 das Industriegebiet um Kattowitz/Katowice an Polen).

**Teile IV/V: militärische Bestimmungen**

Rüstungsbeschränkungen:
- Entmilitarisierung des linken Rheinufers und eines 50 km breiten Streifens auf dem rechten Ufer, Verbot von Befestigungen und Truppenstationierung (Art. 42 und 180);
- Beschränkung der Reichswehr auf 100 000 Mann, darunter 4 000 Offiziere (Art. 160);
- Beschränkung der Höchstzahl und der Tonnage für Kriegsschiffe (Art. 181 und 190);
- Verbot des Unterhalts von Luftstreitkräften (Art. 198);
- Verbot schwerer Waffen.

**Teil VII: Strafbestimmungen**

- Anklage gegen Wilhelm II. wegen schwerster Verletzung des internationalen Sittengesetzes und der Heiligkeit der Verträge (Art. 227);
- Erklärung und Anerkennung der Urheberschaft Deutschlands für alle Schäden im Gefolge des Krieges (Kriegsschuldartikel, Art. 231).

**Teil VIII: Reparationen**

- Anerkennung der Wiedergutmachungspflicht gegenüber der Zivilbevölkerung der alliierten Mächte (Art. 232);
- Festlegung einer ersten Abschlagszahlung von 20 Milliarden Goldmark bis April 1921, bevor der endgültige Betrag der Ansprüche festgesetzt ist (Art. 235); Einsetzung einer Reparationskomimssion, die Zahlungen sollten am 1. Mai 1921 aufgenommen und innerhalb von 30 Jahren geleistet werden.

Sicherheitsleistung:
- Besetzung des linken Rheinufers auf 15 Jahre, um die Ausführung des gegenwärtigen Vertrages durch Deutschland sicherzustellen. (Art. 428).

Das Deutsche Reich hatte im November 1918 keine Möglichkeiten mehr, den Kampf für sich zu entscheiden, die Heeresleitung keine Aussichten mehr auf einen Sieg. Schon die Waffenstillstandsverhandlungen, aber auch die Friedensverhandlungen selbst standen daher unter der Drohung von seiten der Alliierten, die Kampfhandlungen wieder aufzunehmen.

Konferenzthemen

Die Staatsmänner der Siegermächte standen unter dem Druck der öffentlichen Meinung in ihren Ländern, wo man auf die Früchte des erlittenen Krieges hoffte. Das zentrale Thema der Konferenz bildete Deutschland, aber auch das Problem der "Eindämmung" der Sowjetmacht, die Frage nach der Vorherrschaft im Adriaraum (um die Italien und das "Königreich der Serben, Kroaten und Slowenen" stritten), die Verwaltung der Erbmasse des Osmanischen Reiches und nicht zuletzt die Behandlung der deutschen Kolonien zogen sich als ein roter Faden durch die Verhandlungen. Die Behandlung dieser Fragen ließ innerhalb der Siegerkoalition krasse Interessengegensätze zutage treten, die sich aus den unterschiedlichen Verhandlungspositionen ergaben.

USA: Völkerbund

Für den amerikanischen Präsidenten Wilson hatte die Schaffung eines Völkerbundes oberste Priorität. Dieser sollte den Grundstein für eine universale Friedensordnung auf der Basis des Rechts und des friedlichen Ausgleichs zwischen den Völkern legen. Es gelang Wilson, die Völkerbundsidee ganz an den Anfang der Konferenzarbeit zu stellen, und er erreichte, daß die Völkerbundssatzung in den Friedensvertrag aufgenommen wurde. Der Völkerbund erwies sich jedoch als ein schwaches Gebilde. Wilson konnte sich schon während der Verhandlungen nicht auf den Willen der Mehrheit in den USA stützen, die Völkerbundsidee erlitt dort eine schwere Niederlage, indem der Senat die Zustimmung zum Beitritt verweigerte. So wie die USA wurde auch die Sowjetunion nicht Mitglied des Völkerbundes, sie war mit dem Makel der Revolution behaftet (Beitritt erst 1934). Auch die besiegten Staaten wurden nicht sofort aufgenommen. Als eine Vereinigung der Siegerstaaten wurde der Völkerbund zu einem Instrument der nationalen Interessenvertretung, das Gegenteil von dem, was Wilson beabsichtigt hatte.

England: Gleichgewicht

Das englische Interesse galt vor allem der Beseitigung der deutschen Kriegsflotte. Im Interesse eines kontinentalen Gleichgewichts (d. h. der Begrenzung der französischen Hegemonialstellung in Europa) war man jedoch darauf bedacht, eine allzu einschneidende Schwächung Deutschlands zu vermeiden. Hierbei spielte auch die Überlegung eine Rolle, daß eine vollständige Schwächung die einstige Großmacht Deutschland möglicherweise zur Aufnahme enger Beziehungen mit der Sowjetunion zwingen konnte.

Frankreich: Sicherheit

In Frankreich wollte man die momentane Überlegenheit über Deutschland nutzen, um durch einschneidende Maßnahmen das historisch bedingte Bedürfnis nach Sicherheit vor dem Nachbarn, dem man sich langfristig unterlegen glaubte, zu befriedigen. Für Deutschland bedeutete dies ganz konkret umfangreiche Gebietsabtretungen, weitreichende Reparationsverpflichtungen und drastische Rüstungsbeschränkungen. Die Errichtung eines französischen Hegemonialsystems sollte mit dem Aufbau eines festgefügten Bündnissystems und der Stärkung der französischen Verbündeten, möglichst auf Kosten Deutschlands, vorangetrieben werden.

Friedenskonferenz

Am 18. Januar 1919 wurde in Paris die Friedenskonferenz von dem französischen Staatspräsidenten Poincaré eröffnet. Die Vollversammlung der Konferenz, an der 32 Staaten teilnahmen, trat nur einige Male zusammen, war aber auch mit über tausend Beteiligten kaum arbeitsfähig. Oberstes Entscheidungsgremium bildeten zunächst die Regierungschefs und Außenminister der USA, Frankreichs, Englands und Italiens sowie zwei Vertreter Japans, der "Rat der Zehn". Am 24. März konstituierte sich der "Rat der Vier" (Wilson, Clemenceau, Lloyd George, Orlando), neben dem Rat der Außenminister. Unterhalb dieser Gremien waren zahlreiche Ausschüsse tätig, die ihrerseits von vielköpfigen Beraterstäben unterstützt wurden.

Rat der Vier

Aufgrund der unterschiedlichen Ausgangspositionen ergaben sich bei den Verhandlungen erhebliche Probleme. Heftig umstritten war vor allem die Festlegung der künftigen Grenzen Deutschlands. Wilson erreichte immerhin einige Abstriche an den französischen und englischen Maximalforderungen. So wurde Danzig nicht, wie zunächst geplant war, polnisch, sondern erhielt den Status einer "Freien Stadt" unter dem Schutz des Völkerbunds. Für Oberschlesien wurde eine Volksabstimmung anberaumt, die über die Zugehörigkeit zu Polen oder Deutschland entscheiden sollte.

Grenzen Deutschlands

Ostgrenze

Westgrenze

Elsaß-Lothringen wurde streng genommen nicht abgetreten, sondern mit Inkrafttreten des Waffenstillstands an Frankreich zurückgegeben; dieser Punkt war bereits Bestandteil der 14 Punkte Wilsons. Frankreich glaubte jedoch, daß der Moment gekommen sei, den Nachbarn noch weiter zurückzudrängen. Man hoffte auf den Erwerb des Saargebiets, die ständige militärische Kontrolle des Rheins und der Brückenköpfe und auf die Bildung eines oder mehrerer autonomer Staaten auf dem linken Rheinufer. Da sich sowohl Wilson als auch Lloyd George diesen Forderungen widersetzten, mußte sich Clemenceau mit der Entmilitarisierung des Rheinlands, der Besetzung des linken Rheinufers für 15 Jahre und der Unterstellung des Saargebiets unter den Völkerbund (ebenfalls für 15 Jahre) zufriedengeben. Dies tat er nicht zuletzt in der Meinung, daß eine französische Sicherheitspolitik nur im Einvernehmen mit den USA möglich sei.

Entmilitarisierung

Kontinuität der frz. Ostpolitik seit Ludwig XIV.

In dieser französischen Verhandlungsposition zeigte sich, wie sehr die französische Ostpolitik seit den Tagen Ludwigs XIV. von Kontinuität geprägt war: Jener antwortete auf die Bedrohung Frankreichs durch Habsburg-Spanien mit den Reunionskriegen, um die Grenze Frankreichs möglichst weit nach Osten vorzuschieben; die Revolutionskriege ab 1792 strebten wieder die Rheingrenze an, die der Sonnenkönig am Anfang des 18. Jahrhunderts aufgeben mußte; Napoleon schließlich drängte Österreich aus dem Reich hinaus und hinter den Arlberg zurück und schuf mit dem Rheinbund das "Dritte Deutschland"; Bismarck konnte den deutsch-französischen Krieg von 1870/71 anzetteln, weil der "cauchemar des coalitions", der "Alptraum der Koalitionen" zwischen Deutschland und Spanien, das Trauma Ludwigs XIV. wieder in greifbare Nähe gerückt hatte. Beendet wurde dieser Grundzug französischer Deutschlandpolitik erst nach dem Zweiten Weltkrieg durch das Zusammenspiel Robert Schumans und Konrad Adenauers.

Deutsche Erwartungen

In Deutschland waren zahlreiche Expertengruppen mit dem Sammeln von Material beschäftigt, um eine Argumentationsbasis für die Verhandlungen zu schaffen. Im Mittelpunkt der Arbeiten stand die Frage, wie die zu erwartende Reparationssumme möglichst gering zu halten sei, damit der derzeitige wirtschaftliche Status quo erhalten bliebe. Diese Vorbereitungen blieben jedoch ohne jeden Einfluß auf die Verhandlungen, da die deutsche Delegation an den Beratungen ohnehin nicht teilnehmen durfte. Trotzdem hoffte man auf einen relativ glimpflichen Ausgang der Konferenz und nährte die Illusion eines Friedens nach Maßgabe der Wilsonschen 14 Punkte. Diese Illusion fand jedoch ein jähes Ende, als am 7. Mai 1919 das Vertragswerk übergeben wurde.

## Die Vertragsbestimmungen

Vertragsbestimmungen

Völkerbund

Der erste Teil des Versailler Vertrags enthielt die Völkerbundakte. Der Völkerbund sollte die Zusammenarbeit zwischen den Nationen fördern und Frieden und Sicherheit gewährleisten. Für die Aufrechterhaltung des Friedens sollten die folgenden Vorhaben durchgeführt werden:
- Herabsetzung der nationalen Rüstungen auf das Mindestmaß,
- Offenlegung des jeweiligen Rüstungsstandes,
- Achtung der territorialen Unversehrtheit und der gegenwärtigen politischen Unabhängigkeit aller Bundesmitglieder,
- Schiedsgerichtsverfahren oder Untersuchung durch den Rat bei Streitfällen zwischen den Bundesmitgliedern,
- Abbruch aller Beziehungen zu einem Staat, der das Völkerrecht verletzt oder unter Verstoß gegen die Völkerbundssatzung einen Krieg beginnt,
- Unterstellung der Kolonien unter die Vormundschaft der "fortgeschritteneren Nationen".

Die Tätigkeit des Völkerbundes, dessen Sitz Genf war, sollte durch eine Bundesversammlung, die sich aus den Delegierten der Bundesmitglieder zusammensetzte, und durch den Rat, in dem die Alliierten und vier weitere zu wählende Mächte vertreten waren, ausgeübt werden. Der zweite und dritte Teil des Vertrags enthielten die Festlegung der Grenzen Deutschlands und politische Bestimmungen für Europa.

Nationale Grenzen

Die Abtrennung aller Gebiete mit einer überwiegenden nichtdeutschen Bevölkerung sollte für eine – schon von Wilson in seinen 14 Punkten geforderte – Übereinstimmung zwischen nationalen und politischen Grenzen sorgen. Hauptnutznießer war hier der neue polnische Staat, der neben Posen auch Westpreußen und damit einen Zugang zur Ostsee erhielt.

Rüstungsbeschränkungen

Dem französischen Sicherheitsbedürfnis kam die Entmilitarisierung der linksrheinischen Gebiete inklusive eines 50 km breiten Streifens auf dem rechtsrheinischen Ufer sowie die erhebliche Demilitarisierung, d. h. die Beschränkung der Reichswehr auf einen minimalen Stand von 100 000 Mann, entgegen. Die französische Regierung setzte zur Abrundung seiner Erz- und Kohlegebiete in Lothringen durch, daß das (Privat-)Eigentum an den Kohlegruben des Saargebietes an Frankreich abgetreten und das Saargebiet für 15 Jahre dem Völkerbund unterstellt wurde. Nach Ablauf dieser 15 Jahre sollte die dortige Bevölkerung entscheiden können, ob das Saargebiet auch politisch an Frankreich angeschlossen werden oder zu Deutschland zurückkehren sollte. Wenn die Volksabstimmung eine Rückkehr zu Deutschland ergab, mußten die Kohlegruben von Deutschland zurückgekauft werden. Damit wurde für das Saargebiet eine rechtliche Stellung begründet, die der des ehemaligen Deutsch-Südwestafrika glich: Dort lag die Souveränität ebenfalls beim Völkerbund, die Verwaltungshoheit bekam die Südafrikanische Union übertragen.

Österreich

Die Anerkennung der Unabhängigkeit und der Grenzen Österreichs betraf vor allem den österreichischen Wunsch nach Anschluß an das Deutsche Reich (von Deutsch-Österreich schon am 12. November 1918 proklamiert), der auch im Reich selbst große Zustimmung gefunden hätte. Die Alliierten wollten jedoch eine neuerliche Stärkung Deutschlands nicht hinnehmen.

Kriegsschuld

Im achten Teil des Vertrags wurde festgestellt, daß Deutschland die alleinige Schuld am Krieg und damit die Verantwortung für alle Schäden, die die Alliierten infolge des Krieges erlitten hatten, trage. Dieser "Kriegsschuldartikel" (Art. 231) gab vor allem die juristische Grundlage ab für die nachfolgenden Reparationsbestimmungen. Die Leistungen wurden zunächst auf die Summe von 20 Milliarden Goldmark als Abschlagszahlung festgelegt, ohne damit eine definitive Regelung durch eine noch einzusetzende Reparationskonferenz und Reparationsbehörde vorwegzunehmen.

Deutsche Reaktion

Die Friedensbedingungen riefen in Deutschland große Empörung hervor. Als besonders ungerecht empfand man den "Kriegsschuldartikel", der im Laufe der Auseinandersetzungen immer mehr als eine moralische Verurteilung empfunden wurde. Gegen ihn als Basis der gegnerischen Argumentation konzentrierte sich der Gegenangriff der deutschen Delegation. Graf Brockdorff-Rantzau, der Leiter der Delegation, hatte dem Kabinett vorgeschlagen, den Friedensentwurf mit Einzelnoten zu beantworten, um wenigstens partielle Verbesserungen zu erreichen. Das Ergebnis war indessen nicht ein Auseinanderdividieren der Gegner, sondern letztlich ein noch festerer Zusammenhalt innerhalb der Siegerkoalition.

Annahme des Vertrags

Am 16. Juni wurde der endgültige Vertragstext überreicht. Bei der Kabinettsabstimmung über die Annahme des Vertrags (18./19.6.) hielten sich die Ministerstimmen die Waage (7 : 7). Daraufhin trat das Kabinett Scheidemann zurück. Unter dem Druck des ablaufenden Ultimatums erklärte sich die Reichsregierung (Kabinett Bauer, SPD) am 23. Juni schließlich bereit, den Friedensvertrag vorbehaltlos anzunehmen. Er wurde am 28. Juni von Außenminister Müller (SPD) und Verkehrsminister Bell (Zentrum) im Spiegelsaal von Versailles unterzeichnet – an derselben Stelle, an der am 17. 1. 1871 der König von Preußen zum Deutschen Kaiser proklamiert worden war. Der Ort der Unterzeichnung war damit eine "Antwort der Geschichte" auf die (als schmählich empfundene) Niederlage, ebenso wie Hitler 1940 es sich nicht nehmen ließ, dem besiegten Frankreich den Waffenstillstand in demselben Eisenbahnwaggon in Compiègne zu diktieren, in dem 1918 Deutschlands Niederlage besiegelt worden war.

**Das weitere Schicksal der Reparationszahlungen**

| | |
|---|---|
| 24.–29. 1. 1921 | Die Konferenz in Paris legt die deutsche Leistung auf 69 Milliarden Goldmark, zahlbar in 42 Jahresraten, fest. |
| 27. April 1921 | Die Reparationskommission ermäßigt die Summe auf 132 Milliarden Goldmark, zahlbar in 37 Jahresraten. |
| April – August 1924 | Dawes-Plan: Jährliche Zahlung von 5,4 Mrd. Mark bis 1928, danach jährlich 2,5 Mrd. Mark unter Verpfändung von Reichseinnahmen (keine Laufzeit-Vereinbarung); Darlehen von 800 Mio. Goldmark. |
| Februar – Juni 1929 | Young-Plan (2. Konferenz Januar 1930, im Reichstag angenommen 12. 3. 30): Reduzierung der Gesamtsumme auf 34,5 Mrd. Goldmark, zahlbar in 59 Jahresraten (bis 1988), Stundung der Raten bis auf 1/3 der Ratenhöhe möglich. |
| Juni – Juli 1932 | Die Konferenz von Lausanne beschließt, die Reparationszahlungen durch die einmalige Summe von 3 Milliarden ablösen zu lassen. |
| | Reparationssumme nach alliierter Berechnung 20 Milliarden, nach deutscher Berechnung 53 Milliarden Goldmark. Ausländische, vor allem amerikanische Anleihen, überstiegen jedenfalls den Betrag der Reparationszahlungen. |

**Der Beginn des Revisionismus in Deutschland**

Die Annahme des Friedensvertrags wurde in Deutschland mit scharfer Agitation von rechts beantwortet. Der Vertrag wurde als "Schmachfriede" oder als "Schandfriede" bezeichnet, die Niederlage wurde der Sozialdemokratie angelastet. Bald war die "Dolchstoßlegende" in aller Munde, die Behauptung, daß das Heer "im Felde unbesiegt" geblieben und die Heimat, d. h. die politische Linke, dem Frontheer in den Rücken gefallen sei und sowohl die militärische Niederlage als auch die drückenden Friedensbedingungen zu verantworten habe. Hauptträger der "Welle von rechts" waren die protestantischen Kirchen, große Teile der Studentenschaft, Teile des Bildungsbürgertums, der Angestellten und des Kleinbürgertums. Die gegenwärtige Misere wurde nicht den dafür Verantwortlichen (Kaiser, militärische Führung u. a.), sondern den revolutionären Kräften und den (republiktragenden) politischen Parteien angelastet.

Agitation von rechts

Dolchstoßthese

Im parlamentarischen Untersuchungsausschuß, der zur Klärung der Niederlage 1919 eingesetzt wurde, erklärte die Oberste Heeresleitung offiziell, daß nicht die militärisch ausweglose Situation, sondern die Machenschaften der Revolution die Niederlage herbeigeführt hätten. Die nationalen Leidenschaften in Deutschland richteten sich auch gegen die Parteien der Friedensresolution von

1917. Bewußt wandte sich die Generalität wieder von der wahren militärischen Situation, wie sie den Zusammenbruch herbeigeführt hatte, ab und gab ihre eigene Darstellung.

Erzberger

Von den Politikern der Regierungsparteien traf der Haß am meisten den Finanzminister Matthias Erzberger. Er war der Initiator der Friedensinitiative von 1917, er unterzeichnete als Delegationsführer den Waffenstillstand in Compiègne, er war derjenige, der in der Nationalversammlung die kaiserliche Kriegspolitik scharf angriff. Im Zusammenhang mit einem Verleumdungsprozeß gegen ihn schlugen die Wogen der nationalen Empörung so hoch, daß ein Mordanschlag auf ihn verübt wurde. Dem Täter wurden indessen vom Gericht "ideelle Beweggründe" zugestanden, und er erhielt nur eine Freiheitsstrafe von anderthalb Jahren.

politische Morde

Ein anderer Mordanschlag auf Erzberger erreichte sein Ziel (1921), ebenso fielen Kurst Eisner (1919) und Walter Rathenau (1922) politischen Morden der Rechtsextremisten zum Opfer. Die Reaktion von rechts trat im Kapp-Lüttwitz-Putsch mit dem ersten Versuch, die republikanische Staatsform umzustürzen (13. März 1920, s. S. 223 ff.), offen zu Tage.

# Die Weimarer Republik

| | |
|---|---|
| **1919** | |
| 11. 8. | Inkrafttreten der Weimarer Reichsverfassung |
| November | Untersuchungsausschuß der Nationalversammlung zur Klärung der Niederlage im Krieg: Aussage Hindenburgs und Propagierung der "Dolchstoßlegende" |
| **1920** | |
| 1. 1. | Inkraftreten des Versailler Vertrags |
| Febr./März | Abstimmung in Schleswig, anschließend Teilung entsprechend dem Abstimmungsergebnis |
| 13. – 16. 3. | Kapp-Lüttwitz-Putsch. Reichsregierung flieht nach Stuttgart, der Putsch scheitert am Generalstreik der Gewerkschaften. Der Putsch offenbart die Stellung der Reichswehr. *(Reichswehr schießt nicht auf Reichswehr.)* |
| März/April | Kommunistische Aufstände im Ruhrgebiet und in Mitteldeutschland, von Reichswehr und Freikorps niedergeschlagen. |
| 6. 6. | Reichstagswahl mit erheblichen Verlusten der "Weimarer Koalition" aus SPD, Zentrum und DDP |
| 11. 7. | Volksabstimmung in Süd-Ostpreußen und Westpreußen mit großer Mehrheit für Deutschland |
| 16. 10. | Spaltung der USPD |
| Dezember | Anschluß des linken USPD-Flügels an die KPD |
| **1921** | |
| 24. – 29.1. | Pariser Konferenz: Festsetzung der deutschen Reparationen auf 269 Milliarden Goldmark |
| 21. 2. – 14. 3. | Londoner Konferenz, droht Deutschland in der Reparationsfrage mit Sanktionen |
| 8. 3. | Besetzung von Duisburg, Ruhrort und Düsseldorf durch alliierte Truppen |
| 20. 3. | Volksabstimmung in Oberschlesien, 60 % entscheiden sich für den Verbleib bei Deutschland |
| 27. 4. | Festsetzung der deutschen Reparationen auf 132 Milliarden Goldmark ("Londoner Zahlungsplan") |
| 2. 5. | Polnischer Aufstand in Oberschlesien, Kämpfe der Freikorps |
| 5. 5. | Londoner Ultimatum zur Annahme des Londoner Zahlungsplans |
| 10. 5. | Annahme des Londoner Ultimatums durch den Reichstag (Kabinett Wirth nach Regierungsumbildung) |
| 24. 8. | Friedensvertrag der USA mit dem Deutschen Reich |
| 26. 8. | Ermordung Erzbergers |
| 12. 10. | Teilung Oberschlesiens auf Beschluß des Völkerbundsrates |

| | |
|---|---|
| **1922** | |
| 10. 4. – 19. 5. | Konferenz von Genua zur Regelung der gesamteuropäischen Schuldenfrage |
| 16. 4. | Vertrag von Rapallo zwischen Deutschland und der Sowjetunion |
| 24. 6. | Ermordung des deutschen Außenministers Rathenau durch Rechtsextremisten |
| **1923** | |
| 11. 1. | Besetzung des Ruhrgebiets durch belgische und frz. Truppen |
| 13. 1. | Ausrufung des "Passiven Widerstandes", Ruhrkampf |
| 26. 9. | Abbruch des passiven Widerstandes im Ruhrgebiet, Ausnahmezustand im Reich |
| Oktober | Separatistische Tendenzen im Rheinland und in der Pfalz ("Rheinische Republik")<br>Höhepunkt der Inflation |
| Ende Oktober | Reichsexekution gegen die sächsische SPD-KPD-Regierung. Konflikt zwischen Bayern und dem Reich, kommunistische Aufstände |
| 3. 11. | Ende der "Großen Koalition" wegen des ungleichen Vorgehens gegen das linksradikale Sachsen und das rechtsradikale Bayern |
| 8./9. 11. | Hitler-Putsch in München |
| 15. 11. | Einführung der Rentenmark (1 Rentenmark = 1 Billion Papiermark) |
| 30. 11. | Reparationskommission unter dem Amerikaner Ch. G. Dawes |
| **1924** | |
| 1. 4. | Hitler zu 5 Jahren Festungshaft verurteilt |
| 9. 4. | Dawes-Kommission legt Plan (Dawes-Plan) zur Regelung der Reparationsleistungen vor |
| 16. 7. – 16. 8. | Londoner Konferenz, Annahme des Dawes-Plans |
| 29. 8. | Annahme des Dawes-Plan im Reichstag |
| 17. 12. | Vorzeitige Entlassung Hitlers aus der Festungshaft |
| **1925** | |
| 5. 1. | Verschiebung der zum 10. 1. fälligen Räumung Kölns von alliierten Truppen wegen Verstoßes gegen die Entwaffnungsbestimmungen |
| 20. 1./9. 2. | Denkschrift Stresemanns an britische und französische Regierung zur Sicherheitsfrage |
| 27. 2. | Neugründung der NSDAP |
| 26. 4. | Wahl Hindenburgs zum Reichspräsidenten |
| 14. 7. | Räumung des Ruhrgebiets (bis 1. 8. beendet, Düsseldorf, Duisburg und Ruhrort am 25. 8. geräumt) |
| 5. – 16. 10. | Konferenz von Locarno über eine gegenseitige Sicherheitspartnerschaft der Staaten Europa (Verträge am 27. 11. im Reichstag angenommen und am 1. 12. in London unterzeichnet) |
| 30. 11. | Räumung der Kölner Zone |

| | |
|---|---|
| **1926** | |
| 24. 4. | Freundschafts- und Neutralitätsvertrag zwischen Deutschland und der Sowjetunion ("Berliner Vertrag") |
| Juni | Volksentscheid über die entschädigungslose Enteignung der Fürsten, gescheitert |
| 8. 9. | Aufnahme Deutschlands in den Völkerbund |
| 10. 12. | Friedensnobelpreis für Gustav Stresemann |
| **1927** | |
| 31. 1. | Rückzug der interalliierten Militärkommission aus Deutschland, Ende der Abrüstungskontrolle |
| 16. 7. | Gesetz über Arbeitsvermittlung und Arbeitslosenversicherung |
| **1928** | |
| 27. 8. | Briand-Kellog-Pakt zur Ächtung des Krieges |
| Ok. – Dez. | Ruhreisenstreit mit der Aussperrung von 250 000 Arbeitern |
| **1929** | |
| 11. 2. – 7. 6. | Konferenz in Paris zur Revision des Dawes-Plans, Young-Plan. Der Young-Plan wird innenpolitisches Hauptthema in Deutschland. |
| 4./5. 9. | Plan für eine Zoll- und Wirtschaftsunion der "Vereinigten Staaten von Europa", von Briand der Völkerversammlung vorgelegt |
| 3. 10. | Tod des Außenministers Stresemann |
| 23./28. 10. | Kurssturz an der New Yorker Börse, Beginn der Weltwirtschaftskrise |
| 22.12. | Volksbegehren gegen den Young-Plan scheitert |
| **1930** | |
| 23. 1. | Erste Regierungsbildung mit der NSDAP (Thüringen W. Frick) |
| 12. 3. | Annahme des Young-Plans durch den Reichstag |
| 27. 3. | Auseinanderbrechen der Großen Koalition an der Frage der Beiträge zur Arbeitslosenversicherung, Rückktritt der Regierung Müller |
| 29. 3. | Ernennung Brünings zum Reichskanzler |
| 30. 6. | Vorzeitge Räumung des Rheinlandes beendet |
| 16. 7. | Erste im Kern verfassungswidrige Auflösung des Reichstags |
| **1931** | |
| März | Plan der Zollunion mit Österreich scheitert am frz. Veto |
| 11. 5. | Zusammenbruch der Österreichischen Credit-Anstalt, Zeichen für die Bankenkrise |
| 6. 7. | Hoover-Moratorium, einjährige Schuldenpause |
| 13. 7. | Zusammenbruch der Darmstädter und Nationalbank (Danat-B.), Bankenkrise in Deutschland |
| 11. 10. | "Harzburger Front" als Bündnis der nationalen Opposition aus DNVP, NSDAP und Stahlhelm |

| | |
|---|---|
| **1932** | |
| Februar | Höchststand der Arbeitslosigkeit in Deutschland mit 6,128 Mio. |
| 10. 4. | Wiederwahl Hindenburgs zum Reichspräsidenten |
| 24. 4. | Landtagswahl in Preußen, Bayern, Württemberg, Anhalt und Hamburg mit großen Stimmengewinnen der NSDAP |
| 30. 5. | Entlassung Brünings, von Papen Reichskanzler |
| 16. 6. – 9. 7. | Konferenz von Lausanne: Ende der Reparationen nach einer letzten Zahlung von 3 Milliarden |
| 20. 7. | Staatsstreich Papens in Preußen, Absetzung der Regierung, Übernahme der Regierung durch Papen selbst als Reichskommissar |
| 31. 7. | Reichstagswahlen, NSDAP stärkste Partei |
| 2. 12. | Nach Entlassung Papens (17. 11.) Ernennung Schleichers |
| **1933** | |
| 4. 1. | Treffen Hitler – Papen in Köln, Kontaktaufnahme zur Bildung eines Koalitionskabinetts NSDAP-DNVP |
| 28. 1. | Rücktritt Schleichers |
| 30. 1. | Ernennung Hitlers zum Reichskanzler |

## Der Kampf um die Ostgrenze – Freikorpskämpfe im Baltikum

Zwei Dinge waren es, die die politische Landschaft im Osten wesentlich veränderten: die Forderung des amerikanischen Präsidenten Wilson nach Autonomie für die Völker Osteuropas ("14 Punkte") und der Wunsch der Alliierten, im Grenzbereich des Deutschen und Russischen Reiches sowie anstelle des Österreichisch-Ungarischen Vielvölkerstaates einen Staatengürtel zu schaffen, der einerseits Mittel- und Westeuropa vom Bolschewismus der russischen Revolutionäre abschirmen, andererseits aber auch Deutschland in Schach halten sollte.

Die Pariser Friedenskonferenz nahm den dem deutsch-russischen Frieden von Brest-Litowsk zugrundeliegenden Gedanken der Selbständigkeit Polens und der drei baltischen Staaten Estland, Lettland und Litauen auf und erweiterte ihn um die Tschechoslowakei, die als neuer Nationalstaat auf dem Boden der Habsburger Monarchie entstand, zum "Cordon sanitaire". Schon das Zustandekommen aller fünf Staaten barg den Zündstoff für kommende Auseinandersetzungen in sich, weil es unmöglich war, die einzelnen Siedlungsgebiete nach nationalen Gesichtspunkten voneinander zu trennen. Dasselbe Problem bestand auch bei Ungarn und den Balkanstaaten Serbien/Jugoslawien, Rumänien und Bulgarien (siehe Übersicht S. 222), während Rußland (seit 1922 Sowjetunion) seinen Charakter als Vielvölkerstaat beibehielt.

Deutsche Freikorps im Baltikum

Noch in den Waffenstillstandsbedingungen vom November 1918 war vorgesehen, daß die deutschen Truppen vor allem im Baltikum stehen bleiben sollten, um den Schutz dieser Länder gegen die russischen Revolutionstruppen zu übernehmen. Als diese Truppenteile Anfang des Jahres 1919 zurückgerufen wurden, zeigte sich, daß sie nicht mehr in der Lage waren, ihre Schutzfunktion wahrzunehmen. Die Reichsregierung warb daher (mit Unterstützung der Alliierten!) Freiwilligen-Verbände an, um auf der Seite der baltischen Regierungen in den russischen Bürgerkrieg einzugreifen. Vor allem in Lettland kämpften starke deutsche Verbände als "Baltische Landeswehr", auch um die Interessen der Deutschen im Land (Großgrundbesitzer deutscher Abstammung, die sowohl eine bolschewistische als auch eine von der neuen lettischen Regierung ausgehende Landreform fürchteten) zu schützen. Die "Baltische Landeswehr" stürzte im April 1919 die lettische Regierung, mußte aber der alliierten Intervention weichen. Ende 1919 mußten die Freikorps nach Deutschland zurückkehren.

Im selben Jahr 1919 schloß die Heeresleitung unter Generalmajor v. Seeckt ein Abkommen mit Polen, das polnischen Einheiten den Kampf gegen die Bolschewisten ermöglichte, damit aber auch diese polnischen Einheiten von der deutsch-polnischen Grenze abzog. Hier hatten in der Zwischenzeit polnische Verbände durch gewaltsame Übergriffe versucht, in Westpreußen und Oberschlesien vollendete Tatsachen zu schaffen, um diese Gebiete dem neuen polnischen Staat einzugliedern.

## Das Verhältnis Deutschland – Polen

### Die Entstehung des polnischen Staates

Wiederherstellung Polens

Die Unabhängigkeit Polens wiederherzustellen, war der Wunsch aller kriegführenden Mächte außer des zaristischen Rußlands. Allerdings gingen die Vorstellungen im einzelnen weit auseinander. Sowohl die bürgerliche russische als auch die deutsche und österreichische Regierung strebten eine Wiederherstellung Polens in nationaler Autonomie, aber unter engem Anschluß an die jeweilige Militärmacht an (deutsch-österreichische Proklamation eines "Königreiches Polen" vom 5. 11. 1916, Proklamation der provisorischen russischen Regierung vom 30. 3. 1917), während der amerikanische Präsident Wilson am 22. 1. 1917 ein "vereinigtes, unabhängiges und autonomes Polen" forderte. Dennoch blieb vor allem das deutsch-polnische Verhältnis mehr als gespannt und von Enttäuschung und Mißtrauen auf polnischer Seite geprägt.

**Polnisches Nationalkomitee**

Den Aktivitäten des "Polnischen Nationalkomitees" (gegründet im August 1917, später mit Sitz in Paris), das bald von allen Alliierten als polnische Vertretung und als Verhandlungspartner anerkannt wurde, ist es zu verdanken, daß Wilson in seinen 14 Punkten einen unabhängigen polnischen Staat forderte, der die von unbestreitbar polnischer Bevölkerung bewohnten Gebiete umfassen soll, mit freiem und sicherem Zugang zum Meer. Noch während der deutschen Besetzung wurde im Oktober 1918 in Polen selbst ein "vereinigtes unabhängiges Polen" proklamiert, das unter Führung des am 8. November aus deutscher Haft entlassenen Josef Pilsudski eine Räumung des polnischen Kerngebietes ("Kongreßpolen") von deutschen Truppen bis zum 19. November erreichen konnte. Die neue polnische Regierung unter Pilsudski als Präsidenten erhob sofort Anspruch auf die preußischen und russischen Gebiete aus den polnischen Teilungen des 18. Jahrhunderts. Dennoch wurde der neue Staat vom Rat der Volksbeauftragten in Deutschland bereits am 18. November diplomatisch anerkannt; auf Druck der Alliierten stellte Polen allerdings bereits im Dezember 1918 die diplomatischen Beziehungen wieder ein. Um die polnischen Ansprüche weiterhin durchsetzen zu können, war ein Zusammengehen der polnischen Regierung mit dem weiterhin bestehenden "Polnischen Nationalkomitee" in Paris notwendig.

**Pilsudski**

**polnische Teilungsgebiete**

**Posen**

Seit dem 14. November tagte im noch preußischen Posen ein Oberster Polnischer Volksrat, der keinen Zweifel am Wunsch der polnischen Bevölkerung in Posen ließ, sich Polen anzuschließen. Am 27. Dezember 1918 schließlich brach in Posen ein Aufstand der polnischen Bevölkerung und polnischer Einheiten aus, der die deutsche Herrschaft hier faktisch beendete. Auf deutscher Seite griffen sowohl reguläre deutsche Truppen als auch Freikorps in die Kämpfe ein, sie wurden allerdings im Februar 1919 in der zweiten Verlängerung des Waffenstillstands verboten; der deutsch-polnische Waffenstillstand legte auf alliierte Intervention eine Demarkationslinie fest.

**Polnische Forderungen**

Die polnische Delegation auf der Pariser Friedenskonferenz forderte ganz Posen und Westpreußen, ganz Oberschlesien und drei Kreise Niederschlesiens für Polen, Ostpreußen sollte unter Autonomiestatus an Polen gebunden werden. Der Versailler Vertrag enttäuschte allerdings diese weitgespannten Hoffnungen, da er keine Gebiete mit deutscher Bevölkerungsmehrheit an Polen gab. Der größte Teil der Provinzen Posen und Westpreußen wurde aber ohne Volksabstimmung Polen zugesprochen, womit unter den 3 Millionen. Einwohnern ca. 1,1 Millionen Deutsche in den polnischen Staat überwechselten. Diese Zahl verminderte sich allerdings in der nächsten Zeit durch freiwillige oder erzwungene Umsiedlung rasch. In den jetzt polnischen Gebieten wandelte sich auch die Bevölkerungsstruktur erheblich: Beamte, Kaufleute und Handwerker sahen ihre Zukunft nicht im polnischen, sondern eher im deutschen Staat und wanderten ab, andererseits, besonders in ländlichen Gebieten, wirkte die Assimilationskraft des polnischen Staates auf die verbliebenen Deutschen und ließ sie in Polen aufgehen.

Wandel der Bevölkerungsstruktur

Die nachstehenden Zahlen sind daher nicht durchweg als Kennzeichen von Umsiedlungspolitik, sondern auch von Assimilation zu lesen. Noch heute ist in diesen Provinzen der preußische Einfluß spürbar, noch heute besteht innerhalb Polens eine Differenzierung in Kongreßpolen und das ehemalige preußische Gebiet.

*Tab. 1: Anteil der deutschen Bevölkerung in den abgetretenen Gebieten (1920) und Umsiedlungen bis 1925*

| Gebiet | Bevölk. jew. in 1000 E. | Anteil der Deutschen in 1000 Einwohner | % | bis 1925 n. Dtld. zurück in 1000 Einwohner |
|---|---|---|---|---|
| Posen | 1946 | 670 | 34,4 | |
| Westpreußen | 965 | 412 | 42,7 | 468 |
| Süd-Ostpreußen | 25 | 9 | 36 | |
| Pommern | 0,2 | 0,2 | 100 | |
| Schlesien | 26 | 9 | 34,6 | |
| Ost-Oberschlesien | 893 | 264 | 29,5 | 90 |

*Tab. 2: Veränderung im Anteil der deutschen Bevölkerung (in Millionen und in Prozent) in den polnischen Gebieten*

| Gebiet | 1910 | 1921 | 1931 |
|---|---|---|---|
| Posen-Pomerellen | 1,1 (37 %) | 0,5 (17 %) | 0,3 (9 %) |
| Oberschlesien (poln. Teil) | 0,3 (30 %) | 0,3 (27 %) | 0,1 (8 %) |

*Tab. 3: Veränderung im Anteil der deutschen Bevölkerung (in %) in den Städten*

| Stadt | 1910 | 1931 |
|---|---|---|
| Posen (Poznan) | 42 % | 2 % |
| Bromberg (Bydgoszcz) | 77,5 % | 8,5 % |
| Thorn (Torun) | 66 % | 4 % |
| Graudenz (Grudziadz) | 85 % | 7,5 % |

Die Reichsregierung unterstützte die noch in Polen verbliebenen Deutschen nach Kräften, nicht nur politisch, sondern auch finanziell. Erklärtes Ziel dieser "Volkstumspolitik" war die Kräftigung des Deutschtums, um später die Aufrollung der Frage der Grenzrevision zu erleichtern. Je mehr Deutsche also in Polen wohnen blieben, um so größer konnte später der Hebel sein, den man zur Revision der Versailler Bestimmungen an den polnischen Staat ansetzen konnte. Das Deutschtum in Polen galt als "nationaler Besitzstand", der auf alle Fälle gewahrt bleiben mußte – ein historischer Grund dafür, daß die polnische Öffentlichkeit lange jede Existenz einer deutschen Minderheit in Polen ablehnte.

Volkstumspolitik

### Volksabstimmungen

Für diejenigen Gebiete, in denen die deutsche Bevölkerungsmehrheit nicht unumstritten war, wurden Abstimmungen vorgesehen: das waren Südostpreußen (Allenstein, heute Olsztyn), die vier östlich der Weichsel liegenden westpreußischen Kreise (Marienwerder, heute Kwidzyn) und der größte Teil Oberschlesiens. Die im Sommer durchgeführten Abstimmungen erbrachten aber zum Teil für die polnischen Ansprüche vernichtende Niederlagen, da Muttersprache und nationales Bekenntnis nicht notwendig übereinstimmten:

Allenstein

Marienwerder

| **Bezirk** | **poln. Anteil 1910** | **Abstimmungsergebnis 1920/21 für Dtld.** | **für Polen** |
|---|---|---|---|
| Allenstein | ca. 60 % | 97.5 % | 2.5 % |
| Marienwerder | 15 % | 92.8 % | 7.2 % |

In Oberschlesien versuchten polnische Gruppen, ähnlich wie vorher in Posen, vollendete Tatsachen zu schaffen. Dem ersten Aufstand im August 1919, unmittelbar nach der Unterzeichnung des Versailler Vertrags, folgte noch im selben Monat die Einsetzung einer Interalliierten Kommission und im Januar 1920 die Besetzung Oberschlesiens durch alliierte, meist französische Truppen. Diese standen allerdings mehr auf polnischer als auf deutscher Seite; britische Truppen waren nur unmittelbar während der Abstimmung im Land. Ein zweiter Aufstand im August 1920 hatte die Angliederung des Landes an Polen zum Ziel und verhinderte die Durchführung der Volksabstimmung. Das Abstimmungsergebnis im März 1921 ergab insgesamt nur rund 40 % der Stimmen für Polen.

| | | **Abstimmungsergebnis 1920/21** | |
|---|---|---|---|
| **Bezirk** | **poln. Anteil 1900** | **für Dtld.** | **für Polen** |
| Oberschlesien | 65,6 % | 60 % | 40 % |
| – NW/SW | | 81 % | 19 % |
| – SO | | 31 % | 69 % |
| – Mitte und O | | 52,8 % | 47,2 % |
| – Industriegebiet Beuthen – Gleiwitz – Kattowitz | | 60,4 % | 39,6 % |
| – Städte Beuthen, Gleiwitz, Kattowitz | ca. 56 % | 79 % | 21 % |

Diese Ergebnisse, vor allem die aus dem Industriegebiet, wo die Stimmen gerade in den Industriestädten in hoher Zahl für Deutschland abgegeben wurden, zeigen die Unmöglichkeit, zu einer "gerechten" Lösung zu kommen. Angesichts dieser Tatsache begann die polnische Arbeiterschaft Anfang Mai einen Generalstreik, während polnische Einheiten nach Oberschlesien einfielen, um – ähnlich wie in den Vorjahren – vollendete Tatsachen zu schaffen. Deutsche Freikorps verhinderten zwar diesen polnischen Annexionsversuch (Kämpfe am Annaberg 30. Mai 1921), das Abstimmungsergebnis führte jedoch zur Aufteilung Oberschlesiens durch eine Völkerbundskommission gemäß dem Prozentanteil der Stimmen. Auf französische Initiative hin wurde dabei das oberschlesische Industrierevier um Kattowitz Polen zugesprochen.

Annaberg

## Die Bewertung in der Geschichtsschreibung

"Volksbewegung"

"Manipulationen"

Die polnische Geschichtsschreibung stellt heute die oberschlesischen Aufstände als eine Volksbewegung dar, die auf die deutschen Abstimmungsmanipulationen reagiert habe. Mit diesen "Manipulationen" wird gleichzeitig der Anspruch Polens auf ganz Schlesien begründet.

Die Erhebungen trugen zweifellos proletarischen Charakter, da der polnische Anteil an der Industriearbeiterschaft erheblich größer war als am Bürgertum. Die "Manipulationen" aber bestanden aus dem Stimmrecht für 191 000 Oberschlesier, meist im Ruhrgebiet, die gemäß dem Versailler Vertrag noch Stimmrecht hatten, während 50 000 Einwohner Oberschlesiens keines hatten, weil sie erst nach 1905 dorthin gezogen waren. Allerdings legte Polen bei der Abstimmung in Süd-Ostpreußen eine lange Beschwerdeliste über Manipulationen und Wahlbehinderungen vor, die nicht so ganz aus der Luft gegriffen sein dürften. Gerade das Abstimmungsergebnis spiegelt aber auch die militärische und wirtschaftliche Situation im Osten wieder: Polen stand im Krieg mit Rußland, Preußen/Deutschland bot mehr Chancen auf wirtschaftlichem Gebiet.

Die Angliederung des oberschlesischen Industriereviers an Polen wird in polnischen Geschichtsbüchern als Reaktion der Alliierten auf das Verhalten der Deutschen gegenüber den polnischen Aufständischen gesehen. Der polnische Anspruch stieß indessen nur bei Frankreich, das auch im russischen Bürgerkrieg eng mit Polen verbunden war, auf einhellige Zustimmung, England und Italien verhielten sich wesentlich reservierter, waren auch anfangs der Meinung, das Industriegebiet sollte bei Deutschland bleiben.

Das in den zwanziger Jahren errichtete deutsche Denkmal für die Freikorpskämpfe am Annaberg dient heute, nach dem Erwerb Schlesiens 1945, als polnisches Denkmal für die oberschlesischen Aufstände.

**Nationalitäten in Osteuropa** (verfügbarer Stand 1993)

**Polen** (Schätzung 1986)

| | |
|---|---|
| 98–99 % | Polen |
| ca. 0,5–1 Mio. | Deutsche |
| 180 000 | Ukrainer |
| 170 000 | Bjelorussen |
| 21 000 | Slowaken |
| 19 000 | Russen |
| 12 000 | Zigeuner |
| 10 000 | Litauer |
| 5 000 | Griechen |
| 5 000 | Mazedonier |
| 2 000 | Tschechen |

**Tschechei** (Schätzung 1991)

| | |
|---|---|
| 94,4 % | Tschechen |
| 3,1 % | Slowaken |
| 3,7 % | Ungarn |
| ca. 55 000 | Deutsche |
| ca. 67 000 | Polen |
| 18 000 | Ukrainer |
| 400 000 | Sinti und Roma |

**Slowakei** (Zählung 1991)

| | |
|---|---|
| 85,7 % | Slowaken |
| 10,8 % | Ungarn |
| 1,4 % | Sinti und Roma |
| 1,1 % | Tschechen |
| 0,6 % | Ukrainer |
| 5414 | Deutsche |

**Ungarn** (Zählung 1990)

| | |
|---|---|
| 96,6 % | Ungarn |
| 165 000 | Deutsche |
| 114 000 | Slowaken |
| 90 000 | Serben und Kroaten |
| 31 000 | Rumänen |
| 500–700 000 | Sinti und Roma |

**Griechenland** (Schätzung 1985)

| | |
|---|---|
| 98,5 % | Griechen |
| 0,9 % | Türken (nach anderen Angaben 4,2 %) |
| 0,3 % | Bulgaren |
| 0,2 % | Armenier+ |

**Bulgarien** (Zählung 1991)

| | |
|---|---|
| 92 % | Bulgaren |
| 900 000 | "ethnische" Türken, z. T. als Bulgaren gezählt |
| 650 000 | Sinti und Roma, z. T. als Bulgaren gezählt |

**Rumänien** (Zählung 1992)

| | |
|---|---|
| 89,4 % | Rumänen |
| 7,1 % | Ungarn |
| 0,5 % | Deutsche (= 120 000) |
| 0,29 % | Ukrainer |

Minderheiten von Zigeunern, Serben, Kroaten, Bulgaren, Slowaken, Tschechen, Russen, Tataren, Türken, Griechen, Armeniern, Juden und Polen.

**Weißrußland** (Zählung 1989)

| | |
|---|---|
| 77,9 % | Weißrussen |
| 13,2 % | Russen |
| 4,1 % | Polen |
| 2,9 % | Ukrainer |
| 1,1 % | Juden |

**Rußland** (Zählung 1989)

| | |
|---|---|
| 82,6 % | Russen |
| 3,8 % | Tataren |
| 3 % | Ukrainer |

Nach der Zählung von 1989 lebten in der ehem. Sowjetunion

| | |
|---|---|
| 1,9 Mio. | Deutsche, zu 57 % muttersprachlich deutsch |
| 1,1 Mio. | Polen zu 29,1 % muttersprachlich polnisch |
| 361 000 | Bulgaren |
| 344 000 | Griechen |
| 171 000 | Ungarn |
| 129 000 | Rumänen |
| 93 000 | Türken |

Die Zahlen verdeutlichen die Unmöglichkeit selbst heute, nach millionenfacher Umsiedlung von Bevölkerungsgruppen, noch zu "national eindeutigen" Grenzziehungen in Osteuropa und auf dem Balkan zu kommen. Konfliktherde heute sind vor allem die Völkerschaften in den von Serbien eroberten Gebieten (vor allem in Bosnien-Herzegowina) und im albanisch besiedelten Kosovo und die auf Mazedonien, Griechenland und Bulgarien aufgeteilte Nation der Mazedonen.

Minderheiten heute

Außerhalb des Balkans ist auf folgende Minderheiten zu verweisen: Deutsche Volksgruppe im italienischen Südtirol (Autonomiestatus, dennoch nicht konfliktfrei) und in Polen (Schlesien) sowie die Slowenen in Österreich (Kärnten). Politische Minderheitenrechte genießen sowohl die Dänen in Südschleswig (ungeachtet der 5 %-Klausel mit mindestens einem Abgeordneten im Kieler Landtag vertreten) als auch die Deutschen in Nordschleswig (1 Abgeordneter im dänischen Reichstag).

## Die Gefährdungen der jungen Republik

### Der Kapp-Lüttwitz-Putsch

Im Winter 1919/20 zeigte sich, daß die Rechtskreise den Schock der "Revolution" überwunden hatten und die Beseitigung der Republik planten.

von Lüttwitz

Forderungen der Rechten

Den Anstoß zum Putsch selbst gab die durch den Versailler Vertrag veranlaßte Verminderung des Heeres auf zunächst 200 000 Mann (später 100 000) und die Auflösung der z. T. aus dem Baltikum heimkehrenden Freikorps. Das rief unter den betroffenen Soldaten große Erregung hervor und verschärfte das Arbeitslosenproblem. Dazu sollten auf Betreiben der Alliierten die Marinebrigaden Ehrhardt und Löwenfeld aufgelöst werden, was aber Walther von Lüttwitz, dem die beiden Freikorps unterstanden, verweigerte. Er ging noch weiter und stellte im öffentlichen politischen Kampf eine Forderung erneut, die eben die Nationalversammlung mit den Stimmen der bürgerlichen Mehrheit abgelehnt hatte: Auflösung des Reichstages, Neuwahlen, Rücktritt der Regierung und des Reichspräsidenten, Neuwahl des Präsidenten durch das Volk. Als Kandidat für diese geforderten Neuwahlen hatte sich bereits der kaiserliche Generalfeldmarschall Hindenburg zur Verfügung gestellt.

Bei der Beratung von Abwehrmaßnahmen zwischen Reichswehrminister Noske und dem Chef der Heeresleitung, General von Seeckt, zeigte sich einerseits, wie das auf die Republik vereidigte Heer tatsächlich zur Republik stand, indem die zur Verteidigung der Republik bereitstehenden Truppen nur halb so stark waren als

Brigade Erhardt

Reichswehr schießt nicht auf Reichswehr

die auf Berlin marschierenden Einheiten der Marinebrigade Erhardt und der sich dem Putsch anschließenden regulären Regimenter. Andererseits zeigte aber auch von Seeckts Aussage *"Reichswehr schießt nicht auf Reichswehr!"* die Reserviertheit des Militärs gegenüber der neuen Ordnung.

Besetzung Berlins

Kapp

Generalstreik

Nach der Besetzung Berlins durch die Marinebrigade Ehrhardt am 13. März 1920 floh die Reichsregierung nach Stuttgart, später nach Dresden, und rief von dort aus zum Generalstreik auf. Der von Lüttwitz mit der Regierungsbildung beauftragte ostpreußische Generallandschaftsdirektor Wolfgang Kapp hatte zwar große Teile Nord- und Ostdeutschlands hinter sich, Beamte und Industrielle rückten jedoch bald von den Putschisten ab. Auch die Rechtsparteien wandten sich gegen Kapp, da sie sich von den bevorstehenden Reichstagswahlen einen großen Erfolg erwarteten und deshalb keine Störungen wünschten. Der Generalstreik lähmte das öffentliche Leben und zeigte, wie wenig Rückhalt der Putsch finden konnte.

kommunistischer Aufstand

Am 17. März trat Kapp zurück und floh nach Schweden. Der "Kapp-Lüttwitz-Putsch" war gescheitert. Der Generalstreik wurde von den Gewerkschaften noch einige Tage fortgesetzt, um die sozialpolitischen Ansätze der Revolution fortzuführen. In dem kommunistischen Aufstand, der in seinem Gefolge im Ruhrgebiet ausbrach, zeigt sich gleichfalls die politische Richtung der Reichswehr: Im Gegensatz zum Kapp-Lüttwitz-Putsch griff sie hier ein und schlug zusammen mit Freikorps-Verbänden den Aufstand brutal nieder (s. unten das Kapitel "Kommunistische Aufstände").

Der Putsch ist trotz seines Scheiterns ein Symptom für die Stärke und das neue Selbstvertrauen der extremen Rechten. Ferner erweist er die einseitige Haltung der Reichswehr in der Innenpolitik der Weimarer Republik: Verweigerung des Kampfes gegen die Rechten, aber hartes Vorgehen gegen die Linken. Zugleich zeigt sich aber, daß Gewerkschaften und Sozialdemokratie stark genug waren, Republik und Demokratie zu verteidigen. Auch das Beamtentum zeigte sich loyal.

### Rechtsblindheit der Justiz

politische Morde

Rathenau-Mord

Schon die ersten Jahre der Republik waren von politisch motivierten Mordanschlägen, besonders gegen linke Politiker (Rosa Luxemburg, Karl Liebknecht, Kurt Eisner etc.), gekennzeichnet. Infolge des Freikorps-Verbots entstanden radikale Untergrundorganisationen (z. B. "Organisation Consul"), die starken Rückhalt bei Justiz- und Verwaltungsbehörden, aber auch beim national gesinnten Bürgertum hatten. Prominenteste Opfer waren der Reichsfinanzminister Matthias Erzberger (26. 8. 1921), der Unterzeichner des Waffenstillstands vom November 1918, und der Außenminister der Republik, Walther Rathenau (24. 6. 1922).

Gesetzliche Verbote gegen die zügellose Hetze verfassungsfeindlicher Presseorgane und Parteiveranstaltungen halfen wenig und wurden nur lasch angewandt. Erst der Mord an Rathenau brachte den damaligen Reichskanzler dazu, öffentlich zu verkünden, daß der Feind der Republik rechts stehe; im Gefolge dieses Mordes wurde ein Staatsgerichtshof eingerichtet und ein Gesetz zum Schutz der Republik verabschiedet.

Trotzdem wurden dadurch politischer Mord und republikfeindliche Agitation nicht beendet. Polizeiliche Mittel reichten zu ihrer Verfolgung nicht aus. Von den 705 amtlich bekannt gewordenen Verbrechen während des Kapp-Putsches wurden 412 amnestiert, in 176 Fällen wurde das Verfahren eingestellt, bestraft wurde nur einer. Von Rechtsstehenden ermordet wurden von 1918–1922 354 Personen, von Linksstehenden 22; ungesühnt blieben von diesen 4, von jenen dagegen 326, die durchschnittliche Strafdauer betrug auf der Linken 15 Jahre (bei 10 Hinrichtungen), auf der Rechten 4 Monate (bei Mord!), dabei ohne Hinrichtung. 23 geständige Täter der Rechten wurden freigesprochen.

milde Behandlung rechter Straftäter

**Kommunistische Aufstände**

Die Arbeiterschaft erwartete von der SPD vor allem eine Sozialisierung der Privatwirtschaft. Nachdem aber deutlich wurde, daß die SPD diese Erwartung nicht erfüllen würde, kam es zu einer Vertrauenskrise gegenüber dem neuen Staat. Die enge Zusammenarbeit einer von der SPD getragenen Regierung mit den reaktionären Freikorps und Militärs, die alle sozialistischen Entwicklungen unterdrückten, stieß auf Unverständnis. Ein Teil der Arbeiterschaft lehnte daher den neuen Staat ebenso radikal ab, wie es das nationale Bürgertum tat – nur aus anderen Gründen.

Vertrauenskrise

KPD und USPD waren wegen ihrer inneren Gegensätze zu schwach, um innerhalb der Arbeiterschaft eine Führungsrolle zu übernehmen. Erst der Kapp-Putsch bedeutete für viele Arbeiter eine Herausforderung. In Thüringen, Sachsen und im Ruhrgebiet blieb es nicht beim Generalstreik; Selbstschutzgruppen der Arbeiter gingen zum Angriff auf Freikorps und Reichswehrtruppen über. Ziel war – unter Führung der USPD – zeitweise die Wiedereinführung der Arbeiter- und Soldatenräte, damit aber mehr die Erhaltung der revolutionären Errungenschaften vom November 1918 als eine Durchsetzung bolschewistischer Ideen. Dies führte zu bürgerkriegsähnlichen Zuständen im März 1920 und zur Bildung einer "Roten Armee" im Ruhrgebiet.

"Rote Armee"

Nur durch Amnestieversprechen und Zusagen über die Auflösung der Freikorps konnte die Reichsregierung in enger Zusammenarbeit mit den Gewerkschaften die Gemäßigten von den Radikalen trennen. Erst als die "Rote Armee" sich nicht von selbst auflöste und Terrorjustiz und Plünderungen an der Tagesordnung

Freikorps

waren, setzte man im April 1920 regierungstreue Freikorps ein, deren Gegenterror dem "roten Terror" in nichts nachstand. Anfang Mai war aber an der Ruhr und in Mitteldeutschland der Widerstand erstickt. Da die Aktionen von Reichswehr, Sicherheitskräften und Freikorps auf das entmilitarisierte Gebiet übergriffen, sah sich Frankreich zur Intervention genötigt.

## Die Inflation

Erbe des Krieges

Das deutsche Reich mußte für die Finanzierung des Krieges riesige Summen aufwenden, die monatlichen Kosten für die Kriegführung waren von 1,2 Milliarden Mark 1914 auf 5 Milliarden 1918 gestiegen. Da das Reich gemäß der Verfassung keine direkten Steuern erhob, wurden nach dem Grundsatz, daß außergewöhnliche Ausgaben auch durch außerplanmäßige Einnahmen gedeckt sein sollten, Anleihen bei Unternehmen und den Bürgern aufgenommen. Ihr Betrag summierte sich bis zum Ende des Krieges auf 96,4 Milliarden Mark. Ein großer Teil der Ausgaben aber wurde durch Neudruck von Papiergeld (neben der durch Golddeckung abgesicherten Goldmark) bestritten. Da diese umlaufende Geldmenge aber weder volkswirtschaftlich noch durch Gold abgedeckt war – 1917 betrug die umlaufende Geldmenge das Achtfache des Jahres 1914 – kam es zu einer Minderbewertung der Mark im Ausland. Die Inlandspreise blieben zunächst durch kriegswirtschaftliche Verordnungen gebunden.

Von 1914 bis 1919 sank der Außenwert der Papiermark auf etwas über 10 % ihres Wertes:

| | | | | |
|---|---|---|---|---|
| 1914 | 100 Mark | = | 122,60 | Schweizer Franken |
| | 100 Goldmark | = | 101,90 | Papiermark |
| 1918 | 100 Mark | = | 68,50 | Schweizer Franken |
| | 100 Goldmark | = | 208,30 | Papiermark |
| 1919 | 100 Goldmark | = | 1080,50 | Papiermark |

Die Weimarer Republik erbte also bereits vom Kaiserreich eine nicht geringe Inflation.

Kriegslasten

Die Gründe für das weitere Fortschreiten der Inflation liegen generell im Zwang der Weimarer Republik, die Folgen des Krieges auch finanziell zu tragen. Dazu gehören:

- Schuldendienst für die aufgenommenen Kriegsanleihen.
- Reparationsleistungen zum Ausgleich der Schäden an der gegnerischen Zivilbevölkerung in Form von Barzahlungen (in Goldmark) und Sachleistungen (vor allem Ruhrkohle nach Frankreich); ursprünglich auf unbestimmte Zeit, dann durch eine Reparationskommission ohne deutsche Beteiligung errechnet.

- Leistungen für die Rückführung und Entlassung des Heeres, für die Kriegsopferversorgung, für die Erwerbslosen- und Flüchtlingsfürsorge, für Wohnungsbeschaffung, Lebensmittelimporte sowie Kosten für die Besatzungstruppen in den linksrheinischen Gebieten.
- Fehlende Einnahmen durch hohe Arbeitslosigkeit und alliierte Exportbeschränkungen (Schutzzölle).

Daher wies der Staatshaushalt von 1918 bis 1923 permanent ein Defizit auf.

"Londoner Ultimatum" 1921

Bei der Reparationskonferenz 1921 in London legten die Alliierten einen Reparationsbetrag von 132 Milliarden Goldmark fest, zahlbar in Raten von jährlich 3,5 Milliarden Goldmark. Im sog. "Londoner Ultimatum" wurde dem Reich angedroht, daß das Ruhrgebiet als "produktives Pfand" besetzt würde, wenn Deutschland diesen Verpflichtungen nicht nachkäme. Hintergrund dieser Maßnahmen war sowohl die Geldentwertung und Massenarbeitslosigkeit in den europäischen Staaten als auch deren Verschuldung gegenüber den USA. Ziel war außerdem die nachhaltige Schwächung Deutschlands.

Wilhelm Cuno, seit November 1922 Reichskanzler, wagte angesichts einer Abkühlung des britisch-französischen Verhältnisses die Abkehr von der Erfüllungspolitik. Er hoffte, daß Großbritannien, um eine Übermacht Frankreichs auf dem Festland zu verhindern, französische Gewaltmaßnahmen nicht zulassen werde. Das erwies sich aber später als Fehleinschätzung.

Der französische Ministerpräsident Raymond Poincaré, von unversöhnlichem Haß auf Deutschland bestimmt, war aber entschlossen, zur Durchsetzung der deutschen Leistungen auch Gewalt anzuwenden, d. h. deutsches Gebiet zu besetzen. Seit 1922 schon spekulierte er, Rhein und Ruhr in seine Gewalt zu bringen, um das "Größere Frankreich" zu schaffen und Deutschland endgültig als Industriemacht zu zerschlagen. Geringe deutsche Rückstände in Sachlieferungen (vor allem Telegrafenstangen) waren der Anlaß, am 10. Januar 1923 das Ruhrgebiet mit 60 000 Mann französischer und belgischer Truppen zu besetzen. Die Truppen dienten dabei angeblich nur zum Schutze der Ingenieure und Beamten, die die Förderung von Kohle und die Lieferung der Telegrafenstangen zu überprüfen hatten.

Ruhrbesetzung 10. Januar 1923

Reichskanzler Cuno wagte die Machtprobe und proklamierte den passiven Widerstand (Ruhrkampf); die Reparationslieferungen wurden eingestellt. Die französische Regierung antwortete auf den passiven Widerstand der Beamten sowie der Arbeiter und Angestellten der Gruben mit der Anwendung der Militärgerichtsbarkeit. Etwa 150 000 Beamte und Angestellte wurden mit ihren Familien aus dem Ruhrgebiet ausgewiesen. Es kam zu blutigen Zusammenstößen und zu Sabotageakten seitens der deutschen Bevölkerung.

passiver Widerstand

Die Einstellung der Reparationsleistungen während des Ruhrkampfes war nur eine geringe Entlastung, da auf der anderen Seite die Staatsausgaben durch die Unterstützung des passiven Widerstandes im Ruhrgebiet und den Ankauf von Kohle enorm in die Höhe getrieben wurden. Der Ausfall von Steuern und Zöllen aus dem wichtigsten Industriegebiet des Reiches verschärfte die Finanzkrise des Staates weiter.

Haushaltsdefizit

Den Einnahmen des Staates im Rechnungsjahr 1923/24 von 1,2 Milliarden "Kaufkraft-Mark" (Umrechnung der Papiermark in eine gedachte Währung, die sich an der tatsächlichen Kaufkraft orientiert) standen Ausgaben von 12,9 Milliarden "Kaufkraft-Mark" gegenüber; das entsprach einem Defizit von 11,7 Milliarden, die Summe des Defizits seit 1920 betrug fast 32 Milliarden "Kaufkraft-Mark" (bei 14 Milliarden Einnahmen).

Die Regierung glich auch dieses Defizit durch den vermehrten Druck von Papiergeld aus. So zog der Höhepunkt der Finanzkrise den Höhepunkt der Inflation zwangsläufig nach sich.

Wert einer Goldmark in Papiermark im Monatsdurchschnitt:

| | |
|---|---|
| Dezember 1914 | 1,019 |
| Dezember 1922 | 1 750,866 |
| Juli 1923 | 262 034 |
| 5. 10. 1923 | 142 927 853 |
| 31. 10. 1923 | 17 270 448 905 |
| 20. 11. 1923 | 1 000 494 971 000 |

Als Münchner Spengler das Dach des Walchenseekraftwerks vollendet hatten, hinterlegten sie folgende Notiz:

*Dieser Turm wurde gedeckt im Jahre 1923 während der Zeit von Oktober bis November. Der Lohn zu dieser Zeit betrug für Spengler 120 Milliarden in der Stunde. Es kostete in Milliarden: Bier 1 Liter 80, Brot 1 Pfund 36, Fleisch 1 Pfund 200, Milch 1 Liter 80, Fett 1 Pfund 400, 1 Ei 5, ... 1 Paar Schuhe 3,5 Billionen, 1 Anzug nach Maß 70 Billionen, ...*

(Aus: F. Blaich: Inflation und Wirtschaftskrise. dtv 1985, S. 16).

Der Grund für diesen nicht mehr in Prozentwerte zu fassenden Preisanstieg lag in der Orientierung der Inlandspreise am Dollarkurs, so daß in der letzten Zeit der Inflation viele Geschäfte erst mittags öffneten, nachdem aufgrund des neuesten Dollarkurses die Preise neu festgesetzt worden waren. Löhne wurden dann ebenfalls täglich ausbezahlt, das Nachsehen hatten Bezieher von Beamtengehältern und Renten. Ihre Einkünfte waren schon am Tag nach der Auszahlung nichts mehr wert.

Literatur

Die Alltagssituation jener Tage wird besonders eindringlich in den Werken von Hans Fallada ("Wolf unter Wölfen", "Kleiner Mann, was nun?") und Erich Maria Remarque ("Der schwarze Obelisk") beschrieben.

Während die Franzosen an der Ruhr mit den schwierigen Verhältnissen immer besser fertig wurden, geriet die ins Uferlose wachsende Inflation außer Kontrolle, so daß die Politik Cunos scheiterte. Sein Nachfolger Stresemann stellte deswegen am 26. September 1923 den aussichtslos gewordenen Ruhrkampf ein. Die Besatzungstruppen zogen allerdings erst im Juli 1925 aus dem Ruhrgebiet ab.

Einstellung des Ruhrkampfes

Neben der bedrohlichen Wirtschaftskrise brachte das Jahr 1923 der jungen Republik auch schwerste politische Erschütterungen; die extreme Linke und Rechte versuchten, die wirtschaftliche und politische Schwäche der Republik auszunutzen. In Sachsen und Thüringen waren Kommunisten an der Regierung beteiligt und planten von dort aus den allgemeinen Aufstand. Dieser Aufstand sollte den Auslöser bilden für die große proletarische Revolution in Deutschland, die nach dem Willen der Kommunistischen Internationale das Zentrum der Sozialistischen Bewegung von Moskau nach Berlin verlegen sollte (Deutscher Oktober). Noch war ja in keinem wesentlichen Industriestaat die proletarische Umwälzung herbeigeführt. Das Scheitern dieser Politik trug wesentlich mit dazu bei, daß im folgenden Jahr Stalin seine Politik des "Sozialismus in einem Land" verkündete.

Sachsen Thüringen

Stresemann griff, gestützt auf den Artikel 48 der Verfassung, scharf gegen die kommunistische Regierungsbeteiligung ein; die in Berlin an der Regierung beteiligten Sozialdemokraten gingen damit gegen eine sozialdemokratische Landesregierung vor. Die bayerische Regierung beantwortete den Abbruch des Ruhrkampfes mit der Ausrufung des Ausnahmezustandes und ernannte von Kahr zum Generalstaatskommissar mit diktatorischen Vollmachten. Da die Forderung der SPD nach einem ebenso scharfen Vorgehen gegen Bayern nicht erfüllt wurde, kündigte sie am 2. November 1923 die große Koalition auf. Als bayerische Reichswehreinheiten offen den Gehorsam verweigerten, verdichteten sich die Putschgerüchte. In dieser Situation wollte Hitler, der Führer der NSDAP, die Initiative ergreifen und mit einem "Marsch auf Berlin" von München aus die Macht an sich reißen.

Bayern

Hitler-Putsch 9. 11. 1923

Auch der Westen des Reiches wurde politisch schwer erschüttert. Mehr oder weniger offen durch Frankreich unterstützt, riefen Separatisten die "Rheinische Republik" (Aachen 21. 10., dann in Bonn, Koblenz, Wiesbaden, Mainz) und eine "Autonome Pfalz" (Speyer, 24. 10.) aus, die jeweils sofort von der Interalliierten Rheinlandkommission anerkannt wurden. Die separatistischen Bewegungen scheiterten durchweg am Widerstand der Bevölkerung.

**Die Währungsreform**

Auf dem Höhepunkt der Inflation war eine Finanzreform unumgänglich. Durch ein Gesetz vom 13. Oktober 1923 wurde zum 15. November die "Rentenmark" eingeführt, der damit verbundene drastische Währungsschnitt (1 Billion : 1) entwertete sämtliche Geldwerte (Sparguthaben und Schulden) radikal.

Rentenmark

Grundlage der "Rentenmark" war die Konstruktion einer Hypothek auf landwirtschaftlichen und industriellen Grundbesitz im Wert von 3,2 Milliarden Rentenmark. Diese Hypotheken mußten an die neugegründete Rentenbank verzinst werden (daher der Begriff "Renten"-mark; Rente = Zins), was einer Sondersteuer auf Landwirtschaft und Industrie gleichkam und damit die riesigen Inflationsgewinne dieser beiden Bereiche etwas abschöpfte. Damit war eine Deckungssumme gegeben, von der die Rentenbank 2,4 Milliarden als Kredit ausgeben konnte – jeweils zur Hälfte an die Reichsregierung und an die Wirtschaft. Die Regierung konnte damit den Staatshaushalt finanzieren, bis das Steueraufkommen wieder eine geregelte Finanzierung ermöglichte. Voraussetzung für die Annahme der neuen Währung sowohl bei der eigenen Bevölkerung als auch im Ausland war aber einerseits eine pünktliche Einhaltung der Terminpläne (die gelang), andererseits eine klare Verpflichtung auf Geldmengen- und Kreditlinien. So konnte Ende Dezember 1923 und im März/April 1924 ein neuerliches Ansteigen der Devisenkurse durch radikale finanzpolitische Entscheidungen abgefangen werden.

Reparationen

Die deutsche Wirtschaft erholte sich, vor allem als durch den Dawes-Plan die deutschen Reparationen auf eine eher erträgliche Grundlage gestellt wurden. Da in Deutschland selbst keine flüssigen Mittel mehr vorhanden waren, flossen ausländische Kredite zur Bezahlung der Reparationen ins Land. Deutschland fand wieder Anschluß an die Weltwirtschaft und gewann im Laufe der Jahre in vielen Produktionszweigen die verlorene Weltrangstellung zurück. Es folgten die "guten Jahre" der Weimarer Republik.

Inflationsverluste

Die Nachteile des wirtschaftlichen Neubeginns 1923 trafen den bürgerlichen Mittelstand und die Arbeiterschaft, die ihre Rücklagen in "traditionellen" Sparguthaben angelegt hatten. Beträge, die zehn oder zwanzig Jahre vorher noch ein kleines Vermögen dargestellt hatten, waren wertlos geworden. Daraus erwuchs Bitterkeit gegenüber dem Staat, die vor allem dem rechtsradikalen Lager zugute kam.

**Die Reichspräsidentenwahl 1925**

Friedrich Ebert

1925 starb der erste Reichspräsident der Republik, Friedrich Ebert. Für die erforderliche Neuwahl stellte jede der Parteien ihren eigenen Kandidaten auf, von denen jedoch keiner die erforderliche absolute Mehrheit erringen konnte. Aber schon dieser Wahlgang zeigte den Vorsprung der Rechtsparteien DNVP und DVP.

Als sich die republikanischen Parteien auf Wilhelm Marx einigten, stellten die Deutschnationalen den 78jährigen kaiserlichen Feldmarschall Hindenburg, den Sieger der Schlacht von Tannenberg 1914, als Gegenkandidaten auf, der Marx ausstechen sollte. Hindenburg war bereits 1919/20 der Kandidat der Putschisten des Kapp-Lüttwitz-Putsches für die Staatsspitze gewesen und hatte es vor allem verstanden, 1918 die Verantwortung für die Niederlage von der Generalität fernzuhalten. Hatte Jarres, der Kandidat von DNVP und DVP, im ersten Wahlgang bereits 38,8 % der Stimmen gewonnen (bei 30 % Stimmenanteil im Reichstag), so kam Hindenburg auf über 48 %, Marx nur auf 45 %.

Repräsentant vergangener Größe

Hindenburg stand zwar zunächst voll auf dem Boden der Verfassung und konnte damit auch große Teile des Volkes an die Republik heranführen, das Volk sah in ihm aber mehr einen Repräsentanten vergangener deutscher Größe als einen Vertreter des neuen Staatsgedankens. Er war in dem Sinne "populär", in dem die Verfassung den Präsidenten populär sehen wollte; es kennzeichnet die deutsche Gesellschaft in der Weimarer Republik, daß diese Popularität keinem der demokratischen Politiker zukam. Als das parlamentarische System der Parteiendemokratie versagte, führten die Auswirkungen der Weltwirtschaftskrise und die ebenso unpopuläre wie letztlich undemokratische Regierung Brünings neben anderen Gründen zum Vertrauensschwund und schließlich zur Vertrauenskrise der Demokratie. Auch die in zäher Kleinarbeit ausgehandelten außenpolitischen Erfolge wie die Einstellung der Reparationszahlungen konnten hieran nichts ändern.

Hindenburg machte allerdings bereits zu Beginn seiner Amtszeit von seiner konservativen Interpretation der Verfassung und seiner Befugnisse keinen Hehl. So verhinderte er die Verabschiedung eines Ausführungsgesetzes zum Artikel 48 der Verfassung, weil ein solches Gesetz ihn nach seiner Ansicht unzulässig an der Anwendung des Artikels gehindert hätte.

## Die Außenpolitik zwischen Erfüllung und Revision des Versailler Vertrags

### Die Erfüllungspolitik

Stellung Deutschlands

Die Niederlage Deutschlands im Krieg und der daraus folgende Friedensvertrag hatten zwar die militärische Kapitulation des Reiches offenkundig gemacht und vertraglich fixiert, an der Stellung

Deutschlands in Europa zunächst jedoch nichts geändert. Diese Stellung war sogar eher zum Vorteil verändert, da die bolschewistische Sowjetunion aus dem Kreis der Vertragspartner Frankreichs ausgeschieden war. Gleichwohl wurde der Vertrag – ein Kompromiß zwischen französischem Sicherheitsstreben und britischem bzw. amerikanischem Ausgleich – als unerträgliche Schmach empfunden (*Welche Hand müßte nicht verdorren, die sich und uns diese Fessel legt?* – Philipp Scheidemann 1919). Das in seinem Selbstverständnis und in seiner Wirtschaftskraft ungebrochene Deutsche Reich mußte daher alle Energie daran setzen, sich von den Fesseln dieses Vertrages zu lösen.

Revisionspolitik

Da weite Kreise sowohl des Volkes als auch seiner Eliten die Niederlage nicht akzeptiert hatten, war die Bahn frei für eine Politik, die die Bestimmungen dies Friedensvertrags zu revidieren suchte. Dieses Ziel, die "Revision", war Allgemeingut aller Kräfte, nur über den Weg dahin gab es Differenzen. Das eine Extrem bildete dabei die "Revisionspolitik", die in ihrem äußersten Flügel die Wiederaufnahme des Kampfes, notfalls mit sowjetischer Hilfe, forderte. Ihre Anstrengungen richtete diese Politik auf folgende Teilbereiche (in dieser Reihenfolge):
- das Reparationsproblem
- die (einseitigen) Abrüstungsbestimmungen
- die Revision der einseitigen territorialen Bestimmungen.

Reparationen und Erfüllungspolitik

Die Reparationsverpflichtungen wurden durch den Friedensvertrag vorweg auf 20 Milliarden Goldmark festgesetzt, die bis zum 1. Mai 1921 zu zahlen waren. Eine Vereinbarung vom Januar 1921 legte dann eine Summe von 269 Milliarden Goldmark in 42 Jahresraten fest, die von 2 bis 6 Milliarden steigen sollten. Das "Londoner Ultimatum" vom 5. Mai 1921 schließlich verlangte die Anerkennung einer Gesamtforderung von 132 Milliarden Goldmark in jährlichen Raten von 2 Milliarden plus 26 % des Ausfuhrwertes. Die Phase der "Erfüllungspolitik" begann mit der Annahme des Londoner Zahlungsplans (11. 5. 1921). Sie ist verbunden mit dem Namen von Reichskanzler Wirth und Außenminister Rathenau, war allerdings im Grunde nichts anderes als eine gemäßigte Form der revisionistischen Außenpolitik. Mit der vorläufigen Erfüllung der Reparationsforderungen bis an die Grenze des Möglichen wollte man deren Unerfüllbarkeit beweisen und so ihre Revision erzwingen. Die "Erfüllungspolitiker" wurden dennoch von Nationalisten, die eine Revision des Versailler Vertrags am liebsten mit der Brechstange durchgesetzt hätten, erbittert bekämpft.

Abwehr frz. Politik

Unabhängig von "Revision" oder "Erfüllung" mußte das Ziel der Außenpolitik sein, den Versuch Frankreichs abzuwehren, die im Versailler Vertrag erreichte "halbe" Schwächung Deutschlands in einen vollen und dauerhaften Sieg umzuwandeln. Frankreich sah sich dabei vor die Notwendigkeit gestellt, einen Ausgleich sowohl für den Verlust seines wichtigsten Bündnispartners Rußland (wofür Polen nur ein schwacher Ersatz war) als auch für das Scheitern einer britisch-amerikanischen Sicherheitsgarantie zu schaffen. Dieser Ausgleich sollte in einer weiteren Expansion Frankreichs in Richtung auf die Industriezentren an Saar, Rhein und Ruhr bestehen. Die Reparationsforderungen waren daher für die französische Politik vor allem ein Hebel zur Durchsetzung dieser Politik, indem bei Nichterfüllung dieser Verpflichtungen, auch in geringem Umfang, Faustpfänder besetzt werden sollten. Dies geschah auch im Januar 1923 mit der Ruhrbesetzung.

## Der Vertrag von Rapallo mit Rußland (1922)

Konferenz von Genua 1922

Eine Lösung der wirtschaftlichen Probleme, die nicht nur auf Deutschland und seine Reparationsverpflichtungen beschränkt waren, sollte auf einer für April und Mai 1922 nach Genua einberufenen Konferenz angegangen werden. Der französische Vertreter kam allerdings mit der Anweisung seiner Regierung dorthin, weder über Abrüstung noch über Reparationen zu verhandeln, die USA nahmen nicht an der Konferenz teil, weil Rußland eingeladen war. Rußland wiederum sollte an der Konferenz teilnehmen, weil die Westmächte verlangten, daß die bolschewistische Regierung die Vorkriegsschulden des Zarenregimes, hauptsächlich gegenüber Frankreich, anerkannte. Die deutsche Delegation befürchtete daher, daß Rußland diese Vorkriegsschulden mit ihren Reparationsforderungen an Deutschland, die im Versailler Vertrag vorbehalten geblieben waren, verrechneten, indem diese Forderungen an Frankreich abgetreten würden. Die Konferenz scheiterte indessen, vor allem an der starren Haltung Frankreichs in der Reparationsfrage.

Rapallo 16. April 1922

Ein kleiner Schritt in die Richtung der Revision aber war die Unterzeichnung des Vertrags von Rapallo, einem Seebad in der Nähe Genuas, am 16. April 1922 zwischen Deutschland und Rußland. Beide Mächte verzichteten auf Ersatz von Kriegskosten und -schäden, einschließlich der Zivilschäden. Das bedeutete auf russischer Seite, daß jeglicher Anspruch auf die erwähnten Reparationsforderungen nach Art. 116 des Versailler Vertrags unterblieb. Deutschland verzichtete weiterhin auf alle Ansprüche wegen des von Verstaatlichungsmaßnahmen betroffenen deutschen Eigentums in Rußland.

gemeinsame Interessen

Grundlage dieses Vertrages waren die gemeinsamen politischen Interessen, die es erlaubten, die gesellschaftspolitischen Gegensätze zu überbrücken. Die Gemeinsamkeiten lagen in einer Gegnerschaft gegen das junge Polen; die von beiden Staaten gestellten territorialen Ansprüche stellten eine Revision der Pariser Friedensverträge dar. Weiterhin standen beide unter der Abwehrhaltung der Westmächte, Deutschland als Verlierer des Krieges, Rußland als revolutionäre bolschewistische Macht; beide waren auch

Ausbruch aus der Isolation

von der Mitgliedschaft im Völkerbund ausgeschlossen. Die politische Bedeutung des Vertrages liegt vor allem darin, daß er Deutschland aus seiner politischen Isolation herausführte, aber auch darin, daß die anderen Mächte ihn in seiner Bedeutung überschätzten und ihr Verhältnis zu Deutschland überdenken mußten.

Zusammenarbeit Reichswehr – Rote Armee

Die Reichswehrführung hatte indessen auch ohne Vertrag schon Kontakte zur Roten Armee und zur Sowjetregierung geknüpft, die eine enge Zusammenarbeit zwischen der Roten Armee und der Reichswehr zum Inhalt hatten. Deutschland half beim Aufbau der sowjetischen Rüstungsindustrie, während in den sowjetischen Rüstungsbetrieben Artilleriemunition für Deutschland hergestellt wurde, während auf sowjetischen Übungsplätzen die deutsche Panzer- und Luftwaffe wieder aufgebaut wurde. Vorgesehen war auch der Aufbau einer Flugzeug- und einer Giftgasfabrik. Die Arbeit der geheimen Organisation mußte aber 1926 eingestellt werden.

**Die Konferenz von Locarno (5. – 6. Oktober 1925)**

Der Inflation in Deutschland folgte das Bewußtsein, insbesondere in der britischen Öffentlichkeit, mit dem Londoner Ultimatum die Grenze des wirtschaftlich Möglichen überschritten zu haben. Das Reparationsproblem mußte aus dem Bereich politischer Pressionen herausgenommen werden, wenn man eine stabile Ordnung in Europa mit Deutschland errichten wollte.

Dawes-Plan 1924

Der im Sommer 1924 ausgearbeitete Dawes-Plan ging statt von territorialen Sicherheiten für Frankreich von einer allgemein-wirtschaftlichen Sicherung aus, nach der Reparationen nur aus erwirtschafteten Überschüssen bezahlt werden dürften. Die jährlichen Leistungen sollten mit 1 Milliarde Mark beginnen und in 5 Jahren auf 2,5 Milliarden ansteigen. Gleichzeitig erhielt Deutschland einen Kredit von 800 Millionen, um die monetären Voraussetzungen zur Erwirtschaftung von Gewinn zu schaffen. Damit war der Bereich der harten Konfrontation zwischen Deutschland und den Westmächten verlassen.

Stresemann

Mit dem beginnenden wirtschaftlichen Wiederaufstieg Deutschlands stellte sich, hauptsächlich für Frankreich, das Sicherheitsproblem auf neue Art. Vor allem diesem Sicherheitsbedürfnis, weniger den (tatsächlich festgestellten) Versäumnissen Deutschlands in der Demilitarisierung, ist es zuzuschreiben, daß die Alliierten die für den Januar 1925 vorgesehene Räumung Kölns hinausschoben. Um dieses Sicherheitsbedürfnis zu befriedigen, entwickelte Außenminister Gustav Stresemann im Januar und Februar 1925 den Gedanken eines westeuropäischen Sicherheitspaktes zwischen Deutschland und seinen Nachbarn. Obwohl die Franzosen zunächst zögerten, auf das Angebot einzugehen, wurde im Oktober auf das Drängen der USA und Englands hin die Konferenz von Locarno eröffnet.

Locarno

Sie arbeitete eine Reihe von Verträgen aus:

- Erklärung über gegenseitigen Gewaltverzicht zwischen Deutschland und Frankreich einer-, Deutschland und Belgien andererseits; Garantiemächte waren England und Italien.
- Schiedsverträge Deutschlands mit Frankreich, Belgien, Polen und der Tschechoslowakei.
- Beistandspakte Frankreichs mit Polen und der Tschechoslowakei.
- Verbunden mit den Verträgen war der Eintritt Deutschlands in den Völkerbund, der am 10. September 1926 vollzogen wurde.

Stabilisierung im Westen

Das Vertragspaket bedeutete eine Stabilisierung der Verhältnisse im Westen, stellte aber für diese eine stärkere militärische Garantie dar als für die Grenzen im Osten. Für die polnische Westgrenze bestand keine britisch-italienische Garantie, und der französisch-polnische Beistandsvertrag war durch den deutsch-französischen Vertrag relativiert. Politisch war Locarno die Bedingung für die erste Etappe der Räumung des besetzten Rheinlandes (1925) – bei der von deutschen Verletzungen der Demilitarisierungsbestimmungen nicht mehr die Rede war –, die Abberufung der interalliierten Militärkommission (1927) und für Fortschritte bei der wirtschaftlichen Annäherung an Frankreich. Die deutsch-französische Annäherung wurde aber deutlich begünstigt vom Zusammentreffen zweier Männer, die wie Stresemann und sein französischer Amtskollege Aristide Briand erfüllt waren vom Geist der gesamt-europäischen Kultur und vom Gedanken der europäischen Verständigung. Ihre politische Bedeutung für die Weimarer Republik liegt in einer Abkehr von der illusionären Politik des Revisionismus und einer Hinwendung zu den Realitäten der Zeit, auch wenn weiterhin die Revision des Versailler Vertrags Ziel der deutschen Politik blieb.

Aristide Briand

Konrad Adenauer

Stresemanns "Gegenspieler", der mit einer eigenen Idee zur Überwindung des deutsch-französischen Gegensatzes hervortrat, war der Kölner Oberbürgermeister Konrad Adenauer, zugleich Präsident des preußischen Herrenhauses. Er vertrat die Auffassung, nur durch eine stärkere wirtschaftliche Verflechtung der westlichen Industriegebiete des Reiches mit Frankreich und Belgien könnte der deutsch-französische Gegensatz überwunden werden; das bedingte aber auch eine Loslösung des Westens vom eigentlichen Reichsverband, etwa in Form eines Autonomiestatuts. Stresemann wollte von dieser "westlichen Teilrepublik" nichts wissen, Adenauer aber sollte zwanzig Jahre später den Gedanken, daß der Friede durch wirtschaftliche Verflechtung zu sichern sei, verwirklichen.

Deutsch-sowjetischer Vertrag 1926

Die Sowjetunion mußte den Vertrag von Locarno gegen sich gerichtet auffassen. Um dem die Spitze zu nehmen, wurde am 24. April 1925 in Berlin ein deutsch-sowjetischer Freundschaftsvertrag abgeschlossen. Er sollte verhindern; daß der jeweils andere aggressive Bündnisse mit den Westmächten schloß. Die Sowjetunion hatte damit die Sicherheit, daß die Westmächte Deutschland nicht in einen Krieg gegen sie hineinzögen, Deutschland hatte sich die Option für eine Revision der Ostgrenze offengehalten und bezog sich dabei auf eine sowjetische Erklärung, die eine Revision der durch den Versailler Vertrag gezogenen Grenzen auf ethnischer Grundlage zum Inhalt hatte.

Revision der Ostgrenze offen

"Ära Stresemann"

Gustav Stresemann (DVP) war nach seiner kurzen Kanzlerschaft (13. 8. – 23. 11. 1923) bis zu seinem Tod am 3. Oktober 1929 in allen Kabinetten Außenminister. In dieser Zeit vermochte er es, die deutsche Außenpolitik in einem so hohen Maß zu beeinflussen, daß man von der "Ära Stresemann" spricht. Stresemann war Vernunftrepublikaner und verfolgte, wie alle übrigen europäischen Staatsmänner auch, eine nationale Außenpolitik. Er erstrebte die Wiederherstellung der früheren Größe eines souveränen deutschen Nationalstaates und damit die Revision des Versailler Vertrags. Allerdings war ihm aufgrund seiner realistischen Einschätzung der europäischen Lage bewußt, daß eine nationale Außenpolitik nur auf der Basis des Ausgleichs mit den anderen europäischen Mächten erfolgreich sein konnte. Mit dieser einigermaßen vorsichtigen Handlungsweise erreichte er immerhin die Räumung des Ruhrgebiets, die vorzeitige Räumung des Rheinlandes, eine Regelung der Reparationsfrage unter Berücksichtigung der wirtschaftlichen Entwicklung in Deutschland (Dawes-Plan), die Aufhebung der interalliierten Militärkontrolle und die Aufnahme Deutschlands in den Völkerbund, schuf sich aber zahlreiche erbitterte Gegner unter den rechtsextremen Nationalisten.

## Weltwirtschaftskrise und Ende der Weimarer Republik

### Weltwirtschaftskrise – Ursachen, Formen und Folgen

In der Wirtschaftskrise, die seit 1929 die Industrienationen erfaßte, lassen sich zwei Stadien unterscheiden:
- die konjunkturelle Krise mit dem Mißverhältnis von Kaufkraft, Gewinn und Investition,
- die Bankenkrise mit der weiteren Verknappung der liquiden Mittel.

Der Rückgang der Produktion führte weltweit zu
- Massenarbeitslosigkeit und
- Konkursen (mit weiterem Anstieg der Arbeitslosigkeit).

Besonders in Deutschland wurden der Staat und das parlamentarische System für die Krise verantwortlich gemacht, die Massenarbeitslosigkeit radikalisierte die Wähler und brachte den radikalen Parteien einen für das parlamentarische System gefährlichen Stimmenzuwachs.

Schon ein Blick auf die zyklische Wiederkehr der Depressionen mußte zeigen, daß die Hochkonjunktur in den USA seit 1922 nicht von Dauer sein konnte. Bereits 1925/26 deutete sich ein Abbröckeln der Konjunktur an. Das Zusammentreffen von Hochkonjunktur und zurückgehender Massenkaufkraft führte zu einer Überproduktionskrise. Auch das Wiedererstarken der europäischen Industrienationen, die die Verluste des Krieges wettgemacht hatten, wirkten über eine Einschränkung der amerikanischen Exporte auf die Konjunktur in den USA zurück.

Abbröckeln der Konjunktur

Überproduktionskrise

Die Gewinne der Unternehmen wieder im Betrieb zu reinvestieren, verbot der großenteils gesättigte Markt, auf dem große Zuwachsraten nicht mehr zu erzielen waren; außerdem versprach der Kapitalertrag an der Börse höhere Einkünfte als im Betrieb. Die Folge war, daß der Aktienmarkt an den Börsen unverhältnismäßig aufgebläht wurde und ein Mißverhältnis von Aktienkursen und realem Wert der Aktien entstand. Allein die Nachfrage nach den Wertpapieren, nicht aber die wirtschaftliche Stärke des Unternehmens bestimmte die Höhe der Aktienkurse. Ein Zusammenbruch des ganzen Spekulationsgebäudes war vorauszusehen. Bei einer emotional so aufgeheizten Situation, bei der auch viele Kleinsparer in Aktien spekulierten, genügt ein winziger, noch so unbedeutender Anlaß, um eine allgemeine Panik hervorzurufen.

Die Ursache für den Kurssturz der Aktien liegt also im System der aufgeblähten Aktienwerte und des billigen Geldes, der reale Anlaß dagegen läßt sich nicht mehr ohne weiteres festmachen.

Aufblähung des Aktienmarktes

Der Kurssturz der Aktien in der Woche vom 23. bis zum 30. Oktober 1929 an der New Yorker Börse darf allerdings nicht überbewertet werden, da erst im Mai 1931 der durchschnittliche Stand des Jahres 1926 wieder unterschritten wurde. Die katastrophalen Folgen sind jedoch auf die Finanzierung der Aktien durch Kredite zurückzuführen, indem nur 25 % der Kaufsumme in bar bezahlt werden mußte, der Rest sollte sich durch den Kursgewinn selbst finanzieren. Fielen die Aktienkurse, dann waren diese Finanzierungswege verschlossen und Gläubigerbanken und Makler forderten die Restsumme in bar ein. Dies führte zunächst zu einer Bankenkrise, da mit der Masse der unbezahlten Schulden auch die Banken illiquide wurden, dann zu Bankenzusammenbrüchen, da in Panik geratene Sparer und Anleger ihre Guthaben abzogen. Damit aber schlugen die Faktoren der Depression voll durch, die gesamte Wirtschaft erlitt einen massiven Rückschlag.

Kreditfinanzierung

Bankenkrise

Kursverfall der Aktien

Der Kursverfall der Aktien an der New Yorker Börse brachte zwar einen Sturz um 40 % innerhalb einer Woche, aber bis zum Ende des Jahres fielen die Kurse letztlich nur auf das Niveau des Vorjahres zurück. Der so gern genannte "Schwarze Freitag" (25. 10.) brachte an der Börse in New York allerdings überhaupt keine dramatische Entwicklung, die größten Einbrüche waren am 23. (Mittwoch) und 28. 10. (Montag) zu verzeichnen.

Depression

Vor allem betroffen von der Depression war die Schwer- und Investitionsgüterindustrie. Das Bruttosozialprodukt in den USA ging von 1929 bis 1932 um 27 % (in Preisen von 1929), die Industrieproduktion um 46 % zurück, die Arbeitslosenquote stieg auf 24,9 % (1933). Mit dem Rückgang der Produktion verringerte sich auch die Nachfrage nach Rohstoffen, deren Preise auf dem Weltmarkt sanken. Den Ländern, die Rohstoffe exportierten, fehlten damit die Mittel, ihrerseits Fertigprodukte zu importieren, was wiederum zu einem weiteren Rückgang der Produktion in den USA wie in den anderen Industrieländern führte.

Verflechtung Deutschlands

Die deutsche Wirtschaft war mit der Weltwirtschaft allgemein und mit der amerikanischen besonders verflochten. Diese Verflechtung liegt besonders im Bereich der Handelsbeziehungen (hoher Einfuhrüberschuß, Export, Rohstoffabhängigkeit), aber noch mehr im Kapitalsektor. Hier wurden über lange Zeit das Defizit im Außenhandel wie auch die Reparationszahlungen durch Auslandskredite ausgeglichen, ausländische Investitionen und Geldanlagen flossen ebenfalls in dem Maß nach Deutschland, wie diese Gelder in ihren Ursprungsländern nicht mehr genügend angelegt werden konnten.

Die Krise in Deutschland kündigte sich schon einige Zeit vorher an. So gingen die Aktienkurse an der Berliner Börse ab Mai 1927 kontinuierlich zurück, 1928 zeichnete sich die Krise durch sinkende Investitionsraten der Unternehmer ab, und die Wirtschaftsleistung sank 1929 bereits um 2 %. Zum Teil war das auch darauf zurückzuführen, daß viele amerikanische Anleger aufgrund der Börsenhausse ihr Geld aus Deutschland abzogen, um an der Börse zu spekulieren.

Kapitalmangel

Eine antizyklisch wirkende Politik hätte nur mit massiven Geldhilfen durchgeführt werden können. Spezifisch für Deutschland war aber der Kapitalmangel aufgrund der Reparationszahlungen (Dawes-Plan 1924 legte unbefristete, aber in der Summe fixierte Jahresraten fest). Die kurzfristig kündbaren amerikanischen Kredite sowohl der deutschen als auch der österreichischen Industrie waren in Investitionen langfristig angelegt. Beim Rückruf dieser Kredite mußten die Gläubiger in Zahlungsschwierigkeiten kommen, da Rücklagen nicht in ausreichendem Maße vorhanden waren.

Arbeitslosigkeit

Die fehlenden Kredite wirkten sich unmittelbar auf die Industrie aus, dazu kamen Exportschwierigkeiten. Die Unternehmer reagierten mit Sparmaßnahmen und Entlassungen, die Arbeitslosenziffer stieg im Winter 1929/30 auf weit über 3 Millionen; 1931 waren schon 5 Millionen Menschen arbeitslos.

Bankenkrise 1931

Wie in den USA trat zur konjunkturellen Krise im Juni 1931 eine Bankenkrise, wie diese auf dem Rückruf ausländischer Gelder (seit Ende 1930) beruhend. Höhepunkt dieser Krise war die

Zahlungseinstellung der Darmstädter und Nationalbank am 13. Juli 1931, die dann – von der Reichsregierung gestützt – mit der Dresdner Bank fusionierte. Für diese Bankenkrise war zum Teil verantwortlich, daß Frankreich den von Wien und Berlin geforderten Zollanschluß Österreichs an das Reich verhinderte. Der Rückruf ausländischer Gelder aus Österreich zog auch das deutsche Bankensystem mit in den Strudel.

Die Wirtschaftskrise erreichte in den Jahren 1931 und 1932 ihren Höhepunkt. Die Arbeitslosenziffer kletterte 1932 auf 6,04 Millionen. Im Februar war ein Drittel der Bevölkerung Deutschlands damit auf öffentliche Unterstützung angewiesen.

**Politische Folgen der Wirtschaftskrise in Deutschland**

Radikalisierung

Wichtig für die Beurteilung der Wirtschaftskrise in Deutschland ist die politische Radikalisierung, die zwar nicht zu den Ursachen der Krise gehört, diese aber seit September 1930 entscheidend beschleunigt hat. Das Heer der über 6 Millionen Arbeitslosen und 3 Millionen Kurzarbeiter (Februar 1932 und Januar 1933) stellte einen Unruheherd dar, zumal sich für viele in der Wirtschaftskrise die Unfähigkeit des ungeliebten parlamentarischen Systems offenbarte. Daß jedoch die Gewinne von KPD und NSDAP in den Septemberwahlen von 1930, die eine zunehmende politische Instabilität anzeigten, zum weiteren Abzug von Krediten und damit zum Zusammenbruch des Bankensystems geführt hätte, entspricht nicht den Tatsachen.

Wie stark das Anwachsen der radikalen Parteien mit der steigenden Arbeitslosigkeit zusammenhängt, können folgende Zahlen belegen:

| | **1928** | **1930** | **1932 (Juli)** |
|---|---|---|---|
| KPD<br>NSDAP | 54 Abgeordnete<br>12 Abgeordnete | 77<br>107 | 89<br>230 |
| Arbeitslose | 1,86 Millionen | 3,21 | 6,04 |

SPD

Die SPD war in der Revolutionszeit von 1918/19 die entscheidende Partei gewesen, aus deren Diskussion mit den linken Sozialisten das parlamentarische System den Sieg davongetragen hatte. Die Reichstagswahlen seit 1920 hatten allerdings nicht den überwältigenden Stimmenanteil, der im Januar 1919 bei den Wahlen zur Nationalversammlung erreicht wurde, bestätigt, so daß die SPD zwar in verschiedenen Koalitionen vertreten war, aber nur bis zum Juni 1920 den Kanzler stellen konnte. Anfang November 1923 zerbrach wegen des ungelösten bayerischen Problems die Große Koalition mit der DVP; für die nächsten fünf Jahre blieb die SPD der Regierungsverantwortung fern.

Wahlen 1928

Die Reichstagswahlen von 1928 standen ganz unter dem Eindruck der wirtschaftlichen Blüte. Die radikale Rechte erlitt starke Einbußen: die Deutsch-Nationale Volkspartei (DNVP) verlor ein Drittel ihrer Sitze, die Nationalsozialistische Deutsche Arbeiterpartei (NSDAP) kam nur auf 2,6 % der Stimmen. Die Parteien der bürgerlichen Mitte verloren zwar jede für sich nur wenige Prozentpunkte, in der Summe ergab sich jedoch ein Minus von über 4 %. Die SPD gewann den deutlichsten Stimmenzuwachs (3,8 % und 22 Mandate), die KPD setzte ihr allmähliches Wachstum ungebrochen fort. Auch die wirtschaftlich orientierten Splitterparteien nahmen zu und brachten es auf immerhin 51 Sitze im Reichstag.

Große Koalition

Da die Sozialdemokratie ihre Oppositionsrolle aufzugeben bereit war, kam es unter Führung des Kanzlers Hermann Müller (SPD) zu einer erneuten Großen Koalition (SPD, DDP, Z, DVP, BVP). Sie stand – wie alle Koalitionen von Parteien mit so breitem Spektrum von der SPD bis hin zur rechtsorientierten DVP – unter ständigen Spannungen, zumal die Parteien mit dem Ausbruch der Wirtschaftskrise sich unter dem Zwang sahen, keine Wähler an die radikalen Parteien verlieren zu dürfen. Die Große Koalition konnte den Young-Plan (s. Kap. Reparationen) zur Regelung der Reparationsfrage im Parlament durchsetzen, scheiterte aber an den wirtschafts- und sozialpolitischen Problemen. Besonders die DVP, deren Kurs nach Stresemanns Tod immer offener von den Interessen der Schwerindustrie bestimmt wurde, war nicht bereit, ihre Ziele einem Koalitionskompromiß unterzuordnen.

Arbeitslosenversicherung

Zum Bruch kam es, als angesichts der hohen Arbeitslosigkeit die Sanierung der erst 1927 eingeführten Arbeitslosenversicherung angegangen werden mußte. Eine Beitragserhöhung aber – die Alternative zur Kürzung der Leistungen – wollten SPD und Gewerkschaften, die personell eng miteinander verflochten waren, den Arbeitnehmern nicht, die DVP den Unternehmen nicht zumuten. Letztlich ging es nicht um ein Viertel Prozent auf beiden Seiten (0,5 % Beitragserhöhung, jeweils zur Hälfte von den Tarifparteien getragen), sondern um die Grundsätze der Sozialpolitik, gegen die seit 1928 (Aussperrung von 250 000 Arbeitern im "Ruhreisenkampf") verstärkt die Schwerindustrie Sturm lief. Nachdem die SPD ihre Vorstellungen in der Koalition nicht durchsetzen konnte, erklärte das Kabinett Müller am 27. März 1930 seinen Rücktritt. Eine parlamentarische Mehrheitsbildung war von da an nicht mehr möglich.

Grundsätze der Sozialpolitik

## Die Kanzlerschaft Brünings

autoritäre Tendenzen

In dieser Situation kamen Bestrebungen zum Zug, den Einfluß von Sozialdemokratie und Gewerkschaften, der Arbeiterbewegung überhaupt, so wie sie seit 1918 die Republik geprägt hatte, zurückzudrängen zugunsten einer autoritären Regierungsform, die die Interessen der Schwerindustrie stärker berücksichtigte und den Primat der Wirtschaft im Staat durchsetzte. Exponenten dieser Bestrebungen waren die Schwerindustriellen des Ruhrgebiets, aber auch Männer wie Alfred Hugenberg, Besitzer eines Presse-Imperiums von ungeahnten Ausmaßen, und der Reichswehr-General Schleicher, aber auch der Reichspräsident selbst.

Mit dem Bruch der Großen Koalition wurden Überlegungen akut, die in Kreisen der Industrie bereits seit 1928, in der Umgebung Hindenburgs seit 1929 nachweisbar sind. Vertraute Hindenburgs nahmen Ostern 1929 mit dem Führer der Zentrumsfraktion im Reichstag, Heinrich Brüning, Kontakt auf und sondierten seine Bereitschaft, ein Rechtskabinett ohne parlamentarische Basis, getragen vom Vertrauen des Präsidenten, zu führen. Die Grundzüge der Politik dieses "Präsidialkabinettes" sollten sein:

Präsidialkabinett

- antiparlamentarisch, d. h. ohne Berücksichtigung der Mehrheitsverhältnisse im Reichstag, ohne Koalitionsverhandlungen und -vereinbarungen, mit den Mitteln des Artikels 48 und der Reichstagsauflösung versehen;
- antimarxistisch, d. h. unter Ausschaltung der Sozialdemokratie.

Bereits im Dezember 1929 zeigte sich Hindenburg nicht gewillt, das Kabinett Müller über die Regelung des Young-Planes hinaus im Amt zu lassen. Am Tag nach dem Rücktritt der Regierung Müller beauftragte Hindenburg Brüning mit der Regierungsbildung.

Brüning sah seine Hauptaufgabe zunächst in einer Sanierung der Staatsfinanzen, der Ausgleich des Staatshaushaltes sollte durch strengste Sparmaßnahmen erreicht werden. Seine Vorlage enthielt eine Kürzung der Staatsausgaben, eine Erhöhung der Steuern und Abgaben und ein sog. "Notopfer" der Festbesoldeten. Zur Überwindung der Krise glaubte Brüning in Kauf nehmen zu müssen, daß seine "Deflationspolitik", sein rigoroser Sparkurs also, die Arbeitslosigkeit erhöhte, die Kaufkraft herabsetzte und so wiederum die Staatseinnahmen schmälerte, was zu neuen Einsparungen zwang. Diese Politik wird seit den Zeiten des amerikanischen Wirtschaftswissenschaftlers J. M. Keynes, der für die USA ein anderes Konzept zur Behebung der Krise entwickelte, als falsch angesehen, da der Staat in solchen Situationen "gegensteuern" müsse (z. B. mehr Staatsausgaben zur Sicherung der Arbeitsplätze und Schaffung von Anreizen zur Konjunkturbelebung). Es ist allerdings zu berücksichtigen, daß Brüning für eine Erhöhung der Staatsausgaben keinerlei politische Unterstützung gehabt haben dürfte.

Sparmaßnahmen

Deflationspolitik

Keynes

Brünings Absicht war es, den Siegermächten zu zeigen, daß die Reparationsleistungen Deutschland in eine ausweglose Situation brachten. Auf der einen Seite wollte er durch pünktliche Bezahlung der Raten Vertrauen gewinnen, auf der anderen Seite nahm

Revisionspolitik

er die wirtschaftliche und soziale Not in Deutschland in Kauf, um auf diesem Weg eine Streichung der Lasten zu erreichen. Hintergedanke Brünings scheint es gewesen zu sein, nach Abschluß dieser Politik die Monarchie wiedereinzuführen. In diesem Gedanken traf er sich mit den monarchistischen Plänen des Reichspräsidenten.

Der Versuch einer Zollunion mit Österreich scheiterte zwar am Widerstand Frankreichs. Diesem Mißerfolg standen aber deutliche Fortschritte in der Reparations- und der Rüstungsfrage gegenüber.

Hoover-Moratorium 1931

1931 gewährte das Hoover-Moratorium (Initiator ist der amerikanische Präsident Hoover) einen Aufschub der internationalen Schuldenverpflichtungen, also sowohl der Reparationszahlungen als auch der alliierten Schulden gegenüber den USA, um ein Jahr; eine im Sommer 1932 in Lausanne zusammmengetretene Konferenz beschloß, daß die deutschen Reparationsschulden (nach Zahlung einer – nie geleisteten – Abschlußsumme) und die Schulden der Alliierten gegenüber den USA endgültig gestrichen würden. Diese Erfolge kamen Brüning nicht mehr in seinem Amt als Reichskanzler zugute, da er inzwischen das Vertrauen des Präsidenten verloren hatte und am 29. Mai 1932 entlassen wurde.

Konferenz von Lausanne 1932

Streichung der Reparationen

autoritäre Regierung

Brüning verstand sich von Anfang an als der Kanzler des Präsidenten, nicht des Reichstages. Gestützt von Hindenburgs Vertrauen deutete er schon in seiner Regierungserklärung seinen Willen an, den Artikel 48 anzuwenden, wenn alle Möglichkeiten der Gesetzgebung im Reichstag ausgeschöpft seien. Als der Reichstag im Juli 1930 das Sparkonzept der Regierung ablehnte, setzte Brüning das Konzept mit einer Notverordnung in Kraft – die erste Notverordnung der Republik, die einen bereits abgelehnten Gesetzentwurf zum Inhalt hatte. Der Reichstag verlangte – getreu seinen Möglichkeiten – sofort ihre Aufhebung.

Brüning löste daraufhin den Reichstag auf und setzte die Notverordnung wenig später verschärft wieder in Kraft. In diesen beiden unmittelbar aufeinanderfolgenden Maßnahmen wurde der Geist der Weimarer Verfassung verletzt – der Anfang war gemacht zur Aushöhlung und Durchbrechung der Weimarer Verfassung durch die Diktatur des Präsidenten und seines Präsidialkabinettes.

Anwachsen der NSDAP

Die Reichstagswahl vom September 1930 brachte einen politischen Erdrutsch sondergleichen: die NSDAP steigerte ihre Mandate von 12 auf 107, die KPD von 54 auf 77. Damit hatte der Reichstag starke Fraktionen von republikfeindlichen Parteien auf der Rechten und der Linken, eine regierungsfähige Koalition war nach keiner Seite hin mehr möglich. Sie hätte praktisch alle anderen Parteien umfassen müssen.

Die Fortsetzung der Notverordnungspraxis mußte allerdings von der Mehrheit im Reichstag zumindest toleriert werden, da eine Mehrheit jede Notverordnung aufheben konnte. Zu einer derartigen Duldung der Notverordnungen konnte sich vor allem die SPD bereit finden. Sie verfolgte mit der Stützung Brünings vor allem das Ziel, die SPD-Zentrum-DDP-Koalition in Preußen, der wichtigsten Stellung der Sozialdemokratie in diesen Jahren, zu halten. Sie wäre zerbrochen, wenn Brüning mit Hilfe der SPD gestürzt worden wäre.

Politische Entscheidungen traf in der Folgezeit allein das Kabinett; es war fortan nicht mehr dem Parlament, sondern nur noch dem Reichspräsidenten verantwortlich ("Präsidialkabinette"). Auf die Entscheidungen des greisen Präsidenten nahmen in diesen Jahren aber außer- und antiparlamentarische Kräfte immer mehr Einfluß: Oskar von Hindenburg, der *"in der Verfassung nicht vorgesehene Sohn des Präsidenten"*, der Staatssekretär und Chef des Büros des Reichspräsidenten Otto Meißner und von der Seite der Reichswehr ihr führender Mann, der General Kurt von Schleicher. Durch den Einfluß dieser Männer auf den Präsidenten verlor Brüning im Frühjahr 1932 das Vertrauen Hindenburgs.

Präsidialkabinette

Entlassung Brünings

Hierfür gibt es drei wesentliche Gründe:
- Stimmenzuwachs der NSDAP bei den Wahlen zu den meisten deutschen Landtagen am 24. April 1932
- der Plan Brünings, finanziell nicht mehr sanierbare Großgüter durch den Staat aufzukaufen und Arbeitslose dort anzusiedeln. Dies wurde in Hindenburgs Umgebung als "Agrarbolschewismus" bezeichnet.
- Verbot der Wehrverbände der NSDAP (SA und SS) am 13. April 1932.

Es wurde ausgesprochen, weil diesen Verbänden Bürgerkriegsvorbereitungen nachgewiesen wurden. Die Reichswehrführung aber betrachtete die militärisch geschulten Mitglieder dieser Verbände als für sie in Zukunft wichtige Rekrutierungsbasis, zumal Hitlers Wahlprogramm die Wiederaufrüstung im großem Stil versprach. Sie arbeitete daher, unter maßgeblichem Einfluß Schleichers, auf den Sturz Brünings hin.

Brüning veränderte durch seinen Regierungsstil nach und nach Sinn und Charakter der Reichsverfassung und leitete so das Ende der Weimarer Republik ein. Aber es zeichnete sich 1932 allmählich die Entspannung der Wirtschaftskrise ab, und mit dem nahen Ende deutscher Reparationszahlungen konnte auch für die Staatsfinanzen und die Wirtschaft eine Sanierung in Angriff genommen werden. Die Staatskrise jedoch wurde unter und durch Brüning noch verschärft.

### Das Kabinett Papen

Papen Reichskanzler

Brünings Nachfolger wurde zunächst, für alle überraschend, Franz von Papen, der bis zu diesem Zeitpunkt dem rechten Flügel des Zentrums angehörte. Er sollte, nach Hindenburgs Auffassung, im

Reichstag eine Mehrheit aus den Rechtsparteien gewinnen und bildete ein Kabinett aus 8 Adligen und nur drei Bürgerlichen. Um die Nationalsozialisten, die er als *nationale Freiheitsbewegung der Rechten und als wertvolle Kräfte* sah, an die Präsidialregierung heranzuführen, hob Papen das SA- und SS-Verbot wieder auf, ohne dadurch aber Hitler zur Zusammenarbeit bewegen zu können.

"Staatsstreich" in Preußen 20. 7. 1932

Papen suspendierte in einem "Staatsstreich" am 20. 7. 1932 die demokratische und verfassungsgemäße Regierung in Preußen und übernahm, gestützt auf den Art. 48 der Verfassung, als Reichskommissar die Regierungsgewalt. Politisch war damit der größte Bundesstaat des Deutschen Reiches mit der Reichsregierung "gleichgeschaltet", verfassungsrechtlich das Prinzip des Föderalismus ausgehöhlt.

Hintergrund für diese Aktion, den "Staatsstreich in Preußen", war die Gefahr, daß hier im Landtag die "Harzburger Front" eine Rechtskoalition bildete, durch die die Machtmittel des größten deutschen Landes in die Hände der Nationalsozialisten gekommen wären. Nach der Wahl vom 24. April war die alte Landesregierung noch geschäftsführend im Amt geblieben, da sie nur durch eine mit absoluter Mehrheit gewählte neue Regierung hätte abgelöst werden können. Die bisherige Regierung unter Otto Braun (SPD) stand aber angesichts der Mehrheitsverhältnisse auf verlorenem Posten. Trotz des offenen Verfassungsbruches kam es weder zu einem Generalstreik – angesichts der Massenarbeitslosigkeit und der Radikalisierung hat die Bereitschaft auch unter den Arbeitern, sich für die Demokratie einzusetzen, nachgelassen – noch zu gewaltsamen Widerstandsaktionen.

politische Polizei

Außer dem Abbau der politischen Selbständigkeit Preußens machte Papen die im Dienste des Weimarer Rechtsstaats stehende politische Polizei in Preußen zum Instrument seiner autoritären und reaktionären Politik. Diese Schritte, auch wenn sie zur Festigung der eigenen Macht Papens gegenüber der Rechten unternommen waren, sollten doch im Februar des kommenden Jahres den Nationalsozialisten den Weg erheblich ebnen. Gerade bei der erwähnten Politischen Polizei ist die Kontinuität zur Gestapo Hitlers größer als zum demokratisch orientierten Staatsschutz der Vorjahre.

Neuwahlen Juli 1932

Die vorzeitige Auflösung des Reichstags sollte nach Papens Vorstellungen die Basis der Regierung auf der Rechten verbreitern. Bei den Neuwahlen vom 31. Juli 1932 konnte allerdings die NSDAP ihre Mandatszahl von 107 auf 230 mehr als verdoppeln

NSDAP stärkste Partei

und wurde stärkste Partei des Reichstages. Die rechts- und linksradikalen Parteien hatten nunmehr 52 % der Sitze. Damit war jede parlamentarische Arbeit, die vorher wenigstens noch durch Duldung eines Minderheitskabinetts möglich war, unmöglich geworden. Papen bot zwar Hitler eine Beteiligung an der Regierung an, das Vorhaben scheiterte aber sowohl an Hitler selbst, der die *gesamte Staatsgewalt in vollem Umfang* beanspruchte, als auch an Hindenburg, der eine Einbeziehung der NSDAP in die Regierung strikt ablehnte.

Göring Reichstagspräsident

Präsident des neuen Reichstags wurde der Nationalsozialist Hermann Göring. Er hatte damit alle Mittel in der Hand, die dieses Amt der nationalsozialistischen Agitation bot, die NSDAP hatte den ersten Schritt in die Institutionen der demokratischen Republik geschafft. Nach einer Abstimmungsniederlage mit 512 : 42 Stimmen löste Papen den Reichstag mit der Begründung auf, daß *die Gefahr besteht, daß der Reichstag die Aufhebung meiner Notverordnung vom 4. September verlangt.* Papen zeigte, damit, wie Brüning, wie weit er inzwischen vom Geist der Weimarer Verfassung entfernt war. Die Neuwahlen vom November 1932 brachten der NSDAP einen Verlust von 2 Millionen Stimmen und damit einen Anteil von 33,1 %. Der Höhepunkt der Krise war überwunden, in Deutschland gab es bereits wieder Zeichen, die auf einen wirtschaftlichen Aufschwung hindeuteten. Lediglich die Kommunisten und die DNVP erzielten leichte Stimmengewinne.

keine parlamentarische Basis

Angesichts der unveränderten Situation im Reichstag war eine Regierungsarbeit auf parlamentarischer Basis weiterhin unmöglich. Für Papen stellte sich daher die Frage nach einer autoritären Umgestaltung der Verfassung, um den Reichstag auszuschalten. Er griff damit auf alte Vorstellungen zurück, die er als Politiker des rechten, zur DNVP neigenden Zentrumflügels, bereits seit längerer Zeit publizistisch vertreten hatte. Die Reichswehr unter General Schleicher (seit Brünings Sturz Reichswehrminister als Nachfolger General Groeners) erklärte sich jedoch außerstande, die daraus entstehenden Konsequenzen, Generalstreik, Bürgerkrieg, evtl. auch Interventionen von außen, durchzustehen. Auch Hindenburg lehnte, wie schon 1918, einen Bürgerkrieg strikt ab und entließ Papen aus seinem Amt. Schleicher dagegen hielt es für möglich, die NSDAP zu spalten und doch noch eine parlamentarische Basis zu gewinnen.

Bürgerkriegsbefürchtungen

Schleicher Reichskanzler

Hindenburg ernannte nun General Schleicher zum Reichskanzler. Schleicher trat zwar mit einer Offensive zur Arbeitsbeschaffung an, konnte aber genausowenig wie Papen seiner Regierung parlamentarischen Rückhalt geben. Als er, wie auch vor ihm schon Papen, seinerseits den Weg in die autoritäre Regierung unter Ausschaltung des Reichstages (Auflösung des Reichstags und Verschiebung der Neuwahlen auf unbestimmte Zeit) suchte, entzog ihm Hindenburg sein Vertrauen.

Kontakte Papens zu Hitler

Inzwischen hatte Papen bereits Kontakt zu Hitler aufgenommen, der aufgrund des Stimmenverlustes in den Novemberwahlen eine flexiblere Taktik einschlug. Er beteuerte gegenüber den Vertrauten Hindenburgs, keine Alleinherrschaft anzustreben. Papen und der Kreis der "Harzburger Front" waren überzeugt, daß Hitler als kleinerer Partner in einer Koalitionsregierung leicht zu zähmen sei und sich außerdem in der Regierungsarbeit ebenso schnell verschleißen werde wie die anderen Parteien auch. Zwar ließ Hindenburg noch am 26. Januar erklären, er werde den "böhmischen Gefreiten" nicht zum Kanzler machen, doch nach dem Rücktritt Schleichers (28. 1. 1933) ernannte Hindenburg Hitler am 30. Januar zum Kanzler eines neuen Präsidialkabinetts.

Hitler Kanzler 30. Januar 1933

Papen wurde in diesem Kabinett Vizekanzler; drei NS-Minister standen neun konservativen gegenüber, aber auch hier lagen die Interessen woanders als in der Erhaltung der Demokratie. Vor allem aber täuschten sie sich über Hitlers Willen zur Macht.

## Das Scheitern der Weimarer Republik – Ursachen und Anlässe

### Republik und konservative Strömungen

Teile des deutschen Volkes und einzelne Parteien standen von Anfang an der Weimarer Republik ablehnend gegenüber:

KPD

Für die KPD war die Republik ein kapitalistischer Zwangsstaat und die Sozialdemokratie eine Partei des Abweichlertums, ja des "Sozialfaschismus". Sie bekämpfte die Republik, um die Revolution und die Diktatur des Proletariats zu verwirklichen. Selbst als der Nationalsozialismus als Gefahr nicht mehr zu übersehen war, behielt die KPD ihre Ablehnung der Sozialdemokratie bei, ja sah beide zusammen als Exponenten des Imperialismus und Faschismus an.

konservatives Bürgertum

Das konservative Bürgertum konnte sich mit dem neuen Staat, der seine Entstehung einer Linksrevolution verdankte, nicht abfinden und beharrte auf seiner Haltung, die bis zur Forderung nach Wiedereinführung der Monarchie ging. Die "Kriegsschuldlüge" wurde zum Kristallisationspunkt dieser nationalen Bestrebungen, die Revision des Friedensvertrages war aber nur Hebel, um die Republik selbst aus den Angeln zu heben. Wo sie nicht bekämpft wurde, wurde sie verächtlich gemacht (*Schwarz-rot-senf* oder gar *Schwarz-rot-sch ...* für die Farben der Republik). Die nationale Enttäuschung über den Friedensvertrag wurde zur Enttäuschung über den Staat und zur Gegnerschaft.

nationale Restauration

Die Deutschnationale Volkspartei befürwortete die nationale Restauration und verharrte bis zum Ende der Republik in den meisten Fragen in einer erbitterten nationalistisch orientierten Opposition. Lediglich in zwei der 16 parlamentarisch gestützten Regierungen war sie vertreten. 1928 übernahm Alfred Hugenberg (Gründer und Chef eines Konzerns vor allem im Bereich Presse und Film) die Parteiführung. Er verbündete sich 1931 in der "Harzburger Front" mit Hitler und rechtsorientierten Verbänden, um das Weimarer System zu beseitigen.

Hugenberg

"Harzburger Front"

Hitler mit seiner NSDAP sagte der Demokratie vollends scharf und unversöhnlich den Kampf an und konnte die nationalen Empfindungen und Empfindlichkeiten für sich ausnutzen. Er ist aber scharf zu trennen vom rückwärtsgerichteten, am wilhelminischen Deutschland orientierten Konservatismus der DNVP und des "Stahlhelms"; seine "revolutionäre" Dynamik hatten die Zeitgenossen im wesentlichen verkannt.

NSDAP

Aber auch das Bürgertum der Mitte stand v. a. unter dem Eindruck der wirtschaftlichen und politischen Schwierigkeiten und sah den Prozeß der parlamentarischen Konsensbildung negativ. Der demokratische Grundgedanke blieb ihm schwer zugänglich.

DNVP

Seine politische Orientierung wird vor allem im Niedergang der beiden liberalen Parteien DDP und DVP deutlich, für den es mehrere Erklärungen gibt. Teilweise wurde gesagt, die DDP, die mit ihrem Mitbegründer Hugo Preuß maßgeblichen Einfluß auf die Weimarer Verfassung gewonnen hatte, habe mit der Errichtung der parlamentarischen Demokratie ihr Ziel erfüllt und in der Folgezeit nur wenig Attraktivität auf die Wähler mehr ausüben können. Dafür spricht der katastrophale Rückgang der DDP im Reich von 18,5 % 1919 auf 8,3 % 1920 und von 21,6 % auf 12,3 % in Baden. Im Reich und in den Ländern gleichermaßen gewann die konservative DVP auf Kosten der eher linksliberalen DDP. Auf die gesamte Zeit der Weimarer Republik betrachtet bleibt aber die Summe der liberalen Parteien bis 1928 relativ stabil und stürzt erst in den Wahlen ab 1932 rapide ab. Innerhalb des liberalen Spektrums bleibt der Rechtsruck (hin zur DVP) unverkennbar. Dafür dürfte ausschlaggebend sein, daß der DVP "nationaler" ausgerichtet war als die DDP.

Ein zweites Erklärungsmodell, das auf dieser Beobachtung beruht, geht darauf zurück, daß die Parteien, die noch ganz in der Kontinuität ihrer Bindung an geschlossene "Sozialmilieus" (zusammengesetzt aus religiösen, regionalen, sozialen und wirtschaftlichen Faktoren) standen, die Auflösung dieser Milieus durch die fortschreitende Industrialisierung und die damit verbundene soziale Verunsicherung (verbunden mit den tiefen wirtschaftlichen Krisen der Hyperinflation 1923 und der Weltwirtschaftskrise 1929 bis 1933) nicht auffangen konnten. DDP und DVP symbolisieren damit nicht nur eine Auflösung der Parteienstruktur, sondern geradezu den Zusammenbruch der politischen Mitte. Das Bürgertum, das vorher liberal gewählt hatte, orientierte sich jetzt zunehmend nach rechts.

**Krise und radikale Parteien**

In dieser Atmosphäre des Mißtrauens gegenüber dem Staat und seiner Parteienorganisation gewannen radikale Parteien mit ihrer Opposition und ihren Versprechungen mehr und mehr Zulauf. Schon ein Blick auf die Wahlergebnisse zeigt ein fast ungebrochenes Wachstum des Stimmenanteils der KPD während der ganzen Zeit der Republik. Mit dem Beginn der Weltwirtschaftskrise schien sich das kapitalistische System mehr und mehr zu überleben, zumal die Schwerindustrie seit 1928 auch einen zunehmend härteren Kurs in der Sozialpolitik verfolgte.

Wachstum der KPD

NSDAP

Die NSDAP wußte durch ihre betont aggressive nationale Propaganda die Enttäuschungen des Bürgertums für sich zu nutzen; ihre ständige Opposition ließ sie unberührt von den Mißerfolgen des Weimarer Staates und des "Parteiengezänks" erscheinen. Sie zeigte sich nach außen hin stark, mit einem "Führer" an der Spitze, den die Propaganda bis zur "Unfehlbarkeit" hochstilisierte und der die Lösung aller Probleme versprach. Sie konnte die Woge des Nationalismus ausnutzen, die sich gegen den "Schandfrieden" von Versailles richtete, und vertrat in ihrer Propaganda die Meinung, das Deutsche Reich könne sich durch das geschlossene Auftreten des Volkes und seiner starken nationalen, nichtdemokratischen Regierung vom Versailler System befreien. Seit 1930 wuchsen die radikalen Parteien rasch an, was eine Regierungsbildung auf der Basis einer ausreichenden parlamentarischen Mehrheit unmöglich machte.

"Führer"

Für den Aufstieg der NSDAP ist allerdings die Wirtschaftskrise nur ein Faktor, der ihn beschleunigt, nicht aber verursacht. Hier ist ist das von den Rechtsparteien initiierte "Volksbegehren gegen den Young-Plan" als ursächliches Moment zu nennen. Besonders die Nationalsozialisten konnten während des Wahlkampfes um das Volksbegehren ihren Propagandaapparat voll ausspielen und die vorhandenen rechtsgerichteten Emotionen des Bürgertums aufheizen. In der badischen Landtagswahl vom 27. Oktober 1929, einer Wahl, die nach dem (für die Nationalsozialisten gescheiterten) Volksbegehren, aber noch vor dem Ausbruch der Wirtschaftskrise lag, wurden aus den 38 000 Stimmen, die 1925 "rechten" Parteien gegeben wurden, fast 135 000.

**Die Reichswehr**

Staat im Staate

Die Reichswehr schließlich stand insgesamt negativ zur Republik, bildete einen "Staat im Staate". Sie verfolgte von Anfang an eine Politik, die auf die Wahrung ihrer traditionellen Stellung abzielte.

Der planmäßig angelegte Rückzug der Reichswehrführung aus der Verantwortung für die Niederlage, der seit August 1918 zu beobachten ist, und die erklärte Absicht, das Offizierskorps aus den

Umwälzungen herauszuhalten und zu stärken für die künftigen Aufgaben, lassen schon erkennen, daß sie nicht bereit war, die Niederlage zu akzeptieren. Waren die unzureichenden Maßnahmen bei der Demilitarisierung, die 1925 zum Protest der Alliierten führten, noch auf die Notwendigkeiten der Verteidigung nach innen und außen zurückzuführen, so war mit der militärischen Aufrüstung, die trotz der Beschränkungen des Versailler Vertrages betrieben wurde (Aufbau der Panzer- und Luftwaffe und der Rüstungsindustrie in der Sowjetunion, Erprobung von U-Booten in Schweden) das Ziel verbunden, nach der Revision der rüstungsbeschränkenden Artikel des Versailler Vertrages sofort auf der Höhe der Zeit zu sein.

heimliche Aufrüstung

Die Politik selbst noch der Locarno-Verträge zielte mehr oder weniger offen auf eine Revision der Grenzen im Osten. Für diesen Kampf hielt sich die Reichswehr bereit, die Vermutung liegt nahe, daß dieser Kampf eine Neuauflage des Weltkriegs bedeuten sollte. Innenpolitisches Ziel der Reichswehrführung war demgemäß die Ausrichtung des Volkes auf den neuen Kampf (der alte ging ja nicht wegen der Schwäche des Heeres verloren!), die Reichswehrführung war daher auch strikt gegen das von Brüning verhängte Verbot von SA und SS, weil sie diese Organisationen, ebenso wie den "Stahlhelm" als Reservoir künftiger Rekrutengenerationen und als ideologische Bildungsstätte der Jugend betrachtete.

Zwei Zitate stehen hier beispielhaft:

*"Aber was wollen Sie mit Parteien, die sich zu dem Wahlspruch 'Nie wieder Krieg' bekennen? Diesen Standpunkt kann ich nicht teilen, und eines erkläre ich Ihnen unumwunden: Polen muß erledigt werden. Auf dieses Ziel ist meine Politik eingestellt ... Ich schließe keine Verträge, durch die Polen gestärkt werden könnte, es ist vielmehr mit meinem Einverständnis manches auch bezüglich der Ostgrenze geschehen, was nur wenige außer mir wissen. In diesem Punkt bin ich ganz einig mit den Militärs, besonders mit dem General von Seeckt."*
(Reichskanzler Wirth, Zentrum, 1922 gegenüber Graf Brockdorf-Rantzau, Botschafter in Moskau).

*"Am klarsten wird das Für und Wider des Krieges in militärischen Köpfen abgewogen werden, aber Politik treiben, heißt führen. Dem Führer wird trotz allem das deutsche Volk in den Kampf um seine Existenz folgen. Diesen Kampf vorzubereiten, ist die Aufgabe; denn erspart wird er uns nicht."*
(General von Seeckt am 11. November 1922).

Absichten der Reichswehr

Die Politik der Reichswehr wird in einer Denkschrift deutlich, die Joachim von Stülpnagel, ein Vertrauter des späteren Reichskanzlers von Schleicher und 1944 als Militärbefehlshaber Frankreich im Widerstand gegen Hitler, 1926 an das Auswärtige Amt richtete. Stülpnagel stellt dabei folgende Reihenfolge auf:

- "Befreiung" des Rheinlands und des Saargebiets;
- Wiedergewinnung des "Korridors" und Polnisch-Oberschlesiens;
- Anschluß Österreichs;
- Remilitarisierung des Rheinlandes.

Für Deutschland ging es also in der Sicht der Reichswehr zunächst um die Wiedergewinnung seiner europäischen Stellung und viel später erst um das Wiedererkämpfen seiner Weltstellung (Stülpnagel).

Suspendierung des Reichstags Diktatur

Die Reichswehr verfolgte diese Politik während der ganzen Zeit der Republik; 1932/33 wurden wiederholt Pläne diskutiert, den Reichstag zu suspendieren und die Regierungsgewalt autoritär, auf die Reichswehr gestützt, auszuüben. Ein Rest von Achtung vor dem Verfassungsstaat zeigt sich jedoch auch in Überlegungen, die diktatorische Gewalt nur "kommissarisch" zu übernehmen. Es mag einerseits persönlichen Rivalitäten zwischen Papen und Schleicher, andererseits einer noch bestehenden Schwäche der Reichswehr zuzuschreiben sein, daß diese Pläne scheiterten. Hindenburg jedenfalls, oft als einer der "Totengräber der Demokratie" apostrophiert, verweigerte diesen Umsturzplänen seine Zustimmung. Er verweigerte auch – zweimal – seine Zustimmung, als gefordert wurde, Hitler zum Reichskanzler zu machen. Erst beim dritten Mal mußte er kapitulieren, mußte sich der Forderung der DNVP-NSDAP-Koalition beugen.

Militärdiktatur

Kreise der Reichswehrführung jedenfalls waren zur Militärdiktatur entschlossen, und es war nur eine Frage der Zeit, wann sie sich innenpolitisch hätten durchsetzen können. Sie waren auch zum Krieg entschlossen, und das seit dem August 1918. Der Weg der deutschen Geschichte hätte vielleicht an Hitler vorbeigeführt haben können, der Zweite Weltkrieg jedenfalls war in dem Moment vorgezeichnet, in dem die Revolution 1918 die Stellung der Reichswehr akzeptierte. Nur – daß dieser zweite Krieg ein dergestalt "totaler" Krieg wurde, das ist wohl der Anteil der Nationalsozialisten. Die Frage bleibt natürlich offen – und keine seriöse Geschichtswissenschaft wird versuchen, sie zu beantworten – ob sich diese "Falken" in der Reichswehr letztendlich hätten durchsetzen können, ob nicht etwa Männer wie General Beck oder Graf Schenk von Stauffenberg nicht auch hier Widerstand geleistet hätten oder ob nicht ein Generationenwechsel in der Reichswehrführung auch dieses Problem entschärft hätte.

Zweiter Weltkrieg

Kontinuität der deutschen Geschichte

Die Kontinuität der deutschen Geschichte scheint damit in der Tat – wie es der Historiker Fritz Fischer in seinem Buch über die Kriegszielpolitik des Deutschen Reiches im Ersten Weltkrieg *(Griff nach der Weltmacht)* dargestellt hat – unmittelbar von der "Weltpolitik" des wilhelminischen Deutschland über die Anzettelung des Ersten Weltkriegs zur Durchsetzung der Großmachtpolitik und über die Politik der nationalen Rechten in der Weimarer Republik direkt zu Hitler und seinem Lebensraum-Programm zu führen. Hitlers Drittes Reich wäre damit kein "Betriebsunfall" der deutschen Geschichte gewesen, sondern die logische Konsequenz aus dem halben Jahrhundert zurückliegender Politik.

## Ursachen und Gründe für das Scheitern der Weimarer Republik – ein Katalog

Das Scheitern der Weimarer Republik erscheint damit als das Scheitern der sozialistisch bzw. sozialdemokratisch orientierten Ideen von Demokratie und Friedensordnung, und nur diese Ideen sind eigentlich vor dem Widerstand antimarxistischer, nationalistischer und revanchistischer Kreise gescheitert.

Das Scheitern des demokratischen Prinzips indessen ist nicht aus einer einzelnen Ursache heraus zu erklären. Wie so oft hätte auch dieses Staatswesen eine einzelne Erscheinung ohne weiteres verkraftet – wie ja auch an den innen- und außenpolitischen Zerreißproben des Jahres 1923 die Republik nicht zerbrochen ist –, aber dem Zusammentreffen von sich meist gegenseitig bedingenden und fördernden Aspekten waren weder die republikanische Verfassung noch das Wesen der Parteiendemokratie noch das politische Verständnis des Bürgertums gewachsen.

unvorbereitete Demokratisierung

- Wenn auch verschiedene Parteien (z. B. SPD) schon im Kaiserreich Demokratisierung und Parlamentarismus im Programm hatten, waren Demokratie, Parlamentarismus und republikanische Staatsform nicht aus einer kontinuierlichen deutschen Entwicklung heraus entstanden. Selbst die SPD war erst unter dem Zwang der Verhältnisse bereit, die parlamentarische Monarchie aufzugeben. Die Entwicklung 1918 fand die Parteien unvorbereitet.

Parlamentarismus "von oben"

- Das parlamentarische System der Weimarer Republik hat drei Wurzeln: Die erste ist das Bismarcksche System, daß der Kanzler nur mit dem Vertrauen des Kaisers regiert, dem Reichstag aber nicht verantwortlich ist. In dieser politischen Tradition wuchs die Weimarer Generation heran. Die zweite Wurzel kam aus dem Bestreben der Heeresleitung, den Reichstag in der Stunde der Niederlage an der Verantwortung zu beteiligen bzw. ihm die Verantwortung zuzuschieben (Oktoberverfassung 1918). Die dritte Wurzel bildet die revolutionäre Entwicklung seit November 1918 und die Diskussion zwischen Rätedemokratie und parlamentarischem System. Das Zusammentreffen dieser drei Wurzeln bietet keinen Ansatzpunkt für eine ruhige Entwicklung, vor allem nicht für ein ruhiges Reifen des parlamentarischen Gedankens.

außenpolitischer Druck

- Die Weimarer Republik litt auch unter dem außenpolitischen Druck des Versailler Vertrags und unter den – vor allem französischen – Sicherheitsforderungen.

| | |
|---|---|
| Reparationen | – Die Reparationsforderungen des Versailler Vertrages waren eine zu hohe Belastung für das noch nicht gefestigte neue Staatswesen und die Wirtschaft. |
| Kriegsschuldartikel | – Die einseitig den Deutschen zugeschriebene Kriegsschuld und die damit verbundene moralische Ächtung wurden einhellig als "Schmach" empfunden; es kam aber zu keinem Konsens über die Wege, die zur Änderung führen: friedliche Revision oder radikale Aufhebung. |
| Obrigkeitsstaat | – Die Republik stand im Dilemma zwischen dem freiheitlichen Charakter ihrer Verfassung und dem obrigkeitsstaatlichen Denken ihrer Bürger. Die Verfassung sah außerdem keine Möglichkeiten vor, den Staat gegen Radikale zu schützen. |
| Justiz | – Die Justiz zeigte "Rechtsblindheit": Ihre Urteile waren einseitig, sie schonte die rechtsradikalen, ging aber hart vor gegen die linksradikalen Gegner der Republik. |
| Reichspräsident | – Die starke Stellung des Reichspräsidenten ("Ersatzkaiser"), gedacht als Notbremse für die Republik, war in der restaurativen Situation nach 1930 nicht mehr gegen Mißbrauch abgesichert. Die Anwendung des Art. 48 führte zur Auflösung des parlamentarischen Systems. |
| fehlender Kompromiß | – Das Verhältniswahlrecht spiegelt die Zersplitterung der politischen Landschaft in Deutschland wieder. Das allein ist noch kein Grund für ein Scheitern. Erst in dem Moment, in dem die Parteien ihre Kompromißfähigkeit verloren und Koalitionen erschwert waren, wirkte sich die Zahl der im Parlament vertretenen Parteien negativ aus. Beispiel dafür ist die Opposition der SPD 1923–1928 und der Rückzug aus der Regierung nach 1930. |
| Wirtschaftskrise | – Die Blütezeit der Wirtschaft war zu kurz, das Wirtschaftsleben insgesamt zu sehr auf Pump angelegt. Die Weltwirtschaftskrise traf Deutschland daher hart, traf aber auch auf eine Periode der verschärften sozialen Auseinandersetzung. |
| Radikalisierung | – Die politische Auseinandersetzung wurde mit zunehmender Radikalisierung zur Agitation gegen die Republik. Der offen geschürte Haß in Massenmedien und Versammlungen außerhalb des Parlaments durch die Kampfverbände der Parteien, die allmählich zu Bürgerkriegsarmeen wurden (Stahlhelm und Roter Frontkämpferbund), führten mit Saalschlachten und Straßenterror zu bürgerkriegsähnlichen Zuständen und politischem Mord. |
| Niedergang der bürgerlichen Parteien | – Der Niedergang der Republik spiegelt sich im Niedergang der bürgerlichen Parteien, vor allem der Liberalen. Ihre Wählerschaft orientiert sich, angesichts zunehmender Orientierungslosigkeit, immer weiter nach rechts und findet ihre politische Heimat immer weniger in den demokratischen Parteien ("Zusammenbruch der politischen Mitte"). |

- Die Krise des Parlamentarismus, die Staatsverdrossenheit bei Parteien und Bürgern, die Auswirkungen der Weltwirtschaftskrise und nicht zuletzt die gespannte Lage, die immer offener auf einen Bürgerkrieg hinzudeuten schien, ließen den Rechtsruck, der zunächst Parteien wie die DVP begünstigt hate, zu einem Ruf nach dem "starken Mann", der wieder Ruhe, Ordnung und Sicherheit schaffen sollte, werden. Das aber war genau das Ziel, das die nationalsozialistischen Schlägertrupps – eher einer Bürgerkriegsarmee vergleichbar – anstrebten.

"starker Mann"

# Glossar

**Akkumulation des Kapitals**
Prozeß, nach dem sich durch das Profitstreben der Unternehmer (Kapitalisten) in einem Konzentrationsvorgang in immer weniger Händen immer mehr Kapital anhäuft. Die Unternehmer erhalten dadurch eine Monopolstellung.

**Alldeutscher Verband**
1894 gegründete Organisation der Alldeutschen. Ihre allgemeinen Forderungen waren eine Stärkung des dt. Nationalbewußtseins unter → völkischen und imperialistischen Zielsetzungen, die mit einer aggressiven Politik durchgesetzt werden sollten. Ihre konkreten Forderungen waren daher eine aktive Flotten- und Kolonialpolitik, die Durchsetzung einer hegemonialen Stellung in Mitteleuropa und (im Ersten Weltkrieg) weitgehende Annexionen zur Sicherung des dt. "Lebensraumes". Nach 1918 extreme Agitation gegen die Republik, 1939 aufgelöst.

**Amendment**
Zusatz zur 1787 verabschiedeten Verfassung, bleibt als solcher, ab 1 durchnumeriert (heute 27), als Anhang zum Verfassungstext bestehen. Das 27. Amendment wurde 1789 vom Kongreß zusammen mit den ersten zehn eingebracht, wurde aber erst im September 1992 ratifiziert.

**American Federation of Labor**
(AFL, 1881/86 gegründet), verstand sich ausschließlich als gewerkschaftliche Bewegung, ohne politische Ambitionen, zur Wahrung wirtschaftlicher Interessen seiner Mitglieder. 1904 über 1,5 Millionen, 1941 4,5 Millionen Mitglieder.

**Anglikanische Kirche**
Durch die Trennung der englischen Kirche unter Heinrich VIII., 1534 vom Parlament bestätigt, begründete Kirchenordnung der Church of England, die ihren Grund nicht in reformatorischen Bestrebungen, sondern in den Heiratsplänen des Königs hatte. Die Anglikanische Kirche behielt daher zunächst noch katholische Züge (Bischofsamt, Liturgie) bei; erst im Lauf des 16. Jh. wirkten sich calvinistische Reformen aus.

**Annexion**
Gewaltsame Angliederung eines Territoriums, meist durch militärische Gewalt; z. B. Elsaß-Lothringen durch Deutschland 1871, Bosnien-Herzegowina durch Österreich 1908.

**Aprilthesen**
10 Forderungen Lenins (nach seiner Rückkehr aus dem Exil am 3. (16.) 4. 1917) zum Weitertreiben der Revolution: Ablehnung der Provisorischen Regierung als einer *"Regierung der Kapitalisten"* (3), Ablehnung der parlamentarischen Republik als *"ein Schritt rückwärts"* (5), Übernahme der Führung der Revolution und der *"gesamten Staatsmacht"* durch die Arbeiter- und Soldatenräte (1/2 u. 4 , die Formulierung *"Alle Macht den Räten!"* stammt nicht aus den Aprilthesen), außerdem Beendigung des Krieges als *"tatsächlichen und völligen Bruch mit den Interessen des Kapitals"* unter *"Verzicht auf alle Annexionen"* (1) und Bodenreform (6). Schließlich Änderung von Programm und Name der Partei (9) und *"Gründung einer revolutionären Internationale"* (10).

**Arbeiter- und Soldatenräte**
Proletarisch orientierte Organe der direkten Demokratie, auf der Basis von einzelnen Betrieben und Truppenteilen

organisiert. 1905 und im Februar 1917 in Rußland, im November 1918 in Deutschland als Organ der Revolution gebildet. Die gewählten Räte bildeten dabei den Rätekongreß, der seinerseits im Vollzugsrat seine Spitze wählte. Der deutsche Rätekongreß erkannte im Dezember 1918 offiziell den → Rat der Volksbeauftragten als Regierung an und übertrug im Februar 1919 seine Kompetenzen auf die Nationalversammlung.

**Arbeitsschutzgesetze**
Staatl. Gesetze, um den Arbeiter vor körperlicher Ausbeutung zu schützen: Verbot der Kinderarbeit, Regelung der Arbeitszeit, Sicherheitsbestimmungen am Arbeitsplatz etc.

**Arbeitsteilung**
Produktionsform, in der der einzelne nur noch den Produktionsschritt ausführt, der seinen Fähigkeiten oder seiner Ausbildung am weitestgehenden entspricht. Im industriellen Bereich Reduzierung der A. auf einzelne Handgriffe an Maschinen. Verlust des Überblicks über das ganze Produkt, Folge ist die → Entfremdung.

**Ausbeutung**
Inanspruchnahme einer Arbeitskraft, ohne daß dem Arbeiter auch der damit erwirtschaftete Gewinn zugute kommt. Vorenthaltung des → Mehrwerts und Reduzierung des Lohns auf den → Existenzlohn. Grundlage für die → Verelendung.

**Ausgleichsfriede**
Beendigung eines Krieges durch einen Ausgleich der widerstreitenden Interessen, ohne daß einer der Gegner militärisch besiegt wäre. Auch Verständigungsfriede genannt. Gegenteil: → Siegfriede, → Verstümmelungsfriede.

**Autokephalie**
Selbständigkeit einer Kirchenorganisation der Ostkirche, Freiheit von der Gerichtsbarkeit eines anderen Patriarchen. In Rußland seit 1589 durch die Erhebung des Metropoliten von Moskau zum Patriarchen, vorher Unterordnung unter den Patriarchen von Konstantinopel.

**Autokratie**
(Griech., Selbstherrschaft) Regierungsform, in der der einzelne Herscher über die uneingeschränkte Staatsgewalt verfügt. Der Titel Autokrator ist in Byzanz von der Mitte des 7. Jh. bis 1261 der Titel des Hauptkaisers im Unterschied zu den Mitkaisern und wird von da in die Staatsideologie in Moskau übernommen (Übernahme der byzantinischen Tradition). Nach 1906 definiert: *"Dem Kaiser von Allrußland gehört die Oberste Selbstherrschende Gewalt. Seiner Gewalt nicht nur aus Furcht, sondern auch aus Gewissenspflicht zu gehorchen, befiehlt Gott selbst."*

**Autonome Pfalz**
Ziel der separatistischen, von Frankreich unterstützten Bewegung in der Pfalz (Speyer) im November 1923. Die Bestrebungen scheitern u. a. am Widerstand der Bevölkerung.

**Badisches Landrecht**
Übernahme des frz. Code Napoleon (mit Zusätzen) als badisches Zivilgesetzbuch 1810. 1900 durch deutsches Bürgerliches Gesetzbuch abgelöst.

**Balkankrisen**
Kennzeichen des im Gefolge des Zerfalls der osmanischen Macht auf dem Balkan (haupts. zw. 1876 und 1914) entstandenen labilen Systems, in dem widerstreitende Interessen immer wieder zu Kleinkriegen oder allgemeiner Kriegsgefahr führen. Hauptbeteiligte: Österreich-Ungarn mit der angestrebten Hegemonialstellung und dem Wunsch, an der bislang türkischen Grenze keinen starken Nationalstaat entstehen zu lassen (1908 Annexion Bosniens und der Herzegowina); Serbien, Rumänien und Bulgarien mit dem jeweiligen Wunsch der

Nationalstaatsbildung und der staatl. Einheit ihrer Nation, wobei Serbien die Idee verfolgt, das → großserbische Reich wieder aufzurichten und die österreichisch-ungarischen Kroaten und Slowenen dabei einzubeziehen; Rußland mit dem Bestreben, Einfluß auf dem Balkan zu gewinnen (→ Panslawismus) und diesen Einfluß als Hebel in der → Meerengenfrage zu benützen.

**Baltikum**
Geographische Bezeichnung für die Länder an der Ostseeküste zwischen Ostpreußen und Finnland: Estland, Livland, Kurland (diese beiden im Staat Lettland) und Litauen. Auch Baltische Staaten genannt, 1917 selbständig, 1940 von der UdSSR annektiert, 1990 selbständig.

**Baltische Landeswehr**
Von deutschen Freikorps z. T. gebildete und gestützte kämpfende Truppe, die auf der Seite der meist deutschen Großgrundbesitzer in Lettland 1919 in den Krieg gegen die Rote Armee eingriffen. Die B. L. stürzte im April 1919 die Regierung in Lettland, mußte sich aber vor der alliierten Intervention zurückziehen. Ende 1919 nach Deutschland zurückgerufen.

**Barschtschina**
Form der Leibeigenschaft der russischen Bauern, vor allem im alten Großfürstentum Moskau und in Westsibirien, gekennzeichnet durch oft willkürliche Forderung von Frondiensten aller Art; mildere Form → Obrok.

**Bauernbefreiung**

1. *im Deutschen Reich:* Lösung der Bauern aus der persönl. Unfreiheit und der Gutsuntertänigkeit, wobei grundherrliche Lasten (Zinse, Abgaben) teils erlassen werden, teils abgegolten werden müssen. In Vorderösterreich bereits 1781 (Josephinische Reformen), in Baden 1783 Aufhebung der Leibeigenschaft, aber erst seit 1820 Ablösung der Herrenfronen und 1833 Zehntablösung. Aufhebung der Leibeigenschaft in Württemberg durch die Verfassungsgesetze 1817, Gesetze über die Ablösung der Lasten im Oktober 1836. In Hohenzollern-Hechingen Ablösung der Feudallasten durch freiwillige Vereinbarungen seit 1833. In Hohenzollern-Sigmaringen Aufhebung der Leibeigenschaft durch Gesetz 1833, Ablösung der Leibeigenschaftsabgaben aber erst seit 1840, der übrigen Feudallasten im August 1848. Vollständige Beseitigung der Feudallasten in Baden, Württemberg und Hohenzollern-Hechingen während der Revolution im März/April 1848. Im Gefolge der Bauernbefreiung werden der Flurzwang aufgehoben und die Allmenden aufgeteilt.
   Die B. in Preußen ist insofern gescheitert, als die Bauern durch die Höhe der Ablösesummen nicht die Möglichkeit hatten, sich eine eigene Existenz aufzubauen, und deshalb ihr Land verlassen und in die Städte ziehen mußten. Dort bildeten sie ein Reservoir an Arbeitskräften für die wachsende Industrie.
2. *in Rußland:* durch Gesetz von 1861 verfügte Aufhebung der Leibeigenschaft (→ Barschtschina und → Obrok), verbunden mit Landzuteilungen an die Bauern. Die Entschädigung, die der Staat den Grundbesitzern für dieses an die Bauern abgetretene Land zahlte, mußten die Bauern an den Staat zurückzahlen. Bauernbefreiung und Landzuteilung wurden relativiert durch die Beibehaltung der Dorfordnung des → Mir. Die Folge waren wirtschaftliche Schwierigkeiten sowohl der Bauern als auch der Grundbesitzer. Die Entstehung lebensfähiger Bauernwirtschaften machte erst die Agrarreform Stolypins nach 1906 möglich.

**Befreiungskriege**
Kriege gegen die napoleonische Herrschaft in Deutschland, besonders unter Führung Preußens und Rußlands 1813–1815 geführt. Höhepunkt war die Völkerschlacht bei Leipzig (Völkerschlachtdenkmal) im Oktober 1813. Die B. enden mit dem Zusammenbruch des napoleonischen Staatensystems (Königr. Westfalen etc.) und der Einnahme von Paris am 31. 1. 1814.

**Betriebskrankenkasse**
Form der betrieblichen Sozialversicherung. Unterstützungszahlung an Arbeiter im Fall der Krankheit, dazu meist Pflichtmitgliedschaft. Der Betrieb zahlt die eine Hälfte des Gesamtbeitrages in die Kasse ein, der Arbeiter die andere Hälfte.

**Blut und Eisen-Erklärung**
Bismarcks Erklärung bei seinem Amtsantritt als preußischer Ministerpräsident 1862, nicht durch Reden und Majoritätsbeschlüsse würden die großen Fragen der Zeit entschieden, sondern durch Blut und Eisen. Sie zeigt die geringe Wertschätzung demokratischer Grundregeln und die Betonung machtstaatlicher Politik.

**Blutsonntag**
Blutig niedergeschlagene Bitt-Demonstration vor dem Winterpalais in Petersburg am 9. (22.) 1. 1905, unmittelbarer Anlaß für die russische Revolution 1905.

**Bolschewiki**
(Von *bolsche:* mehr), seit dem II. Parteitag der Sozialdemokratischen Arbeiterpartei Rußlands (SDAPR) 1903 in Brüssel und London radikale Abspaltung von der russischen Sozialdemokratie, folgt den Revolutionstheorien Lenins (Revolution ohne bourgeoises Zwischenstadium, → Leninismus). Der Name kommt von einem (mehr zufälligen) Abstimmungsergebnis, das der Gruppe um Lenin die Mehrheit brachte.

**Boston Port Bill**
Am 31. 3. 1774 erlassenes erstes Gesetz der *Coercive Acts*, das die Schließung des Bostoner Hafens bis zum Ersatz des bei der Bostoner *Tea-Party* angerichteten Schadens verfügte; ausgenommen waren nur Lebensmittelzufuhren und militärische Güter für die englischen Truppen.

**Boston Tea Party**
Gewaltsamer Übergriff auf eine Schiffsladung Tee im Hafen von Boston am 16. Dezember 1773, um die Vorschriften der *Tea-Act* von 1773 zu boykottieren.

**Bourgeoisie**
*frz.* Bürgertum. Der Begriff ist Fachausdruck für das besitzende Bürgertum (Unternehmer, Kaufleute), im Marxismus für die herrschende Klasse, die im Besitz der Produktionsmittel ist und das Proletariat ausbeutet.

**Boxeraufstand**
Fremdenfeindliche Erhebung in Peking und anderen Städten Chinas, die 1900 zur Ermordung des dt. Gesandten K. v. Ketteler und einer Strafexpedition der europäischen Mächte unter dt. Leitung führte.

**Brest-Litowsk**
Stadt an der Grenze zwischen Kongreßpolen und Rußland, am Bug gel. Unterzeichnungsort des Friedens von B.-L. zwischen dem Deutschen Reich und Rußland vom 3. 3. 1918: Selbständigkeit Finnlands, der Baltischen Staaten und Polens, sollte die deutsche Herrschaft in der Ukraine und in Georgien begründen. Zahlungsverpflichtung über 6 Mrd. Goldmark. Im Waffenstillstand vom 11. 11. 1918 und von der Sowjetregierung am 13. 11. 1918 für ungültig erklärt.

**Briand-Kellog-Pakt**
Nach den Außenministern Frankreichs und der USA, A. Briand und F. Kellog, benannter Vertrag zur Ächtung des

Krieges als Mittel der zwischenstaatlichen Auseinandersetzung (27. 8. 1928). Von der UN-Charta abgelöst.

**Bündnisautomatik**
Bez. für die Einlösung der jeweils geltenden Bündnisverpflichtungen, die 1914 vom österreichisch-serbischen Konflikt zur Kriegserklärung Deutschlands an Frankreich führte. Ihre Einzelpunkte sind der deutsch-österreichische Zweibund, das serbisch-russische Bündnis und schließlich der russ.-frz. Vertrag (1894), der der dt. Generalität die feste Vorgabe eines französischen Angriffs im Westen gab.

**Bündnissystem Bismarcks**
System von zwei- oder dreiseitigen Verträgen, die erstens Frankreich diplomatisch isolieren sollen, um einen Revanchekrieg zu verhindern, zweitens den Frieden in Europa sichern und damit die Stellung des Dt. Reiches in Europa stabilisieren sollen. Grundprinzipien: Saturiertheit (Dld. erhebt keine territorialen Forderungen mehr – im Gegensatz zur italienischen "Irredenta") und Funktion eines "ehrlichen Maklers".

**Burschenschaft**
Studentische Organisation, zuerst 1815 an der Universität Jena, die die landmannschaftliche Gliederung zugunsten einer gesamtdeutschen Organisation auflöste. Die nationale Einheit der B. sollte Vorbild für die polit. Einheit der Nation und die Überwindung der Kleinstaaterei werden. In den B. waren v. a. ehemalige Teilnehmer an den Freiheitskriegen. Die B. waren die Träger des → Wartburgfestes im Oktober 1817. 1818 Gründung der "Allgemeinen Dt. B.", Formulierung eines liberal-national. Programms.

**Charter-Kolonie**
Form der Kolonie, in der das Rechtsverhältnis zwischen König und Kolonie durch eine Charter, eine Urkunde von verfassungsmäßigem Rang, geregelt war und damit keinen neuen Bestimmungen seitens der Krone (durch Gouverneurswechsel wie in den Kronkolonien z. B.) unterlag. Beispiel: Connecticut und Rhode-Island.

**Coercive Acts**
→ Intolerable Acts

**Common Sense**
Titel einer Schrift von Thomas Paine, erschienen am 10. Januar 1776 in Philadelphia, in der der König scharf angegriffen wurde *("britische Mörder")*. Paine formuliert den Gegensatz zwischen der unterjochten Alten Welt und der Neuen Welt, die die gehetzte und vertriebene Freiheit *("England hat sie zur Abreise aufgefordert")* empfangen und der Menschheit einen Zufluchtsort geben müsse. Erster Ausdruck der Unabhängigkeitsbewegung.

**Curzon-Linie**
Zunächst in einem Waffenstillstandsvorschlag (11. 7.), dann bei Friedensverhandlungen (17. 8. 1921) vorgeschlagene, nach dem britischen Außenminister, Lord Curzon, benannte polnisch-sowjetische Grenze. Durch die anschließenden polnischen Siege überholt (→ Friede von Riga).

**Dekabristen**
(Von russ. *dekabr:* Dezember), Aufstandsbewegung im Dezember 1825 gegen die zaristische Autokratie mit mehr oder weniger radikalen Programmen zur gesellschaftlichen und politischen Umgestaltung, getragen von Adligen, die seit 1822 in zwei Geheimbünden organisiert waren. Am selben Tag noch niedergeschlagen. 600 Verhaftungen, 121 Verurteilungen, davon 5 zum Tod, die übrigen zu Zwangsarbeit in Sibirien.

**Demokratischer Zentralismus**
Verbindliches Organisations- und Leitungsprinzip kommunistischer Systeme, geht von der Grundannahme des Marxismus-Leninismus aus, daß die sozia-

listische Gesellschaft der planmäßigen und einheitlichen Führung und Leitung durch die Arbeiterklasse und ihrer Partei bedarf. Die geforderte Einheitlichkeit der Führung schließt politische Opposition und politischen Pluralismus aus. Hauptpunkt ist die beherrschende Stellung der Parteileitung und die Verbindlichkeit von Beschlüssen oberer Parteiorgane für die unteren. Die Wahl der leitenden Parteiorgane durch die jeweils unteren Gremien wird durch die Nominierung der Kandidaten von der jeweiligen Parteileitung zur bloßen Akklamation.

**Deutsche Arbeiter-Partei**
Von Johann Drexler 1918 gegründete rechtsradikale Splitterpartei, in die Hitler im September 1919 eintrat und sofort in den Vorstand aufgenommen wurde. 1920 Änderung des Namens in Nationalsozialistische Deutsche Arbeiterpartei.

**Dolchstoß, D.-these, D.-legende**
Behauptung, wonach nicht die militärische Schwäche des Heeres, sondern die Revolution in Deutschland selbst die Niederlage 1918 herbeigeführt habe. Sie wurde von dem kaiserlichen Generalfeldmarschall Hindenburg, dem späteren Reichskanzler, in die politische Diskussion gebracht im Verlauf einer Untersuchung des Reichstags, vor dessen Ausschuß er am 18. 11. 1919 sagte: "Ein englischer General sagte mit Recht: Den guten Kern des Heeres trifft keine Schuld." Der englische General wurde selbstverständlich nie namhaft gemacht. Die D.-legende diente nationalistischen Kreisen als Propaganda gegen die Republik, die Sozialdemokratie und das demokratische System überhaupt. Die übliche Bezeichnung "Dolchstoßlegende" kennzeichnet dabei, auch wenn es sich natürlich nicht um eine Legende im strengen Sinn handelt, den quasi-religiösen Rang der Dolchstoßthese, die einem Glaubensbekenntnis gleichkam.

**Dreiklassenwahlrecht**
1848 in Preußen eingeführtes Wahlrecht, nachdem die Wahlberechtigten in drei Steuerklassen eingeteilt sind und jede Klasse dieselbe Anzahl der Wahlmänner bzw. der Abgeordneten wählt. Anteil 1849 in Preußen: 4,7 % der Bev. in der 1. Klasse, 12,6 % in der 2. und 82,6 % in der 3. Klasse. Dadurch erheblich größeres Gewicht der Stimmen aus den ersten beiden Klassen.

**Dualismus Österreich-Preußen**
Politik der beiden Großmächte innerhalb des Deutschen Bundes, jeweils für sich die Vormachtstellung in Deutschland zu erringen bzw. zu behaupten. Auch als Kampf der wirtschaftlichen Vormachtstellung Preußens gegen die politische Vormachtstellung Österreichs zu sehen. Bereits im Zollverein von 1834, dann durch die Entscheidung der Nationalversammlung 1848/49 für eine kleindeutsche Lösung angelegt, schließlich durch die von Preußen initiierten Blitzkriege von 1864, 1866 und 1870/71 endgültig zugunsten Preußens entschieden.

**Duma**
Russ. Reichstag, durch das *Oktobermanifest von 1905 angekündigt, im Mai 1906 gewählt, wegen oppositioneller Haltung von der Regierung im Juli aufgelöst. Zweite Duma vom Februar 1907 im Juli 1907 gleichfalls aufgelöst. In ihr waren auch beide Flügel der Sozialdemokratie vertreten. Im selben Jahr Wahlrechtsänderung und Wahl zur III. Duma (–1912), starker Einfluß des Besitzbürgertums (Kadetten, Sozialrevolutionäre).

**Eigentümerkolonie**
Die Eigentümerkolonien – nach 1730 nur noch Pennsylvania und Maryland – setzten den Eigentümer an die Stelle des Königs. In dessen Auftrag regierte der Gouverneur, er ernannte die Mitglieder des Council.

**Ehernes Lohngesetz**
Von Lassalle 1863 formulierte Theorie, nach der sich der Arbeitslohn nie wesentlich über das Existenzminimum erheben bzw. darunter sinken könne. Das eine würde die Lebensbedingungen der Arbeiter soweit verbessern, daß durch Zunahme der Zahl die Nachfrage nach Arbeit steigt und damit der Preis (Lohn) wieder fällt. Das andere würde die Lebensbedingungen verschlechtern und die Nachfrage verringern, so daß der Lohn wieder steigt. Übernahme der Lohntheorie von David Ricardo.

**Entente**
Frz. Begriff für eine Übereinstimmung von politischen Interessen, kann zum regelrechten Bündnis ausgebaut werden. Im Ersten. Weltkrieg Bez. für die Gegner der Mittelmächte (Deutschland und Verbündete).

**Entente Cordiale**
"Herzliches Einverständnis", Absichtserklärung zwischen Frankreich und England zum Ausgleich der gegenseitigen Differenzen auf friedlichem Weg (1904), hat in der praktischen Politik den Wert eines Bündnisses; später Absprachen zur Kriegführung gegen das Dt. Reich.

**Entfremdung**
Beziehungslosigkeit des Menschen zu dem von ihm hergestellten oder verarbeiteten Produkt, Folge der übermäßigen → Arbeitsteilung.

**Expansionismus**
Politische Richtung der amerikanischen Innenpolitik, die die Vergrößerung des Territoriums und Einflußbereiches der USA zum Programm erhebt. Zunächst in der Erschließung des Kontinents verwirklicht, später der Vergrößerung des Einflußbereiches in Mittelamerika und im Pazifik zugrundegelegt.

**Ersatzkaiser**
Stellung des Reichspräsidenten in der Weimarer Republik mit starker Machtfülle und besonderen Befugnissen im Notstandsfall. Als Begriff geprägt, um auch die emotionalen Sehnsüchte des Volkes nach einer nationalen Identifikationsfigur zu beschreiben.

**Ersatzstoffe**
Im Zug der Kriegswirtschaft aus Rohstoffmangel eingeführte Stoffe minderer Qualität, auch um die Versorgung der Rüstungsindustrie zu sichern, z. B. Papierverbände statt Baumwollmull, Aluminiumleitungen statt Kupferkabel.

**Exekutive**
Ausübende Gewalt: Regierung und nachgeordnete Behörden; → Gewaltenteilung.

**Existenzlohn**
Diejenige Lohnhöhe, die die materielle Existenz des Arbeiters sichert. Da sie zum Leben und zur Fortpflanzung notwendig ist, auch Reproduktionslohn genannt. → Existenzminimum.

**Existenzminimum**
Aufwendungen zur Sicherung des unbedingt Notwendigen im Leben. Das E. ist im Lauf der Zeit abhängig vom allgemein anerkannten Lebensstandard; es beinhaltet zur Zeit der Industriellen Revolution nur das zum bloßen Überleben Wichtige, heute sind im Pfändungswesen bereits Kühlschrank und Fernsehgerät als notwendig anerkannt.

**Doppelherrschaft**
Februar bis Oktober 1917, Zeit des Nebeneinanders der aus den Duma-Parteien hervorgegangenen Provisorischen Regierung und der basisdemokratisch organisierten Arbeit- und Soldatenräte. Für die Provisorische Regierung insofern schwierig, als die reale Macht (Kontrolle der Betriebe, Verfügung über die Verkehrsmittel und Kontrolle der Armee) bei den Räten lag.

**Flottenabkommen**
1936 geschlossenes Abkommen zwischen dem Deutschen Reich und Großbritannien, das die Größe der deutschen

Flotte auf 35 % der britischen Flotte, als Teilbereich die Größe der U-Boot-Flotte auf 100 % der britischen Stärke, festschreiben sollte. Anerkennung der deutschen Aufrüstung durch Großbritannien, Festigung der britischen Überlegenheit in der Größe der Kriegsmarine. Legte Hitler allerdings nur solange fest, wie die Stärke der deutschen Flotte ohnehin unter der der britischen Flotte blieb. 1939 von Hitler aufgekündigt.

**Flottenverein**
Gegr. 1898 mit dem Ziel, die Öffentlichkeit für den Aufbau einer dt. Flotte zu mobilisieren und den Reichstag zur Bewilligung der nötigen Gelder zu bewegen. 1914 rund 1,1 Mio. Mitglieder.

**Föderalistisches Prinzip**
Grundsatz, nach dem im Staatenbund bzw. im Bundesstaat die Souveränitätsrechte der Einzelstaaten möglichst weitgehend gewahrt bleiben. Extremfall ist der lose Staatenbund ohne wirksame eigene Exekutive (Deutscher Bund 1815–1866, EG, GUS nach 1990). In der Praxis werden jedoch bestimmte Souveränitätsrechte (bes. außenpolitisch oder militärisch) an den Gesamtstaat abgetreten (Bundesstaat). → zentralistisches Prinzip.

**Freikorps**
Seit dem Dezember 1918 von der Reichsregierung angeworbene Freiwilligenverbände, die sowohl an der Ostgrenze als auch im Innern bei der Niederschlagung kommunistisch orientierter Aufstände mitwirkten. Sollten 1920 aufgelöst werden, der Beschluß zur Auflösung führte unmittelbar zum Kapp-Lüttwitz-Putsch. Es gab insgesamt über 100 F., die fast alle in der 1921 gebildeten Reichswehr, teils aber auch in der SA aufgingen.

**Friedensinitiative**
Resolution der Reichstagsmehrheit am 19. 7. 1917 für einen Verständigungsfrieden ohne "erzwungene Gebietsabtretungen und ohne politische, wirtschaftliche und finanzielle Vergewaltigungen". Die F. kam zustande unter der Führung des Zentrumsabgeordneten Matthias Erzberger.

**frontier**
Grenze, eigentlich Grenzraum, am weitesten gegen die Indianergebiete vorgeschobener Siedlungsraum; in der zweiten Hälfte des 18. Jh. statistisch durch die Bevölkerungszahl (weniger als 2 je squaremile) bestimmt, 1890 als nicht mehr bestehend erklärt.

**Fünfjahrplan**
Instrument der sozialistischen Planwirtschaft mit exakten Planvorgaben für den Planungszeitraum. Erster Fünjahrplan 1929–1933 mit starker Betonung von Investitionen in den Bereichen Maschinenbau und Energiewirtschaft, Hebung des Lebensstandards der arbeitenden Bevölkerung durch Anstieg der Konsumgüterproduktion um 50 %.

**Gang ins Volk**
Bewegung aus dem aufklärerischen Teil der → Narodniki, der 1874 den Umsturz durch Volksaufklärung und die Bildung einer revolutionären Elite anstrebte. Der andere Teil der Narodniki verfolgte eher anarchistisch-terroristische Ziele.

**Genossenschaft, G.-wesen**
Auf der Basis genossenschaftl. Selbsthilfe organisiertes Wirtschaftsleben, im industriell produktiven Bereich weitgehend Forderung geblieben. Verwirklicht in der Landwirtschaft (Winzer-, Raiffeisen-Genossenschaft), im privaten Konsum (Konsum-Läden, ehem. coop) und im Bankwesen (Volksbanken, Raiffeisenbanken, Spar- und Darlehenskassen, Handels- und Gewerbebanken). Die landwirtschaftliche G. läßt die wirtschaftliche Selbständigkeit ihrer Mitglieder bestehen und regelt nur Anbau und Vermarktung der Produkte und die Versorgung mit Saatgut und Düngemit-

teln. Konsum- und Bankgenossenschaften arbeiteten ursprünglich mit den als Anteilen am Geschäftsvermögen angelegten Geldern der Mitglieder und bieten ihre Dienstleistungen an. Eine Sonderform ist die sozialistische G. in Form der Landwirtschaftlichen Produktionsgenossenschaft (LPG) der DDR oder der Kolchose der UdSSR. Hier bringen die Mitglieder ihren gesamten Besitz an Acker, Vieh und Geräten in die G. ein und unterstellen sich der gemeinsamen Planung.

**Gewaltenteilung**
Prinzip, nach dem die Staatsgewalt in → Legislative, → Exekutive und → Justiz getrennt ist und jede der drei Gewalten von den anderen beiden unbeeinflußt bleibt. Der G. entspricht die klare Abgrenzung der Zuständigkeiten von Regierung, Parlament und Gerichten. Maßgeblicher Grundsatz moderner Verfassungen. Erstmals von J. Locke 1690 formuliert und von Montesquieu 1748 ("Vom Geist der Gesetze") entwickelt.

**Gewerbeaufsicht**
Staatliche Überwachung des Wirtschaftslebens, setzt die Regeln der → Gewerbeordnung durch.

**Gewerbefreiheit**
Abschaffung der Zunftverfassung, nach der die (reglementierte) Zugehörigkeit zu einer Zunft Voraussetzung zur Ausübung eines bestimmtes Gewerbes war. Wegfall aller Beschränkungen wegen Herkunft, Vorbildung und Genehmigung durch Ämter oder Zünfte, Produktionsstättenzahl und -größe. In Preußen 1807 verkündet, in Baden und Württemberg 1862, in Bayern 1868. Die G. trägt wesentlich zur Freisetzung von Arbeitskräften für die Industrie bei, da unrentable, bislang durch die Zunftverfassung geschützte Handwerksbetriebe nicht mehr konkurrenzfähig sind.

**Gewerbeordnung**
Staatliche Maßnahmen (Gesetze, Verordnungen) zur Regelung des Wirtschaftslebens, ersetzt im Lauf des 19. Jh. die Zunftverfassung. Je nach Staatsordnung liberal bis dirigistisch orientiert.

**Gewerkschaften**
Wichtigste Organisationsform zur Selbsthilfe durch die Arbeiter, hat die Koalitionsfreiheit, d. h. das Recht zum Zusammenschluß in Verbänden, zur Voraussetzung. G. sind mehr auf die Verbesserung der Arbeitsbedingungen hin orientiert, die in Vereinbarungen mit den Unternehmern duchzusetzen sind; als Waffe der G. dient dabei der Streik. der Streik wiederum setzt die gewerkschaftliche Solidarität der Arbeiter voraus. Im Unterschied dazu strebt die Arbeiterpartei eine Verbesserung der Lebens- und Arbeitsbedingungen auf gesetzlichem Wege an, dazu muß sie allgemeines Wahlrecht fordern, um ihre Kandidaten ins Parlament zu bringen. Erste G. in Deutschland 1865. Verschiedene Organisationsformen: Berufsverbandsprinzip (USA, Großbritannien), d. h. innerhalb eines Betriebes gehören Angehörige verschiedener Berufe verschiedenen G. an; Industrieverbandsprinzip (BRD), d. h. die Hauptrichtung des Betriebs bestimmt die Zugehörigkeit zur G.; Richtungsgewerkschaft (Deutschland vor 1933, Frankreich, sozialist. Staaten), als sozialist. oder kommunistische G. mit reformerischen oder revolutionären Zielsetzungen.

**Göttinger Sieben**
Sieben Göttinger Professoren, die 1832 gegen einen Willkürakt des Königs von Hannover und England protestierten und daraufhin aus dem Dienst entlassen wurden.

**Goldmark**
Ursprünglich am Goldstandard orientierter Wert der Deutschen Reichsmark, nach Verlassen der Golddeckung rech-

nerischer Wert, der sich aus dem Verhältnis zum Goldpreis und zum Dollarkurs ergab. Die G. war definiert als 1/1395 eines Pfundes Feingold. → Kaufkraftmark, → Papiermark.

**Griechenbegeisterung**
1824 in den intellektuellen Kreisen ausbrechende Sympathie für den Freiheitskampf des griechischen Volkes gegen die türkische Fremdherrschaft. Auch politisch genutzt zum Kampf gegen die reaktionäre Politik Österreichs. → Polenbegeisterung.

**Großbürgertum**
Kaufleute und Unternehmer mit besitzorientierten Interessen, stehen in der Frz. Revolution in natürlichem Gegensatz zu Kleinbürgern (Handwerker) und dem städtischen Proletariat (Sansculotten).

**großdeutsch**
Ausdruck für jene Lösung der nationalen Frage, die Österreich in das künftige Reich einbeziehen wollte. Scheiterte nicht zuletzt am Problem der nichtdeutschen Bestandteile (v. a. Ungarn, aber auch Böhmen). → kleindeutsch.

**Großserbisches Reich**
Blütezeit des Kgr. Serbien im 14. Jh., als das G. R. der bedeutendste Staat auf dem Balkan war. Sein Herrscher trug den aus dem byzantinischen Bereich kommenden Titel Zar, der die Ebenbürtigkeit mit dem oström. Kaiser dokumentieren sollte. Es umfaßte den Süden des heutigen Jugoslawien, Albanien und Griechenland außer Athen und der Peloponnes. 1389 türkisch. Anknüpfungspunkt für den serbischen Nationalismus des 19. und 20. Jh.

**Grundrechte**
Sammelbegriff für einen Katalog von politischen und persönlichen Rechten, die als unveräußerlicher Besitz jedes Staatsbürgers angesehen werden, z. B. Versammlungs- und Pressefreiheit, Vereinigungsrecht, Schutz der Person und des Eigentums. Erste Festlegung in der Neuzeit in der Virginia Bill of Rights 1776, dann in der frz. Revolution bereits im August 1789 verkündet. 1849 Bestandteil der Paulskirchen-Verfassung.

**Haager Friedenskonferenzen**
Zwei internationale Friedenskonferenzen in der niederländischen Hauptstadt Den Haag 1899 und 1907. Hauptergebnisse sind international anerkannte Konventionen über die Kriegführung, darunter (1907) die Haager Landkriegsordnung über die Gesetze und Modalitäten der Landkriegführung. Abrüstungsverhandlungen bleiben auf beiden Konferenzen u. a. wegen der deutschen Haltung ergebnislos.

**Hambacher Fest**
1832 aus Anlaß des bayerischen Verfassungstages organisierte Demonstration der liberalen und fortschrittlichen Kräfte auf dem Hambacher Schloß bei Neustadt/Pfalz.

**Harzburger Front**
Gemeinsame Kundgebung von DNVP, → Stahlhelm, NSDAP u. a. rechtsradikaler Gruppen in Bad Harzburg am 11. 10. 1931 zum Kampf der nationalen Opposition gegen die Regierung Brüning.

**Heilige Allianz**
Bündnis der reaktionären Mächte Österreich, Rußland und Preußen zur Stabilisierung der restaurativen Bestrebungen in Europa, indem die Prinzipien der christl. Religion die Innen- und Außenpolitik bestimmen sollten. Auch "Bündnis von Thron und Altar" genannt.

**Heilsplan**
Der Weltordnung zugrundeliegendes Prinzip, wonach die Geschichte auf die Erfüllung eines Zieles hinstrebt, das nicht von den Menschen beeinflußbar ist. V. a. christliche Heilslehre (Erlösung, Wiederkommen Christi, Jüngstes Gericht) und marxistische Theorie

(Weltrevolution, Diktatur des Proletariats, Kommunismus). Zum H. gehört das Gesetz des Handelns, dem die Geschichte in ihrem Verlauf unterliegt: im Christentum der Kampf zwischen Gut und Böse, im Marxismus der Klassenkampf.

**Historischer Materialismus**
Philosoph. Prinzip, wonach das materielle Sein des Menschen (soziale Verhältnisse, Produktionsweise) das gesellschaftliche Bewußtsein bestimmt und damit verantwortlich ist für die Ausprägung von Kultur, Recht, Religion etc. "Nicht das Bewußtsein bestimmt das Leben, das Leben bestimmt das Bewußtsein." Der Materialismus L. Feuerbachs wird von Marx erstmals auf die Produktion von Gütern und die soziale Wirklichkeit bezogen. → Basis, → Überbau.

**Hohenzollern**
Als Grafen von Zollern bereits 1061 im Raum zwischen oberem Neckar, Schwäbischer Alb und oberer Donau nachweisbar. 1191/92 Erwerbung der Burggrafschaft Nürnberg und Teilung in fränkische und schwäbische Linie. Die fränkische Linie teilt sich nach der Erwerbung der Markgrafschaft Brandenburg 1417 weiter in die brandenburgische und die fränkische Linie, die in den Markgrafschaften Ansbach und Bayreuth bis 1791 regiert. 1618 kann die brandenburgische Linie das Herzogtum Preußen als polnisches Lehen erhalten, es wird 1701 Basis für das Königtum Brandenburg-Preußen. Die schwäbische Linie teilt sich 1575 in die Linien H.-Hechingen und H.-Sigmaringen, die ihren Besitz vor der → Mediatisierung retten können. Nach der Revolution von 1848/49 verzichten beide Fürsten auf die Souveränität und treten die Fürstentümer an Preußen ab (Dez. 1849/März 1850). Einführung der preußischen Verfassung in dem dann preußischen Regierungsbezirk Sigmaringen. Ab 1945 Bestandteil des Landes (Süd-) Württemberg-Hohenzollern und mit diesem 1952 zum Bundesland Baden-Württemberg.

**Homestead-Act**
(Heimstättengesetz) 1862 erlassenes Gesetz, das jedem männlichen Familienoberhaupt über 21 Jahren ein Gebiet von fast 65 ha (160 acres) kostenlos zusprach, wenn er es mindestens 5 Jahre lang bewirtschaftete.

**Hoover-Moratorium**
Angesichts der Weltwirtschaftskrise auf Vorschlag des amerikan. Präsidenten Hoover 1931 gewährter Zahlungsaufschub für alle internationalen Schulden, bestätigt zum ersten Mal öffentlich einen Zusammenhang zwischen den alliierten Kriegsschulden gegenüber den USA und den deutschen Reparationsschulden gegenüber den Alliierten.

**Hungerexport**
Getreideexport aus ausschließlich außenwirtschaftlichen Gesichtspunkten (Devisen), in Rußland besonders, um Kapital für die Industrialisierng zu gewinnen, auch wenn darunter die Versorgung im eigenen Land litt. Kennzeichen der russischen Exportstrategie zur Zeit der Industrialisierung.

**Imperialismus**
Politik, die auf Unterdrückung und wirtschaftliche Ausbeutung fremder Länder ausgerichtet ist und die insbesondere auf die Errichtung von Kolonialreichen oder Interessensphären abzielt. Epochenbezeichnung für die Zeit von ca. 1870 bis 1914. Hochphase der Kolonialisierung: Brit. Empire (Afrika auf der Linie Kap-Kairo, Indien), frz. Kolonialreich (Afrika von West nach Ost, haupts. Mittelmeerregion, Indochina), USA (Mittelamerika, Pazifik); die kleineren und jüngeren Staaten versuchen, sich mit Gewalt einen "Platz an der Sonne" (Ks. Wilhelm II.) zu verschaffen: Deutschland, Japan, Italien. Rußland treibt die

Erschließung Sibiriens voran. Zusammen mit → Nationalismus hauptverantwortlich für den Ersten Weltkrieg. Lenin beschreibt den I. als ökonomisches Phänomen zur Schaffung neuer Absatzmärkte für die kapitalistischen Staaten und bezeichnet ihn als höchstes Stadium des Kapitalismus. Er führe notwendig zum Konkurrenzkampf und zu Kriegen zwischen den kapitalistisch/ imperialistischen Staaten.

**Industrialisierung**
Übergang der Güterproduktion vom Handwerksbetrieb oder der → Manufaktur auf Fabriken, in denen der Arbeiter (ohne besondere Vorbildung) nur noch Maschinen bedient und diese Maschinen Güter in großen Stückzahlen herstellen.

**Industriegesellschaft**
Gesellschaftsordnung, die von einem hohen Maß an → Arbeitsteilung, → Verstädterung und → sozialer Moblität gekennzeichnet ist. Gegensatz: Agrargesellschaft.

**Inflation**
Durch eine unkontrollierte Aufblähung der Geldmenge (*lat.* inflatio: Aufblähung) bewirkter Anstieg der Inlandspreise und des Devisenkurses, verursacht durch ein erhöhtes Angebot auf der Geldseite. Die dt. Inflation – mit ihrem Höhepunkt im Nov. 1923 – war bedingt durch die Erhöhung der Staatsausgaben im Gefolge der Niederlage im Ersten Weltkrieg bei gleichzeitig zurückgehenden Staatseinnahmen. Die Inflation gilt heute mit einem Wert zwischen 1 und 3 % als "normale" Erscheinung (Stabilitätsgesetz, EG-Normen).

**Internationalismus**
(Eigentl. Proletarischer Internationalismus) vertritt als Bestandteil des Marxismus-Leninismus die Gegenposition zum bürgerlichen Nationalismus und beruht auf dem Gedanken, daß die gemeinsamen Interessen der Arbeiterklasse eine Beschränkung auf einen Einzelstaat verbieten, sondern nur auf internationaler Basis durchgesetzt werden können. Da die Sowjetunion die Manifestation der Interessen des Proletariats darstelle, liege ihre Verteidigung in deren Interesse. Ausdruck des Internationalismus sind die I. und II. Sozialistische Internationale (1864–76 bzw. ab 1889) und die III., die → Kommunistische Internationale (Komintern, 1919), mit der die sozialistische Bewegung gespalten wurde. Derzeitiger Präsident der Sozialistischen Internationale ist Willy Brandt (SPD).

**Intolerable Acts**
Bezeichnung für die britischen Gesetze, die als *Coercive Acts*, als Strafmaßnahme für die *Boston Tea Party*, erlassen und von den Kolonien als untragbar *(intolerable)* angesehen wurden; → Massachusetts Government Act, → Quebec Act

**Kadetten**
(Von der Abkürzung KD für Konstitutionelle Demokraten), im Oktober 1905 gegründete Duma-Partei, die die Interessen von Bürgertum und Intelligenz radikalliberaler Richtung vertrat, aber auch sozialreformerische Forderungen für die Bauern erhob. Auf dem II. Parteikongreß im Januar 1906 erkannte sie die monarchische Regierungsform an, verlangte eine Einschränkung der Landenteignungen und verurteilte revolutionäre Kampfmethoden. Nach 1918 als konterrevolutionär verfolgt.

**Kalender, Julianischer**
Durch Julius Cäsar eingeführter Kalender mit Einführung des Schalttags alle vier Jahre. Durch Ungenauigkeit ergab sich im Lauf der Jahrhunderte eine Verschiebung gegenüber dem Sonnenjahr von 9 Tagen, die durch die Gregorianische Kalenderreform 1582 aufgehoben wurde (Datumswechsel vom 5. auf den 15. 10.). Einführung im katholischen

Deutschland 1583/84, im evangelischen Deutschland 1700, in Rußland am 1. Februar 1918. Der Julianische Kalender geht gegenüber dem Gregorianischen im 19. Jh. um 12 Tage, im 20. Jh. um 13 Tage zurück. Er ersetzte 1700 die bis dahin übliche Zählung der Jahre nach der "Weltära der Griechen" seit der Erschaffung der Welt, nach dem die Oktoberrevolution im Jahre 7426 stattfand und dieses Buch im Jahre 7499 erscheint.

**Kartell**
Preis- oder andere Absprache zwischen an sich selbständigen Unternehmen zum Ziel der Vermeidung unerwünschter Konkurrenz, oft mit einer vorherigen Aufteilung des Marktes verbunden (Quoten).

**Kerenski-Offensive**
Am 18. 6. (1. 7.) 1917 begonnene Offensive an der Südwestfront, v. a. gegen Österreich-Ungarn, kommt nach wenigen Wochen zum Stehen. Die Offensive zeigt das Festhalten der Provisorischen Regierung am Krieg und ermöglicht den Bolschewiki eine starke Anti-Kriegs-Propaganda und damit den Einfluß auf die Massen.

**Kommunistische Internationale**
Komintern, als III. Internationale im März 1919 in Moskau gegründet. Vordergründig Koordinationszentrum für die nationalen kommunistischen Parteien, damit aber Instrument zur Unterordnung der Politik der verschiedenen kommunistischen Parteien unter die Ziele der Sowjetunion und damit Instrument der sowjetischen Außenpolitik; Ziel war die Unterstützung und Koordination der verschiedenen kommunistischen Bewegungen, schließlich ihre Zusammenfassung zu einer einzigen kommunistischen Weltpartei. → Internationalismus.

**Kongregationalismus**
Reformatorische Bewegung innerhalb des Calvinismus, die die religiös bestimmte Gemeindeverfassung dem Souveränitätsanspruch des Staates entgegenstellt: Die Einzelgemeinde ist vom Staat unabhängig und wählt und ordiniert ihren Priester selbst. Weiterführung des → Presbyterianismus.

**Kongreßpolen**
1815 auf dem Wiener Kongreß errichteter polnischer Staat, mit Rußland in Personalunion verbunden. Noch heute in Polen als Begriff verwendet. K. wird im Nordwesten ergänzt durch den bis 1918 preußisch/deutschen Teil von Großpolen (um Posen/Poznan). Östlich des Bug liegt Ostpolen, vor 1920 und nach 1939 russisch (sowjetisch).

**Konstituierende Versammlung**
Von der Provisorischen Regierung bereits am 2. (15.) 3. 1917 in Aussicht gestellte Verfassunggebende Versammlung, am 14. (27.) 6. für den 17. (30.) 9. vorgesehen, dann auf den 12. (25.) 11. verschoben; am 20. 7. (2. 8.) als aus allgemeinen, gleichen, geheimen und direkten Wahlen hervorgehend beschlossen. Der Wahltermin wird vom Rat der Volkskommissare bestätigt. Ergebnis der Wahlen: 62 % der Stimmen für Sozialrevolutionäre und Menschewiki (entspr. zus. 385 Sitze), 25 % für Bolschewiki (175 Sitze), Kadetten und andere Bürgerliche 13 %. Nach dem Zusammentritt am 5. 1. 1918 und der mehrheitlichen Weigerung, die Übertragung der Staatsgewalt auf die Sowjets zu billigen, durch Waffengewalt und Dekret am folgenden Tag aufgelöst.

**Konstitutionelle Monarchie**
Staatsform, die die Monarchie an eine Verfassung bindet. Die Rechte des Königs sind dadurch eingeschränkt. Gegensatz: absolute Monarchie bzw. Republik.

**Konstitutionsedikte**
Reihe von sieben Staatsgrundgesetzen des Großherzogtums Baden, in denen 1806–1808 die Rechtsverhältnisse im Staat geregelt wurden. Vorläufer der 1818 eingeführten → Verfassung.

**Kontinentalkongreß**
1774 erstmals einberufene Versammlung der nordamerikanischen Kolonien (tagt vom 5. 9. – 26. 10.), um gemeinsame Maßnahmen gegen die Verschärfung der politischen Macht der britischen Krone zu beraten. Der zweite Kontinentalkongreß tritt bereits im Mai 1775 zusammen und beschließt angesichts der am 19. 4. ausgebrochenen Kämpfe mit britischen Truppen in Lexington, die Kolonien in den Verteidigungszustand zu setzen.

**Kontinentalsperre**
Von Napoleon 1806 gegen England verhängte Blockade des Europahandels, um England wirtschaftlich in die Knie zu zwingen. Bewirkt eine Orientierung des englischen Handels nach Übersee (Kolonien), aber in Europa auch eine Krise der Landwirtschaft und des Agrarhandels, weil der englische Markt ausfällt.

**Kontraktknechte**
*(Indentured servants)*, Auswanderer, die zur Bezahlung ihrer Überfahrt sich in die Abhängigkeit der Schiffseigner begeben und nach Ankunft in Amerika von diesen verkauft werden. Die Dienstzeit war gesetzlich vorgeschrieben und lag zwischen 3 und 9, manchmal bis zu 12 Jahren. Nach Ablauf dieser Zeit war der Knecht persönlich frei und erhielt Geld, Kleidung, Land, Saatgut und Gerät als Erstaustattung.

**Kosaken**
Bevölkerung, die sich vor allem aus Bauern, die der Leibeigenschaft entflohen waren und in den Steppen am Don angesiedlet hatten, bildete und hier kolonisatorische und militärische Aufgaben (Wehrbauern) übernahmen. Ihre Leistungen bestehen besonders in der Grenzverteidigung nach Südwesten (gegen Polen-Litauen und Osmanen), in der Eroberung und Erschließung Sibiriens; im 19. Jh. wurden sie als Polizeitruppe zur Niederschlagung von Aufständen herangezogen. Die Kosaken verloren ihre weitgehende Privilegien 1918 durch die Sowjetregierung, was sie auf die Seite der weißen Konterrevolution trieb.

**Kriegskommunismus**
Unterordnung wirtschaftlicher Ziele unter die Sicherung der Revolution während der Zeit des Bürgerkriegs (1918–1921). Zielvorstellung ist ideologisch der Übergang in die kommunistische Ordnung; dadurch Übernahme aller wesentlichen Produktions- und Verteilungsfunktionen durch den Staat, Militarisierung der Industrie und später auch der Landwirtschaft, Zentralisierung des Verwaltungsapparates, Aufhebung der Selbstverwaltung der Betriebe durch die Berufung von Kommissaren, Einführung einer Naturalwirtschaft anstelle der Geldwirtschaft und rapider Verfall des Lebensstandards. Nach 1921 durch → NEP abgelöst.

**Krimkrieg**
Krieg einer englisch-französisch-türkischen Koalition gegen Rußland um das Erbe des zerfallenden Osmanischen Reiches am Schwarzen Meer 1853–1856. Der Krieg zeigt die inneren Schwächen des russischen Staates (Flotte und Heerführung) und ist Anlaß für Sozialreformen (Bauernbefreiung 1861).

**Kronkolonie**
Form der Kolonie, die unmittelbar der Krone untersteht und ihre politische Struktur von ihr erhält. Gegensatz: → Eigentümerkolonie und → Charter-Kolonie. Die Kronkolonien standen unter der Leitung des Gouverneurs als des Stellvertreters des Königs. In seiner Ernennungsurkunde umschrieb der König

die Rechtsverhältnisse der Kolonie, die damit ihr verfassungsmäßiges Grundgesetz wurde.

**Krüger-Depesche**
Glückwunschtelegramm Ks. Wilhelms an den Präsidenten der Burenrepublik Südafrika Krüger (3. 1. 1896) nach dessen Sieg über den britischen Einfall nach Transvaal. Die K. beeinträchtigte das ohnehin gespannte Verhältnis zwischen Großbritannien und Deutschland weiter.

**Kulaken**
Selbständig wirtschaftende Groß- und Mittelbauern; tragen durch die Möglichkeit der Vorratshaltung bei Getreide zu einer Versorgungskrise bei. Von Stalin als "Klassenfeind" verfolgt und ausgerottet.

**Landständische Verfassung**
Verfassung, die das Recht der Landstände auf Mitsprache an der Regierung gewährleistet. Grundlage ist die Gliederung der Gesellschaft in Stände, die noch nicht durchbrochen wird. Gegensatz: Liberale Verfassung mit gewählter Volksvertretung.

**Lebenserwartung**
Im Durchschnitt aller Lebendgeborenen erreichtes Lebensalter. Die L. ist eine rein statistische Größe und insbesondere abhängig vom bereits erreichten Lebensalter. So beträgt die L. in der vorindustriellen Zeit insgesamt nur ca. 30 bis 40 Jahre, sobald aber die gefährliche Zeit der Kinderkrankheiten vorüber ist, steigt die L. des Jugendlichen auf über 50 Jahre. Heute im Gesamtdurchschnitt bei 68 bis 73 Jahren.

**Legislative**
Gesetzgebende Gewalt im Staat (Parlament), nach dem Prinzip der → Gewaltenteilung unbeeinflußt von → Exekutive und → Justiz.

**Legitimität**
Allgem. Rechtfertigung staatlicher Gewalt: Gottesgnadentum bzw. → Volkssouveränität. Auf dem → Wiener Kongreß zugrundegelegtes Prinzip, daß nur diejenigen Fürsten wieder in ihre Rechte eingesetzt werden sollten, deren Familie bereits vor der französischen Revolution an der Regierung war. Die Tradition der Herrschaft gibt also das Anrecht. Das Legitimitätsprinzip wird verlassen im Freiheitskampf der Griechen und bei der Unabhängigkeit Belgiens.

**Leibeigenschaft**
Persönliche und rechtliche Abhängigkeit des Bauern vom Grundherrn (Adel, Staat, Kirche), sowohl für den Bauern als auch für den Grundherrn erblich. Leibeigenschaft bedeutet die uneingeschränkte Verfügungsgewalt über den Besitz des Bauern und über seine Person, aber nicht das Recht, über sein Leben zu bestimmen. Leistungen an den Leibherren bestehen in Frondiensten, Geld- und Naturalabgaben.

**Leninismus**
Weiterentwicklung des Marxismus unter Übertragung auf speziell russische Verhältnisse. Hauptkennzeichen sind:
1. die Einschätzung der russischen Bourgeoisie, die vom Staat abhängig ist, daher das herrschende Regime stützt und es nicht beseitigt;
2. die Einschätzung des herrschenden Regimes als eigentlichen Gegner, gegen den der Kampf nur unter Bildung einer aristokratischen Revolutionselite (Kaderpartei) geführt werden kann;
3. Führung des Proletariats durch diese straff organisierte Revolutionselite, die unter den Bedingungen des zaristischen Systems "berufsmäßig geschult" ist und ausschließlich konspirativ arbeitet;
4. Einbeziehung des ländlichen Proletariats (befristetes "Klassenbündnis");
5. Durchführung der Revolution sofort, ohne das Zwischenstadium einer bourgeoisen Ordnung;
6. Ausübung der Diktatur des Proletariats über längere Zeit, um die Entwicklung, die anderswo die Bourgeoisie leistet, nachzuholen.

7. Erkenntnis des Imperialismus als höchstes Stadium des Kapitalismus, da der Kapitalismus durch koloniale und halbkoloniale Expansion von seinen inneren Schwierigkeiten ablenkt.

**Lexington**
Ortschaft im US-Bundesstaat Massachusetts, 37 km von Boston, in dem sich ein Waffenlager der kolonialen Miliz befand; dieses Waffenlager sollte Mitte April 775 von der britischen Armee ausgehoben werden. Aus dem Gefecht von Lexington und dem anschließenden von Concord (19. 4.) entwickelt sich der Unabhängigkeitskrieg.

**Liberalismus**
Ursprünglich Bestrebung, den Einfluß des Staates bzw. des Herrschers zugunsten von individueller Freiheit, Eigenverantwortlichkeit und Selbstverwaltung zurückzudrängen. Später Sammelbezeichnung für alle weder konservativen noch radikal demokratisch bis sozialistischen Kräfte.

**Linientruppen**
Einheiten der regulären Armee (des stehenden Heeres) im Unterschied zu Reservetruppen. Die Truppen, die in "vorderster Linie" stehen.

**Lückentheorie**
Von konservativen Kreisen anläßlich des preuß. Verfassungskonflikts (1862–1866) aufgestellte und von Bismarck nach seiner Berufung zum preußischen Ministerpräsidenten vertretene Auslegung der preußischen Verfassung: Nach ihr sei der Fall, daß die beiden Kammern des preußischen Landtags verschieden votieren und der neu zu beschließende Haushalt nicht zustandekomme, in der Verfassung nicht vorgesehen. Deshalb gelte bis zur einhelligen Entscheidung der alte Haushalt weiter.

**Märzforderungen**
Liberale Forderungen, die am Anfang der Märzrevolution 1848 gegenüber den Regierungen der Staaten erhoben wurden: Presse- und Versammlungsfreiheit, Volksbewaffnung, Schwurgerichte, Verantwortlichkeit der Minister gegenüber dem Parlament. Die Regierungen gaben zunächst nach und beriefen liberale → Märzminister.

**Märzminister**
Aufgrund der → Märzforderungen von den Regierungen der Klein- und Mittelstaaten berufene liberale Minister, in Württemberg Friedrich Römer, Gustav Duvernoy, Paul Pfizer und Adolf Goppelt. In Baden amtierte bereits vor der Revolution die liberale Regierung Bekk.

**Manifest Destiny**
(Offenkundige Bestimmung), dem Gründer und Herausgeber der expansionistisch eingestellten Zeitschrift *"The United States Magazine and Democratic Review"*, John L. O'Sullivan zugeschriebener Begriff zur Kennzeichnung des Auftrags, *"den uns von der Vorsehung überlassenen Kontinent ... in Besitz zu nehmen"*. Erstmals im Juli 1845 verwendet, im Januar 1846 bereits in den politischen Wortschatz eingegangen.

**Massachusetts Government Act**
Aufhebung der Charta der Kolonie Massachusetts durch Gesetz des britischen Parlaments am 20. 5. 1774; Zuweisung verstärkter Machtbefugnisse an den königlichen Gouverneur (Ernennung der Beamten), Tagungsverbot für die Volksvertretung.

**Mayflower**
1620 in Plymouth (Neu-England) gelandetes erstes Schiff mit Auswanderern, die England wegen religiöser Differenzen verlassen hatten. An Bord die → Pilgerväter.

**Mediatisierung**
(Herstellung der Mittelbarkeit) Unterstellung ehemals reichsunmittelbarer Herrschaften unter eine andere Landesherr-

schaft und damit Verlust der Reichsunmittelbarkeit. Ziel ist bei der im → Reichsdeputationshauptschluß und bei der Gründung des → Rheinbundes vorgenommenen M. die Schaffung abgerundeter ("arrondierter") Mittelstaaten. Hauptgewinner sind die drei süddeutschen Staaten Baden, Württemberg und Bayern.

**Meerengen**
Durchfahrt vom Schwarzen Meer durch Bosporus und Dardanellen zum Mittelmeer (Ägäis); strategisch wichtiger Punkt zur Kontrolle des Schiffsverkehrs, 324–1452 durch Byzanz/Konstantinopel beherrscht, seit 1452 durch das Osmanische Reich (seit 1924 Türkei). Zielpunkt russischer Politik seit dem Eintritt Rußlands in den Kreis der Seemächte unter Peter d. Gr., da von den beiden Meerengen (Ostsee- und Schwarzmeer-Ausgang) dieser der politisch labilere war und Rußland bis heute keinen ganzjährig eisfreien Hafen mit Ausgang zu den Weltmeeren hat. Letztmalig angestrebt 1945 mit der Kündigung des Meerengen-Abkommens von Montreux (1925); der Bosporus ist heute einer der wichtigsten strategischen Punkte der NATO.

**Meerengenfrage**
Grundsatz der russischen Politik seit dem frühen 18. Jh., nach dem die freie Durchfahrt durch Bosporus und Dardanellen für russische Schiffe zu erreichen ist. Beruht darauf, daß Rußland bis heute über keinen ganzjährig eisfreien Hafen mit freiem Zugang zu den Weltmeeren verfügt. Die M. ist Motor der russischen Orientpolitik (Türkenkriege) im 18. und 19. Jh. und der Balkanpolitik seit der Mitte des 19. Jh. Von Deutschland sowohl im Rückversicherungsvertrag mit Rußland in die eine Richtung als auch im Mittelmeerabkommen indirekt in die andere Richtung benützt. Von der UdSSR bis zuletzt nicht gelöstes Grundproblem, weshalb die Türkei heute am Bosporus eine für die NATO unverzichtbare Aufgabe hatte.

**Mehrheitssozialisten (MSPD)**
Gemäßigter Teil der Sozialdemokratie, nach Abspaltung der USPD 1916/17 weiterhin dem parlamentarischen Gedanken verpflichtet. Name nur bis 1922, dann wieder SPD.

**Mehrwert**
Von Karl Marx geprägter Begriff zur Kennzeichnung derjenigen Spanne, die zwischen dem Lohn des Arbeiters und dem Wert seiner Produktivität liegt. Diese Spanne behält der Unternehmer ein (→ Ausbeutung). Die Höhe der Spanne bestimmt die Ausbeutungsrate.

**Menschen- und Bürgerrechte**
Auf der Tradition von Naturrecht und Aufklärung beruhendes Prinzip, daß jeder Mensch von Geburt an frei und mit gleichen, unveräußerlichen Rechten ausgestattet ist. Pflicht des Staates ist, sie zu wahren und zu schützen. An diese Menschenrechte schließt sich die politische Forderung an, daß die Rechtsgleichheit durch die Geburt auch im politischen Bereich zu verwirklichen sei. In England Verfassungsprinzip seit 1215 (Magna Charta Libertatum) und 1688 (Habeas-Corpus-Akte), in einer geschriebenen Verfassung erstmals verwirklicht in der Virginia Bill of Rights von 1776. Erstes Verfassungsgesetz der Frz. Revolution (26. 8. 1789).

**Menschewiki**
(Von *mensche:* weniger), nach der Abspaltung der → Bolschewiki 1903 Bezeichnung für die gemäßigte Mehrheit in der Sozialdemokratischen Arbeiterpartei Rußlands (SDAPR). Die Menschewiki sahen die Ausbildung des Kapitalismus in Rußland als notwendige Voraussetzung der Revolution an. Forderungen u. a.: Enteignung der Gutsbesitzer, Übergabe des Landes an die → Zemstwos und Verpachtung an die Bauern.

**Merkantilismus**
Wirtschaftspolitik des Absolutismus, nach der die Einnahmeseite des Staatshaushalts oberste Richtschnur ist. Unmittelbare Einflußnahme des Monarchen. Export von Rohstoffen und Import von Fertigprodukten sind eingeschränkt. In Frankreich bes. als gezielte Förderung des Gewerbes ausgebildet.

**Mir**
Dorfgemeinschaft mit gemeinsamem Landbesitz und gemeinsamer Haftung für die auf dem Land ruhenden Lasten, aber ohne Einbindung der Mitglieder in kollektive Wirtschaft. Ursprünglich als Steuergemeinschaft vom Staat eingeführt, galt im späten 19. und frühen 20. Jh. als Idealform des bäuerlichen Sozialismus und Keimzelle der agrarkommunistischen Revolution.

**Mobilmachung**
Kriegsvorbereitung mit Einberufung der Reservisten. Die öffentliche M. soll in zweiter Linie auch als Drohgebärde verstanden werden.

**Monarchisches Prinzip**
Grundsatz, nach dem die Position und die Rechte des Monarchen möglichst uneingeschränkt beibehalten werden sollen. In der Verfassung der Paulskirche Ausgleich mit dem → demokratischen Prinzip, den Rechten des Parlamentes.

**Monopol**
Durch Ausschaltung der Konkurrenz geschaffene marktbeherrschende Stellung, in der Preise und Abgabebedingungen nicht mehr der Kraft des Marktes (Angebot und Nachfrage) unterliegen, sondern nach dem Profitstreben festgesetzt werden. Vorform →Trust und → Kartell.

**Monroe-Doktrin**
Angesichts der von Frankreich geforderten europäischen Intervention zur Niederschlagung der südamerikanischen Freiheitsbewegungen im Dezember 1823 von US-Präsident Monroe formulierte Doktrin:

1. Europäische Kolonisation soll künftig auf dem gesamten amerikanischen Kontinent ausgeschlossen werden.
2. Das politische System Amerikas unterscheidet sich grundlegend von dem Europas.
3. Der Versuch einer europäischen Macht, auf dem amerikanischen Kontinent einzugreifen oder ihr System hierher zu übertragen, muß als Gefährdung von Frieden und Sicherheit der USA angesehen werden.
4. Die USA verzichten auf Intervention in bestehenden europäischen Kolonien in Amerika, mischen sich nicht in die inneren Angelegenheiten europäischer Mächte ein und nehmen nicht an europäischen Kriegen wegen fremder Interessen teil.

Die Monroe-Doktrin begegnet häufig in der Kurzform "Amerika den Amerikanern" und wurde in der → Polk-Doktrin neu interpretiert.

**Narodniki**
(Von *narod:* Volk), stärkste der revolutionären Bewegungen des 19. Jh., idealisiert die Bauern und die primitiven Lebensformen überhaupt. Die Narodniki sehen in der Bauernschaft das tragende Element der Revolution, der Bauernstand, als die ideale Verbindung der ursprünglichen Werte von Sozialismus und Russentum, soll den unmittelbaren Übergang in die ideale Gesellschaftsordnung vollziehen, ohne Umweg über das Stadium des Kapitalismus. Die Narodniki spalten sich in den 1870er Jahren in einen aufklärerischen Teil (→ "Gang ins Volk") und einen anarchistisch-terroristischen Teil.

**Nationale Einheit**
Ziel der Vereinigung aller Deutschen in einem gemeinsamen Nationalstaat. Grundidee der → Befreiungskriege ge-

gen Napoleon, durch den → Wiener Kongreß enttäuscht, von der → Reaktion bekämpft, auf dem → Hambacher Fest gefordert und in der Revolution 1848/49 der Verwirklichung nahe. Nach 1866 unter Führung Preußens als "Einigung von oben" verwirklicht.

**Navigationsakte**
1651 erstmals erlassenes britisches Gesetz zur Regulierung des Handels im merkantilistischen Sinn: Transport von überseeischen Erzeugnissen nach England oder seinen Kolonien nur auf englischen oder kolonialen Schiffen; Personal dieser Schiffe überwiegend englisch oder kolonial; Transport europäischer Waren nach England nur auf englischen Schiffen oder denen des Erzeugerlandes. 1660/63 ergänzt durch Beschränkungen des Handels der Kolonien mit anderen Ländern (Handelsmonopol Englands), vor allem, um die spanische und niederländische Konkurrenz auszuschalten, 1673 durch Zollbestimmungen ergänzt.

**Neue Ökonomische Politik**
(Russ. *Novaja economičeskaja politika:* NEP) Wiederzulassung des Privatkapitals in Industrie und Handel und des freien Handels für die Bauern und für Kleingewerbetreibende und Handwerker. Reduzierung der bäuerlichen Ablieferungspflicht auf einen Teil der Erträge, gestaffelt nach Betriebsgröße, als Naturalsteuer (später Geldsteuer) mit freier Verfügbarkeit über die Überschüsse. Vorbehalt des Außenhandelsmonopols für den Staat.

**New Deal**
Bez. für die Wirtschaftspolitik Franklin D. Roosevelts (1933–1945) mit Arbeitsbeschaffungsprogrammen zur Stärkung des privaten Verbrauchs, Staatsinvestitionen als Initialzündung für weitere Investitionen der Wirtschaft, direkten Eingriffen in die Wirtschaft über Steuerungsmechanismen in den Bereichen der Investitionslenkung und der Preispolitik und schließlich der Abkehr von der sozialpolitischen Abstinenz des Staates und der Aufnahme einer aktiven Sozialpolitik, vor allem bei der Arbeitsbeschaffung und der Sozialversicherung.

**Northwest-Ordinance**
1787 vom Kongreß der Konföderation noch vor Inkrafttreten der neuen Verfassung erlassen, setzte als Endziel die eigenstaatliche Organisation der Territorien. Verfassungsentwicklung und Aufnahme in die Union als gleichberechtigte Partner waren damit Sache der Bewohner des neuen Territoriums selbst.

**Obrok**
Form der Leibeigenschaft der russischen Bauern, vor allem in Weißrußland, der Ukraine, Woronesh und Kasan, gekennzeichnet durch die Erhebung eines Leibzinses. Schärfere Form → Barschtschina.

**Obschtschina**
Agrarverfassungsrechtlich Dorfordnung, → Mir.

**Ökonomismus**
Richtung der Arbeiterbewegung, die sich an den real erkennbaren subjektiven, im wesentlichen ökonomischen Interessen der Arbeiterklasse orientiert. Gegensatz: → Substitutionalismus.

**Oktobermanifest**
Manifest des Zaren Nikolaus II. vom 17./(30.) 10. 1905 mit der Einführung einer Verfassung, der Gewährung von Gewissens-, Rede-, Versammlungs- und Koalitionsfreiheit und der Ankündigung freier, allgemeiner Wahlen zu einem Parlament (→ Duma).

**Oktobristen**
"Verband des 17. Oktober", 1905 gebildete konservativ-liberale Gruppierung, die sich auf der Grundlage des Oktobermanifestes von 1905 für eine starke

Monarchie und die Einheit und Unteilbarkeit des russischen Reiches ausspricht.

**People's Party**
1892 gegründete politische Organisation der genossenschaftlich organisierten Farmer *(Granger)*. Ihre Forderungen zielten vor allem auf ein stärkeres Engagement des Staates in Verbindung mit einer durchgreifenden Demokratisierung.

**Pilgerväter**
Die Pilgerväter gehörten dem puritanischen Protestantismus an, einer Glaubensrichtung, die die anglikanische Liturgie ablehnten und dadurch zunehmend in Gegensatz zur anglikanischen Staatskirche kam. Zeitgenössische Bezeichnung ist *Separatisten*, die Bezeichnung *Pilger* kam erst im 19. Jh. auf.

**Polen, Königreich (ab 1815)**
Auf dem Wiener Kongreß 1815 wiedererrichteter polnischer Staat, als Kompromiß zwischen dem russischen Bedürfnis nach Ausdehnung nach Westen und dem polnischen Bedürfnis nach einem eigenen Staatswesen als Königreich in Personalunion mit Rußland organisiert ("Kongreßpolen"). Nach 1830 und verstärkt nach 1864 Aufhebung der Verfassung und russische Unterdrückungspolitik

**Politbüro**
Abkürzung für Politisches Büro, oberstes Führungsorgan kommunistischer Parteien, auf Grund der Identität von Partei und Staat mit Zuständigkeit für alle wichtigen politischen, wirtschaftlichen und personellen Entscheidungen des Staates.

**Polk-Doktrin**
Interpretation der → Monroe-Doktrin durch US-Präsident James K. Polk angesichts der Unionsverhandlungen mit Texas im Dezember 1845:

1. Den Bewohnern des Kontinents steht das ausschließliche Recht zu, ihr eigenes Schicksal zu bestimmen.
2. Eine europäische Einmischung zur Verhinderung der Union eines unabhängigen Staates mit den USA muß abgelehnt werden.
3. Die Errichtung einer weiteren europäischen Kolonie oder eines Dominions in Nordamerika bedarf der Zustimmung der USA.

**Polnische Teilungen**
Aufteilung Polens unter die Nachbarmächte Preußen, Österreich und Rußland 1772, 1793 und 1795, um eine Kompensation für die nicht erfüllbaren Balkan-Interessen zu schaffen. 4. Polnische Teilung zwischen Hitler und Stalin 1939.

**Port Arthur**
(Chin. Lüshun), bei der Stadt Dairen (Lü-da) gelegener Hafen im Gelben Meer, 1897 von Rußland besetzt, formell auf 25 Jahre von China gepachtet. Schauplatz des russisch-japanischen Krieges von 1904/05 mit dem japanischen Angriff auf die russische Flotte im Februar 1904 und der Kapitulation der Stellung im Januar 1905. Im Friedensvertrag an Japan abgetreten, 1945 wieder besetzt, bis 1955 sowjetischer Flottenstützpunkt, dann an China zurückgegeben.

**Presbyterianismus**
Reformatorische Bewegung, die auf der Grundlage der calvinistischen Lehre nur das Priesteramt als kirchliches Amt vorsieht und übergeordnete Strukturen, wie das Bischofsamt, ablehnt.

**Proclamation-Line**
1763 von der britischen Krone festgesetzte Grenze auf dem Hauptkamm der Appalachen, die das Gebiet der Siedler von dem der Indianer, das militärischer Kontrolle unterstand, trennt.

**Progressivisten**
Vertreter einer politischen Richtung, die die Mißstände in Wirtschaft und Gesellschaft durch soziale Reformen einschränken wollten. 1912 in der Progressive Party zusammengeschlossen.

**Puritaner**
Die Puritaner folgten als Calvinisten der Lehre von der Vorherbestimmtheit des menschlichen Schicksals; insbesondere glaubten sie, daß sich die Gnade Gottes schon im irdischen Erfolg des Menschen zeigte. In England gerieten sie in Gegensatz zur Staatsautorität und zur anglikanischen Staatskirche, weil die Calvinisten (seit etwa 1570) durch eine Rückbesinnung auf die Prinzipien der Reformation (Reinheit der Lehre = Puritaner) die anglikanische Kirche von allen "papistischen", d. h. aus der katholischen Zeit stammenden Rückständen befreien und reinigen wollten. Die Mehrheit der Puritaner verbündete sich seit 1604 mit der Parlamentsopposition gegen den König, eine Minderheit drängte zur Auswanderung.

**Quebec-Act**
Im Mai 1774 erlassenes britisches Verwaltungsgesetz für Kanada, das die kanadische Grenze nach Süden bis zum Ohio verschiebt und damit die Ansprüche Virginias, Connecticuts und Massachusetts auf die westlichen Gebiete beeinträchtigt; gehört zu den → Intolerable Acts

**Räte**
(russ. Sowjet) Während der Revolution 1905 aus dem Zusammenschluß verschiedener Streikkomitees zunächst in Petersburg und Moskau entstandene Räte der Arbeiterdeputierten, Organ der Interessenvertretung der Arbeiter. Starker politischer Einfluß der Menschewiki und Bolschewiki. Als solche basisdemokratische Organisation (zusammen mit Soldatenräten auf der Ebene der Garnisonen und Truppenteile) im Verlauf der Februarrevolution 1917 wieder entstanden, wieder unter starkem politischem Einfluß der Menschewiki.

**Reichsverweser**
(Reichsverwalter) Von der Nationalversammlung 1848 eingesetztes vorläufiges Staatsoberhaupt des neuen deutschen Nationalstaats. Gewählt wurde Erzherzog Johann von Österreich. Das Amt des Reichsverwesers wäre mit der Einsetzung eines Kaisers erloschen.

**Rentenmark**
Durch Gesetz vom 13. 10. 1923 beschlossene und am 15. 11. eingeführte Ersatzwährung für die inflationär entwertete Reichsmark; beruht auf der Konstruktion einer Hypothek auf industriellem und landwirtschaftlichem Grundbesitz, der an eine Bank verzinst werden mußte (Rente, Rentenbank). Die dadurch verfügbaren Mittel sollten vor allem. den Staatshaushalt ausgleichen und die Grenze des Kreditvolumens markieren.

**Restauration**
Politische Bestrebung, die die Wiederherstellung früherer (vorrevolutionärer) Zustände in Politik und Gesellschaft anstrebt. Der Begriff kennzeichnet die Politik der Jahre zwischen dem → Wiener Kongreß und der Märzrevolution 1848. Die R. kann aber keine vollständige Umkehr der inzwischen eingetretenen Verhältnisse (territorial, sozial und rechtlich) bewirken; die inneren Widersprüche zwischen der restaurativen Politik und dem gesellschaftlich-wirtschaftlichen Fortschritt (Industrialisierung) und die Unmöglichkeit, die liberalen Bewegungen unterdrücken zu können, führen zur Julirevolution 1830 und zur Februar-/ Märzrevolution 1848.

**Revisionismus**
Politisches Ziel der Revision des Systems der Pariser Vorortverträge am Ende des Ersten Weltkrieges 1919/20. Be-

traf vor allem die deutschen Reparationszahlungen, dann auch die Frage der deutschen Ostgrenze gegen Polen, aber auch den erstrebten Anschluß Österreichs an Deutschland. Von Italien, aber auch von Ungarn in Richtung auf eine Neuordnung des Balkans, vor allem zum Gewinn der jugoslawischen Adriaküste (Italien) und des Banats und Siebenbürgens (Ungarn), verfolgt. Grundprinzip der Rechtsparteien der Weimarer Republik, dann der Außenpolitik Mussolinis und Hitlers.

**Riga, Friede von**
Am 18. 3. 1921 geschlossener Friede zwischen Rußland und Polen, der auf Grund des Erfolges der polnischen Armee die rusisch-polnische Grenze etwa 200–300 km östlich der Curzon-Linie, aber immer noch westlich der Grenze von 1772 festlegte.

**Rote Armee**
1918 als Arbeiter- und Bauernarmee in Rußland unter der Führung Trotzkis aufgestellt, steht unter enger Verbindung zur Parteiideologie (verwirklicht durch die Zuordnung von Parteikomissaren). 1945 in Sowjet-Armee umbenannt.

**Rurikiden**
Russische Herrscherfamilie vom 9.–16. Jh., auf den legendären warägischen Heerführer Rurik (→ 879) zurückgeführt. Herrschaftssitz Kiew, dann Aufsplitterung in Teilfürstentümer. Einigung des Staates ab 1328 von Moskau aus. Die Rurikiden werden nach ihrem Aussterben 1598–1613 durch die Dynastie der Romanow (–1917) abgelöst.

**Rus**
(Fem. sing.: die Rus), von Rotsi, dem ostseefinnischen Namen für die Schweden. Bezeichnung der ostslawischen Stämme für die aus Skandinavien kommenden Tributherren und das Reich, das diese errichteten (9 Jh.). Im Verlauf der Assimilation der dünnen Oberschicht mit der ostslawischen Bevölkerung ging der Name Rus auf die Ostslawen selbst über und bezeichnet dann 1. das Kiewer Gesamtreich, 2. die engere Region um Kiew, 3. im ethnischen Sinn die Ostslawen. Die ältere Bedeutung von "Rus" geht auf den Namen → Waräger über.

**SA (Sturm-Abteilung)**
Kampf- und Propagandaorganisation der NSDAP, 1920 als Saalschutz gegründet, dann von ehem. Freikorpsoffizieren zur paramilitärischen Kampftruppe ausgebaut. 1924 verboten, 1925 wiedergegründet, im April 1932 wieder verboten, aber schon im Juni 1932 wieder zugelassen. Wichtigstes Terrorinstrument der NSDAP in der Spätphase der Weimarer Republik, im Februar 1933 als Hilfpolizei bei der Verfolgung politischer Gegner eingesetzt. In diesem Zusammenhang erste "wilde" Konzentrationslager der SA. Stabschef Ernst Röhm wollte mit der SA die nationalsozialistische Revolution weiter treiben und die Truppe zur Milizarmee weiterentwickeln, geriet aber dadurch in Gegensatz zur Reichswehr. Seine Politik scheiterte im sog. → Röhm-Putsch im Juni 1934, indem Hitler ihn und seine Parteigänger ermorden ließ und die SA entmachtete.

**Säkularisation**
Verstaatlichung von Kirchengut bzw. Unterstellung des Kirchenbesitzes unter einen weltlichen Herren. Dieser kann sowohl der in den weltlichen Stand übergetretene geistliche Herr (Säkularisation des Ordensstaates als Herzogtum Preußen 1525) als auch der Herr eines Nachbarstaates sein, der von diesem Gebiet Besitz ergreift (Säkularisationen 1803–1806 mit der Aufhebung von 25 Fürstbistümern und 44 Reichsabteien). Die Forderung nach S. entzündet sich an der Unvereinbarkeit von weltlicher Herrschaft und geistlichen Pflichten und wird bereits im 18. Jh. erhoben. Der Begriff

der Säkularisierung bezeichnet dagegen allgemein die Lösung von Ordnungsvorstellungen von religiösen Grundlagen.

**Schlieffenplan**
Plan zur Kriegführung gegen eine Koalition Frankreich/Rußland, nach der Frankreich mit versammelten Kräften zuerst, innerhalb von zwei Wochen, niedergeworfen werden soll, da Rußland mindestens diese zwei Wochen für die Mobilmachung benötige. Dazu seien die frz. Befestigungen auf der Linie Belfort–Epinal- → Verdun im Norden über belgisches Gebiet zu umgehen. Nach dieser Zeit könne dann Rußland angegriffen werden. Der S. geht auf Alfred Graf von Schlieffen zurück, 1891–1905 Chef des Generalstabs der Armee, seit 1911 preuß. Generalfeldmarschall. Verletzt bewußt die belgische und luxemburgische Neutralität und ordnet politische Gesichtspunkte den militärischen unter.

**Schrittmacherindustrie**
Industriezweig, der in einer Zeit des technischen Umbruchs die führende Rolle übernimmt und weitere Anstöße an andere Industriezweige gibt. Bsp.: Textilindustrie in England, Stahlindustrie (Eisenbahnbau) in Deutschland.

**Schwarze Reichswehr**
Illegale Einheiten aus Freiwilligen, unmittelbar von der Reichswehr oder mit ihrer Duldung eingerichtet; hatte die Aufgabe, illegale Waffenlager zu bewachen und die Grenzen, v. a. gegenüber Polen zu schützen; verstieß gegen die Demilitarisierungsbestimmungen des Versailler Vertrags. Ähnlich rechtsradikal wie → Freikorps, nach 1924 bedeutungslos.

**Sekundogenitur**
Fürstentum, das als Ausstattungsgut für zweit- oder nachgeborene Söhne aus Fürstenhäusern eingerichtet, dann aber nach Erbrecht weitervererbt wird. Diese haben nach dem Erbrecht der Primogenitur (Erstgeburt) keinen Anspruch auf das unteilbare väterliche Erbe. Habsburgische S. waren Modena in Oberitalien, dann – als Ersatz dafür – der Breisgau (ehem. Vorderösterreich), als wittelsbachische (bayerische) S. werden auch die Erzbistümer Trier und Köln bezeichnet, da sie über Jahrzehnte von nachgeborenen Söhnen der Wittelsbacher besetzt werden.

**Selbstherrschaft**
→ Autokratie

**Siebenjähriger Krieg**
Krieg der Koalition Österreichs, Frankreichs und Rußlands gegen Preußen 1756–1763. Gleichzeitig kämpft England in Nordamerika gegen Frankreich und entlastet somit Preußen. Verlust der französischen Kolonien in Nordamerika an England.

**Siegfriede**
Von Hindenburg, Ludendorff, Tirpitz etc. geforderte Beendigung des Ersten Weltkrieges durch einen dt. Sieg, der die dt. Vormachtstellung in Mitteleuropa sichert. Spätestens seit dem Kriegseintritt der USA im April 1917 illusorisch.

**Slawen**
Neben Germanen und Romanen die dritte große indogermanische Volksgruppe, bestehend aus Polen, Russen, Ukrainern, Tschechen, Slowaken, Slowenen, Kroaten, Serben, Makedonen, Bulgaren. Abstammungsmäßig gehören auch Rumänen und Griechen zu den S., zählen sich jedoch selbst zum romanischen bzw. griechischen Kulturkreis. Ungarn und Albanier zählen nicht zu den S.

**Soldatenräte**
Von Truppenteilen gewählte Vertreter mit unmittelbar demokratischem Auftrag. → Arbeiter- und Soldatenräte.

**Sowjets**
→ Räte

**Sozialdarwinismus**
Von der Evolutionslehre Charles Darwins entlehnter Begriff zur Übertragung des evolutionären Kampfes ums Dasein auf die Sphäre der gesellschaftlichen und nationalen Entwicklung. Nach ihm wird sich eine überlegene Gesellschaft (Rasse) immer gegen die unterlegene so durchsetzen, daß sie dieser ihren Willen aufzwingt. Bestandteil der nationalsozialistischen Weltanschauung; enthält die Ablehnung von Aufklärung und Toleranz als dekadenter Erscheinungen.

**Soziale Frage**
Gesamtheit des Problems der Lebens- und Arbeitsverhältnisse der Arbeiterschaft, inkl. der Fragen der Rechtsstellung gegenüber den privilegierten Schichten. Lebensverhältnisse sind in diesem Zusammenhang die Wohnsituation und die Fragen der Existenzsicherung (Lebenshaltungskosten), Arbeitsverhältnisse sind die Probleme von Frauen- und Kinderarbeit, Arbeitsschutz, Arbeitszeit. → Ehernes Lohngesetz, → Existenzlohn, → Mehrwert; zu den Lösungen der s. F. → Arbeitsschutzgesetz, → Betriebskrankenkasse, → Genossenschaftswesen, → Gewerkschaften, → Koalitionsrecht, → Sozialgesetzgebung.

**Soziale Mobilität**
Möglichkeit des gesellschaftlichen Auf- (oder Ab-)stiegs durch eigene oder fremde Leistung. S. M. setzt den Wegfall von Standesschranken (→ Stände) voraus, aber auch, daß die Lebensbedingungen der unteren Schicht das Erreichen höherer Bildung ermöglichten.

**Sozialfaschismus**
Einstufung der Sozialdemokratie als Interessenvertretung des Bürgertums, die sich von den wahren proletarischen Interessen der Arbeiterschaft abgewandt habe und in einer Linie mit dem faschistischen Spätkapitalismus gesehen wird. Als Begriff von G.J. Sinowjew 1924 entwickelt und von Stalin 1928 zur offiziellen Parteilinie erhoben. Diese Einstufung verhinderte u.a. eine Interessengemeinschaft der Sozialdemokratie mit der kommunistisch orientierten Arbeiterbewegung zur Bekämpfung des Faschismus (Nationalsozialismus)

**Sozialgesetzgebung**
Gesamtheit der staatl. Maßnahmen zur Lösung der sozialen Frage, die die Verbesserung der sozialen Lage der Arbeiter durch existenzsichernde Gesetze zum Ziel haben: in Deutschland staatl. Krankenversicherung (1883), Unfallversicherung (1884), Invaliden- u. Altersversicherung (1889), Arbeitslosenversicherung (1927). Die S. sollte unter Bismarck der sozialistischen Bewegung den Wind aus den Segeln nehmen und lief parallel mit den → Sozialistengesetzen.

**Sozialistengesetz**
Verbot der Parteiarbeit der Sozialdemokratie (Versammlung, Organisation und Veröffentlichungen) zwischen 1878 und 1890, um "die gemeingefährlichen Bestrebungen des Sozialdemokratie" einzudämmen. Kein Verbot der Partei selbst. Ebenso betroffen die Gewerkschaftspresse. Parallel dazu staatliche → Sozialgesetzgebung.

**Sozialrevolutionäre**
1902 konstituierte Partei in der Nachfolge der → Narodniki, die die Rolle der Bauern im revolutionären Prozeß betonen, aber den Marxismus als wissenschaftliche Analyse des gesellschaftlichen Prozesses anerkennen. Hatten die Mehrheit der Bevölkerung hinter sich.

**Spartakusbund**
Aus dem linkesten Flügel der SPD seit 1916 hervorgegangene Gruppe von Linksradikalen um Karl Liebknecht, Rosa Luxemburg und Franz Mehring. Von April 1917 bis Dezember 1918 der USPD angeschlossen, bezeichnet sich selbst seit 11.11.1918 als "Spartakusgruppe". Vertritt eine dem Bolschewis-

mus Lenins gegensätzliche Position, was die Rolle des demokratischen Prinzips in der Revolution angeht. Mit dem Gründungsparteitag der KPD am 1.1.1919 in dieser Partei aufgegangen.

**Square Deal**
Begriff aus dem Regierungsprogramm Theodore Roosevelts (1901–1909), mit dem dieser der Arbeiterschaft den gerechten Anteil am wirtschaftlichen und gesellschaftlichen Fortschritt zukommen lassen wollte.

**SS (Schutz-Staffel)**
1925 gegründete Organisation zum Schutz Hitlers und anderer Parteigrößen, seit 1929 unter "Reichsführer SS" Heinrich Himmler. Polizeidienst innerhalb der Partei und seit 1933 im Staat. Die SS verstand sich als elitärer Männerorden zur Durchsetzung der nationalsozialistischen Weltanschauung. Nach dem "Röhm-Putsch" (Juni 1934) von der SA gelöst und Hitler unmittelbar unterstellt. Träger der Besatzungspolitik im Zweiter Weltkrieg (Einsatzgruppen). Bildung von verschiedenen Ämtern und Dienststellen: Reichssicherheitshauptamt, Wirtschafts- und Verwaltungshauptamt, Rasse- und Siedlungshauptamt. Bildung von Sondereinheiten, z.B. Totenkopf-Wachsturmbanne zur Bewachung der KZ, dann (nach Kriegsbeginn) der Waffen-SS. In den Nürnberger Prozessen 1946 zur verbrecherischen Organisation erklärt.

**Stahlhelm**
Eigentl. Stahlhelm – Bund der Frontsoldaten. Zusammenschluß von Soldaten (Frontkämpfern) des Ersten Weltkriegs, 1918 gegründet. Mit der Aufnahme von Nicht-Kriegsteilnehmern 1924 zunehmend national-konservative Ausrichtung auf die Tradition der vorrevolutionären Wertvorstellungen und des Wehrgedankens. Zunehmende Hinwendung zur DNVP, ab 1929 offener Kampf gegen die Republik (→ Harzburger Front). Ab 1933 Eingliederung in die SA, im November 1935 aufgelöst. Neugründung 1951. In der politischen Diskussion der Bundesrepublik publizist. Bez. für national-konservative Strömungen innerhalb von CDU und CSU.

**Stalinismus**
Bezeichnung für die unter Stalin entwickelte Parteidiktatur. Ideologisch unterscheidet sich der Stalinismus vom Leninismus dadurch, daß die (aktive) Rolle des Proletariats vernachlässigt werden kann, denn das Wesen der proletarischen Revolution besteht in ihrer Zielsetzung. Absolute Prioiät hat also die Partei, die mit Hilfe der Staatsmacht die sozialistische Wirtschafts- und Gesellschaftsordnung aufbaut (Revolution von oben). Die Führung hat der bürokratische Apparat (Nomenklatura), innerhalb des Apparates der Diktator selbst, eine Kontrolle oder gar Einflußnahme von unteren Ebenen ist nicht möglich. Instrumente dieser Diktatur sind neben dem Parteisekretariat und dem Einfluß auf die Sekretariate der unteren Ebenen die Partei-Kontrollkommission als Mittel zur Disziplinierung der Partei selbst und der Staatssicherheitsdienst als Terrorinstrument. Weitere Kennzeichen des S. sind ein ausgeprägter Personenkult und eine Betonung des nationalen Elements. Als Spätstalinismus durchgängiges Herrschaftssystem im Ostblock bis 1989.

**Stamp-Act**
Britisches Gesetz, das Druckerzeugnisse aller Art in den nordamerikanischen Kolonien der Besteuerung unterwarf (1765); trug besonders zur Verschärfung des Klimas zwischen Mutterland und Kolonien bei.

**Streikrecht**
Wichtigstes Recht der Arbeiter zur Durchsetzung ihrer Forderungen. S. setzt einerseits die Solidarität aller Arbeiter voraus, andererseits das gesetzl. Verbot

der Kündigung wegen Streiks. Wird von Unternehmern mit Aussperrung (zeitweilige Schließung des Betriebs) beantwortet. Streik hat die Unterstützungszahlung durch eine Streikkasse zur Vorausetzung (→ Gewerkschaften).

**Substitutionalismus**
Begriff für die Führung des Proletariats im revolutionären Prozeß durch eine revolutionäre Avantgarde, von Lenin in die Diskussion um die Organisation der russischen Sozialdemokratie eingeführt. Gegensatz: Ökonomismus.

**System Metternich**
Bez. für die reaktionäre Politik der Unterdrückung liberaler und nationaler Bestrebungen, benannt nach dem Hauptvertreter, dem österreichischen Staatskanzler Fürst Metternich. Identisch mit dem Begriff der → Restauration, sofern er sich auf die Epoche zwischen dem → Wiener Kongreß und der Märzrevolution 1848 bezieht.

**Tannenberg**
Ort in Masuren (Ostpreußen, heute Polen), wo vom 23.–31.8.1914 die 8. dt. Armee unter Leitung P. v. Hindenburgs die nach Ostpreußen eingedrungene 2. russische Armee vernichtend schlug. Die Schlacht bei T. begründete den Ruhm u. die Popularität Hindenburgs. Außerdem Stätte der Schlacht von T. (in Polen nach Grunwald benannt) am 15.7.1410, in der König Wladislaw Jagiello von Polen das Heer des Dt. Ordens schlug. Daher Identifikationspunkt der polnischen Geschichte.

**Tauroggen, Konvention von**
Zwischen dem preußischen General Yorck von Wartenburg und dem russischen General Diebitsch im Dezember 1812 geschlossenes Bündnis, in dem ersterer die Neutralität der (immer noch unter französischem Oberbefehl stehenden) preußischen Truppen zusichert und damit der russischen Armee ermöglicht, im Kampf gegen Frankreich Ostpreußen zu betreten.

**Tea-Act**
Begründung eines Teehandels-Monopols ausschließlich für die nordamerikanischen Kolonien, das der unter wirtschaftlichen Schwierigkeiten leidenden *East-India-Company* wieder auf die Beine helfen sollte (1773).

**Teplitzer Punktation**
Grundsätzliche Einigung des österr. Staatskanzlers Metternich mit der preußischen Regierung (1.8.1819) über ein strengeres Vorgehen gegen liberale und nationale Bestrebungen im Deutschen Bund. Führt im September 1819 zu den → Karlsbader Beschlüssen.

**Trudowiki**
("Vertreter der Werktätigen") sozialistisch orientierte Gruppe der I. Duma (97 Abgeordnete), nicht als politische Partei im engeren Sinn organisiert, seit 1912 von Kerenski geführt. Das Agrarprogramm von 1906 fordert eine Bodenreform durch Enteignungen und die Bildung eines allgemeinen Landfonds.

**Trust**
Verflechtung formell selbständiger Unternehmen, meistens durch Kapitalbeteiligungen und dadurch gesicherten Einfluß in Aufsichtsratsgremien. Verflechtung kann horizontal sein, d.h. mehrere Branchen, oder vertikal, d.h. mehrere Produktionsstufen umfassen. Ist die Verflechtung rein finanziell, spricht man eher von Holding, d.h. von einer Orgaisationsform, die ausschließlich finanzielle Beteiligungen verwaltet.

**Tscheka**
Umschrift der Abkürzung ČK für die Geheimpolizei der Bolschewiki.

**U-Boot-Krieg**
Form des Seekriegs, bei der nicht das Aufbringen und die Beschlagnahme feindlichen Handelsguts, sondern die

Versenkung des Schiffes im Vordergrund steht. Daher kann auch keine Rücksicht auf die evtl. Rettung von Seeleuten genommen werden. Der militärische Vorteil liegt darin, daß U-Boote schwer geortet werden können. Gegenmaßnahme war in beiden Weltkriegen das Geleitzugsystem, nach dem ein Konvoi von Handelsschiffen von Kriegsschiffen begleitet wurde; zum einen waren die Handelsschiffe dadurch nicht mehr so auf den Schiffahrtslinien ver streut, zum anderen hatten die Kriegsschiffe die Möglichkeit, das U-Boot bei einem Angriff schnell zu orten und ihrerseits anzugreifen. Der U-Boot-Krieg war die Hoffnung der dt. Generalität in beiden Kriegen und zeigte erste Erfolge, bis die Alliierten zum Geleitszugssystem übergingen bzw. in so hohem Maße neue Schiffe bauten, daß die Neubaurate die Versenkungsrate überstieg. Der "uneingeschränkte U-Boot-Krieg", dem auch Passagier- und Handelsschiffe neutraler Staaten zum Opfer fielen, führte zum Kriegseintritt der USA 1917.

**Umsturzdekrete**
Sammelbegriff für die unmittelbar nach dem bolschewistischen Umsturz verkündeten Dekrete, die das Programm der Bolschewiki verwirklichen und die Massen an sie binden sollten: das Dekret "über den Grund und Boden" 26.10. (8.11.) erklärte alles Land zum Staatseigentum, enteignete gutsherrliches Land und verbot grundsätzlich Verkauf oder anderweitige Veräußerung von Grundbesitz. Weiter Dekret über den Frieden v. 26.10. (8.11.), Dekret "über die Arbeiterkontrolle" vom 14.(27.)11., das die Produktionsbetriebe, d. h. *"Produktion, Kauf und Verkauf von Erzeugnissen und Rohmaterialien, ... ihre Aufbewahrung sowie ... die finanzielle Seite des Unternehmens"*, der Kontrolle der Sowjets unterstellt. Errichtung eines Obersten Volkswirtschaftsrates, der diese Kontrolle in der Hand der bolschewistischen Partei zentralisierte.

**Unitarisches Prinzip**
→ zentralistisches Prinzip

**USPD**
Unabhängige Sozialdemokratische Partei Deutschlands; im April 1917 gegründete Partei, die im März 1916 aus einer linken Abspaltung von der SPD (ab da MSPD, → Mehrheitssozialisten) hervorgegangen war. Vom 10.11. bis Ende Dezember 1918 Koalitionspartner der MSPD im → Rat der Volksbeauftragten, über die Frage der Priorität von sozialistischen Reformen oder parlamentarischer Verfassung (Wahlen zur Nationalversammlung) kommt es zum Bruch und zum Auszug der USPD aus dem Rat der Volksbeauftragten. Im Oktober 1920 Spaltung: Die linke Mehrheit schließt sich der KPD an, der Rest beschließt im Sept. 1922 den Anschluß an die MSPD (ab da wieder SPD).

**Vaterlandspartei**
Von Flottenadmiral Tirpitz und Generallandschaftsdirektor Kapp 1917 gegründete, die Reichstagsparteien übergreifende Vereinigung derjenigen Kräfte, die die → Friedensinitiative des Reichstags mit verstärkter Propaganda für einen Siegfrieden beantworten. Steht den Alldeutschen nahe. Zunächst nur für die Dauer des Krieges geplant, bildet den Nährboden für die Arbeit der DNVP.

**Verbannung**
Form der Absonderung von Oppositionellen durch Einschränkung der Bewegungsfreiheit und der Kontakte zu Gleichgesinnten. Freie Bewegung nur am Ort der Verbannung selbst unter Aufsicht der lokalen Polizeibehörde. Keine Arbeitspflicht. Als Maßnahme auch im faschistischen Italien angewandt.

**Verdun**
Hauptwerk des frz. Festungsbaus zw. 1871 und 1914. Angelpunkt der frz. Verteidigungslinie auf den Maashöhen.

Während der Kämpfe Versorgung der Festung auf der "Voie Sacrée" von Bar-le-Duc nach Verdun. Die "Hölle von Verdun" kostete jeweils über 330 000 frz. und dt. Soldaten das Leben, über 600 000 wurden auf beiden Seiten verwundet.

**Verfassungsoktroy**
Von König Friedrich Wilhelm IV. von Preußen dem Land im Dezember 1848 ohne Mitwirkung einer Volksvertretung aufgezwungene (oktroyierte) Verfassung.

**Verständigungsfriede**
→ Ausgleichsfriede

**Verstümmelungsfriede**
Bez. für einen Friedensvertrag, der den unterlegenen Gegner durch Gebietsabtretungen, Reparationszahlungen etc. militärisch und wirtschaftlich klein halten will, um eine künftige Bedrohung auszuschließen. Beispiel: Friede von Brest-Litowsk 1917 (Deutschland–Rußland) mit der Loslösung der Ukraine von Rußland, Versailler Vertrag (1919) mit hohen Reparationsforderungen.

**Vierzehn Punkte**
Vom amerikan. Präsidenten Wilson im Januar 1918 proklamierter Forderungskatalog für eine künftige Friedensordnung, darunter vor allem Abschaffung der Geheimdiplomatie (1.), Freiheit der Schiffahrt auf den Meeren (2.), Abrüstung (4.), Autonomie für einzelne nationale Gruppen (9., 10., 12., 13.), Schaffung eines Völkerbundes (14.). Von der deutschen Regierung als Grundlage des Waffenstillstandes angesehen, konnte aber wegen der amerikan. isolationistischen Politik nicht gegenüber Frankreich durchgesetzt werden.

**Völkerschlacht**
Entscheidungsschlacht der Befreiungskriege im Herbst 1813 (16.–19.10. zwischen der frz. Armee und den verbündeten Preußen, Österreichern und Russen südöstlich von Leipzig (Völkerschlachtdenkmal). Zwischen 1814 und 819 Ansatzpunkt für zahlreiche nationale Kundgebungen zum Jahrestag der V., u. a. auch auf der Wartburg (→ Wartburgfest).

**völkisch**
Übersetzt für "national", die speziell deutsche Spielart des aggressiven Nationalismus, meist mit antisemitischen Strömungen verbunden.

**Volksabstimmung**
Propagandawirksames Instrument zur Herstellung einer "öffentlichen Meinung". In der Weimarer Verfassung als Element der unmittelbaren Demokratie vorgesehen, in der nationalsozial. Zeit zur plebiszitären Zustimmung für die Führerdikatur gebraucht. Dabei Koppelung von nationalen Fragen mit der Zustimmung zur Herrschaft der NSDAP: 12.11.1933 Zustimmung zum Austritt aus dem Völkerbund, 19.8.1934 zur Zusammenlegung der Ämter von Reichskanzler und Reichspräsident, 10.4.1938 zum Anschluß Österreichs. Im Versailler Vertrag vorgesehen die Abstimmung im Saargebiet am 13.1.1935 mit 91% für die Rückkehr zu Deutschland.

**Volksbegehren, Volksentscheid**
In der Weimarer Verfassung vorgesehenes Element der unmittelbaren Demokratie, wonach Gesetze auch durch Volksentscheid beschlossen werden können. Die Vorlage dazu kann entweder von der Mehrheit des Reichstags gestellt werden oder von einer festgelegten Anzahl von Wahlberechtigten kommen (Volksbegehren zur Durchführung eines Volksentscheids). Spielte in der prakt. Politik kaum eine Rolle, gab aber Hitler 1929 bei der Diskussion um den Young-Plan Auftrieb. Mit einem Volksbegehren, das mehr als 10% der Stimmberechtigten unterstützten, konnte ein Gesetzesantrag dem Reichstag vorgelegt

werden. Erhielt er dort keine Mehrheit, mußte ein Volksentscheid herbeigeführt werden. Verfassungsändernde Gesetze benötigten die absolute, andere die einfache Mehrheit. Der Volksentscheid über den Young-Plan 1929 brachte nur eine Beteiligung von 13,81 %.

**Vormärz**
Bez. für die reaktionäre und restaurative Epoche vor der Märzrevolution 1848. Kennzeichen ist sowohl die Forderung liberaler Freiheiten als auch deren staatliche Unterdrückung (→ Karlsbader Beschlüsse, Zensur). Im wirtschaftl. Bereich nur langsam fortschreitende Industrialisierung, aber bereits große soziale Probleme. Auch als Bez. für die literarische Epoche, in der die Literatur im Dienst des politischen Kampfes steht.

**Wahlmänner**
Inhaber des passiven Stimmrechts, in der indirekten Wahl von den → Urwählern (Inhaber des aktiven Wahlrechts) gewählt. Sie wählen ihrerseits dann die Abgeordneten in die Nationalversammlung; → Zensuswahlrecht.

**Waräger**
eigene Bez. der in der → Rus wirkenden schwedischen (normannischen) Oberschicht (9./10. Jh.), vermutlich mit der Bedeutung "Schwurbruderschaftsleute".

**Wartburgfest**
Von den → Burschenschaften am 18./19. 10. 1817 organisiertes Fest zum 300. Jahrestag des Lutherschen Thesenanschlages und zum 4. Jahrestag der Völkerschlacht. Wird zur studentischen Demonstration für die Freiheit des dt. Geistes und des dt. Vaterlandes.

**Weimarer Koalition**
In der Nationalversammlung 1919 geschlossene Koalition zwischen SPD, Zentrum und DDP, Grundlage der Regierungsarbeit 1920–1922, als Große Koalition 1928/30 wiederbelebt. In Preußen 1919–1921 und 1925–1932, in Baden 1919–1931.

**Weiße**
Zur Unterscheidung von den "Roten" Bolschewiki gewählte Farbbezeichnung. der antibolschewistischen Kräfte nach der Revolution 1917, zugleich Reinheit und Unschuld suggerierend. Politisches Spektrum von reaktionärzaristisch bis linksliberal (sozialdemokratisch-menschewikisch und sozialrevolutionär). Mit dieser Bez. nichts zu tun hat der Landesname "Weißrußland". Er kommt aus dem Spätmittelalter und kennzeichnet den Teil der alten → Rus, der nicht (wie das Großfürstentum Moskau) den Tataren tributpflichtig, d. h. "weiß", also frei, war.

**Wiener Kongreß**
Kongreß der dt. und europ. Fürsten von Okt. 1814 bis Juni 1815 in Wien zur Regelung der polit. Verhältnisse in Europa nach dem Sturz Napoleons. Grundsätze der staatlichen Neuordnung sollten die → Legitimität und die → Restauration sein. Die Zahl der 200 Vertreter machte Verhandlungen im großen Kreis unmöglich ("Der Kongreß tanzt, aber er marschiert nicht"), die wesentl. Dinge wurden im Kreis der Großmächte England, Rußland, Preußen, Österreich und Frankreich ausgehandelt. Wichtigstes Verhandlungsergebnis ist neben der territorialen Neuordnung (vor allem linkes Rheinufer und Polen) die Gründung des → Deutschen Bundes. Abschluß durch Wiener Kongreßakte v. 9. 6. 1815.

**Wiener Schlußakte**
1820 beschlossenes Grundgesetz des → Dt. Bundes, Grundlage für die Durchführung der reaktionären Politik. Die W. S. schränkte die Bindung des Souveräns an eine Verfassung sehr stark ein.

**Winterpalais**
Residenz des Zaren in St. Petersburg, dann Sitz der Prov. Regierung und erstes Ziel des Umsturzes der Bolschewiki in der Oktoberrevolution.

**Wittelsbacher**
Bayerisch-pfälzisches Herzogshaus, seit 1180 Herzöge von Bayern, seit 1214 Pfalzgrafen bei Rhein (Heidelberg/-Mannheim). Hausverträge und Erbfolgeregelungen führen 1777 zur Vereinigung der Pfalz mit Bayern unter Karl Theodor, der seine Residenz von Mannheim nach München verlegt, und 1799 unter dem Zweibrücker Pfalzgrafen Max Joseph, der als König von Bayern nach 1806 eine Epoche der liberalen Neuorganisation des Staates einleitet. Am 7.11.1918 abgesetzt, die Familie lebt heute "privat" im Schloß Nymphenburg in München.

**Young-Plan**
Ablösung des → Dawes-Plans zur Regelung der Reparationen, angenommen am 21.8.1929, mit jährlichen Zahlungen von durchschnittlich 2 Mill. Reichsmark, begrenzt auf 59 Jahre (bis 1988), und Fortfall der internationalen Kontrolle der dt. Finanzen. Der Plan rief die radikale Ablehnung der nationalen Rechten hervor. Ablösung 1932 durch die Konferenz von Lausanne.

**Zemstwo**
Selbstverwaltungskörperschaften auf Kreis- und Gouvernementsebene aus gewählten Vertretern des Adels, der Städter und der Bauern mit beschränkten Kompetenzen bei öffentlichen Aufgaben. Zemstwo-Refom am 1.1.1864 mit der Festschreibung des Übergewichtes der adligen Gutsbesitzer, 1890 verschärft.

**Zensuswahlrecht**
Nach Vermögen oder Einkommen gestaffeltes (aktives und passives) Wahlrecht, führt entweder zum Ausschluß vom Wahlrecht (Frz. Revolution, Baden im 19. Jh.) oder zur unterschiedlichen Gewichtung der Stimmen (Preußen 1848–1917). Begünstigt das besitzende Bürgertum.

**Zentralarbeitsgemeinschaft**
Am 15.11.1918 zwischen Arbeitgebern (führend der Industrielle Hugo Stinnes) und Gewerkschaften (Gewerkschaftsführer Carl Legien) geschlossenes Abkommen, das die Sozialpartnerschaft der Weimarer Republik begründete. Das Abkommen brachte die Anerkennung der Gewerkschaften und einiger ihrer sozialpolitischen Grundforderungen (z. B 8-Stunden-Tag). Auch Stinnes-Legien-Abkommen genannt. Im Januar 1924 durch das Ausscheiden des Allgemeinen Deutschen Gewerkschaftsbundes aufgelöst.

**Zentralistisches Prinzip**
Grundprinzip des Staatsaufbaus, nach dem die Zentralgewalt gegenüber regionalen Gewalten möglichst gestärkt wird. Bsp. Frankreich. Gegenbegriff: → föderalistisches Prinzip.

**Zollschranken**
Wesentlichstes Hindernis des Handels, da von den Staaten als Haupteinnahmequelle angesehen. Außerdem (heute noch) Maßnahme zum Schutz der einheimischen Wirtschaft vor ausländischer Konkurrenz. Einer der hauptsächlichen Gründe für die wirtschaftliche Rückständigkeit des deutschen Raumes in der 1. Hälfte des 19. Jh., da jeder der 39 Einzelstaaten Zölle an den Grenzen erhob. Wurden durch die Gründung von → Zollvereinen abgebaut. 1931 Zollanschluß Österreichs an Deutschland geplant, heute im Allgäu zwei Gebiete, die österreichischer Souveränität unterstehen, aber zollrechtlich und wirtschaftlich an die Bundesrepublik Deutschland angeschlossen sind.

**Zollverein**
Erster Schritt zur nationalen Einheit Deutschlands auf wirtschaftl. Gebiet. Vorstufen: preußisches Zollgesetz 1818; Zollvereine Bayern–Württemberg, Preußen–Hessen–Darmstadt, Sachsen–Hannover–Kurhessen–thüringischen Staaten

1828. 1834 Zusammenschluß dieser Staaten (außer Hannover) mit Sachsen zum Deutschen Zollverein. 1836 Beitritt der Länder Baden und Nassau, 1842 Luxemburg, Braunschweig und Lippe, 1854 Hannover und Oldenburg, 1867 (mit dem Beitritt zum Norddeutschen Bund) Mecklenburg, Lauenburg, Holstein und Schleswig, 1888 (18 Jahre nach der Gründung des Deutschen Reiches!) Hamburg und Bremen.

**Zunftverfassung**
Wirtschaftsordnung, nach der die Ausübung eines Gewerbes an die Mitgliedschaft in einer Zunft gebunden ist. Die Zugangsbeschränkungen zur Zunft entlasten die Zunftmitglieder vom Konkurrenzdruck, ebenso die Bestimmungen über maximale Betriebsgröße und Zahl der Betriebe eines Mitglieds. Die Zunft regelt auch An- und Verkaufspreise von Waren und wirkt so streng dirigistisch auf den Markt ein.

**Zwangskollektivierung**
Ab 1929 durch den Staat erzwungener Zusammenschluß der zersplitterten Kleinbetriebe zu landwirtschaftlichen Großbetrieben zur Erhöhung der Erträge und Senkung der Produktionskosten.

# Stichwortverzeichnis

*Stichwörter, die in Kapiteln eigens thematisiert sind, sind nur aufgenommen, wenn sie außerhalb dieser Kapitel vorkommen. Sowjetunion (UdSSR) und USA sind nichts eigens aufgeführt, die Stichworte Deutschland und Deutsches Reich nur dann, wenn sie als Begriff in einem besonderen Zusammenhang vorkommen.*

# Ihre Meinung ist uns wichtig!

Ihre Anregungen sind uns immer willkommen.
Bitte informieren Sie uns mit diesem Schein über Ihre Verbesserungsvorschläge!

| Titel-Nr. | Seite | Fehler, Vorschlag |
|---|---|---|
| | | |
| | | |
| | | |
| | | |
| | | |
| | | |
| | | |
| | | |
| | | |
| | | |
| | | |
| | | |
| | | |
| | | |
| | | |
| | | |
| | | |

Bitte hier abtrennen

STARK

Bitte hier abtrennen

**Zutreffendes bitte ankreuzen!**

**Die Absenderin/der Absender ist:**

- ☐ Lehrer/in
- ☐ Fachbetreuer/in
  Fächer: ____________
- ☐ Beratungslehrer/in
- ☐ Oberstufenbetreuer/in
- ☐ Schulleiter/in
- ☐ Regierungsfachberater/in
  Fächer: ____________
- ☐ Schüler/in
- ☐ Sekretariat
- ☐ Buchhändler/in

**Unterrichtsfächer:**

____________

**Stark Verlag**
**Postfach 1852**
**85318 Freising**

5-V1T

Bitte ausfüllen und im frankierten Umschlag
an uns einsenden. Für Fensterkuverts geeignet.

**Kennen Sie Ihre Kundennummer?**
**Bitte hier eintragen.**

| | | | | | | |
|---|---|---|---|---|---|---|
| | | | | | | |

**Absender** **(bitte in Druckbuchstaben)**

____________
**Name/Vorname**

____________
**Straße/Nr.**

____________
**PLZ/Ort**

**Schule/Schulstempel** **(bitte immer angeben)**

*(Bitte blättern Sie um)*